●本书系2020年教育部人文社会科学研究专项任务项目（中国特色社会主义理论体系研究）
"'红色甲工'革命文化研究"的成果（项目批准号：20JD710020）

广东工业专科学校校史考

1910—1952

华南理工大学校史研究所 编

主　编　陈国坚
副主编　吕晓芹

·广州·

图书在版编目（CIP）数据

广东工业专科学校校史考（1910—1952）/华南理工大学校史研究所编. —广州：华南理工大学出版社，2021.11

（华南理工大学校史丛书）

ISBN 978-7-5623-3835-2

Ⅰ.①广… Ⅱ.①华… Ⅲ.①广东工业专科学校－校史 Ⅳ.① G649.286.51

中国版本图书馆 CIP 数据核字（2012）第 264324 号

Guangdong Gongye Zhuanke Xuexiao Xiaoshikao（1910—1952）

广东工业专科学校校史考（1910—1952）

华南理工大学校史研究所　编

出 版 人：卢家明

出版发行：华南理工大学出版社

（广州五山华南理工大学 17 号楼，邮编 510640）

http://hg.cb.scut.edu.cn　　E-mail: scutc13@scut.edu.cn

营销部电话：020-87113487　　87111048（传真）

责任编辑：谢茉莉

责任校对：梁樱雯　詹伟文

印　刷　者：广州市新怡印务股份有限公司

开　　本：890mm×1240mm　1/16　印张：25.5　字数：909 千

版　　次：2021 年 11 月第 1 版　2021 年 11 月第 1 次印刷

定　　价：300.00 元

版权所有　盗版必究　　印装差错　负责调换

出版说明

家有谱，地有志，国有史。欲知大道，必先求诸史。

作为华南理工大学重要办学源头之一，广东工业专科学校肇始于1910年成立的广东省工艺局。20世纪初期，清廷在强大的内外压力下，不得不实施"新政"以图自救。通过改革传统经济政策，发展工商业，推动实业救国，由是从中央到地方掀起创办工艺传习机构的热潮。1910年，广东省工艺局应运而生。1918年8月，广东省立第一甲种工业学校（世称"红色甲工"）在业已办学招生八年的广东省工艺局基础上成立，自此踏上了独立办学、服务民众、实业救国的奋斗征程。1924年，广东省立第一甲种工业学校更名为广东省立工业专门学校；1930年，更名为广东省立工业专科学校；1933年7月，更名为勷勤工学院，次年并入广东省立勷勤大学；全面抗战爆发后，1938年省立勷勤大学解散，该校理工学科并入国立中山大学；1952年高校院系调整之际，其与1943年复建的广东省立工业专科学校一并调整至华南理工大学。

广东省立第一甲种工业学校存续期间，中华大地上外有帝国主义侵略，内有军阀割据混战。在风起云涌的广州，学校进步师生心怀天下、追求光明，高举马克思主义旗帜，奋勇斗争，舍生忘死，涌现出杨匏安、周文雍、阮啸仙、刘尔崧等一批英雄代表，谱写了红色革命的壮丽诗篇。"重新挖掘'甲工'丰厚的办学史、革命史，是希望唤起更多的人对历史的追怀与敬畏，对红色革命历史文化的理性审视和集体认同"。

广东工业专科学校校史考证与研究，是本书主编、学校档案馆陈国坚老馆长生前30多年一直潜心钻研的项目，他带领团队成员北上南下、马不停蹄，搜集了大量相关历史档案资料；从实事求是的角度出发，皓首穷经、科学分析，在浩繁卷帙中披沙沥金、去芜存菁；以时间为主线写作，串起广东工专的成立背景、演进源流、发展状况、人物事件；用刻苦钻研的精神，在蛛丝马迹中捕捉爬梳广东工专的信息，拂去了历史的尘埃，还原或接近了广东工专的真实面目。陈国坚主编将校史研究与华工文化共融，使百年文脉和时代脚步同行。在写作中，他立足工专发展的重要时间节点，对人物的生平经历、事件的来龙去脉进行全景扫描，并尽量严谨客观地描述人、事、物，不轻易定下主观结论。他对资料的搜集使用极为审慎，始终坚持以史实为依据，在正文之外提供了丰富的参考资料，其用力之勤、用心之专可见一斑。

在《广东工业专科学校校史考》正式出版之际，我们谨向本书的写作团队表示诚挚的敬意！对陈国坚主编致以深切的缅怀！

当然，广东工业专科学校建校办学在百年之前，年代久远，兼之其后国内战火纷飞、烽烟遍地，"难以安放一张平静的书桌"，很多相关资料散佚，给本书的写作带来很多困难。书中难免有不足之处，欢迎读者诸君指正，待今后进一步补充完善。

《广东工业专科学校校史考》的出版，是学校红色基因传承工程建设的一份重要成果，对于厘清广东工业专科学校发展脉络、梳理华南理工大学办学历史源流、接力传承红色文化基因具有深远的历史价值和强烈的现实意义。2022年，我们将迎来华南理工大学组建70周年，当追寻立校之源，探寻历史之根，弘扬红色之魂，铺就强校之路。我们期待，《广东工业专科学校校史考》的出版，能够为丰富华南理工大学校史做出一些贡献，同时也推动师生校友学好用好学校红色基因传承工程的成果，不负前辈先贤期望，为学校双一流大学建设奉献自己的力量。

编者
2021年10月20日

前言
以历史触摸未来

《广东工业专科学校校史考（1910—1952）》一书，耗时30年。当中除有11年大块时间可资专门研究外，其余为业余写作。

工专史久藏于"地"而不张，今日得以呈现于世，亦是机遇错爱我们这一群钩索者的不懈努力的结果。

从1989年岁首算起，在配合华南理工大学首本校史书的写作、针对学校发展史搜集资料及笔耕的4年间，觉察我与学校对广东工业专科学校的认识，原来一直滞留在1952年11月上报给中南军政委员会教育部寥寥75字的平常之述中。

久办之校，焉无丰史？

因无法释怀，从此"委身"于文献史料间，青灯黄卷，研读推究，穿越时空，与前人深谈细斟。是苦在其中，乐亦在其中。

踽踽独行的远足，既有因完全陌生而不得其门入的困愁繁难，也有不意间收获颇丰的眉开眼笑。

譬如地方纸质旧籍，尤其是民国时期的多数资料，尚未作数字化电子复制及数据开放的处理，无从通过网络获得所需资料，注定要花大量时间守拙翻掘；而所在岗位工作繁忙，白天无暇顾及，只得工余推索；许多通史、断代史、地区史与部分系统行业史对人物与学校关系多无记载。即近半个多世纪以来，国内包括省市出版的众多有关中共方面的通史、断代史、党史专论，以及政权志、军事志、组织志、地方史志、地方教育史、研究性回忆录等，对所论及的人与事，多数遗漏主人公出身于何校、何专业，令人屡有大海捞针之慨。

又譬如，研究中发觉史存办学年份与地点不一的两个工专，前者师生投身五四运动、传播马克思主义、建团、建党，于革命熔炉中锤炼；后者为避日祸而迁于山隅，办学亦屡仆屡起。为此，在1998年9月18日就请教了工专校友会资深人士，答复是两者素无历史联系。愕然有叹。

"远足"是就此止步，还是赓续前猷？忖量对工专底细作出实事求是之判断是根本，若乎为革命熔炉固当欣然，确实只是寻常一校亦当坦然接受。探究之念，未就此而动摇。但要践行多久，心中却无底。

幸而，2001年6月25日，细琢广东省纪念中国共产党成立80周年图片展览"党的光辉照广东"6小时。端赖机缘，12年流年碎史的寻绎与积累倏然顿悟。没这蓦然而至的灵感、偶然之得，至今恐怕还于尘封蠹蚀的故纸堆里，如同夜路迷途般继续东奔西突，不得要领。

思路突破后，惊奇地发现：原先散落于各处的那些小碎片里大有历史，"从前没有看到的东西现在到处都露出自己的痕迹"。[①] 原先满眼草木榛榛如蛮荒之地，现在满目花儿朵朵似百花之园。广东

[①] 马克思. 致恩格斯（1868年7月25日）[M] // 马克思恩格斯选集，第四卷. 北京：人民出版社，1972：366.

包括广州地区，许多的红色印记、文化地标中，都留下了甲工、工专英雄群体熠熠生辉的足迹。

从掇拾史料、抽绎、锤炼与重构思路，到动笔谋篇，至2001年11月初稿捧呈于校，其间计12年；此后18年间，屡易其稿。至今，已累50回以上。

考证所用到的文献资料与著述，前辈早已着力甚多，贡献殊多。其中"有些材料就在大路边，人人都见得到"，[①] 我只是抚寻、撷采历史片段，编缀成篇。

逝年如水难收，工专历史的真实已难一一再现。历史叙事中的书写、描摹，直至想象、推断，与真实并不易重合，那些被认为超越情感的比较客观、比较实在的历史情境或结论，仍有可能与原本的真实相隔。即便如此，对其研究，仍努力顾及事实判断与价值判断，出发点就是传承文明、资政、育人。

与其说本书关注学校历史文化，倒不如说关注学校历史当中的政治进程。一切历史都是思想史，都是当代人写的。可以说，感受历史，常为观照今天、面向未来，以便更好地认识自己以及选择或调整前进方向。回首以求正确的认知，缅怀旨在传承。回眸历史需要高度，历史的高度决定思维的深度。以百年之数审视其间的变革，相信会客观和实在一些。

今天，工专办学史与革命史的整体脉络、面貌已大体清晰。从历史演进过程及行政管理上看，这份历史遗产归属于华南理工大学是确定无疑的。

窃以为，工专革命史之于华南理工大学，是学校百年办学发展进程中一份可遇不可求的遗产。它虽已历一世纪，但至今仍闪耀着时代光芒。

因为，就工专悠久岁月，识艰难办学发展史；就学校早期中共党员斗争足迹，道今日中华人民共和国辉煌，知是中共在昨日苦难中奋斗打下基础；其当事者，虽则源自普通一校，所创造的历史，亦可窥马克思主义中国化历史进程之一斑，窥我国近现代史、民国史之一斑。

事实上，价值在于发现。华南理工大学蕴蓄丰厚的历史文化禀赋，不乏英雄史诗，有时所缺的是发现的视野与心态，或者说是正视曾经潜藏或留白的历史的勇气与胸襟。

在自信、自尊、自爱的目光里，华南理工大学办学发展史也蕴涵着有别于他校的精神气质、境界神韵，超越许多同时代人的品格与品位，足供鉴史取势、追寻光荣与梦想的文化。

对工专史价值长久地挖掘与探索，构建与展示真实，切合国家"十二五"时期各学科重点领域和重点研究课题中关于"马克思主义中国化的历史进程""中共党史资料收集整理"以及"民国史料整理"等方面的研究方向[②]，更切合国家"十三五"时期文化发展改革规划纲要中关于"发扬红色传统、传承红色基因"的社会主义核心价值观主题教育实践活动的要求[③]，也符合当前"不忘初心、牢记使命"主题教育关于从学习党史、新中国史中汲取前进动力与铸魂补钙的通知精神。总之，这项校史研究都与上述领域有着自然的内在联系。

对工专革命史的颂扬与坚守，就是对学校未来的一种担当。

历史是慷慨的，它把一代代人的遗产留给了后人；历史也是无情的，人不发掘它，就有其最终关上继承大门、绝尘而去的可能。人言：国有史，地有志，家有谱。就此而论，工专史考所做的，是在叩问史门，续华南理工大学的"家谱"，以达从学校认同到家国天下的进一步建构。

"守土有责"。我在图书馆8年、档案馆9年，接触文献、史料的机会客观上比他人多些而且方便。守土尽责，从业之余，钩稽史迹，索解真伪；采信、增补与综合前人成说，据史出论。何况，专心学术，乃治学之道，认真做学问，是我本分。

"志之所趋，无远弗届。"满怀期待学校历史文化的崛起，耽于工专研究课题，为其所吸引而自

---

① 胡绳. 谈谈党史研究工作 [J]. 党史通讯，1984（1）：10.
② 国家哲学社会科学研究"十二五"规划、"十二五"时期各学科重点领域和重点研究课题 [N]. 光明日报，2011-06-03（6/7）.
③ 中共中央办公厅，国务院办公厅. 国家"十三五"时期文化发展改革规划纲要 [N]. 人民日报，2017-05-08（10）.

主投入，不急于求成、趋时跟风，自主抛离提职、提级以及计工作量相交织的焦虑与压力；不惧长久孤寂，无求于他人的承认或嘉许，从容思考，用心"打捞"历史片段，乃秉性使然；好奇与兴趣，是探幽涉远的驱动力；如许守望，忧患与责任感所系，对革命史虔诚与敬畏，甘愿做学校办学探源的志愿者、守护时间的叙事者。仅此而已，别无他哉。

概言之，接续学校历史的片段，系紧张扬学校文化风帆的绳索，这样的努力只为一念：理性地追寻学校历史文化之魂、文明之根脉，以求认识和理解"我是谁，我从哪里来，会到哪里去"的基本问题。

理性决定深度，历史重在挖掘，而非创新。历史研究无止境，恰如著名文化学者冯骥才之言："糊涂的往往是现实，清楚的必定是历史。……历史是健忘的。如果它还没有记起，我们有责任提醒它。"①

求真，乃历史学的本质；求实，应当始终放在价值判断之上。正如俄罗斯社会大学校长、科学院院士茹科夫所言："历史是任何一个民族的主要财富，而真实性是历史学者义不容辞的责任。"②

史无定论是常态，历史研究需要长期努力。关于这方面，恩格斯曾指出："即使只是在一个单独的历史实例上发展唯物主义的观点，也是一项要求多年冷静钻研的科学工作，因为很明显，在这里只说空话是无济于事的，只有靠大量的、批判地审查过的、充分地掌握了的历史资料，才能解决这样的任务。"③

工专校史久远厚重，残篇断简多，史考虽是在祖述前人工作的基础上整理与研究，但力有未逮，眼前所做的只是阶段性的史实整理、归纳、描述与解释性工作，为人们提供研究的基础，远未到了然与体系化阶段；作一校专门性的教育史与革命史包括当中中共党史的考据，条理散乱史事，作理论性的概括与分析，终究不是这份校史考所能如数承载，其理论性、系统性与完整性，显然不足；因为历史长河的冲刷、历史的复杂与多样性，因为执笔者不是历史的"在场者"而是"缺位者"，所不知的远多于所知的，也因为写作立场、对历史解释角度、方式及修辞态度等的限制；何况，研究近代教育史、民国史、中共党史、革命史以及相应的学术视野、思辨与文字语言能力，非我工科出身所长。历史非文本。相对于客观历史，这个史考所叙述的只是历史一角，百不及一，只是对不容忽视的基本事实的某些方面的整理，只是认识工专的一个大体轮廓或一个侧面而已，只是一家之言。本书所言有错者，望读者指正。

以近代史、中共党史、社会、政治、经济、教育、文化、新闻、档案等学科视角考察，作理论思维，以口述史、文集、书信、日记等资料性体裁作科学的比勘互证，对问题纵横提升或挪移，从中抽提出理论命题，深入阐释，形成新认识、新观点，即所谓从历史考据、文本解读转向细、实、深地研究问题，则来日方长。

陈国坚

华南理工大学高等教育研究所校史研究所

2019年10月31日

---

① 冯骥才. 文化发掘 老夫子出土：为朋弟抱打不平 [M]. 北京：西苑出版社，2001：21.
② 茹科夫. 对俄罗斯一些重大历史问题的反思：2010年9月7日在中国社会科学院俄罗斯东欧中亚研究所关于苏联历史的学术报告 [J]. 翻译：薛福岐，整理：杨进. 红旗文摘，2011（7）：34.
③ 恩格斯. 政治经济学批判（1859年8月3—15日）[M] // 马克思恩格斯选集，第二卷. 北京：人民出版社，2001：21.

凡例

　　文中许多引用资料年代久远，有些资料字迹不清晰或存在错别字及漏字，在编著过程中作者进行了修正或补充。

　　① 〈 〉括号内为补入字符

　　② 〔 〕括号内为订正字符

　　③ [ ] 括号内为衍生字符

　　④ □ 指代辨认不清或缺失的字符

　　⑤ { } 括号内为多余字符

目 录

引言	001
第一章　学校沿革	005
一、五文绘轮廓	005
二、局校长轮番继替	008
第二章　工艺局时期（1910.6—1918.1） 　　　　——草创起点低	014
一、京都先设局，地方随跟进	014
二、广东工艺局破土而出	016
（一）操劳的广东劝业道	017
（二）密锣紧鼓的1909—1910年	025
三、摸索办学之途	032
四、命蹇事多乖	040
五、续定章程求稳定	047
六、亮相万国博览会	054

第三章　从后期的工艺局到甲工时期（1918.1—1924.7）　061
——学校在社会变革中曲折发展

一、社会政治、经济多变，办学困难　061
（一）在改善师资、改革办学体制中寻求突破口　062
（二）改办甲工，对原有办学体制作根本性的改革　064
（三）甲工办学章程　067
（四）经费掣肘，办学维艰　098
（五）办学新措迭出　112
（六）工艺局最终完成历史使命　124

二、社会思潮激荡，教育思想现纷争　125
（一）"读书运动"是社会矛盾的反映，本质是教育思想分歧　126
（二）甲工办学新思潮的启蒙　129

三、曲折办学，仍获长足发展　133
（一）逆势中崛起　133
（二）俊彦名声扬　147
（三）甲工——非比寻常的中等职校　154

第四章　前期的工专（1924.7—1933.7）　164
——步入办学史上辉煌时期

一、"年已及笄"现新容　165
（一）转制改办高等工程教育　169
（二）国外工程教育原版书一度作教材　172
（三）推行国语教学　177
（四）展示学校形象的一次工业展览活动　180
（五）关注高新技术的引入与新兴产业的发展　182
（六）甲工办学的起起落落　187

二、事业跃上新台阶　199
（一）校徽与校歌　206
（二）课余体育运动活跃，"浪里白条"越外洋　210
（三）学生是校刊生力军　218
（四）1932年前后工专进入较为稳定的发展时期　221

三、学生男多女少 239

　　四、毕业生有数，播撒四方难计 242
　　　　（一）两广子弟纵横 242
　　　　（二）社会影响广泛 251

第五章　工专与省立勷勤工学院、省立勷勤大学工学院以及国立中山大学工学院（1933.7—1938年夏） 256
——工专推动了广东高等工程教育发展

　　一、工专办学层次的提升和名字的变更 256
　　　　（一）多项措施并举以促"改大"和并校步伐 257
　　　　（二）改大、并校如期实现 278

　　二、工专对广东高等工程教育的重要贡献 284

　　三、今天的认识 285

第六章　山重水复的后期工专（1943年夏—1952.10） 288
——从艰难复办到组建入华南工学院，在新社会获得重生

　　一、工专在战火中重生 288

　　二、学生在苦难中求学 296
　　　　（一）复办期的政治环境 296
　　　　（二）复办期的学习和生活环境 297
　　　　（三）复办期学生的学习态度 299

　　三、甲工在新社会的办学状况 303

第七章　甲工、工专的历史贡献与地位及师生群像 313

　　一、工专是广东近现代工程教育的开创者和奠基石 313

　　二、光耀千秋革命史：不同历史时期英雄师生群像 317

（一）戎马半生的无衔战将张震球 　　321
（二）红军时期毛泽东的一任女秘书曾碧漪 　　336
（三）抗战电影与新中国早期电影事业擎旗人司徒慧敏 　　341
（四）雨花台之忠魂陈朝海 　　346
（五）毕生办学的徐尚同 　　347
（六）献身桂北大地的苏蔓 　　349
（七）隐蔽战线与对外文化交流的老战士侯甸 　　354
（八）广州学运的"总线头"胡泽群 　　355
（九）为"自己的广州"奋斗的杜襟南 　　356
（十）为老一辈知识分子榜样的陈其瑗 　　356
（十一）顽强抗战在粤东的丘琮 　　359

附录　部分烈士主要事迹 　　368

结语 　　382

一、完善办学史轮廓的构建 　　382

二、厘清几所学校与华南理工的渊源 　　383

三、保护与利用好历史遗产 　　391

后记 　　392

引言

1952年11月19日，广州《联合报》报道华南工学院组建初步完成并于此前的17日开学的消息。①

那时，新中国正密锣紧鼓地筹备即将于1953年开始的第一个五年计划大规模经济建设。各地日新月异的建设消息，使得坐落于广州的中共中央华南分局机关报《南方日报》，新闻报道业务应接不暇。华南工学院组建开学之喜庆，如同不少新气象一样，乐滋滋喧闹而去，未曾见诸报端。倒是中共广州市委机关报《广州日报》的前身，时由中共中央华南分局统战部领导的，广东省各民主党派、工商联及无党派人士所联合创办的，日出对开4版全国发行的《联合报》，以其一贯注重地方社会发展的视角，作了报道：

> 华南工学院是由前中山大学、岭南大学和华南联合大学的工科各系及广东工专合并调整而成。②

人们由此瞥见广东工业专科学校与华南工学院彼此间的关系。

这所专科学校为什么会投入华南工学院办学阵营？动力从何而来？

1951年11月30日，中央人民政府政务院第113次政务会议批准教

---

① 广东区高等学校经过院系调整后，华南工学院、华南师范学院昨日开始上课[N]. 联合报，1952-11-19（1）.
② 《广东百科全书》编纂委员会. 广东百科全书[M]. 北京：中国大百科全书出版社，1995：524.

育部召集的全国工学院院长会议所通过的《关于全国工学院调整方案的报告》。

该方案本着"以华北、华东、中南三个地区的工学院为重点作适当的调整"之原则，于其第二条第8款，确定在广州学区实施以下细则：

> 将中山大学的工学院、华南联合大学的工学院、岭南大学工程方面的系科及广东工业专科学校合并成为独立的工学院。①

中共中央华南分局、广东省人民政府在执行《中共中央关于工学院调整计划要点的通知》精神的基础上，于1952年2月下旬正式开始广州学区的院校重组工作。在所形成的《关于广州区高等学校调整方案报告》中提出："以中山大学、岭南大学、华南联合大学、华南师范学院、广东法商学院、广东工业专科学校、中山大学医学院、岭南大学医学院等院校调整，设立综合性大学一所，工、农、医、师范等学院单独设立"，并明确所设立待命名的工学院校址及基本单元："地址，中大石牌旧址。以中山大学工学院、岭南大学理工学院内工学院部分、华南联大〈理〉工学院、广东工专为基础，合并组成。"②③

---

① 中央人民政府教育部. 关于全国工学院调整方案的报告（一九五一年十一月三十日马叙伦部长在政务院第一百一十三次政务会议上的报告，并经同次会议批准）[Z]. 广东省档案馆电子文书档号，235-2-3-098：1，235-2-3-099：3.
② 中央档案馆，中共中央文献研究室. 中共中央文件选集（1949年10月—1966年5月），第七册（1951年9—12月）[M]. 北京：人民出版社，2013：488.
③ 中共中央华南分局. 关于广州区高等学校调整方案报告（1952年3月2日）[Z]. 广东省档案馆电子文书档号，204-1-272-072：2.

中共中央就上述报告于3月22日电复："所提广州高等学校调整方案，原则同意。"①广州学区"独立的工学院"，以此组建于1952年10月7日，首始命名为"华南工学院"，后于1988年1月28日更名为"华南理工大学"。简称旧曰"华工"，自2012年10月起改作"华南理工"。本书为方便起见，不分以往或今时，概以"华南理工"称之。

当中的"广东工业专科学校"，就此成为命名组建华南理工的四所基础院校之一，在法理与行政管理关系上，为华南理工办学发展史的重要组成部分。

上述四校，就工业教育或工程教育而论，以肇始于宣统二年即1910年的"广东工业专科学校"为早。

这所专科学校是一间什么样的学校？它又从何而来？

广东工业教育史开近代，即始于晚清。这时最早开设中等教育的是光绪三十一年（1905）的"广州工艺学堂"，但它很快地在历史长河中湮灭无闻。而高等工程教育，则发轫于广东省立工业专科学校，而其前身就是"广东工艺局"。

所谓晚清，或曰"清末""清季"等，通指清末光绪、宣统两朝的37年时期，即19世纪末至20世纪初。其间，世界历史由近代走向现代。

比广州工艺学堂稍晚而立的办学单元广东工艺局，以初小职业教育起步，随之高小、中等而后高等专科与本科，最后定格为"广东省立工业专科学校"。中华人民共和国成立后的1950年9月12日，教育部发布《关于各级学校名称概不加国立、省立、县立或公立字样的通知》②，各公立学校实行分级管理，不再使用"国立""省立""县立"等校名前缀以作等级区分。所以，它和别的公立学校一样，都以"素颜"现身。

这所学校不论民国时期广东的教育曾如何衰微破败或流衍变化，却能沉而又起；每一次提升学级，都有所改革和扩充。它纵涉清代、中华民国与中华人民共和国三个历史时期，最终融入新社会大潮。

所谓民国，是指从清王朝灭亡至中华人民共和国建立前的国家名称"中华民国"及其年号。国号简称"民国"。民国不同于此前的君主王朝，它是经过资产阶级民主革命斗争而建立的共和国家，是中国历史上大动荡、大转变的时期，也是半殖民地半封建社会的终结阶段。③

近50年间，由于种种原因，对它的了解相当有限，1994年华南理工的首本校史书以为：

> 广东工业专科学校成立于1918年，1924年改隶属于广东大学工专部。1942年复校于广东西江高要。广东工专设有机械工程、水利工程、化学工程3个专修科，修业年限为2年。1952年全国院系调整时，全校所有专科合并于华南工学院。④

引文中的"1924年"其实是1926年，"1942年"本应是1943年。这个史实欠准的寥寥99字符叙述，与先前于1952年11月一份上报中南军政委员会教育部的表格之"学校沿革"项中，史实同样欠准的75字符略述几近同出一辙：

> 广东工业专科学校在一九一八年成立，一九二四年改隶广东大学工专部，到一九四二年始复校广东西江高要，设有机械工程、水利工程、化学工程三科，修业年限为两年。⑤

这就是2001年之前，华南理工大学对其的全部认识。因而学校平常的有关文字资料、报告与演讲，以及相关的学术研究文章中，对其都未见有涉及，个别年份或以"广东工业专科学校"几字带过。

---

① 中共中央．对广州高等学校调整方案的意见（1952年3月22日）[Z]．广东省档案馆电子文书档号，204-1-272-077：1．
② 中华人民共和国教育部办公厅．教育文献法令汇编（1949—1952）[Z]．出版信息不详，1958：123．
③ 邓广铭，周一良，唐长孺，等．百科名家中国史[M]．北京：中国大百科全书出版社，2014：777．
④ 刘战，李强，陈建，等．华南理工大学史（1952—1992）[M]．广州：华南理工大学出版社，1994：16．
⑤ 高等学校普查表（一九五二年十一月）[Z]．华南理工大学档案馆，案卷号：DZ·1，1952：2．

既已年久失考，人们在艳羡他校悠久历史与传统之时，又于不经意间将其冷落半个世纪，成为四个基本办学单元中最落寞的一个。这是学校历史一种长久的缺失。

工专整体的革命史尚且久被埋没，何论其办学史更被忽略。这个现象，当理解非后人本意，只是不知该从哪儿找到开启工专历史厚重大门之锁钥。

有学者言："历史"的含义是"过程"，没有"过程"，当然就没"历史"。[1] 就此而论，本书将把工专各主要时间节点，除提纲挈领地展示其间的人与事，也铺陈某一个时段的细节，显示其间的初等、中等工业教育直至高等工程教育过程；同时，展现这所学校师生所书写的革命史。

---

[1] 王学典. 在创造历史中研究历史："历史与现实关系"的再审视[N]. 光明日报，2015-04-27（11）.

第一章 学校沿革

往事钩沉，近代云涌；办学前后42年，回望一瞬。

广东省立工业专科学校，史称"工专"，在不同的办学阶段，校名各有简称。从官方文件看，广东工艺局时期称"工艺局"；省立第一甲种工业学校时期，先俗称"工业学校"，后简曰"甲工"；省立工业专门学校与省立工业专科学校时期的缩略语分别为"工业专门""工专"或"省立工专"等；复办的省立工业专科学校也以"工专"为简称。至于民间之称谓，则有"习艺所""工艺厂""工校"等，不一而足。

一、五文绘轮廓

1932年8月，广东省府教育厅所编的《广东全省教育概况》，对当时的广东省立工业专科学校作了如下表述：

> 该校前为广东工艺局，局成于前清末年，由劝业道主其事。民国六年十月，添办新校，名曰"附设工艺学"，附属工艺局，定二年毕业。旋改为四年毕业，并更名"广东省立第一甲种学校"。屡易长，至高仓奉令裁局，单办学校。至十二年校长邹卓然奉令招中学毕业生，改办专门学校。七月萧冠英长校〔校长〕，又改为"省立工业专门学校"。中经改隶中山大学"工业专门部"，后中山大学改组，复拨回省办。至十九年丘琛〔琮〕校长奉教育部令更名为"省立工业专门学校"，设高中工科，定三年毕业。本年七月现校长卢德氏继任，筹办勤勤大学，添招大学二班。①

1934年5月，国民政府教育部编写的《第一次中国教育年鉴》，对当时的广东省立工业专科学校则有如下表述：

> 该校创始于前清宣统二年，原名"广东工艺局"。民国七年改为"工艺学校"，旋改称为"广东省立第一甲种工业学

---

① 广东省教育厅. 广东全省教育概况［M］. 出版信息不详，1932：441.

校"。十三年七月改办专门,称"广东省立工业专门学校"。十九年遵令改组,始称今名。①

上述表述中,前者较详,后者虽简约,但在年份的细节方面补充了前者的不足与差错。

何谓"省立"?按北京政府教育部释义,省立者即"其经费由省财政司或数县(指前此各府、道直辖学校)担任,直辖于教育司者,名为省立学校"。② 当时的司为省一级政权内所属的机构,并非对应后来或今天国家部委的司一级机构。

至于"专门"含义,教育部释义是:"所谓高等专门学校,当然指中学以上之专门学校而言。凡中学毕业,或有中学毕业程度者始准入学,而所授科目又专属一类者皆是",并称:"此项学校系教授高深学术,养成专门人才,关系至巨,考察宜严,均经批饬,遵照历颁部令,切实办理。"③④

1948年12月,南京政府教育部教育年鉴编纂委员会所编写的《第二次中国教育年鉴》,对几经变迁后复办的广东工专,又有如下表述:

> 该校于民国三十三〔二〕年设于高要县属长江坡,建筑新校舍工程尚未完成,适值日寇南窜奉令疏散,旋校长谭孟衍病故,校政曾一度停顿,三十四年二月,派黄巽兼长该校,假云浮腰古蓉华义学权作临时校舍,三十四年三月一日正式上课。同年九月抗战胜利遂改迁肇庆镇南路青云堂,三十五年四月二十日黄校长辞职,由王仁宇继任,九月十六日复迁往高要县属湖山师范旧址。⑤

1949年6月,省立工专训导主任郑传蕙(甲工机械科1922届毕业生),为应届毕业生即工专于中华人民共和国成立前的末届毕业生通信录所写的工专办学史,客观上可视为对以上两个年鉴相关表述较为

---

① 丙编,教育概况,学校教育概览:广东省立工业专科学校条目[M]//国民政府教育部.第一次中国教育年鉴.上海:开明书店,1934:175.
② 部令释义:公布《学校管理规程》第四条第三项(部令第三号,民国元年十月二日),文牍,广东教育公报(广东省教育司主办),第一年,中华民国元年十月[1912(1):37][M]//殷梦霞,李强.民国教育公报汇编,第一六三册.北京:国家图书馆出版社,2009:473.(南京图书馆馆藏.引文句读标点,括号内字符为笔者所加,以下同)
③ 教育部布告(第十五号,中华民国二年三月二十二日),法令,广东教育公报,中华民国二年四月[1913(7):235][M]//殷梦霞,李强.民国教育公报汇编,第一六四册.北京:国家图书馆出版社,2009:136.
④ 教育部训令(第二十八号,中华民国二年六月十八日),文牍,广东教育公报,中华民国二年九月[1913(10):455][M]//殷梦霞,李强.民国教育公报汇编,第一六四册.北京:国家图书馆出版社,2009:545.
⑤ 第五编,高等教育,公私立专科学校概况:广东省立工业专科学校条目[M]//国民政府教育部教育年鉴编纂委员会.第二次中国教育年鉴.上海:商务印书馆,1948:775.

具体的概括与补充。这里有一说赘述：南京政府于1927年实现形式上的统一后，于各级学校推行训育制度，设置训导处，其负责人称"训导长"或"训育主任"，主要职责为带领训导员协助院校长实施党化教育、思想训练，加强对学生思想与行为的统制。[①②] 该处负责人多由国民党人、三民主义青年团骨干或国民党中央执行委员会调查统计局即中统分子出任。1939年5月教育部发出命令，从"下学期起，全国各公私立大学，增设一训育长，其地位与总务长教务长相等，人选必须为中国国民党党员，由学校呈请中央核定，始得就任"。然郑传蕙对该校史叙述与其政治身份直至意识形态，没有必然联系，且所述较为客观，故而引用广东省立工业专科学校第四届毕业同学录的一段文字：

> 本校前身为"广东省立第一甲种工业学校"，创于中华民国六〔七〕年，校址在广州增步〔埗〕即张文襄所建工艺局故址也。时校长为黄莫京先生。十二〔五〕年一度改为"国立广东大学工科专门部"，旋复称"广东省立工业学校"。十三年萧冠英先生来长斯校。今校长王稚庄先生实长教务，始正名为"广东省立工业专门学校"。办机械、电机、土木、化学、染织五系；招收中学卒业生，皆预科一年、本科三年毕业；一切设备颇具规模。毕业同学服务省内外公私机关，亦得社会人士信任。十九年国民政府改定学制，易名为"广东省立工业专科学校"，停办染织科。各科为三年制，不设预科，并附设工科高中。廿一〈年〉西南政务委员会筹办"省立勷勤大学"，在本校添招大学一年级新生。廿二〔三〕年改入勷勤大学，称工学院。设机械、建筑、化学三系，迁址石榴岗。廿七年政府改制，不设省立大学，将本院合并国立中山大学工学院。广州沦陷，图书、仪器、机械、工具，一切荡然。卅二年省府决然复校〈于〉西江，设筹备委员会于肇庆时，今校长王公适任三区行政督察专员，兼董其事。拮据将荼，艰难缔造。始新建校舍于高要之长江坡，办水利、机械、化学三系。卅三年敌陷西江，校舍复烬。卅四年胜利复员，迁校肇庆。卅五年，王校长接长本校，教厅令借湖山师范旧址为校舍。岁月迁流，复校以来，又毕业四届矣，同学诸子，正谋"改院并大"，重振校声……[③]

上述地名"增埗"，是两千多年前先秦时期华夏、东夷、北狄、西戎与百越等五大民族集团之一——百越，其居广州的南越族以古越语（今属壮侗语系）命名之地。早在远古，这里就已经是渔民织网、晒罾的埗头，故名"罾埗"，就谐音转写为"增埗"而已。"增埗"与今日白云区螺涌围（也是谐音转写为今之"罗冲围"）隔河相望，范围为东至福州路，北与广州水泥厂旧址毗邻，南至省冷冻厂即广东工艺局故址[④]；另外，关于"廿二年改入勷勤大学，称工学院"的说法有误。文献资料记载：1933年7月1日，工专就已奉命正式扩设为"广东省立勷勤工学院"，[⑤] 广东省立工业专科学校名称，除因印刷1934届即该校末届毕业名册之外，就此停用。一年后的1934年7月，勷勤工学院才与广州的勷勤师范学院和商学院等3所学院整合为"广东省立勷勤大学"。郑文为战乱期间所作，兼之事隔10多年，难免记忆不准；引文中的"校长王公"即王仁宇；至于文中所说的"改院并大"一事，由于民国政府自1949年2月仓皇从南京迁都广州及民国广东省府在人民解放军大军压境下，都已岌岌可危、朝不保夕，应是无暇顾及了；省教育厅下令各级学校从1949年5月起提前放暑假，师生须离校，此事于无形中终结。

1992年1月出版的《中国高等学校变迁》一书，相关章节叙述了工专于1949年10月中华人民共和国成立后的去向：

---

① 中国近现代教育史[M]// 教育大辞典编纂委员会. 教育大辞典：第10卷. 上海：上海教育出版社，1991：85.
② 广东省公私立中等以上学校训育主任条例（粤教育厅三〇训令，〈广东〉省党部执委会〈民国〉十六年三月四日颁发）[M]// 邵爽秋，伍瑞锴. 中央及广东省现行教育法规. 广州：国立中山大学出版部，1929：98.
③ 广东省立工业专科学校第四届毕业同学录（中华民国三十八年）[Z]. 出版信息不详，1949：11.
④ 广东省地方史志编纂委员会. 广东省志·地名志[M]. 广州：广东人民出版社，1999：48.
⑤ 中国人民政治协商会议广东省广州市委员会文史资料研究委员会. 广州近百年教育史料[M]. 广州：广东人民出版社，1983：139-140、143.

解放后，由广东省人民政府文教厅和西江专署共同接管，设水利、化工、机械3科，在校生106人，教师15人。1952年在全国高等学校院系调整中，并入华南工学院，原校撤销。[1]

另有说学生159人，教师26人，[2] 或学生180人，教师30人之说。[3] 上列数字波动原因，有几种可能：广东及广州甫解放，师生恢复联系后返校；学生因家庭经济生变而失学，因伤病而休学等；也有因统计截止时间节点选取不一致所产生的变动。

上述官方与民间就工专办学发展史所表述的文字，起到竟原委、明变化的作用，为工专描画了大致的办学历史轮廓。

照此，工专办学可分为若干时期：

其一，前身为广东工艺局、广东工艺局附设的工业学校和广东省立第一甲种工业学校；

其二，提升学级后的省立工业学校、工业专门学校和工业专科学校；

其三，工专的发展、升格为省立勷勤工学院与扶持省立勷勤大学工学院、国立中山大学工学院；

其四，后期的工专。

二、局校长轮番继替

工专前后42年间，局校长接力办学生生不息。不过，至今不知其间历任局长、校长有几何，目前只搜集到当中的25名，其初任时间大体为：

利贡（1913年8月29日，自始及以下为局长）[4]、黄遵庚（1913年10月29日）[5]、陈其瑗（1913年12月31日）[6]、周晋熙（1914年）、彭元麐（约为1916年12月至1917年1月间）、黄强（1918年1月，自始及以下为局长兼校长）[7]、高剑父（1921年1月）、雷沛鸿（1921年6月13日，自始及以下为校长，1923年6月前后一度又为校长）、黄纪秋（约1921年冬）、龙裔禧（1922年8月）、邹卓然（1923年上半年）、萧冠英（1924年6月17日）[8]、林笋（1926年11月29日）、曹铭先（1927年，代校长）、邓鸿仪（1927年）、区其伟（1928年被任命为校长，固辞不就。[9] 同年9月到中大任教。这里姑列其名，使后人知之）、叶家俊（1928年6月18日）[10][11]、丘琮（1929年11月）、柳金田（1931年5月30日）[12]、卢德（1932年7月）、谭孟衍（1944年）、黄巽（1945年2月，兼理）、王仁宇（1946年4月20日）、余文照（1949年8月12日）、李奏平（1950年，代校长）及黄友谋（1951年2月19

---

[1] 季啸风，王显明，徐敦潢，等. 中国高等学校变迁[M]. 上海：华东师范大学出版社，1992：1196.
[2] 肇庆市地方志编纂委员会. 肇庆市志，下[M]. 广州：广东人民出版社，1999：1034.
[3] 广东省人民政府文教厅. 广东省公私立高等学校概况，一九五〇年学年度第一学期（1951年1月15日）[Z]. 广东省档案馆电子文书档号，314-1-20-28-40：2.
[4] 广东都督兼民政长龙济光任命状，任命利贡为工艺局局长状（文件号阙如，发文日不详）[J]. 广东公报，中华民国二年八月二十九日[1913（329）：26].
[5] 广东民政长李开侁委任状，令黄遵庚接充工艺局局长文（第二百四十号，中华民国二年十月二十九日）[J]. 广东公报，中华民国二年十一月初一日[1913（382）：3].
[6] 广东民政长李开侁任命状，任命陈其瑗为工艺局局长状（第四百二十八号，中华民国二年十二月三十一日）[J]. 广东公报，中华民国三年正月初六日[1914（435）：40].
[7] 省长会客名单（中华民国七年一月三十日）[J]. 广东公报，中华民国七年二月一日[1918（1674）：9].
[8] 本市新闻二：新委工业校长[N]. 广州民国日报，大中华民国十三年六月十八号[1924-06-18（9）].
[9] 令委叶家俊为工专校长并行知邓校长鸿仪交代由（委任令第三号，十七年六月十八日），公牍，广东教育公报，第一卷，中华民国十七年[1928（4）：143-144][M]//殷梦霞，李强. 民国教育公报汇编，第一七二册. 北京：国家图书馆出版社，2009：351.
[10] 广东省教育厅. 关于委任林荀为工业专门学校校长及将附属中学改编为省立第十四中学等情公函（第一三七号，民国十五年十一月二十九日）[Z]. 广东省档案馆电子文书档号，020-001-71-036-039：1.
[11] 殷梦霞，李强. 民国教育公报汇编，第一七二册[M]. 北京：国家图书馆出版社，2009：351-352.
[12] 广东省政府笺函，函聘柳金田为工专校长（教字第二七三号，廿·五·卅）[J]. 广东省政府公报，1931（153/154）：68-69.（云南省图书馆馆藏）

日，兼理）。

就目前所知，他们中多有留学海外、学有所成的经历。

晚清时期，为使京外衙门能量才录用，为"俾人人皆知其隆重"，对归国留学生参加学部所组织的每年一次的理、工、农、医、师、文、法、商等方面分学科门类赴京复试，按成绩最优等者以进士出身之奖励，给优等、中等者以举人出身之奖励。① 另外，由中国政府各部门及省、县地方政府选派出国学习，费用由各级政府承担的，称"官费生"，后在1930年之后始改称"公费生"；余者，不论自筹费用的，还是由国内外学校、教会、工厂与企业帮助的，都算在内。②

利贡（1879—?）：字禹锡，广东花县人，于光绪二十九年至三十四年（1903—1908），在美国麻省纽必佛（New Bedford）高等纺织专门学校［今日美国马萨诸塞州达特茅斯大学（The University of Massachusetts Dartmouth）前身之一。"纽必佛"今通译"新贝德福德"，为美国港口城市］、本薛佛尼大学机械工程科、费城纺织学校及万国函授学校机械科等校学习，最后取得末者的工学士学位。③④ 利氏归国后于清宣统二年（1910）起，先后于粤省高等师范学校、海军学校任教授。1913年8月底起短暂任粤省工艺局局长约两个月后，即转往今日天津工业大学前身之一的国立北京工业专门学校，其于1913年9月新添设的机织科任教授。1917年1月以教授兼该科教务主任之身份，接受北京政府授予的银质鎏金双面珐琅五等嘉禾奖章。该奖章设于1912年7月29日，分九等10种，授予有勋劳于国家或有功绩于学问、事业者。所授等级视获得者原有的功勋大小与职位高低而

嘉禾奖章
图片来源：《民国老徽章》编委会. 民国老徽章[M]. 上海：上海远东出版社，2011（2）：13.

图片来源：天津工业大学新媒体中心. 重温校史之"影像工大"系列：天工大，你真的了解她吗？[DB/OL].（2017-09-27）[2018-08-01]. http://www.sohu.com.

---

① 学部奏咨辑要：学部. 奏定考验游学毕业生章程折（光绪三十二年八月十五日，19）[M]// 全国图书馆文献缩微复制中心. 中国近代教育史料汇编，晚清卷，北京：十洲古籍书画社，2006：1436-1437.
② [美]马祖圣. 历年出国/回国科技人员总览（1840—1949）[M]. 北京：社会科学文献出版社，2007：20.
③ 北京清华学校. 游美同学录[Z]. 出版信息不详，1918：15.
④ 陈静. 1912与我校纺织传统的"根"[N]. 天津工业大学校报，2011-11-30（4）.

定。其中五等绶制为襟绶红色白缘，佩于左襟。1933年5月辞北平大学工学院机织系教授之职。① 其余不详。

彭元麐（生卒年代、籍贯不详）：从1915年起先后为广东巡按使公署实业司实业科科员、省工艺局保管员，1916年后任省工艺局局长。② 其余不详。

黄纪秩（生卒年代、籍贯不详）：1918年获美国密歇根大学化学工程硕士学位。③ 其余不详。

邹卓然（1887—？）：广东大埔县人，1916年毕业于日本东京高等工业学校色染科。有文称其为甲工校长期间"对于校务颇见认真办理。如财政一项每月收支数目，交职教员审查后，复交学生财政稽查团稽查，校务亦由学生选派代表，现又极力筹办改专〈科〉"；④ 1924年7月至1925年7月曾任广东省立一中（今广雅中学）校长，1935年7月至1940年7月为中大事务长。后为国民党第七战区经济委员会专门委员等职。

邹卓然执掌广雅之时，正值该校初中第一届学生毕业，乃增办高中，设文、理、商3科，这是该校创办高中之始。值得一提的是，广东省立一中的前任校长王仁宇，1922年于全省中学首次推行在美国中学已普遍实行的"六三三学制"，即改中学高中、初中各3年，招收初中一年级生4个班。提倡启发式教学、推广课外阅读、师生共同研讨学习与学生管理上的学生自治，成立学生自治会等。⑤-⑧

林笋（？—1941年春）：又名荀，广东中山沙溪人，美普渡大学电子工程科1922届毕业生。1925—1926年，曾任中山县县立中学校长，后为岭南大学教授兼广州市公用局第一、二课长及技正，广东省建设厅厅长、南京国民政府行政院某部技正。⑨-⑪ 1941年初任汪伪广东省物资配给委员会秘书，同年春在任内悬梁自尽于寓所。同事猜疑其在汪伪政权谋职的同时，和国民党重庆方面的要员联系不断，可能忧虑有朝一日会被侦悉查办，兼惧日军的酷刑拷问，惶恐之下而自戕，等等，都不得而知。⑫

区其伟（1882—？）：广东新会人，清宣统三年（1911）七月第二次庚子赔款清华学校官费留学生，⑬ 为1909—1911年间共3批择优录取的180名"甄别生"之一，也是当年被录取的10名广东人之一、岭南学堂5人之一。1914年获美国哥伦比亚大学化学工程硕士学位。曾任国民党政府军第一集团军军垦处经理事务所钨矿化验主任。在辞谢省府所委工业专门学校校长之职后，曾一度在中大任教。后转回工专任专职教授，著有教材《近代无机化学实验》。以后，改任广州西村水泥厂化验师。抗战期间曾一度为中大工学院特约教授。1956年3月被增补为政协广州市首届委员会特邀委员。⑭

---

① 总长范源廉呈大总统汇案，分别请给本部及直辖学校办学人员勋章缮单，仰祈鉴核文（六年一月一日），〈北京〉政府公报（第三百五十八号，中华民国六年一月八日）[M]//中国第二历史档案馆. 政府公布（影印本），第356号至367号，第一〇〇册. 上海：上海书局出版社，1988：134.
② 省长会客单（中华民国五年十一月二十七日）[J]. 广东公报，中华民国五年十一月二十九日[1916（1322）：19].
③ 黄纪秩. 密歇根大学中国学生会通信[J]. 留美学生季报，1918，5（2）：167.（上海图书馆全国报刊索引，民国时期（1911—1949）期刊全文数据库，以下同）
④ 本市新闻二：工业校长辞职[N]. 广州民国日报，大中华民国十三年六月二号[1924-06-02（9）].
⑤ 广东省教育厅. 广东省二十三年度教育概况[M]. 广州：广州太平文房印务社，1935：35-36.
⑥ 国立中山大学. 国立中山大学现状（中华民国二十六年）[M]. 广州：出版者不详，1937：66.
⑦ 国立中山大学. 国立中山大学现状（中华民国三十二年）[M]. 广东坪石：中山大学出版组，1943：12.
⑧ 陈华新，黄旭辉，肖自力，等. 民初的广东社会经济与文化教育[M]//广东民国史研究会. 广东民国史，上册（1911—1949）. 广州：广东人民出版社，2004：193-194.
⑨ 广东欧美同学会会员录（中华民国二十五年六月十五日）[Z]. 出版信息不详，1936：21.（广东省立中山图书馆古籍、地方文献阅览室馆藏）
⑩ 黄义祥. 中山大学史稿（1924—1949）[M]. 广州：中山大学出版社，1999：124.
⑪ 《沙溪镇志》编写组. 沙溪镇志（南宋—1997）[Z]. 广州：花城出版社，1999：466.
⑫ 陈波. 广州沦陷时期汪伪广东物资配给委员会的贪污舞弊案（1964年11月12日）[M]//广州市政协和学习文史资料委员会. 广州文史资料存稿选编（三）. 北京：中国文史出版社，2008：303、305.
⑬ 陈学恂，璩鑫圭，田正平，等. 中国近代教育史教学参考资料，上册[M]. 北京：人民教育出版社，1986：727.
⑭ 政协广州市委员会定26日召开全体会议[N]. 南方日报，1956-03-23（1）.

柳金田（1892—？）：字种蓝，广东中山人，日本东京帝国大学理学部物理学科1919年毕业生。掌职工专前曾任国立广东大学物理系主任、教授，1929年前后为广东省教育厅督学，1932年8月—1942年10月先后任中大教授、物理系主任及总务处长。①-④

卢德（1895—？）：字惠溥，广东东莞人，法国里昂大学理学硕士。曾先后任法国里昂大学工业化学院工程师、广州市立师范学校校长、市立职业学校校长、市卫生局化验专员、市教育局秘书代局长、省教育厅秘书以及中国化学学会广州分会第二届主任等学术团体职务。1932年8月后，兼任中大教授、广州私立国光中学校董会主席。在任勷大工学院院长期间兼省体育运动委员会委员。抗战广州沦陷后，任教于汪伪的广东大学，1940年5月后为汪伪广州市工务局局长。⑤⑥

目前，所能搜集到的上述部分局长、校长像如下：

利　贡　　　　　黄遵庚　　　　　陈其瑗

周晋熙　　　　　黄　强　　　　　高剑父

图片来源：

利贡：国立北京工业专门学校同学录（民国八年四月），教员篇：5。

黄遵庚：华南农业大学．百年图史（1909—2009）．广州：广东人民出版社，2009：14。

陈其瑗：南京图书馆《中国近现代人物像传》编委会．中国近现代人物像传（1840—1949）．上海：上海古籍出版社，2011：603。

周晋熙：《昆明医学院校史》编审委员会．昆明医学院校史（1933—1998）．昆明：云南人民出版社，2001：9。

黄强：工业杂志（广东省立第一甲种工业学校校刊，以下同），中华民国十一年春季，1922（1）：插图一［DB/OL］．［2014-05-13］．http://www.dachengdata.com（华南理工大学图书馆试用资源：大成老旧刊全文数据库，以下同）。

高剑父：广州博物馆．广州历史文化图册（上古—1949）．广州：广东人民出版社，1996：292。

---

① 民国广东省教育厅．民国以来广东教育行政制度沿革史［Z］．出版信息不详，1931：3．（广东省立中山图书馆古籍、地方文献阅览室馆藏）

② 国立中山大学教务处．国立中山大学二十三年度职教员录［M］．广州：出版信息不详，1934：27．

③ 国立中山大学．国立中山大学现状（中华民国三十二年）［M］．广东坪石：中山大学出版组，1943：35．

④ 聘任教授名单［N］．国立中山大学日报，1942-09-12（2）．

⑤ 广东省立工专校刊（中华民国二十三年）．出版信息不详，1934：153［DB/OL］．［2014-05-20］．http://www.dachengdata.com．

⑥ 陆精治．抗战时期国民党广州市党部［M］//广州市政协学习和文史资料委员会．广州文史资料存稿选编（三、军政）．北京：中国文史出版社，2008：207．

雷沛鸿　　黄纪秩　　邹卓然

萧冠英　　曹铭先　　区其伟

叶家俊　　丘琮　　柳金田

图片来源：

雷沛鸿：南京图书馆《中国近现代人物像传》编委会. 中国近现代人物像传（1840—1949）. 上海：上海古籍出版社，2011：1002。

黄纪秩：工业杂志，中华民国十一年春季，1922（1）：插图二［DB/OL］.［2014-05-13］. http://www.dachengdata.com。

邹卓然：一九二五年广东省立第一中学校壬班毕业同学录，1925：6。

萧冠英：航空月刊（广州），1925（2）：插图二［DB/OL］.［2014-09-13］. http://www.library.sh.cn。

曹铭先：上海交通大学档案馆馆藏，案卷号：LS3-358。

区其伟：工专（广东工业专门学校季刊，以下同），中华民国十九年，1930，1（1）：插图二十八［DB/OL］.［2014-09-13］. http://www.library.sh.cn。

叶家俊：工专，中华民国十九年，1930，1（1）：插图十二。

丘琮：苏云清. 念兹在兹——丘念台传，近代中国丛书，先烈先贤传记丛刊. 台北：近代中国出版社，1984：插图一。

柳金田：广东省立工业专门学校第四届毕业同学录（中华民国廿年七月十三日），1931：插图三（广东省立中山图书馆广东古籍、地方文献阅览室馆藏，以下同）。

图片来源：
卢德：广东省立工专校刊（中华民国二十三年七月），1934：插图二。
黄巽：广东省立工专校刊（中华民国二十三年七月），1934：插图三。
王仁宇：广东省立工业专科学校第三届毕业同学录（中华民国三十七年），1948：插图一。
余文照：华南理工大学工专校友会《校友纪念册》编委会．校友纪念册，2001：18。
李奏平：广东省立工业专科学校第三届毕业同学录（中华民国三十七年），1948：插图十。
黄友谋：广东省第五届人民代表大会常务委员会组成人员名单［DB/OL］．（2009-02-09）［2013-01-16］．http://www.rd.gd.cn（广东人大网）。

民初至20世纪20年代末，政争军战迭起。其间，掌全国教育中枢的总长（注：北京政府统治期间以总长为中央政府各部的长官。后南京国民政府改称部长）去留无定，调换频繁。教育总长为内阁成员之一，该职首设于1912年8月2日，由北京政府大总统特任，承其之命，管理教育、学艺、历象事务，监督全国学校所属职员及教育官署，监察、指示地方教育行政。首任者为蔡元培。1928年后总长改称教育部部长。[1] 这般的政府要职，却在1912年至1928年17年间，计有27人共34人次任过该职，人均任职时间约183日。频易总长年份，首数1922年、1924年两年，各5回，1913年4回，余者每年一二回；首任该职的，时长者527日，短者仅13日；有17人次每次任职不足百日，7人次任职未过180日。

上级政府尚如此，又何言地方学校。此间，一如北京政府教育部所言，"各地职教员更调频仍"。[2] 有此背景，当不难理解南粤之一省工艺局局长、校长名单中，新"面孔"频现了。

发端于清末、成长于近代、蓬勃于20世纪30年代，历经校名、校址、学制、专业设置、教育行政管理关系统属屡更等变迁的工专，已远离人们几十载，但分析它的办学宗旨、学制、专业设置和学生等状况，人们仍可追寻到当年不少恢宏的历史。

---

[1] 中国近现代教育史［M］//《教育大辞典》编纂委员会．教育大辞典，第10卷．上海：上海教育出版社，1991：83．
[2] 金德群．中国现代史资料选辑（1919—1923），第一册［M］．北京：中国人民大学出版社，1987：66-67．

第二章 工艺局时期
（1910.6—1918.1）
——草创起点低

一、京都先设局，地方随跟进

一般说来，通过职业学校为人们从事某一特定行业做准备的教育，称为职业教育。近代职业教育产生于18世纪的欧洲。19世纪中叶出现中等教育阶段的职业学校和职业补习学校。国内近代职业教育，其体制确立于1902年的《钦定学堂章程》。[①] 当中的工业教育，起步于清末迄辛亥革命间。工艺局所开展的实业教育或曰职业教育，基本面就是工业教育。

光绪二十六年（1900）十二月，清廷颁布"变法"、推行"新政"，到宣统三年（1911）辛亥革命爆发的10年间，称10年新政时期。

此前，晚清最高的监察、弹劾及建议机构都察院里，负建言、进谏之责的"给事中"一职的刘学谦，报奏清廷谓："各省设立学堂，能入学者多系富家子弟，其贫家子弟急待谋生者，大半难得入学"，[②] 足见当时社会基础教育事业之凋敝。这里的所谓"奏"，为清朝群臣百官向皇帝报告，请示公务，请安、道贺以及谢恩等情事用纸折本缮写的文书。

衰微的基础教育，难免累及其他层次的教育发展。但也反过来为社会其他方面的补偿发展提供了契机。工艺局的兴起，多少与此有关联。

晚清的工艺局、工艺传习所与工场，自1875年光绪皇帝即位以后即有，而广设于10年新政时期。"新政"亦即"清末新政"，是指慈禧太后以光绪之名，于光绪二十七年（1901）初发布变通政治诏书，以1901年到1905年为推行"新政"时期，以1905年到1911年为"预备立宪"时期。作为后话，晚清政府于1898年扑灭康梁百日维新变法后，在资产阶级民主共和思潮与新学冲击封建主义专制及旧学的强大社会压力下，不得不尝试变革图自救。但显然为时已晚，1911年10月的辛亥革命，将有入关268年统治历史的封建清王朝覆灭。

有如上内在原因的驱动，于是从中央到地方，在1902年前后借"实业救国"浪潮，掀起了创办工艺传习机构的热潮。光绪二十六年至宣统二年（1900—1910）间，根据清政府之令，各省及部分县先后创设工艺局，以京都农工商部工艺局为范例管理与经营。到民国初期的1913年，全国各省有工艺局215个。[③]

工艺局这类教育机构勃然兴盛，是晚清通过改变传统经济政策，修定律例、振兴实业、废除科举，在农工商部主导下，致力发展工商业，兴办学堂以育人才等救亡图存的新政运动产物之一。换另

---
① 《中国大百科全书》编辑部. 中国大百科全书，下 [M]. 2版. 北京：中国大百科全书出版社，2013：1878.
② 通行京外给事中刘学谦奏设半日学堂片稿文（光绪三十一年十二月初四）[M] // 全国图书馆文献缩微复制中心. 中国近代教育史料汇编，晚清卷. 北京：十洲古籍书画社，2006：1309.
③ 廖一中. 一代枭雄袁世凯 [M]. 北京：北京图书馆出版社，1997：182.

一个角度看，在这个具有资本主义性质的改革且比较全面的近代化运动中，所推行的教育改革，为那时各项新政改革中，步子迈得快、成效也显著的一项①，故而为社会各界所推崇及关注。

何谓工艺局？1979年版《辞海》对此的释义是：

> 清末官办或官督商办的手工业工场。农工商部工艺局和北洋工艺局规模较大。前者创立于1902年（光绪二十八年），设织、绣、染、木、皮、纸、藤、提花、料工、画漆、铁工、电镀等十二工科，雇工师、工匠教工徒习艺生产。……各省、县亦设有工艺局，但名称不一，有称工艺厂或工艺所者，主要为官办或由官绅投资经营。②

清末京都农工商部的工艺局创办于光绪二十八年（1902）五月。初设工厂10余间。先是收留无业游民为徒，继而招考16至22岁之间的生徒；聘募国内外技师。设局收艺徒之意，一则为鼓励商民创兴制造，开学堂研新法，以繁荣工业。二则为抵制洋货，以挽利权。三则将所属工种分科教学，传授技艺。同时，附设讲堂，授以普通教育。生徒毕业后，或留用或准其聘往他处授艺。其为安置贫民、穷人、无业游民以及罪犯就业，寓养于教，开通民智，改造穷人，造就工徒，以图稳定社会。四则作为各省学习之表率，以利推广。③人人有自立能力的工徒教育目标定位，与地方学徒制一师带一人或数人、重在本行业传道授业的相对封闭性比较，有较大的包容性及全局性。

该局所设诸项课程如织工科的洋毛巾、斗斜布两项，藤工、木工两科各置的华式、洋式两项等，"多系京中未有之艺事"。"募致外洋外省专门工师来京"教授艺徒者，有广东及日本籍。④⑤可见，此时广东在近代工业技术教育方面师资之盛。

从社会学的角度看，清末工艺局这种教养并施的救助方式，在解决部分人员的就业问题同时，也培养了一批手工业技艺人才；除推动城乡手工业发展，也促进了传统手工业技艺的保存与传播。

我国近代实业教育始于光绪二十三年（1897）设于江西高安县的蚕桑学堂，但到光绪二十八年（1902）七月十二日壬寅学制的颁布，实业教育制度才算正式确立。实业教育系列属清末光绪二十九年十一月二十六日（1904.1.13）颁行的《癸卯学制》中一个独立的学校系统。工艺局所推行的技艺教育，属农、工、商三种实业教育中的工业技术教育，且为初、中、高三等层次里初等实业学堂层次之外的艺徒学堂教育。此类教育"以授平等程度之工业技术，使成为良善之工匠为宗旨"。到1909年，实业教育发展为初、中两等级的工业学堂教育。艺徒工余学习，毕业无定期，分为半年至2年的速成科、3至4年的完全科不等，以期达到高小即小学六年级或中等毕业的程度。⑥

不过在实际执行过程中，被学部所指定的艺徒学堂监督、翰林院编修袁励准于例行调查中发现，全国有7000多名生徒在艺徒学堂学习，内有高小毕业至中学肄业的。"该生等既有志讲求工艺，自未便概从摒弃，阻其进修，择尤〔优〕拔取。遂不尽为童年初学，而学课程度亦即因以增高，不得不参照中、初两等工业学堂课程办理"。综合各地情形，这位袁监督就此认为："学生上课两年有余，所成就者实非粗浅。亟应更易名目，以期名实相符。"后经农工商部会同学部奏请清廷批准，艺徒学堂一律改为初、中两等工业学堂。改办后的学堂"仍另招艺徒，授以粗浅工艺，庶贫民子弟亦可兼收，

---

① 崔志海. 建国以来的国内清末新政史研究[J]. 清史研究, 2014 (3)：139、148.
② 《辞海》编辑委员会. 辞海[M]. 上海：上海辞书出版社, 1980：504.
③ 刘锦藻. 清朝续文献通考, 卷三七八, 实业一, 考一一二四七[M]//中国科学院经济研究所. 中国近代手工业史资料（1840—1949）：第二卷. 北京：中华书局, 1962：506-509、557.
④ 陈璧. 遵旨设立工艺局暨农工学堂大概情形折（光绪二十八年）, 望岩堂奏稿, 卷三, 四十一[M]//彭泽益. 中国近代手工业史资料（1840—1949）：第二卷. 北京：中华书局, 1962：507.
⑤ 刘锦藻. 清朝续文献通考, 卷三七八, 实业一, 考一一二四七[M]//彭泽益. 中国近代手工业史资料（1840—1949）：第二卷. 北京：中华书局, 1962：507.
⑥ 璩鑫圭, 唐良炎. 学制演变[M]//中国近代教育史资料汇编. 上海：上海教育出版社, 2007：451-452、455-456、478-479.

藉广教育"。① 筹办较晚的粤省工艺局,就此搭上这趟"末班车"。因为,一年后晚清政府即已垮台。所以,陈望曾给下属的事务工作指示函提到:工艺局的艺徒教育"现闻拟改为工业中学堂"的教育。②

但到了民国初年,这类教育有些反复,即整体要求有所降低。1912年1月19日,南京临时政府教育部通电各地颁发通令《普通教育暂行办法》。该办法明确,从前各项学堂均改称为"学校";次年8月7日,北京政府教育部公布《实业学校规程》,明确实业学校即为职业学校,学校分为甲、乙两种,都为3年毕业。其第三条第二款明确:原清世的艺徒学堂改为学校后,"艺徒学校视作乙种工业学校,亦得参照工业补习学校办理",实施简易的普通工业教育,并仍归入高小程度。如是,使得工艺局的教育事业在新的社会阶段得以延续,并兼顾了其间社会对相应人才的需要。③④

1913年农林部与工商部合并为农商部,后者接办工艺局事务。

二、广东工艺局破土而出

广东工艺局创办之初情况也大体如上。

1840年的鸦片战争前,广州便是国内有名的手工业城市与外贸中心。虽然战后这个中心地位被上海所取代,外贸从首位退居到第四至第六位,但广州因地缘优势,华侨众多,对外交往门户较早开放,兼有港澳作桥梁,国外经济信息和原材料、技术比较灵通和便利得到;在外向活跃的经济环境下,近代民族资本主义工业特别是民用手工业、轻工业商品生产,仍然较早、较快发展。1900年两广总督李傅相(李鸿章)认为"广东地接南洋,中外幅凑〔辐辏〕,工艺精巧"。⑤广东为清季外资工厂、洋务运动活跃之所、中国商品经济早发之区,亦即中国近现代工业与民族工业一发源地,而广州则是其集中地。光绪二十年(1894)全国近代工业工人过7万,单广州就汇集了1万余人,占总量的14.7%。⑥

民国初年国内所掀起的振兴实业的热潮,是辛亥革命的硕果之一。⑦1912年到1919年这8年间,是我国近代工业化的高潮时期。其中,广东于辛亥革命前后的近代产业比晚清有了较快发展:

据北京政府农工商部1912年11月统计称:当时广东有大小工厂2426家,占全国数的1/9,以规模小的轻工业居多,设于1911年之前的有2212家,以热力、水力或风力作动力设备生产的有136家,占全国数的1/3,共拥有动力4566匹马力。粤省工厂数与动力使用数,或为全国之首或居全国前列。⑧

其中机器制造业,为以广州为中心的珠三角地区织造、制糖、造纸、皮革、肥皂、化妆品等轻化工生产,藤木器具等手工业的稳定发展,从装备上提供了便利条件。⑨⑩

譬如,因其作为国内重要对外贸易通商口岸,工商业、中外文化交流,已于内地先行一步。在一个时期内还有所加快,多个行业都需要合适的人才,客观上加大了对近代教育的需求。

广东受康有为、梁启超对时局的维新主张的影响较深,加之清廷于光绪年间曾一度推行新政,官

---

① 农工商部,学部. 会奏艺徒学堂课程较高拟请改为中初两等工业学堂折(宣统元年六月二十一日)[M]//全国图书馆文献缩微复制中心. 中国近代教育史料汇编:晚清卷(5). 北京:十洲古籍书画社,2006:2191-2192.
② 提倡工艺之热诚[J]. 北洋官报,宣统元年[1909(2732):12].
③ 中国第二历史档案馆. 中华民国史档案资料汇编:第二辑[M]. 南京:江苏人民出版社,1981:463.
④ 中国第二历史档案馆. 中华民国史档案资料汇编:第三辑[M]. 南京:江苏古籍出版社,1991:372.
⑤ 阅报纪粤省整顿米政因推论之[N]. 申报,大清光绪廿六年四月廿一日(上)[1900-05-19(1)].
⑥ 李任桥,黄迎兴,梁荣沛. 工业综述[M]//广州市地方志编纂委员会. 广州市志:卷五(上). 广州:广州出版社,1998:7、11.
⑦ 中共中央党史研究室. 中国共产党历史:第一卷(1921—1949)(上册)[M]. 2版. 北京:中共党史出版社,2011:24.
⑧ 民国元年工商统计概要,附录[J]. 广东公报,中华民国四年六月三十日[1915(889):16].
⑨ 《广东百科全书》编纂委员会. 广东百科全书[M]. 北京:中国大百科全书出版社,1995:225.
⑩ 麦仰忠,王敬. 机电工业志[M]//广州市地方志编纂委员会. 广州市志:卷五(下). 广州:广州出版社,2000:5.

办、私立与教会各方都大举办学，到20世纪初，广州已是文化与实业教育水平较高的少数城市之一。

可见，社会经济建设是此时粤省工艺局教育事业发展的外在动力。不过，草创期办学起点低，初衷只为开智、教化民众，培养轻化工、手工业生产熟练工徒及技师。

当然，在广州城市近代化发展过程中，与之相伴的是部分无地、失地青壮年农民，被吸引离乡入城谋取生计，与原住城市贫民一起，构成城市弱势群体的基本成分。对这一阶层部分成员智力扶助、授以技能，以带动同一层面其他人，进而缓和或减轻因贫困而诱发的种种城市社会矛盾，也是工艺局创办后必担之责。

（一）操劳的广东劝业道

广东工艺局由晚清政府的派出机构即行政业务领导机关广东劝业道，于宣统二年（1910）五月间，以位于广州城西的增埗制造旧厂原有房舍旧物创办。

上述的劝业道，是清末新官制中地方行政机构官名之一。该道为1905年之后清廷"预备立宪"、推行"新政"的措施之一。光绪三十四年（1908）5月，中央农工商部拟定劝业道官制，7月经宪政编查馆议奏，得光绪下谕批准："兹据奏称各省拟增设巡警道、劝业道缺各节，应即次第施行。如实有与各省情形不同者，准由该督抚酌量变通奏明请旨。"其后，各省陆续设立。该道职掌振兴实业，专管全省农工商业及交通事务。该道设道署即道员衙门，置典吏若干协助办事。道署分作6科办事，有正副科长。道之下于各县设劝业公所。其建制仿照道署，分科设正副科长、科员等。①

清廷后来传谕各省：劝业道"归本省督抚统属，管理全省农、工、商、矿及各项交通事务"。以后又兼管邮电等项实业，受农工商部、邮传部及本省督抚双重领导。② 省各厅、州、县则设有一名劝业员，"监督掌理该厅州县实业及交通事宜"。到1910年，除晋、苏、甘、疆、黑等5省外，其余各省均已设工艺局。而在广东，有省、县工艺局

新设广东劝业道

图片来源：〈广东〉农工商报（光绪三十四年八月初一）[1908（44）：43] [DB/OL]．[2014-09-13]．http://www.library.sh.cn.

---

① 俞鹿年．中国官制大辞典，上册[M]．哈尔滨：黑龙江人民出版社，1992：735.
② 部颁奏定劝业道职掌任用章程，公牍[J]．广东劝业报（光绪三十四年十二月初一日）[1908（56）：1] [DB/OL]．[2013-06-19]．http://www.library.sh.cn.

两处。①

旧云："书博古，报通今。"现以此之道，执当年报纸杂志考察之。广东劝业道成立于光绪三十四年（1908）八月下旬，成为到当年国内设有劝业道的9省份之一。②两广总督张人骏曾于当月奏报清廷道："窃照广东新设劝业、巡警二道，钦奉谕旨，以陈望曾、王秉必二员补授，业接准部咨，分别饬赴新任。"③

由此可知《广东省志·政权志》2003年版称其成立于1907年，应为误判。道署设在当时的广州外城即今海珠广场附近五仙门的内关部前街原管辖关税的粤海常关（Canton Customs）监督署大关衙门旧址。由于咸丰十年（1860）设立"粤海新关"，称原来的海关为常关、老关或旧关。粤海常关建筑今尚存。

1927年五仙门内粤海常关办公楼外景

图片来源：《广东省志·海关志》编纂委员会. 广东省志·海关志［M］. 广州：广东人民出版社，2002.

上文的"督抚"为"总督"与"巡抚"两官名的合称。总督管辖一省或二三省，治理辖区内的军民要政。而巡抚则是省级地方长官，总揽一省的军事、吏治、刑狱等事。总督、巡抚都为地方最高长官，前者地位、声望略高于后者，但仍属平行。清廷若有重大事件，常向总督、巡抚征求意见。例设两江、陕甘、闽浙、湖广（即湖南、湖北，习惯上称此两省总督为湖广总督）、四川、两广、云贵、直隶等8地区总督④。至于"两广总督"，为从一品官，综理广东与广西两省军民要政、统辖文武。

当时，各府、厅、州均相应设劝业员1名，受劝业道及该地地方官指挥监督。辛亥革命后，粤省军政府即行"废道府两级旧制，以县直隶于都督"⑤，粤省劝业道，自始不复存在。这种情况倒是与南京临时政府于1912年成立后，府、厅、州改县，实行省直管县两级之制，中层的道员制因之与被裁撤的政制改革一致。

这里顺带作一个说明：辛亥革命之初，中央政府尚未确立，也没有颁布官制，各省便自行设置，粤省劝业道遂改为实业部。次年1月，南京临时政府将农工商部改为实业部，部辖的工务司掌管工艺局、劝工陈列所、农事试验场等。同年4月，北京政府将实业部改置农林、工商两部，次年又合为农

---

① 刘锦藻. 清朝续文献通考，卷三百七十［M］//大清光绪新法令，第四册［M］. 上海：上海商务印书馆，1910：15-16.
② 劝业道表（光绪三十四年），第五册，商政，下，农工商部统计表（光绪二十九年二月至光绪三十四年十二月）［M］//国家图书馆古籍馆. 近代统计资料丛刊. 北京：北京燕山出版社，2007：291-292.
③ 奏定劝业、巡警二道廉俸公费原折［J］. 广东劝业报，1908（56）：5-6.
④《辞海》编辑委员会. 辞海（彩图本）［M］. 6版. 上海：上海辞书出版社，2009：3075、2611.
⑤ 陈副督宣布治粤政纲［N］. 申报，辛亥十月二十二日（1911-12-13）.

商部，①此前的1912年2月，临时政府下令各地军政府各部改称为"司"，以使地方各部与中央各部有所区别。粤省的实业部改为司；到1914年5月24日，北京政府颁布省官制，将内务、教育、实业等3个司撤去。同时，前者升格为厅，后两者改为科并隶属于前者，②1917年9月8日，北京政府公布《废止省长公署政务厅内教育、实业两科令》，前者改作教育厅，直隶教育部，掌理省内各级学校，后者改为实业厅，它所掌管的普通实业教育即后来之"职业教育"，改由省教育厅管理，其职能范围不再包括学校教育方面。但此间，粤省没执行北京政府之令，没设教育厅，而延至1921年3月8日才设立业务行政领导性质及范围相当的省教育委员会。③故而在此之前，工艺局及甲工的办学事项，仍由实业科掌握。

清末地方职官体系是，总督、巡抚节制布政使，布政使、按察使节制道员，道员节制知府、直隶州知州、直隶厅同知或通判。粤省劝业道首任首长即"道员"，由全省按地域而设的6道之一的"广肇罗道"理头，原广州知府[广州府领14县：南海、番禺、顺德、东莞、从化、龙门、新宁（今台山）、增城、香山（今中山）、新会、清远、三水、新安（今深圳地域）、花县等]行政长官陈望曾擢充。④

道员又称"道台"，为清朝百官官阶等级，正从两类一品到九品共18个品秩中的正四品官员，为专职实官。先前道员是属临时派出性质的地方军政首长巡抚或总督的传布政令的大员，也有作为管一省的财政、民政的布政使司和管司法的按察使司辅佐官。历史上，清代官场有重京官轻外地官、重文官轻武官之旧习；原先满汉族界限本已很严，到清末时，更加重满轻汉。其中，汉族文职官以科举考试出身者为"正途"。⑤⑥

两广总督张人骏奏保陈望曾补授劝业道折，即持奏事的本章向光绪帝请示，建议据情准予任命陈氏为劝业道道员。该请示于光绪三十四年（1908）七月十三日获准。该折奏称：

> 查有二品顶戴军机处存记广东候补道陈望曾，年五十四岁，福建台湾县人，改籍侯官县，由附生中式同治庚午科举人，甲戌科中式贡士，殿试三甲，朝考三等，奉旨以内阁中书用；光绪十一年报捐知府，指分广东试用，引见到省，委署韶州府知府；嗣因办理黄江税务长征保准候补缺，后以道员用；复因惠州三洲田会匪肃清案内出力，保准候归道员班后加二品顶戴；又因办理本省绅富饷捐出力，保请免补知府以道员归候补班前先补用，经吏部核准于二十九年闰五月二十二日具奏奉旨："依议。钦旨。"照例扣至是年七月十一日作为道员到省日期，一年期满甄别，堪以留省补用。迭次委署广州府知府，经前署督臣德寿、岑春煊，前抚臣李兴锐先后保准，送部引见，并交军机处存记传旨嘉奖。
>
> 臣查该员通达民情，有为有守，三权首郡，卓著循声，历供要差，最为得力。举凡民生利病、工商实业，靡不加意讲求，如开办官银钱局，创设蚕业、工艺各学堂及劝工陈列所、自来水

张人骏（1846—1927）

图片来源：南京图书馆编委会. 中国近现代人物像传[M]. 上海：上海古籍出版社，2011：528.

---

① 陈旭麓，方诗铭，魏建猷，等. 中国近代史词典[M]. 上海：上海辞书出版社，1982：245.
② 殷梦霞，李强. 民国教育公报汇编（第一六四册）[M]. 北京：国家图书馆出版社，2009：387-389.
③ 温仲良. 近三十年之广东教育行政[DB/OL]. 广东省教育会杂志，1929，1（2）：174 [2014-09-13]. http://www.dachengdata.com.
④ 光绪三十四年（1908）七月职官表名录（外官），各表，外官表[J]. 东方杂志，第五年，第八期（光绪三十四年八月二十五日，1908年9月20日）[1908（8）：戊申，11].
⑤ 陈旭麓，方诗铭，魏建猷，等. 中国近代史词典[M]. 上海：上海辞书出版社，1982：689.
⑥ 钱实甫. 清代职官年表[M]. 北京：中华书局，2005：1、4.

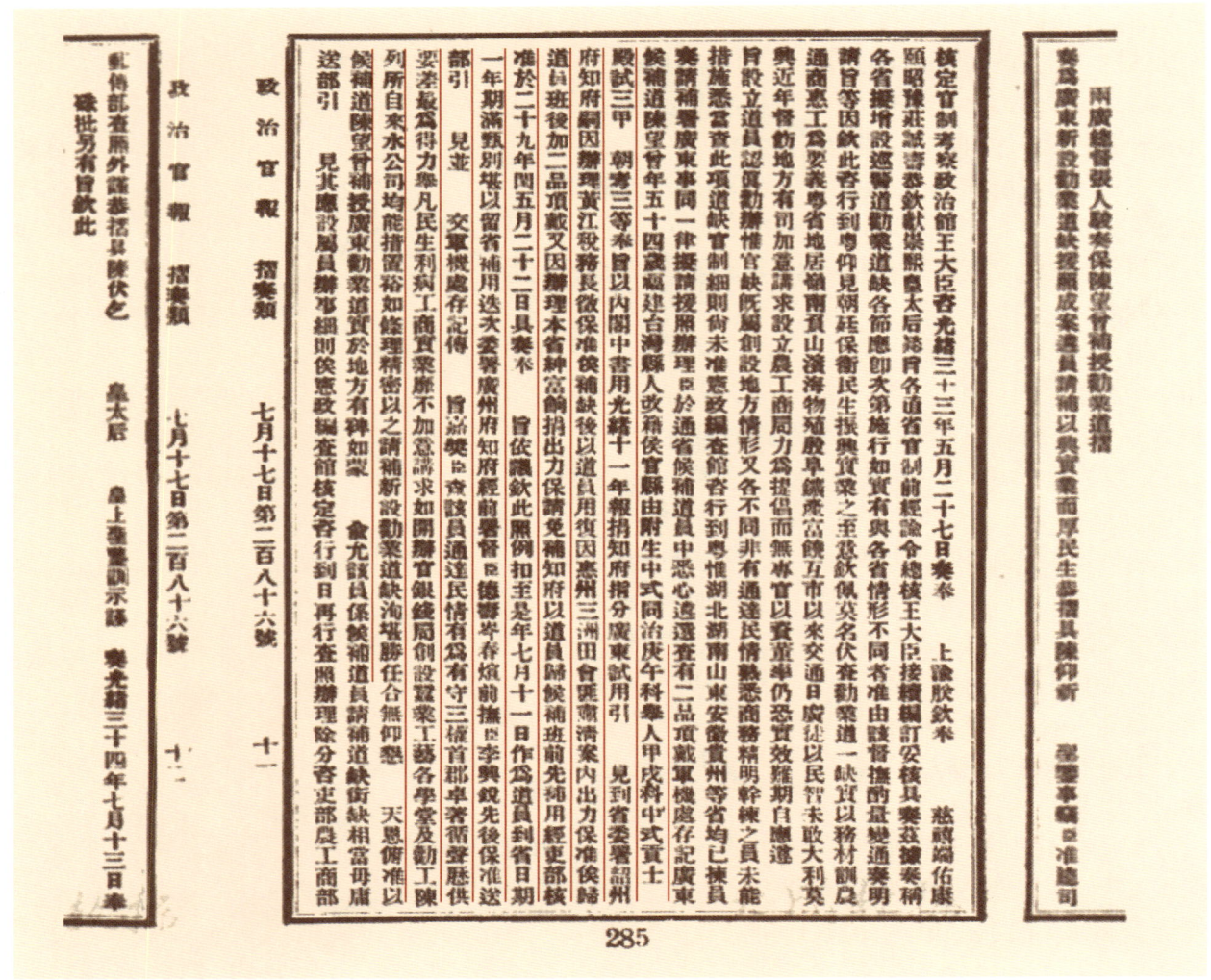

张人骏奏保陈望曾补授劝业道折

公司，均能措置裕如，条理精密，以之请补新设劝业道缺，洵堪胜任。①

上述引文中，"顶戴"为清代用以区别官员等级的帽饰，皇帝可赏给无官者某品顶戴，也可对次一等的官员赏给较高级的顶戴，使之获高一等级待遇。"军机处存记"即在清代辅助皇帝的政务机构中记录在案。台湾的行政架构在清朝时曾一度设置为府，归属于福建省，故有"福建台湾县"之说。"殿试"即朝廷试，为皇帝对会试所录取的贡士在殿廷上亲加策问的考试。若通过殿试则分三甲录取：一甲限3名，赐进士及第，其首名通称状元；二甲均赐进士出身；三甲均赐同进士出身。录为二三甲进士者，均可分授庶吉士、主事直到知县等官"附生""举人"及"贡士"等，都属当年科举制度下所设定的录取等级，如士子经童生试录取者称附生（又称"诸生""生员"，通称"秀才"），前者经乡试录取者称举人，后者于京师会试被录取便可改称贡士等。当时，对经乡试或会试合格者，各称"中式举人""中式贡士"等。所谓"内阁中书"，为掌撰拟、记载、翻译满汉文、缮写诸事的职员。清代在内阁办公场地东西两侧，置房间若干，安排中书职位数个。进士经朝考以内阁中书任用者，可充任乡试主考之职差。"引见"为一种礼仪，清代京官自五品以下，外官自四品以下，于初次任用、京察、保举、学习期满留用等，文武官均须各由吏部或兵部引领觐见皇帝一次。"候补班"亦称"候补道"，为清朝官员任用制度之一。"道员"为清朝捐官条例规定中的最高一级之职。道员实缺有限，为取得官职和头衔而缴纳银两，一般无缺可补，仅能得到临时性的差委。这种

① 奏设政治官报，光绪三十四年七月份，第二百八十六号，七月十七日［M］．台北：文海出版社，1965：284-285．

道员称为候补道。①

依上列奏章及结合其他文献，大体可知陈望曾生平：1853—1929，字省三，号鲁村，别署安平逸民，祖籍福建龙海市。生于台湾宜兰西门街，家贫，幼徙居台南县下横街。同治十三年（1874）经甲戌科科举考试，被赐同进士出身第三甲第六十九名，②授内阁中书为从七品文职官。甲午战争后，携眷内渡大陆避祸，先后为广东雷州、韶州（今韶关一带）的知府，广东候补知县，广州知府等。其在光绪二十九年至三十年（1903—1904）广州府知府任内，继丘逢甲之后兼广州府中学堂监督即校长。后奉委提调广东海防兼善后总局委员，管理全省军需。所谓"提调"有两重意思：一是提举调动，二是晚清常于各新设机构中所置的处理各种事务的高级职员。1905年1月兼广东官银钱局"提调"（注：该局于清光绪三十年十一月二十七日即1904年成立，设于广州濠畔街，为官办地方金融机构，属于半钱庄半银行性质，由藩

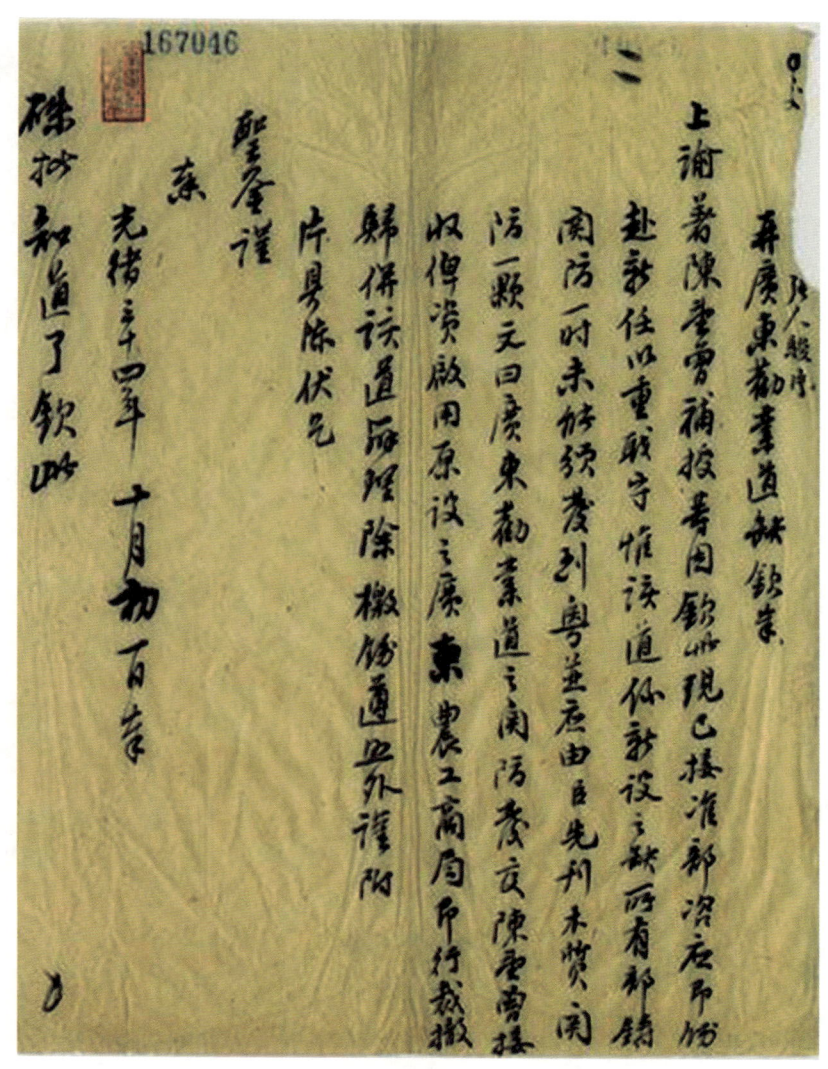

张人骏奏为广东劝业道陈望曾即饬赴新任，并刊刻该道木质关防备用之折件抄写件（光绪三十四年十月初二日，1908年10月25日）

图片来源：典藏台湾［DB/OL］．［2015-09-13］.http://catalog.digitalarchives.tw/item.

库、关库、广东海防善后局3处共筹集资本银100万两。归善后总局负责，陈氏为首任负责人）；光绪三十二年（1906），出任整顿粤海关关务"提调"；另外，所谓"善后局"，是指晚清对有战事的省份用于处理特殊事务的常设机构；次年兼广东蚕学馆馆长，兼广东调查局督办；光绪三十四年（1908）七月，由候补道试署广东劝业道，后升任该道道员，直至宣统三年（1911）七月。③而所谓"试署"，是指暂时代理某一职务。但广东劝业道为新设置的政府机构，本身存缺额，陈氏试用合格后被提请清廷正式任命。张人骏奏章所反映的就是此阶段的过程。

这里有一附言，清代对同一任免职官，有调、改、转、升、迁、擢、革、褫、解等不同用词，其语义较为宽泛，无严谨而统一的释义。④本书着意叙事，故略其法律之义。

如引文所言，陈氏于任内办水泥厂、电力公司、自来水公司，置农事试验场、工艺局、蚕业学

---

① 陈旭麓，方诗铭，魏建猷，等．中国近代史词典［M］．上海：上海辞书出版社，1982：416、523、727、95-96、134、578.
② 王鸿鹏．台湾科举史料汇编［M］．北京：九州出版社，2016：160.
③ 郭存孝．清末民初职官名录（1908—1919）［M］．北京：中华书局，2012：10、162.
④ 钱实甫．清代职官年表［M］．北京：中华书局，2005：5.

光绪三十三年（1907）广州府中学堂第一期甲、乙班毕业班合影于校所在的布政司后街越华书院。民国后，该校改办为"广州中学"，亦即后来的"广东省立第二中学"

图片来源：辛亥革命前的广州——清末学校［DB/OL］.（2002-08-21）［2015-03-17］.
http://www.guangzhou.gov.cn.

堂，提倡开辟北江煤、锑矿，为振兴广东实业作出了一定贡献。譬如，"广东自来水公司三年之际艰苦经营，亦颇赖陈望曾始终左右联络维持之力，此尤不可没者也"。其掌劝业道的同时，还兼职多项。如宣统元年（1909）七月，兼按察使[①]（注：按察使司别称臬司、臬台。该官为总督、巡抚的属官，管一省司法刑狱和官吏考核。1910年更名为"提法使"）、提学使（注：该官职原称"提督学政"，1905年改称"提学使"，掌一省教育行政事务）等职。清廷将其官帽上所衬核桃大小的圆珠子，改授一品透明红宝石，即所谓"赏加"顶戴。另外，根据清廷奖惩制度，给官员授以荣典的同时，因陈氏一品官的地位，该项荣典又惠及其曾祖父、父母及其妻室等三代，即获所谓"封典"之荣耀。清朝以"养廉银"补贴。任总督者，年有1.3万~2万两，而知县有400~2000两不等。[②-④]有人谓，台籍进士在大陆仕途者，以陈望曾最为显达。有史籍称一步步走仕途之路的陈望曾居粤20多年，治事有恒，思虑周密，颇有政声。

清宣统元年（1909）三月，广东总督张人骏曾设立西沙群岛筹办处，筹备经营西沙事宜，制订《入手办法大纲》10条，内容有测绘各岛、勘定各岛、基础设施、兵轮防卫等部分。四月，筹办处人员由广州分乘伏波、广金、琛航3舰赴西沙群岛复勘，4月22日回到广州，又拟订《开办办法》8条，内容包括厘定岛名，竖立碑记，招工开矿，发展畜牧，植树造林，建立榆林、三亚两处基地，兵轮巡阅各岛，专轮转运物资、人员，安设无线电，化验磷矿等。

[①] 护理两广总督胡湘林奏委陈望曾署臬司、韩国钧署劝业道片（宣统元年七月二十日）［M］//奏设政治官报.台北：文海出版社，1965：442.

[②] 陈旭麓，方诗铭，魏建猷，等.中国近代史词典［M］.上海：上海辞书出版社，1982：488、486、535-534.

[③] 俞鹿年.中国官制大辞典，上、下册［M］.哈尔滨：黑龙江人民出版社，1992：752、906.

[④] 郑喜夫.民国连雅堂先生横年谱［M］//王云五.新编中国名人年谱集成，第11辑.台北：台湾商务印书馆股份有限公司，1980：20-21.

当国民革命酝酿之际，陈望曾秘助革命党人，颇多致力。辛亥革命后，陈望曾奉总督张鸣岐之命，于宣统三年（1911）九月初八，与"粤东总商会""自治研究社"及"九善堂院"等商社与私人慈善机构等，商筹平籴大米办法，"平粮以济民食"。①

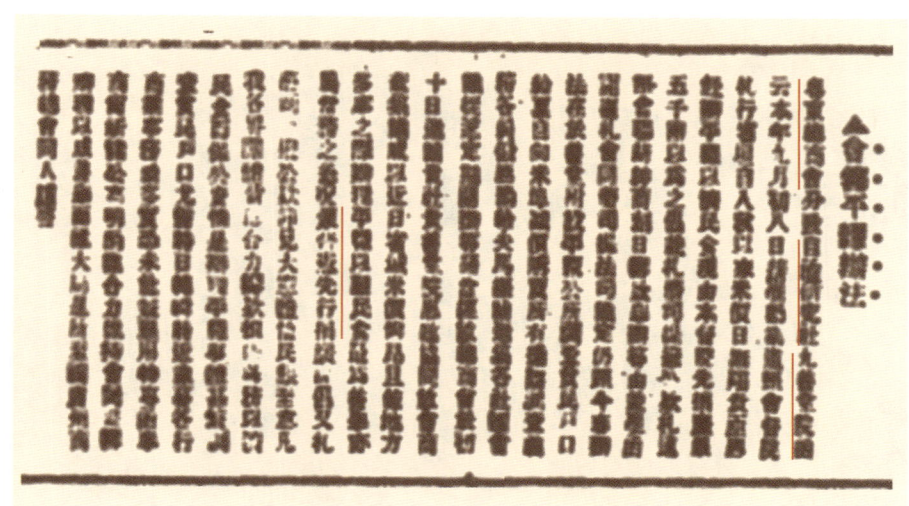

图片来源：会筹平粮办法［N］. 申报，辛亥九年十七日（1911-11-07）.

宣统三年九月十八日，广东革命党人兵不血刃地宣布全省独立，4天后成立军政府，提法、巡警、劝业诸道首即省府司法、警察、实业等机关首脑要员和府、县吏员尽逃。②陈望曾隐居香港不为仕宦，恍若拒周粟之遗老，日以读书、静养、玩古自娱，兼投资入股工商业及传播国学的"香港学海书楼"义务董事。③1926年闻北京之清朝东陵墓被盗，即响应在港前清遗老集资修墓号召，捐出3000元。后卒于香港。④⑤近有文称陈氏在民国初年就任广东省实业厅厅长。⑥

另外，陈望曾的文章、诗词，备受台湾艺林推崇。已知其存世诗文，多与寄台怀乡、驱日复台有关。如《和施士洁原韵》一首："太平山下闭门店，海上词人递鲤书。避地遗民思故国，怀乡有客鉴前车。公麟书法千秋在，伯虎诗篇万卷舒。轮奂君家完苟美，稻香卜筑结吟庐。"又如《旧历元旦抒怀》一首："乡社归来负夙期，客中又见岁星移。隔江隋柳空春色，旧国尧冥失夏时。犹守陈咸汉家历，还编陶会义熙诗。占年自有衡门雪，宗帽新添鬓上丝。"⑦

陈望曾与1895年从台湾内渡回粤的立宪派人物、晚清广东咨议局副议长丘逢甲，自光绪十三年（1887）相识后，多有交往。光绪二十四年（1898）间，丘逢甲曾与陈望曾等游广州后，作诗两首《寄怀陈省三许韫白游宦广州》，表达彼此离台之乡愁："同作浮家客，多君尚宦游。天涯惊物序，海色入乡愁。鸡凤争栖日，龙蛇起陆秋。东风千里目，怀远此登楼。""谁可陈藩匹，吾尤念许虔。几同岭外谪，等是汝南贤。仙令丹砂地，蛮王左纛天。何时渡江客，聚语永嘉年。"此外，丘逢甲也曾为陈望曾之扇画题诗一首："天下事已无一可，空山独坐我观我。坐中忽发古幽思，一任残天烧劫火。"有史家指出：以丘逢甲、许南英等为代表的一批流亡大陆的爱国诗人，其思念台湾故乡的诗作，构成了台湾被割裂后反殖民文学的最早吟唱。⑧—⑩陈望曾这方面的诗作，当可归入此列。

此外，陈望曾与国内近代资产阶级改良主义思想家兼实业家郑观应交往亦多。

---

① 会筹平粮办法［N］. 申报，1911-11-07［第一张后幅（4）］.
② 广东宣布独立详情［N］. 申报，1911-11-19［第一张后幅（3）］.
③ 邓又同. 香港学海书楼简史［M］//广州市政协文史资料研究委员会. 广州文史资料：第四十辑. 广州：广东人民出版社，1989：122.
④ 伯子. 辛亥革命后寓居香港前清"遗老"的种种活动［M］//广东省政协文化和文史资料委员会. 广东文史资料精编，清末民国时期社会万象篇：上编，第5卷. 北京：中国文史出版社，2008：85，90.
⑤ 陈铭坤，陈及霖，陈美光，等. 闽台陈氏名人：台湾卷［M］. 北京：中国文献古籍出版社，2012：69-70.
⑥ 恩平市纪委监察局，恩平市委预防职务犯罪工作委员会. 恩平历代清官故事［Z］. 出版信息不详，2011：7.
⑦ 陈望曾. 和施士洁原韵、旧历元旦抒怀［M］//台湾诗抄，台湾文献史料丛刊，第八辑. 台北：台湾大通书局，1987：425.
⑧ 丘逢甲. 岭云海日楼诗抄［M］//台湾文献史料丛刊：第八辑. 台北：台湾大通书局，1987：61-62.
⑨ 丘铸昌. 丘逢甲交往录［M］. 武汉：华中师范大学出版社，2004：189.
⑩ 陈思和. 有关20世纪中国文学史研究的几个问题［J］文学评论，2016（6）：159［新华文摘，2017（3）：94］.

郑观应（字正翔，号陶斋）关心时务、热心西学、主张改变专制与设立议院及发展近代实业。其关于开启中国民主与科学启蒙思想的系统言论《盛世危言》为光绪帝所看重，下令即印2000套，使六品以上官员人手一套学习[1]。因他在穗、沪两地商界与实业界中有广泛的社会与业务关系，陈望曾对其助力粤省发展实业抱有希望。郑观应以五言诗赞许陈望曾，委得力部下广开言路以集思广益，创设工艺局的同时努力发展农工商诸业："大府美所请，鸿恩锡自帝。德泽遍广肇，勋名亘天际。游擢劝业道，更恐言路蔽。委员接商人，研究农工艺。添设制造厂，贫民沾实惠。丰功伟业多，愧未得详缅。"[2]这表明两人在时政、实业建设一些方面的思想认识，可能相知相近。

光绪三十二年八月十五日（1906年10月2日）陈望曾致郑观应函
图片来源：吴建中，陈迎宪. 郑观应档案名人手札，郑观应文献选集［M］. 上海：上海古籍出版社，2007：12-13.

这里有一辨正：《广东省志·农业志》2002年版在其"农业志大事记"中，关于光绪三十四年设劝业道段落中，称陈望曾为该道"道尹"。华南农业大学1999年版校史书也持同论，这与本书所引用的晚清官方文件不符，故疑为一误。因晚清不曾设置"道尹"一职。1914年5月24日北京政府颁布《省官制》，实行行政管理层级省、道、县3级制，每省置数道，始有"道尹"之设。[3]而陈望曾已于1911年辛亥革命后旅居香港，淡出政界。因此《广东省志·工商行政管理志》1997年版称陈望曾为道员，是为正论。

至于上述所道的"城西的增埗制造旧厂"，是指光绪元年（1875）八月，广东巡抚张兆栋，续前任两广总督瑞麟于同治十三年（1874）的有关引进英国重型军械设备、创办"广东军火局"于广州之西郊增埗事宜。光绪十二年（1886）九月两广总督张之洞，把广州文明门外聚贤坊瑞麟所创办的机器局迁并到增埗军火局，称为"广州制造东局"，第二年在番禺石井建弹药厂。

所谓军火局、机器局等，是兵工厂于不同时期的叫法。旧厂就是广州制造东局迁石井后所留遗址，亦即上文所说的工艺局故址。所谓故址，其实弃之未久。即两广总督岑春煊于光绪三十一年（1905）奏请裁撤制造东局，把它与石井军械厂归并为制造军械总局。[4][5]之后1910年因工艺局开

---

[1] 雷爱侠，吴春燕. 郑观应：开启中国民主与科学启蒙思想的序幕［N］. 光明日报，2018-10-19（4）.
[2] 夏东元. 郑观应集，下册［M］. 上海：上海人民出版社，1988：337，556，709，715，727，1140，1403.
[3] 《民国法规集成》编委会. 民国法规集成（1911.10—1949.9），第七册［M］. 合肥：黄山书社，1999：426.
[4] 《广东百科全书》编纂委员会，中国大百科全书出版社编辑部. 广东百科全书，上卷［M］. 北京：中国大百科全书出版社，2008：100.
[5] 朱恩绂. 奏考察广东制造军械厂情形折（宣统二年四月初四）［M］//《中国近代兵器工业档案史料》编委会. 中国近代兵器工业档案史料，第一辑. 北京：兵器工业出版社，1993：346.

办，这个地方重现生机。

根据清令，各省设学堂须先将课程办法报学部核定，并结合当地特点，发挥地区优势，"用其所长"；考虑地方全面发展的需要，补充当地所缺门类，即"补其所阙"；师资知识要专门化，"每设一堂，须就所拟办之科目，访求专科教员，切实教授"；办学前要"先设立实业教员讲习所一所，以裕师资"，要派出官费留学生学习工科格致之理等课程，以充当预备教员；等等。①

这里所称的"学部"为清末全国最高教育行政机构。光绪三十一年十一月初十（1905年12月6日）设立；而上述的"讲习所"与优级师范学堂相当，分"完全"与"简易"两种，招生和毕业年限、毕业后所承担的义务等项，跟师范学堂都是相同的。至于"格致"为"格物致知"的简称，清末以此统称声学、电学、化学、光学等自然科学。②③

设立后的粤省劝业道，以当年12月中央农工商部部颁的奏定《劝业道职掌任用章程》为据，在积累指导阳江州等地创办工艺局的基础上，着手筹设省工艺局。④

（二）密锣紧鼓的1909—1910年

到宣统元年（1909）十月初，劝业道拟出"全省大工艺局之计划"。为使众周知，把计划中关于局址选择、二三十万办学经费的筹措、办学科目的设置、教习和技师的招聘等大要，以报告形式刊于劝业报上。⑤ 该报连同其前身《农工商报》，都是广东劝业道道署机关刊，负有上传下达官方政事要闻、限制或引导社会舆论的基本职责。

这里所说的"报告"，其体例有别于现代意义上关于党政机关公文"报告"所明确的定义，即向上级机关汇报工作、反映情况，回复上级机关的询问。刊于晚清广东劝业报上的众多报告，有属告述事项的通讯、报道，或为公牍即公文的摘要，有时又表现为公牍全文照录。这表明晚清官府公牍与民间尺牍在社会形态向近现代转变过程中，处于新旧体例或程式、体裁形式并存或"发育"未定型等阶段。当然，这个时期不论何种形态的文献，对今人深入认识粤省工艺局的创设与办学过程，都是大有裨益的。

当年民办报业的上海《申报》，以"劝业道振兴家族工艺之政见"为题，解读该道署有关省工艺局筹备中对几个方面的考虑。当中包

---

① 学部通饬整顿筹划实业教育札文（宣统元年八月一日）[M]//璩鑫圭，童富勇，张守智. 实业教育师范教育，中国近代教育史资料汇编. 2版，上海：上海教育出版社，2007：21-25.
② 教育大辞典编纂委员会. 教育大辞典，第10卷[M]. 中国近现代教育史：上海：上海教育出版社，1991：78、326.
③ 璩鑫圭，童富勇，张守智. 中国近代教育史资料汇编：实业教育 师范教育[M]. 2版，上海：上海教育出版社，2007：29-30.
④ 公牍：部颁奏定劝业道职掌任用章程、报告：禀设工艺局[J]. 广东劝业报（光绪三十四年十二月初一）[1908（56）：1-3、63].
⑤ 劝业道拟设全省大工艺局之计划[J]. 广东劝业报（宣统元年八月二十一日）[1909（82）：43].

括设置民间传统手工业技艺传习所的经费来源、工艺局选址、主理人选、教习的选用、招生额、缴费项目与额度、附设工艺品陈列所等具体事项，关于将来工艺局仿制洋货应对现有手工业者利益予以保护，以及在广泛调研基础上拟定一个主项与若干副项的两个办学思路等。原文段落以空一格示之，今以序号代替并分段落列出。

（一）工艺局附设家族速成工艺模范传习所，组织务求完备，应用经费原系出自地方公款，本属无分畛域，唯事繁费巨，实业经费有限，亟应并愿顾兼筹。除禀明督宪先行拨款开办，以为之倡外，应如何妥议补助，俾资经久？

（二）制造旧局地面宽大，房舍亦多，且旁有民田三十余亩，亦易扩充；局门滨河，货物起卸更便，于此改建工艺局，并附家族速成工艺模范传习所，形势适宜。唯该处离城有十余里之遥，不嫌远隔否？

（三）工艺局及家族速成工艺模范传习所之组织，以选举总司理人为最要。现有无能胜此任之人？

（四）各项教习非有专门之学难于精进，应如何选用？

（五）家族速成工艺模范传习所所有艺徒，由各县于各族中挑选，应以若干名为额。其学费、膳费、寄宿费，应如何酌令筹缴？

（六）现议工艺陈列转运所，系为出品销场及转运工艺原料起见。惟前经按照部章禀设劝工品物陈列所，应否俟前项经费筹定开办有期，再将此项工艺陈列转运所附设？

（七）工艺以能仿造洋货、改良土货，而不与向有手工争利，调入。第二段要义照粤省情形而论，应习种类若干，以某项为主，并应博访周咨，预为筹及。①

上述的"教习"，为清末官办的各级各类学校教师之通称。原为明清时期学官名。清末兴办学

---

① 分类新闻，实业：劝业道振兴家族工艺之政见［N］．申报，宣统元年十月十九日［1909-12-01（第二张，4）］．http://www.neohytung.com（南京图书馆外购资源，瀚堂近代报刊全文电子数据库，以下同）

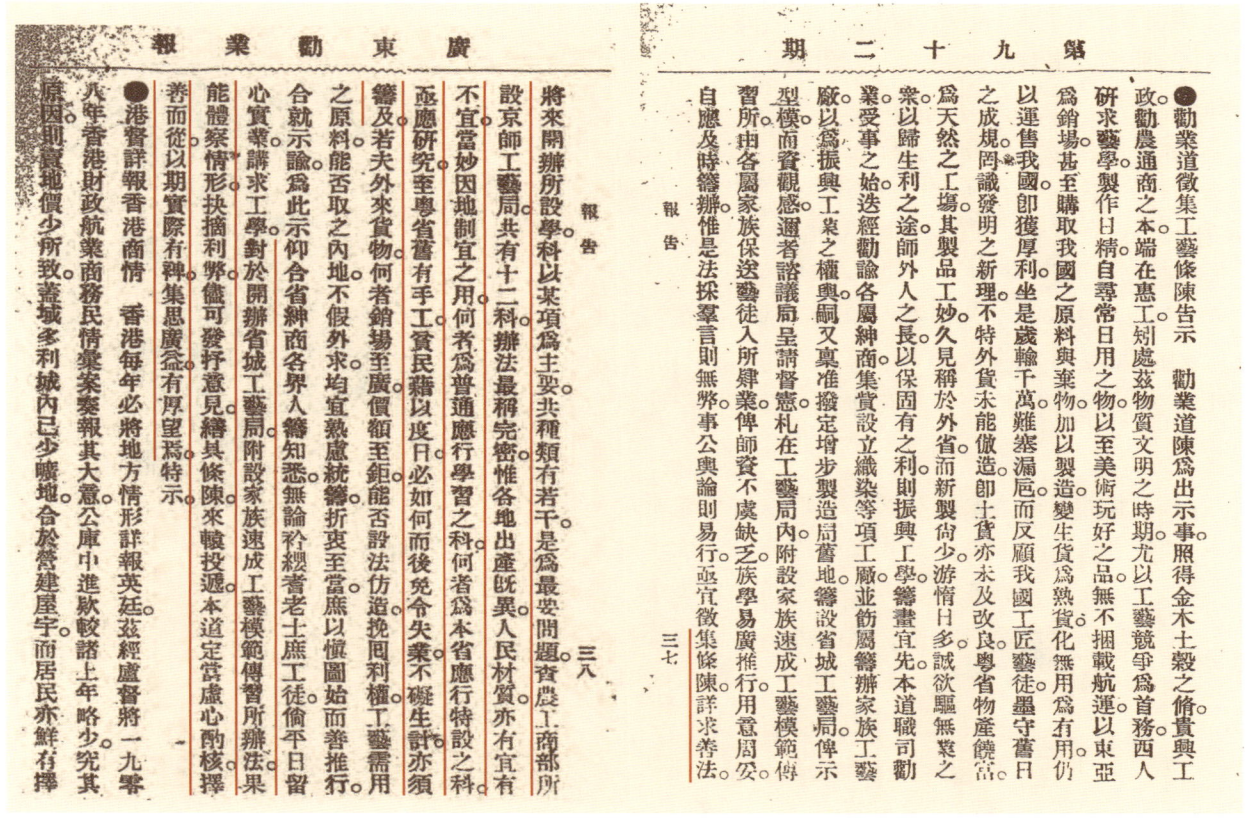

堂，其教师沿称教习，辛亥革命后才渐唤"教师"[1]。

宣统元年（1909）十二月，劝业道"禀准拨定增埗制造局旧地筹设省城工艺局"后，本着"法采群言则无弊、事公舆论则易行"的认识，通过《广东劝业报》正式对外发布"劝业道征集工艺条陈告示"，当中曰：

> ……征集条陈，详求善法，将来开办所设学科，以某项为主要，共种类有若干，是为最要问题。查农工商部所设京师工艺局，共有十二科，办法最称完密。惟各地出产既异，人民材质亦有宜有不宜，当妙因地制宜之用。何者为普通应行学习之科，何者为本省应行特设之科，亟应研究。至粤省旧有手工，贫民藉以度日，必如何而后免令失业，不碍生计，亦须筹及……

该告示于末段，吁请社会各界直抒己见：

> 仰合省绅商各界人等知悉。无论袀缨耆老、士庶工徒，倘平日留心实业，讲求工学，对于开办省城工艺局、附设家族速成工艺模范传习所办法，果能体察情形，抉摘利弊，尽可发抒意见，缮具条陈，来辕投递。本道定当虚心酌核，择善而从，以期实际有裨。集思广益，有厚望焉。[2]

经过官府、社会有识之士等内外一番商议，劝业道道员陈望曾代表道署于宣统二年（1910）三月三十日对外发表谈话，就"年来振兴工艺之举，官、绅、士、庶莫不视为要图"的舆论背景下，提出该道对筹办工艺局的下一步设想：即全省振兴工艺实业分总局及分局两种。总局设于城内，其办学章程有6章74条，专收15～20岁年少聪慧的艺徒。总局另外附设的家族工艺传习所有关章程在订；分局于城的东南西北暂设4局，当前可先行在城东北及珠江南岸即河南，各设1局，分招各地无业游民各500人，俾易于就近学习。对其中的聪慧者，教以程度稍高之工艺，其余授以粗浅易成的手工。[3]

---

[1] 教育大辞典编纂委员会. 教育大辞典，中国近现代教育史：第10卷[M]. 上海：上海教育出版社，1991：84.
[2] 劝业道征集工艺条陈告示[J]. 广东劝业报（宣统元年十二月初一）[1910（92）：37-38].
[3] 陈道详议振兴工艺办法[J]. 广东劝业报（宣统二年四月初一日）[1910（101）：35-38].

至于录取资格，报名办法、时间、地点，在学费用，书簿文具、制服、工食（即月薪）、津贴、医疗等方面的待遇，毕业后去向等，布告均有所涉及。

粤省工艺局呈报办学，得署理两广的总督袁树勋核示，准予利用修缮、整治一新的增埗旧军工厂办学。如是，工艺局办学有据、招生有道、校园有址，只待学生入校开学了。

宣统二年五月十日（1910年6月16日），陈望曾以粤省劝业道道员名义发布《工艺局定期招考艺徒》的布告。形同招生海报，广示招徕。其张榜发布，等同宣告工艺局办学由此发轫。而这，或许可作为华南理工百年办学发展史于此首启的标志。该榜文称：

> 本道创设广东工艺局，原所以树模范而宏造就。业经拟定章程，详奉署理两广督部堂袁，批准在增步〔埗〕旧制造厂改建开办在案。现在工艺局修理告竣，亟应招收艺徒。先从染织两科入手，赶期开工，随后续增科目，依次传补以期完备。合就示谕，为此示仰商民人等知悉。①

袁树勋（1847—1915）

图片来源：南京图书馆. 中国近现代人物像传[M]. 上海：上海古籍出版社，2011：775.

虽说它名正言顺，乘时而起，但非即刻受社会追捧。或许是新设办学机构"养在深闺人未识"的缘故，前来报考者数未如人意。劝业道见状即予补救，于6月26日再发一道告示，谓：

---

① 工艺局定期招考艺徒（宣统二年五月十日，1910年6月16日）[J]. 广东劝业报（宣统二年五月十一日，1910年6月17日）[1910（105）：41—42].

工艺局招考艺徒，原限至本月二十日以前报名，兹再展限十日，改至本月三十日止截。各就牌示，为此示仰商民人等知悉，以广招徕。如有子弟情愿入局习艺者，务即于限内报名，听复考验，幸勿自误云云。①

劝业道在《广东劝业报》官报上发布招生延期布告后，有1500余人报名投考。

1909—1910年，粤省劝业道在办学方面领导与组织了两项全省考试，即关于广东农业讲习所与广东工艺局各自独立的首次入学考。前者有梁惟一于1964年撰文，忆其所历55年前冬日劝业道道员陈望曾在广州主持报名考试的情形："天未亮至考场候考。天明，主考陈望曾莅场，在至公堂上逐一点名发卷。陈望曾细察考生年貌形态，并在名册上作符号记录。试卷上编有考室次第和座号，考生依号入座。约至10时点名毕，出题：作文题为'贵勤论'；笔算题则为整数及分数四则……三四日后出第一榜录取……榜后两三日在原址复试。"②

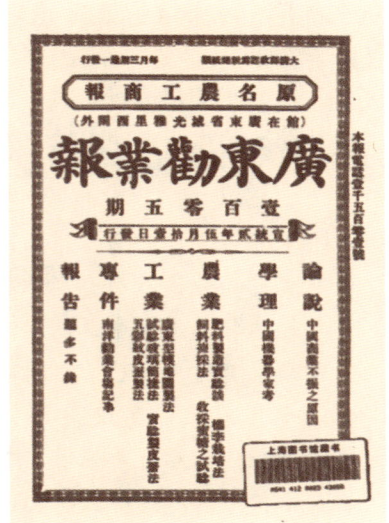

由于迄今都未能寻觅到1910年夏日工艺局当年入学考"首秀"的有关细节，无从知晓该场考试是否有令人难以忘怀的一幕，是否有陈望曾坐镇考场细甄考生等环节。即其所走程序与上例是大同小异，抑或迥然有别，尚还未知。不过，后来有关道署选考录取这一重要环节，尚有对此作简略记载的文献资料可查，多少算是一种弥补。此外，目前知道当年的考生须循例到今文明路一带的贡院，参加招生考试。

宣统二年六月十日（1910年7月16日），陈望曾假座天官里后街湛甘泉别墅旧址（今广州越秀区法政路右巷西）

清末广东贡院主路两旁，每室仅容考生1人应试的简陋号房鳞次栉比

图片来源：王月华. 贡院里苦熬的九天六夜[N]. 广州日报，2013-05-28.

---

① 工艺局报名投考展期（宣统二年五月二十日，1910年6月26日）[J]. 广东劝业报（宣统二年五月二十一日，1910年6月27日）[1910（106）：41].
② 梁惟一. 广东早期农业教育和农业试验[M]//广东省政协文化和文史资料委员会. 广东文史资料精编，清末民国时期文化与民族宗教篇，上编，第4卷. 北京：中国文史出版社，2008：181.

所在的广东法政学堂，率道署一众官员考选工艺局学生，以3选1的比例，顺利招收了500人。① 道署于同日向社会发布有关招生结果及吁请民众继续关注招考动向的文告。这份文告称：

> 此次工艺局招考艺徒，报考者有一千五百余人之多。选拔其尤不虞缺额。惟是工艺局分设八科，所取艺徒，祇〔只〕以年轻体壮及粗通书算耐劳者，便为合格。所谓求其适用而已。兹计报考者济济有众，此中自不乏程度较高之人，或一时不免见遗，应俟日后开办家族工艺传习所时，再行出示招考，以慰诸生有志艺学之心。②

上述文告称工艺局设有8科，而后任校长说设"织染③、化学、美术、陶器四科"④，以及何时正式开学等，都需查实。

工艺局难在起步，贵在开头。劝业道招生的一举一动，引起了宣统元年九月初一（1909年10月14日）才成立的广东省咨议局的关注。咨议局也是清末"预备立宪"的新政举措之一，是宪政改革中的一项重要制度设置。清廷及地方的督、抚，包括粤省的督、抚，只把它看作为咨询机构而已，但由部分府、州、县的官绅和资产阶级上层分子组成的广东咨议局议员们却坚持是立法机构及"本省行政监督机关"的立场，即有一定地方立法权和行政监督权的地方议会。⑤ 该局自宣统元年到三年（1909—1911），所提出的涉及弹劾、工商、教育、社会治安等方面的议案共有172件。工艺局新生入学考宜展期就是其中之一。

咨议局为何会关注初

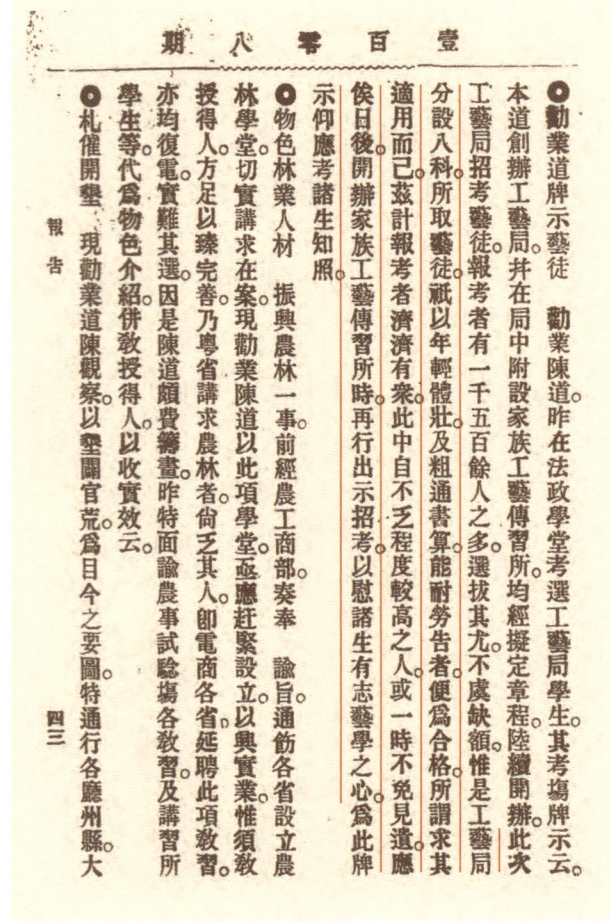

广东全省咨议局首届会议议员集体照

图片来源：国风报，一九一〇年，第一年，第二号（宣统二年正月廿一日，1910年3月2日）。

---

① 叶家俊. 广东省立工业专门学校概要［J］. 新建设（广东省建设厅主办，以下同），工业专号，1929（6）：231.（广东省立中山图书馆古籍、地方文献阅览室馆藏）

② 劝业道牌示艺徒（宣统二年六月十日，1910年7月16日）［J］. 广东劝业报，宣统二年六月十一日，1910年7月17日［1910（108）：43］.

③ 这里所说的"织染"，后渐称"染织"。这种科目称谓的改变，在本史考下面的引文中时有出现。有时同一引文中，某一处称"织染"，另一处又称"染织"。为保持各处引文的原貌，引用时均不作改动。

④ 叶家俊. 广东省立工业专门学校概要［J］. 新建设，工业专号，1929（6）：231.

⑤ 沈晓敏. 清末广东政局与人民反帝反封建斗争［M］// 方志钦，蒋祖缘. 广东通史：近代下册. 广州：广东高等教育出版社，2010：275.

现生机的工艺教育？早在工艺局成立前，该局众位议员在咨议局会议上，曾就兴办这类教育发表过不少意见。议员陈炯明之言就有代表性："因我广东工艺不发达之故，至〔致〕人民游手者多，盗贼因而滋炽，故办工艺以安插游民，实为不容缓之图。……若能实行干涉政策，官督绅办，将见工艺兴，游民少，盗贼自稀巡防亦可酌裁，实省无数之经费。"① 即众议员是乐见其成的。当年的社会大报"申报"的"分类新闻"栏目下就该局这一关注发出一篇通讯。从通讯所涉事项看，是劝业道早已办结的招生公务。这里全文照录：

> 劝业道所设之工艺学堂，已经出示招考。现咨议局以该〈学〉堂招考日期填册头尾不及十日，惟各州县僻远者，须二十余日方能到省，何能赴考？特呈请督院饬行该道，展期考试以免向隅。并查各学堂招考，每有此弊。此后招考，应请在截止前三十日发示，俾僻远者一体赴考等因。（督院准此，当札行提学司移知各学堂一体查照）②

宣统二年十月二十七日（1910年11月28日）广州将军兼署两广总督增祺等也曾奏称：

> 粤绅所陈三事……一为振兴工艺局厂，现就增步〔埗〕制造旧厂，改建工艺局，并办家族工艺厂，附设该局之内。③

上列引文的"粤绅所陈三事"，指前户部主事易学清（进士，上文所涉的广东咨议局首任议长，1917年支持孙中山南下护法）、前湖北布政使梁鼎芬（晚清显宦，晚清统治阶级内部的政治派别之一的清流派忠君卫道人物，洋务运动代表人物之一张之洞幕府主要幕僚，晚年参与张勋复辟）。绅士是晚清的一个特殊阶层，既代表官府甚至国家而面对农民、市民，这两层面群体的大多数活动由该阶层领导和组织；他们同时又代表后两者以及地主和商人，面对官府，社会秩序靠他们维持。④ 因深感诸项社会问题的重要，曾联名请两广总督张人俊代递所条陈的政要数端：一曰资助留学欧美学生，以免异地借才之患；二曰广设工艺厂，以化游惰而浚利源；三曰拆通新城，以便交通而益卫生。

广州将军为清朝在广东掌驻防八旗兵及旗籍民事的最高军事长官，专由满族人充任，官阶与两广总督同，其地位却略高于后者，如会同奏事，要以广州将军领衔。两广总督为总理广东、广西两省军

---

① 在广东咨议局讨论提尝产举办家族工艺厂的发言（1909年11月20日）[M]//段云章，倪俊明.陈炯明集（增订本）：上卷.广州：中山大学出版社，2007：13.
② 粤咨议局普及实业教育之苦心[N].申报，宣统二年庚戌六月廿九日（1910-08-04）[第一张后幅（3）].
③ 清实录，宣统政纪，卷一至卷七〇，光绪三十四年至宣统三年（1908—1911），第六〇册，影印版[M].北京：中华书局，1985：787-788.
④ 郑启东.晚清国家与社会互动[N].中国社会科学院院报，2004-12-02（3）.

民要政，统辖文武的官员，为从一品官，属省最高的行政长官。① 由地方最高长官奏请，似表明对所奏问题的重视。

宣统三年（1911），广东工艺局办学既定，两广总督张鸣岐向清廷报告了该局筹办前后情况：

> 奏为广东筹办农林工艺要政。谨将上年情形恭折详陈。仰祈圣鉴：……兹据广东劝业道陈望曾详称……上年……并于增步〔埗〕地方创设工艺局，附设家族工艺传习所，所以树楷模。复选次行催各属，劝导筹办，一时闻风鼓舞，颇有踊跃奔赴之机……工艺一项，除由道筹设外，据各属报设者，工艺局厂公司二十六处，工艺传习所四处，工业会社三处，工业学堂五处……（朱批农工商部：知道了。钦此）②

早年，按京师大学堂章程规定，学堂与教育行政机关是合二为一的。该章程第一章总纲第二节云："今京师既设大学堂，则各省学堂，皆当归大学堂管辖，一气呵成；一切章程功课，皆当遵依此次所定，务实脉络贯注，纲举目张"。③ 因而，京师大学堂管全国教育，亦即大学堂所设的管学大臣，不独要管京城的大学堂，又要管外省各学堂事务，类乎大学校长兼教育部长。这时，学堂既是培养学子之地，又是承上启下的行政机关。对上级学堂报告，对下级学堂查察裁决，一级管一级。到光绪二十九年十一月（1904年1月），清廷设"总理学务大臣"，以统辖全国学务。自此，从大学堂到其他各级学堂从事教学，不再带教育行政管理的色彩。④

由此而知，1910年所设的粤省工艺局，就字面似可猜度为行政机关，实乃与其不相涉。

三、摸索办学之途

前已说及粤省工艺局筹办时，晚清政府已将各省的工艺局办学定位从艺徒学堂升格为中初两等工业学堂教育。

前亦已说及，民初广东政局，时"南"时"北"，归附无定。但不论哪一派掌权，总体看都重视实业，都主张加强实业教育。

孙中山认为："我中华之弱，由于民贫。今观列强致富之原，在于实业。今共和初成，兴实业实为救贫之药剂。为当今莫要之政策。"⑤

但1913年3月中，南京临时政府法制局局长宋教仁，为袁世凯所忌而遭暗杀，以孙中山为代表的革命党人放弃一度醉心的振兴实业计划，转而开展反袁专制独裁保卫民主共和的斗争。⑥ 在南方广州的革命党人，其实业发展包括实业教育之策，一时间已难以施展。

北京政府有关推动实业发展的政策连篇累牍，但由于政争、军战，推行起来也就大打折扣了。

面向社会办学或者说为社会服务，客观上是当时粤省工艺局生存与发展的动力。

开办后第3年，在省实业司的支持下，于局中设立"广东公共化学试验所"。但凡前来应用者，在有人担保其化学知识根底、获"广东化分矿质局"局长允许"给有凭单"的前提下，"并带缴按款二十元"（即交20元押金）后，可入所做研究。押金的作用只为："如有损坏各物，得核计价值，由此款内照扣赔偿。出所时若有盈余，悉数交还；倘不足由保人追缴，以重公物"。研究者既可在所内

---

① 《广东百科全书》编纂委员会，中国大百科全书出版社编辑部. 广东百科全书：上卷［M］. 北京：中国大百科全书出版社，2008：88.
② 实业：督院张具奏粤省宣统二年分筹办农林工艺要政情形折（四月十五日）［J］. 两广官报星期报（宣统三年五月初五日至十三日，1911年6月1—9日）［1911（2）：11-12］.
③ 军机大臣、总理衙门：遵筹开办京师大学堂折，附章程清单（光绪二十四年五月十五日，1898年7月3日）［M］//陈学恂，璩鑫圭，田正平，等. 中国近代教育史教学参考资料，上册. 北京：人民教育出版社，1986：436.
④ 中国建设新学制的历史（1922年1月）［M］//舒新城. 中国新教育概况，教育丛书. 上海：中华书局，1931：6.
⑤ 在上海中华实业联合会欢迎会上的演说（1912年4月2日）［M］//孙中山全集：第二卷. 北京：中华书局，1956：341.
⑥ 莫世祥. 马君武集，辛亥革命百年纪念文库，人物文集系列［M］. 武汉：华中师范大学出版社，2011：12.

购买所需药品，也可于外间另购，都悉听尊便；所做的试验均须事先告知所管理员。管理员有权阻止在所内所进行的被认为有危险或有碍于公共卫生的试验。

工艺局在试验所的开设布告中，于彰显自己的社会担当同时，有意识地凸显自己的上级行政领导机关的引领社会发展的地位。即以实业司之名，吁请有化学理论知识根底的社会各界人士，尽可用该所仪器、药品做研究。

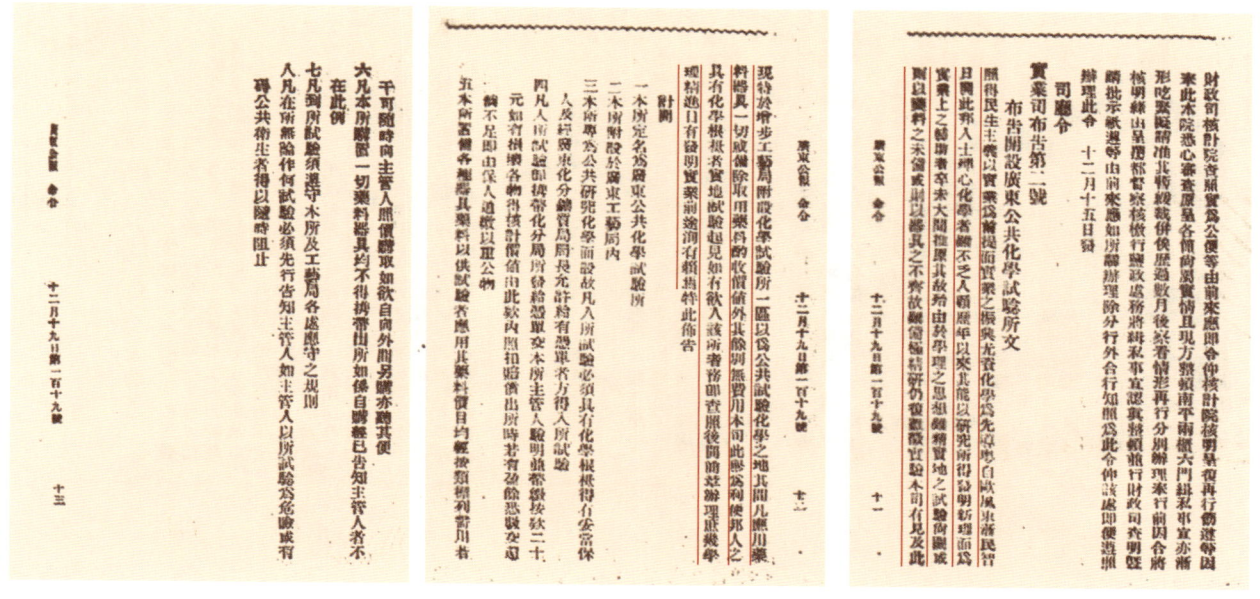

照得民生主义以实业为前提，而实业之振兴，尤资化学为先导。粤自欧风东渐，民智日开。此邦人士，殚心化学者，虽不乏其人，顾历年以来，其能以研究所得发明新理而为实业上之辅助者，卒未大闻。推原其故，殆由于学理之思想虽精，实地之试验尚阙，或则以药料之未备，或则以器具之不齐，故虽备极精研，仍复难征实验。本司有见及此，现特于增步〔埗〕工艺局附设化学试验所一区，以为公共试验化学之地。其间凡应用药料、器具，一切咸备，除取用药料酌收价值外，其余别无费用。本司此举为利便邦人之具有化学根底者实地试验起见。如有欲入该所者，务即查照后开简章办理，庶几学理精进，日有发明，实业前途洵有赖焉。①

有史志指出，宣统元年（1909）广州的岭南学堂即后来的岭南大学设立化学实验室。如此说来，岭南之后的这间，则可能是面向社会的首个公共实验室。

作为后话，历代工专教师密切注视粤省的工业发展。继广东公共化学试验所设立之后第12年的1924年，原甲工化学教师李敦化，有感于"广东手艺，素称发达，可惜无试验所之类，为之前驱"，乃借日本退还庚子赔款之机，以广东全省教育委员会督学之一的名分，提出与他人关于退款用于学校、医院、图书馆与慈善事业等主张不同，铺陈"自仍以设立研究所为最的〔得〕当"，即办工业研究所的五六项理由。②③ 可惜，当年北京政府与广东革命政府南北分治，庚款之退还款到不了粤省。闷闷不乐的李敦化无奈慨叹："文化事业不应独弃南方"。此后的多届教师自始到1934年陈济棠主粤时期，才由原工专教授留德博士姚万年建立起"广东省工业试验所"，实现了李敦化的愿望。

1915年3月，广东省工艺局局长周晋熙认为，局中新旧班艺徒都已毕业，结合社会需要应考虑加

---

① 实业司布告，布告开设公共化学试验所文（第二号，发文日期不详）[J]．广东公报，中华民国元年十二月十九日[1912（119）：11-13]．

② 言论：李敦化．主张分日本退回之庚子赔款，办应用科学研究所于广州．民国日报（上海，以下同），中华民国十三年三月八日（1924-03-08）[第一张：（3）]．

③ 来论：李敦化．为日本退还赔款事告同胞：文化事业不应独弃南方．民国日报，中华民国十三年三月廿二日（1924-03-22）[第一张：（2）][DB/OL]．（更新或修改日期不详）[2018-05-09]．http://db.ersjk.com．（华南理工大学图书馆试用资源：爱如生晚清民国大报库，以下同）

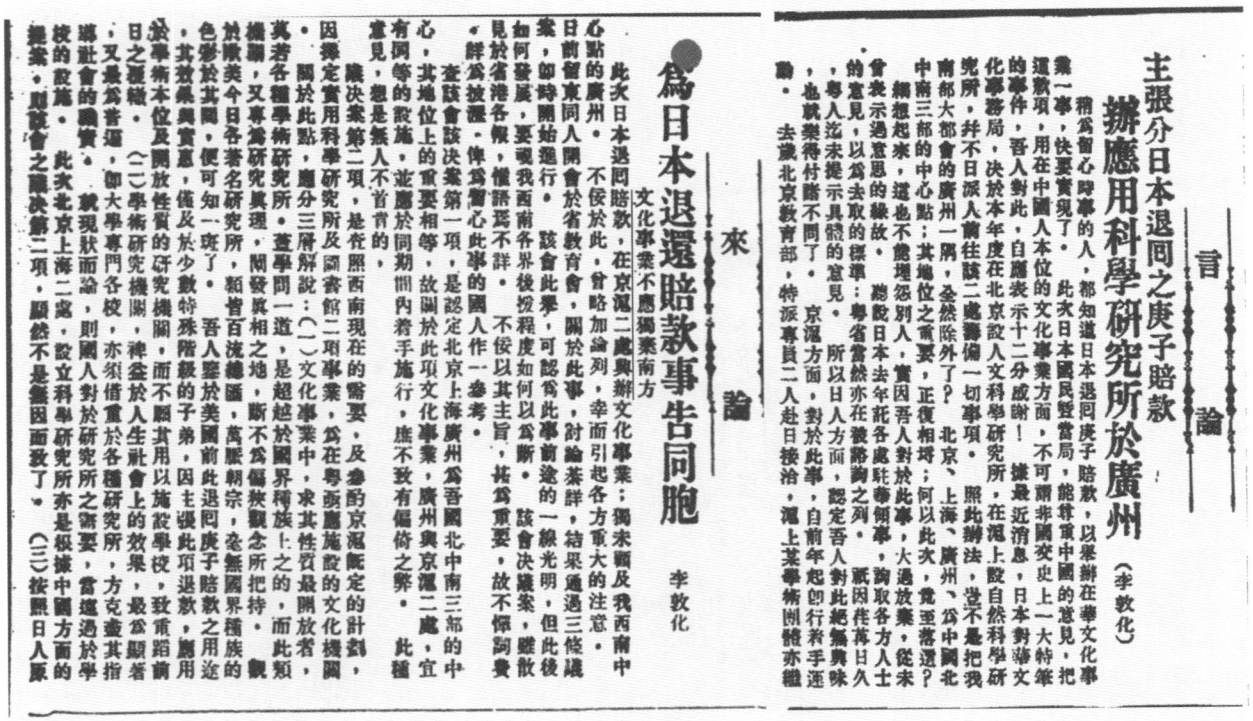

大课程难度,延长毕业年限,于是向省呈报新拟就的招生简章。工艺局在呈文中说道:"查举办实业为当今要务,而各县工艺多未大兴。推原其故,虽或因经费支绌,实以师资缺少互为牵制,无从筹办有以致之";进而向省巡按使公署提出:"倘应考合格之人为数较多,则拟宽予学额,以宏造就而兴工业"。公署同意招生,并饬令各县知事尽快发布招生简章。这里的"县知事"即县长。自1912年起,北京政府的省以下的府、厅、州、县等行政长官,通称"知事"。其中,1921年6月国民政府改县知事为"县长"。

该招生简章较之1910年招生简章,靠拢近现代工业社会的气息浓一些。从简章的章程看,在课程设置上,传统手工艺与近代机械工艺、西方先进文化相结合,数理化知识、日文英文引入课堂;理论与实践结合成为教育的基本原则,课堂教学与实地训练相联系成为基本的教学组织形式。简章内容如下:

广东工艺局招考专科学生简章
(广东巡按使公署 中华民国四年三月十七日批准)

一、学额 一百二十名,计织染科六十名,金工科三十名,藤科三十名,各就性质所近填报一门。

二、年龄 自十六岁以上、二十四岁以下,身体强壮能耐劳苦者。

三、资格 曾在高等小学毕业,或程度相当者。

四、试验科目 国文、算学、〈物〉理、化学、日〈文或〉英文。

注:"试验"即今谓之"出题考试"。

五、纳费 学费全年十二元,膳费三十五元(以十个月计),衣履费八元,讲义费三元,试验费十元。惟藤科免征讲义及试验费。应纳各费分二季,先期交纳制取收据。

六、学课 (表另列)

七、毕业期限 金工科二年,织染科一年半,藤科一年。

八、奖励 分为寻常与毕业两种。

甲　寻常奖励　凡甄别及年列最优等者，得免减膳费，列优等者免减学费；

乙　毕业奖励　凡学生毕业后程度较优者，或留局任用，或有出外设立工厂者，本局协助机械分期缴款。

注：原文如此。尚不明"协助机械分期付款"的语义，猜度为协助设厂者购买机械分期付款。

九、报名地点　在增步〔埗〕工艺局及大新街工艺局分销所。报名时，各备四寸相片一张，随考验费二角。定于阳历四月五日（阴历二月二十一日）截止报名。

十、考期　定于阳历四月十日（阴历二月二十六日）。

附：各科课程表

织染科

物理	化学	数学	英文	机械工学大意	机织及意匠	机织及机械	织物整理	计划及绘图	布款剖解	染色学
媒染剂	纤维之类别	酸性与盐基性之作用	原料化分法	金属盐类之应用	染料化合大意	漂练法	实习	—	—	—

注：1915年的上海染坊生产，毛利相当可观。每1元染价中，4成本钱，6成毛利。而门市利润，又较加工业务为优厚。[1] 此间穗沪都是沿海社会经济较发达之地，且有欧洲染料来源广泛之利，推想广州业界这方面的亏盈，有可能与沪大致相当。照此看，设置织染科使得这方面的毕业艺徒较快在社会上谋得相应职业，成为可能。

所谓机织，是指相互垂直配置的经纱与纬纱交织而成。国内近代机器织染约始于1913年上海机器丝光厂。织染是国内近代职业教育中最早开设的工业学科。织染科由于提花、染色等技术加工需要，往往需要开设绘画、图稿、意匠、色彩染色学等课程，从而在客观上成为国内近代设计教育的一个开端。中国传统上所说的美，包括声色之感性美、典型美以及显隐之意象美等，并以意象美即含蓄之美为最高层次之美。[2] 与以电子扫描图片、电脑控制的现代提花织造机不同，过去在织造带花纹图案的织物前，得先行绘制所临摹的或复制的或心目中的图案，形成所谓意匠图。意匠在这里指对图案的布局、设色，犹如匠人般的构思。唐代杜甫的《杜工部诗·卷十六·丹青引·赠曹将军霸》诗云："诏谓将军拂绢素，意匠惨淡经营中"；或如北宋文学家李格非于《洛阳名园记·富郑公园》里所说的"目营心匠"，即仔细观察、巧妙构思设计之意。"剖解"即"剖析"；20世纪初，国外人造染料即化工染料传入广东，德商在广州、佛山及兴宁等土布集中生产地传授该系列染料应用技术与工艺，带动了地方漂染工艺的改进与突破。[3] 工艺局的课程设置表明其已注意到这一变化了。从课程表可知，工艺局引入职业技能、工艺知识、文化科学知识等三方面的教育，是对传统学徒制只授技艺的例规一大改革。因为，按职业岗位需要设置课程、组织教学，把知识迁移与技能养成有机地结合在一起，正是近现代职业教育的发展之途。

晚清所颁行近代中国教育史上第一个完整的学制系统文件《奏定学堂章程》亦即"癸卯学制"，就明确规定："中学堂以上各学堂，必全勤习洋文，而大学堂经学、理学、中国文学、

---

[1] 黄龙初. 老正和染厂史料（1965年11月）[M] // 上海市政协文史资料委员会，《上海文史资料存稿汇编》编委会. 上海文史资料存稿汇编，工业商业，7. 上海：上海古籍出版社，2001：15.
[2] 张世英. 做一个诗意的人[N]. 光明日报，2018-04-16（15）.
[3] 黄百章，肖任章，王德友，等. 纺织品[M] //《广东省志·商业志》编辑小组. 广东省志·商业志（上古—1990），广州：广东人民出版社，2002：157.

史学各科，尤必深通洋文，而其后用乃为最大。"①这里所称的"洋文"，包括英、法、德、日、俄等外国语。当时，又以习英文最常见。19世纪60年代起，外国传教士在中国大陆所开办的教会学校中，开始设置英语课。国内学校以英语为第一外语，纳入课程设置体系也由来已久。如1910年6月经光绪"钦此"的晚清学部奏请关于推行实业学校学习英文规划的奏折中有谓："窃查各国语言文字，以英国语文最为流行，传入中国最早而又最广，人文科学书籍入中国者亦最多。各等农工、农商实业学堂所有外国语文功课，拟一律定为英国语文。其亦兼习他国语〈文〉者，依章兼习。所授功课，其关系实业之学科，拟饬一律用英文课本，毕业后送京复试，用英文考试。似此明定办法，庶学生于英国文字均知切实研究，于各种实业科学得以力求精邃，实业教育或有振兴之日。"②此间的外语教育，成为国内迈向近现代社会的重要表现。

广东纺织业自19世纪中叶起，逐渐进入机器生产时代。当时的纺织机械多来自欧美国家。上列工艺局各科艺徒都要学英文很可能与此有关。美国《新贝德福周日标准报》于1918年8月关于南通纺织专门学校办学的一份长篇报道，可助后人从旁知悉其中的一些因素。当然，工艺局与南通学校办学不在同一层次，前者不要求艺徒直接阅读英文纺织杂志，也不需要知晓太多的专业基础与理论知识。该报道说："在教学过程中，纺织课程使用英文课本，并以英语讲授。这是出于以下的原因：实际上根本没有用中文编写的有关纺织专业的课本。许多此类书籍是用日文写的，但与英文书籍相比，日文书籍几乎没有什么价值。纺织术语很难翻译，即使翻译了也不一定准确。为了能了解国外的动态，无论如何学生们都必须能够阅读外国纺织杂志。此外几乎每种纺织设备都是从英美或日本进口的……现在还没有人能知道何时会在教学中用汉语取代英语。"③该文称日文书没什么价值，似有夸张成分，但纺织术语难翻译倒是实情，皆因当年国内还未有相应名词的翻译标准可供参考。

金工科

英文	数学	物理	应用力学	机械制造法	材料强弱学	机构学	镀镍法	机关车学	发动机关	工厂实习
计划及制图	工厂管理法	—	—	—	—	—	—	—	—	—

藤科④

剖藤法	构架法	编藤法	结花法

政局与社会经济起伏的工艺局，办学方向、定位一时不会变化太大，但其规模、重点却难把握，生源的稳定、招生制度与优惠措施的连续性等，都跟时局大政方针相系，非工艺局一办学单位所能左右，这一切都给工艺局以重重困难。

晚年的周晋熙，于1941年冬以平和之语，忆述1914年9月后至1916年7月左右为广东工艺局局长2年间，"安步当车，枵腹从公之事，视为故常"即徒步于家居与工作场所、废寝忘食于繁忙公务之

---

① 张百熙，荣庆，张之洞. 学务纲要（光绪二十九年十一月二十六日，1904年1月3日）[M]//陈学恂，璩鑫圭，田正平，等. 中国近代教育史教学参考资料（1840—1919），上册. 北京：人民教育出版社，1986：538-539.
② 学部奏实业教育宜择定外国语文并修改课程折（宣统二年四月二十六日，1910年6月3日）[M]//璩鑫圭，童富勇，张守智. 中国近代教育史资料汇编：实业教育 师范教育. 2版，上海：上海教育出版社，2007：32.
③ 赵明远，李宜群. 1918年美国报纸对南通纺织专门学校的长篇报道[J]. 南通工学院学报（社会科学版），2002，18（3）：21.
④ 广东巡按使公署饬，饬各县知事出示招考工艺局学生文（第一千三百二十九号，中华民国四年三月十七日）[J]. 广东公报，中华民国四年三月二十日［1915（803）：13-16］.

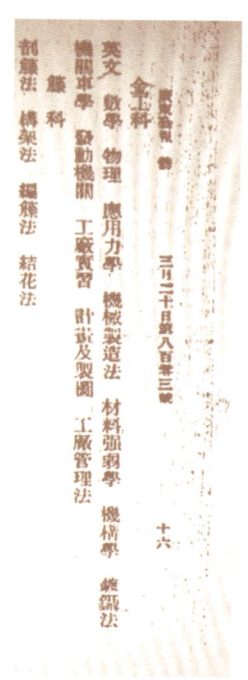
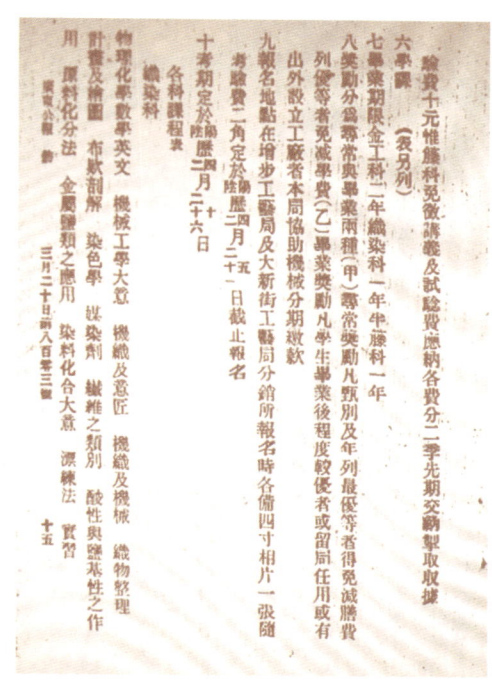

状。周氏此间的忆述，取自其生前自撰墓表中的一段，也是迄今为止所能见到的工艺局时期办学者状绘当年较为详细之文。虽为文言文，不是当年所提倡的白话文，但今人阅览似无大碍。它叙述周氏说服省府保全工艺局，通过制造和经营适销对路的生产设备与社会民生用品以扩大办学经费来源、选派出国留学生深造以储备师资、增设与纺织业发展相适应的新科目等改制或改良手段，拓展办学规模；注重因材施教与人尽其才；在加强对物业管理、人员工作纪律约束的同时，做好后勤保障服务以增强师生员工对工艺局的归属感与责任意识。

一般说来，自撰墓志通过叙行迹、述家世，言感道情，侧重个人形象的塑造。旧时不少墓志或墓表，多有对先人锦上添花的溢美之词或因政治变化而致的掩饰之词。览阅周氏同事与许多学生不同时期的忆述，众言周氏笃信佛教，虽官至少将衔，却没有官僚习气，向来素食布衣，以身作则，自律甚严。1930年3月国内慈善组织发起赈济各省灾民的活动，他以"云南明德医院"名义捐大洋20元。① 因此，自志墓铭所表述的基本内容应视可信。

> 当办工艺局之初，省府当局以积习既久，革新不易，有示意停办之举。余以粤省富甲于全国，一仅有之名声机关，犹不能保全，实非省长自处之道。遂力谋改良，赓继办理，并易为官营，由政府补发基金，半营业半育才。惜之艺徒无济实用者，则提高程度，改为学生，并选其成绩优良者，配送出国更求深造，以作本局学校日后之师资；且力谋中兴，俾收益民裕国之效。而余则自朝至夕，无时不在忙碌中，而与员工共甘苦。

> 自此，艺徒结束，新生招考，凡各数班，得以专心向学焉。

> 时，局方屋舍产房多至五六百间以及码头船坞等处，多属年久失修，遂鸠工庀材，修葺一新；除已有织染、藤、木各科外，添设机器、电机及缝纫等科；从事纺织、承造〔做〕制服，修理本厂原有已坏之机器，并仿制碾路、纺纱、织布、弹棉、碾米、磨面等机器，改善全省纺织事业；并为本局制成运输小轮两艘。虽无伟大成就，然而足以自慰私衷于万一耳。其他员工福利之事，如医院也，子弟学校也，图书馆也，运动场也，合作社也，俱乐部也，举凡利于员生职工精神、体力、智能者，靡不竭诚建设，力图孟晋。然各科甫告完成，而洪水为灾，全局殆成泽国。追水退后，旋又修理复旧。

---

① 广告：上海华洋义振〔赈〕会敬谢各大善士捐助各省惨灾赈款，自十九年四月一日起至五月廿七日止：陕甘豫振〔赈〕款项下［N］.申报，中华民国十九年五月二十八日（1930-05-28）［第二张（5）］.

> 初始，仅艺徒百数十名者，而今则员工一千人众之。仅供艺徒实习之用者，合则大量出品，以应社会之需要，反之各工厂任其自生自灭；合则谋考工，奖勤惩怠；反之悉数持币为营业者，合则以半数自给矣。①

可惜，复办后第四年，如上所说，1916年5月至9月反对袁世凯、讨伐龙济光一个时期内，社会政治、经济秩序的混乱再起，办学经费无着，不得不第二次停办。当然，停办不止该局一家。如"省城旧有高等专门学校四所（广东高等学校、广东法政学校、两广方言高等专门学校、两广优级师范学校），今不过存一师范；旧有实业学校四所（工业学校、商业教员讲习所、农业讲习所、蚕业学校），今无一存"。进而连带该局所附设的艺徒实习厂与社会上别的工厂一样，境况很差，"外此若增步〔埗〕之工艺厂、黄埔之造船坞，日有岌岌不支之势"。再而1917年第二次复办。②③这说明，粤省工艺局办学从初始的百多人，员工递增至千余，后勤保障、文娱体育设施初具，除有生产任务的艺徒生产实习厂还在开工外，遽然停办于一时，其因非在内部，而在外部动荡的政局。

这里存在一个问题，即第二次停办时间是1916年哪个月。工专校长叶家俊说是1916年5月，但查得1916年省巡按使公署给省工艺局的批文有署自当年7月的；而上述引文中关于包括工艺学校在内的实业学校当时无一存在之言，源自印行于1916年8月的熊理《策广东》一文。由此推测：工艺局停办时日，可能不早于5月，不迟于8月。另外，1916年11月1日在北京召开的全国教育行政会议期间，广东省代表、省公署教育科科长吴鼎新向大会所提交的"广东省教育现况"报告中，关于"专门教育"一栏所列有的6校清单中，并无工艺局④，因而可以认定：直到该会召开之时，该局仍未复办。故而停办月份有待查明。

另，1917年1月30日省长朱庆澜的"会客单"里有一记载："广东工艺局〈局〉长彭元麐禀知，奉令工艺局规复〈后〉仍充局长差，禀谢。"⑤由此可知，第二次复办时间，不早于上一年的11月

---

① 南天，陶楠. 前陆军军医总监和他的《自传》[Z]. 政协昆明市西山区委员会. 西山区文史资料，第十辑. 2006：145-146.
② 叶家俊. 广东省立工业专门学校概要[J]. 新建设，工业专号，1929（6）：231.
③ 熊理. 策广东[EB/OL]. 印度尼西亚泗水：泗滨日报馆，1916：24-25. [2018-07-18]. http://www.hwshu.com.（华南理工大学图书馆试用资源：瀚文民国书库数据库，以下同）
④ 省长会客单（中华民国六年一月三十日）[J]. 广东公报，中华民国六年二月一日 [1917（1370）：16].
⑤ 广东省教育现况[M]//沈云龙. 全国教育行政会议各省区报告汇录（中华民国五年十一月），近代中国史料丛刊三编，第十辑. 台北：文海出版社有限公司，1986：219.

初，但也不迟于1917年1月底。①

第二次复办后，省长公署于1917年2月批准工艺局关于"拟招徒二百名，以资教授，系为养成技能，分遣推行起见"的招生计划与简章。未久，彭元麇组织教职员于同一月的24日、28日，在局内先后进行了新生入学考试及补考等招生事宜。②-④

当然，此间办学艰难者何论粤省草创期的工艺局，不少学校，即令是光绪喻示开办已14年的北大，于1912年之后也曾面临拟与他校合并或停办的岌岌可危局面。⑤

这正如北京政府国务院后来所承认，局面比较糟糕，为此令各地予以改善："迭闻各省因军事倥偬，不特私立各校纷纷停办，即公立者亦以经费挪用，朝不保夕。似此情形殊非立国本旨。兹经国务会议决，亟应由各省巡按使，按照各该省原定教育经费力于维持。"⑥但在政府对军政局面已难把握的困窘下，国务院的该项指示能否真正越出部院大门，得到落实，产生大的制约与推动力，就值得怀疑了。

上文所引两广总督张人骏奏保陈望曾补授劝业道职位的奏折中，有关于陈望曾创设工艺学堂的概述。而早期的两名甲工学生余勉群与罗百先，于中华人民共和国成立后曾忆述：广东工艺局先前称"两广工艺学堂"。⑦

据《广东省志·丝绸志》2004年版载文：

> 清光绪三十二年（1906），广东工艺局聘请了岭南画家高剑父担任广州缤华艺术学校校长，校内设有绘画、刺绣、雕刻等习艺班。……画家的直接参与，使广绣的艺术提高加快……清宣统三年（1911），广州缤华女艺院的多件绣品参加了南洋通商产业大臣在南洋举办的南洋劝业会，获得优等奖，余德的"孔雀牡丹荷包"获得二等奖。民国四年，余德的绣品"睡狮""牡丹孔雀图"和"四角大花披巾"在美国旧金山举行的万国巴拿马博览会上获褒奖。⑧⑨

又据2010年4月央视网专题片《粤绣》介绍："光绪年间（1875—1908），广东工艺局在广州举办缤华艺术学校，专设刺绣科，致力于提

---

① 广东都督府批，批工艺局详送染织科毕业学生姓名年籍清册，请察核备案由（第一八五四号）[J]. 广东公报，中华民国五年七月十七日[1916（1208）：8].
② 广东省长公署指令，省长朱指令工艺〈局〉局长呈为招徒教授请察核备案由（第一千一百一十八号，中华民国六年二月六日）[J]. 广东公报，中华民国六年二月九日[1917（1377）：19-20].
③ 省长会客名单（中华民国六年二月二十四日）[J]. 广东公报，中华民国六年二月二十七日[1917（1361）：22].
④ 省长会客名单（中华民国六年二月二十八日）[J]. 广东公报，中华民国六年三月二日[1917（1394）：14].
⑤ 教育部指令，令署大学校校长呈称大学校已经停办请辞职由（文件号阙如，中华民国二年十月□日），命令，湖北教育公报，第一年，中华民国二年十一月[1913（12）：3-5][M]//殷梦霞，李强. 民国教育公报汇编：第一四二册. 北京：国家图书馆出版社，2009：12-14.
⑥ 广东省长公署训令兼省长龙通令，令各道道尹、九十四县知事维持原定教育经费文（第一〇号，发文日不详）[J]. 广东官报，中华民国五年八月二十三日[1916（1240）：9].
⑦ 余勉群，罗百先. 广东省立第一甲种工业学校[M]//政协全国委员会文史资料委员会. 文史资料存稿选编，24，教育. 北京：中国文史出版社，2002：610.
⑧ 广东省地方史志编纂委员会. 广东省志·丝绸志（上古—2000）上册[M]. 广州：广东人民出版社，2004：484.
⑨ 有文称在美国旧金山巴拿马万国博览会上获一等奖展品名为直径11寸圆形"孔雀牡丹花会"。（《广东百科全书》编纂委员会，中国大百科全书出版社编辑部. 广东百科全书，上卷[M]. 北京：中国大百科全书出版社，2008：538.）

高刺绣技艺，培养人才。"①

就上列引文看，省工艺局似乎早已有之，并且办学成效还不错。但从文献得知，广东工艺局创设于1910年。《广东省志·丝绸志》与《粤绣》所说的工艺局是否指"广东工艺学堂"，或者"广州工艺学堂"？

1914年2月26日，省民政公署发出布告，称广东省一批学校与学会参加1911年4月至10月意大利罗马都郎（即都灵）的万国工艺博览会所获奖展品22件，已运抵省署，奖凭（即奖状）以及奖牌图样价目表均同时到署，请各有关学校、学会"迅即来署具领，以凭发给"等。

该列展品清单中有"广东工艺学堂牙刻最优等""广州工艺学堂优等""广州工艺学堂总办胡永昌金牌奖凭""广州工艺学堂李胜金牌""广州缤华女学校优等"等②。已知现有的文献资料，不曾反映省工艺局创设象牙雕刻这一专业及相关课程。至少从表面看，文中两工艺学堂包括没有出现在清单中的省工艺局，应为各自独立的办学单元。

至于名单中的"广州缤华女学校"的出现，从表面看它与上述两工艺学堂一样，与省工艺局也都是各自独立的办学单元。

总之，上述三个办学单元，"两广工艺学堂"等一众与省工艺局有何内在联系，因目前有关文献阙如而存疑待查。

但有一点可确定：今之华南理工大学四个基本办学单位之一广东工专的前身广东工艺局，经两广总督报奏，为广东劝业道道员陈望曾所奉令创设。

四、命蹇事多乖

"文变染乎世情，兴废系乎时序。"③意为文学的变化会受当时情势、学风的影响，文体的兴衰会受时代发展的制约。刘勰所论，是就文学与社会的关系去探讨文学发展的外部规律的。以此论去考察粤省工艺局教育事业发展的轨迹，看来也不无道理。

草创后的省工艺局，师生的教与学如何，有些什么特色等，因史料匮乏，目前所知有限。前曾引述辛亥革命前，陈望曾于下属一封事务指示信间接论及：本府"工艺学堂纯属工厂性质。本道前在广府任内迭经分别扩充，出品亦有进步，额数已达二百人，分年毕业获益滋多。现闻拟改为工业中学堂，则此前艺徒行将摈弃。虽学为当务之急，而有举莫废，自应并顾兼筹"。④工艺局首批学生初有500人，而毕业者不过30多人而已。艺徒于学习中途与工艺局挥手道别，固然不乏个人原因，但直接原因恐怕是社会动荡引发个人与家庭状况变故。

首批者之一、中途离去的张发奎（1896.9.2—1980.3.10，字向华，广东始兴县人），以舞勺之年，习染织技艺的艺徒身份所作的学习生活追述，使得后人多少得以窥见工艺局当年办学之一斑。他忆述所涉的"习艺所"，亦即省工艺局。习艺所之谓，似乎是作为艺徒的张发奎他们日常对工艺局的俗称，或是社会人士对该局的惯称，当年涉及工艺局的官府公报，不曾使用此称呼；"广州反正"，则指1911年辛亥革命爆发后的11月9日，广东宣布共和独立一事。因辛亥革命致社会一时动荡而停课的工艺局，复课又未能知会全体，使得部分学子失去了回校继续读书的机会⑤：

> 我们每天工作至少十小时。我们很早起床，下午五点才歇工。午饭后可以小憩，每月休假两天，初一与十五。除了这两天，我们不能离开习艺所，好在院墙内地域宽广，可以在里边散步。

---

① 粤绣[DB/OL].（2010-04-12）[2012-02-09]. http://www.sohu.comcctv.com.
② 广东省民政长李开侁布告，布告给领意国博览会奖品（第五十三号，中华民国三年二月二十六日）[J]. 广东公报，中华民国三年二月二十八日[1914（480）：11-13.
③ [南朝·梁]刘勰. 文心雕龙[M]. 上海：大中书局，1932：283.
④ 提倡工艺之热诚[J]. 北洋官报，[1909（2 732）：12].
⑤ 张发奎口述自传：国民党陆军总司令回忆录[M]. 北京：当代中国出版社，2012：5.

过大年放假三天，但大多数人留所。我是没有足够的盘缠回家，要知道我是被家里撵出来的。母亲不愿意让我离开，那有什么用？她不识字也更不会写，那时的村妇都是文盲，她一分钱也没有。

我很少外出，没有钱也没朋友，如果勤奋努力，每月能挣一元两毛大洋，视织布数量多寡而定。那时我非常刻苦耐劳，常常名列前三名，月薪至少有一元两毛。

那时，清朝国民不分男女，发辫一条拖及腰臀直至膝后窝。脑际长辫一拖260多年。满族这种不先进的生活方式与汉族封建专制相结合，于一定程度上成为束缚观念、禁锢民主自由思想的一道无形枷锁。①

仅就生活而论，发多辫长清洗不易，以致滋生头虱。体型极小的头虱是以人为宿主的三种体虱之一，寄居于人的头发根部，以吸血为生，好于晚上及宿主安静之时集群出动。使宿主奇痒难忍。"这是一种很难驱除的寄生小虫，有时头发里繁殖起来，会得发生一大群的小虱，并且附在头发上。小粒子绝不是平常木梳篦子所能除得掉的。"当时常用的驱虫药是对人有毒害的含汞即水银的化合物，有时也用煤油来代替。②

所以，张发奎于晚年忆述当年剪辫时说："1911年，听到广东新军反正的消息后，陈策（注：下文将谈及的张之同窗）把辫子剪掉了——他是第一个剪辫子的，我也跟着剪了。我太高兴了。为什么？因为我听说汉人已推翻满清，我不用再每天早晨梳辫子，也不会再长头虱了。"

张发奎的叙述，从侧面折射了工艺局因受制于时局与经济的剧变，办学筚路蓝缕、艰难备尝的历程，也从个人角度展现了艺徒当时的学习与生活的一些场景。

1916年7月6日，大总统黎元洪重新任命各省军政长官，全国军阀割据之势由此渐现。而后，出现孙中山所深恶痛绝的局面：

> 顾吾国之大患，莫大于武人之争雄，南与北如一丘之貉。虽号称护法之省，亦莫肯俯首于法律及民意之下。③

1900年广州街头上拖曳长辫发的一众路人。剃发留辫为清世祖顺治二年（1645）清人大举入关后所强令推行的苛令之一，谓"留发不留头，留头不留发"。亦即不得规避惜发，不从者杀头。所有关内男子须剃发留辫。即剃净前颅、两鬓头发，后脑勺留下比巴掌小一点面积的头发，编成一条长辫垂下。此妆容本为满族习俗。彼等游牧与征战时发辫盘头，待宿营时辫发盘作颃下枕

图片来源：海口无极藏品店. 清代广州街道上带辫子的行人［DB/OL］.（更新或修改时间不详）［2017-02-08］. http://www.997788.com（7788收藏商城网）

有学者就此从政治学角度概述道：本来，军事强人袁世凯企图重建中央集权，并取得了部分短期效果，但选择帝制形式却不合时宜。袁氏一离世，中央集权制度与权威碎片化，中央对监控地方的专制权力结构即被打破，地方主义制度化趋势日益加强，并形成一种自我实施的集体行动逻辑以及与之相适应的实力精英共享观念。在这种原始丛林法则即自然状态秩序下，人与人为敌。能在实际政治过程中竞逐的实力政治集团、各军阀之间，多选择武力消灭对

---

① 史馆文. 剃发留头论兴亡：《剃发令》评介［N］. 中国档案报，档案大观，2003-09-26（1）.
② 俞子夷. 二十年前乡村学校生活里的我［J］. 教育杂志，1927，19（12）：7.
③ 大元帅辞职之通电（中华民国七年五月四日），军政府公报（第78号）［M］// 中国社会科学院近代史研究所中华民国史研究室，中山大学历史系孙中山研究室，广东省社会科学院历史研究室. 孙中山全集：第四卷（1917—1918）. 北京：中华书局，1985：471.

方。① 即北京政府徒具中央政府形式，但由于帝国主义列强、城市买办阶级和乡村豪绅阶级所豢养的大小军阀割据各地，互相混战；军民分治与中央及地方问题相缠，南北分裂，中央政令不畅。旧中国还是外患日亟，内乱不已，"城头变幻大王旗"。恰如孙中山所言的"民国成立，十载于兹，叛乱相寻，迄无宁岁"局面，② 国不成国，成为辛亥革命后国内政治的显著特点。

在所谓"护法之省"的广东，于1911年11月10日建立了地方政权"广东军政府"。之后，孙中山所领导的南京临时政府、袁世凯所主导的北京政府于第二年1月1日、2月15日迭次更替。1913年7月18日，孙中山在广东宣布讨袁，进行二次革命。此前6月14日被袁世凯任命为都督的陈炯明予以响应宣布广东独立。但仅月余，国民党人在辛亥革命中所获的地盘与实力，即被袁方扫除，党人四分五裂，军队解体。二次革命即告失败。期间，被广东报界及社会戏称为"外江壮士""黄衣大汉"属北洋系统的广东镇抚使龙济光，奉袁世凯之命，于8月3日取代原都督陈炯明，在8月11日率3 000人马一枪未发便进驻广州，出任都督兼署民政长，广东再次成为北京政府的势力范围。龙氏本非北洋系统，但其长期坐南面北，向被历届北洋军阀视为在南方的看门犬。1916年4月6日龙济光败于革命党人领导的多支武装力量，被迫宣告广东独立，6月21日又被北京政府黎元洪任命为广东巡按使，但终为桂系军阀于当年10月2日取而代之，至1920年11月21日才退出广东，其间曾延续专制统治4年之久，等等。时人怨声载道："自民国肇造以后，广东几每隔二年，必有内战一次，其起衅原因，莫不由北方军阀及卖国派之阴谋所致。"③

原国民党元老之一的罗翼群，于中华人民共和国成立后忆述当年所经历的省将不省的痛苦："一九一六年四月，粤驱走肆虐数年之'袁朝'群王龙济光，桂系接踵而来，陈炳焜、莫荣新先后任广东督军，盘踞肆毒四年，有'亡省'之痛。"④

辛亥革命后至1925年的14年间，一省军政与民政两系统政制频繁变动，所隶机构时有朝立夕拆。其中，军政一系，1912年初称"都督"，继之1914年6月30日改为"将军"，兼辖民政，随之于1916年7月6日改为"督军"，再而1924年12月改为"督办"或"督理"；民政一系，1913年6月14日先是"民政长"，嗣后于1914年5月23日改作"巡按使"，设巡按使公署，1916年7月6日迭改称"省长"，设省长公署。国民政府接管后撤并"督办"或"督理"，继又易为"省主席"，等等。⑤

这时在广东，由革命党人、投靠英、美帝国主义的滇桂两系的西南军阀、依附桂系军阀的政学系人物或江湖游勇绿林汉，抑或学问、才干方面的平庸之辈，因缘际会轮番继替坐省第一把交椅，但有的只是"署理""代理""兼理""护理"或"临时"而已。14年间，军政首脑变动10人次，民政首脑变动24人次。粗略估算，平均每年易位2.4人次。人事更迭频次最高年份为1923年，计有6人次之多，1917年、1924年两年各5人次，1913年4人次，1916年、1922年两年各3人次。余者均有一二人次，没变者只有1921年。⑥ 即自辛亥革命以来，广东政局几乎没有哪一年，哪几个月是平静的。

当时，北京政府教育部的一份调查表，对学校就军队占驻状况的说明，忧而愤言："查军兴以后，各省学校停辍损毁，所在皆是。"

此言不虚。在广东，由都督所签发的命各军司令、统领退出学校的一份通令称："本省自宣布独立，查各学校仍一律照常上课，共励实修，本堪嘉慰。近闻各路军队间有进扎学校，致令生徒废学，于教育前途殊有窒碍，合亟通饬。嗣后各军或因奉调回省，或系迁移营部，必须妥觅空闲地方，切毋

---

① 李月军. 从传统帝国到民族国家：近代中国国家转型的战争逻辑［J］. 甘肃行政学院学报，2012（5）：27［中国社会科学文摘，2013（3）：97］.
② 关于召开联省政府代表会议的通电（一九二一年六月十五日）［M］// 汤锐祥. 护法时期孙中山轶文集（一九一二年十二月—一九二五年三月）. 北京：海洋出版社，2011：176.
③ 新建设的中国，舆论：大陆报述广东教育之发展［J］. 上海民国日报六周纪念增刊，1922（）：？ .
④ 罗翼群. 记孙中山三次在广东建立政权［M］// 政协全国委员会、政协广东省委、政协广州市委文史资料委员会. 孙中山三次在广东建立政权. 北京：中国文史出版社，1986：2.
⑤ 俞鹿年. 中国官制大辞典，下册［M］. 哈尔滨：黑龙江人民出版社，1992：1125.
⑥ 彭明. 中国现代史资料选辑：第一册（1919—1923）［M］. 北京：中国人民大学出版社，1987：70、84-85.

进入学校驻扎。其有已经入校暂驻者，亟应从速觅地迁让，免妨教育。"①②

当年的甲工及后来的工专，居近代革命与大革命策源地的广州一端，在办教育方面所受的影响，客观上不谓不大。民初广东的政局屡历运行不足百日的南京临时政府、踞粤各4年和5年的龙济光及桂系政权，其当局后与北京政府、北京临时执政府存在若即若离与较劲角逐的关系，兼之期间孙中山3次在广州建立革命政权，即中华民国军政府、中华民国陆海军大元帅大本营以及广州国民政府；诸革命政权与派系政权、武汉国民政府、南京政府等南北政权的更迭与并存。本史考于上下文多处引用了南北政权部分相关法律、法规条文、具体措施、办法以及别的官府文献档案等。其间虽然有过如省教育厅所撰大事记声言的"查本省自民国六年宣布自主后，关于向章应咨呈〈北京〉教育部之件，均行搁置……又民国六年后，北京教育部来件，均以批存了之，或用'教育科案呈'字样办理"，③但由于军阀割据与政权反复更迭，政令通行范围及其全局性、连续性、长远性等所形成的作用到底有多大，当中有不少难以一一判断，依违两可。例如，护法军政府屡遭英、日、法帝国主义者的无理干涉和桂系军阀的排挤，处事困难重重。它于1918年春首拨10万元军用券以作甘肃革命党人的活动费用。当该券拿到上海兑现，不是因日本商人以一二折价收购，就是因无人收要而作罢，以致后来带到兰州后竟作糊墙之纸。④囿于档案、文献的匮乏，无法细辨所征引的条文与办法的异同及颉颃，包括由此而及所得的具体成效，同样，也未能细析供研判问题背景的文献资料运用是否都合情理，所以，这方面的部分论述，是粗浅或表面的。

有上述政体与社会结构频改原因，啼声初试的省工艺局，便已诸事难料，蹇惑多重，猝不及防。在开办后的次年10月，因辛亥事起，办学旧制瓦解，而辄告第一次停办；接着于1912年复办。复办的具体日，目前尚不得知，只是确知不迟于当年的9月。

因为广州地方报纸《国民报》，就工艺局新生报到事项，以通讯形式介绍省实业司所发布的牌示。其文称：考上正取的艺徒携各相关证件报到的截止期，从"于十号一律送赴工艺局"，到"特展至十八号以前"。

此间的工艺局仍循原办学宗旨渐进。当时，有苏姓留学生投书不涉政党、不谈政治专为绅士社团服务的《安雅报》报社，⑤以"洋洋数千言"对其抨击，认为世界工业在进步，该局还陈陈相因，所办的"织造、藤器等项，类皆与民争利，无提倡之价值"，社会贫穷，故而呈请粤省都督胡汉民裁撤淘汰工艺局，"以恤民膏"，又言"即当国库丰裕时，亦应废止其进行"。⑥

面对读者的诘难，主管工艺局的粤省实业司还算大度，于报端回应道：

> 盖该局工艺，原为一般贫而无业子弟预筹生计，以期易于普及，故所教所学，均从极普通极浅易处入手，不得以陈陈相因诋之，至谓与民争利，则尤不然。工艺之设，所以为民，非以为官。有工艺则贫民子弟有所藉以养。官何利焉？既非藉以牟利，与民何争？此皆该生误会之故，

---

① 都督谕准教育部咨催调查各校停辍损毁表报部（文件号阙如，民国元年九月十三日），文牍，广东教育公报，第一年，中华民国元年十月［1912（1）：4］［M］//殷梦霞，李强. 民国教育公报汇编：第一六三册. 北京：国家图书馆出版社，2009：46-47.
② 广东都督通饬各军队勿在学校驻扎（第七十五号，民国五年五月七日），文牍，广东教育公报，第四年，中华民国五年五月［1916（5）：40-41］［M］//殷梦霞，李强. 民国教育公报汇编：第一七〇册. 北京：国家图书馆出版社，2009：46-47.
③ 温仲良. 广东全省教育大事记（中华民国十二年八月一日—中华民国十三年七月三十一日）［Z］. 出版信息不详，1926：11-12.
④ 张锦堂. 孙中山对甘肃革命的影响（1966年）［M］//广东省政协文化和文史资料委员会. 广东文史资料存稿选编：第一卷，孙中山和第一次北伐. 广州：广东人民出版社，2005：49.
⑤ 沈琼楼. 清末民初广州报业杂忆［M］//广东省政协文化和文史资料委员会. 广东文史资料精编，清末民国时期文化与民族宗教篇：上编，第4卷. 北京：中国文史出版社，2008：220、223.
⑥ 本省新闻：工艺教育之言论［N］. 安雅报（广州），中华民国元年十二月初六日（1912-12-06）［第二张：（2）］.（广东省立中山图书馆古籍、地方文献阅览室馆藏，以下同）

不可不商正者也。①

它与读者的一来一往，客观上为复办未久的工艺局做了一番招生方面的广告宣传。

迭经努力，工艺局生机再现，有了下一步发展的可能。前述的国民报，对此作了一番报道：

> 增步〔埗〕工〈艺〉局，自奉实业司将粤防工厂归并，〈之〉后招收艺徒五百余人，现已一律〈上〉课，实地练习。该局长以事关振兴〈国〉民实业，拟大加扩充，为全省工场〈模〉范。除原办之染织科，如平斜织多□机各毛巾、花布外，增以线袜、笠衫、〈羊〉毛织、冷织品；附属之化学科，如肥〈皂〉、洋烛、天然墨、花露水外，增以各日〈用〉化粧〔妆〕品；附属之木器科，如檯〔台〕、椅、餐〈桌〉木器外，增以各洋式傢〔家〕私藤器用〈品〉；附属之陶磁〔瓷〕科，如〈江苏〉宜兴土质器皿〈等〉，增以洋磁〔瓷〕等附属之。更拟添设制〈造〉机械一科，如织造工场之机械品，各种工艺器械品。其教员聘外洋〈高〉师，或高等留学工科毕业生，在局□造，俾各工场便于定购，以挽利〈权〉。仍俟订妥章程，由实业司拨欸〔款〕开云。②

那时，整个社会局面，如1913年7月4日再度上任为广东都督的陈炯明所言："吏治未修，商业未兴，民生未奠。余如教育、实业暨一切应兴应革之政，亦未遑整饬进行。"③上述所拟数项，后来似陆续得到落实。其成绩显著者，大概为下文将述及的有作品获奖于巴拿马万国博览会。

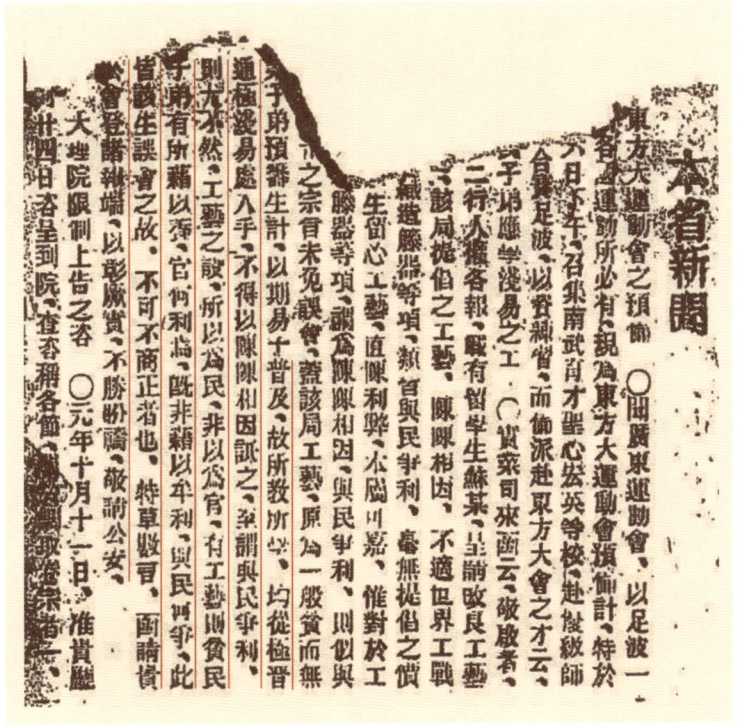

图片来源：国民报，民国元年九月十二日［1912-09-12（第二张：2）］.

① 本省新闻：实业司来函［N］. 安雅报（广州），中华民国元年十二月初七日（1912-12-07）［第二张：（2）］.
② 工艺局渐有进步［N］. 国民报（广州），中华民国元年十月十四号（1912-10-14）［第二张：（2）］.（广东省立中山图书馆古籍，地方文献阅览室馆藏，下同）
③ 望商民各复旧业条陈疾苦布告（文件号阙如，中华民国二年七月十日）［J］. 广东公报，中华民国二年七月十六日［1913（294）］.

工藝局漸有進步

○○工藝局，自奉實業司將粵防工廠歸併，增步正後招收藝徒五百餘人，現已一律課實地練習，該局長以事關振興民實業，擬大加擴充，為全省工塲模範，除原辦之染織科，如平科織各機各毛巾花布外，增以線襪笠彩毛織冷織品，附屬之化學科，如肥洋燭天然墨花露水科，增以各洋化粧品，附屬之木器科，如樟椅凳木器外，增以各洋式傢私藤器用附屬之陶磁科，如宜興土質器皿增以洋磁等附屬之，更擬添設製機械一科，如織造工塲之機械品，各種工藝塲機器品，其教員聘外洋師，或高等留學工科畢業生，在局製造，俾各工塲便於定購，以挽利仍俟訂妥章程，由實業司撥欵云。

话说回来，当时广东的学校被迫停办者，不止工艺局一家。

民国元年，孙中山曾坦然道："自民国起义以来，教育机关一时停歇，黉舍变为兵营，学子编入卒伍。"[①] 同一年，中国同盟会南方支部部长、广东都督胡汉民答北京政府财政部关于粤省财政状况的咨询，回复道："粤省自去年光复，财政竭蹶，军需浩繁，不得不借募债一途，以资挹注。"[②] 有学者曾概述道："广东于反正之初年，糜军饷，办土匪，对于学务，无款可筹。即曩日微薄之学款，为地方行政长官所挪移，为军警所挹注，为绅士所盘踞，为停办各捐所牵动，由是各属庄严校舍，遂多鞠为茂草。"[③]

这时，广东工艺局的性质，只具一般意义的工业教育，或曰技工教育寓于职业教育之中，且为低层次的，显然未有高等教育的性质。从该局招匠教徒、培养技师的实际情形看，这批从师学艺的劳动者——艺徒，其所受教育的程度，恐怕只相当于初中毕业的程度而已。虽然，这在当年对社会及其学生说来，也实在不易。

有报纸于其20年后，对草创期的广东工艺局毫不客气地评论道："设备甚简而程度甚低"，到1911年辛亥革命前"经两次毕业约百数十人，聊充工匠"。[④]

局长黄强于民国七年一月（1918年1月），呈请省长公署批准筹办附设工业学校，溯及工艺局早期办学过程时喟叹道：

> 查敝局创办宗旨，原欲为普通工艺模范，预备振兴全省各县工艺局及家族工艺厂，规模宏大，筹划周详。法至良意至善也。不幸，办理未臻完备，变故迭复纷乘。中经水灾，继遭兵燹，库款奇绌，饬令暂停。[⑤]

黄强所说及时间节点上的一连串变故，可由此前省长公署教育科科长吴鼎新，于1916年11月北京召开的全国教育行政会议期间，向大会所提交的"广东省教育现况"报告，关于"民国五年来天灾人祸之影响于教育情形"，作一题解：

---

① 临时大总统关于各省已设优级、初级师范一并开学，中小学校速筹开办致教育部令（文件号阙如，1912年3月19日）[M]//中国第二历史档案馆.中华民国史档案资料汇编，第二辑，南京临时政府（1912年）.南京：江苏古籍出版社，1991：477.
② 胡汉民.广东都督关于粤省募债及筹还情形咨（文件号阙如，1912年9月19日）[M]//中国第二历史档案馆.中华民国史档案资料汇编，第二辑，南京临时政府（1912年）.南京：江苏古籍出版社，1991：330.
③ 温仲良.十年来广东教育之回顾[J].广东省教育会杂志，中华民国十年七月[1921，1（1）：75-76].
④ 谢瀛洲.一年来广东教育之设施及计划、梁冰禅.广东的高等教育[Z]//香港《中兴报》周年纪念刊，广东建设号（民国二十二年五月）.广州：《中兴报》周年纪念刊编纂处，1933：104-111.
⑤ 黄强（广东省工艺局）.呈请筹办附设工业学校（中华民国七年）[Z].1918.（广东省立中山图书馆古籍、地方文献阅览室馆藏，以下同）

民国元年因受军事影响，学校大半停办二个月上下；二年独立，学校停办月余；三年、四年全省受水灾，学校为水冲毁，学生有溺毙者，教员也亦不克到校，停课三四个月；民国五年又独立，自三月至九月兵火未熄，学校为民军及桂军所占，……经费全失，恢复不易，且有盗贼，绑票、房学生勒赎者，教育界大蒙其害。①

黄强革故拓荒办学，自省兼求全，故而出言偏苛：

敝局开办已阅十稔，教育、实习向皆一致〔直〕进行，唯成绩甚微，未获广收实效。②

但当时省工艺局每月教育事业维持费4000多元，全年各种费用达5万元之多；且借才于异域，有教师聘自东洋的高等工业学校毕业生。因此工艺局事业还是得到了发展的。

自此的11年后，后任校长叶家俊对草创期省工艺局的教育成效，则作持平之论：

当时设立织染、化学、美术、陶器四科，招收艺徒准定五百名，所出成绩品，尚受社会欢迎。辛亥年，粤省光复时停办，民国元年奉文赓续办理，并改订科目为织工、染色、藤器、木工等科，加国文、算术。③

限于史料不足，尚不知彼时改定科目具体所指。

不过，溯及广州传统工业，可知清末与辛亥年间，织工包括丝绸、缎锦、广纱、土布、花边织带等织造品；以竹藤棕草编织的各种家具、器皿用具、蒲包等制品，汇明清家具与西式家具精华的"广式家具"、红木雕刻工艺及其制品（家具、小件、宫灯与樟木箱），因以广州为代表具有岭南特色，向称"广货"而素负盛名于国内及东南沿海一带。④⑤

同时，虑及务实致用，兴利增财，向为岭南文化特色，故而推断上述所设4科，当以上列粤省技艺精湛、品种繁多的强项为基础。即兼顾了地方传统与资源，因地制宜设置专业。这种多专业的布局与授课，有别于地方学徒制的单专业、技艺传授仅限于本行的做法，是对后者的封闭性、排他性和垄断性的一种突破。

事实也如此。课程改革后，虽举步荆棘，教学局面终究打开，成效显现。

---

① 广东省教育现况[M]//沈云龙. 全国教育行政会议各省区报告汇录（中华民国五年十一月），近代中国史料丛刊三编，第十辑. 台北：文海出版社有限公司，1986：211-212.
② 黄强（广东省工艺局）. 呈请筹办附设工业学校（中华民国七年）[Z].1918.
③ 叶家俊. 广东省立工业专门学校概要[J]. 新建设，工业专号. 1929（6）：231.
④ 汤国良，陈雄，张穗生，等. 广州工业四十年[M]. 广州：广东人民出版社，1989：3、75、82.
⑤《广东百科全书》编纂委员会. 广东百科全书[M]. 北京：中国大百科全书出版社，1995：326、453、602.

五、续定章程求稳定

工艺局自1910年创办起,历停办、复办的两次起落,于1917年1月以后办学局面又渐好转。少了颠连的日子,意有所守、心有所系的工艺局人,此间可坐下进一步谋划未来了。

局长彭元鏖认为,全省工艺教育实有认真抓的必要。在他看来:

> 粤省自辛亥以来,几遭兵燹,小民颠沛流离,元气伤尽,生计穷蹙,流入匪类。若不标本兼治,难收成效。各属盗风之盛,实系生计困难。而生计困难实以〔因〕工业不兴。设一厂容数百人,则此数百人生计有着,而生计困难之人,即减少数百人。以此类推,关系匪细。此兴办实业为治粤第一之要着也。①

彭元鏖认为"敝局为全省工业模范,有劝工之责",本上述政见,故而请求省署将工艺局所续定的办学章程下发至各县,希望各地以此"仿照兴办"。

省长公署认为,工艺局此举"自系为地方兴工业、贫民筹生起见,事可准行矣"。因此,于6月29日向全省6个道尹发布训令:"令仰该道尹转令所属各县知事一体遵照办理。"②此外,省长公署还同时批准该局所拟定的《招收艺徒章程》。

从上述彭元鏖给省长公署的呈文可察知,省工艺局有办学章程,但至今未见有存世。工艺局本非大学,其章程非现代大学章程,不能与按现代社会所要求的原则、体例而制定的学校章程等量齐观,却已属目前所寻得的最早年份的办学规章,而显珍贵。这里全文照录办学章程及招生章程,以为详端当年办学风貌之凭。

广东工艺〈局〉章程

(广东省长公署准行,中华民国六年六月二十九日发布)

第一章 宗旨

第一条 本局具有模范性质以提倡工业,招收艺徒养成工艺技能,为将来各属推广改良出品、振兴国货为宗旨。

注:北京政府教育部于1912年9月2日公布各级学校的教育宗旨是:"注重德育教育,以实利教育、军国民教育辅之,更以美感教育完成其道德。"③工艺局作为职业学校,依循了民初这个教育宗旨。

第二条 本局〈教授〉工艺暂分金工、织染两种。

属于金工者:机械、铸铁、木模、锻炼四厂。附属者:打洋式器皿、西法电镀、机器车贝钮〔纽〕;

注:此处的"锻炼",可理解为锻压、锻造或冶炼;至于"机器车贝纽"为广州话,意为用机器加工贝壳,制造日常生活用纽扣。旧时国人的男对襟、女左斜襟以及长短褂等唐装纽扣,以布条扭结而成,后有以动物犄角骨如牛角骨做纽扣。但这类含角质层的扣子久泡于水后会膨大变软,直至碎裂。梅雨季节有时还会发霉。清末民初出现的贝壳纽,结解扣合衣服方便,且没上述犄角骨制品存在的弊端,故而颇受人们欢迎。贝壳纽扣作为"广货"小商品之一,成为京广杂货店不可或缺的品种。工艺局教授贝壳造纽扣手艺,说明办学注意与时俱进。

---

①②广东省长公署训令,令六道尹转令所属各县知事遵照兴办工场□□文(第二千二百二十四号,中华民国六年六月二十九日)[J].广东公报,中华民国六年六月三十日[1917(1496):7].

③教育部公布教育宗旨令(部令第二号,1912年9月2日)[M]//中国第二历史档案馆.中华民国史档案资料汇编,第三辑,北洋政府时期教育(1912—1928年).南京:江苏古籍出版社,1991:22.

属于染织者：染色、漂浆、织布、织毛巾、冷衫、织洋袜、提花、牵梳、穿综、打纱十厂。附属者：缝纫一厂。

注："冷衫"为广州话，普通话里则称"毛线衣"，上海地区谓"绒线"。国内机织毛纺织厂始于1876年的甘肃织呢局。解放前，国内市面供应的毛线即"洋冷"，大部分为英国产品，被曾从事巨额鸦片贸易、外资在华企业中最大的企业集团英商"怡和洋行"（Jardine Matheson）即查甸·马地臣公司所垄断。[①] 民初以高效率的舌针平型罗纹针织机为代表的机织品"冷衫"，作为时尚与情怀，一时半载还难成为社会普罗大众的身上衣，而只是有钱人家的富贵物。工艺局授艺织"冷衫"，说明课程安排兼顾到不同社会阶层对商品的不同需求。

第二章　职员

第三条　本司职员分行政、教育、营业三种：

甲　行政

局长一员，督查兼会计一员，文牍一员，庶务一员，会计一员，收发文件一员。

乙　教育

金工科教员一员，染织科学理教员一员，国文教员一员，体操教员一员，舍监两员，录事三员，英文由染织科学理教员兼充。

丙　营业

机器厂绘图工师一员，监工管物料两员，金工科总工一员，制革厂工师一员，电镀厂工师一员，打器皿厂技师一员。

染织厂工师一员，管物料一员，监工一员，收发经纬处司事三人〔员〕，管机器口员，毛巾厂技工一员，冷衫洋袜厂技工一员，缝纫厂技工一员。

局长系奉省长委任，其余职员由局长选任。

第三章　工匠

第四条　本局厂内每厂设工头一人。工匠无定额，以造货多寡为增减。由督察工师随时商承局长雇佣。

第四章　艺徒

第五条　艺徒二百名。

第五章　勇役

第六条　护目一名，护勇七名，通报一名，杂役十名，厨夫五名。

注："勇役"类似今日所称的看护校园的保安员及为师生员工服务的勤杂人员。其中，"护目"即安保组织的小头目。

第六章　职务

第七条　本局各员职务如左：

注：从前官府公牍与民间尺牍，文字的排布都为自上而下、自右向左形式。国内约从1956年起，除必要者外，对各种印刷物在推行使用简化汉字的同时，规定采取从上到下、自左向右之式。为反映原貌，此处及其下文对"如左"一语不予改动。

局长，综核全局事务、筹划进行事宜及局员进退惩奖；

督察员，考察各员勤惰能否称职、有无舞弊，随时报告；

局长核办，并商同工师，将制造计划及应购物料开单送由局长核定发购；

文牍员，拟办局内一切稿件，并保管文卷；

[①] 黄百章，肖任章，王德友，等. 纺织品[M]// 广东省地方史志编纂委员会. 广东省志·商业志，广州：广东人民出版社，2002：172.

会计员，掌管本局全部银钱收支款目，并办理关于会计各种表册；

庶务员，商同会计员采办各项物料，调查市面关于本局货物出入行情，逐日列单报告，并核定货价，购办局内应用零星物件；

收发文件员，凡各署来文及本局发文，均须摘由登记，按时送入发出，录事、缮写本局文件册报，兼印刷课堂讲义；

工师，实地教授学徒，督率工匠制造，随时发明新器，改良出品，并商同督察员将应购物料开单，送由局长核准发购；

教习，专任教授学徒各科学理，随时指点，使学徒领悟得以有成；

技师，分类教授艺徒，帮同工师计划制造进行；

舍监，分管学徒食、宿、疾病等事，并约束学徒使守规则；

管物料，分管各科物料妥为收管，并凭部据收发。每月于月底结数报告，随时与督察员、工师接洽，以便添购物料；

管机，专管职工落布，每日出货凭部〈据〉点交管物料员收管，并列单报告；

监工，监察工厂制造、并工匠艺徒依时上工，按日将工作勤惰情形分别登记报告；

收发经纬出品，凡经纬出入，概凭部据称准分量；收入纱筒、竹骨等物，均须认真挑剔，按日登记工人出货，并复核工资数目，月抄汇交会计处核给工资；

总工，商承工师，计划制造、分配物料，并会同各厂工头，督率各工匠、艺徒操作；

工头，总管一厂造货、支配物料，帮同工师指点各艺徒实地习艺。凡工匠，均须听从工头指挥；

艺徒，分拨各工厂习艺，并上堂讲授专门学理及晚堂普通学，以不缺课能耐劳为主。

护目，率同护勇巡视厂地，稽查工匠、艺徒出入。凡行李、包裹均应检查，以防夹带厂内货物情事，并逐日传递各公署公文；

通报，为来宾投刺及传递到文信件；

注："刺"即名片。这里的"投刺"是指校门传达室值勤者向校方转递求见人的名片。

杂役，分管打扫、茶水，并随时听员司差遣，送、购货物及各奔走之事；

厨夫，专管全局饭食。

第七章 〈作息〉

第八条 本局由清明起、重阳止，每日上午六时开工，十一时休工，下午十二时开工，五时半休工；由重阳起至清明前，每日上午七时开工，十一时休工，下午十二时开工，五时休工。局中各员办事时间准此。

注：张发奎于1910年当工艺局艺徒时，工作时间就已至少10小时以上。及至1917年，这种局面未改。春夏季工作时间长达10.5小时，秋冬季也有9个小时。一般而言，缩短工时体现劳动者权利的上升与社会对劳动者福利的重视。

第九条 本局向章〔来〕每月星期只放两天，现仍照前章办理。

第八章 考察

第十条 本局发明自动织布铁机、打纱铁机，原为商厂改良织造起见，唯此项铁机售出，究竟各商厂能否适用，应随时由工师考查，如有未尽妥善，即时改换，以精益求精利便商民为主。

第十一条 本局进行宗旨，既在改良土货，提倡工业。究竟改良何种土货，提倡何种工业，〈须〉从事调查。唯调查手续甚繁，非易着手。现拟呈请省长筹办"广东物产展览会"，征集各种出品，互相研究，以期实行改良。

第九章 赏罚

第十二条 本局工师、教员、技师、总工、工头、工匠,能独出心裁发明新器,或改良土货实有成效;各员司实心任事,使工艺日有起色,随时呈请省长分别给奖。若办事不力,厂务废弛,或有嗜好,随时查察。轻则罚薪,重则撤换;倘有舞弊等情,从严彻究。

第十章 经费

第十三条 本局由财政厅金库月领经常费四千二百七十元:以二千八百二十二元为本局行政教育经费,以一千二百元补助工场营业经费,以一百八十五元为分销所经费。

第十一章 营业

第十四条 本局设分销所一处为营业机关,销售本局各种出品,编列号数,划定实码。凡售出货物,无论货价多少,皆填给三联单发票。月抄造具清册,送局查核呈报。唯初办工场,教授艺徒出品无多,营业不免减色。

注:甲工前身工艺局在办学同时,设立陈列所,由所长和司事管理及售卖学生、艺徒所出产品。已知其中的一任所长为陈泰初。①

第十五条 本局呈准创办负贩团,原为失业商民生计起见,又为各工厂提倡负贩主意,另有专章。

注:"负贩"语义含有小本经营的小商贩或挑货贩卖的货郎担。

第十六条 本局创办负贩团,以〔因〕地方风气未开,入团不甚踊跃。每逢星期日派员演说以资劝导。

第十二章 说明

第十七条 本局招收艺徒另有章程附刊于后。

第十八条 本局章程未尽事宜随时修改,呈请省长核准。

---

① 广东都督兼民政长龙济光任命状,任命陈泰初为工艺陈列所所长状(文件号、发文日阙如)[J]. 广东公报,中华民国二年八月二十九日[1913(329):27].

招收艺徒章程

(经广东省长公署准行,中华民国六年六月二十九日发)

第一章 宗旨

第一条 本局招收艺徒,以养成工艺人才,为将来推广工业、改良土货兼以自谋生计,免为无业游民为宗旨。

第二章 名额

第二条 本局招收艺徒以二百名为额。

第三章 选考

第三条 本局艺徒概由考选而得。考选之方法〔条件〕如下:

年龄在二十岁以下、十五岁以上;

身体强壮,耳、目、手、足无疾病者;

品行端正,素无各种嗜好者;

注:晚清宣统元年正月底即1909年2月中旬,学部就学生吸烟问题发布《严禁中小学堂学生吸食各种烟草章程》,指出烟草对中小学生"伤损脑筋、阻塞智慧,危害尤甚"。表明吸烟已为社会所公认不良嗜好之一。至民初,社会各种报纸不约而同地刊登据闻可助戒烟的"戒烟丸"一类的广告。以省教育会牵头的教育界吁请社会关注未成年人吸烟问题,认为"吾粤迩来社会风气好吸烟卷,虽未成年之男女亦多染斯习。……前教育部训令各省,以烟草一物内含毒性,青年吸之危害滋深。近闻各校学生吸者甚多,亟应严行禁绝。为此令行各学校,须监察学生不论在校内校外一律禁止,以杜嗜好而肃学风。……应请警务处通饬警察一律严加干涉。"此呼吁得省警务处的支持。)①②

文字粗识,资质非下愚不移者;

须有切实可靠之担保人。

注:入学读书请商家担保即"铺保"之举即所谓保证书制度或规约,为当年国内惯例。那时一些殷实商号受人所托,在获得对方钱财、物质后,会为需方于就业、从商、求学、住宿、贷款等方面出具经理人签字、盖商号图章的书简作证书,为其身份与无违法犯罪记录在案等情事作信誉担保,承诺一旦有不良情事发生,商号将完全担责。这种需方个人信誉与商号声誉及其经济利益挂钩联动方式,在旧时代广泛存在。它曾被国民政府作为加强反动统治办法之一,在管控公私立中等以上学校中予以充分运用,以期限制学生的政治活动。中华人民共和国成立后的1950年11月2日,教育部明令所有公私立高校及中学,一律废除该做法;指出它是旧社会一种反人民的统治手法,在人民政府领导下的学校,应即予以废除;之后,该规约虽不再与求学如影相随,但其作为一种民间道德契约现象,于中华人民共和国成立后一个时期里,在民间多个方面还随处可见。约延至1956年,随着私营店铺公私合营运动的发展,铺保渐被街道居民委员会或工作单位的证明和介绍信所取代。③④

第四章 〈学习〉科学〔目〕

第四条 艺徒之科学(即学习科目)如下:

金工科:机械、铸造、木模、锻炼;附设,打洋式器皿、西法电镀、机器车贝钮。

染织科:染色、漂染、织布、毛巾、冷衫、洋袜、提花、牵梳、穿综、打纱;附设,缝纫。

---

①教育法令:严禁中小学堂学生吸食各种烟草章程(文件号与发文日不详)[J].教育杂志,宣统元年正月二十五日[1909,1(1):7].

②广东全省警务处布告,处长魏布告严禁未成年之学生吸食纸烟文(第一号,中华民国八年四月二日)[J].广东公报,中华民国八年四月十五日[1919(2031):2-3].

③中央教育科学研究所.中华人民共和国教育大事记(1949—1982)[M].北京:教育科学出版社,1984:28.

④刘鹏.被遗忘的证明——铺保[N].中国档案报,2004-10-22(8).

金工科专门学理

| 应用力学 | 机械制造法 | 发动机关 | 制造用机械计划及制图 |

染色科专门学理

| 染织及机织纤维大意 | 精练漂白法 | 色粉及色染法 | 水及染色用药剂及各种族 | 染料浸染法 | 印花法 | 染料记号 | 浸染用器具、机器等大意 |

机织科专门学理

| 织物原料 | 丝毛棉之号数 | 平斜纹儒子织 | 混合织大意 | 织物意象原组织 | 综绠鼓装置及扯花ソ机ノソセリノ之装置大意 |

普通学

| 修身 | 历史 | 算术 | 英文 | 体操 |

注:"修身"意为自治其身。原着意传授儒家道德思想,1923年起国内将其改为公民科。1929年起陆续演变为党义科、社会科。后从1932年起又改为公民训练科、常识科等名堂。①

鸦片战争后,许多人吸食鸦片,肩耸骨立,体质孱弱,做事不振。国人痛感强身强国之道。到光绪二十八年(1902)晚清所颁布的《钦定高等学堂章程》,始设体育课中的"体操"一项,即兵式体操。其中,以设日本或德国方式的军队体操为多。但由于场地、设备与师资等,许多学堂都难以切实执行。到民初,始有北京政府教育部如上段文字所谈及的关于各级学校"以军国民教育为道德教育之辅"的教育宗旨,于中小学课程中特置体操课。原期待各校学生常操练身体,养成强壮果毅之风。但该部后来发现"学校教课势难于体操一科独增教授时数",于是转而希望学校"宜体此意,引导学生于体操正科外,为种种有益之运动"。至于专门以上学校,体操不再列入正科,但尤其希望此类学校"组织运动部,随时练习,以免偏用脑力。每年春秋两季,应酌开学校运动会,互相淬励,以惰弱为耻,以勇健为荣,庶学生体躯日强,智、德亦因以增进。处兹外患交迫,非大多数国民具有尚武精神,决不足以争存而图强也。"② 及至五四运动后,取消兵式操,代之以西方近代体育科目,如田径、球类、器械体操等。

在广东,晚清两广总督张之洞于光绪十三年(1887)在广东创立水陆师学堂时,即设有包括单杠、双杠、木马等器械体操在内的体育课程。此为省内官办学校设体育课之始。1891年康有为在广州所创办的"万木草堂"定学生须逢周一、周四习体操;至1899年公立广府中学也开设体操课。1919年6月,省长公署发文全省各学校,正式推广使用毕业于日本体操专门学校、归国任教于两广学校超过10年的体操教师李竣襄所编写的体操课教材、广州开智书局出版的《最新普通体操法图解,上、下册》。③④

---

①[日]市川博.一个日本学者眼中的中国课改——回首我与中国相互学习的六十年[J].译:沈晓敏,李雨菡,沈聪.全球教育展望,2019(1):6.
②教育部训令(第十二号,中华民国元年十二月十八日),法令,广东教育公报,第一年,中华民国二年二月[1913(5):198][M]//殷梦霞,李强.民国教育公报汇编,第一六三册.北京:国家图书馆出版社,2009:583.
③广东省地方史志编纂委员会.广东省志·体育志[M].广州:广东人民出版社,2001:16-17.
④广东省长布告,全省各学校酌量采用李竣襄编著之体操书文(第三十九号,中华民国八年六月十八日),本省文牍,广东教育公报,第七周,中华民国八年八月[1919(2):77][M]//殷梦霞,李强.民国教育公报汇编,第一七一册.北京:国家图书馆出版社,2009:313.

第五章　分班

第五条　金工科艺徒，五十名，分甲、乙、丙三班，二年卒业：

甲班：二十五名，分机械、铸造、木模、锻炼四厂；

乙班：十五名，打洋式器皿，西法电镀；

丙班：十名，机器车贝纽。

染织科艺徒，一百五十名，分甲、乙、丙〈丁〉三〔四〕班，分期轮流教授，以年半毕业（卒业）；

甲班：织巾五十五名，以九个月为一期，内拨出五名学习制皮；

乙班：织毛巾、车纱、漂浆五十五名，以九个月为一期。九个月后甲、乙两班对调。

乙班内分三类，每类十八名，以三个月为一期：

第一类织毛巾，十八名以三个月为一期；

第二类车纱、漂浆，十八名以三个月为一期；

第三类打经纬，十八名以三个月为一期；

第一期：第一类织毛巾，第二类穿〔车〕纱、漂浆，第三类打经纬；

第二期：第二类织毛巾，第二类打经纬，第一类车纱、漂浆；

第三期：第三类织毛巾，第三类穿综、漂浆，第一类打经纬。

丙班：分两类，每〈类〉二十名。

第一类织冷衫、织袜二十名，以九个月为一期；

第二类缝纫车衫、车喼帽二十名，以九个月为一期。九个月后两班对调。

丁班：五名，学习腌制皮革。暂由染织科甲班内分出五名，拨入制革厂学习。

第六章　膳宿

第六条　学徒之膳宿费皆由本局发给，唯中途辍业及不守规则、不勤学习、无志上进，致干斥退，仍责令担保人罚缴全期膳宿费，以杜取巧。

第七条　教授时间：清明至重阳，每日上午七时至九时，上堂讲授学理二小时；九时入工场实习，十一时午餐，十二时复入工场，五时休息；夜课讲授普通学一小时，余自修口。学徒习艺，本以学成技能、可以自立谋生〈为要〉，故增长〔加〕实习时间，以期速成而求实际。

第八条　本局工厂仍照向章，每月星期假两天，学徒每遇星期日停上讲堂，专在工厂实习，以免虚掷光阴。至纪念日及年假，均照各学堂办理，唯不放暑假。因工人不以暑天辍工，正欲各徒习练耐劳体格。

第九条　学徒非有正当事故〔情〕及疾病，不得任意请假。

第十条　学徒请假，须由家属来书说明事由，舍监报由局长核准，方准出局。假满不回，派人到其家属查询。

第七章　学期及卒业服务

第十一条　学徒学期以六个月计算。三月至八月为第一学期，由八月至一月为第二学期。

第十二条　学徒服务年限如下：

金工科服务一年，染织科服务半年。

凡服务期内能置〔制〕造物品者，分别酌给工资，以示鼓励。唯不得超越外工工价之一半。

第八章　惩戒

第十三条　凡学徒不守规则及怠惰荒废学业者，由工师、教习及督察报明撤退。

第九章　试验

第十四条　学期试验由各科工师、教习详定优劣，分别赏罚。

〈关于〉卒业试验，工师、教习将学徒平日成绩及各学期试验分数，合并卒业分数，平均计算，送请局长复核，分别给予文凭；并择其成绩最优、有志向学者，临时酌量由局给费，派往日本专门工厂实习，以资鼓励。

第十章 附则

第十五条 本局以〔为〕改良土布、推广铁机，呈准添设额外练习架机工匠一班，以三个月卒业，不定额数。

第十六条 本局拟设四城"半夜工业讲习所"、四处"功课讲习所"，〈所〉讲〈内容〉者：工人道德、通俗工业演说；所习〈内容〉者：珠算、字课、书札。

此条尚未实行，唯已列入六年度预算案内。一俟省议会通过，奉准即行办理。

第十七条 本章程未尽事宜随时修改。①

上述办学与招生两章程执行后，社会反响不俗，认为"工艺局亦规模宏远，局中科学均皆切于实用"。② 约半年后，由于工艺局陆续改办工业学校、甲种工业学校，整个办学格局有了变化，便停止执行。虽说如此，以上却多少地为后续的办学提供了借鉴。

六、亮相万国博览会

在有246个国家和国际组织参展、7308万人次中外参观者的2010年中国上海第41届世界博览会上，广东工艺局建筑设计成绩斐然。与本届世博会的深度交往，成就了华南理工与之深情的历史握手。不过，在华南理工百年办学发展史上，在世博会150多年的历史上，这却属于第二次握手。

缔造与世博会首次握手的历史情谊，是在1915年2月22日至12月4日，历时10个月，有61个官方国、3个非官方国参展、约有1900万人次观展的第15届美国桑佛港（即旧金山）的巴拿马太平洋万国博览会（Panama Pacific International Exposition Records）上，华南理工前辈与之邂逅。该会为庆祝"世界七大工程奇迹"之首的巴拿马运河通航暨太平洋发现400周年而举办。

世界博览会（World Exposition），旧译"万国赛会"，源自18世纪德、英、法等国，为全球国际商贸与科学技术大型综合交流活动。旧中国受制于社会生产力发展水平之限，参展品均以手工艺品、瓷器、初级农产品等传统出口产品为主。

当美国于1912年3月派特使旧金山富商罗伯特·大赉（Dollar Robert）来华，邀我国参加将于3年后开幕的巴拿马太平洋万国博览会后，教育部根据政府旨意，即于是年11月25日发出布告，认为"查此项赛会于敦笃邦交、研究学术均有关系"，故而同意外交部所提出的关于推动各种学会自行前往的意见。为此，教育部表示将批准已经在各省行政机关立案的"各种学会愿以各该会名义

中国参加巴拿马太平洋万国博览会时，北京政府印行的海外宣传品

图片来源：招思虹. 美国华人收藏协会历届世博会藏品将赴上海展出[DB/OL].（2010-02-04）[2016-02-17]. http://www.chinese.cn［中国国际广播电台（CRI）华语广播网］

---

① 广东省长公署训令，令六道尹转令所属各县知事遵照兴办工场□□文（第二千二百二十四号，中华民国六年六月二十九日）[J]. 广东公报，中华民国六年六月三十日［1917（1496）：7-21.］

② 广东省长公署训令，省长朱指令香山县知事据该县属黄旗都市农会呈为农工人才消乏，筹议选送练习请令尊由（第一百四十四号，中华民国六年八月四日）[J]. 广东公报，中华民国六年八月七日［1917（1528）：2］.

赴桑佛港与会"。① 此举无疑是鼓励各级学校去参会的。

那时，本着"启发文化、扩张贸易"的主旨，以振兴实业，北京政府为促成国内各方踊跃参展，拿出70.5万元筹办（但直到1916年世博会结束已一年，该项专款仍未拨足）的同时，设立"1915—1916年巴拿马加利福尼亚赛会事务筹备局"，于1913年4月发布《办理各处赴美赛会出品人员奖励章程》。该章程规定："凡各处办理出品人员征集出品，赴赛能得美国大奖章三种以上者，由本局呈报农商部转呈大总统，分别核给各等勋章。能得金牌十种以上，或银牌二十种以上、铜牌四十种以上，或奖词五十种以上者，由本局呈请农商部分别核给各项褒奖，以示鼓励。"② 这里的所谓"出品"与上文的"万国""赛会"，下文将说及的"奖词"等语，今之各指称"展品""世界"或者"国际""博览会""鼓励奖"等，是由百年社会用语变化所致。

巴拿马太平洋万国博览会开幕式门票
图片来源：http://www.gucn.com（上海乐拍文化传播有限公司中华古玩网）.

在广东，相应成立了省一级的"筹备巴拿马赛会出品协会"。省行政公署民政长李开侁（1914年5月起省行政公署、民政长分别改称"巡按使公署"与"巡按使"）自1913年10月29日起，至1914年6月8日，为此至少作过33次训令或指令，就征集各种产品报送"赛会出品协会"审定，要求"各该校校长指导各生，分门准备"，"规定各校出品每校每班至少须有五种，以次递加多则益善"等，对诸多程序、细节性规定予以一一下达。此间，由陈其瑗、周晋熙先后任局长的省工艺局把握机会，按照"巴拿马太平洋万国博览会出品分类纲目"，即美术、教育、社会经济、文艺、制造工艺、机械、转运、农业、牲畜、园艺、采矿冶金、太平洋界内新发现物及航海等十二门类，以当中的"教育门""第十一部工业教育"之"第二十六类工业学校"资格，③ 认真对待此等雅事。

按计划，展品在1914年7月中旬由巡按使公署汇齐转省赛会出品协会展览，通过评比后，即汇送到上海。展出品、备补品与预售卖品来自18个省几十万份征集品之中的10万多件，以期反映我国当时最高水准。计1500多吨、2000余箱；每箱分省，每件分馆；对应物品的英文单册累筐盈箱。中国赴赛物品从上海装运，以美国太平洋花旗轮船公司（Pacific Mail S.S.Co.）的"蒙古号""耶路士号"两海轮代步，于同年12月6日起，分两批远涉重洋，径达美国，月余到埠。④

---

① 教育部布告（第七号，中华民国二年一月三十日），文牍，广东教育公报，第一年，中华民国二年三月［1913（6）：280-281］［M］//殷梦霞，李强. 民国教育公报汇编：第一六四册. 北京：国家图书馆出版社，2009：17-18.
② 广东民政长李开侁训令，令各县知事遵照办理赴美赛会出品人员奖励章程及出品人须知各种文（第四百九十号，中华民国三年三月三十一日）［J］. 广东公报，中华民国三年四月初三日［1914（509）：2］.
③ 民政长训令，通令各县厅知事，遵照部令筹备巴拿马赛会教育出品（第三六九号，中华民国三年三月七日）、民政长布告，据巴拿马赛会广东出品协会拟定教育出品办法通饬分门筹备（第五十六号，中华民国三年四月六日），文牍，广东教育公报，第二年，中华民国三年四月［1914（4）：261-263、265、396-397］［M］//殷梦霞，李强. 民国教育公报汇编：第一六六册. 北京：国家图书馆出版社，2009：39-41、43、206-207.
④ 广东巡按使公署饬，饬各县知事转饬各出品商人知照，赛会物品到美预备陈列情形文（第二千二百八十二号，发文日期不详）［J］. 广东公报，中华民国四年五月八日［1915（845）：10-11］.

巴拿马太平洋万国博览会会展品20多万件。其中，中国参赛展品陈列于美术、教育、文艺、制造工艺、转运、农业、园艺、食品、矿物及中国国家馆等十馆共5万平方英尺（注：相当于5400平方米）场地，展品10余万件，占了赛会展品总数的一半。另外，仿照中国传统宫廷建筑风格搭建了中华政府馆，分为正馆、东西偏馆、亭、塔、牌楼六部分，雕梁画栋，飞檐拱壁。中国馆于3月9日开幕后，总共接待观众200万人。

以产品促销为主的这届博览会，奖牌颁发量似有泛滥之嫌，但也在一定程度反映了供展方在相关方面的技艺与制作水准。大会设大奖章（Grand Prize）、名誉优奖（Medal of Honor，计分95~100分）、金牌（Gold Medal，计分85~94分）、银牌（Silver Medal，计分75~84分）、铜牌（Bronze Medal，计分60~74分）等五类奖章及奖词（Honorable Medal，即口头表彰无奖牌），500人组成的评审机构（有70%评委来自东道主，另有中国评委16人），从是年5月起，通过分类审查将参赛品分细类，如丝、茶、油、麻等各为一类；分部审查，即将参赛品分大部，如工艺部、教育部、食品部等；以及最高审查等三个环节评定。继由分类、分部审查长会同各参赛国赛会委员会代表组成专门审查组，对某参赛品提出申请的得奖说明，进行评定，再由最高审查长派专员复勘，确定是否给予各等奖章。之后核发奖章20 344枚，奖词25 527枚。其中，我国获大奖章57枚、名誉优奖章74枚、金牌258枚、银牌337枚、铜牌258枚、名誉奖章227枚，共计1211枚①。在各参赛国中，奖项总数占据首位。②

巴拿马太平洋万国博览会中国馆全景

图片来源：梁启超. 新大陆游记［M］. 校点：何守真. 长沙：湖南人民出版社，1981：插图十七.

当年文献称：

> 教育馆之出品实包大小学校数百，如小学校、中学校、高等学校、专门学校、大学校，足表示中国十年来教育之进步。唯中国为最古文明国，文学最著，翰林院为文学最高之府，颇为西人所重现〔视〕，已废置未曾出品，颇觉可惜。中国教育陈列地点，不仅教育出品，兼括社会经济出品，如艺徒技术、各种传习所是也。③

上文已谈及，由于中国当时国力衰微，参赛品、获奖品，包括下文所涉的粤省工艺局获奖项，都属传统产品。北京政府筹备巴拿马赛会事务局尽管很想展品"按照美洲习惯或设法改良，以期扩张海外之贸易，或翻新斗智相与促进物质之文明"，但最终"制造一次〔门〕及电气、化学之类，在东西各国视为寻常日用之所需，最为注重，亦最为普通。其陈列该馆〔会〕赛品，勾心斗角锐意竞争，并皆不遗余力。独中国于此项出品竟付阙如。可见全国之大，于机械、电化诸学，素鲜研求，故无堪以争胜之品到会陈赛。"④⑤

---

① 广东巡按使公署示，示知赴美赛会各出品人准部咨本省教育品得奖名单由（文件号阙如，中华民国四年十月三十日）［J］. 广东公报，中华民国四年十一月二日［1915（994）：4］.
② 屠坤华. 一九一五万国博览会游记（中华民国五年七月）［M］. 上海：商务印书馆，1916：223-224.
③ 中国参与巴拿马万国博览会记，中国赴美赛会监督处第一期报告，三续（文件号阙如，中华民国四年八月六日）［J］. 广东公报，中华民国四年九月二十一日［1915（959）：22］.
④ 广东民政长李开侁训令，令各厅县知事，查明各公司、局、厂，转知预备巴拿马赛会出品文（第八百二十一号，中华民国二年十二月三十日）［J］. 广东公报，中华民国二年十二月三十日［1913（433）：15］.
⑤ 监督处详农商部赛会，独缺制造一门，请提倡奖励文，中国赴美监督处第一期报告，再续（文件号阙如）［J］. 广东公报，中华民国四年九月二十日［1915（958）：26］.

占地7293平方英尺的教育馆所陈大致何物？当年直隶赴该博览会代表、中国教育馆主管兼美术部雕刻类审查员、留美药学博士屠坤华记载道：

> 我国初等教育出品：分线绣、丝绣、假花、图画、模型、标本等；中等教育：分语文、成绩、油水图画、博物标本、手工物品、蚕丝纸货、刺绣刻工等；高等教育：分博物标本、讲堂成绩、剖解图、标本物等；实业教育：分罐头、鱼船、丝绸、织绣、手册、试卷等。

巴拿马太平洋万国博览会上中国教育馆所展出的上海徐家汇孤儿院展品一角

图片来源：招思虹.《巴拿马太平洋万国大赛会游记》在旧金山走出尘封的历史［DB/OL］.（2010-01-20）［2016-02-17］.http://www.chinese.cn［中国国际广播电台（CRI）华语广播网］.

由此看来，当年中华各级学校的参展品大同小异。纵览各国馆后而满怀忧患与焦灼的屠主管叹息道：

> 观教育之出品，则吾国自相形见绌……再观陈列，多系女红成绩及幼稚之纸草出品，皆商店之常物。至于博物标本，不曰制作，即曰发明，无足当意。①

教育部汇集在教育馆的展品中所获奖项与数量为大奖章4枚、名誉优奖章22枚、金牌40枚、银牌27枚、铜牌11枚、奖词9条。粤省工艺局作品在当中获银奖。②

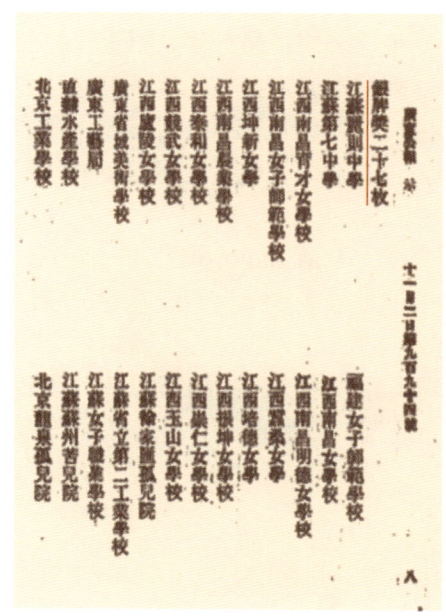
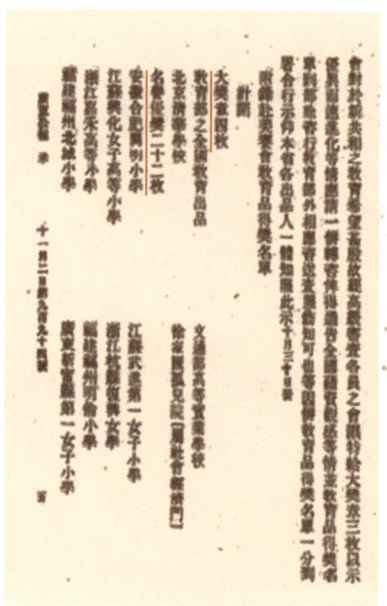
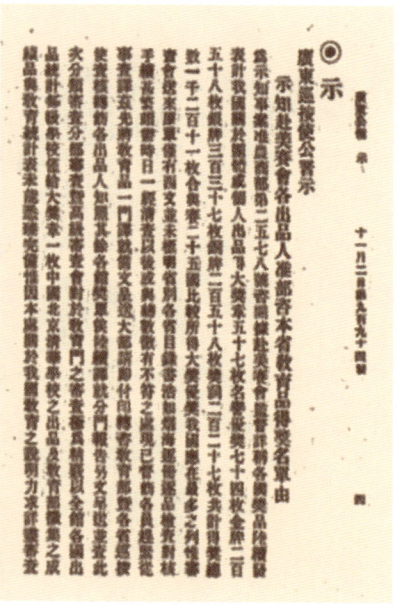

不过，工艺局赴赛会获奖展品系谁所创？是学生还是教习？属个人还是集体？是粤绣行业男绣工——"花佬"余德作品，即上文所称之"余德的绣品'睡狮''孔雀牡丹花会'和'四角大花披巾'"吗？总之，获奖作品的名称、数量、物化样态、制作人、制作地、材料、工艺参数、制作方法、流程与所用器具等基本技术项目与展品、奖品下落等，都不见粤省方面有史载存今。

---

① 屠坤华. 一九一五万国博览会游记（中华民国五年七月）［M］. 上海：商务印书馆，1916：125.
② 广东巡按使公署示，示知赴美赛会各出品人准部咨本省教育品得奖名单由（文件号阙如，中华民国四年十月三十日）［J］. 广东公报，中华民国四年十一月二日［1915（994）：4、8］.

本来，按当年所定的办事规则，"赴美赛会正副代表均有调查赛会情形〈职责〉，逐月函报本会，以便刷印〔印刷〕，报告各出品人及各界。此项另有专章，经详准巡按使批准存案"，"代表等调查事项，以能指导国内工商界改良土货及唤起国人赛会之观感为主旨。该代表等由抵美半月后起，每星期至少须汇报一次，至毕会〔会毕〕回华之日止"。① 由此可知，如赴会官员履责到位，有关博览会前前后后的文字材料亦被存案的话，其数量应当是很可观的。

当年北京政府的《工商部规定外国博览会中国出品通行简章》，其第十三条规定："出品人于审查前应按照附记第三号书式，详造各该品说明书"，其第十五条规定："凡出品一种，应附添标签一枚，记入左列各要项：品名、号数、制造者（出产地）、商号地址、卖品或非卖品、零售价、批发价，禁模写者注明禁模写"。所谓"第三号书式"含11项，包括出品人、现住址、产地或制造场、制造者、原料及其产地、每年产额、每年销额、贩卖区域或输出口岸、包装费、用途、摘要。② 由此可知，为着参赛和争取评奖，曾经对上述展品详细地造册。

万博会闭幕后，中国馆赛品于1916年陆续返抵国内。赛会监督处即着手处理赛品发还事项。此间的1916年，正值袁世凯称帝，广东、云南等地护国军兴，南北对峙。粤、滇等省此时与北京政府互不通邮电，监督处迭次去问催促，两省均回应不能派员到沪领物。苦煞监督处连赛品都无法发还。其时该处已穷得交不起上海仓储费。因疏于监管，有仓管员监守自盗，窃去值钱展品后，再以砖头、瓦片之物等塞入原包装箱以瞒天过海。③

粤省工艺局赛会获奖展品，此时有可能就失窃于抵达地上海。当年有一官方电文曰："据巴拿马赛会天津出品协会事务局电称：顷接赛会陈监督（注：即赴美赛会监督兼巴拿马赛会事务局局长陈琪）函告，广东、福建、四川与敝省，赛品在沪均被窃甚多，事关商民血本、国家信用，敝省长现派委员前往开箱逐件点收，特此密电。"④

北京政府的中国赴美赛会监督处面对万博会展品审定机构送达的中国展品获奖清单时，曾愁容满脸叹道："唯审查会送来原单，仅有西文，并未标明省别；各省目录书，浩如烟海，逐册逐品检查对核，手续甚繁，颇需时日。一经清查以后，或与总数微有不符之处，现已督饬各员赶紧从事查译，兹先将教育品一门译就，备文呈送大部。"⑤ 广东派出协同处理赛会陈列品及调查报告、筹备巴拿马赛会的广东出品协会副代表兼陈列干事冯耀卿、副代表褚泽生两人，自1914年10月28日到旧金山赛会参与会展事务，至1916年4月负责包装展品运回国内，7月前结束及总结报告，⑥ 包括上述提及的"赛会情形"调查、"查译"等所做工作方面的文献资料，也不见公之于众。

有学者指出：在美国加州大学伯克利分校的班克若夫特档案图书馆（The Bancroft Library），存有上述博览会完整而数量巨大的英文档案。卷宗代号为C-A190的这批档案，一为约近百卷的装订成册的剪报、小册子、期刊、官方文书等，二为尚未装订、分类保存的档案文献，共装满约百个大纸箱。其中，涉及中国的主要保存在59～63号大纸箱"外国事务局案卷"中。当中的第61卷，庋藏中国官方和民间赴会情况的各种英文信函，以及美方有关中国与会情况的各种通信、备忘录、剪报

---

① 广东巡按使公署批，批出品协会详拟代表委员赴美办事规则由（第一○四一号，中华民国三年十二月十五日）[J]. 广东公报，中华民国三年十二月十七日[1914（728）：11].
② 广东大都督兼民政长训令，令实业司查照部颁外国博览会中国出品通行简章，转发各商会遵照文（第二百三十五号，中华民国二年三月三十一日）[J]. 广东公报，中华民国二年四月初四日[1913（206）：16-17、20].
③ 赵耕. 亮宝旧金山：中国首次组团参加世博会纪实[N]. 北京日报，2008-10-07（14）[新华文摘，2008（23）：102].
④ 广东都督府饬，饬出品协会查办在沪被窃赛品，并将办理情形具报文（文件号、发文日阙如）[J]. 广东公报，中华民国五年七月十八日[1916（1209）：1].
⑤ 广东巡按使公署示，示知赴美赛会各出品人准部咨本省教育品得奖名单由（文件号阙如，中华民国四年十月三十日）[J]. 广东公报，中华民国四年十一月二日[1915（994）：4].
⑥ 广东都督府批，批出品协会详请领追加赴美赛会副代表二员经费，开列经费预算，详请核准给发由（第一七九三号、发文日期不详）[J]. 广东公报，中华民国五年七月十五日[1916（1207）：7、9].

等。① 若能细寻其间,或许可揭开粤省工艺局上述有关博览会种种问题的揆度。

粤省工艺局的作品除在赛会得奖外,所送作品供农工商部审查与挑选过程中,有些虽够不上海外参赛水平,但于国内也获了奖。

在该部所下发的筹备巴拿马赛会出品审查清册中,关于"审查粤省出品颁给奖凭列单"里,其奖励级别与个数,计有"头等"4个、"二等"41个、"三等"92个、"四等"119个。全省获此四种级别奖共256个。当中,有工艺局的"生丝""毛笠衫(即毛织无领长袖衫。广州人把清末自海外所进口的针织贴身内衣称为"笠衫",中层内衣棉毛衫、内层内衣卫生衫即称"厚笠")、"方格绸"和"藤制器具"等三类送审品,得二、三、四等奖各1个。②③ 它说明,工艺局于所教授的织工、染色、藤器等课程方面以及艺徒的技艺,还是有一定水平的,教学成果是为社会所认可的。

该赛会15年后,继任校长叶家俊以28字勾勒当年之绩:"其时巴拿马赛会,本局各科出品,曾与其选,并蒙农工商部给予奖章。"④ 这从一个方面反映了工艺局的办学成绩。

工艺局所获之奖,无非四等奖而已,且属中国传统工艺制作一类,但它在草创仅4年、各项尚待完善之时,即敢一跃向外洋,与人同台竞争,其勇气可贾,自信心可嘉。

第十五届美国旧金山巴拿马太平洋万国博览会中华书局金牌证书

图片来源:小孩嗷嗷帅[DB/OL].(2012-01-19)[2016-02-17]. http://tupian.baike.com(互动百科图片网).

注:证书由美国费城造币厂用手工特制的日本造币纸印刷。虽然证书中央的英文显示为"金奖"而非银奖。但不论金、银、铜奖的证书幅面、图案及基本文字等方面都相同,只在获奖等级的文字说明各有所别。证书幅面60.8厘米×48.1厘米;证书图文所显示的内容,从上到下、从左到右依次是:

---

① 马敏. 有关中国与巴拿马太平洋万国博览会的几点补充[J]. 近代史研究,1999(4):206-207.
② 广东巡按使公署饬,饬广东出品协会准部咨审查粤省出品颁给奖凭列单交由该会转发文(第一百七十七号,中华民国四年八月十九日)[J]. 广东公报,中华民国四年八月三十日[1915(941):5、7、14].
③ 广东省长公署训令,农商部审查各省筹备巴拿马赛会给奖等级一览表(第一百九十号,中华民国七年二月六日)[J]. 广东公报,中华民国七年二月二十一日[1918(1688):5].
④ 叶家俊. 广东省立工业专门学校概要[J]. 新建设,工业专号. 1929(6):231.

①证书顶额为"美国巴拿马、太平洋国际博览会、圣弗兰西斯科1915年"字样。圣弗兰西斯科中国人多曰"旧金山"或"三藩市"。西方人喜在钱币和证券上用罗马数字表示重要或有纪念意义的年份。逐一拆分罗马数字字母"MCMXV":因为已知M=1000、C=100,则MCM=1900,又已知X=10、V=5,则XV=15。总其全数即为1915。

②"庆祝巴拿马运河开通,国际评奖委员会授予一枚"。

③标示奖牌等级,下有较大留白,以便填写获奖者(单位)与产品名称。

④左右两上角的人物肖像,一是克里斯托弗罗·哥伦布(Cristoforo Colombo,其国籍有意大利、葡萄牙、西班牙诸说)。二是西班牙人瓦斯克·努涅斯·德·巴尔博亚(Vasco Nunez de Balboa)。

⑤证书主图案3女子的左上方从上到下分别为高级评奖委员会评委主任、主席、展品主任等3人签名;右上方的从上到下分别为巴拿马——太平洋国际博览会主席、国际评奖系统秘书长等3人(另有一人职务不详)签名。

⑥3女子于海港锚地笑迎八方客,有舒双臂托物玉立以迎,有持盘递以浆果、挽扶礼杖奏乐浅唱或左或右地坐候。身后彩虹寓意运河通航将带来两岸的繁荣与兴旺。

⑦装设两铁环以系船缆的锚地系泊台桩书有"巴拿马"字样,以"1904""1915"标明运河开凿年份。

⑧证书左右两下角,分别有以鱼代步的童男玉女,持礼杖吹响螺号与戏水海鸥一起,迎候远方之轮的到来。

⑨证书左右两侧自上而下分别标示赛会内容各为教育、农业、采矿冶金,文艺和科学、制造工艺、交通运输,并分别衬园林果木、待开发的矿山,以农产品为原材料的加工制造业及与之相随的以铁轮为代表的水上运输业等背景图。

资料来源:王散木. 1915:中国是"巴拿马万国博览会"大赢家[DB/OL]. (2010-04-30)[2016-02-17]. http://www.blog.sina.com.cn.

赛会银奖牌正面   **赛会银奖牌背面**

图文来源:仝雪冰. 世博会奖牌收藏与鉴赏[M]. 上海:上海社会科学院出版社,2009:140-141.

注:赛会银奖牌正反面式样,材质都为铜制品,奖牌直径为7cm,由美国费城造币厂于1915年制造。

银奖牌正面:弥漫青春活力的青年男女,在海上冉冉升起的旭日中,沐光披霞,牵手凝神互视;寓意巴拿马运河的通航,带来横亘大西洋与太平洋之间陆地之便,将促进地区繁荣。奖牌下沿的拉丁文"Divine Disivncta Ivnxit Homo"字样,意为"人类从不同的地区相聚在一起"。其最末字母"O",隐藏了奖牌设计者约翰·弗兰纳根(John Flanagan)的姓名缩写"JF"。

银奖牌背面:突出博览会中心建筑——宝石大厦。它背后是旧金山湾辽阔的海面,山峦隐现于海天间;两侧衬以优雅的棕榈枝叶,烘托赛会的象征、主题和中心位置。至于图案的文字,则与上述奖牌证书相呼应。如大厦下方的英文"Medal of Award"字样,标明该物为奖牌;以英文环绕奖牌大半边沿,明示是巴拿马太平洋世界博览会;罗马数字"MCMXV"即赛会举办年份1915。

第三章 （1918.1—1924.7）

从后期的工艺局到甲工时期
—— 学校在社会变革中曲折发展

一、社会政治、经济多变，办学困难

1917年至1923年间，孙中山3次在广州建立革命政权。如为维护中华民国临时约法和恢复国会，先后于1917年9月1日联合粤省与西南滇系军阀唐继尧、旧桂系军阀陆荣廷等组成"中华民国军政府"（广州），开展护法运动即护法战争；1918年4月10日西南军阀与北京政府妥协，政学系议员杨永泰与众议院议长吴景濂合谋操纵，改组军政府，排斥孙中山；1920年11月2日陈炯明部驱逐盘踞广东的桂系军阀后，孙中山再次揭帜护法，次年4月把军政府改为"中华民国政府"（广州）。

1922年6月16日拥兵自重的陆军部长陈炯明部兵变、孙中山第二次护法运动失败。即从1917年7月护法军政府成立，到1922年8月第二次护法运动失败的5年间，护法政府改组3次，改组失败1次，而政府规制也变易3次；1923年1月16日，陈炯明被逐离广州，后又平定桂系军阀沈鸿英部叛乱；1923年3月2日，建立"中华民国海陆军大元帅大本营"（广州），直至第一次国共合作时期的1925年7月1日，革命政权——中华民国国民政府（广州）建立，社会政治、经济始渐趋稳定。

总之，在孙中山领导下的捍卫共和、再造民国、二次革命、两度护法运动等政权建设屡起屡败与转折期间，国法朝令夕改，政治举棋不定，兵燹匪祸；不少以兵弄权的军阀，号称独立，既不听令于北京政府，也不臣服于孙中山的革命政府，或者将政府法令作虎皮威慑民众以谋利。加上当时国民党领袖们蹈厉有余、治术不足，即不欠猛厉奋发之气，却乏治理国家的经验和技能，故而事实上，大元帅府包括后来的广州国民政府，虽然希望于法理上能代表整个中国，但其有效统治区域却有限。譬如，1923年海陆军大元帅府大本营所辖，还只是粤省西江、北江及珠江三角洲一带。故而，不如说其是一个动员革命的政府更恰当些，所以有的号令常常出不了府邸。

其实，统治区域有限的局面，并非广州政府所独有，前已述及的北京政府亦然。当年就有人评论后者之威权："四年前，在徐世昌时代，政府命令只能行于北方诸省。到了曹锟时代，统治的范围又缩小而只及于京畿。现在的段政府是更不行了，在名义上依然是中华民国的政府，实际上政令已不行于都门之内。"[①]

---

①穆鲁霖. 杂评（民国十五年二月十日）[J]. 东方杂志, 1926, 23（3）: 2.

在动荡中，构成社会关系的政治、经济、法律与文化等制度，或被冲击而破碎，或一再调整，引发经济骚动；一时人心涣散不宁。学校的社会教育环境如此，致使许多学校教学一时难以为继。

1918年12月31日，北京政府教育部所下达的一份要求各地军队善待学校的文告，客观上从一个侧面折射了民国以来国家文教事业建设的困境："比年政局纠纷内外交困，教育事业未克积极进行，其在用兵省份，地方耗散，文教益疏，或甚强借校舍，使图籍设备悉付摧残，或缩减学款，至朝夕饔餐，不能具供，弦歌辍响，黉舍为墟。"①

不过，结束两千多年帝制的辛亥革命以及其后的国民革命，在一定程度上解放了生产力。因而，历经几年的广东工艺局，后期事业的发展也就随之时起时伏。

（一）在改善师资、改革办学体制中寻求突破口

已知的文献资料中，反映了多任局长在尽力发展工艺局事业。况且，在那样的局面里，抱守旧制意味着无一事可成，奋然而为之，事虽难却未必不能成。

如，约于1917年年底卸任的局长彭元鏖，"见工场技师固少，求一能任技手者亦不易得"，为能充实工场技师技艺，提高其教学水平，特赴日本的神户、大阪、西京、近江、横滨与东京等地考察，认为东京市立工艺学校与八王子地方府立织染学校等两校"皆系甲种工业〈学校〉，与广东工艺厂〔局〕艺徒卒业后程度相当。该两校工场实习亦颇注意，成绩甚优"，故而与上述两校面商，拟派成绩优异的艺徒二三名，在局中接受日文日语的短期训练后，赴上述两校进修。所需川资，则依据工艺局办学章程第九章第十四条，从"为选派成绩最优的毕业艺徒赴日本专门工场实习、按月预提留学经费存于银行的专项款"支出。彭元鏖的请示，由受桂系军阀陈炳焜所支持的护国军都司令部之第四军总司令绿林汉、1917年9月6日起为广东省长的李耀汉所批准，自1918年1月9日起执行。②

广东省长公署指令

图片来源：省长李指令工艺局据呈恳发给送生出洋文照请核示遵由（第三千七百零三号，民国七年四月二十四日）[J]．广东公报，1918（1745）：3-5．

---

① 教育部分咨各省区恢复校舍及学款以振教育文（中华民国七年十二月三十一日）[M]//李桂林，戚名琇，钱曼倩．中国近代教育史资料汇编：普通教育．第2版．上海：上海教育出版社，2007：513．
② 广东省长训令，令工艺局遵照遣派成绩最优之毕业艺徒赴日本专门工场实习文（第十五号，中华民国七年一月九日），本省文牍，广东教育公报，第五周，中华民国七年四月［1918（10）：11-12］[M]//殷梦霞，李强．民国教育公报汇编：第一七一册．北京：国家图书馆出版社，2009：19-20．

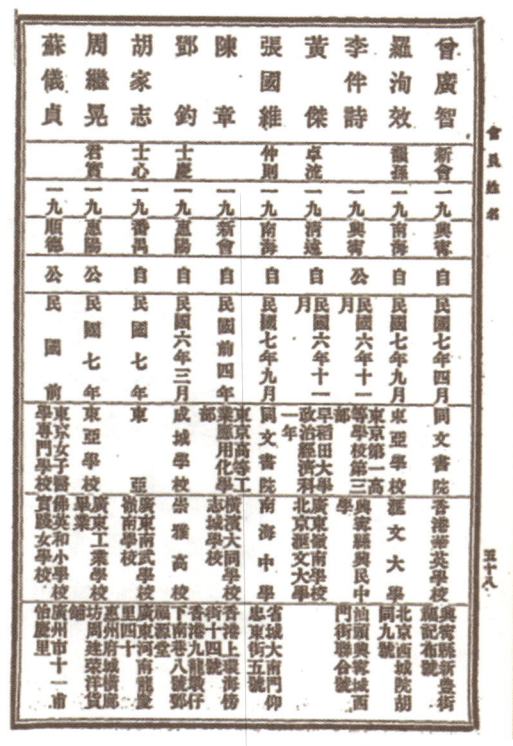
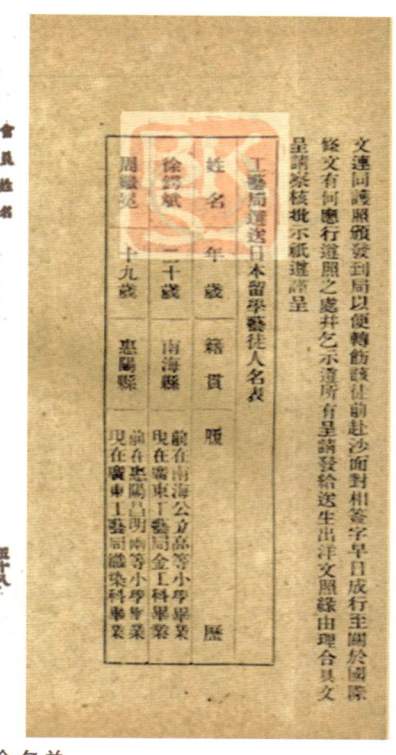

广东留日同学会名单

图片来源：中华民国广东留日学生同乡录（民国七年）[Z]. 出版信息不详，1919：58.

原计划派遣1918年应届毕业生织染科周继冕、金工科徐锷斌，分赴日本东京市内府立工艺学校、日本八王子地方府立织染学校深造，并先期于日本私立学校学习日语及应试学科等项，惜后续文献未能找到，不知实际执行情况如何。如是，周、徐两人有可能为华南理工百年办学发展史上除教职员外，最早的一批出国留学生。

若说彭元蘷当时关注师资队伍建设，其继任者黄强则从办学体制方面着力。

上文已说，1912年局中设织工、染色、藤器、木工等4科，1915年废木工置金工科，艺徒改称学生，略增普通功课。① 省工艺局"总办"即局长黄强因当时"各科之课程高深，艺徒之程度不一"，加上"复多由中途插入，一班数级，教授良难"，② 致使"不副造就，师资之本旨"，③ 故而认为"非从根本解决，则成效难期"。④ 这里的"总办"，是民国时期对部分职官等级自高向低排序的最高一级的通称，以下之序为"帮办""坐办"等。

其时，所提出的解决途径为，在维持原赋予工艺局的社会救助职能基础上，提升培养目标，变更学制，扩大办学规模——于局中附设工业学校。借用今天的话就是，做大做强，通过发展，解决存在的"瓶颈"问题。

省长李耀汉在1918年1月5日批准于局中附设工业学校，批复云：

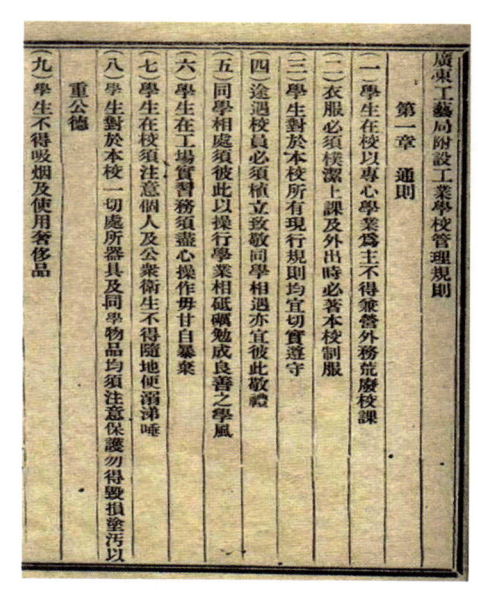

广东工艺局附设工业学校管理规则

图片来源：大众拍卖区[Z/OL].（2008-11-26）[2013-05-03]. http://www.kongfz.com

---

① 梁冰禅. 广东的高等教育[Z]. 中兴报（香港）周年纪念刊，广东建设号，中华民国二十二年五月（1933：110）.
② 黄强（广东省工艺局）. 呈请筹办附设工业学校（中华民国七年）[Z]. 1918.
③ 叶家俊. 广东省立工业专门学校概要[J]. 新建设，工业专号，1929（6）：231.
④ 黄强（广东省工艺局）. 呈请筹办附设工业学校（中华民国七年）[Z]. 1918.

内开呈悉。该局长拟将现在艺徒工〔功〕课设法变通，一律于明年三月毕业。即就现时预算经费，在局内附设工业学校。另招新生，以宏造就。具见规划周详，核阅章程各节大致妥协〔当〕，所拟分设各科，各以二年毕业。核与《实业学校规程》第二十四条："工业学校得视地方情形酌设别科，其修业期二年"一节尚符，自可准照办理。美术一科应另拟具科目，具报察核。仰即遵照章程。存此令。①

当时所确定的培养目标就是"专为一般志愿从事工业者授以应用知识，并使补习普通学科，使其毕业后确能自立"的人才。②

为此，从1918年3月起开始招收旧制学生，培养两年制毕业的技术员，并一律在1919年3月毕业。其合格者留在工场服务，程度优异者选入该校深造。

所谓"旧制学生"，是指清末光绪二十九年十一月（1904年1月）颁布的奏定学堂章程规定：七岁入学，初等及高等小学堂各为五年和四年，中学堂五年。中小学阶段共十四年。③

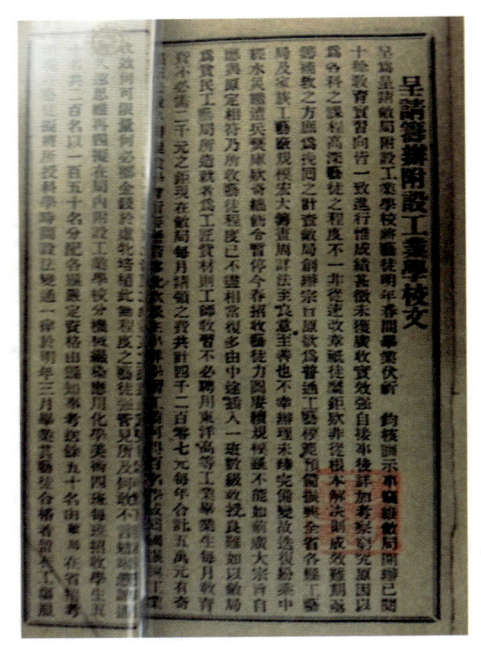

黄强关于筹办附设工业学校呈文

图片来源：2015年3月31日采集自广东省立中山图书馆古籍、地方文献阅览室

工业学校开办后，继续招收艺徒百余人，教授染织的粗浅技艺与初中文化，使贫家子弟习成一艺，但校务重心已放在新校招生与教学上。按省所订计划，招收定额学生200名，附额学生40名。办学局面逐步在打开。

（二）改办甲工，对原有办学体制作根本性的改革

从1914年第一次世界大战爆发到1937年七七事变爆发前，国内近代工业从通商口岸城市逐渐向非通商口岸城市扩散，逐渐形成长江三角洲、珠江三角洲、华北、东北与长江中上游等5个大经济圈。④如在广东地区，仅1914年之后的几年间所陆续新置的产业或新开张工厂有机器缫丝、织布、针织、机器制造、军工、电力、日用化工、造纸、印刷、玻璃、制革、橡胶、火柴、水泥、烟草、罐头、饼干、自来水等近20种（个），涉及城市经济生活多个领域，表明广东特别是广州地区近代社会经济在发展。数千里之外的北京实业界站在经济地理的角度，艳羡广东。称"广东习染欧风较其他各省为最。欧洲商船经苏伊士运河来华者，亦以广东为最先经历之地。省内人民繁庶，性多活泼而罗敏。就地势言之，广东足以控制邻近广西、贵州、湖南、江西、四川诸省"；广州实业犹未臻盛极，"然亦与上海、汉口并称全国商业之中心"，"且不仅广州一地发达已也，凡珠江三角洲之全部，均呈蓬勃之象"。⑤既如此，客观上为工艺局教育事业的发展，提供了可能。

"明者因时而变，知者随事而制。"⑥黄强受办学进展所鼓舞，利用暑假之暇，召集校中各科主任，以校情、省情与新兴工业发展趋势作背景，思近虑远共谋划。大家不愿陈陈相因，率由旧章，乃

---

① 广东省长公署指令，省长李指令工艺局局长据呈缴筹办附设工业学校章程请核示遵由（第四千九百零五号令，中华民国七年一月五日）[J]．广东公报，中华民国七年一月九日[1918（1654）：9]．
② 广东省立第一甲种工业学校章程（中华民国七年）[Z]．1918．（广东省立中山图书馆古籍、地方文献阅览室馆藏，以下同）
③ 奏定学堂章程词条[M]//教育大辞典编纂委员会．教育大辞典，中国近现代教育史，第10卷．上海：上海教育出版社，1991：7.
④ 张宁．近代中国工业布局的演变[N]．光明日报，2017-12-04（5）．
⑤ 广东实业之状况[J]．北京实业周刊，1920（20）：2.
⑥ [汉]桓宽．盐铁论，增订版，卷二，忧边第十二[M]．校注：王利器．天津：天津古籍出版社，1983：161.

就办学现状详加商讨，思革其弊，继续前已开启的破旧立新的求索，在困难中寻觅机遇。众议非革新无以为进：

> 将一学期所授课程，揆之年度毕业，时期太促，兼之校地低洼，时遭水患。因而旷课又多。倘照原定毕业时期，似难收完全人才之效。且吾粤地广人繁，工业学校今仅成立一所，若不认真研究，工业前途自必日渐衰落。……佥谓工业一门，学术高深，两年毕业为期过迫，难收实效，均以改组为良。局长再四审查，尚属实情合无。①

黄强趁热打铁，一鼓作气又上书省府，除请求延长工业学校学生毕业时间外，还要求将工业学校改办为甲种工业学校，以造就完全人才：

> 仰恳钧恩准照部定甲种工业学校章程，将本局附设工业学校改称为"广东工艺局附设甲种工业学校"。毕业期限并遵章改为预科一年，本科三年，以宏造就。所需常费，仍照现时预算请领，毋庸增加，如此变通，获益匪浅。

呈文所提及的"本科"，当非高等教育中的本科专业，仅指学校的正科，以区别于所谓"预科"而已。未久，1918年8月20日还是由省长李耀汉批准黄强的新办学方案：

> 内开呈悉。该校长拟将附设工业学校，另订章程，增加年限，改办甲种工校，常年经费仍照现时预算请领，系为造就完全之工业人才起见。准照办理。校名尽可依照农林试验场附设农业专门学校例，定名为"广东省立第一甲种工业学校"。毋庸加以附设字样。所有学则、图表，并应查照《实业学校令》及《实业学校规程》，妥为拟订，缮备两份，呈候核办。仰即遵照。此令。②

甲工之所以能较快获批复，一定程度上是黄强恰逢其时抓住了机会。即当年粤省还未有一所全省性的中等工业教育学校，且北京政府1915年6月所公布的《教育纲要》还历历在目。该纲要对与民生有关的中等实业学校的设置作出了原则性的规定以及说明。

该纲要说明在强调当时社会急需的同时，提出这类学校的开办应与地方需要和实际财力去综合考虑：

> 一国实业之用途，需要高等技艺之处少，需要中等技艺之处多，故实业目的上之经营，中等急于高等学校，其一端也。实业学校分甲、乙二种，又分农业、工业、商业……均属职业教育。为振兴普通实业之主要准备，亟宜即速设立。应由各省酌量各地方财政，分别甲乙两种……其设科种类不必求全，以本地方物产制造之所宜及所需要为主。③④

这为工艺局改办甲工的申请以及省长公署批准其所请的双方，都提供了政策与法规条文的依据。

由是，工业学校如愿改办为史称"甲工"的"广东省立第一甲种工业学校"，毕业期限遵章改为预科1年、本科3年，共计4年。至于批复中所称的"农业专门学校"，则为现今华南农业大学一前身。甲工成为设在省会的省长公署所直辖的70所专科及中小学学校之一。

省属工艺局改办甲工，于省外并不鲜见，广东此时改弦更张，实属情理之中。开办于1913年的桂林广西省立第一甲种工业学校（注：该校于1924年停办），当中的土木、机织（染织）两科1917年应届毕业生，毕业前夕在其两科的主任教师带领下，于是年8月悉数出动，"参观、考证"粤省土木工程，行经番禺、南海、三水三地的铁路建设与广东工艺局的染织工场。广西省长公署还为此咨请广东

---

① 黄强（广东省工艺局）. 呈请附设工业学校增加年限改办甲种工业学校文（中华民国七年）[Z]. 1918.（广东省立中山图书馆古籍、地方文献阅览室馆藏，以下同）
② 广东省长公署指令：广东省立第一甲种工业学校章程（第七五三二号，中华民国七年八月二十日）[Z]. 1918.
③ 黄强（广东省工艺局）. 呈请将附设工业学校增加年限改办甲种工业学校文（中华民国七年）[Z]. 1918.
④ 广东巡按使公署饬，饬各道尹遵将教育纲要印本转发所属参阅文（第三千一百一十四号，中华民国四年七月二十四日）[J]. 广东公报，中华民国四年八月十六日 [1915（929）：21].

省长公署，饬行该校师生于沿途活动的所在地政府、局、所予以关照。① 考察结束后，对方土木工程科师生一行16人特地前往省长公署辞行禀谢。② 此举对两广实业教育向以粤省为先、为强的粤地，特别是对省城广州民众的普遍认知，算是一种纠偏。粤省工艺局对此大概不会没被触动到。

至于此时才将学级升格，广东是否见事迟疑，有辱粤省向为西南数省文化教育领袖的地位，可待史家探讨。

另外，这里须作一辩谬。即国民政府教育部编写的《第一次中国教育年鉴》中，"职业教育"栏目下的"广东省沿革"，对广东省工艺局、甲工以及下文提及的从甲工发展为工专等数个时期办学史，有几处表述存舛误。如称粤省于民国"四年，……开办省立第一甲种工业学校"，实际于民国七年即1918年的8月才设立；民国"八年，广东工艺局附设工业学校"，实际于民国七年即1918年的1月才设立。《广东省志·教育志》1995年版，不慎因袭该年鉴这个错误，也称："民国五年……开办省立第一甲种工业学校……民国八年，广东工艺局附设工业学校"，③ 在书写与摘引年份时还出了错。

上述的"教育年鉴"甚至称民国"十三年，将省立甲种工业学校改为省立岭东商业学校"。④ 此说未见有文献支持。岭东商校发轫于汕头，其前身为光绪二十五年（1899）十二月工部主事丘逢甲等所创的"岭东同文学堂"，光绪三十四年（1908）四月改为"岭东中等商业学堂"，为潮汕早期规模最大的中等职业学校。嗣后的1915年，又改为"岭东甲种商业职业学校"，再于1924年后迭改为"广东省立岭东商业学校""广东省立第一商业学校"等，坐落于今汕头市外马路111号市第三小学所在地；⑤ 又谓民国"十九年……省立工业专科学校附设高中科"，实际于民国二十一年即1932年的1月才附设；等等。

当时政府对开办甲种工业学校有一定的要求。上文已提及的《实业学校令》规定：甲种实业学校实施完全的普通实业教育，乙种的则推行简易实业教育；前者由省设立，后则归县管理；省立实业学校的设立、变更或废止，均应呈报教育总长。⑥

1913年8月4日教育部所公布的《实业学校规程》（以下简称《规程》），包括对甲种工业学校在内的关于办学经费来源、师资构成、校园面积、校舍建筑、教学设备、专业与课程设置等方面都有原则规定。例如就甲种学校师资而言，于相当规格学校毕业或于其中有任教、研究经历的六类人士，方有资格任教，即国立专门学校、外国专门学校、高师、经教育部认定的公私立专门学校、持有前清中等学校3年以上教员许可状者、毕业于甲种实业学校，如实业教员讲习所完全科毕业的绩有研究者。⑦

> 此外，章程明确各专业得无例外地接受一年预科学习，规定此阶段必修课程有修身、国文、数学、理科、图画、外国语、体操，并酌加地理、历史等课程。在转入专业课阶段后，规定必修的公共基础课程有修身、国文、数学、物理、化学、图画、机械工学大意、工业卫生、工业经济、工业簿记、外国语、体操、实习，并酌加历史、地理等。⑧

---

① 广东省长公署训令，令番禺、南海、三水县知事、〈广东〉工艺局、大沙头工程局查照，饬属知照指导广西第一甲种工业学校员生参观铁路工程暨染织工场文（第二千五百三十四号，中华民国六年七月三十一日）[J]. 广东公报，中华民国六年八月三日[1917（1525）：1-2].
② 省长会客名单（中华民国六年八月八日）[J]. 广东公报，中华民国六年八月三十日[1917（1531）：7].
③ 广东省地方史志编纂委员会. 广东省志·教育志[M]. 广州：广东人民出版社，1995：98、101.
④ 丙种：教育概况，第一，学校教育概况，广东职业教育条目[M]//国民政府教育部. 第一次中国教育年鉴. 上海：开明书店，1934：403.
⑤ 江明. 商业教育[M]//广东省地方史志编纂委员会. 广东省志·商业志. 广州：广东人民出版社，2002：487.
⑥ 教育部部令，实业学校令（第三十三号，中华民国二年八月四日），法令，广东教育公报，第一年，中华民国二年十一月[1913（11）：291-292] [M]//殷梦霞，李强. 民国教育公报汇编：第一六五册. 北京：国家图书馆出版社，2009：15-16.
⑦ 教育部布告（第四十四号，中华民国二年八月十二日），法令，广东教育公报，第一年，中华民国二年十一月[1913（11）：332-333] [M]//殷梦霞，李强. 民国教育公报汇编：第一六五册. 北京：国家图书馆出版社，2009：56-57.
⑧ 教育部部令，实业学校规程（第三十五号，中华民国二年八月四日），法令，广东教育公报，第一年，中华民国二年十一月[1913（11）：301、307-309] [M]//殷梦霞，李强. 民国教育公报汇编，第一六五册. 北京：国家图书馆出版社，2009：25-26、31-33.

像甲工这类实业教育学校，所需经费比普通教育要多。如当年国民政府教育部所指出的"甲种实业学校用费较巨，以省立为宜，因而国内甲种实业学校为数无多"。① 农、工、商、商船4类实业学校中，向来农校居多，工业的较少，后两者的更少。②

1922年8月，时任粤省甲工校长的龙裔禧，担负提振粤省工业使命的同时，颇有独上高楼的寂寞感："吾粤之工业教育，除甲种工业学校外，其他职业学校、补习学校、专门大学等校，均付阙如。"③

（三）甲工办学章程

察势者智，驭势者赢。

甲工虽说新办，却依循从前，有步骤，有章法。经省长公署核办的广东省立第一甲种工业学校章程，大体上属于华南理工百年办学发展史上第三份办学章程。较之1917年6月局续定办学章程，在烙有深刻时代印记的同时，又包含了许多近现代社会的新内容。

这份办学章程共约1.3万字，上承政府法例，下启自身办学章则。前20条及第26条、32条、38条等共23条，从保证正常办学角度出发，以条、款形式，载明办学处所、办学宗旨、培养目标、专业门类、招生规模、学生权利、公共道德、行为规范诸方面的规定与保障等基本管理制度，如录取标准与办法、学生待遇、留学、校历以及经费来源渠道、使用方向、维持办法等，作为主要方面，逐项罗列。后14条涉及了学生的学业成绩考查、入学退学与惩戒等学习、生活及课余活动等应知及遵守事项。整体看应该是依《规程》精神拟定的推行西式教育、培养工业专门人才的规章。从后14条所载内容与结构看，该章程不少方面近乎学生手册或守则，似乎是近代办学章程与现代的一个不同点。

至于第37条，是对甲工办学架构的一个说明，也是对以往所承担的政府救助职能的继承与延伸。将其列入章程，表明办学者的办学思想，以及对甲工职业教育发展趋势的展望，也旨在说明：甲工意图运用教育经验与影响，使教育与生产劳动相结合，谋求粤省工业的发展。

甲工章程原文未见落款日期，估计为1918年的7—8月之间。这里全文照录如下。

广东省立第一甲种工业学校章程

第一条　宗旨　本学校设于工艺局内，专为一般志愿从事工业者授以应用知识□□，并使补习普通学科，使其毕业后确能自立为宗旨。

第二条　科目　现因经费有限，暂设机械、染织、应用化学、美术四科。倘将来经费裕如，随时添设别科。

注：《规程》明确允许甲种工业学校可开办的专业范围为金工、木工、土木、电气、染织、应用化学、窑业、矿业、漆工、图案绘画等十类，在此框架内将专业具体设置权下放，即或分或合，或全设或酌设一二个，均由各校视本地情形选择。甲工所开设的四专业，除学习公共课程外，按《规程》须修相应的专业理论与技术课。即机械专业的为应用力学、工场用具及制作法、制造用机械、发动机大意、制图等；染织的为应用化学、应用机械学、化学分析、染色法、机织法、纺织法大意、织物整理、制图及绘画等；应用化学的为特别应用化学、电气化学大意、矿物学大意、化学分析等；美术的为博物学、美术工艺史、图案法、绘画法、装饰法、美术解剖学大意、建筑沿革大意、制版化学等。④

第三条　学生选取　本校为普及全粤人才起见，由各县选送学生。各县应送学生名额参观〔见〕附表，并在省会选取五十名，合共二百名。

---

① 教育部整理教育方案草案（中华民国三年十二月）［M］//璩鑫圭，唐良炎. 学制演变，中国近代教育史资料汇编. 上海：上海教育出版社，2007：754-755.
② 陈青之. 中国教育史（民国二十三年七月三十日）：下册［M］. 上海：商务印书馆，1936：685.
③ 龙裔禧. 对于广东工业教育之意见［J］. 广东教育会杂志，1922，2（2）：69.
④ 殷梦霞，李强. 民国教育公报汇编：第一六五册［M］. 北京：国家图书馆出版社，2009：31-33.

各县应送学生名额

名额分配	县　别
选送3名之16县	南海、番禺、增城、顺德、三水、惠阳、东莞、香山（今中山市）、新会、台山、阳江、高要、清远、罗定、潮阳、潮安
选送2名之24县	花县、宝安、恩平、鹤山、四会、新兴、德庆、云浮、郁南、曲江、南雄、英德、连县、梅县、博罗、澄海、揭阳、阳春、茂名、电白、海康、琼山、合浦、钦县
选送1名之54县（注：实为52县）	从化、高明、赤溪（今属台山市）、乐昌、始兴、翁源、仁化、新丰、乳源、阳山、连山、佛岗、河源、龙川、和平、连平、紫金、兴宁、大埔、丰顺、五华、平远、蕉岭、龙门、南澳、海丰、陆丰、饶平、普宁、惠来、吴川、遂溪、廉江、徐闻、信宜、化县、封川（今属封开县）、开建（今属封开县）、澄迈、临高、凌〔陵〕水、万县、文昌、定安、儋县、崖县、乐会、琼东、感恩、昌江、灵山、防城

注：合浦、钦县、灵山、防城等四县市于1965年划归广西区；琼山、文昌、定安、儋县、崖县、澄迈、临高、陵水、万县、乐会、琼东、感恩、昌江等十三县于1988年4月统属海南省。表中部分县名及地域隶属关系有变化，不一一列出。

生源地后扩展到两广地区的广西。由于三国吴景帝永安七年的264年，以南海、苍梧、郁林（即今玉林）、合浦四郡于番禺设立广州，广州后成为岭南封建经济政治文化教育中心、千年都市。当中苍梧、玉林两地虽于民初前改隶广西，但地理上与广东一衣带水、近若比邻，新观念、新思想传入桂地较快，兼有明清以来粤商对广西商业发展所形成的"无东不成市"的效应与历史、文化、政治地缘等因素，该两处及桂省其他地方不少学生仍以能在广州读书为快事。

第四条　学生资格

（一）年在十四岁以上二十岁以下者；

注：入学年龄上限，与1915年的招生简章相比缩短了4年，比1917年的也缩短了1年。《规程》划定入学年龄下限，读预科者为14岁以上，未作上限规定；对入读专业者，则未设上下限。

（二）身体强壮，口齿清楚，肺、耳、目、手、足均无疾病及其他传染症者；

注：1915年、1917年的招生简章，对肺病问题并无明确说法，而这里的章程申明有肺病之类等传染症者，会被拒于校门外，从而表明当年肺病等传染病，可能已成一社会问题。到1921年5月下旬，时任省长的陈炯明，批准广州市关于由卫生、公安两局协同创立"中华防痨专会"的请示，认为"此举系为提倡卫生起见，实堪嘉许"。说明到了那时，肺结核一类的传染病，已成为一个社会问题。①

（三）品行端正，并无各种嗜好者；

注：素无嗜好，不带暗疾，是当年征兵、招生的通常要求。

（四）曾在高等小学毕业者或有相当程度者；

注：《规程》要求读预科者须高小毕业或有同等学力；读专业者须预科毕业或有同等学力。民初，有福建省视学官向北京政府教育部反映："民国新立，尤以实业为急务。〈回〉顾实业学校之科学，较难于普通入学生。非英〈文〉、算〈术〉、汉文稍有门径者，对于实业学科多不能理会。查部章高等小学毕业生得以直入甲种实业科并各中学。而现时高等小学毕业生程度日浅，欲入甲种实业，其英〈文〉、算〈术〉程度恒苦不足，例须先入补习科"。这从侧面反映了考取甲种工业学校之不易。②

（五）在省须有殷实担保之商家。

---

① 陈炯明. 准创立中华防痨专会令（民国十年五月二十八日报载）[N]. 广东群报，1921-05-28（6）.
② 殷梦霞，李强. 民国教育公报汇编：第一六五册[M]. 北京：国家图书馆出版社，2009：61-62.

第五条　试验方法　本校招考前一月，登报声明并咨请各县知事送学生。试验时命以国文、数学（复比例）、物理（热学、气学）各一题。取录后由各县知事将花名册一面呈报省长、一面咨照本校查照。

　　注：此处的"试验"体格，当以查验而论；"咨照"今作"知照"解。

第六条　复试日期　各县选送学生须于阳历三月十五日以前到省。三月二十日在本处检查文凭，试验体格。三月二十五日仍在前处复试国文、数学。均由本局派员考验。若体格、试卷均系合格，方准定期入学。倘临时发生精神、传染等病者，虽程度及格，亦不取录。凡复试不及格者，当即电请知事将备取送考。一切办法同前。

　　注：缴验文凭非独粤省甲工一校。伪造文凭、捉刀代考，以蒙混情事，昔前及当时都有。或者文凭不假，但名字或许不实。民初被国内称为"状元实业家"、政治家、教育家的张謇，其祖上三代没人得过功名，即所谓"冷籍"。清朝有关于"冷籍不得入试"的科举苛规。他少时由家族安排，冒用如皋县人张铨之子"张育才"之名，报名读书，终在1894年考为状元。这是从前极端的例子。所谓"备取"，指招考时于正式录取名额之外，再录取若干名，以备正取缺额时可递补。也有的为入学时总分在规定分数线以下，其入学后须学习一年，经考试合格后方可转为正式生。此举为国内各校惯例，中华人民共和国成立后渐废。

第七条　志愿书　凡经取录之学生应于四月一日到本校或大新街二百七十二号门牌本局分销所领取志愿书填注。

学生履历表

项目	姓名	年岁	籍贯（县、村）	离城若干里	家族（姓名）			家长通讯地址	通电报地址
					曾祖父	祖父	父亲		
一									
说明									
附记	1. 家族存亡须注明 2. 经历：如在何种学校何年何月肄业或毕业								

　　注："肄业"语义于旧时意在讲习学业，现时指学过没毕业或尚未毕业。

学生志愿书

具志愿学生（姓名）今承广东省立第一甲种工业学校试验合格，录取入校，自愿专习科，循序肄业，并遵守校中一切章程暨临时颁布新章至毕业为止。如因事退学，或违犯〔反〕校规致遭斥革，应缴校中各费，当即如数清偿。特具志愿书是实。

　　　　　　　　　　　　　　　　　　　　　　　　　　学生（姓名）具

（贴印花税四分）

　　　　　　　　　　　　　　　　　　　　　　　　　　中华民国　　年　月　日

第八条　保证书　凡经已取录学生，须觅定在省殷实商人为保证人，盖定该商店铺图章。

学生保证书

具保证书人（姓名）兹因学生（姓名）到广东省立第一甲种工业学校肄业，正副保证人情愿履行贵校保证规条。特具保证书是实。

姓名　　　　商店名　　　何商业街名　　　门牌号数　　　属何警察区

正保证人：

副保证人：

中华民国　　年 月 日

保证规条

（一）保证商人须纳六等铺以上铺捐之商店方为合格。

（二）商店名应盖该店发货图章。

（三）正保证人离省应由副保证人负责。

（四）副保证人由正〈保〉证人代觅。

（五）正保证人生意倒歇或永离省，应由副保证人升为正保证人。另，正保证人另觅殷实商店人为副保证人，并通知本校以便改填保证书。

（六）学生如在例假外，忽有不得已事故非出校不可者，应由其家属或保证人函知本校学监处，切实声明何种事由与请假若干日，并加盖图章转呈校长核准。

（七）学生患病，如经校医声称不能在校医治，或本人，或由家属愿带领该生外出就医时，应填具出校就诊愿书。

（八）学生忽得急病，或自蹈不测，医治不及者，学校概不负责，一切事后由家属或正副保证人立即料理。

（九）学生犯规退学，一切款项，须由正副保证人如数赔偿。倘图抵赖，致遭警勒追等种处分，正副保证人不能后悔。

第九条　顶补与甄别　凡经取录之学生，倘届时不到，或不能觅保证商人者，则由备取按次补入。又入学后三月内，如学力不及，举止荒谬，请假过久，违犯〔反〕校章〈程〉，在〔有〕记大过三次，或小过九次，或保证商人不实者，分别责令退学，并按其原因，以定追缴学费、膳费。

注：在旧时，"违犯"有"违背、触犯"之意，"违反"有"违背"的语义。两词语义都含"违背"义。现使用时，前者所强调的是"违背"和"触犯法规"，后者突出"不守规"。校章程虽会依据法规、条例精神制定，但毕竟不是法律文告。因此，违背和不守规，不等同于违法，此处改"犯"为"反"，用意即在此。

第十条　种痘　凡学生入学后，如查有未曾种痘者，应勒令由校医补种，不收分文。

学生出校就诊愿书

具出校就诊愿书人学生（姓名）　　　今因患　　　症，业经由家长

保证人　　到校请假若干日出校就医，所有出校病状及诊费、药费均与学校无涉，并愿完全遵守下列各条规则，谨具出校就诊愿书是实。

（一）学生出校就诊之后，须俟患病痊愈方准返校。

（二）出校就诊初请之假，如果满期，应由家长或正副保证人来函续假，否则认为自行退学，追缴学费。

（三）返校时须报由学监带领往见医生，验明病确已痊愈，方准入校上学，否则仍令出校就医，以〈已〉痊愈为止。

（四）返校时必须携带校外就诊之药方。如系传染病或者肺痨病，须有医生之治愈信据呈阅。

（五）返校须在每日下午二时至五时，以便校医查验，例假日不能返校。

第十一条　学费、膳宿费　本校因粤省实业人才无多，以致工商诸业概不发达。故暂行免缴一切学费、膳费、宿费，以期教育普及。

注："免费"是对学生而言，而对于政府，是以"公费"形式全额投资办学。目前没看到有关甲工当年办学各项支出表的文献资料，不知其学费、膳费、宿费实际各几何。就学费一项而论，当年北京政

府教育部所公布的《学校征收学费规程》第5条规定："甲种实业学校征收学费，每月银圆自八角至一元五角"；第10条规定："中学校、甲种实业学校、高等专门学校、大学征收学费，每学期一次，于入学前缴清"。据下列第13条，甲工生每年上学约为10个半月，照此匡算，全年每人免缴学费有8.40元至15.75元不等。则此项等于为全校200名学生家庭共增加1680～3150元收入。①

  第十二条　文具　除制图板、讲义外，一切书籍、文具均须学生自备。

  第十三条　放假　本校全年之假期列后。

  注：本条所列数款，采用了北京政府教育部所公布的《学校学年学期及休业日期规程》（部令第六号，民国元年九月三日）中的相关规定。古代中国的学校有各种学规，但不曾相应设置寒暑假以及有关学制、科学实验、体育课等的安排。及至晚清，西方传教士所开设的教会学校将近现代教育模式逐步带到中国，到1903年左右包括放假在内的上述西方办学元素才普现于国内开设的新式学堂里。

  （一）星期日，一日；

  （二）新历年假，三日；

  注：国内社会进入民国后，为了宣扬国体、政体的合法性或者唯一性，南北政权都重视于时令节假日当中的思想、政治宣传。如此处的新历年假指元旦，是日为南京临时政府成立日，后称中华民国开国纪念日。根据北京政府教育部所公布的《学校仪式规程令》（部令第五号，民国元年九月初三日）规定，元旦及民国纪念日行祝贺式，各种纪念日及本校成立日行纪念会式。中学以上举行仪式时，教职员穿礼服，学生着校服。至于纪念会式由各校自定，但不许施行拜跪礼及其他宗教仪式。

  孙中山逝世后民国时期祝贺式通常是"奏乐—行礼—读孙中山遗嘱—静默—升旗—唱歌—欢呼—祝颂—演讲—提灯—游行—放鞭炮—演剧—聚餐"。这类庆祝、喜庆类的纪念节，包括下述的革命政府纪念、国庆双十节纪念、云南起义纪念等。② 当日，学校通常会在上午召集全校师生开庆祝大会。

  当中的"读遗嘱""静默"等项，推行于1925年3月孙中山去世后。1925年5月24日，国民党一届三中全会通过决议，规定各级党部、党团的一切会议于开会时，须先由主席恭诵总理遗嘱，会众要全体起立肃听。③ 当然，这个环节不出现在甲工。因如前所述，甲工已于1924年7月升格为省立工业专门学校。

  "升旗"礼仪，在民初，仅指挂国旗于礼堂正面之墙上。其行事方式上有严格规定，即当礼堂向南，则旗要挂于北墙；若向东时，则须挂西墙。④

1917年第73期《儿童教育画》刊有歌谣："中华民国五色旗，颜色真美丽，颜色真美丽，若非烈士流了多少血，那〔哪〕得树此五色美丽旗？"图文并茂，从侧面反映了当年时政教育对社会角落的渗透

图片来源：昌守. 清末民初粤语歌谣[N]. 羊城晚报，2013-05-18（B10）.

---

① 中国第二历史档案馆. 中华民国史档案资料汇编：第三辑，北洋政府时期教育（1912—1928）[M]. 南京：江苏古籍出版社，1991：65.

② 朱公振，朱翊新. 本国纪念日史[M]. 上海：世界书局，1939：6-7.

③ 关于接受遗嘱之训令，中国国民党第一届第三次中央全会（一九二五年五月）[M] // 荣孟源，孙彩霞. 中国国民党历次代表大会及中央全会资料（1924.1—1949.7），上册. 北京：光明日报出版社，1985：85.

④ 殷梦霞，李强. 民国教育公报汇编（第一六三册）[M]. 北京：国家图书馆出版社，2009：474.

此间的国旗，已非清朝时期的黄龙旗，而是由民国中央临时政府于1912年1月3日公布以从上至下的红、黄、蓝、白、黑五色横幅组合，象征汉、满、蒙、回、藏等五族共和的旗帜。之后，期间城乡学校学生踏春郊外所和唱的歌曲里，常有类似的歌词："春假日，好游春……五色旗飘气象新，军乐悠扬能悦耳。"

民国确定五色旗为国旗前，孙中山对此局提出异议，并提请参议院复议，该议案在复议后仍被否决。孙中山认为："五色旗是清朝一品官的旗，我们革了皇帝的龙旗，却崇拜官僚的五色旗，成什么话！诸君要就弃去五色旗，要就用我们从前革命的旗帜，现在海军用的青天白日旗。"[1]，先前，青天白日旗为革命党人陆皓东于1895年设计的党人军旗。不过直到1928年12月17日南京政府才正式以青天白日满地红旗为国旗。至此，五色旗才不再招展。强化党义教育后，学校张挂的旗子，除国旗外，再加国民党的青天白日党旗。

当时，各时期的政府显然看到了学校是一个充满仪式与行为的场所，在众多影响国民性锻造的因素中，教育是国民性锻造的重要方式。上述的升旗、开会和纪念活动等一系列政治的文化的仪式，包含对旧时社会文化的改造，在社会心理的作用下，对学生的政治、文化、身体及身份的锻造，进而有可能形成稳定的行为方式特征与思想倾向，增进对政府的忠诚和信仰。[2] 政府也显然希望学校在这方面起带头作用。

（三）旧历年假，十五日；

注：指农历春节。除学校依教学日历一向将旧历年假与寒假合并外，社会各界通常从旧历年十二月三十日至初三，放假4日。到1931年1月，各级学校旧历年假一律以14天为限。

春节在古时称"岁首""正旦""元日"等。民初，北京政府通告改用西历年即新历年或曰阳历年、公历年的新章，定一年为365天，将阴历年或曰农历年、旧历年的新年确定为"春节"，阴历年原来的"元旦""新年"等名称，移到新年的1月1日。甲工所列学年节假日大多以新历年来安排。当中的新历年元旦、春节两个新年、共和纪念、双十节等由政府所建立的新节日体系，都是由军、政、学、商界大力推动下开展的，并在这些日子举行仪式。但同期，社会舆情表明，民间依循原有的世俗化传统、相习成俗的社会生活轨道，对新立之节常不予理会，仍以阴历处理以神话与传说为依据的祭神、巫仪、辟阴等主题的繁缛民俗事象，且较关注目下乡里、宗亲、族群间的婚嫁、庆吊等。

1928年12月6日，南京政府行政院中常会提出废阴历年用新历年的处理办法，以敦风厉俗之举以营造政教清明、以时迁化的景象。政府机关、学校团体因受政府约束，春节期间就照样上班、上课。百姓则照过阴历年的春节。到1929年各种以政治性为主的纪念日增加到28个。尽管地方政府不遗余力地推动公历节日，但民众过阴历年春节等节庆的习俗，依旧不改。[3]

（四）春假，一日；

注：1912年9月北京政府教育部规定，8月1日为学年之始，翌年7月31日为学年之终。1学年分为3学期。其中，1月1日—3月31日、4月1日—7月31日、8月1日—12月31日各为1个学期。此时，作为第二学期中的春假，从原定7天，到1918年前后，因一学年3学期制已改为2学期制，相应地缩短为1天。到1930年3月，明确以8月1日为学年之始，翌年7月31日为学年之终。这时的春假调整为3天。[4]

---

[1] 在广州全国学生评议会的演说（一九二三年八月十五日）[M]//中山大学历史系孙中山研究室，广东省社会科学院历史研究室，中国社会科学院近代史研究所中华民国史研究室. 孙中山全集：第八卷（1923.7—1923.12）. 北京：中华书局，1986：116.

[2] 和学新，郭文良. 教育中政治仪式锻造国民性的可能与限度[J]. 西北师大学报（社会科学版）2016，53（1）：104-105.

[3] 李少兵，齐丽华，郭艳梅. 节日节庆，民国百姓生活文化丛书[M]. 北京：中国文史出版社，2005：333-335、339.

[4] 殷梦霞，李强. 民国教育公报汇编（第一六三册）[M]. 北京：国家图书馆出版社，2009：424.

（五）共和纪念，一日；

注：1912年2月12日北京政府所宣布的共和南北统一纪念日。1948年9月8日，蒋介石以民国总统名义所明令公布的国定纪念日中，它未出现在规定项中。

（六）植树节，一日；

注：1915年7月31日北京政府定清明为全国植树活动节；1922年广东省长公署认为"粤省开春较早，本年植树节应即提前二十日"，遂确定3月15日全省各级党政军民一体，放假一日植树；此举在粤省约定俗成两年后，1924年改服从以孙中山逝世日3月12日为全国植树节的规例。①

（七）端午节，一日；

（八）暑假，三十日；

注：在民国初年，粤省各公私立学校寒暑假具体起止日期，向由省长公署统一确定。至1930年3月，该假期调整为专科以上学校以70天为限，中学以56天为限。②③

（九）中秋，一日；

（十）孔子圣诞，一日；

注：1913年北京政府教育部将孔子生日8月27日定为圣节。1939年国民政府将此改为教师节，但并未在全国广泛推行。后据上述所引用的"国定纪念日"规定，当日全国一律悬旗庆祝，中央派员赴山东曲阜致祭，各校集会纪念，并由各地政府召开各界纪念大会。

（十一）国庆日纪念，一日；

注：先前，国人还没有体现民族精神的"国歌"概念，国庆纪念无国歌可唱。1911年，晚清曾公布国歌《巩金瓯》，但仅过月余，辛亥革命爆发，该歌即成清朝的葬歌。北京政府于1912年9月28日公布将辛亥年10月10日的武昌起义日确定为民国国庆日。该纪念日又称"双十节"。民初，新政府没承袭晚清国歌，于1912年年初公布"国歌拟稿"以求征集意见。1915年4月北京政府外交部呈报国务院，请求政府的政事堂、修订民国礼制的机构礼制馆会同内务部、教育部迅速制定"国乐"即国歌。不久，袁世凯恢复帝制，于5月23日颁布宣扬帝制的国歌："中国雄立宇宙间，廓八埏，华胄从来昆仑巅。江河浩荡山绵连。勋华揖让开尧天，亿万年。"它在袁亡后即废。1919年11月，政府以先秦《尚书·大传》中所载舜与群臣互贺的唱和之作《卿云歌》代之："卿云烂兮，糺缦缦兮。日月光华，旦复旦兮。日月光华，旦复旦兮。"到大革命时期，广州地区民众集会不少时候所唱的是体现中国"智""勇""仁"传统君子精神的《三民主义革命军军歌》，该歌后更名为《革命军行军歌》。④⑤

◎三民主义革命军歌

中央执行委员会宣传部拟定革命军歌，经大会决议送交制谱后，颁发各军演唱，兹录其歌如下：（一）国民元气智勇仁、杀身成仁谁则能，民族民权与民生、三民主义革命军。（二）中华民国勃然兴、民族民权与民生，三民主义革命军。（三）赤血洗净中华魂、白日照耀青天明，民族民权与民生、三民主义革命军。（四）白日照耀青天明、赤血洗净中华魂，三民主义革命军。（五）中华民国勃然兴、黄花岗上草青青，民族民权与民生、三民主义革命军。（六）民族民权大同盟、协作共享乐太平，民权分配遍全民、三民主义革命军。（七）被压迫民族大同盟、协作共享乐太平，民权民族与民生、三民主义革命军。（八）协作共享乐太平、天下为公大道行，民权分配遍全民、三民主义革命军。（九）前进更前进、誓为主义作牺牲，民权与民生、三民主义革命军。

---

① 省长陈致电省教育会暨教育委员会邮电［J］．广东公报，中华民国十一年二月廿四日［1922（2878）：11］．
② 广东省长公署布告，省长翟布告全省公私立各学校遵照本年暑假起止日期文（文件号阙如，中华民国八年六月十三日）［J］．广东公报，中华民国八年六月十四日［1919（2082）：5］．
③ 教育部公布，修正学校学年、学期及休假日期规程（民国二十年一月二十日）［M］．中国第二历史档案馆．民国史档案资料汇编：第五辑，第一编，南京国民政府的建立与十年内战（1927.4—1937.7），教育（一）．南京：江苏古籍出版社，1994：66-67．
④ 外交部呈请制定国乐以导扬国民精神而隆国际体制文（文件号阙如，中华民国四年四月九日）［J］．广东公报，中华民国四年七月二十七日［1915（835）：3-4］．
⑤ 国民党中央执行委员会宣传部．三民主义革命军军歌［N］．广州民国日报，大中华民国十三年七月五日［1924-07-05（6）］．

而到1930年4月，国民政府行政院发出第1160号训令，分令各机关并饬属知照，在国歌未制定以前以国民党党歌《三民主义歌》替代国歌（该歌词出自大元帅府大本营秘书易大庵之手，本是孙中山于1924年6月16日抄就为黄埔军校的校训。其歌谓："三民主义，吾党所宗。以建民国，以进大同。咨尔多士，为民前锋。夙夜匪懈，主义是从。矢勤矢勇，必信必忠。一心一德，贯彻始终。"①不料，训令一出，举国哗然。有时论指斥：民众共唱党歌，即是要大家公开冒充国民党员，还要把实现三民主义的义务推在非党民众身上。不过，直到1949年国民党兵败大陆为止，还是始终没有正式国歌，始终用党歌代国歌。②

另，到1916年，北京政府对该节日在放假与悬旗结彩等传统内容上，增加了"大阅""追祭""赏功""停刑""恤贫"以及"宴会"等项。1928年北京政府解体后，该纪念活动渐规范且盛大。是日，学校校长通常会在上午10时向全校师生讲话，举行升国旗，向国旗、孙中山画像前行三鞠躬礼，三呼"中华民国万岁"等仪式。该类集会以后还衍化为恭读孙中山遗嘱的政治仪式。它与植树节里种"中山林"、南京每年行中山陵谒拜礼以及孙中山逝世纪念典礼等仪式相交织，用之在国人中强化国民党和南京政府宰制天下、纽系人心的地位，以及宣示所自诩的孙中山革命事业法统嫡系正脉的政治代表身份。据上述所引用的"国定纪念日"规定，国庆日及前述所提到的1月1日民国开国纪念日，全国一律悬党旗、国旗，扎彩志庆，各级机关、学校、团体分别集会庆祝，并由该地方政府召开各界庆祝大会。③

（十二）冬节，一日；

注：冬节指冬至。

（十三）云南倡议纪念，一日。

注：1915年12月25日云南倡议拥护共和。但后来它未出现在上述所引用的"国定纪念日"规定项中。

第十四条 本校在暑假及年假时，倘有远处学生欲在校居住者，听之，但须遵守特别规则。

第十五条 各科目教授时间支配表与本校教职人员支配表。

机械科预科各学期授课时间

学科	第一学期	每周时数	第二学期	每周时数	第三学期	每周时数
修身	修身要义	一	修身要义	一	修身要义	一
国文	讲文、读文、作文	二	讲文、读文、作文	二	讲文、读文、作文	二
英文	拼音、串字、读本	六	拼音、读本、默书	六	读本、默书、翻译	六
日文	语法、读本	六	语法、文法	六	语法、文法	六
数学	算术（二）、代数（四）、几何（四）	十	算术（二）、代数（四）、几何（四）	十	算术（二）、代数（三）、几何（三）、三角（二）	十
物理	总论、物性论	四	总论、物性论	四	重力学	四
化学	绪论、非金属	二	非金属、金属	二	金属、有机化学	二

---

① 广东省政府训令，分令各机关：令知在国歌未制定以前，以党歌替代案（文字第二九〇号，中华民国十九·四·九）[J]．广东省政府公报，中华民国十九年四月十七日[1930（83）：26–27]．
② 陈一萍．一首夭折的中华民国国歌[N]．中国档案报，档案大观，2003–04–04（4）．
③ 田海林，李俊领．仪式政治：国民党与南京政府对孙中山的祭祀典礼[J]．史学月刊，2007（4）：37．

续上表

学科	第一学期	每周时数	第二学期	每周时数	第三学期	每周时数
用器画	几何画	二	几何画、投影画	二	投影画	二
图画	铅笔画	一	铅笔画、毛笔画	一	毛笔画、水彩画	一
体操	徒手	二	徒手、器械	二	徒手、器械	二
每周合计	—	三六	—	三六	—	三六

机械科本科第一学年各学期授课时间表

学科	第一学期	每周时数	第二学期	每周时数	第三学期	每周时数
修身	修身要义	一	修身要义	一	修身要义	一
国文	讲文、读文、作文	二	讲文、读文、作文	二	讲文、作文	二
英文	读本、文法、翻译	三	读本、文法、翻译	三	读本、文法、会话	三
日文	文法、译文	五	文法、译文	五	文法、译文、作文	五
数学	代数（一）、三角（四）、立体几何（二）	四	代数（一）、三角（一）、立体几何（二）	四	高等代数（二）、立体几何（二）	四
物理	力学	二	热学、音乐、静电学	二	动电学、光学	二
应用力学	运动学	二	静力学	二	动力学	二
机械制作法	木工	二	铸工	二	铸工、锻工	二
机构学	一般机械构造	二	一般机械构造	二	一般机械构造	二
制图	投影画	四	投影画	四	投影画	四
工场实习	木工（二）、锻工（二）、铸工（二）、精制（四）	十	木工（二）、锻工（二）、铸工（二）、精制（四）	十	木工（二）、锻工（二）、铸工（二）、精制（四）	十
体操	徒手、器械	二	徒手、器械	二	徒手、器械	二
每周合计	—	三九	—	三九	—	三九

机械科本科第二学年各学期授课时间表

学科	第一学期	每周时数	第二学期	每周时数	第三学期	每周时数
修身	修身要义	一	修身要义	一	修身要义	一
国文	讲文、作文	二	讲文、作文	二	讲文、作文	二
英文	读本、会话、文法、翻译	三	读本、会话、文法、翻译	三	读本、会话、文法、翻译	三
数学	高等数学（一）、解析几何（一）	二	解析几何（一）、微积分（一）	二	微分（一）、积分（一）	二
应用力学	材料强弱学	二	材料强弱学	二	热力学	二
机械制作法	工作机械	二	工作机械	二	工作机械	二

学科	第一学期	每周时数	第二学期	每周时数	第三学期	每周时数
原动学	蒸汽罐	三	蒸汽罐	三	蒸汽机	三
制图	誊写图	六	誊写图、实物图	六	实物图	六
电气工学	直流机	二	电灯、蓄电池	二	交流机	二
工场实习	木工（二）、锻工（二）、铸工（二）、精制（八）	十四	木工（二）、锻工（二）、铸工（二）、精制（八）	十四	木工（二）、锻工（二）、铸工（二）、精制（八）	十四
体操	徒手、兵式	二	徒手、兵式	二	徒手、兵式	二
每周合计	—	三九	—	三九	—	三九

注：清末民初的体操课包含游戏体操、普通体操与兵式体操3类。其中兵式体操课程，清末学校即有设置。当时为鼓励学生参与，采用国内近代"学堂乐歌之父"留日生、音乐教育家沈心工于1902年以日本童谣《手指游戏》所填词的原名《体操——兵操》后，改名为《男儿第一志气高》的学堂乐歌，予以宣传。该歌曲乘势而起，家喻户晓。歌曰："男儿第一志气高，年纪不妨小。哥哥弟弟手相招，来做兵队操。兵官拿着指挥刀，小兵放枪炮。龙旗一面飘复飘，铜鼓咚咚咚咚敲。一操再操日日操，操得身体好。将来打仗立功劳，男儿志气高。"关于学堂乐歌，通采西方曲调、填中文之词，或为学堂歌唱而编创的歌曲，在新式学堂开设的音乐课，时称"唱歌"或"乐歌课"。① 至民初，《普通教育暂行办法通令》明确："高等小学以上体操科应注重兵式"，所以该课程仍旧纳入高小以上学校教学计划。北京政府教育部释义道："此项体操自以持枪为必要。在高小学生年龄较幼，尚可仿制木枪使用。中学以上年龄渐长，体力发达，非有真枪无以副兵式教练之名实。且习操以外，尤须启视机栝，使明制造施放之理（注：机，即弩牙；栝，指箭栝。以栝入机，机动即发，形容发动之迅速。意思是让学生明白击发枪弹的机械原理），乃能完足兵操之作用，此中学以上各校必须操枪之实在情形也然。此项军用真枪若悉由备价购置，财力实有难副。"所以，兵操所用枪械由学校所在省的军务长官从已注销报废的枪支库中拨发。②

机械科本科第三学年各学期授课时间表

学科	第一学期	每周时数	第二学期	每周时数	第三学期	每周时数
修身	修身要义	一	修身要义	一	修身要义	一
国文	读本、作文、文法	二	读本、作文、文法	二	读本、作文、文法	二
英文	读本、翻译、文法、作文	三	读本、翻译、文法、作文	三	读本、翻译、文法、作文	三
原动机	蒸汽机	二	内燃机	二	内燃机	二
水力及水力机	水力学	二	唧筒、水压机	二	水车	二
制图	计划图	四	计划图	四	计划图	四
制造用诸机械	制纸机、纺织机	二	纺织机、制粉机	二	纺织机、制糖机、制油机、力织机	二

① 吴钊，刘东升. 中国音乐史略，增订本［M］. 北京：人民音乐出版社，1993：332、334.
② 殷梦霞，李强. 民国教育公报汇编：第一七〇册［M］. 北京：国家图书馆出版社，2009：362-363.

续上表

学科	第一学期	每周时数	第二学期	每周时数	第三学期	每周时数
试验工学	机械实验	一	机械实验	一	机械实验	一
工场实习	木工（三）、锻工（三）、铸工（三）、精制（九）	十八	木工（三）、锻工（三）、铸工（三）、精制（九）	十八	木工（三）、锻工（三）、铸工（三）、精制（九）	十八
工业经济法	工业经济	一	工场创立	一	工场营业	一
工场卫生	救伤法	一	—	—	—	—
工业簿记	—	—	工业账簿	一	工业账簿	一
体操	徒手、兵式	二	徒手、兵式	二	徒手、兵式	二
每周合计	—	三九	—	三九	—	三九

注：课程中的"制纸机"不知包含哪些内容。近现代抄制纸张的生产是一个复杂庞大的机械联动过程，包括流送、成形、压榨、干燥、真空、水汽热资源等的回收循环利用等系统。就传统造纸生产而言，其成套装备包含蒸煮、打浆、碎浆、抄纸、干燥以及水电气供应等设备。广东机器造纸始于清光绪十六年（1890）南海的"宏远堂机器造纸公司"，而发端于香港。清末民初广东兴办的机制纸厂约20家。1911年4月经粤省劝业道及广州府批准立案，广东第一间引进英、日造纸装备技术，具近现代意义的机制纸厂——江门造纸厂问世于1913年2月。5年后的1918年，甲工就把造纸机械纳入课程体系之中。就此而论，甲工捕捉粤省当时新设备、新技术、新工艺的"嗅觉"，还是灵敏的。以此延伸观察，华南理工的机械制造专业、造纸机械、纸浆造纸以及下文应用化学科三年级所讲授的"制糖法""糖之精制"等当中一些课程的设置史，似可溯及1918年。课程安排与专业设置，分属不同概念，但有联系。

课程中的"制油机"指植物食用油脂加工机械。广东的主要食用油料作物为花生、芝麻、油菜等，但生产不足以满足全省的需求，为食用油料缺油省份。民初的广东的植物油脂生产主要是制食用花生油和茶籽油。1915年广州有第一间半机械化油厂，到1921年广州市才有全机械榨油厂。此间这个课程设置，依旧兼顾眼前与未来。①②

课程中的"工业账簿"，即常规财会知识结合工业产、供、销生产基本流程的管理，而派生的一门课程，亦即"簿记"。北京政府教育部认为："查中学校以完足普通教育、造成健全国民为宗旨。一方面为升学之预备，一方面即为谋生之基础。近来考察全国中学毕业生状况，其进而升学者，多有深造之才，其退而谋生者，每无应用之学。良由学校教授理论重于实用，致与社会不能相应，自非添授实用科目不足以补救此弊。本部迭经征集各处意见，并据全国商会联合会呈请前来，佥谓社会需用最广无〔莫〕过〈于〉簿记一科"。该部因而决定：为注重实用起见，"中学校学生于第一学年添授簿记"，"选书授课"。③

---

① 云逢霖，李裕章，李小燕，等. 粮油加工与食品制造工程技术［M］// 广东省地方史志编纂委员会：广东省志·科学技术志（下），广州：广东人民出版社，2002：1080-1081.
② 张晓辉，杨波，黄史臣. 民国时期的广东经济［M］// 广东省地方史志编纂委员会：广东省志·经济综述. 广州：广东人民出版社，2004：137.
③ 广东省长公署训令，令高等师范学校校长、各道道尹、省立各中学校校长：中学校学生于第一学年添授簿记（第一千八百六十八号，中华民国五年十二月二十六日）［J］. 广东公报，中华民国五年十二月二十八日［1916（1346）：4-5］.

染织科预科各学期授课时间表

学科	第一学期	每周时数	第二学期	每周时数	第三学期	每周时数
修身	修身要义	一	修身要义	一	修身要义	一
国文	讲文、读文、作文	二	讲文、读文、作文	二	讲文、读文、作文	二
英文	拼音、串字、读本	六	拼音、读本、默书	六	读本、默书、翻译	六
日文	语法、读本	六	语法、读本	六	语法、读本	六
博物	—	一	植物学	一	植物学	一
数学	几何、代数、算术	八	几何、代数、算术	八	几何、代数、算术	八
物理	物性、力学	四	力学、热学	四	热学、光学	四
化学	无机	三	无机	三	有机	三
用器画	平面画	三	平面画	二	投影画	二
自在画	铅笔画	一	铅笔画	一	图案	一
体操	徒手	二	徒手、器械	二	徒手、器械	二
每周合计	—	三六	—	三六	—	三六

染织科本科第一学年各学期授课时间表

学科	第一学期	每周时数	第二学期	每周时数	第三学期	每周时数
修身	修身要义	一	修身要义	一	修身要义	一
国文	讲文、读文、作文	二	讲文、读文、作文	二	讲文、读文、作文	二
英文	读本、文法、翻译	三	读本、文法、翻译	三	读本、文法、会话	三
日文	文法、译文	五	文法、译文	五	文法、译文、作文	五
数学	几何、三角、代数	四	几何、三角	四	几何、微分	四
物理	光学	二	磁气学、静电学	三	静电学、动电学	二
化学	水分析	二	分析、酸、盐	二	有机化合物	二
机械制图	相贯体、阴影画	二	螺旋滑轮等图	二	齿轮歪轮等图（注：指直齿轮、凸轮机构图）	一
图案	织物图案	二	—	—	—	—
织机法	机织概论、原组织	二	变化组织、设计	二	有毛织物	二
织力法	—	—	—	—	准备工程	二
精炼漂白	—	—	—	—	精炼漂白法	—
织物原料	植物纤维	二	矿物纤维、动物纤维	三	动物纤维	一
分解及意匠	分解讲义	二	分解讲义、实物分解	二	实物分解、普通意匠	二
工场实习	手织机、足踏机	八	手织机、足踏机	八	毛巾机、足踏机	八
体操	徒手、器械	二	徒手、器械	二	徒手、器械	二
每周合计	—	三九	—	三九	—	三九

染织科本科第二学年各学期授课时间表

学科	第一学期	每周时数	第二学期	每周时数	第三学期	每周时数
修身	修身要义	一	修身要义	一	修身要义	一
国文	讲文、作文	二	讲文、作文	二	讲文、作文	二
英文	读本、会话、文法、翻译	三	读本、会话、文法、翻译	三	翻译	三
数学	几何、微分	二	微积分	二	微积分	二
机械学及机构学	蒸汽罐	四	蒸汽罐	四	蒸汽机	四
机织法	纹织机及其装置	二	纹织机及其装置	二	纹织机及其装置	二
力织法	主运动	四	副运动、辅助运动	四	织机配置、按机生产	四
色染法	染用药品	三	各种染料及其浸染	三	浸染	三
棉纺织	混棉、打棉、梳棉	三	梳棉、练篆、粗纺	三	粗纺、精纺	三
分解及意匠	实物分解	二	实物分解、意匠	二	实物分解、意匠	二
工场实习	力织机、色染	十一	力织机、色染	十一	色染、意匠图	十一
体操	徒手、兵式	二	徒手、兵式	二	徒手、兵式	二
每周合计	—	三九	—	三九	—	三九

染织科本科第三学年各学期授课时间表

学科	第一学期	每周时数	第二学期	每周时数	第三学期	每周时数
修身	修身要义	一	修身要义	一	修身要义	一
国文	讲文、作文、文法	二	讲文、作文、文法	二	讲文、作文、文法	二
英文	读本、翻译、文法、作文	三	读本、翻译、文法、作文	三	读本、翻译、文法、作文	三
机械学及机构学	蒸汽机、内燃机	三	内燃机、一般机械构造	三	一般机械构造	三
机织法	纹织物意匠法	二	纹织物意匠法	二	特种织物制法	二
色染法	染料混合、印花染	二	印花染、括染、注染	二	折染、雾染	二
织物整理	棉布整理	四	绢布整理	四	毛布整理	四
织布工场管理法	总论、纱线撰择法	三	各部管理法	三	工费节省法	三
工场卫生	救伤法	一				
工业经营	工业之本质设立	一	基本资金、企业形式	一	营业、工金（即工资）、计算	一
工业簿记	—	一	工业账簿	一	工业账簿	一
工场实习	意匠图、织物整理	十五	织物整理、织机图	十五	织机图	十五
体操	器械、兵式	二	器械、兵式	二	器械、兵式	二
每周合计	—	三九	—	三九	—	三九

机械、染织两科学生实习力织机与漂染操作情景

注：有关甲工的操作情景图目前未能找到，这里以同时代、同办学层次的他校力织、漂染实习工场图代之。其间所显示的机械设备与布局，两校在这方面可不妨理解为大同小异。

图片来源：江苏省立第二工业学校力织工场机器图、染漂工场机器图 [J]. 教育杂志，1912，5（3）：插图二、三.

注：考察染织科四年授课表，当中大有可观。

其一，前已述及，染织是国内近代学校最早开设的工业学科。染织科由于提花、染色等技术加工的需要，往往开设有"绘画""图稿""意匠""色彩"等课程。其中"平面画""用器画""铅笔画"与"图案"等课程教学，就在预科阶段，其科目之多，与美术制版别科一年级的图学方面的教学，有相近之处。

关于三年级"机织法"课程所及的"纹织物意匠法"内容，料想会与中国传统吉祥装饰纹样相关。装饰纹样往往因物喻义、物吉图祥，追求美的形式与内容吉祥的统一；它与日常生活息息相关，因而成为人们生活习俗、民族心理、社会心态、时代背景和审美情趣的综合反映，并成为民族思维方式、社会思想、价值观、幸福观和艺术观的符号化印记，或者说是传统文化的一种载体。社会上的神话传说、历史故事，民间谚语、吉祥语等，尤其儒、道、佛三家糅合所形成的中华思想文化及心理结构，都会深刻影响传统吉祥纹样发展。[①] 就此而论，甲工看重染织科学生这方面的知识积累。不言而喻，他们这方面的学习负担会比较重。

其二，结合浙江省立甲种工业学校1916年机织科科目，审视此间粤省的甲工染织科所设置课程，不难看出，两校上述两个不同专业，它们的公共基础课相同，都有"数学""英文""国文""物理""化学""修身""体操"等7门；专业基础课方面，都有"机械学""机械制图""图案"等3门，唯粤省的比浙江的少了"水彩画"1门；专业课中，浙江的机织科有"机织法""织物解剖""纹织""棉纺""毛纺""丝纺""麻纺""力织""意匠"等9门，[②] 粤省的少了"丝纺""麻纺"2门。由此而论，粤省甲工虽未开设机织专业，但其所设置的染织专业已包含前者的部分课程；由于目前得不到当年浙江甲工机织科完整的课目、课时表，也没机会翻阅对方所用专业教材，当中机织科与染织科成分孰多孰少，尚难定论，但无碍对粤省甲工试行专业融合的改革精神的积极评价。

其三，人类所获取信息中的80%～90%来自视觉，图与文字一样，是表达思想、交流知识的一种基本工具。就工科而言，在许多时候"一图胜千言"。读图和画图是工科生的基本功，图纸是工程设计的主要表现形式和安装、维修工程的指南与规范。由此而起的图学教学，成为培养思维力、表达力乃至工程力的工业教育、工程教育的大类基础必修课程。[③] 在上述授课时间表里，染织专业一年级所安排的3个学

---

① 华沙. 天孙机杼，传巧人间：关于明代贵族墓出土纺织品的发掘与研究 [N]. 光明日报，2018-04-30（7）.
② 袁宣萍. 从浙江甲种工业学校看我国近代染织教育 [J]. 丝绸，2009（5）：46-47.
③ 陆国栋，孙毅，费少梅，等. 面向思维力、表达力、工程力培养的图学教学改革 [J]. 高等工程教育研究，2015（5）：1-2.

期"机械制图"课程内容，于后人看来，实属比较重的课程负担。这些属于"画法几何""工程画"方面的课程，其中牵涉学习在平面上以图形表示形体和解决空间几何问题的理论与方法，包括当中的投影变换、截交线、相贯线和展开图；也牵涉学习绘制工业技术用图技能。学习画法几何，旨在形成二维空间形体概念、训练抽象思维与培养相应技能，对于工科学生而言，是一门作业量大、涉及的知识面广、躲不开的难"啃"功课。就粤省甲工内染织与机械两科关于图学教育而言，由于目前所能看到的不是教学计划表，只是授课时间表，后者只显示学期每周周时数，不会

广东与国内沿海社会经济发展较快的一些地区一样，民族资本家比较注意引进国外先进的纺织机械设备。图为江苏张謇所办织布厂添置的国外织布机械。

图片来源：何兆武.中西文化交流与近代化[N].光明日报，2008-04-10（10）.

如前者显示各学期周学时分配数，所以不能掌握上述两科4年间图学教育各自的总学时数，但仅以4年1个周的12个学期时数而论，机械科的计有51节，染织科的则不少于75节，若加上该科第二学年工场实习中的意匠图学习的话，恐怕将不低于80节。如是，后者比前者多24～29节。形成这一局面的原因，除染织科向机械科有所靠拢、须增加图学教学时数外，另一重要原因可能是，在单位体积中的零部件数量上，相比而言，当年的染织机械往往要比等体积的其他一般机械设备的多得多。零部件构造轻巧、复杂与易损，是染织机械的特点。就工科生而言，测绘零部件或构件，描绘图纸，用以修复损坏部分或制造替代品，是其基本技能。从及时保全劳动密集型的染织生产设备正常运转的需要出发，以及当年广东的染织机械中以重金购入的外国设备有相当数量，因此以修复件、仿制品替代原品，以求降低成本、稳定生产效率，几乎成为当时的应然之策，故而要求染织科的学生比其他工科生对上述基本技能的掌握还得更强一些，就有其必要性与迫切性了。

其四，广东染织曾长期使用茜素、卮、靛蓝等天然染料，后来在1885年至1900年间，德国的"阴丹士林""立夫妥"等实色染料、酸性染料、直接染料及其他五色染料陆续输入广东。1911年后，英商卜内门洋碱有限公司[Brunner, Mond & Co., (China) Ltd.]、德孚洋行（Defag）、美商旗昌洋行（Russell & Co., 1918年在广州设分行，时称罗塞尔洋行）等所经营的外来染料具备品种多而齐全、使用方便、色力度好等优点，为市场所接受。[①] 到1930年，天然的及国产染料逐渐退出广东市场。到1949年10月中华人民共和国成立前，省内市场的合成染料基本上为舶来品。由此推测，染织科所授的有关色染课程，相应染料知识，即天然与合成、国产与洋品，会是"内外兼修"的。

其五，前已述及广州泰盛布厂自国外引进生产设备，标志着广东始用机械设备进行棉、毛、丝织物的染整。民初，广东工商实业界所用动力机械，主要是蒸汽机，间中有内燃机，电动机甚少。[②] 从上列染织科所要讲授的有"蒸汽机""内燃机"，也有20世纪20年代前广东民间所普遍采用的手工纺纱、织布用手织机、足踏机，以及大铁锅手工煮染、太阳晒干等手工针织"漂染"与丝绸"印染"等课程看，它既

---

① 黄迅文，温尚林，陈福清，等. 化工原料[M]//广东省地方史志编纂委员会：广东省志·商业志. 广州：广东人民出版社，2002：289.
② 徐松荣. 清末民初广东工商实业的发展与变革[M]//方志钦，蒋祖缘. 广东通史·近代（下册）. 广州：广东高等教育出版社，2010：520.

反映了1918年作为在地方办学的甲工,追踪、学习当时国外先进生产技术的战略意识,确定教学计划与课程设置所具的前瞻眼光,也显示了兼顾当时生产实际需要的求实态度。

其六,纵览甲工的机械、染织、应用化学及美术制版别科等四个专业的课时表得知,染织、应用化学两专业都在三年级"工业经营"课程里,安排一学期的"工业之本质设立"授课内容。因目前无法看到该课教材,不知道学生所学是何。该门课只安排于这两个专业,不知是否因它们所面对的是属于资金密集,或人力资源密集,或技术密集等几类型的工业,所牵涉上述的几种机制特别明显,或因这两专业相对应的工业对于自然生态潜伏着不良影响甚至破坏的风险,尤须警觉,抑或两者兼而有之。如此这般说来,或是皮相之谈。其实,这个揣测不论准确与否,该门课的设置有一点值得肯定,即办学者在探索工业技术与技能教育走向近现代化社会、打造课程体系从初级向中级递嬗发展的过程中,是颇为用心的,清楚人类能做成的事情愈多,所派生的不利于社会文明发展的问题也可能愈多的福祸相倚关系,即尊重工业社会的内在发展规律,这是有利于培养具有相当学科知识的优秀工程技术人员的。这类型课设置的价值旨归,大概在于此。

应用化学科预科各学期授课时间表

学科	第一学期	每周时数	第二学期	每周时数	第三学期	每周时数
修身	修身要义	一	修身要义	一	修身要义	一
国文	讲文、读文、作文	二	讲文、读文、作文	二	讲文、读文、作文	二
英文	拼音、串字、读本	六	拼音、读本、默书	六	读本、默书、翻译	六
日文	语法、读本	六	语法、读本	六	语法、读本	六
数学	算术、代数、几何	七	算术、代数、几何	七	算术、代数、几何	七
物理	物性、力学	四	力学	四	流体力学	四
化学	绪论及非金属	五	金属及非金属	四	金属及有机化学大意	四
用器画	几何画	二	几何画、投影画	二	投影画	二
图画	铅笔画	一	铅笔画、毛笔画	一	毛笔画、水彩画	一
矿物	—		矿物	一	矿物	一
体操	徒手	二	徒手、器械	二	徒手、器械	二
每周合计	—	三六	—	三六	—	三六

应用化学科本科第一学年各学期授课时间表

学科	第一学期	每周时数	第二学期	每周时数	第三学期	每周时数
修身	修身要义	一	修身要义	一	修身要义	一
国文	讲文、作文	二	讲文、作文	二	讲文、作文	二
英文	读本、文法、翻译	三	读本、文法、翻译	三	读本、文法、会话	三
日文	文法、译文	五	文法、译文	五	文法、译文、作文	五
数学	代数、三角	二	代数、三角	二	—	
物理	力学	三	热学	三	光学	三
无机化学	分析化学原理	三	无机化学之理论	三	化学各论	三
有机化学	总论、脂肪族化合物	三	总论、脂肪族化合物	三	芳香族化合物	三

续上表

学科	第一学期	每周时数	第二学期	每周时数	第三学期	每周时数
定性分析	工场实习	十二	—	—	—	—
定量分析	—	—	工场实习	十二	工场实习	十二
机械制图	誊写图	三	誊写图	三	誊写图	三
体操	徒手、器械	二	徒手、器械	二	徒手、器械	二
每周合计	—	三九	—	三九	—	三九

应用化学科本科第二学年各学期授课时间表

学科	第一学期	每周时数	第二学期	每周时数	第三学期	每周时数
修身	修身要义	一	修身要义	一	修身要义	一
国文	讲文、作文	二	讲文、作文	二	讲文、作文	二
英文	读本、会话、文法、翻译	三	读本、会话、文法、翻译	三	读本、翻译、文法、作文	三
机械制图	实物图	二	实物图	二	实物图	二
机械学	力学及材料强度	二	材料强弱学	二	压榨分离及混和装置	二
燃料及石炭瓦斯	燃料	二	石炭瓦斯	二		
冶金学	铁之冶金	二	铜之冶金	二	银及金之冶金	二
电气化学	总论	一	电气分析	一	电解	
颜料脂肪涂料	颜料、脂肪涂料	二	颜料、脂肪涂料	二	颜料、脂肪涂料	二
制革	原料皮及制革用水	三	植物鞣法	三	矿物鞣法	三
纸及橡皮胶	—	—	制纸之曹达法及亚硫酸法	二	抄纸	二
工场实习	实习	十七	实习	十七	实习	十七
体操	徒手、兵式	二	徒手、兵式	二	徒手、兵式	二
每周合计	—	三九	—	三九	—	三九

注：石炭为煤的古称之一，此称于隋唐时期已盛行；瓦斯来自日语对荷兰语"gas"的音译，指煤气、沼气等可燃气体；颜料分为无机与有机两类，广泛用于油漆、油墨、橡胶、搪瓷等工业。佛山生产的"艮朱丹粉"，自宋代即成名，后誉之为"广丹"，销流极广；这里的涂料应指油漆，即由桐油一类的植物油与漆树的乳液（生漆）调配而成的油漆，而非现代社会所称曰的工业与日常生活中用到的广义涂料。广东的油漆生产在清朝即已素负盛名，被冠曰"广漆"，远销内地外埠。油漆除由动植物脂肪或油料加颜料制成天然漆外，19世纪80年代的英法等国已能生产化学油漆即机制漆。清道光二十五年（1845），外国洋行把颜料、油漆以及上文染织科所提及的染料等直接输入粤省，并逐渐形成专业商号、专行。1909年前后，以上化工产品为德国产为主。化工品作为课程安排，体现了工艺局围绕社会经济建设办学的明确意识。①②

---

① 广东省地方史志编纂委员会. 广东省志·石油化工志 [M]. 广州：广东人民出版社，2001：1.
② 黄迅文，温尚林，陈福清，等. 化工原料 [M] // 广东省地方史志编纂委员会. 广东省志·商业志. 广州：广东人民出版社，2002：288、297.

古时岭南人以茅草烟火熏畜皮制革,该法沿用2000多年。至清末改用矿物明矾制取。不久,以杨梅、青杠椀、柚柑、五倍子等浸提液制取的植物鞣法兴起。1918—1919年间,以"铬皮硝"即盐基性硫酸铬粉剂鞣制生皮的美式制革工艺引入广州。甲工的课程安排,兼顾到当时流行的两种制革工艺技术。考察其对工业生产新技艺追踪的一向敏感性,似可猜度,它也会就新引入的美式制革法开始消化吸收、为我所用的学习过程的。广东的制革连同上文提及的造纸、机器针织,于清末已陆续有官督商办或官商合办的工厂,直到20世纪30年代前后达于鼎盛。如上文所说,甲工前身工艺局于1917年已设制革厂,腌制红、白皮两种,即使到后来1933年演变为省立勷勤工学院,其化工课程设置中,仍保留制革的生产实习课程与工场。①

所谓"制纸之曹达法及亚硫酸法",各指碱法和亚硫酸盐法两种制浆造纸工艺。其中,碱法制浆过程中要用到化学药品纯碱即碳酸钠(sodium carbonate),俗称"苏打"或"苏达"(soda)。"曹达"来自日语对英语soda的音译。当年,"曹达"法美国用得最多;以亚硫酸钙处理木纤维制浆的工艺,瑞典、挪威与德国则最盛。这方面的课程安排,有利于学生触摸、关注当时化工生产先进技术装备与工艺的前沿。

应用化学科本科第三学年各学期授课时间表

学科	第一学期	每周时数	第二学期	每周时数	第三学期	每周时数
修身	修身要义	一	修身要义	一	修身要义	一
国文	讲文、作文、文法	二	讲文、作文、文法	二	讲文、作文、文法	二
英文	读本、翻译、文法、作文	三	读本、翻译、文法、作文	三	读本、翻译、文法、作文	三
机械学	蒸发装置	三	蒸馏及凝缩装置、蒸汽机及煤气机	三	化学工程	三
纸及橡皮胶	橡皮胶	三	—	—	—	—
制糖法	甘蔗糖业史及甘蔗之栽培	三	制糖法	三	糖之精制	三
色素制造化学	总论及中间化合物	二	色素制造	三	—	—
工场实习	实习	十八	实习	十八	实习	十八
工业经营	工业之本质设立	一	基本资金、企业形式	一	营业、工金(即工资)、计算	一
工场卫生	救伤法	一	—	—	—	—
工业簿记	—	—	工业账簿	一	工业账簿	一
体操	器械、兵式	二	器械、兵式	二	器械、兵式	二
每周合计	—	三九	—	三七		三四

注:广东于唐朝已有土法制糖业,但工艺技术进步缓慢。设置制糖法课程有其时的民族工业经济背景。当时两广及福建所产蔗糖即砂糖,全部销往上海、天津、汉口、烟台及北方各港埠。其中,仅粤、闽两省总产占国内的一半,即至少年产在200万担以上。当中又以粤省的韩江流域即大致为潮汕平原一带产糖最多,年产达百万担以上。仅潮州一地蔗园总面积方圆250里,大小糖厂包括糖寮2000余处。其余如

---

① 庄福宝,孙建红,吴淑瑜,等. 轻工业工程技术[M]//广东省地方史志编纂委员会. 广东省志·科学技术志(下). 广州:广东人民出版社,2002:966-967.

省内惠州、东莞两地，年产赤、白、冰砂糖，约40万担；海南岛也产赤、白两种砂糖。但"中国夙为糖业发达之区，惜人民墨守数千年来旧法，不求改良进步，致适于甘蔗生育之燠热之地，不唯不见扩充而转日见衰颓，故〔固〕有利源几为外糖所侵夺"。① 所谓旧法即"石白法"。该法的单位蔗糖产出率、甜度、晶粒光洁度与粗细、渗透性、纯度等基本物理指标都远低于外糖。其时，南北政府的政治、军事虽仍在对峙之中，但民间经济往来依旧，所以该项调查仍不失为重要的参考史料。以此史料考察，就课程设置而言，至少在一定程度上反映了甲工学习与追赶国外先进生产工艺技术的良好愿望。延至1933年，广东才开始使用机器产白、赤两种砂糖。这时，粤省手工蔗糖产量及产值已居全国首位。

美术制版别科第一学年各学期授课时间表

学科	第一学期	每周时数	第二学期	每周时数	第三学期	每周时数
修身	修身要义	一	修身要义	一	修身要义	一
国文	讲文、读文、作文	二	讲文、读文、作文	二	讲文、读文、作文	二
英文	读本、文法、翻译	三	读本、文法、翻译	三	读本、文法、会话	三
日文	文法、译文	二	文法、译文	二	文法、译文、作文	二
数学	算术	二	算术、分数	二	算术、分数	二
用器画	几何画	二	几何画、投影画	二	几何画、投影画	二
图画	铅笔画、毛笔画	四	毛笔画、水彩画	四	汉画	四
图案	图案构造法	二	图案构造及配色	二	织纹图案	二
摄影学	摄影法	五	干片摄影实习	五	干片摄影实习	五
玻璃版	制版学	八	制版实习、印刷实习	八	制版实习、印刷实习	八
着色法	着色法	三	着色法、着色实习	三	着色实习	三
体操	徒手、器械	二	徒手、器械	二	徒手、器械	二
每周合计	—	三六	—	三六	—	三六

美术制版别科第二学年各学期授课时间表

学科	第一学期	每周时数	第二学期	每周时数	第三学期	每周时数
修身	修身要义	一	修身要义	一	修身要义	一
国文	讲文、作文	二	讲文、作文	二	讲文、作文	二
英文	读本、会话、文法、翻译	三	读本、会话、文法、翻译	三	读本、翻译、文法、作文	三
日文	文法、译文	二	文法、译文	二	文法、译文	二
数学	算术、比例、开方	二	算术、开方	二	代数	二
用器画	投影画	二	投影画	二	投影画	二
图画	汉画	四	折衷画	四	折衷画	四
图案	织纹图案	二	实物变化图案	二	动物变化图案	二

---

① 农商部. 中国南部之糖业稿（1914年前后）[M] // 中国第二历史档案馆. 中华民国史档案资料汇编：第三辑，北洋政府时期工矿业（1912—1927）. 南京：江苏古籍出版社，1991：258-261.

续上表

学科	第一学期	每周时数	第二学期	每周时数	第三学期	每周时数
摄影学	湿片法	二	湿片摄影实习	二	制版用湿片摄影法	二
三色玻璃法	二色版制版及印刷法	四	三色版摄影法、制版印刷法	四	三色版实习	三
网目铜版	网目母片摄影法	四	制版法	四	制版法、印刷法	四
凸版	摄影及制版法	三	制版实习	三	制版实习	三
单色石版	摄影及转写法	二	摄影及转写法	二	摄影及转写法	二
体操	徒手、兵式	二	徒手、兵式	二	徒手、兵式	二
每周合计	—	三五	—	三五		三四

甲工美术制版别科1920级吴家文．静物写生：紫茄与马蹄
图片来源：少年（上海版）[J]．1921, 11（5）：插图二.

甲工美术制版别科1921级吴郁周楷书
图片来源：少年（上海版）[J]．1921, 11（9）：插图一.

本校职教员人数支配表（共28人）

职务	人数	职务	人数	职务	人数	职务	人数	职务	人数
校长	1	应用化学科主任	1	应用化学实习教员	1	英文教员	2	会计（本局会计兼）	1
教务主任	1	美术科主任	1	美术实习教员	1	体操教员	1	庶务（本局庶务兼）	1
机械科主任	1	机械实习教员	1	算术教员	2	学监兼舍监	2	印刷兼录事	1
染织科主任	1	染织实习教员	1	国文教员	1	文牍（本局文牍兼）	1	杂役	6

1922年3月甲工部分在职教职员名单（校长除外）

姓名	年龄、籍贯	毕业学校或最后学历	职务或任课、工作简历
何寿田（字季威）	35岁 广东大埔县	1916年毕业于日本东京高等工业学校机械科	机械科主任。曾任上海兵工厂炮弹厂主任技师，川汉铁路机器副工程师，广东兵工厂审检处处长、料械处处长、广东大埔中学理化英文教员等职
梅萼芳	43岁 广东台山县	1914年毕业于日本名古屋高等工业学校纺织科	染织科主任
邓国桢	31岁 广西	日本东京高等工业学校应用化学科	化学科主任
高奇峰	32岁 广东番禺县	日本东京美术院	美术科主任
郑祥云	32岁 广东香山县	1912年毕业于日本仙台高等工业学校机械工学	机械科专任教员。曾任广东石井兵工厂职员
罗赞元	32岁 广西桂平县	日本东京高等工业学校机械科	机械科专任教员
苏炳彪	34岁 广东顺德县	1915年毕业于日本东京高等工业学校电气科	机械科专任教员。曾任广东电话局总管兼工程师
伍颂汤（字三新）	35岁 广东恩平县	1917年毕业于日本东京高等工业学校纺织科	原染织科主任，后为染织科专任教员。曾供职于三圣社三民织厂等职
钟齐闻	34岁 广东南海县	1914年毕业于日本东京高等工业学校染织科	染织科专任教员。曾任广东省立梅县中学理化教师
张寿绵（字介弼）	32岁 广东新会县	美国加利福尼亚大学化学专科	化学科专任教员。曾任广州培英中学及广州青年会教员等职
彭少聪	29岁 广东大埔县	1921年毕业于日本东京高等工业学校应用化学科	化学科专任教员。曾任两广盐运使署及广东经济调查局职员等职
郭文芳	42岁 广东香山县	美国依那奈影术学校、卑苏制版学校	美术科专任教员
潘赞雄（字子襄）	33岁 广东顺德县	广东省立高等师范学校毕业	数理化科教员。曾任顺德县议会会长，顺德中学学监兼教员，广东省立第一师范讲习所教员等职
黄德刚（字法柔）	30岁 广东惠阳县	北京大学数学系	数学专任教员
杨仙槎	？岁 广东英德县	日本早稻田大学	经济学及簿记学教员
程岳恩	25岁 广东香山县	广东省立高等师范学校体育科	体操专任教员
李应扬	22岁 广东番禺县	广东陆军军乐讲习所	音乐专任教员
谢霭如（字太杰）	33岁 广东台山县	香港皇仁书院	英文专任教员。曾任省立一中教员
陈耀光（字星垣）	31岁 广东南海县	广州私立圣心书院	英文专任教员。曾任圣心学校主任教员、广东无线电学校、圣神女学教员等职
王敬秋（字临庄）	？岁 广东南海县	日本东京高等工业学校	学监兼教员。曾任广东高等师范学校、台山中学教员等职

续上表

姓名	年龄、籍贯	毕业学校或最后学历	职务或任课、工作简历
陈宗孟（字立夫）	？岁 广东顺德县	1913年毕业于日本东京高等工业学校窑业科	学监兼教员。曾任广东公学、岭南中学教员等职
郭燊（字炯同）	？岁 广东增城县	广东警察学堂	学监。曾任晚清学部总务司案牍科科员、两广高等工业学堂学监等职

1922年3月前陆续离任的原甲工部分教职员名单（校长除外）

姓名	年龄、籍贯	毕业学校或最后学历	职务或任课、工作简历
袁拔英（字芸选）	1889—？ 广东东莞县	广东东莞县初级师范学校	教务主任。曾参与创办广州最早的职业学校之一——私立广东女子职业学校，为校长
罗富生	？岁 广东大埔县	留英工学士、理学士	机械科主任
王仁宇（字稚庄）	？岁 广东惠阳县	1917年毕业于日本东京高等工业学校机械科	机械科主任
胡慕瑷（字启安）	33岁 广东新会县	1918年毕业于日本东京高等工业学校机械科	机械科主任
陈韵楼（字星衍）	？岁 广东新会县	日本东京高等工业学校应用化学科	化学科主任
区克明	？岁 广东鹤山县	美国沙拉侨司大学化学学士	化学科主任
伍英	不详	留美化学硕士	化学科主任
梁武周	？岁 广东台山县	留美化学硕士	化学科主任
陈达初（又名兆基）	1886—1947.1.3 广东顺德县	英国爱丁堡大学化学工程	总务主任
何次权（字子韶）	32岁 广东连县	1917年毕业于日本东京高等工业学校应用化学科	化学科专任教员。曾任安徽省立第一工业学校化学科主任
黄炳枢（字仲寰）	？岁 广东惠阳县	广东省立高等师范学校	国文专任教员
袁擢英	25岁 广东东莞县	广东省立高等师范学校	英文专任教员
黄植之	？岁 广东顺德县	日本东京明治大学	日文专任教员

资料来源：①广东省立第一甲种工业学校同学录[M]//广东美术馆.花逢时雨俏：阮云光的艺术历程.广州：岭南美术出版社，2012：164-166.②广东留日同学会.中华民国广东留日学生同乡录（民国七年）[Z].出版信息不详，1919：22、24、63-65、68、73、76.③中华民国广东驻日留学生经理处.广东留日学生调查录（民国十八年一月）[Z].出版信息不详，1929：131-133、136、139.

附：几种教育部审定中学用书样式及教科书书目

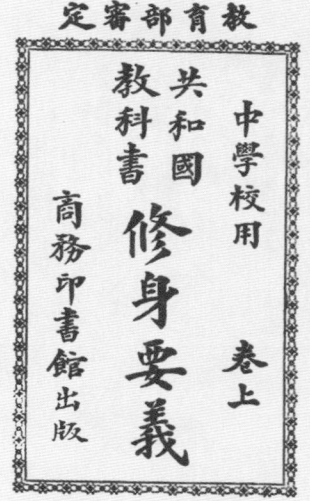

樊炳清：《修身要义》上卷
（商务印书馆1916年第12版）

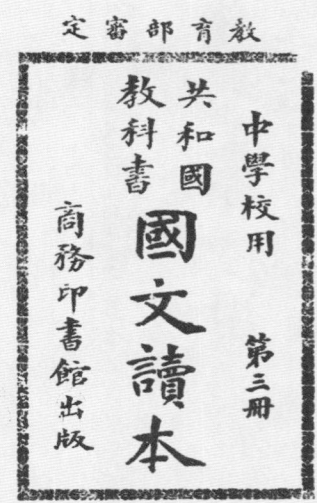

许国英：《国文读本》
（商务印书馆1914年第4版）

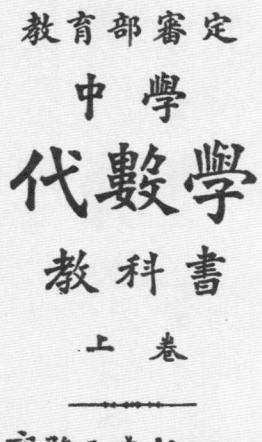

陈鼎元：《代数学》上卷
（商务印书馆1915年第10版）

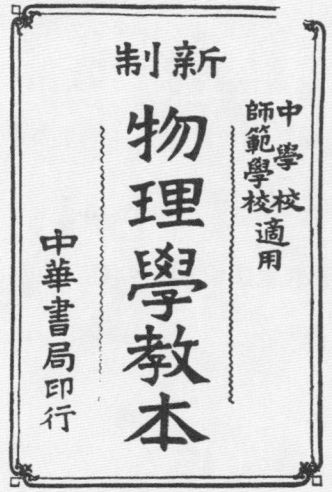

吴传绂：《新制物理学教本》
（中华书局1918年第4版）

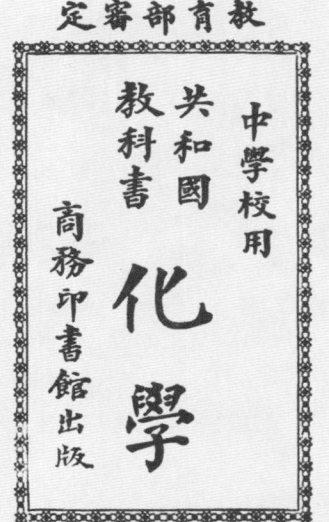

王季烈：《化学》
（商务印书馆1919年第15版）

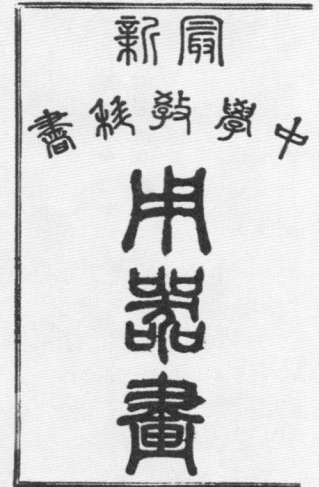

[清]孙铖：《最新中学教科书用器画（平面几何画、投影画）》
（商务印书馆1919年第19版）

图片来源：共和国教科书［DB/OL］．［2018—06—01］．http://www.hwshu.com（华南理工大学图书馆试用资源：瀚文民国书库数据库）

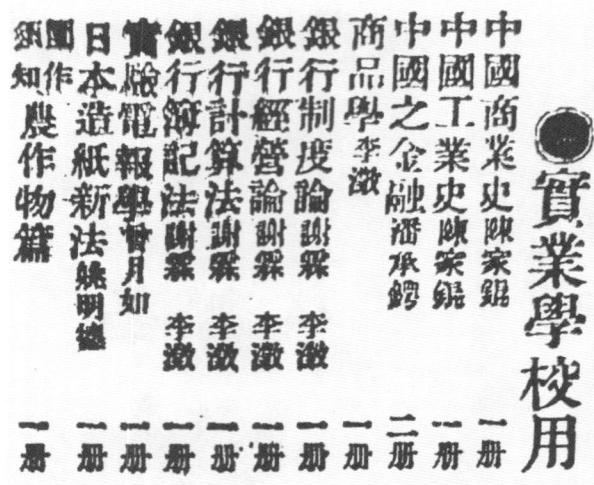

中国图书公司之实业学校用书目录

图片来源：中国图书公司和记图书要目. 商务印书馆图书汇报, 中华民国五年四月份, 第五十八期[1916(58)：3].

商务印书馆之专门学校教科书总目

图片来源：商务印书馆图书汇报, 中华民国二年九月, 第二十七期[1913(27)：37-38].

中华书局之实业类用书目

图片来源：①刘洪权. 民国时期出版书目汇编：第一册[M]. 北京：国家图书馆出版社, 2010：63-64、227、318.
②刘洪权. 民国时期出版书目汇编：第四册[M]. 北京：国家图书馆出版社, 2010：327.

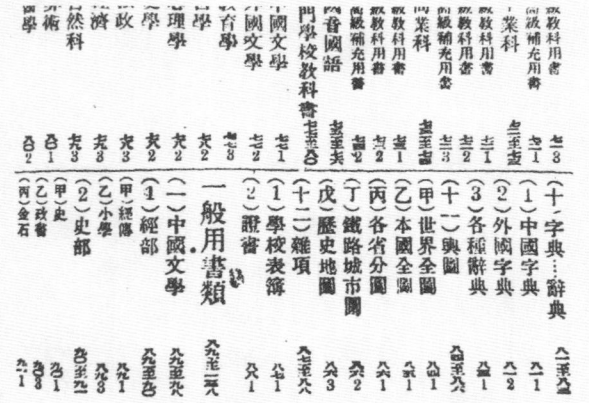

商务印书馆之实业学校用书目录

图片来源：商务印书馆图书汇报, 十三年一月, 第一百十一期[1924(111)：3].

第十六条　考试　分为临时试验、学期试验、学年试验、毕业试验四种。学期、学年、毕业等试验用笔答，临时试验则用口答或笔答。

积分计算方法：每科以百分为满额。在学期或学年试验之总分，以科目平均之所得之数，再以平时分数平均之平均，所得之数是为学期、学年分数。在毕业时，将各科总分数，以科目均分之所得之数，以各学期共有分数，以学期平均之所得分数相加而平均之得数，即毕业分数。故平时分数关系极重。所以，或用口答或易于稽查其真实热心向学与否耳。

第十七条　成绩考验　本校于每次学期试验，将告成绩及优劣之文函告各生家长，俾资考核。

第十八条　不及格　学期分数不能及六成者，责令退学；毕业分数不能就六成者，归下学期补习，果不堪造就或不许之毕业。

第十九条　奖励　凡能发明新式器械或学术品行俱优之学生，每年均由主任分别褒奖给予奖章。

（一）发明新器者，给予金质奖章，并呈省长奖励。

（二）首名给予金质奖章。

（三）二三名给予银质奖章。

（四）品行最优者，给予银质章奖章。

（五）学科分数最优者，给予银质章奖章。

（六）本科分数最优者，给予银质章奖章。

（七）一学年内并未告假一次者，给予银质章奖章。

第二十条 惩罚

甲 扣分。凡学生无故旷课或规避实习者，酌量次数扣除其学期或成绩之平均分数。

乙 警戒或退学。凡学生妨害公私利益，违背本校章程各项管理规则、一切临时布告，或犯不名誉、不道德之举动，或自逞意气，不遵约束者，轻则训诫、记过、禁思过室、禁星期假，重则勒令退学。

丙 罚则。

（一）与闻政事，加入政党，干涉词讼者；

注：北京政府教育部于1913年8月28日发布《教育部训令各学校职教员学生毋许投身政党文》，认为："现在党派分歧，学生往往入党因党荒学，流弊滋多。"到1917年2月6日，再发《重申禁止学生加入政党》训令一道，认为"国家经一次政变，政治人物之思想、行动，往往与政局之组织同时变迁。潮流所经，乃至牵及于全国各社会，而学校中之优秀分子，鼓被尤速，影响尤大"，进而"不能不重申禁令"："亟应严切申禁，嗣后各学校生徒一律不得加入政党。"①

民初中西文化交汇，新学发展，党派、学派林立，学生思想活跃。这时，宜应对学生予以引导。但政府坚执青年学生"唯专心学业"，不容"纠众干涉政治""滋事扰及公安"的思想，一再取堵截、钳制的压服方针，则与元、清等朝的封建社会严禁民众持民主自由思想一样专制，与酒楼食肆所常见的"莫谈国事""世事罔问"等不言时政的醒目语，并无二致。该款罚则的制定，反映了办学者面对五四运动前风云变幻的社会和新文化运动历久不衰状况的畏惧，仍设想循旧制裁量事理，以约束学生，有奉行干涉主义教育之嫌。

下文第三十五条"学生集会规则"第5款所列规训："集会只准讨论自治、学艺、俱乐等。国事、政事、本校管理各事均不准干涉，违则重罚"，是与此相呼应的。

受历史的制约，该章程不可能像现代社会所要求的那样，以民主、公开的原则予以制定，也不可能赋予学生应有的对学校管理的知情与监督权、维护自身权益的申诉与听证等权利。1919年五四运动的爆发，甲工学生冲决康乾以来厉禁知识分子干政的藩篱，走上街头、深入工农群众之中，宣传新思想新观念，表达爱国情怀、政治勇气与觉悟，则无形中宣布了章程中许多与当时社会进步相悖的陈规的"死亡"。这恐怕是章程规绳矩墨制定者当初所未料到的。

据后来工业专门学校时期的化学工程1925级学生司徒慧敏晚年所忆及大革命时期："当时国民党的党部和共产党的党部和〔及〕共青团的党〔团〕部都在学校的卫生所附近。"这说明后继办学者在这方面较之前任开明一些，或者说由于社会潮流不可阻挡，学校当局大概不得不以"睁一只眼闭一只眼"的立场模糊处事。引文中的"卫生所"，即该甲工办学章程所设置的"医务室"）②

（二）任报界访员者；

（三）携带危险物品入校者；

---

① 李桂林，戚名琇，钱曼倩. 中国近代教育史资料汇编：普通教育［M］. 第2版. 上海：上海教育出版社，2007：824、827.

② 司徒慧敏. 我的青少年时期（1987年3月4日）［M］//录音、记录、整理：司徒新蕾. 中国电影家协会，中国电影资料馆. 百年司徒慧敏：司徒慧敏诞辰百年图文纪念集. 北京：中国电影出版社，2010：311.

（四）记大过三次小过九次者；

（五）窃取公家物品或同学物品者；

（六）学期试验成绩不能及格者；

（七）经职教员认为不堪造就者；

（八）体质过弱，或犯花柳病，传染病与肺痨病，神经〔精神〕病等者；

注："神经病"与"精神病"为两个不同的病理学概念。前者指神经系统组织发生麻木、瘫痪、抽搐、昏迷等病变或机能性障碍的疾病，后者为大脑功能紊乱而精神失常的疾病。与后者有染，可能意味着一个或几个阶段或较长时期里，基本丧失常人生活自理与学习的能力。但早年医学界并没细分。今广州市脑科医院之前身广州芳村惠爱医癫院，始建于1898年2月，为中国第一间精神病专科医院。该院曾在1925年1月3日至8日，一连6天举办"神经大会"，邀请社会各界人士到会接受医学科普宣传，以明了痴呆、癫狂等精神失常的病理。此间，民众多有把精神病俗唤"神经病"、治疗该病的医院称为"癫狂院"之谬。及至1927年11月，改正为"精神病院"，才算是明晰了神经病和精神病的概念。到1935年12月，惠爱医院始易名为"广州市立精神病疗养院"。①② 显然，该章程因循了民间惯称。第八款所称之疾，当中体质弱与病并无必然逻辑联系，性病可能与道德或被动感染有关，总之，不给机会治愈即遭退学处理，这种无区别对待无理可据，有过苛之嫌。

（九）犯冒名匿名等事者；

（十）用文字诋毁职教员者；

（十一）满假不续，或常请长假旷废学课者；

（十二）染有嫖赌、烟酒癖及学生不应有之恶习者（如饮花酌等）；

注：清光绪元年（1875）以前，广东食肆就有住、食、嫖、赌集一的"花酌馆"。所谓"花酌"又称"花酒"，指挟妓饮酒。而"花"本系相命与江湖术士对于妓女的隐语。

（十三）在校外聚众生事者；

（十四）在校内外损害学校名誉者；

（十五）对于职教员傲慢不服教训者；

（十六）试验时犯有夹带、枪替、传递、交头接耳、雷同、乱座〔坐〕等弊者；

注：觅"枪替"或"枪冒"代考，即由同考的生员冒名顶替代做。

（十七）故意毁坏公家或同学物品者；

（十八）私自离校者；

（十九）在校中布告文字上添注、涂改或擅移位置者；

（二十）犯过警戒不能悛改者；

犯上所开第一至十四项之一者，立令退学；犯第十五至二十项之一者，分别轻重，或令退学，或记大过，或禁思过室；

注：据载，1919年5月经省署批准，甲工对首批入学的200名一年级学生中，机械科的林泉德、张溥权、陈绍构等3人，染织科的李振雄、赵惟志、罗显庸、曾守宪、钟文华、黄汉、谢学智等7人，化学科的杨友德、苏天煌、叶关庭、李春晖等4人，以上共14人，"或因品行不正，或因逾假不归，似此荒废学业，实属不堪造就，应即一并开除"。其中，久不归校者12人。省署同时下达训令，由生源地所涉的10个县府，分别负责追缴以上各人自1918年9月至1919年4月，除年假不计外共7个月，膳费以每月4元计共

---

① 广州市行政委员会第一二三次市行政会议：通过卫生局提议，改正"神经病院"名称为"精神病院"案（民国十六年十一月二日）[Z]．广州市政府．广州市政会议录（民国十年二月—民国廿三年十二月），第一辑，上．广州：宏艺印务公司，1934：595.

② 梁碧莹，伍仞，刘晴雯，等．120岁惠爱医院，曾是"中国最早"[N]．广州日报，2018-01-30（17）.

28元，学费以每月3元计共24元。①

（二十一）携带不规则印刷品入校者；

（二十二）无故不上课，或规避实习者；

（二十三）对于职教员有失礼貌者；

（二十四）超越散步界限以外者；

（二十五）擅进校内一切学生禁入之地者；

（二十六）保证商人离省或物故，或生意倒歇，明知而不报者；

（二十七）在同学中有交恶情事者；

（二十八）辱打差役或詈骂喧哗不顾行检者；

（二十九）鸣上课或实习或自修钟后，十分钟始到者；

（三十）在宿舍私自煮物者；

（三十一）涂污墙壁者；

（三十二）私阅小说，未经学监盖有允许之章者。

犯二十一至卅二项之一者，或禁思过室，或禁星期假，或记小过。

第二十一条

（一）本校学行并重，使养成智力富足，能耐劳苦，并有志趣高尚之美德。

（二）校长随时宣示布告，或面谕各项规则，均与现行章程发生同等效力。

（三）校内职员、教员，均有督察学生之责，如遇有违背校章及各项规则等事，得以随时报告校长，照章训诫、惩罚。

（四）宿舍等处倘有不卫生等事，应听〈从〉职教员、医生随时检查。

（五）本校为养成各生自治能力起见，于每学期开学时由各科各寝室，公举班长、舍长，分报校长、学监。如经校长允准，此后该班长、舍长对于条告传布应负责任，同学错过，应行纠正。

注：1917年的全国实业学校校长会议议决案之三提出"实业学校应注意管理训练，养成学生乐就实业界职务之习惯案"。该案认为："今之学生，多乐于读书，而惮于服务，殊违异日实业界作事之本旨。欲矫其弊，宜于校中少设夫役，凡教室、寝室、自习室、实验室以及实习工厂内一切扫除整理劳动工作等事悉令学生自任之。"看来，甲工章程制定者当年注意到贯彻这一精神。②

（六）严禁一切不道德、不名誉及破坏秩序，妨害公益之举动。

（七）学生在校，诸凡上课、实习、自修、起居饮食、体育游艺，均有定时。如他请假，（原文以下脱落一段文字）学行赏罚亦有规定。一切严禁主义，如有违反均照本章程各条惩罚。

第二十二条　讲堂应守之细则

（一）学生一闻鸣上课钟，即须到堂。又上课后，不得外出，倘遇不得已事故者仍需请教员许可。

（二）见教员就席或退出，均应起立致敬。

（三）遇校长进教室时，应即起立致敬。

（四）来宾参观，非有教员命令，不必起立。

（五）在讲堂内应各静听教员讲授，不得互相谈话，或翻阅其他书籍，或非本课之课本。

---

①广东省长公署训令，令惠阳、东莞、惠来、高明、南海、临高、澄海、鹤山、罗定、香山各县知事，遵照查明省立第一甲种工业学校开除之学生林泉德等十四名籍属，按址分别追缴学膳费文（第七百二十一号，中华民国八年五月二十日）[J]．广东公报，中华民国八年五月二十二日 [1919（2063）：1-3]．

②全国实业学校校长会议议决案（文件号阙如，中华民国六年）[M] // 邰爽秋，王克仁，王倘，等．历届教育会议议决案汇编，教育参考资料选辑，第五种，教育史料类．上海：教育编译馆，1935：5-6．

（六）不得私吃食物。

（七）座位若〈一〉经编定，不得任意更调，如有不得已之处，需请职教员许可。

（八）未上课之学生，不得在讲堂近旁窥视喧闹。

第二十三条　自修室应守之细则

（一）闻上自习室鸣钟，须即入室。如遇有不得已事，须经监视职教员允许始能外出。

（二）校长到室，应即起〈立致〉敬。

（三）学监到时，毋庸起立，遇有所指，应温和而对。

（四）自修室不得阅报。

（五）不得高声朗诵或喧哗斗耍。

第二十四条　食堂应守之细则

（一）饭菜如果不洁或不佳，或厨役伺应不周，应即陈明学监，转告庶务，酌量罚办。

（二）〔在〕食堂一律谨守秩序，注重人格，不得高声谈话。

（三）不得拷〔敲〕打饭碟。

注：民国时期国内中等以上学校的食堂管理规则里，大都有勿敲碗碟及高声说话之类的禁语。黄埔军校所定的"饭堂规则"第6项内容，比之地方学校相应的例规更严："食时务须静肃，不得谈话或故意将碗箸作响"。但仍不乏有学员于紧张学习训练之余击碗将《国民革命歌》歪唱作乐："肚子饿了，肚子饿了，要吃饭，要吃饭。随便弄点小菜，随便弄点小菜，鸡蛋汤，鸡蛋汤！"[1] 已届成年的军校生尚如此，何况甲工有部分14岁入学、天性好动好玩的未成年生。以今日之标准看，地方学校这方面的管理似有欠人性化之嫌，但在当年则是通行惯例。

（四）不得将饭菜倒弃地上。

第二十五条　宿舍

（一）床位编定后，不得擅移位置。

（二）就寝钟鸣后，不得任意喧哗。

（三）无论何时，寝室内不得抛弃不洁之物，致失清洁而碍卫生。

（四）值周生于每日早饭后需将寝室清扫。

（五）室内不得玩弄乐器。

（六）各生卧具应于起床后，各自检查齐整。

（七）如在起床定时之前起床，应格外静默，不得惊扰他人及其他寝室。

（八）值周生每星期更换一次，于星期六一时交待。倘值周生因事请假，须请同舍一学生代任。

（九）班长、舍长、值周生执行职务，有妨碍时，得请学监训示办理。

（十）蚊帐、被单、衣服等均应勤加洗涤，以免〈对〉个人、公共卫生均有妨碍。

注：昔前广州公共卫生状况，当与现今有每年4月的全国爱国卫生月活动护持，早已荣膺国家卫生城市、全国文明城市称号的广州无法比拟。民初广州城区及近郊，有时文称："查前旗满街道，最称污秽，现虽设有倒扫役，而垃圾依然堆积，并有儿童沿街大便。北门、西门一带，如添漓街、兴隆坊、牛巷、大茶巷等处尤甚，路人莫不掩鼻而过。"[2] 这里，包括下文第二十七条卫生细则各款，明确地把个人卫生与公共卫生的公益属性相联系，是近代中国社会文明进步的一种体现。过去囿于认知能力与时代思维模式，在封建社会，无论是医家还是政府、士大夫阶层都没有将"清洁"、防"未病"的举措上升为公共事务，再加上各种"散落"的卫生举措预先占位，有不少属于无心插柳柳成荫，起到了部分避免疫

---

[1] 陈宇. 中国黄埔军校 [M]. 北京：解放军出版社，2007：82.
[2] 医事新闻，内国〔国内〕之部：清洁街道 [J]. 医学世界，1912（14）：1.

病的作用，但却缺乏整体化的卫生概念。

（十一）学生如有银钱，或贵重物品，应交储金所储藏。取回，收条为凭。寝室内禁止存放。

（十二）寝室内物品务宜简少，并应妥置齐整。不常用之衣物，应随时放入箱内，存之储藏室中，并应照各人所定而存放之。

（十三）储藏室每日开放有一定时间，学生可于该时前往取物。其他时间非有不得已之理由，不能往取。

（十四）学生沐浴须至浴室，其他各处概行禁止。

（十五）所有寝室内秩序，除值周生、舍长负责外，另有学监逐月检查，分别秽洁登记存簿。

（十六）寝室内之玻璃窗及墙壁不准写字及涂污。

第二十六条　试验细则

注：该条所列各款，与北京政府教育部于民初所公布的《学生学业成绩考查规程》的规定相一致。①

（一）在试验时各生有一定之座位，非有特别事故，不能离座。

（二）学生对于问题有不明之处，可以质问。

注："质问"语义于新旧时代存差异。旧时含诘问与质疑之义，现着重辨是非与责问。

（三）不得携带课本、笔记、讲义等物品入场。

（四）不得交头接耳及旁窥他人课卷。

（五）不得有换卷、雷同、抄袭、传递等弊。

（六）出题后十分钟始到者，非有充分理由，即以迟到论。

（七）交卷后应即出场。

（八）出场后不得复返场内取卷更改。

第二十七条　卫生细则

（一）关于学生饮食、栉沐、盥漱、衣履、仪容，由学监随时检查，力求整洁。

（二）学生衣履不洁，倘学监饬其更换，须立即照行。

（三）不得用面盆在水房取水。

（四）每日至少须洗面、刷牙各一次。

（五）学生患痢疾时，须至痢疾厕所如厕。

注：上文所及的公共卫生与此处的厕所问题，都是城乡生态文明建设的一部分。如厕虽微，却关乎个人体面与尊严。于学校而言，则及集体。痢疾患者粪便，若不经特别的消毒处理，仅作常规堆沤，不能彻底杀灭病菌，将有可能危及人的健康。传染性细菌痢疾是当年广州地区的常见病、多发病，设置专厕，表明学校注意到校外增埗河夏季洪水泛滥淹没校园，浸泡数日所带来的多种传染病传播风险。校方在这方面是细心的，在本地亦属较为超前的一分子。

（六）如感冒、风寒致起居不适者，应即往学监处报告，转往校医处诊视。

（七）本校定时施种牛痘一次。凡未种过者应即报〔补〕种，或已种者，而欲再种者，亦准到院施种，不收分文。

（八）凡校内外发生特别情形，于〔与〕卫生有重大关系者，得由校医员〔生〕呈校长随时报告，施行各种防止方法。

---

① 教育部. 学生学业成绩考查规程（部令第十九号，民国元年十月二十五日）[M]. 中国第二历史档案馆. 中华民国史档案资料汇编，第三辑，北洋政府时期教育（1912—1928）. 南京：江苏古籍出版社，1991：67-70.

注：广州、香港、澳门三地区作为通商港，物流运输给商业带来繁荣的同时，霍乱、鼠疫等国外烈性传染病也传入了港口，加之民众来往频繁，所以在民国时期就有每旬疫情表报交换传统。[1] 史载有不少地方疫灾，如1890年2月起，广州流行鼠疫，以后每年2—5月小流行。1894年3月起，鼠疫肆虐半年、不幸死亡多达6万。同时，蔓延至香港后再传播到全球。[2] 及至1924年5月中旬1个月内，广州部分区街发生鼠疫14宗，有7人不治。曾历上述1894年鼠疫大流行之痛的广州，余悸犹存，即令市卫生局发布市民防疫警告。甲工全校教职员生停课一天大扫除，"于宿舍、讲堂、厨房、厕所，用石炭酸水、石灰乳等严行消毒，并劝各级学生勿轻〈易〉外出"。数天后因发觉课堂有死鼠多只，友邻省立一中又发生鼠疫，经学生代表与校长协商，学校决定放疫假两星期，视同提前放的暑假。[3]-[5]

第二十八条　参观细则

（一）无论中外等界人士，均可来校参观。

（二）参观人须先告知通谒，转报校长或职教员许可，方得招待介引。

（三）参观人当参观讲台、工场时，不可吸烟。

（四）参观人欲检阅书课〔本〕者，应请职教员取与。

（五）当试验时，谢绝入堂参观。

（六）参观人数太多时，请先期通知，以便招待。

（七）参观机械厂时，不可与工匠、学生等谈话。

（八）参观人之动作经本校职教员认为妨碍课业者，得声请参观终止。

第二十九条　亲属访问

（一）学生亲属须告知通谒，介绍至招待所侍候。

（二）学生家属不得入寝室内坐〔座〕谈。如有特别情形，不在此例，但仍须禀准学监。

（三）学生患病在医务室调养时，应由通谒告知医生，经其允许方准带入内。倘家属举动离奇，医生认为有碍病人时，得以令其退出。

（四）学生亲属欲往各处参观，须由该生禀准校长，方许引往各处。

（五）学生上课或实习时，不得会晤亲属。

第三十条　购物　本校每日派人往省城。如学生拟购买何物，应于每日早饭以前，将单列明价格，并将银洋交给庶务，然后由庶务饬役员购买。

第三十一条　函件收发　本校有邮政信箱，每日由邮差三次到校取信及派信。凡学生之信，每日由通谒接受后，转呈学监，然后由学监于会食时分派，以防遗失之弊。如系挂号信，

---

[1] 中共中央关于同意穗、港、澳继续交换疫情给华南分局的批复（一九五〇年二月二十三日）[M]// 中央档案馆，中共中央文献研究室. 中共中央文件选集（1949年10月—1966年5月）：第二册. 北京：人民出版社，2013：167.

[2] 黄雁鸿. 19世纪末档案文献对相关鼠疫的记载[J]. 历史档案，2018（1）：109.

[3] 卜松竹. 1926年，从西方人手中收回检疫权，广州海港检疫所——中国第一个港口卫生检疫机构[N]. 广州日报，2017-07-26（19）.

[4] 粤省要闻：工业学校放疫假一天[N]. 现象报（广州），中华民国十三年五月廿四日［1924-05-24（第二张，1）］.

[5] 粤省要闻：工业〈学〉校放疫假二星期[N]. 现象报（广州），中华民国十三年五月廿八日［1924-05-28（第二张，1）］.

则立唤学生签字交回邮差。学生寄信则置于信箱内，由邮差启钥取寄。

第三十二条　派生出洋留学

（一）本校每月将盈余款存储银行，择其毕业学生于智、德、体三者均佳者，送往欧美或日本留学。一切旅费、膳费、学费，均由本校供给。

（二）派往留学之学生，应以学行兼重，倘出洋以后，如查有荒废学业、损辱国体，或与西妇结婚诸事，一经查觉，立即停止学费。

（三）凡派往出洋留学之学生，须先得其家属允许。

（四）凡留学学费均由本校直接寄交本人，或〈由〉管理留学生机关转交。

（五）一经派往留学，由本校呈请省长备案。在留学或毕业后，与官费学生同等待遇。

（六）由本校派往留学之学生，每月至少寄信一次与本校校长；每季须将功课翻译一部分寄回本校（最少一万字），每年暑假须将最有心得之学理，或实习翻译，或记述一册（最少五万字），寄回本校，以考其向学与否，违者停寄学费。

（七）所有学生寄信返校，均须挂号，以免疏失而〔以〕便追查。

第三十三条　医务室规则

（一）本校〈设〉医务室一所，以便校内职教员、学生等随时就医。

（二）每日由医生规定时间到医务室诊视。

（三）学生欲往诊病，须先到学监处领取诊病单。

（四）学生不能往医务室者，应报由学监，转请医生到寝室诊视。

（五）学生病假一律由医生核夺。

（六）校中无论何人，对于卫生上，均应受医生管理。

（七）凡经医生处方，不得杂用他药。

（八）凡学生患病不愿在校调治者，听之。但须由其家长亲到本校领该生外出，并填具出校就诊书。

（九）凡患病生饮食器皿非经医生许可，不能擅用。

（十）厨房饭菜、校内清洁，医生当会庶务，随时认真检查。

（十一）医〈务〉室药品非有医生手条，不能携取。

（十二）盛药樽盒，应于用毕时全数缴还。倘有遗失损坏，或按值赔偿，或酌量惩罚。

（十三）学生、工匠、杂役等药费，由公家支给。职教员药费按值补回。每月十八号以前，有医生列单通报会计，以便在薪水下〔中〕扣除。

（十四）凡职教员在校外患病者，可通报校医往诊，仅取往返舆〈马〉费，诊金不收。

（十五）凡校内外发生特别情形与卫生上有莫大之关系者，本校医生得请校长设置防止方法。

（十六）学生患病过重，医生认为不可救治者，该生家长应立领该生回家，倘赶领不及，一切后事应由家属或保证商人从速料理。

第三十四条　藏书室细则

（一）本校为扶助学生多广见闻起见，特设藏书室，购备各种工业应用书籍，以备学生借阅。

（二）取书及换书皆有一定时间。

（三）已取之书倘到期尚未看毕，应至管理处重新登记。

（四）倘将书籍遗失或撕破、涂污，除追偿原价外，并酌量处罚。

（五）所有书籍盖有本校钤记，不得携之外出。

（六）藏书室一切事务应指定一人管理。

（七）倘将来经费充足，再推设图书馆。

第三十五条　学生集会规则

（一）本校鼓励学生组织各种自治或学艺、俱乐等会社，但一切组织事项应呈校长核准后，方准招集，并不得有妨正课。

（二）集会地点仅准在自习室。

（三）集会时间仅准在休息之时。

（四）集会以前应将事由报由学监转报校长。

（五）集会只准讨论自治、学艺、俱乐等。国事、政事、本校管理各事均不准干涉，违则重罚。

第三十六条　管理学生用款细则

近来社会趋奢华，少年往往失足，故本校对于学生用费认真管理，借免沾染恶习。

（一）本校设有学生储金所，凡家长可将钱银交托校长，随时由学生提取。

（二）家长于交银校长之前，可声明每月只许该生使费若干。

（三）学生学、膳等费，概由政府供给，是学生自费，实在无几。校长对于学生取银，随时稽查。

（四）学生取银时，应开具用款理由，报由校长核夺。

第三十七条　制械与织造部

本校因本国工业过于幼稚，织造太不发达，〈校〉旧存机器众多，若不使用，抛弃可惜，故除教授学生外，另招工匠制造机器，另辟工场织造布匹，以宏工业。又本校在大新街设有分销所一所，专销本校出〈产〉品，仍照其旧。一切章程，另行规定，不附于本章之内。

第三十八条　本校经费

工艺局经费每月领四千九百零七元。内分支本局行政及教育经费二千五百二十二元，补助工场营业经费一千二百元，分销所经费一百八十五元。兹附设学校即将教育费开支，倘将来粤东政府财政裕如，再行呈请添拨俾事扩张。

注：北京政府规定教育经费中，应有学生外出考察、调查、实验等专项费；"粤东"的地理含义，今昔迥然。此处的"粤东"，为历史上广东省的别称。先秦时期，广东一带属南粤；隋唐后，"粤"字仅指岭南地区。因广东、广西本南粤之地，广东位于南粤东部而谓"粤东"。今之粤东，仅指潮州、汕头、揭阳、汕尾、梅州以及河源等广东东部地区。[1]

（四）经费掣肘，办学维艰

辛亥革命后，战乱频发，粤省没固定的教育经费。《广东省志·财政志》1999年版追述当年状况道："民国二至八年度，教育经费被滇、桂军阀集团克扣，减少一半左右，民国九年恢复军政府后，教育经费开始上升，民国十年度超过100万。民国十一至十三年度因陈炯明叛变，政局混乱，教育经费复剧降。"[2]

此间，孙中山深感自己所力主的护法革命"纯粹策源地仅有广东一省，而政府、国会所仰给之财源，亦仅广东一省，以广东一省财力疲困之现状而供给政府及国会，且籍以图外局之发展，诚恐力有不胜"。[3] 事实上，广东财力确独木难支，由此累及粤省各级教育包括甲工的办

---

[1]《广东百科全书》编纂委员会，中国大百科全书出版社编辑部. 广东百科全书：上卷［M］. 北京：中国大百科全书出版社，2008：127.

[2] 广东省地方史志编纂委员会. 广东省志·财政志［M］. 广州：广东人民出版社，1999：113.

[3] 在招待国会议员茶话会上的演说（一九二一年四月十三日）［M］// 汤瑞祥. 护法时期孙中山轶文集. 北京：海洋出版社，2011：32.

学，都异常艰辛。

如1923年2月下旬，孙中山借滇、桂、粤、赣、川、陕、豫、湘等多方共约9万人的讨贼联军收复广州之际，广州地区大中学校学生纷纷告假避走，省城广州随后为滇、桂、粤等军队各踞区防，坐地"瓜分"，霸收养寇自雄：滇军占西堤、西关与市中心，桂军据城北观音山和东堤，粤军坐拥珠江南地块。各驻防军追逐享乐，纵兵残民，肆无忌惮地设娼寮妓寨、私铸银毫，截留税款，对商民强征各种附加捐税，如"人头税""烟酒税""商品税""养鸡税"及前已涉及的疍民"舢板税"等。同一税种，名目歧异，任意立项。许多入粤客军装备不全又低劣。如滇军饷、械两缺，不少士兵还持梭镖等冷兵器作战；如有的枪械来自地方的杂牌民枪，破烂不堪；军服则衣衫褴褛如同乞丐。那些久历戎行的客军大概凭此自诩，以如此的装备，还是把陈炯明部赶跑了。故而，以征服者自居，屡屡放话："广东是老子打来的！"这些骄兵悍将专横跋扈，常常不愿意接受管束。①

如此前曾于1920年夏至1921年秋，驻防韶关、海南及广州之滇军李根源部官兵，由于自以为"战时要出生入死，平时就要大吃、大喝、大嫖、大赌，经济上更觉得无法应付。因此强买强卖以及抢劫之事，〔于〕下级官兵中已成为心照不宣暗中进行的事件……由此可见，当时滇军纪律非常恶劣，尤其官兵视广东人民为被征服的人民，态度非常跋扈。广东人民对滇军官兵，愤恨已极"。②

本来，孙中山早就清楚："全国军人多借军力以搜刮财货，此中国所以军队充斥之原因，盖无一武人不欲扩充其势力于最高之限度，以为保持地位之计。"③但不管如何，当时又不得不依靠这些军队作战；而统兵有年的多路军阀，早就窥见革命政府这般的弱点，乃极尽巧取豪夺之能事。一时间，革命政府只好就其中极端劣行，颁布杀无赦的《临时军律》6条，以图震慑和阻遏。

一、抢劫财物者枪决。
二、冒充军队及不知会警察，擅自拉夫者枪决。
三、未奉长官命令，不知会警察，擅自逮捕商民或入铺屋搜索者枪决。
四、不经由兵站，擅自封用船渡者枪决。
五、强占商民铺屋者枪决。
六、掳人勒索及打单吓诈者枪决。④

同年11月18—19日，陈炯明所部约6.4万人分四路向广州反扑，滇军之第一军杨希闵部与第二军范石生部（2万余人），中央直辖西路讨贼军总司令桂军刘震寰所部（1.2万余人），东路讨贼军总司令粤军许崇智所部之第三军李福林部，南路讨贼军总司令粤军黄明堂部和中央直辖讨贼军粤军第四军梁鸿楷等部（2.5万～2.7万人），大本营建设部部长谭延闿与大本营军政部部长程潜所辖湘军（四五千人），中央直辖讨贼军司令川陕路孝忱部，赣军的李明扬部、卓仁机部等，以上大本营所辖军队约10万人在联合败陈后，省会驻军又多了2万人。除此之外，粤省的财政负担还包括当中有的军队如滇军部分仕官在广州结婚生子；而沈鸿英部更甚，家属出入于军伍之中，即"官兵带女眷者几占十分之二三，或荷枪实弹，或行军锡灶，随其夫夹于行列之中，钗光刀影，俨若舞台。入夜则嘘寒问暖，情话喁喁"。⑤此间到访广州的粤军第四军梁鸿楷部第一师独立团团长张发奎认为："广东省的

---

① 黎初日. 1924年商团事变见闻[M]//《广东文史资料存稿选编》委员会. 广东文史资料存稿选编：第一卷，广州商团事变. 广州：广东人民出版社，2005：539-540.
② 赵锦荣. 在李根源驻粤滇军中的回忆（一九六二年六月）[Z]//政协云南省委员会文史资料研究委员会. 云南文史资料选辑，第六辑. 昆明：云南人民出版社，1962：74-75.
③ 就对日关系等问题与美国记者辛默氏的谈话（约在一九二一年十月十二日）[M]//汤锐祥. 护法时期孙中山轶文集. 北京：海洋出版社，2011：36-37.
④ 给廖仲恺、杨希闵的训令：临时军律（大元帅训令第二一五号，一九二三年四月十六日）[M]//中山大学历史系孙中山研究室，广东省社会科学院历史研究室，中国社会科学院近代史研究所中华民国史研究室. 孙中山全集：第七卷（1923.1—1923.6）. 北京：中华书局，1985：572.
⑤ 任启圣. 1923年北军入粤记（1962年）[M]//《广东文史资料存稿选编》委员会. 广东文史资料存稿选编，第二卷，护法运动和孙中山在广东三次建立革命政权. 广州：广东人民出版社，2005：408.

军事单位多到难以计数,连我都搞不清楚。"据张发奎概述,当时官兵所给予民众的坏印象就是"人们称军人是'神仙、老虎、狗',意为军人有钱时像神仙一般快活,手持武器时像老虎一样凶狠,有时候无缘无故殴打百姓;当他们鏖战几日没东西吃、没地方睡,尤其打了败仗,活像一群狗",①处境狼狈不堪。

税收是国家从社会汲取资源的主要形式,进行或准备战争都需足够的税收。从根本上说,当时传统的农业经济,军阀割据的专制状态,使得资源配置与转化为战斗力的能力,都不足以支撑频繁的近代战争。②由于当时财政收入少,支出多,陷入"有一餐吃一餐"的十分困难状态。各军的军需官们索饷急如星火,每天清晨就齐集财政部,从早等到晚,要领到钱才肯散。③

如此驻军省城,除军费开支不胜负重外,还予社会民生及经济以创伤。由此导致教育经费多被挤占挪用,又兼因战争拖累社会经济而致就业困难家长无力续子女学费,最终殃及教育事业。粤省教育厅督学之一温仲良,曾记下1923年暑期招生的窘况:"广州市各校本学年招生,因受兵事影响,投考者视上年约减二分之一。"④

时为大本营财政部部长、原粤省省长的廖仲恺,后来概述道:广东本为富庶省份,养兵10万并非难事,"粤省虽号富裕,而军兴以后,财政久陷分裂。厘捐粮税悉为各军截收。赌饷烟捐亦由各军支配。是全省税收,业已瓜分豆剖,点滴无遗……故迄今两载,财政命令,不出署门,财厅五易长官也都束手无策。"⑤

此间,为济军费缺额之急,1923年大元帅府陆续下令:"因军事紧急,需用浩繁,经明令所有政府欠债,一律暂行停止还期两个月在案。现在,两个月之限行即满期,而东、北两江军事尚未结束,应自满期之日起,一律再行延长暂行停止还期两个月,以资挹注而维军需。"后来,大元帅府又于同年12月,着广州市公安局上门对市内各房产业主,不论贫富,借用一个月租金,一年后加二归还租金与利息。公安局所出借据还可以加二抵完政府一切税项。⑥⑦

可能补军费缺额的力度还不够大,同期,大元帅府采纳原民国首任南海县知事卢梭魂关于变卖官产以济财政的建议,下令变卖部分官产公地,后以"开投"代之。⑧官公产开投,实际上由广东省长公署委广州市政厅临时设立的官产清理处统一办理。因为,当时大元帅府和广州市政厅的一切军政费用,全靠上述变卖的收入来开支。⑨由此,市政厅遂以此之名大量变卖土地。如是,将前已述及的中华民国军政府时期,于这方面本来就存在部分土地划分范围与界限不清的历史问题被翻出来,再次模糊,进而诱发官、商、民直至政府部门之间多重关系的紧张,⑩并因此加重了解决财政问题的难度。

所谓官产,基本上是指原晚清八旗兵驻地及家属聚居地、清兵马队放牧地、移民地,珠江河面

---

① 张发奎口述自传:国民党陆军总司令回忆录[M]. 夏莲英,访谈及记录. 北京:当代中国出版社,2012:38、41-42.
② 李月军. 从传统帝国到民族国家:近代中国国家转型的战争逻辑[J]. 甘肃行政学院学报,2012(5):31.
③ 邹庆时. 大本营财政部杂忆(一九六六年)[M]//政协全国委员会,政协广东省委,政协广州市委文史资料委员会. 孙中山三次在广东建立政权. 北京:中国文史出版社,1986:366、370.
④ 温仲良. 广东全省教育大事记(民国十二年八月—民国十三年七月)[Z]. 广州:出版者不详,1926:17.
⑤ 辞财政部长职通电(一九二四年九月十七日)[M]//广东省社会科学院历史研究所. 廖仲恺集,3版. 北京:中华书局,2011:216.
⑥ 广东省长公署训令省财政厅遵照,现奉大元帅令开:政府欠债着即暂行停止还期两个月以资挹注文(文件号阙如,中华民国十二年六月二十九日)[J]. 广东公报,中华民国十二年七月三日[1923(3191):1].
⑦ 广东省长公署训令广州市政厅遵照,现奉大元帅令开:凡市内铺、宅,不满五元之房租者亦一律租借一月文(文件号阙如,中华民国十二年十二月十九日)[J]. 广东公报,中华民国十二年十二月二十二日[1923(3336):1-2].
⑧ 取消变卖公产的命令(一九二三年四月十七日报载要点)[M]. 汤锐祥. 护法时期孙中山轶文集(一九一二年十二月—一九二五年三月). 北京:海洋出版社,2011:253.
⑨ 沈仲强,吴述彭. 大元帅府大本营时期的财政情况(1965年)[M]//《广东文史资料存稿选编》委员会. 广东文史资料存稿选编,第一卷,黄埔建军与东征. 广州:广东人民出版社,2005:436.
⑩ 黄素娟. 国家政权建设与民国时期广州城市土地产权变迁(1911—1935):近代城市居住社会史研究:以广州为中心(1860—1936)(17YJC770012)[J]. 社会,2018,38(2):141-142.

冲积而成的建筑官荒地等。以上这些，原则上属政府所有；而公地是指公共地产，含神庙、寺观、庵堂，各县大族在省城广州的试馆、书室、书院、宗祠及各行业的会馆等。①

其时，省财厅谓："现奉大元帅训令第九三号内开，现在军用浩繁，亟需筹集大宗款以应急需，所有官产应速开投，以资公用。"大概该厅未作认真甄别，于是乎匆匆编列，分期"将各项官产陆续登报开投"。② 这当中就有许多是学校维系生计的校地、学田。如，私立广州法政专门学校、市立第三十四国民学校、广州中学等的校地、学田，程度不等地被纳入投标计划，而这些本不应被开投；也有的如广东陆军测绘学校校址，一度作抵押物拨予他人。

在广东，以集团地主形式的诸如宗祠、庙宇之类的集体占有土地即"族田"，又称"太公田"或"公尝田"的封建土地关系，分布广泛。传统上，族田为世代宗子祭祀、办学的永业公产。③ 族田的一部分固化为学田形态。学田收入原本专备各族子弟科举之用，或作应试川资即所谓交通食宿费，或为得第即中得科举名分者的奖款。除有部分后来衍变为过去有功名的人物及绅士子弟获津贴的私有物外，另一部分为学校以学田收入作为教师的薪俸及非富裕家庭学生的补助等费用。这种沿袭已久的族规伦理传统或制度，对城乡间的贫富不均问题，有一定程度的抑制。

光绪二十九年（1903）九月，两广总督岑春煊向清廷报奏："粤省书院全改学堂，并酌提各属宾兴学田各款，以充经费。"光绪即下谕："务即饬令妥为筹办，期收实效。"至民国初年，北京政府内务部发出指令，指出："各属学田原系地方公有财产，向来用途专在赡给学子。"各省应切实清查文庙学田，"交由地方自治机构管理，按年征收田租，专充地方补助小学经费之用"。据此，粤省史志概述道："清末民初，广东的幼儿教育、小学教育、女子教育、职业教育以及学校体育事业在全国处于领先地位，各级各类学校的数量名列全国第三位（仅次于北京、上海）。"学田多的状况，一直延续到中华人民共和国成立后1952年的广东土地改革前。④-⑦ 这说明，当时的基础教育能为高一级的学校提供生源。

1916年11月20日，北京政府在京召开全国教育行政会议，广东教育科科长吴鼎新于会上报告说："广东学款在前清时甚充裕（注：吴鼎新在其提交给大会的"广东教育现况"报告中说："前清每年三百余万元"，而1915年全省教育经费为290万元），近已几经变动更时受兵灾水灾，收入减少，且不稳固。元年因兵事停办教育，顾为期尚短。二年之役提学款、占校舍，影响较前甚矣。"⑧⑨ 可见这时，学校办学较前困难多了。

1912年6月19日，广东都督兼民政长胡汉民顺应社会各界关于销毁前清牌匾、旗杆及取消所谓绅

---

① 梁永. 孙中山大本营的官产清理和征收租捐 [M] // 广州市政协学习和文史资料委员会. 广州文史资料存稿选编（一、军政）. 北京：中国文史出版社，2008：226-228.
② 广东省财政厅布告（〈第〉六十三号，中华民国十二年四月）[J]. 广东公报，民国十二年四月二十八日 [1923（3138）：10].
③ 张晓辉，杨波，黄史臣. 民国时期的广东经济 [M] // 广东省地方史志编纂委员会. 广东省志·经济综述. 广州：广东人民出版社，2004：108.
④ 学田注释 [M] // 中共中央文献编辑委员会. 周恩来选集，下卷. 北京：人民出版社，1984：480.
⑤ 两广总督岑春煊报奏（光绪二十九年农历九月十九日，1903年11月7日）[Z]. 广东档案馆《申报》广东资料选辑编辑组. 《申报》广东资料选辑，六，（1900.1—1910.7）. 广州：广东省供销学校印刷厂、东胜印刷厂，1995：432.
⑥ 内务部指令（文件号阙如，中华民国二年一月二十三日），法令，广东教育公报，第一年，中华民国二年二月 [1913（5）：308] [M] // 殷梦霞，李强. 民国教育公报汇编，第一六三册. 北京：国家图书馆出版社，2009：593.
⑦ 广东省地方史志编纂委员会. 广东省志·总述 [M]. 广州：广东人民出版社，2004：101、167.
⑧ 教育部公布全国教育行政会议记录纪略（文件号阙如，民国五年十一月二十日）[M] // 中国第二历史档案馆. 中华民国史档案资料汇编：第三辑，北洋政府时期教育（1912—1928）. 南京：江苏古籍出版社，1991：680.
⑨ 广东省教育现况 [M] // 沈云龙. 全国教育行政会议各省区报告汇录（中华民国五年十一月），近代中国史料丛刊三编：第十辑. 台北：文海出版社有限公司，1986：211.

士领取学田双胙的呼吁,饬令各地予以认真查禁。① 及至1914年年底,巡按使公署又重申"从前膏火名目一律取消,悉数提办家族学校学费,以宏教育"。

以上虽未见有具体数据,但从上可知:以学田或曰"书田花红""胙金""膏火""学谷"等名称收入即学田收入济学,广东和国内许多地方一样素有传统。

在广州也同样有以学田、花红(即分予股东之余利)、文会产业(即文士聚集作文观摩之会)等方面所得的部分收入拨充教育经费的惯例。例如,广州龙门法派系道观"三元官",于光绪三十二年(1906)将所有募化购置的500多亩尝田,慨然悉数"报效"以充学费。两广总督岑春煊、广东巡抚张人骏将所捐尝田全数拨充学费。其中,坐落于大北门外双井街口,田塘旱地计有73.4多亩菜地,由政府学务公所发批给农民耕种,年得租银340两。民国后,该地块转由省府教育司管理,佃农统一承批,年可收银584元。这些"向均系拨充各学校经费"。②③

但上述变卖之举,使不少学校办学经费久绌。尤不堪忍者,拖欠教职员薪酬超过半年以上,甚至长达11个月之久,由此所诱发的罢教索薪事此起彼伏,不少学校校务因此几乎要停顿。④

官产、公产在开投两个月后,甲工的校地,也被纳入广东全省官产清理处拟投成计划之中,后由校长雷沛鸿据理力争,上书省长投诉,经上任仅24天的省长廖仲恺下令制止,方保住校地不被变卖。《广东省长公署训令》曰:

> 前据省立第一甲种工业学校校长雷沛鸿呈请保存增步〔埗〕工业学校校地一事,业经令行官产清理处暨财政厅遵照办理去后。现据财政厅呈称:"查此事前据该校<校>长雷沛鸿具呈到厅,当以职厅并无变卖该校校地情事,令复在案。并即函请广东全省官产清理处,将所登《现象报》告白一段,立予更正,以明真相矣。奉令前因,理合备文呈复察核等情。"据此,除令复外,合行令仰该会即便转行该校知照。此令。⑤

---

① 教育司. 呈都督饬属销毁前清牌匾、旗杆及取消学田双胙(文件号阙如,中华民国元年六月十五日),文牍,广东教育公报,第一年,中华民国元年十月〔1912(1):5-6〕[M]//殷梦霞,李强. 民国教育公报汇编:第一六三册. 北京:国家图书馆出版社,2009:441-442.
② 文化第八:广州市道教调查一览表[M]//广州年鉴编纂委员会. 广州年鉴,上册. 广州:奇文印务公司,1935:38-39.
③ 民政长公函广东国税厅筹备处请饬教育司将所管教育租产卷宗检齐移送办理(中华民国三年一月十二日),文牍,广东教育公报,第二年,中华民国三年二月〔1914(2):140-142.〕[M]//殷梦霞,李强. 民国教育公报汇编,第一六五册. 北京:国家图书馆出版社,2009:386-388.
④ 李兴韵. 20世纪20年代初的广东政局与教育改革[J]. 井冈山大学学报(社会科学版),2011,32(3):76-81.
⑤ 广东省长公署训令,令全省教育委员会、工业学校校地并无变卖,即便转行该校知照文(第一百四十七号,中华民国十二年六月二日)[J]. 广东公报,中华民国十二年六月四日〔1923(3 167):2〕.

目前，找不到当年引文所涉的《现象报》卖甲工校地的告白（即广告），故难以深入考证。由于《现象报》向为大元帅府大本营张目代言，该广告的刊出，自使读者看重；且思忖雷校长断无凭空捏造之恶，所以财政厅卖地不当之嫌难脱干系。

廖仲恺对类似投诉的批复不少，如，"该校设在府学东斋，当然在保留之列""既属学产，与普通庙宇不同，应准照旧保存，免于投变，以维教育""校地开办已久，成绩卓著，成立多年之校应准将该校地址照图划出，免于投变，以维学务"等。相信，如果没有他的"不畏强御，不避艰难，又不用私人，不贮〔储〕私蓄"的自持忠勤与廉洁清贫的人格与威望，① 以及对同类问题一以贯之的坚守，甲工校地被投变，是有可能发生的。

后来，经政府调整政策，如只处理无证官、公地产，有契证且核实为团体、集体所有的公地，不予处理等，有关争持才得以缓和。

20世纪20年代初，粤省学校"无论国立、省立办之事实，皆由本省政府负担"。② 在广州地区，当年有所谓"省立中上七校"之说。它包括广东高等师范学校、广东公立农业专门学校、广东公立法政专门学校、省立第一甲种工业学校、省立一中、省立女子师范学校，以及1920年年底成立、以宣传普及马克思主义造就将来开展群众工作的干部为宗旨的省立宣讲员养成所等办学单位。七校的一举一动对广州地区乃至全省教育界，常会产生大的影响。

1923年3月成立的省立"广州中上七校经费委员会"，旨在"以期保持教育经费独立、实行财政公开"。该委员会的成立得到大元帅府首肯，并为此发出训令，大有要政府各部门及各地予以贯彻执行之意。训令曰：

> 令财政委员会、广东省长：
>
> 为令遵事。查财政委员会议决省河筵席捐变更办理，指定全数拨充省市教育经费一案，经指令照准在案。兹据国立大学筹备主任兼管理广州中上七校经费委员会主席邹鲁呈称：此项筵席捐款，前经广东省长核准，全数拨定为广州中上七校经费，并由广州中上七校经费委员会直接管理在案。现奉令变更，划由市政厅招商承办，并拨该款三分之一收入为市教育经费，其余三分之二收入应请明令准照成案拨为七校经费，由七校经费

---

① 廖部长仲恺死的前后广东的政治状况及现在联合全国一致奋斗的方法：在省港罢工工人代表大会上的政治报告（一九二五年九月五日）[M]//中共广东省委党史研究委员会，党史征集委员会.谭平山文集.北京：人民出版社，1986：291.
② 省署咨复教育委员会及高师案[N].广东群报，1921-04-14（3）.

委员收管,以符原案,并请令行财政委员会、省长公署定明:以后所有省河筵席捐项下收入,不论承捐多少,收数若干,均照拨三分之二为中上七校经费,拨三分之一为市教育经费,著〔作〕为定案永远不计变更,以维教育等情前来,係〔系〕为确定教育基金起见,应予照准。除分令外,仰该委员会、省长即便遵照办理。此令。①

七校看似有这柄"尚方宝剑"在手,可以一搏,但其实校务与教职员经济生活早就朝不保夕。

从1922年11月算起,办学者如日在穷乡,教者时常索欠,众校教职员就因被积欠月薪,普遍已过半年,生活疾苦日以加甚。如此实在无法忍受,因而于1923年9月初开学日子集体罢教。罢教前,1921年6月设在维新横路即今起义路的高第街素波巷30号即中共广东支部活动地,为陈公博所主持的"广东省立宣讲员养成所"因办学困难,虽已被裁撤,但该所原有教职员的欠薪问题未果,故仍以七所之名集体行事。行动期间迭经多次请愿,省财厅只答应发半个月,众校不从,续掀罢教潮。大家身着长衫或西装,鹄立省长公署门外,听候传见,痛觉形同乞丐,斯文不再,赧颜、愤懑交并,长吁伊于胡底,因而思绪激烈,频向省署施压。②不久,由于省署已责成省财厅厅长邹鲁牵头办理下文将谈及的省河筵席捐,彼此又就欠薪问题达成初步协议,加上经费问题有所缓解,即甲工"因校费不向政府支给",原公立法政专门学校因在7月下旬改办法科大学,"改大伊始,既有学费之支持",为不使学生耽误学业太多,这两校在六校中于9月上中旬已先行次第开课。③-⑤此番风潮,嗣后因其余学校陆续开课,而止息于是年年底。

此间,大元帅大本营也在力图减轻学校的经费压力。如孙中山下令:"广东全省田土业佃保征局所有收入,着拨为国立高等师范学校经费"。⑥这对于国立高师即中大前身之一所临的积年欠账,形同杯水车薪。有人感言:"粤中教育界频年因军事影响,经费支绌,故于学务进行甚为窒碍,尤以十二年度为甚。中上七校教职员,因索薪等事罢课数次……最近中上六校教职员,感于学务之衰落,

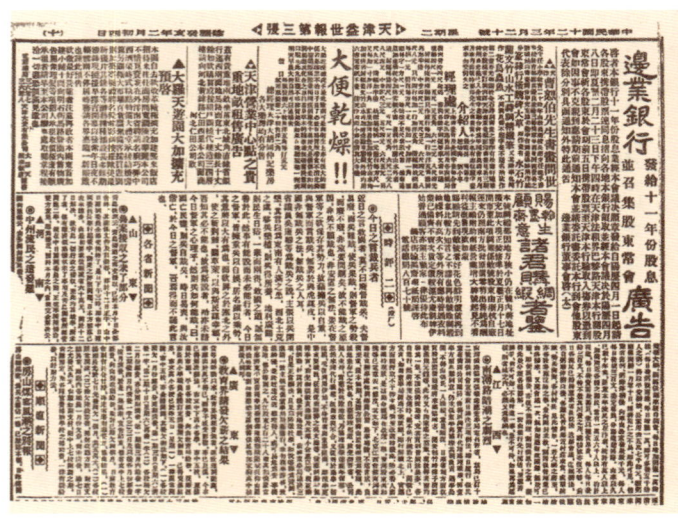

当年常见于报端的有关教育界罢教索薪动态报道之一

图片来源:各省新闻·广东:教育界请发欠薪之结果[N].天津益世报,1923-03-20(第三张:10).

---

① 大元帅令(第八十二号,中华民国十三年三月六日),陆海军大元帅大本营公报(1922—1925),1924(7):10-11[DB/OL].(更新或修改日不详)[2014-08-14]. http://www.neohytung.com.
② 卫恭.1923年省市教职员罢教索薪忆述(1964年4月21日)[M]//广州市政协学习和文史资料委员会.广州文史资料存稿选编(七、文化教育).北京:中国文史出版社,2008:109.
③ 本省新闻:中上七校之罢课潮[N].广州民国日报,大中华民国十二年九月五号[1923-09-05(6)].
④ 本省新闻:法大单独开课之表示[N].广州民国日报,大中华民国十二年九月十二号[1923-09-12(7)].
⑤ 本省新闻:中上六校解决上课情形[N].广州民国日报,大中华民国十二年九月十三号[1923-09-13(6)].
⑥ 关于国立高等师范学校经费的训令(一九二三年十二月六日报载)[M]//汤锐祥.护法时期孙中山轶文集(一九一二年十二月—一九二五年三月).北京:海洋出版社,2011:271.

毅然以无条件复课……教育界始略有生机。"① 由此可知，政府虽有些许拨款，但其复课实乃教职员不忍耽误学生前途所致。

1924年2月16日，《申报》以专电通讯形式，报道孙中山主持的一次军政会议。该通讯所引孙中山痛心疾首的一番话，于无形中概括了失序的官产、公产的投变行动，造成了政府、孙中山个人、民众彼此官民关系的破坏，并在客观上反映了当时利集于军阀而怨丛于政府，军、政、地三方彼此利益冲突久而未决的困境：

> 孙昨召军政要人开会议，讨论统一财政、进兵东江问题。滇军无确切表示，多推诿。孙愤，谓迭次战事，滇军肆意索饷，致我罗掘俱穷，复卖公产，弄到民怨沸腾，集矢于我，今财政紊乱，汝滇军们不厌足，诸多要索，我唯有全交与湘军办理，或为湘军全部调省……②

本来，广州国民政府曾寄希望于各路"诸侯"。之前，曾已述及于护国运动期间首度入粤的滇军李钧烈部，帮助军政府赶走广东军阀龙济光部，继之滇军杨希闵部再度入粤又平定桂系军阀沈鸿英部叛乱、击溃广东军阀陈炯明部，而成为孙中山可资依赖与倚重的军队。1924年1月国民党第一次全国代表大会之后，为培养骨干，最先成立了滇军干部学校，"对师生的教育训练、生活各方面，无不体贴入微，亲如家人"。孙中山"特于每星期在广州〔广东〕高等师范学校大礼堂内，召集滇军官佐听讲。中山先生亲自讲解三民主义，并将中国必须走俄国人的道路的道理，详为解释；另由廖仲恺先生讲解国内外局势，以及建立革命军队的必要性等"。③④ 而事实上，言者谆谆，而听者藐藐。这足让国民政府痛苦万分。

其实，滇军与桂系军队于1923年2月，帮助孙中山革命政府驱离陈炯明部于东江一带后，当中的滇军便把广州作为发财致富宝地，搜刮不已，不肯积极出兵杀敌，致天怨人怒。1925年6月其发动兵变之时，即刻便成覆灭之日。当月12日滇军被迫缴械。"广州市工人、居民都手持木棍、铁棍，在街上痛殴溃退下来的士兵以出怨气。有退下来的官长白天不敢在街上行走，在东郊坟墓或树林里躲藏，晚上才偷跑回来。"曾为当年滇军一员的刘少伯，事后也证实："滇军溃败时，粤中老百姓不约而同地群起袭击，很多官兵不仅丧失财物，甚至赔上性命。这是自食恶果，不足为奇。"⑤⑥

话说回来，经费被积欠不止教育一家。

国民革命政府从国会议员到陆海军官兵的薪饷，都拖欠着发给；陆海军大元帅府大本营的人员，每月仅领得伙食费10余元，其直属的后勤、警卫、参谋等机构人员的薪饷，也有时无法发放。譬如，跟随孙中山左右的中下层官佐、贴身卫士等，自1921年起始终没正式发过1个月的薪饷。1923年前后最困难的时候，每日伙食与在前方作战的官兵无二致，干部4角、士兵与勤杂人员2角；都是5天发1次，甚至有时1个星期才发5日伙食费，所余2日伙食费无着落，有的不得已到亲戚朋友处蹭一两顿饭。所以，身上的当票多过钞票；所披军服都是到估衣店买的，逢周六晚晾洗，周一干了再穿上。⑦

进一步说来，这般境况也不止广东一省。南北政权都有类似问题，除问题波及的范围大小、程度深浅各异外，性质也迥异。前者因讨伐军阀而起，后者因军阀混战而生。

---

① 教育界之过去与将来［N］. 广州民国日报，大中华民国十三年一月一号［1924-01-01（7）］.
② 香港电，国内专电二［N］. 申报，民国十三年二月十六日［1924-02-16（7）］.
③ 入粤滇军词条［M］//《广东革命史辞典》编委会. 广东革命史辞典（1894—1950）. 广州：广东人民出版社，1993：1.
④ 刘少伯. 滇军杨希闵部入粤见闻（一九六二年十二月三十日）［M］//政协云南省委员会文史资料研究委员会. 云南文史资料选辑：第六辑. 昆明：云南人民出版社，1962：81.
⑤ 张适南. 滇桂军杨希闵、刘震寰两部入粤之经过［M］//政协广东省委员会办公厅，广东省政协文化和文史资料委员会. 广东文史资料精编，民国时期政治篇，上，下编，第1卷. 北京：中国文史出版社，2008：153.
⑥ 刘少伯. 滇军杨希闵部入粤见闻（一九六二年十二月三十日）［Z］//政协云南省委员会文史资料研究委员会. 云南文史资料选辑：第六辑. 昆明：云南人民出版社，1962：80.
⑦ 张猛. 我追随孙中山先生的经历和见闻（1979年）［M］//广东省政协学习和文史资料存稿选编委员会. 广东文史资料存稿选编，第一卷，孙中山和第一次北伐. 广州：广东人民出版社，2005：317.

在同期前后,北京政府所辖的内务部、参谋部、教育部、审计院、将军府、陆军部、海军部、侨务局等,大多数靠典当信贷度日。有逢年节与庆典希望能领到半个月薪酬者,但最多也只能领到七成月薪。京师所在的京畿之地,北京市公立小学教职员因3个月未得薪俸,1921年12月聚而赴教育部坐索,发表停课宣言,决定提前放假;及至次年3月该市中小学教员代表500余人又赴教育部坐索欠薪;继而在1923年6月中,教育部司员因索薪无着全体罢工;8月,该市教育行政领导机关京师学务局,也因其职员索薪而罢工,[①-③]等等,不一而足。

上文已说及,工专的办学经费从工艺局开始,便源自省库。该项经费的基本构成除省库的教育维持费外,还先后有"花捐"(又称"花筵捐")、"花捐附加教育、工艺费"及"省河筵席捐"等方面予以补足。换句话说,当年在广州执行的8项省税中,花捐附加、筵席捐以及下文将谈及的厘费等3项税费,都与工专有直接关系。

由此可见,不少正常的纳税项与为数众多的临时税种相交织,民众税赋不轻。许多公办事业的经费,长期以来都是靠东挪西借的。除前已述及的中上七校,包括下文将谈及的于2017年2月以华南理工第二附属医院身份与华南理工合作的广州市第一人民医院,其前身之一的广州市立医院,即以"广州市征收茶楼、酒馆、饭店、旅馆牌照费简章所得费指定为市立医院经常费"的。[④]

所谓花捐、花捐附加教育、工艺等费,即向娼妓接客营业行为抽捐征税。清道光年间(1821—1850),广州的谷埠即今日仁济路路口、长堤一带就有了水上妓寨,1909年渐转陆上东堤一带营业。花捐开办于清光绪年间。上述花捐附加教育、工艺费的抽捐范围与征收解缴办法是:凡省河即广州市水陆各妓寨、妓馆、妓艇及尼姑妓庵,每小局抽教育费毫洋4毫(注:两广地区中广州话流行的地域,常把货币一、二、五角这类毛钱,俗称为"毫子"[⑤])、工艺费毫洋2毫;大局附加经费均作小局1台计算;水平很一般的所谓"最下乘"妓馆、妓艇、妓庵,则每妓每局教育费毫洋2毫,工艺费毫洋1毫。为使该项税费不落空,省长公署除发布告知照公众外,还授权有关部门行使执法权。被征收者须按日缴费给馆或艇的"寨主",后者也须按日交予承商公司。如有延欠,承商人有权知会警署拘留追数;如有瞒匿,则照章罚以百倍。收数后的承商公司负责缴交省财厅。

图片来源:广州国民日报,大中华民国十三年三月二十号[1924-03-20(6)].

---

① 许崇鎏. 北洋军阀时代北京各机关欠薪情况(1963年4月4日)[M]//广州市政协学习和文史资料委员会. 广州文史资料存稿选编(八、经济). 北京:中国文史出版社,2008:100.

② 邱庆锟. 第一、二次大元帅府经费琐闻[M]//广州市政协学习和文史资料委员会. 广州文史资料存稿选编(八、经济). 北京:中国文史出版社,2008:108.

③ 北京市教育志编纂委员会. 北京普通教育志稿:上卷[M]. 北京:北京出版社,1998:500-501.

④ 第十九次市行政委员会会议:通过"征收茶楼、酒馆、饭店、旅馆牌照费简章所得费指定为市立医院经常费"案(民国十年四月廿二日)[Z]//广州市政府. 广州市政会议录(民国十年二月—民国廿三年十二月),第一辑,上. 广州:宏艺印务公司,1934:26.

⑤ 中国大辞典编纂处. 汉语词典[M]. 1947年删节版,重印版. 北京:商务印书馆,1957:427.

这里提及的"毫洋",是指广东所铸的银辅币——基本货币,即本位货币。在1926—1936年间两广地区广泛流通,于上海等地也盛行。当时一切公私款项的收付与契约的订立,均以毫洋计算,故有毫洋本位之称。后从1935年11月7日起,粤省货币改制,收买白银,毫洋渐退出流通领域。①②

省财厅称:"花捐附加自民元以来以附加军费名目课征,其后教育、工艺、筑路诸费附加接踵而起。"就是说1912年8月龙济光踞粤后,除重开赌禁以掠赌饷外,又下令妓院复业以收取花捐,以搜刮更多的民财。本来,"捐"为临时性之征派,久而不撤即为经常性税收了。史载花捐及筵席捐等项捐税,到1946年还在收。

1918年,省长公署批准省议会曾国琛、颜堃两议员关于援引"疏濠经费"成案的相关办法,抽收"花捐"10万元用于扩充工艺局,每妓每局抽银2毫,收足10万元,即不再收取。该捐从当年起开征。不知何因,在满额后省长公署于1920年2月令准继续收取,先后指定划拨用于工艺局、工业学校、甲工等各时期的局校产品分销所、实习工场营业经常各费补助以及行政事业费等项目。该项税的征收,先是由省教育厅自1918年起责成甲工征收,接着于1921年内,一度易手交广州市市政厅接管征收,数月后又改回省财厅接办理,后又一度转回甲工主理等,③④屡屡变更。

民国初年,广州流行于下层社会的"番赌"聚赌场面

图片来源:金叶,黎旭阳.政府竟靠赌资发差饷——旧赌馆揭出广东民国时期畸形经济[N].广州日报,2009-05-17(B1).

1923年9月2日,省长公署批准广东全省教育委员会会同省财政厅联合发出公告,从当月4日起开办"广州花捐附加教育费",以济教育行政费以及清发该委员会历年所积欠的经费。当时抽收标准是每局附加4毫。该税费项不久改由新开张的省教育厅的代理厅长韦悫接手核收,后因驻市区繁华地段西关的滇军第二军范石生所部二师师长廖行超从中作梗,以须有廖部人员参加核收,且月送伕马费500元、保护费1500元到师部,兼让廖部自行于每局抽取6毫为前提,方得实施征收云云,用枪杆子逼迫省府不得不应允对方一系列的无理要求。巧取豪夺后的廖行超,不慌不忙地将司令部设在西关,于长堤大新公司所属的大新大厦酒店即今南方大厦常年开几间房,独自享乐,而与手下官兵甚少接触。⑤⑥

抽收税款最初招商委托中介者鸿兴公司承办1年,后按章程每年换一个新中介公司,分西关陈塘南段(今十八甫南由梯云路至六二三路段,属头等妓馆地段);东堤、南堤、谷埠(今黄沙与广州铁路南站之间。从前珠江三角洲的稻谷运穗的水上要道。1909年谷埠大火后,该地段填为马路,今日仁济路口对开的堤岸)和河南义和里段(今西果栏街);带河路的显耀里、宣仁坊两街等3条次等妓馆

---

① 辞海编辑委员会. 辞海[M]. 上海:上海辞书出版社,2000:436.
② 金融志编纂委员会. 金融志[M]//广州市地方志编纂委员会. 广州市志(1840—1990),卷九,下. 广州:广州出版社,1999:392.
③ 准将广东省会花筵等捐由省厅拨归市厅接管征收令(1921年3月3日)[M]//段云章,倪俊明. 陈炯明集,增订本,下卷(1921—1933). 广州:中山大学出版社,2007:558.
④ 本省要闻:甲工附加花捐归该校招商承办[N]. 广州民国日报,大中华民国十二年十一月三号[1923-11-03(7)].
⑤ 温仲良. 广东全省教育大事记(民国十二年八月—民国十三年七月)[Z]. 广州:出版者:不详,1926:16.
⑥ 刘少伯. 滇军杨希闵部入粤见闻(一九六二年十二月三十日)[Z]//政协云南省委员会文史资料研究委员会. 云南文史资料选辑,第六辑. 出版者:不详,1964:81.

地段续办。此后渐上正轨。到1926年3月，改由省财厅办理。同年4月，上列两项附加税费合二为一，统称"花捐附加教育、工艺费"，也招商委托中介承办。统管该事务的广州市筵捐总处原处长孔广大称："本市花筵捐财厅附加六厘，籍充工专及教育经费，本市花捐未见因而冷淡"。① 到1931年4月省长公署又同意开征"广州市花捐附加建筑公路费"（该税项未见有文献具体记载收支状况。将于下文谈及的纯泥土路面的市政工程"工专路"，其修筑资金兴许与此有关）。

据广州市当年的调查，1930年9月时登记在案的娼寮、妓艇共336间（只），妓妇1172人。到1934年5月，以上对应的各数分别为302、1009。

上述两附加税费岁入情况见下表。② 两表含甲工之后的工业专门学校、工业专科学校的有关数值，以便前后对比。

1919—1931年花捐岁入情况

单位：大洋或元

时间/年	1919	1920	1921	1922	1923	1924	1925	1926	1927	1928	1929	1930	1931
金额	332 484	373 110	17 333	13 634	—	—	74 041	189 971	212 123	223 531	181 848	243 644	154 445
总计	2 016 164													

注：原文未注明大洋或毫洋。

1926年4月—1932年10月广州市附加教育、工艺费岁入情况

单位：大洋或元

时间	1926年4月	1927年4月	1928年9月	1929年9月	1930年10月	1931年10月	1932年10月
金额	132 500	179 200	133 000	134 000	120 000	120 000	209 000
总计	1 027 700						

从两表可见，花捐的多寡显然与广东政局及经济戚戚相关。

1912年粤省警察厅以"娼业为文明各国所不禁"为由，向改组不久以胡汉民为首的省都督府呈文提出：广州娼妓集中地之一的陈塘南新填地一带，"逼近沙面，时滋事端，易启交涉；东堤一带，亦为燕塘军路所必经，且附近军队林立，尤难管理"。除上述两地"均应永远不准开设妓馆，以杜滋扰而为治安"外，"所有广州市外各南埠地面，各妓馆、妓艇，自应准其复业"。③ 但实际禁而不止。每当军阀争战后，或市面萧条时，总有一些政府部门借故毁弃原规重开旧业。

1922年至1924年间，由于陈炯明叛乱事，广州地区战事频仍，各路军阀盘踞省垣，截留驻地花筵捐；有些达官贵人，结账时抛下书有"免捐"字样的名片一张，扬长而去；致令官府的该项捐税有两年"颗粒无收"，至于"省河筵席捐"，由陆海军大元帅大本营发令，起征于1923年9月13日。

前述的中上六校中的几所学校在酝酿、发动罢教同时，又以"广州中上七校经费委员会"名义，上书省署，以"前奉徐前省长（注：1923年2月22日至5月7日间任该职的徐绍桢）核准，以九、拱两关（注：九龙、拱北两海关）厘税、台费为广州中上七校经费，如有不敷，仍准以别项税收补足，务使教育经费永久独立"等为理由，要求省署为维持学务增益库收起见，同意开办省河筵席捐，全数以充七

---

① 广州市行政委员会第七十二次市行政会议：议决"财政局提议批商承办广州市十字、十五字有奖义会四厘奖金捐"案（民国十五年十月二十七日）[Z]//广州市政府. 广州市政会议录（民国十年二月—民国廿三年十二月）：第一辑（上）. 广州：宏艺印务公司，1934：447.
② 第三编，省税及其他库收，花捐附加教育、工艺及军费（民国二十二年）〈三〉[M]. 广东省财政特派员公署，广东省政府财政厅，广东省财政纪实（民国元年至二十二年），中册. 广州：真平印务局，1934：926-935.
③ 纪事：外省纪事，广东：警察厅呈准娼妓复业[J]. 警务丛报，1912，1（33）：30.

校经费。

这里的"厘税""台费",及上文的"厘捐",都是"坐厘与台炮经费之简称也。财政说明书谓:'岁入正款则为厘,杂款则为经费'","坐厘"即"坐贾厘"之简称,属厘金之一种。厘金分四类,其中之一是"以课税目的物之所有人分者,有行商厘与坐贾厘之分"。台炮经费为经费之一种(注:光绪十六年(1890)两广总督李瀚章为筹措修筑海防炮位经费而设立的带劝募性质的一种经费)。台炮经费共六类,包括台炮经费、火水油(即煤油台炮)经费、九拱两关台炮经费等。坐厘与台炮经费起源不同,而抽收办法无二致,所以混在同一科目下征收,合称厘费。它直到1935年7月底,才裁撤停止执行。①

省长公署回应还算快,于当年9月2日指令:"如呈照准,候行省财厅查核办理。"②

省财厅就此发出布告,当时的《广州民国日报》为之转述道:

> 省河酒楼、菜馆、饭店、席艇各商民人等,一体知悉:尔等须知,省河酒菜筵席捐,现经本厅核准裕源公司商人李始仁、柯汉丞包饷承办,均应遵章抽缴。如有刁狡劣棍,借端阻挠,抗抽滋事,定即拘拿,从严惩办不贷云云。至其承办界内,除花筵捐外,凡水陆宴客之筵席,无论属于冠婚丧祭,或普通应酬,但系售自酒楼、菜馆、饭店、席艇,有数目可查者,不论饮客多寡,中西酒菜,但每席所费其价值五元以上,均按原数加一征收,概取偿于顾客。③

这里所谓"酒楼",当时是指兼营酒、菜、茶、饭、面点等店,没有厅房间隔,不经营筵席、茶市,供食不供宿,多营午、晚饭市的食肆,当时称"饭店"或唤"餐馆"。这类饮食店所备的碗碟筷子与桌椅台凳等都大众化,只营腊味饭、熏卤小碟荤菜,每款菜价不过二角,因而成为普通民众特别是码头工、黄包车夫、建筑泥水工等劳作阶层消费乐道之所。④ 1928年前后,还在这些店铺门面正中,钉有上书"下级苦力饭店"的木牌一方,以示不受抽捐制约。筵席捐起征后很长时间,都不抽捐到这一消费层,应该说是革命政府体恤民众的一种做法。但后来前方军战消耗巨大,筵席捐的抽捐面就有所扩大了。

不久,广东省长公署确定:自1923年11月1日起,捐税饷银中的22万元毫洋,不再由省财厅转拨,改由省教育厅核收后转拨为各校经费。但到该月13日,经省署指令又改为中上七校经费委员会直接经收支配,只需向省教育厅"按月详悉据实呈报"。到1924年2月,省教育厅考虑到上述几校历年"经费积欠甚巨,若长此下去,清理犹难。为维持现状计,乃暂取量入为出政策"。即核定各相关校收支预算。如预计1924年财政年度内,教育厅预计收入61.3万元。当中,指定属于甲工即随后的省立工业专门学校的附加花捐项目约为4万元;同期的支出预算为59.2万元。当中甲工方面约为7.3万元。⑤-⑦ 及至次年7月,又改由广州市政厅组成广州中上学校经费委员会办理。1925年4月,该委员会奉大元帅府之令,将课征税项委托福祥公司代办。6月2日大元帅府又发布"统一军民财政宣言",至当年7月广东省府改组成立后,全省财政统一步伐加快,不论何机关先前是否曾有权确定专项学款的投入方向及配额,其权限都收回,统由省财厅掌握。

南京政府教育部在1934年关于各省市教育经费独立状况的调查,印证了上列的变化,称曰:广东"该省教育经费前于民国十一二年内业经一度划定,九龙、拱北、西〔海〕关关余及省河筵席捐、花

---

① 第三编,省税及其他库收,厘费[M]//广东省财政特派员公署,广东省政府财政厅. 广东省财政纪实(民国元年至二十二年),〈二〉,中册. 广州:真平印务局,1934:668-669.
② 本省要闻:核准筵捐拨充校费[N]. 广州民国日报,大中华民国十二年九月三号[1923-09-03(6)].
③ 本省要闻:省河酒菜筵席捐已开办[N]. 广州民国日报,大中华民国十二年九月十七号[1923-09-17(3)].
④ 黄东宁,吴次飞. 饮食服务[M]//广东省地方史志编纂委员会. 广东省志·商业志. 广州:广东人民出版社,2002:353、356-357.
⑤ 本省要闻:筵捐核准交委员会经收[N]. 广州民国日报,大中华民国十二年十一月十四号[1923-11-14(6-7)].
⑥ 本省要闻:中上六校之新定收支[N]. 广州民国日报,大中华民国十二年十二月廿五号[1923-12-25(6)].
⑦ 温仲良. 广东全省教育大事记(中华民国十二年八月一日—中华民国十三年七月三十一日)[Z]. 出版者不详,1926:89-90.

捐附加费各项为教育专款，迨后财政统一，一切经费均由省款支拨"。①

话说回来，省河筵席捐抽捐范围与征收、解缴办法，从1923年征收起变化不大，但到1932年征收底数已从5元改为全覆盖，即按菜式价格所结银数，不论多少加一征捐；承包公司派人前往酒楼、菜馆、饭店、席艇等，按各事先所填报数额提取。

由于筵席酒菜要缴筵席捐，所以，综合毛利高达60%~70%。作为题外话，广东该项捐税延至中华人民共和国成立后的1953年"三反"（反贪污，反浪费，反官僚主义）、"五反"（反对行贿，反对偷税漏税，反对偷工减料，反对盗窃国家财产，反对盗窃国家经济情报）运动后，才最终被取消。②

在20世纪30年代初，由于推行明投即公开招标的年度"承商认饷包承制"，省财厅便不再直接与被征捐者打交道，该厅表示："广州市筵席捐指拨广州四校学款，由本厅办理，按月将捐款拨交四校，不移别用。"③这里所说的"四校"，含省立工专、省立第一师范、省立第一女子师范及省立第一中学等校。

1925年10月—1933年1月广东省河筵席捐岁入情况

单位：毫洋或元

时间	1925年10月	1927年6月	1928年6月	1928年12月	1929年7月	1930年7月	1931年11月	1933年1月
金额	226 800	273 334	350 000	255 976	403 500	407 600	610 000	679 000
总计	3 215 210							

有如此这般的来源与收入，具体的收支分配又如何？目前还找不到这方面文献资料供参考，只知全省教育委员会于1923年8月在一份呈送省长公署的公文里报告说：

> 查省河水陆花捐附加税一项，每妓每局附加捐银二毫，每月可得饷银八千元，内除一千五百元系拨充孤儿院经费外，其余六千五百元，向系指定拨充省立第一甲种工业学校经费之用，并由该校直接报商承办按月将饷银逐缴该校核收，历经查照办理在案。④

对这类非正当或非正常的收入，部分教育界人士感到羞耻，认为毒害社会、危害民族健康，作为文化教育行政领导机关的广东全省教育委员会包括后来的省教育厅，何以敢于并乐于申请领用？当中的教育委员会自有其理由，即：

> 查此项捐税，本系直接征诸雇妓侑觞之人，原与娼妓自身无涉，而雇妓侑觞系属无益之消费，并非维持生活所必需，纵令省库充裕，对于此种捐税，虽重征亦不为过。况当库储奇绌之秋，又值教育行政经费丝毫无着之际，自应酌为加征，以资接济而维教育。⑤

引文中的"雇妓侑觞"，与上文甲工办学章程第二十条惩罚项之第十二款所涉的"挟妓饮酒"为同一意思。另，就从事性交易的女性而言，通常对未受过专业训练的已婚或已育子女的中年女性曰"娼"；而接受琴棋书画及歌舞等专业训练的年轻女子称"妓"。其阶层含义早年有所区别。娼专指

---

① 教育部关于各省市教育经费独立状况的调查（1934年）[M]//中国第二历史档案馆. 中华民国史档案资料汇编：第五辑，第一编，南京国民政府的建立与十年内战（1927.4—1937.7），教育（一）. 南京：江苏古籍出版社，1994：111.

② 黄东宁，吴次飞. 饮食服务[M]//广东省地方史志编纂委员会. 广东省志·商业志. 广州：广东人民出版社，2002：369.

③ 第三编，省税及其他库收（民国二十二年），筵席捐[M]. 广东省财政特派员公署，广东省政府财政厅. 广东省财政纪实（民国元年至二十二年），中册. 广州：真平印务局，1934：796-798.

④⑤ 本省要闻：呈准附加花捐充教育费[N]. 广州民国日报，大中华民国十二年八月二十九号[1923-08-29（6）].

经营卖淫行业者，即所谓"娼鸨"，或曰"龟公""龟婆"。娼入"下九流"之列，且娼及其后三代子孙都被剥夺应科举考试资格，妓则不入此流。在上等妓寨者，其活动方式主要是陪酒、唱曲，不随便与狎客伴宿。恰如北宋张择端的风俗画长卷《清明上河图》中所绘都城汴京（今河南开封市）于3天清明小长假里，最奢华的闹市酒店"孙记正店"，其栅栏门支起的4盏红绿绸纱制成的栀子灯，旨在申明此处侍女只陪酒；①②而于下等妓寨者，则与嫖客留宿，她们的后人可应科举考试；入民国后，娼没有选举与被选举权，妓则有。③④

从上文所引用的历史文献资料看，自工艺局开始，到甲工直至工专的10多年间，办学费用中都有花捐税费一项。

由于招生不易，有的专业例如机械科，到1925年毕业虽有四届，但合计还不足百人。⑤⑥

1932年起，广州地区的娼妓与花筵酒家营业渐衰落，相关税收减少很多。七七事变后更进一步败落。

在当年，"叫苦连天"者，何止学校？

有超过4000名警察的广州市公安局也在喊穷。到1922年10月，该局半数警员月薪只有8元。⑦直到20世纪20年代末，他们的办公区署，不少为寺庙、衙署等废旧简陋建筑，警察的居住条件也比较破旧肮脏。⑧他们倒是真的穷，如1923年5月至8月上旬，未领过一天薪饷，"各区长、员、士兵乃有枵腹从公之叹"（注：当年月薪标准没能找到，但稍晚几年的1929年标准可资参考：警署署长100元，公费163元；分署署长78元，公费103元；一至三等署员为58至35元不等；警长24元；一至三级警察为12至8元不等。平心而论，中下级警察俸给并不高。查1905年广州巡警总局改组后，共有巡长、巡警3521名。就薪水论，科长每月150元，三级科员60元；巡警队长一级每月24元，三级16元；巡警一等每月11元，三等7元；凡记功3次奖薪水的1/5，记过3次则扣薪水1/5。1929年的与1905年的相比，一至三级警察各只升了1元；局长400元，公费1213元，⑨末者恐怕属高薪阶层）；从1922年年底起，市财政局已没拨发每月的补助费给他们，工作经费缺口巨大。而其间，为巩固护法首都——广州的治安，增设了警察骑巡队与交通警察，并组织人力、物力扩充警察游击队、增设特别侦缉队及火车、船舶检查所等，以随时完成护卫大元帅孙中山开赴前线以及协同军队到省内其他地方追剿土匪等军事任务。市公安局同样也想到以花捐补充经费之不足。在给市府的呈报中，该局认为："以花捐充作警费，于事理上原甚适当，且此项花捐从前原系全数拨充警费，现拟拨本局收用，不过系规复原案，并非奢求。"面对可怜兮兮、一时处境凄凉的警局，广州市府同意了对方请求。⑩⑪

作为本节的后话，到1932年3月，省府出台《广东省花捐附加费征收章程》，规定花捐正捐收入用于补充地方警、学经费，附加收入上交省财政厅。⑫该章程把花捐定位于"补充"之项，一定程度

---

① 余辉. 张择端《清明上河图》餐饮面面观［N］. 人民日报，2017-04-09（12）.
② 陆寒. 开封，有500个北宋人在真实生活［N］. 光明日报，2018-04-21（12）.
③ 刘国兴. 清末以来的广州娼妓［M］//政协广东省委员会办公厅，广东省政协文化和文史资料委员会. 广东文史资料精编，清末民国时期社会万象篇，上编，第5卷. 北京：中国文史出版社，2008：66.
④ 杜展鹏. 广州的花筵酒家［M］//广州市政协学习和文史资料委员会. 广州文史资料存稿选编（八、经济）. 北京：中国文史出版社，2008：51.
⑤ 邬维镛. 广东兵器制造厂概略［Z］//政协广东省委员会文史资料研究委员会. 文史资料选辑，第九辑. 广州：出版社不详，1962：169.
⑥ 阮啸仙. 改造日记（一九二一年十月十日）：上省长书（一九二一年四月十九日）［J］. 工业杂志，民国十一年春季［1922（1）：6］.
⑦ 黄炎培. 一岁之广州市［M］. 上海：商务印书馆，1922：50.
⑧ 何有贵. 同乐路得名于"警察同乐会"，警察同乐会始建于20世纪20年代末，1934年改为警察医院［N］. 广州日报，2017-11-02（18）.
⑨ 李宗黄. 模范之广州市［M］. 出版者不详，1929：97-98.
⑩ 广州市行政委员会第一百十一次会议：通过"公安局提议省河花筵捐全部拨充警费"案（中华民国十二年七月十八日）［Z］. 广州市政府. 广州市政会议录（中华民国十年二月—民国廿三年十二月）：第一辑，下. 广州：宏艺印务公司，1934：补遗，3-4.
⑪ 丁栗. 清末民初的广州警察［N］. 羊城晚报，2006-03-26（B3）.
⑫ 广东省地方史志编纂委员会. 广东省志·财政志［M］. 广州：广东人民出版社，1999：25.

上表明工专已步入有较为稳定办学维持费及较为通畅的经费拨发渠道的常态，提供了进一步发展的空间。

（五）办学新措迭出

民国时期的旧中国，没有真正建立起国家治理体系或威权体制，国家行政的穿透力弱。对政局与经济的掌控乏力，也程度不等地表现在对各级学校的管理上。而一定程度上少了对政府的依赖或支持的学校，反倒有可能根据政府赋予的一些办学权，就确立自身的办学目标与制度、办学定位等，提供了探索的空间与可能。

甲工就在这样的背景下，陆续地做着一系列的尝试。这里结合当年的文告与新闻报道，予以分述。

1. 创办化工生产工场

当年，广东省内西江、北江流域以及河源与广宁等地盛产松香。工艺局当时经市场调查，发觉松节油在工业、医药方面有重要用途，"盖制造原料系属松香，又为吾粤之特产。向由外人来粤采购生货，制就熟货运往各地行销。每年输入吾国其额至巨。此项溢利为数不少"，局长黄强认为："职局负提倡工业之责，亟应设法制造以供需求，借塞漏卮。"经匡算，简易炼制松节油所需要的基本生产工具及投资：蒸馏提取成品用铁甑1个，约630元；加热原料用砖炉1座，约80元；盛装物料、成品用铁桶200个，约140元；原料松香20担，约140元；木柴10担，10元。以上5种设备及材料，共计资本约1000元。工艺局聘请工师陈廷甲组织试产，一举成功。"开办以来，制造出品迭经试验，成色甚佳，现已批发市上沽售，尚能行销。"有此基础，工艺局即行呈请省署，"拟请准在局存余款项下拨银一千元作为经营资本，所有工师、工人一切费用及花红等项，均由溢利开支，再得纯益溢利如数归公"。省长公署随后批复，同意划拨1000元作资本，并提出："应即督率工师认真经理，务收实效，仍将成品消〔销〕售按月造报察核。"①

松脂汽馏炼制工场虽简易，但其生产流程与实际工业化生产基本一致，并在某些环节上优于地方的作坊式生产。即以蒸馏甑革除开口铁锅，使松香软化点度数提高。它的设立，使化学工程科三年级学生，在学习化工原理课程所涉及的传热、传质、蒸馏等专业理论时，就有了可与之对应的生产流程的考察和实习场所。

从1919年工艺局试制松节油始，到1949年中华人民共和国成立之前，已过30年，粤省松节油销售市场的商品仍旧是舶来品占多数。但到20世纪60年代后，广东已成为国内松节油、松香的主产区之一；及至20世纪90年代，松节油生产占全国的40%，担负供应出口、调运外省的任务。② 这种变化，许是当年工艺局所希冀的吧？

执掌工艺局的黄强，兼具多重身份：1918年被委以工艺局局长之职时，同时又是援闽粤军总司令部"总参与"，1919年又是广东西洋留学生联合会会长、华法教育会广东分会干事等公职与社会公益职务。他是目前已知的工艺局局长、校长中，追求事功，能言善辩，长于交际，向军政界要员、社会传媒借力借势，③ 能有意识地引导对方把关注的目光，投向工艺局的办学方面，起到了用人家的嘴和笔宣传自家的目的。换言之，社会公关比较出色。

1919年9月7日，以黄强为会长，汇聚英、德、法、美及澳洲的归国留学生的"广东西洋留学生联合会"举行成立典礼。该联合会以有相关留学背景的在职工专教职员为主体、跨业界的同人社团组织，很可能是华南理工百年办学发展史上这方面的第一个。该联合会关心乡梓尤其是教育事业的发展，就曾创办"西南大学"等项，与此时驻军闽南、热心推动粤省青年学生赴法留学的陈炯明，互有

---

① 广东省长公署指令，省长翟指令工艺局、财政厅，据该局呈拟将局存余款项下拨银一千元制造松节油，作为经营资本请令遵由（第三千三百三十一号，中华民国八年四月十七日）[J]. 广东公报，中华民国八年四月二十一日 [1919（2036）: 3-4].

② 黄迅文，温尚林，陈福清，等. 化工原料[M]//广东省地方史志编纂委员会. 广东省志·商业志. 广州：广东人民出版社，2002：312.

③ 罗翼群. 记孙中山南下护法后十年间粤局之演变（1917—1926）[M]//政协广东省委员会办公厅，广东省政协文化和文史资料委员会. 广东文史资料精编，民国时期政治篇：上，下编，第1卷. 北京：中国文史出版社，2008：78.

1919年9月7日成立"广东西洋留学生联合会"时人员合影

图片来源：广东省立中山图书馆《广东百年图录》编委会. 广东百年图录（1900—2000），上卷［M］. 广州：广东教育出版社，2002：157.

电文来往，交换意见。

1915年创刊的天津《益世报》，它注意到护法的头面人物七总裁之一的伍廷芳一行，对粤省工艺局教学活动所作的视察。

上月二十八日，工艺局〈局〉长黄强特邀伍总裁，财政厅〈厅〉长杨永泰，政务厅〈厅〉长夏曧，教育科〈科〉长朱念慈，省会议长林正煊、副议长曾叔其，司法部〈部〉长吴山，陕西赵代表、博士马君武共十余人，下午二时半，由天字码头开船，三时半到增步〔埗〕入工艺局游览。

工艺局内有附属甲种工业学校,学生约二百人,分为机械、染织、化学、美术四科。每科学生五十人。其〈中〉一百五十名由各县知事考送,余五十名则由局在省招考,四年毕业。学生一切学费、膳费、宿费均係〔系〕免收,且极注重实习与外国文,并拟明年用英文直接教授及加多法文一科,以为毕业后送往法国留学之准备。内部又有艺徒四十名,分机械、织染两班,分拨各工厂实习。机械班二年毕业,织染班一年毕业,一切费用亦由局发给。盖一方〈面〉造就高等工业师资,一方〈面〉仍〈兼〉顾工艺简易人材〔才〕。两厂中除艺徒外,另招男女工人数百。男约百人,女约二百人。但此等人数非有一定,以工作之多少为率。女工通常係〔系〕作纺纱与织布二事,男工通常係〔系〕作机械与染织两种。女工大约每日工银三四角,男工每日五角。开膳则自局长、管理人以至学生、艺徒,均同一处。

是日,各人游览既毕。约五时许伍总裁招〔召〕集学生为短时间之演说。略谓:当初我以为此局甚草率,以今日所见颇觉完美,所以,十分愉快。前四民称"士、农、工、商",贱工而贵士。今日科学世界,工商为上。所有四民阶级应倒其次序为商、工、农、士。商、工、农实为一国主权者,士不过公仆而已。所以,诸君当知自己地位之可,贵勇往前进云云。伍总裁谓工农当贵,于士此意甚合。今日世界之新潮,至于商人,则一般社会主义者皆有鄙贱之趋向。所以俄国跑尔希维克政府宪法商人无选举权,有选举〈权〉者,以用手足劳动工人为限。

盖俄国式革命乃由士商阶级主□(注:疑似"义"字)变为农工阶级主□(注:疑似"义"字)之故也。所以,社会主义者之主张乃在压抑商人之地位,而升高农工之地位也。①

通讯中提及的伍总裁即伍廷芳,为外交家、法学家。辛亥革命后,作为南方民军全权代表,参加南北议和,达成迫清室退位的政局。中华民国南京临时政府成立后任外交总长,后出任段祺瑞内阁外交总长,代总理。1917年9月南下广州参加护法运动,任护法军政府外交部总长(未到任)。次年5月留任军政府总裁兼外交部部长、财政部部长。1920年3月29日因不满桂系军阀所作所为,携印信与180万关余②余款赴沪投孙中山,是年12月25日随孙回广州,恢复军政府,翌年5月任外交总长兼财政总长。孙中山推进广东北伐时代行总统职,1922年4月21日兼任广东省省长。1922年6月陈炯明叛变时,忧愤得疾逝于广州。

杨永泰为政学系一头面人物,曾为陆海军大元帅府参军处少将参军,陪同伍氏视察后两个月就任广东省省长,后为国民革命军总司令部中将高参。1927年后在国民党内,与黄郛、张群、熊式辉、陈仪、吴鼎昌等拥戴蒋介石,形成新的政学系,杨遂为蒋氏的高级幕僚。曾先后任国民政府军委会秘书长、豫鄂皖三省"剿匪"总司令部秘书长、南昌行营与四川行营上将秘书长,湖北省政府主席兼保安司令,后卷入国民党高层权力斗争,于1936年10月被刺身亡。

林正煊,曾任国民党广东支部政治科主任,在1919年的广州五四运动中,于5月12日联合广东高等学校同学会的陈其瑗及李伯贤等致电各省教育会并转各校员生,呼吁全国学界一致声讨卖国贼,为京、津学生的后援;并请否认曹汝霖、章宗祥、陆宗舆为中国人,以张大义而保国权。③由此而论,他与广州五四运动时期奔走于大街、呼吁救国图强的甲工学生或许因此有过一面之谊,彼此再会当不是陌生人。1922年6月陈炯明叛变后,代表桂系岑春煊势力赴沪与孙中山洽谈,促成合作驱陈。曾为北京政府段祺瑞参政院参政,后因与其政见不合隐居香港。抗战爆发后,主持广东救荒事宜。1947年为广东省参议院议员的民社党代表人物。1952年去世于北京。④

吴山,当时为司法部次长而非正职。任内,反对牺牲中国主权与日结盟;反对当下专制主婚,主

---

① 各省近事:伍总裁莅工艺局之演说[N].天津益世报,中华民国九年二月八号[1920-02-08(第三张,11)].
② "关余",1842年起中国关税一般充作外债赔款的担保。每年收入先还外债,赔款及支付海关经费后剩下来的那部分。
③ 广州市地方志办公室研究所.民国时期[M]//黄菘华,唐森,甄炳昌.广州市志·大事记(1840—1990),卷一.广州:广州出版社,1999:140.
④ 广东省立中山图书馆,珠海市政协.广东近现代人物词典[M].广州:广东科技出版社,1992:95-96、144、317-318.

张青年男女有权自主决定婚姻大事等。①② 1936年11月去世。其余随员则未晓详情。

马君武为国民党元老之一，近代学者、教育家与政治活动家，与蔡元培同负盛名，有"北蔡南马"之誉。与不少知识分子一样，马氏也关注和传播过马克思主义和社会主义。1912年为南京临时政府实业部次长、国会参议员，1918年夏至1919年为石井兵工厂总工程师。1920年春夏间返抵于穗、沪两城，与孙中山等国民党人筹措讨伐桂系军阀陆荣廷。1921年为非常大总统府秘书长，1923年后与冯自由等在北京成立"国民党同志俱乐部"，抵触国共合作。1932年任西南政务委员会常务委员，1940年8月于广西大学校长任内去世。

通讯中提及的"跑尔希维克"（Bolshevik），今通译为"布尔什维克"。

通讯所说的"四民"，是古代中国对平民职业的基本分工，其次序历代各有不同。

同是《益世报》，后以"广州工艺局之新计划"为题，刊载如下一则通讯：

> 工艺局〈局〉长黄强办理广东工艺局久著声誉，现闻复〔复〕有种种之新计画〔划〕……（一）黄强君去夏已有新工场之计画〔划〕，后以款无所出，是以中止。〈次〉第黄君再接再厉务达目的，近已由财政厅交涉得款，准予日内开始招商承造。（二）定有俟学生毕业后遣送法国留学计画〔划〕。故近已添设法文科，聘许伦博为教员，并欲新设一班，以为赴法勤工俭学预备。（三）黄君颇注重美术，近复〔复〕添制版实习科，聘吴师仁为技师，闻吴係〔系〕中央测绘学校毕业。（四）将局内荒地植树千余株，为将来火柴、樟脑等之试验。（五）向北京棉业试验场购棉子〔籽〕百余斤，自行栽种，以为农家之倡，并将棉子〔籽〕购送附近乡人，并附送《种棉浅说》一册。（六）黄君去年曾电巴黎购买军乐〈器材〉，下月可到。现延聘乐师教授，俾学生练习，藉〔借〕陶性情。（七）黄君悯附近乡人子弟废学，前更创设贫民子弟小学于局内，近又加增名额。惟〔唯〕闻附近子弟更求入学，因地方狭隘，祇〔只〕可容纳六十余人，现再拟设法扩充。（七）〔八〕局内向设藏书室，近决推广改设有图书馆，已得多数学者赞助。（八）〔九〕黄君邀同自来水厂、黑药厂两主任联〈系〉市政公所，请筑一马路，由西村接至工艺局，以利交通。③

通讯中的"吴师仁"（字让三，广东丰顺人），广东陆军测量学校两年制制图科1912年12月优秀毕业生之一；1915年考入中央测量学校第一期制图绘图高等科，1918年毕业后，初在甲工任职，以后就职于国民政府军令部的一所陆地测量学校。1938年底或1939年初，随校内迁至贵州西陲镇宁县城、于军令部中央陆地测量学校任制图科主任（班主任），为一等测量正上校教官。20世纪40年代退出现

---

① 吴山. 反对中日同盟[N]. 民国日报, 中华民国九年三月十七日[1920-03-17（第二张, 6）].
② 吴山提倡改良婚制[N]. 民国日报, 中华民国九年五月九日[1920-05-09（第一张, 3）].
③ 各省近事：广州工艺局之新计划[N]. 天津益世报, 中华民国九年四月二号[1920-04-02（第三张, 10）].

役后,任贵阳医学院附属医院即今贵阳医科大学的中医师。①-③

而引文中的"黑药厂"为广东兵工厂仍留在工艺局附近的一间军用火药仓库,当地俗称为"炸药储藏所"。④ 譬如:限于历史文献资料的不足,未能一一知道通讯所铺陈的结果如何,只略知某些前因、意图或进展。

2. 送棉种给乡农试种

棉花属抗旱耐盐碱、劳动密集型的大田经济作物。目前国内种植的重点区域有长江流域、黄淮流域及西部内陆三棉区。⑤ 而粤省植棉与棉纺业历史悠久。

整体看,人工栽种棉大致有陆地棉与海岛棉两大类。前者纤维好、适应性广、产量高,后者纤维细长且强度高、产量低、价格高。棉花因当年广东海南作为外来物种棉花传播到中国的3个落脚点之一,约公元前475—公元前221年,于国内最早栽培从越南传入的古老亚洲系列棉品种。公元前21世纪至公元前16世纪,即夏禹时代,崖州即海南已有手工纺纱、织布、染色的棉纺业。古代广东向为中国植棉、织布最先进地区。宋代的广州,已有棉被与棉袄。而同期的长江流域和中原地区的御寒衣物,还只是兽皮、丝、麻布为面,羽绒、草絮等填充其间的衾褥。⑥ 总之,粤省在植棉与加工工艺方面自成一家,以后又成为先导,把种植与加工技术,自南宋末元初起经福建沿海,北推至苏、浙等长江流域地区。如宋末元初松江府乌泥泾镇(今上海华泾镇)人黄道婆,早年流落海南崖州(今即三亚崖城镇),把在当地生活、学习40余年所获得的织崖州被与制造制棉工具等先进技艺,于元朝元贞元年即(1295)左右带回家乡,匠心独具,发明了脚踏多锭纺车,大大提升了当地人御寒美饰之感,更对促进长江流域棉纺织业和棉花种植业的迅速发展起了重要作用。有赋赞其"黄道婆纺纱织布,松江府

黄道婆在江南家乡传授从广东所学得的纺织技术

图片来源:林永康. 为中华劳动妇女造像——大型历史油画创作体会 [N]. 光明日报,2017-04-13(12).

---

① 韩锋. 广东开办陆军测绘学堂的回忆 [M] // 广州市政协学习和文史资料委员会. 广州文史资料存稿选编,(七、文化教育). 北京:中国文史出版社,2008:200.
② 广东省国土厅测绘志编辑室. 广东测绘史料,人物·法规篇(清同治年—1987). 广州:广东省地图出版社,1998:60.
③ 杨培智. 我所知道的中央陆地测量学校 [M] // 政协贵州省委员会文史资料研究委员会. 贵州文史资料选辑,第二十八辑. 贵阳:贵州工学院印刷厂,1988:121-122.
④ 军队督拆增埗庙方实情 [N]. 广州民国日报,大中华民国十三年一月廿三日 [1924-01-23(3)].
⑤ 熊姣. 中国全球棉花市场主导地位将终结:棉花种植格局面临大调 [N]. 中国科学报,2014-10-15(5).
⑥ 王月华. 宋代广州人早早用上棉被,"亚洲棉"两千年前经海路传至岭南,宋代广州出现棉织工坊,元初"北上"普及 [N]. 广州日报,2019-03-28(15).

衣被四方"①。但粤省植棉与棉花品质终究逐渐不如上述3个产棉地区，抗战后广州棉亩产只有40余斤。1972年，因执行全国农业生产分区布局的需要，粤省才停种。②-④

1914年4月至8月，北京政府农商部曾先后颁布《植棉、制糖、牧羊奖励条例》及施行细则。其中，划出粤、桂、闽、赣、川、滇与黔等七省为植蔗区域。广东虽不在植棉高产优质试验区域内，但粤省植棉试验志趣似乎不减。广东收到10本《棉业论》上卷，即"发交实业司分送农工各学校备览，并令行各县及各项实业公共团体，有愿阅本书者，准直接函向本部总务厅编撰科请求可也"⑤。粤省实业司所属农工学校中包括省工艺局，应能被分送到。此后数年间，国内特别是农商部所属部分农工学校有过试植外国棉种的农事活动。而在粤省，直到20世纪20年代，省署还仍喜用上述通令全省的传统方式，处理有关经济作物种植的农事。⑥

那时，省与省的实业系统之间，一个时期内常有互赠互购地方特色种、苗、果实以及实业方面图书的交流活动。譬如，粤省实业司把水稻、麦、甘蔗、蓖麻、花生、芋头、桐树、椰子和槟榔等及其种子说明书赠予浙江；同时又请对方实业司代购"浙江农产著名、优美种子寄粤试验，以期交换而〔以〕资改良"。到1914年12月，省巡按使公署又批准实业司所属的省农林试验场，向各省行政公署派送粤省种苗价目表与栽培说明书，以便彼此"指名索换或备价请购，以策农务进行"；还有省长公署在1917年4月，向省内48个县配送美国棉种至少共35斤、江苏常阴县的棉种计1262斤。⑦-⑨（注：旧质量度量衡中，1斤为16两，以下同）当然，更有省长公署遵农商部之意，采集种苗以供在国家层面上的省际试种和交流。如1918年2月，广东依该部所令，搜罗、采选粤省各类重要树种子16份，共23升外加200枚其他的大种子，送

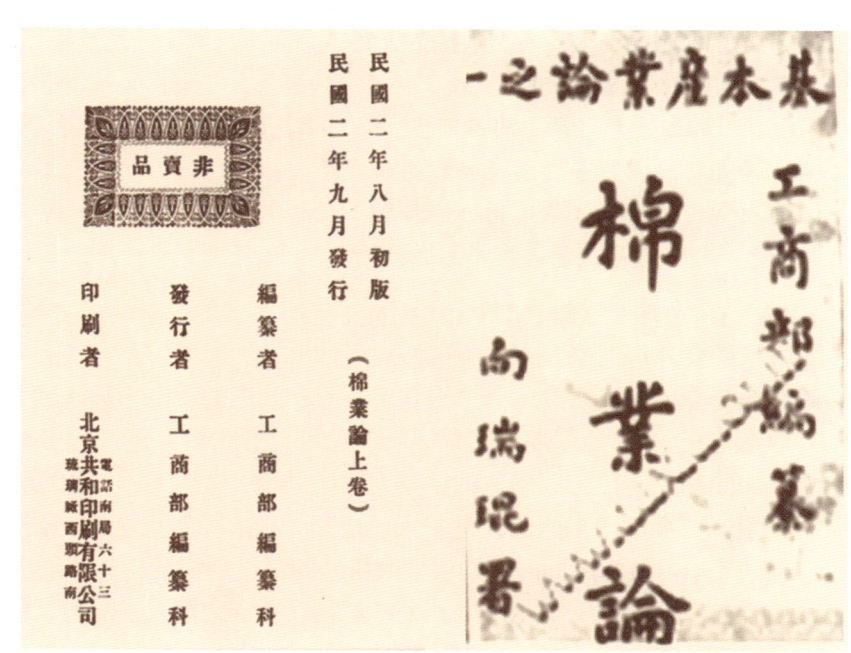

图片来源：工商部编纂. 棉业论，上卷，基本产业论之一. 北京：北京共和印刷有限公司，1913：封面、封三［DB/OL］.［2016-11-13］. http://www.duxiu.com.

---

① 徐培均. 上海赋［N］. 光明日报，2008-06-18（4）.
② 徐廷华. 太阳的孩子：棉花［N］. 光明日报，2014-05-07（12）；
③ 周迅，于绍杰，方金福，等. 经济作物与蚕桑科学技术［M］// 广东省科学技术史志编纂委员会. 广东省志·科学技术志：上. 广州：广东人民出版社，2002：450、471.
④ 中华文明历史题材美术创作工程组织委员会. 关于中华文明历史题材美术创作工程申报工作有关事项的公告（2012年5月25日）［N］. 光明日报，2012-05-26（15）.
⑤ 广东民政长李开侁训令，令各县知事，各属农、林、工业各场会，如愿阅《棉业论》一书，准直接函向工商部总务厅编撰科请求文（第五百六十一号，中华民国二年十一月二十四日）［J］. 广东公报，中华民国二年十一月二十六日［1913（403）］：11-12］.
⑥ 陈〈炯明〉省长分令各县劝种油桐［N］. 广东群报，1921-01-17（6）.
⑦ 广东民政长李开侁公函，致浙江民政长查收种苗书册，并代购浙江著名农产种子寄粤试验函（第一千四百一十二号，民国二年十二月二十六日）［J］. 广东公报，民国二年十二月三十日［1913（432）：20］.
⑧ 广东巡按使公署批，批农林试验场详送种子苗木价目表及栽培撮要方法. 请分咨转发，以备采择购换由（第一万一千二百八十五号，民国三年十二月三十一日）［J］. 广东公报，民国四年一月十八日［1915（752）：7］.
⑨ 广东省长公署训令，令各道道尹、各县知事依期具报播种棉种情形文（第一千○五十八号，民国六年四月十六日）［J］. 广东公报，民国六年四月十七日［1917（1433）：9-13］.

抵京城供部分配和交换。①

当时，针对粤地棉花纤维短而粗硬的情况，多地也试种絮细丝长的美国、印度、埃及等国优质棉种，以图改良品种兼实现自纺自织，"使农家自纺一分棉，即可少买一分洋纱，自足裕农利国"，但由于农家采用单线手摇纺纱机，操作快慢决定于纱线粗细，经常粗细不匀。那时的纺织业，分散于城乡各户。特别是在乡村，不是作为商品生产，而是作为妇女家庭副业，为自家衣着而为。故而，纵观"自纺之纱质不如机器纱之匀，价不如机器纱之廉，所出之布复不如机器纱布之光美。农家虽可自用，社会难应供求"。②

既有以上背景与传统，1916年之前，省工艺局已在省内推广植棉新品种。如与省益茂农林试验场合作，引种美国"鹤肩""亚伦"两种。经对比，番禺、罗定两县的土产棉花纤维短而粗，只可纺出10号单纱，织出粗布；美国的纤维细长而韧，可纺出30号单纱、20号单纱与双纱3种，织出幼细布匹。工艺局认为"粤省土质气候甚宜种植美棉种"，"自应广购美种分配各县试种，以资推广而尽地利"。

工艺局在向省长公署关于请求推广种棉的呈报中说：

> 粤中地气温度最高，种植易于发达。番禺、罗定首先产棉。倘能推行各属，便开一生利之源，际此列强并峙，品物竞争，使土货多一种振兴，即权利少一分外溢。近年厂布盛行，而纱线每不能自制，此组织纱厂之举，洵不可缓。粤产棉花已先由美留学生试验寄回纱条四种，堪供纺织之用应。请钧署将此项纱条发总商会作为研究品，并令饬该会劝导资本家开设纱厂，以裕利源而绝漏卮。其出货行销仿照江苏通州办法抽取正税一道，概免征重税。一面饬农事试验场购备美种棉花〈种子〉，饬发各邑试种。倘有成效专案给奖。如是则产棉既广，土布必多，而商业亦因之起色也。③

与此相关的是，1917年彭元鏖主持工艺局办学的时期，还从当年3月起，"积极进行"有关改良土布技术的额外培训班，在局中讲授应用技术。经地方农会会长个人或乡族各自名义呈请县府，批准后即可接受专项培训。设班消息传开后，即有闻讯的"海丰县陈姓人家选送子弟来局额外班，练习办法，以期促成。"④⑤ 同期，工艺局针对所办实业教育，还广集各地有关的新工艺、新技术与新设备信息。如闻湖北便民工厂制造的铁架人力纺纱机，人均日纺纱40两，而乡间一人平日只得2两；若采用新机型，"今与四十两比，是一人已得二十人之力"。至8月经省署批准，工艺局派织工厂工匠郑伟业赴湖北学习技术的同时，购买发绒机、弹绒机、纺纱机、理纱机各1台回局使用。

由于当时国内的工农业技术、生产工具以及资金投入、流通、销售等整个棉业产业链上下游，与欧美相比，基本上还处在封闭的、低级的、自给自足小农经济水平，形成种棉难纺纱难、织布易而购纱难的困局；造成"以生棉易洋纱而织，是种之者、织之者均为洋纱奴隶。我多一棉产，即洋纱多一原料，我添一机织，即洋纱添一销场"的彼此利益博弈胶着状况。而从宏观上看，外国资本、技术的流入，使中国于当时的社会条件下，有了发展经济的国内外两种资源、两个市场，给中国带来时代与经济变革的意义。⑥这个话题非本书所论，故不予长议。

所以，民国之前的数十年间，势大而昌的洋纱就已成为中国棉业的市场劲敌。即使是产棉区的

---

① 广东省长公署咨，省长朱咨农商部咨送树种文（第一百四十六号，民国六年一月三十一日）[J]．广东公报，民国六年二月八日[1917（1376）：13-14］．
② 广东都督府饬，饬六道尹转饬各县知事、饬广州商务总会，查照劝导种植美棉，自为纺织，并劝筹办纱厂文（第四五九号，发文日不详）[J]．广东公报，民国五年七月八日[1916（1201）：6-7］．
③ 广东巡按使公署批，批工艺局详请将试验粤产棉纱发给商会劝导仿办由（第六百号，洪宪元年一月十三日）[J]．广东公报，洪宪元年一月十九日[1916（1058）：22-23］．
④ 广东省长公署训令，令六道尹所属各县知事遵照兴办工场□□文（第二千二百二十四号，民国六年六月二十九日）[J]．广东公报，民国六年六月三十日[1917（1496）：8］．
⑤ 广东省长公署训令，省长朱指令香山县知事据该县属黄旗都市农会呈为农工人才消乏，筹议选送练习请令尊由（第一百四十四号，民国六年八月四日）[J]．广东公报，民国六年八月七日[1917（1528）：2］．
⑥ 方行．对清代经济的一些看法[J]．清史研究，2008（3）：13．

广东，于民初每年也要进口30多万元洋纱以补不足。① 以致这种状况，直到20世纪20年代末还存在着。如在赣粤闽三省交界的江西寻乌县，"从前赣州有布子来，民国十七年起没有了，因为它是土纱织的，'一股大，一股细'，被兴宁、梅县的洋纱布抢了生意去。兴宁、梅县的布很好，'一掌平'"。② 因而从另一社会经济发展角度看，工艺局的善举，于农民及城镇小手工棉纺织业以及销售流通环节等，可能会产生暂时的、局部的民生改善效果，却难以在发展现代化、规模化的棉种植、纺织产业链方面产生什么推动的作用。这是当年社会的历史局限使然。

从表面看，工艺局不论是彭元麘时期，还是黄强时期，一再推广农事，似乎"跨界"、越俎而谋了，但联系其局中设置织染的职业技术教育的实际，它于织染产业链的上游做工作，既可视为其作为省实业司下辖单位完成所交办任务一种履职意识的表现，也可理解为在向乡农释放自己参与社会救助的一份善意的同时，一种相匡相助以为工艺局自存和发展之策。

不过，粤省工艺局这方面的热心，与外省同行类似，几乎都归于失败。农商部于1925年4月就天津、无锡、南通、上海、汉口等地80种以上行业，国内工厂及外资厂计194家，所作的工业状况调查之一表明："我国土地，天然上与欧美不同，例如美国棉、麦两种，均较我国优良是也。美棉丝长，美麦粒大，我国取其而种之，成绩皆不克，睹此未尝非天然所限制之故，其次则学术上亦至有关系。"③

另外，局长黄强如此热心在局内种植火柴用材及产樟脑的如香樟、猴樟类等经济林木，向周邻乡人推广农事，既有办学之需，也可能与其早年留学英、法专攻工业、航空专业同时习农的学习经历有关。他在闲暇之余还著有译自法文的《养蜂说》。④ 及至后来，黄强任职海南琼崖实业督办期间，于海口府城的瘦瘠且巨石嶙峋的山地，建立垦殖场，试图改良当地土壤与植被。

火柴又称"洋火"，由英国随同鸦片于1839年传入我国。到清光绪五年（1879）前后，火柴才逐渐从宫廷流向民间。民初，广州生产火柴的厂家数占全国的八分之一，1919年前后为地方火柴业发展最快的时期。火柴所用的轴材，即火柴枝原材当时在广东属野生杂木，繁殖能力有限，向仰仗国内东三省或国外的瑞士与日本输入原材再行加工，而盒材则利用本省惠州、北江一带的林木。及至1933年，广东火柴产量与产值已居全国首位。至于樟脑，我国是世界上制樟脑最古之国，广东的韶关则为世界樟脑起源之地。民初，广东樟脑业渐从旧手工法转向机器炼制，成绩显著。⑤ 可见，植林木为日后办学之用，既体现了工艺局多方协助直至推动广东新兴民族工业发展的良好愿望，也折射其谋办学长远发展之略。

黄强大概有种养爱好。早在1917年，他从法国引进数箱意大利蜜蜂黄金种（即"西蜂"）回广州饲养，试图以此繁育本土优势蜂种中华蜜蜂，但因饲养不善而失败。他由此成为广州地区民初引进国外蜂群作人工驯化、繁殖的早期开拓者之一。⑥

作为题外话，一百多年前以意大利蜂为代表的西方蜜蜂引入国内后，作为东方蜜蜂亚种之一的、中国独有的蜜蜂当家品种中华蜜蜂种群急速萎缩。2000年及2006年，国家林业局与农业部分别将其列为拯救保护物种、国家级遗传资源保护品种。⑦ 目前全球粮食作物种植链中，三分之一的总产量与

---

① 广东省长公署咨，省长朱咨湖北省长，查照本省工艺局派员前赴便民工厂学习人力纺纱及购机回粤，并请予发给免税护照文（第一千二百〇五号，民国六年八月十五日）[J]. 广东公报，民国六年八月二十四日 [1917（1543）：12-14].
② 寻乌调查（一九三〇年五月）[M]//中共中央文献研究室. 毛泽东文集，第一卷（一九二一年一月——一九三七年六月）[M]. 北京：人民出版社：1993：131.
③ 唐进. 论我国工业概况与劳动情形（民国十五年）[M]//中国第二历史档案馆. 中华民国史档案资料汇编，第三辑，北洋政府时期工矿业（1912—1927）. 南京：江苏古籍出版社，1991：185.
④ 黄强. 养蜂说（译自法文）[J]. 农学杂志，1919，3（4）：2.
⑤ 徐松荣. 清末民初广东工商实业的发展与变革 [M]//方志钦，蒋祖缘. 广东通史：近代下册. 广州：广东高等教育出版社，2010：534；544.
⑥ 农业志编纂委员会. 农业志 [M]//广州市地方志编纂委员会. 广州市志：卷八. 广州：广州出版社，1996：212.
⑦ 贺勇. 悬崖上的养蜂场，中华蜜蜂种群萎缩，亟须保护 [N]. 光明日报，2017-06-12（14）.

蜜蜂授粉有关。全球现存的2万多种蜜蜂，成为保证世界粮食安全不可替代的生物资源。由此而论，当年黄强试养"西蜂"未成，不全是坏事。

3. 创设贫民子弟小学

其时，工艺局所在地增埗附近的"增溪、西场各乡儿童甚多，义学并无一所"。

黄强认为，"青年荒弃不加教养，将来习成游民，实堪怜悯"，乃与众教职员聚室而谋，作出办贫民学校义举的决定，呈报省府察核备案：

> 在局内附设贫民小学，俾附近乡村及疍户儿童得以入校肄业，以资教养。现为地方所限，暂定名额五十名，不收学费，不设膳宿，教科书由局发给；朝来暮归，以便贫民并于晚间教授。局内杂役教育亦可普及。所需经费即由局费撙节开支，不另请领。定于六月一日开课。

呈文中的"疍户"，又称"蛋""疍家"，古族名，其始祖为商周时代的"瓯邓"部族，古代百越族群的一支。疍家为旧社会中于闽、粤、桂三地，以舟为家，逐水而居而聚的，生活在社会底层或边缘的人群。他们于1840年的第一次鸦片战争中，在侦探敌情、严防奸细、查拿鸦片走私，以及骚扰英军、保卫海口的斗争中，都有所贡献。次年5月广州三元里人民抗英斗争中，又有其英勇的身影。①②广州地区于20世纪二三十年代间，珠江河面上的浮家泛宅的疍户有10余万人。其中，1922年广州登记在册的有1.9万户。而上述称谓，是被贱视的蔑称，属粤省流传的所谓"下九流"，即优（梨园优伶即戏子）、娼（经营卖淫行业者）、皂（旧时官署执刑杖侍立者）、卒（隶属于人供差役者）、批（修脚甲）、捶（捶骨）、奴（卖身于人供主役使）、疍（艇户）、剃（理发）之列。把苦难压在心头、世代唱着瓯船歌的疍家人，穿流于江河间。

及至1953年初，他们的生活状况，曾令时任中华人民共和国内务部副部长的陈其瑗上书当时的国家主席毛泽东，反映广州珠江区水上疍户生活困苦、文盲众多的情况。③深知其苦难的广州市市长朱光，在1960年曾概述他们于旧社会的境遇：

> 把水上人称为"疍民"，说是"坏蛋之家"。对他们实行了种种政治上的限制。"疍民"不仅不能与陆上人民通婚，而且不能上陆居住。女人上岸，被称为"水蛇上滩"，会毒死人；男人上岸，随时会被拉去当"猪仔兵"。另外，就在水上居民停泊的地方，还有码头主、贼公、伪交通警察、赌棍、恶棍、流氓、地痞、烟鬼、嫖客、小偷扒手等等，他们互相勾结，层层骑在水上居民的头上。在黑夜里，甚至在白天，这些人就明抢暗夺地把水上居民的小艇劫走。船，一去无踪，而人，则成了血肉模糊的尸体，漂浮在河面，这是常有的事情。至于因一时交

20世纪30年代珠江边的水上人家

图片来源：《广东百年图录》编委会. 广东百年图录（1833—2000），上卷[M]. 广州：广东教育出版社，2002：266.

---

① 颜广文. 从"瓯邓"到疍民：疍民起源新解[J]. 广东社会科学，2015（2）：144[新华文摘，2015（12）：163].
② 陈旭麓，方诗铭，魏建猷，等. 中国近代史词典[M]. 上海：上海辞书出版社，1982：350.
③ 中共中央关于陈其瑗反映珠江区水上疍民生活情况问题给华南分局的指示（一九五三年三月十三日）[M]//中央档案馆，中共中央文献研究室. 中共中央文件选集（1949年10月—1966年5月），第十一册. 北京：人民出版社，2013：304.

不起繁多的苛捐杂税，而受打或被缚走的现象，更是不胜枚举。①

此间即将离任的原李耀汉手下的两广护国军都司令部的第四军步兵第四旅旅长、代省长翟汪，在这个问题上还算开明，准予备案并提出若干细节要求落实：

> 呈悉该局长在局内附设贫民小学一所，教育附近各乡贫户及蛋〔疍〕户儿童，用意甚善，准照办理编制教授。是否依照半日学校办法，采用何项教科书、每周授课钟点若干、每月约需经费几何，仍应议具简章，连同员生表册及预算表，具缴以凭核明备案。仰即遵照。此令。②

聚室策划，外加省府的批复，工艺局无异于本职之外，主动做了一些额外的公益事项；念及他人苦痛，为水上人家的后代未来着想，正是善小可煨心，小善义举体现了该局在这方面的人道心。

作为题外话，工艺局作上述之举的11年后的1930年8月，关于疍民的教育才正式被纳入广州市政府的工作议题。③

批文中的"半日学校"，当指北京政府教育部于1914年2月19日所公布的社会教育《半日学校规程》要求中所指的学校，以及1915年10月该部批复天津警察厅所办的"贫民半日学社"。这种学社利用官产或庙产作校舍，不拘名额，以能容纳为限；不论年龄、曾否识字，学满3年发毕业证书，以期速成。④

当然，额外的社会公益事项不止上述。如1917年清明节，广州各界开展植树活动期间，工艺局师生就在4月中旬为附近的西场乡村中的"凉亭冈""凤冈"两荒山，栽种"相思"与"合欢"两类树苗共200株。事前，先与西场乡耆老商量，这批树苗成材后将作该乡公产，故此须督促乡民勿让牛羊践踏、咬啃植株；事后，还通过省长公署发训令予西场所在的南海县县知事周仁，要求县府"给示布告，责成保护，以维林业"。⑤

---

① 水上居民的变迁（1960年6月25日）[M]//《朱光诗文墨迹选集》编委会. 朱光诗文墨迹选集（上卷）. 北京：中央文献出版社，2006：530.
② 广东省长公署指令，省长翟指令广东工艺局局长呈报附设贫民小学请核予备案由（第四千七百一十一号，民国八年五月二十四日）[J]. 广东公报，民国八年六月三日[1919（2072）：1].
③ 广州市政府第二次市行政会议：通过"市政府提议设立疍民学校及疍民住所"案，交由教育、工务两局规划办理（民国十九年八月三十日）[Z]. 广州市政府. 广州市政会议录（民国十年二月—民国廿三年十二月），第一辑，下. 广州：宏艺印务公司，1934：1687.
④ 教育部咨复直隶巡按使天津警察厅各区分署办理贫民半日学社应予立案文（民国四年十月二十八日），文牍，广东教育公报，第三年，中华民国四年十一月[1915（11）：21][M]//殷梦霞，李强. 民国教育公报汇编，第一六九册. 北京：国家图书馆出版社，2009：395.
⑤ 广东省长公署训令，令南海县知事遵照布告保护工艺局艺徒植树之西场地方文（第一千二百一十号，民国六年四月二十日）[J]. 广东公报，民国六年四月二十五日[1917（1440）：7-8].

对于学校植树造林，多届省长公署是予以支持的。如上述之事的第四年，工艺局发文给省教育会正副会长金曾澄等，赞赏学校这种善举："学校垦荒植树造林，实足增进学生林学之知识，并可增进学校永久之基金，于教育实业洵有裨益。"①

工艺局于以上诸事用心可谓良苦，除履职担责以让上级认可外，与邻修睦，好减少些彼此间的磨擦。

广州在1921年2月15日未

20世纪30年代初的工艺局后山

图片来源：本校风景［Z］．广东省立工业专门学校第四届毕业同学录（民国廿年七月十三日）．出版信息不详，1931．

设市政厅这类行政管理架构之前，市区与郊区分属南海、番禺两县，两县同属广东首县，县治都设在市区。其中的南海县府附廓于广州府城1300年，县署就在归德门内早亨坊（即今惠福西路民星新街东侧）。近郊各乡村，属南海或番禺，非此则彼，犬牙交错。土地立法与地政工作尚处初始阶段。工艺局坐落于全省首邑南海县县属地域内，校园一侧毗邻于南海县农村。1919年3月有苏姓县民称：工艺局后山岗向为该苏姓族人原有公产，不允许该局在岗上动土兴筑校舍。故而这般事项只能由省府出面责成。后省长公署出面，认为土地管理以契据为凭，苏姓族人无契据供缴验，依法、据理，后山早为国有土地，自难改变省长公署原定在后山建筑的决定，乡民应及早迁葬山坟，所发迁葬补助费已援照1918年省农林地方试验场迁坟的成例标准办理，因而"碍难准予加给"，所以饬令南海县会同局长黄强按省原定方案施工，争执得以逐渐平息。②③

所谓早为国有土地，是有历史依据的。广东海防善后总局根据军机大臣所传光绪钦准之谕，于光绪四年（1878）六月起筹支"于省城西门外曾步〔增埗〕地方购买民田，填筑地基，设立军火厂一所"。及至光绪二十八年（1902），该局又为其"购地、添建机器、艺徒两厂及添筑外围墙工程，共用工料银一万四千九百二十一两二钱一分五厘"。④⑤

4．改设图书馆，注意订购社会新版书籍

如1918年《大英百科全书》第11版将于国内面市，甲工即行订阅。⑥其间，甲工如上文所述，由广东省工艺局的附设工业学校在1918年8月20日升格而成省立第一甲种工业学校，而订阅百科全书时所用的单位名称还是"广东省工艺局"，可见当时是不迟于9月闻风而动的。图书馆后来果然办成，并成为进步学生汲取革命养分的场所。

---

① 广东省长公署公函（字第一五八号，十年八月三号）［J］．广东省教育会杂志，1921，1（3）：457．
② 广东省长公署批，南海县民苏其澍等呈（第七百二十八号，民国八年三月廿一日）［J］．广东公报，民国八年三月二十四日［1919（2014）：9-10］．
③ 广东省长公署批，省长翟批苏其澍等呈为奉示迁葬，恳请加给补费并酌展期限由（第七百九十五号，民国八年三月卅一日）［J］．广东公报，民国八年四月二日［1919（2022）：5-6］．
④ 刘坤一（两广总督）．等奏请为广东军火厂立案片（光绪四年五月二十七日，1878年6月27日），六月二十三日军机大臣回复：皇上"钦此"［M］//中国近代兵器工业档案史料》编委会．中国近代兵器工业档案史料，第一辑．北京：兵器工业出版社，1993：131．
⑤ 广东海防总局呈请为广东制造东局添建厂屋、添购机器费用立案清册，光绪二十八年（1902）［M］//《中国近代兵器工业档案史料》编委会．中国近代兵器工业档案史料，第一辑．北京：兵器工业出版社，1993：751．
⑥ 在中国销售大英百科全书，尽先六百份中撷录赐顾者若干如左，广告五，北京政府公报，民国七年九月十一日［1918（935/963）：13］［M］//中国第二历史档案馆．政府公报（影印本），第133册．上海：上海书店出版社，1988：235．

甲工办学固然艰难,但风貌犹在。

1921年10月下旬,第七届全国教育会联合会会议召开于广州,来自安徽教育界的与会代表高语罕,于公余走访广州多所学校。11月2日星期三下午2时许访问甲工。高语罕为早期活动家、学者。1920年即为北京共产主义小组成员;从日本早稻田大学毕业后,又于1922年留学德国哥廷根大学,1925年毕业回国任黄埔军校政治主任教官,他以教育人士的眼光,捕捉到当年甲工的一些校貌与学风。

坐电船到西村参观广东省立第一中学和广东省立第一〈甲种〉工业学校。中学为广雅书院旧址,工业〈学校〉为机器局旧址。两校相距里许,风景都很好,校址也都很宽敞,而溪流环抱,乔木悠然,大厦巍峨,气象宏阔。

……

第一中学参观了之后,便到第一甲种工业〈学校〉去参观。这个学校离第一中学不远,原来是一个机器工厂,校址临河,交通运输到〔倒〕非常便利。内分四科:(一)机

1922年9月上旬,高语罕(二排左三)与部分在德留学同学合影于哥廷根[前排右起:朱德、贺治华(女)、郑太朴、张申府;后排右起:孙炳文、高语罕等]

图片来源:陈劲松. 高语罕的青年时光[N]. 人民政协报,2014-03-27.

械科(二)应用化学科(三)织染科(四)美术科
学生共有十班机械科三班应用化学科三班织染科三班美术科一班
也有外国的美术科分图案画及制版两科
牙粉胶油鞋膏糊等织染科所织的有土布有毛巾至于颜料有中国的
他们做工的时候,颇能吃劳苦,在机械工场的学生,都是灰尘满衣眼的,这是一椿好习惯。
学生组织有贩卖部,阅报室。
报纸只有广州本城出版的几分
还不过依我的三十分钟的时间所观察的批评恐怕失常的地方很多
(4)学生自己的组织太少课外修业如图书室、阅报室都很简单
(3)中学离第一工艺学校不远
中学校长王君仁字,其诚实报告给我们听的话,绝无虚赤裸裸的没有什么掩饰,我特把他记在下面
(1)本校现有学生十二班其班次如下(a)本科几十班(b)预科两班
下午一时半坐电船到西村参观广东省立第一中学和广东省立第一工艺学校中学为广雅书院旧址工艺为机器局旧址两校相距里许景都很好校址也都很宽敞而溪流环抱乔木悠然大厦巍峨气象宏阔
请改在谈话会内讨论。
便到南园赴商务书馆中华书局公讌孟禄博士也在座。
勿匆一遍便在工校前码头上小轮回约十五分钟到长堤。上岸吃饭,

图片来源:高语罕. 广州纪游(民国十一年二月)[DB/OL]. 上海:亚东图书馆,1922:112、115-116[2018-06-01]. http://www.hwshu.com.

械科，（二）应用化学科，（三）织染科，（四）美术科。

机械科里分金工、木工；应用化学科里所制造的有五色粉笔、墨水、粗皂（注：19世纪末英国肥皂自海外输入国内。1908年广东有人于作坊始仿制肥皂。此前国人以皂荚、茶籽饼或土碱等的浸出液澄清后为洗涤剂。因而制皂当时在国内属新兴制造业）、牙粉、胶油、鞋膏、面糊等等；织染科所织的有土布、毛巾。至于颜料有中国的，也有外国的；美术科分图案及制版两科。

学生共有十班：机械科三班，应用化学科三班，织染科三班，美术科一班。他们做工的时候颇能吃劳苦。在机器工场的学生，都是灰鼻子灰眼的，这是一桩好习惯。

学生组织有贩卖部、阅报室。

今观华南理工与甲工，两者前后相隔近百年，所倡导的吃苦耐劳精神，何其相似乃尔。人们有理由相信，原来在这方面我们也是一以贯之的。

（六）工艺局最终完成历史使命

粤省工艺局自晚清的1910年创设，到民国建立后的10年间，社会的转型使得社会救助制度、保障系统有了变化。此间，民国政府开始制定相关的慈善法律制度，规范和促进慈善事业的发展。"由于慈善教育思想在民国时已广为流播，慈善界、教育界人士对此更有相当的认识与重视，各种类型的慈善教育机构纷纷涌现，呈现出兴盛之态……其中东南沿海地区慈善教育机构数量明显多于中西部内陆地区"，尤其是"近代慈善事业不再是个体或地域社会的善举义行，而是众多慈善人物共同建构起相关互联的社会群体，并逐步形成具有内在凝聚力的社会组织活动"。民国早期的"慈善教育事业的发展大大地前进了一步，它既与职业教育、实业教育相呼应，也'以培养孤贫儿童能够自食其力和成为健全国民为特征'。因此，慈善教育既补救了当时弊病丛生的时局乱象，稳定了社会秩序，同时对普通教育、国民教育也是一种补充"。①② 既有此，原赋予工艺局的社会救助职能已被弱化，将其取消或归并于一方势所必至。

前文已述，1921年3月粤省成立以陈独秀为委员长的广东全省教育委员会后，③ 由该委员会行使职权，报请省府要求取消工艺局。

民国十年五月十三日，省长陈炯明下达工艺局归并工业学校令。所作的批复谓：

> 据陈省立第一甲种工业学校附设于工艺局内，各种设备多未完全，理化器械尤为缺乏，以至各科实习难免敷衍，实与学生学业大有妨碍，请将工艺局取消，并将原有工场及经费，拨归该校，以资整顿等情，应予照准。候令工艺局长遵照，克期归并具报，暨行政财厅查照。仰即转饬该校校长接收清楚，列册报查，并由该委员会同督饬认真整顿，以其渐臻完善。④

工艺局因此并入甲工，其使命就此结束。

回顾以往，"五四运动以前的两千多年里面，所谓学问几乎专指经学而言。学人以名列儒林为荣，著述以敷赞圣旨为贵"。⑤ 晚清以降，把工艺作为一门学问推上实业教育的殿堂，当属近代社会的一个大变化。显然，生逢乱世的广东工艺局的兴衰，是时代气象变迁的反映，映衬了晚清于内外压力下不得不选择近现代转型之途。即实业教育作为洋务教育、新政产物之一，乘势而起，改传统的

---

① 王先明，国若家. 近代慈善事业研究的拓展与深化：《中国近代慈善事业研究》简评 [N]. 光明日报，2015-02-25（14）.
② 曾桂林. 近代中国慈善教育事业的历史考察 [J]. 井冈山大学学报（社会科学版），2015，36（1）：106、108.
③ 广东省政府教育厅. 民国以来广东教育行政制度沿革史 [M]. 出版信息不详，1931：1-2.
④ 工艺局实行归并工业学校（准广东全省教育委员会呈请将工艺局归并工业学校令，民国十年五月十三日）[N]. 广东群报，1921-05-14（3）.
⑤ 中国经学史的演变：1940年秋在延安新哲学年会上的讲演提纲 [M] // 中国社会科学院近代史研究所. 范文澜全集（第十卷）. 石家庄：河北教育出版社，2002：44.

"养济"为主的慈善理念为"教养并重"的近代思想，并上升为国家政策，从中寄托着各方有识之士以教育改造社会、救亡图存的希望。虽然它最初的形态并不起眼，整体社会效应或影响力在某些方面或某个时期，可能不及同期所推行的其他新政措施，譬如新政前后于海外学有所成的归国留学生群体给予社会发展长久而持续的巨大历史推动作用或影响力，其大力办学的初衷是挽救日薄西山的清朝，但它参与其间，毕竟由此打开了中国近代工业教育转型与改革之门。换言之，此时的广东工艺局、此后的省立第一甲种工业学校，以及下文将谈及的省立工业专门学校、专科学校等，都在客观上成为地方从封建社会向近现代方向转型的千百个助推器中的一个，或者说，此间以教育推动社会进步，都无一例外地成为它们与生俱来的历史使命。而所谓社会进步，通常所体现的是伦理的、文化的、科技的、经济的、政治的、社会的人与人、人与社会、人与自然之间，向更合理的、更善良的、学以成人的方向发展。①

及至民初，广东与国内其他地方一样，涌现兴办实业的热潮。粤省工艺局如前所述，因政权更迭，曾两度停办，但它毕竟奋力地拽住了时代的衣角，作为教育方面的一项善政，继续成为那些处于社会底层、怀着卑微梦想的艺徒，改变人生命运的希望之地，同时又成为它的低层次教育向甲工那样的中等专门工业教育转型的必要基础。

显然，在此前后，外省也有不少工艺局撤销或归并的。②如原直隶（注：直隶后于1928年改称河北）工艺总局被裁撤，易名为"劝业公所"。这时国内不少甲工学校演进为新式实业教育的专科学校。广东省立甲工，也循此势更张。

并入当年，甲工裁减皮革、电镀和缝纫3科，仍设的为机械、织染及美术制版3科。其中，美术制版侧重镂版工艺。1921年建立化学实验室，停织染科，只设机械、应用化学科（注：该科含制革和制皂两部分）两专业；同期，教室、实习厂、仪器室、机械及电气等实验室迭次设立。③④

二、社会思潮激荡，教育思想现纷争

16—18世纪中学西渐后，至清朝咸丰、同治年间，欧力东渐。1919年五四运动中掀起的新文化运动，是近代中国思想文化变革中的承上启下的关键历史节点，西方近代思想文化由此得到比较广泛的传播。新思想启蒙肇始，民智初开。它在影响社会方方面面的同时，带动了教育改革。当中的各种教育思想、文论风靡国内，"向西看"的言论空前活跃，多种教育思想流派并存。

20世纪20年代前期广泛流行的平民教育、实利教育、科学教育、乡村教育及职业教育等几种主要教育思潮中，职业教育思潮于社会及教育界的影响非比寻常，曾盛极一时。它对当时的学制改革、教育改革实践活动与教育理论的丰富产生过积极影响，并曾引起实业界、政界、军界的广泛关注。⑤1922年国民政府颁行的《壬戌学制》中，职业教育占有重要地位。

民国学者陈青之后来著书道，"实用主义的教育，倡导于黄炎培，附和于庄俞，在民国二三年间已演为思潮，至六年以后此项思潮业已成熟，遂将实用主义一变而为职业教育"，"自黄、庄二氏大声一提倡，全国教育界观念为之一变，大家也摇声应和"。⑥

出版家、辞书编纂家舒新城于1928年11月就认为："中国近代各种教育思想在实际上之影响，无

---

① 刘景钊. 中国亟需一场深刻的观念变革［J］. 探索与争鸣，2016（7）：56.
② 教育大辞典编纂委员会. 教育大辞典，中国近现代教育史，第10卷［M］. 上海：上海教育出版社，1991：128.
③ 叶家俊. 广东省立工业专门学校概要［J］. 新建设，工业专号. 1929（6）：231.
④ 梁冰禅. 广东的高等教育［Z］//香港《中兴报》周年纪念刊，广东建设号（民国二十二年五月）. 广州：《中兴报》周年纪念刊编纂处，1933：110.
⑤ 周可桢. 民国时期的教育思想［M］//肖建彬，林清才，薛卫东，等. 中国教育思想史. 北京：高等教育出版社，2001：271.
⑥ 陈青之. 中国教育史（民国二十三年七月三十日），下册［M］. 上海：商务印书馆，1936：662、664.

有出乎职业教育思想之外者。"①

职业教育的基本主张是，沟通教育与实际生活、学校与社会百业的联系；强调学校教育应授以学生从事某种职业所必需的知识、技能和职业道德训练，对个人可解决生计，对国可增社会生产力。②

前已述及，广东是国内西学东渐的第一站。广州是国内近代中西文化交流、近代社会思潮传播较早的地区，也是西方近代教育思想传入最早，并以之为改造旧教育手段的最早地区。即"倡导并推行教育改革，如废科举、兴学堂、重视儿童、妇女教育，提倡男女教育平等，兼学中学、西学，重视科学技术，重视知识分子，奖励新著作、新发明，派人到国外留学等。这些改革对广东教育产生了深远影响"。西学东渐的产生及其发展过程，一直与中国的"救亡图存"的历史任务相连。③④

在这个改革过程中，由于西方的先进教育思想、教育手段与教育方法被大量介绍，纷然杂陈，它在改变人们传统的职业教育观念的同时，也难免引发人们的热议直至纷争。

这里所说的"中学"，是指中国传统学问的总称，主要内容为中国经、史、词章、金石之学。中学核心是孔孟之道和儒家伦理道德学说。而"西学"之谓与"中学"相对称，是对西方先进资本主义国家的文化科技知识的总称，包括西文、西政与西艺。其中，西文指语言文学，西政指有关学校、地理、度支（财政）、税赋、武备（军事）、律例、劝工（扶持奖励工业技术发展）、通商等制度，西艺指算（计算）、绘（测绘与绘画）、矿（矿物学、采矿与冶炼）、医（基础医学、药物与治疗）、化（化学与化工）、电（电学与应用）等科技知识。⑤

西学是一种区域文明，并非天生就是现代文明。"东""西"之分，只是明清时期起对外来文明的说法。思想文化研究名家何兆武认为，"中学西学只是历史上一种方便的习惯提法，不能绕离当时的语境。因为作为知识，'学'有高低之分、粗野之分、真伪之分，但是无所谓中西的"，"所谓中学西学，是我们为了方便起见，按其最早出现的地方来取的一个名字而已"。⑥ 国人对其从最初的俯视，渐变为仰视，以后被赋予更多的含义。此处引用何氏哲学层面之论，以助读者更好地解读下面将谈及的师生之争。

（一）"读书运动"是社会矛盾的反映，本质是教育思想分歧

广州青年运动史研究委员会编的《广州学生运动史（1919—1949）》2002年版一书中，评述1921年4月中旬至6月下旬，作为职业学校的甲工当年所发生的改造学校的"读书运动"。它由学生阮啸仙（机械科1918级）、刘尔崧（机械科1918级）、周其鉴（染织科1918级）、张善铭（应用化学科1918级）等组织与发动，其乃岭南画派代表人物高剑父而起。

高剑父（1879.8.27—1951.6.22，原名麟，字爵廷，广州番禺人），国画家与教育家兼之，与他人创立岭南画派。1906年游学日本习画，并追随孙中山先生从事民主革命。1908年归国倡言新美术运动，先后创办"春睡画院""南中美术院""佛山市立美术院"和"石湾陶瓷美术学校"，兼任"江西中华瓷业公司"总经理，对中国陶瓷、刺绣等工艺美术的生产和发展有重要贡献，历任中山大学、中央大学教授及广州市立美专学校校长等职。作为美术革命活动的切身参与者，培养了一大批人才。方人定、黎雄才、关山月、杨善深、黄独峰等均为其门生。⑦

---

① 舒新城. 近代中国教育思想史（民国十八年十一月）[M]. 上海：中华书局，1932：218.
② 周可桢. 民国时期的教育思想[M]//肖建彬，林清才，薛卫东，等. 中国教育思想史. 北京：高等教育出版社，2001：269.
③ 广东省地方史志编纂委员会. 广东省志·总述[M]. 广州：广东人民出版社，2004：169.
④ 韩秋红. 西方哲学中国化的研究范式[J]. 东北师大学报（哲学社会科学版），2013（5）：2［新华文摘，2014（3）：43］.
⑤ 教育大辞典编纂委员会. 教育大辞典，中国近现代教育史，第10卷[M]. 上海：上海教育出版社，1991：224.
⑥ 何兆武. 中学、西学与近代化[J]. 社会科学战线，2009（4）：15-16［新华文摘，2009（13）：59］.
⑦《广东百科全书》编纂委员会，中国大百科全书出版社编辑部. 广东百科全书，上卷[M]. 北京：中国大百科全书出版社，2008：537-538.

原甲工学生余勉群、罗百先两人在中华人民共和国成立后曾忆述，1920年冬，原局长兼校长黄强离任后，"教育当局委派高剑父接任，为全体学生提出反对。因为高剑父是画家，那时美术科已停办，而高剑父又不懂工业，故大家认为他不配做甲工校长。当高剑父到校接任时，大部分学生高呼反高口号，校内外均张贴反高标语。窥到高走到内进，有学生从二楼把大花盆打下来，还打破校长室一些门窗玻璃。高剑父急忙躲避，侥幸花盆打不中，此后高就不敢再来"。①

这个在校内外演绎得沸沸扬扬的学潮，以局长兼校长的高剑父于1921年6月12日被撤换，随后学生复课而结束。

对此，广东地方党史学界的部分学者以阶级斗争的制高点即阶级分析方法考察，认为是争民主、反封建的改造旧社会的政治对抗。②

鉴于史家对该运动已有一说，涉及臧否校中一批师生，故需在此作一辨析。

从地缘政治角度看，1920年11月1日已由孙中山任命为广东省省长兼粤军总司令的军阀陈炯明，尽管在多方面与孙中山不和，1921年1月30日起虽为国民党广东省支部支部

民国初年，高剑父（左二）与高奇峰（左一）、廖仲恺（左三）、朱执信（右一）等革命党人合影

图片来源：刘炜茗. 未了天下事，却赢生前身后名——高剑父［M］//王春芙，陈朝华. 广东的前世今生. 广州：花城出版社，2005：38.

移建于广州市盘福路朱紫街87号盘福大厦顶层的高剑父"春睡画院"。当年甲工一批学生追随高氏两兄弟，曾修学于此

图片来源：宋金绪. 春睡画院（1923—1951），在春睡画院空气中放艺术革命的飞弹［N］. 南方都市报，2008-11-20（16）.

长，坐拥虚衔，不理党务，却还是在改革教育、废除苛政与实行禁赌等刷新粤政的层面上，不无劳绩。如聘请上文提及的当时新文化运动领军人物之一的陈独秀掌全省教育工作，③革命风云人物汪精卫为副会长等，是其一例。而且，此间的陈炯明支持广东共产党组织的活动，进而使俄国革命与共产主义思想在广州地区得以较快地传播，并在一定程度上推动了中国共产党组织在广东的创建。④

---

① 余勉群，罗百先. 广东省立第一甲种工业学校［M］//政协全国委员会文史资料委员会编. 文史资料存稿选编，24，教育. 北京：中国文史出版社，2002：610.
② 广州青年运动史研究委员会. 广州学生运动史（1919—1949）［M］. 广州：华南理工大学出版社，2002：25-26.
③ 请促陈独秀来粤主持广东教育委员会电（1920年11月初）［M］//段云章，倪俊明. 陈炯明集，增订本，上卷（1909—1920）. 广州：中山大学出版社，2007：495.
④ 刘德喜. 苏俄、共产国际与陈炯明的关系［M］//中山大学学报论丛，孙中山研究论丛，第6集，1988：116-120.

另外，广东教育从1921年起正试图推行教育独立不受行政干涉、全省收入的十分之一拨充教育经费等新政。① 1921年当时粤省教育经费不算县市的投入，已激增为150万元，而此前民初仅30万元，1916年也只约为88万元而已。②

辛亥革命后的20世纪20年代初，广东的社会发展程度与内地相比，被人誉为"新广东之名词号称于世""一个新广东，一切如春花怒发"。这是1921年秋，出国考察前顺访广州1个多月的学者马鹤天，所得出的与国内职业教育先驱黄炎培相同的感受。③

针对上文谈及的全国教育会第七次联合会会场选址当时举棋不定之际，广州共产主义小组即后来的广东共产党的机关报《广东群报》献计道，"广东政治终比北京政治清明"，"教育改革的讨论，与其在空气恶浊的北京"，不如在"空气比较清明的粤省"。④ 同期，广东专门组织71人的新学制系统研究会。其所提出的带浓厚美国色彩的"学制系统案"，最终作为同年10月26日至11月6日于广州召开的上述全国会议的讨论与审查依据，并由此引发35名18个省区的与会代表中的不少人赞扬广东教育变革与新政治精神。⑤

出席第七届全国教育会联合会会议的安徽与会代表高语罕，于该会结束时的即席发言中，表达了不少代表的心声："我此次回到本省的唯一任务，就在宣传广东新政治的精神，俾各省人士瞭然广东真相，有所效法。"⑥

由此可见，当时广东地区教育界内部、教育界与社会相关业界的阶层、阶级关系，未到势不两立的地步，阶级秩序尚处稳定状态。

因此，与其说这个运动是学生因有关教材与课程设置、教学方法等方面颇颇激荡的新旧潮流之争、优劣之辩，毋宁说，是中学与西学交流，所涉及的中西古今价值观念、教育思想与文化认识方面的异同所致。说到底是当

在民初实行男人剪辫的强制性措施下，1912年9—10月间，一名27岁男子于剪辫前留影，日后在相片背面附记："壬子秋八月，将欲剪发，故用大镜照后影，以留纪念，拍于劝业场楼上照相馆，计印两张大洋八毛。"该段文字表露了照片主人公在追随时代步伐的同时，对自己辫发所代表的某些传统或习俗的眷念：即使剪去，也得照相把形象留下。"剪辫留念"之照有助于后人更客观、更全面地去理解民众对于民初时代变迁的态度，以及对一些日常生活发生改变时的态度，避免或减少以今律古，用今之认识强解旧时的做法。对甲工读书运动的考察，恐同此理

图片来源：冯克力. 当历史可以观看·图像笔记[N]. 光明日报，2016-10-30（11）.

---

① 陈独秀君启程赴粤（陈炯明致陈独秀电，1920年12月18日报载）[N]. 上海民国日报，1920-12-18（10）.
② 沙东迅. 五四运动在广东[M]. 北京：中国经济出版社，1989：48-49.
③ 雷殷. 新广东之教育序（〔民国〕十三年六月）[M] // 马鹤天. 新广东教育考察日记. 北京：北京民国大学，1924：1，2.
④ 对于北京教育会来电的意见[N]. 广东群报，1921-06-16（2）.
⑤ 李兴韵. 20世纪20年代初的广东政局与教育改革[J]. 井冈山大学学报，社会科学版，2011（3）：76-78.
⑥ 高语罕. 广州纪游（民国十一年二月）. 上海：亚东图书馆，1922：220.

时学西方科学技术与维护儒学经世传统方面的矛盾与冲突的深刻反映，或者说，是甲工师生当时都没有找到传统文化与现代化相契合的机制，是制度与文化的彼此制约，促成了这次校内师生冲突。

辛亥革命爆发不到一个月，国内13个省宣布独立，83天后中华民国成立。在广东，1911年11月9日上午，全省兵不血刃地宣布独立，颁布改元剪发令。广州当天，街上原先张挂的清朝龙旗早被扯下。居民见发出告示，知大局已定，沿途欢呼，"城厢内外各商店均高揭三色国旗，有书'中华民国万岁'者，有书'新汉万岁'，有书'民国军万岁'者，爆竹如雷，欢声响动，剪发者尤众。入夜四城大开，各安其业"。① 当日，"无论老弱少壮之男子以及士、农、工、商、兵，罔不争先恐后，纷将天然'锁链'剪去。是日堤岸一带之剪辫店，自朝至暮，挤拥非常，操此业者，几致食亦无暇。到车衣店定购公装衣服者，亦纷至沓来。统计是日剪辫者，尽有二十余万人"。②

（二）甲工办学新思潮的启蒙

20世纪初之前，国内一直只有"百工"和"技艺"的概念，即使学习过新学、西学的中国知识分子仍沿袭传统观念。直到20世纪初受日本影响，引入"工艺美术"或称为"实用美术"的概念，才开始逐步改变着人们的认识。随着民族工商业的发展，使得变革传统工艺、发展现代实用美术成为可能。此间，在教育界有特殊身份和地位的蔡元培，倡言"以美育代宗教""美育救国"等主张；心系国事的高剑父躬身践行"工业救国""发展中国陶瓷业"的宏愿，尝试"工艺"与"美术"的结合，因此而担任了工艺局局长兼甲工校长。

回溯以往，清末新政所设置的工艺局以及实业学堂、艺徒学堂、师范学堂等新式教育机构，兼授中西两科。所开设的高中低层次、多类型的工艺科，都强调工艺与工业、科学技术的联系，发展到民初开始尝试设立独立的图稿绘画科和工业图样科，用以培养专业设计人才，以期满足新型技术人才和教育师资的需要，以及对产品品种、造型、装饰等的新要求。毫无疑问，在上述的两个发展时期，也都强调当中的"功利性"原则。五四运动后的新式美术教育，因社会生活方式与技术手段变革的需要，以实业教育为基础而兴。它是借"工艺"之名即近乎今天的"设计"概念——"旧瓶"装"新酒"，冀望对以陶瓷、纺织为代表的传统手工业及手工艺进行"革命性"清算，走"近代化"道路的全盘西化设想下的一种移植。③ 粤省工艺局与甲工，跟他省的类似，也走着上述发展之途。

工艺美术史学者陈瑞林以此角度切入驳难，肯定高剑父等人对传统工艺的改革勇气：

> 在吸收西方营养、振兴传统陶瓷工艺以抵御外商势力入侵的有识之士当中，不仅有实业家和工艺美术家，还有不少立志革新的美术家。……1912年画家高剑父、高奇峰兄弟编辑出版《真相画报》，宣扬"美术乃工业之母"的观点。……1913年《真相画报》第16期发表高剑父《论瓷第一篇·绪言》，主张……"将合中外为冶炉"来改造传统工艺，通过瓷业来推进中国近代工业的发展。……他还与一些有志于振兴陶瓷实业的同道在江西饶州筹创中华瓷业公司，试图实践自己的主张。1913年他赴日本为中华瓷业公司购买制瓷原料。高奇峰曾在甲种工艺〔业〕学校任教，力图实现美术振兴工业，通过工艺与绘画结合来改造旧文人画、创建新文人画的夙愿。1925年至1927年间，高剑父与高奇峰、陈树人等岭南派画家在广州设彩瓷锔窑，就景德镇素胎瓷器进行彩绘。但处于当时的社会环境，这些传统工艺的变革均收效甚微。尽管如此，这些画家为改变旧文人歧视传统工艺、创建中国现代实用美术所作的努力仍然具有重要的意义。④

---

① 广东宣布独立详情 [N]. 申报，1911-11-19 [第一张后幅（1）].
② 大汉热心人. 广东独立记 [M] // 中国科学院近代史研究所史料编译组. 辛亥革命资料，近代史资料，1961年第1号. 北京：中华书局，1961：451、456.
③ 杭间. "工艺美术"在中国的五次误读 [J]. 文艺研究，2014（6）：116、124.
④ 陈瑞林. 中国现代美术史教程 [M]. 西安：陕西人民美术出版社，北京：人民美术出版社，2009：70-71.

设计教育史学者袁熙旸在剖析社会因素使高剑父与学生彼此生恶外，也不惮指出学生之不足：

> 国内工商界对艺术设计的忽视以及艺术设计教育无法真正有效地服务于工商业的振兴，这双重因素造成了社会公众对艺术设计学科性质认识不足、重视不够，从而进一步加深工商界与艺术设计教育界的隔阂。
>
> 在当时的大众看来，"工业"与"美术"是互不相涉、不能兼容的两个领域，社会还未真正认识艺术设计学科的现实意义，未能认清它与社会生产与社会生活的密切联系，而是仅从艺术的角度将其当作可有可无的装饰……
>
> 早在清末之际，高剑父就已投身美术教育，曾先后在广东公学、两广初级师范、两广高等工业学堂、广府中学等校执教图画课程。民国初年，高剑父一直致力于实业报国。……在实践中他日益认识到"实业必源于美术"的道理，看到了工业与美术结缘、融合对于发展民族工商业、丰富人民物质与精神生活的重要意义。在广东〈省立〉第一甲种工业学校上任之初，高剑父可以说是满怀雄心壮志，力图在工艺与实业教育领域一展宏图，但事与愿违……此后相继发生驱高与拥高两派学生的斗殴以及二百余名学生的集体退学，结果，6月12日高剑父被迫辞职，其苦心经营的美术科旋即取消。
>
> 从今天的角度看来，甲工风潮表面上是"贪劣无状"的校长与追求进步的学生间的冲突，而实质上它未尝不是激进的实利主义教育理想与滞后的社会结构功能之间的矛盾的反映。①

1921年5月9日，广东军政府参议院议长林森到甲工出面解围：

> 高先生是一个美术家，是抒写天然的一派人。工业学校，是实际上的工夫，是着着实实底〔地〕做去的。天然和实质，也许有不同的地方。叫自然派的人，来行实践的工夫，也许有不能满意的地方……我想高先生断不至这样的腐败……我以为用自然派的人，来做工业学校〈校长〉，总觉得不妥当。但是青年做事，脱不得任才使气数字，总想望着前途，爽爽快快的〔地〕赶到，不知其中也许有难到的中途……②

林森的表态，呼应了甲工学生关于外行无由做校长这一个驱高理由："夫以毫无工业学识经验之人，因工艺局之故，使之为工校校长作种种之设施，曷其有济，纵不为公款计，宁不为一班青年计耶？"③

那时，实业教育以利用为首要是大众共识。北大校长兼中法大学校长的蔡元培也持类似的实利主

---

① 袁熙旸. 中国艺术设计教育发展历程研究［M］. 北京：北京理工大学出版社，2003：122-124.
② 阮啸仙. 改造日记（一九二一年十月十日）［J］. 工业杂志，民国十一年春季［1922（1）：29-30］.
③ 阮啸仙. 改造日记（一九二一年十月十日）［J］. 工业杂志，民国十一年春季［1922（1）：7］.

义观点："职业学校，是专为毕业以后得饭碗的……职业教育是抢饭碗的教育。"①

其实，当时执掌广州教育局的许崇清，以借鉴欧美教育为题，对相关时弊早有抨击，认为学校与社会教育思想的转变与观念更新，革除教育与产业相脱离的惰性，是工业教育发展的必备条件：

> 现在若想在中国推行欧美现代式的新教育，自然产业革命应该是推行这种教育的一个条件，但可惜改造教育的权，虽容或可以操诸教育者手，而产业革命的权，则不在教育者。比如现在要在中国设立些最新式的工业学校，施设最新式的工业教育。这件事教育者或者可以做得到，但是这些曾经受过最新式的工业教育的人出去社会，能否就为社会所容纳？能否就在社会里头应用他们的新学识，将现在的旧式工业变成新式工业？这件事在今日的中国社会是教育者所不能预决的。教育者对于这个问题的结果是绝无把握的……中国从来的教育是与产业绝无关系的。今日虽已施设新教育，这个惰性仍然继续着毫无变动。②

本来，新文化运动既使马克思主义在社会进一步传播，也使各种社会新思潮论战接连不断。五四运动后，孙中山先生曾指出：

> 自北京大学学生发生五四运动以来，一般爱国青年，无不以革新思想为将来革新事业之预备，于是蓬蓬勃勃，发抒言论。国内各界，舆论一致，同倡各种新出版物，为热心青年所举办者，纷纷应时而出。扬葩吐艳，各极其致，社会遂蒙绝大之影响……此种新文化运动，在我国今日，诚思想界空前之大变动。③④

与"五四一代"的甲工生一样，参加过五四运动的中共老一辈无产阶级革命家李维汉，晚年就20世纪20年代初湖南青年学生的思想状况，于1979年3月忆述道：

> 我们一班青年人不满现状，要求向上，讲求改造，有爱国思想，但是认识上还很朦胧，很空泛。⑤

比李维汉长10岁，又参加过辛亥革命的老一辈革命家董必武，暮年自我解剖年少时期思想表现时道："忆昔少年日，意气冲牛斗，易视天下事，反映仅肤受。"⑥

从社会思想、政治、文化、心理来看，甲工读书运动，其实也大致如此。尤其是当学生自感为弱势群体的时候，往往以当年国民遍存的悲情意识去激活班集体的团结与奋争精神，有此驱动，使得有些行为感性多于理性，趋向极端而失之中和。

当然，当时教育的近代、现代化进程，既是科学与文明的启蒙过程，也是思想革命的过程，出现不同阶级或不同派别的思想斗争，直至思想政治领域的斗争向救亡图存的阶级斗争深度发展，在所难免。毕竟在那个急于变革的历史阶段，"从根本上看，近代文化的发展变化始终围绕着挽救民族危亡和改革中国社会这一主题而展开"。⑦

这当中，需要顾及历史事件与历史人物评价的原则、方法，本来就有所不同。即具体的历史事件持续时间相对较短，而历史人物一生所持续的时间则较长，对其评价的角度如事功与道德、主观与客观、动机与效果等也较多；⑧何况，还需顾及国情，把握分寸，分清敌、友、我。

---

① 《法政学报》周年纪念会演说词（民国九年十月）[M]．高平叔．蔡元培全集：第3卷（1917—1920）．北京：中华书局，1984：462．
② 产业革命与新教育：广东高等师范学校毕业典礼上的讲演（民国十年四月）[M]//许锡挥．许崇清文集．广州：广东教育出版社，1994：163-164．
③ 与海外国民党同志书（民国九年一月二十九日）[M]//中国科学院近代史研究所．孙中山选集．北京：人民出版社，1956：482．
④ 胡绳．从鸦片战争到五四运动，简本[M]．北京：红旗出版社，1982：680．
⑤ 回忆新民学会（1979年3月5日）[M]//李维汉．回忆与研究（上）．北京：中共党史出版社，2013：22．
⑥ 今年除日羼儿适满二十二周岁为诗祝之（一九六二年十二月三十一日）[M]//刘岚山，林东海（人民文学出版社编辑部）．董必武诗选．北京：人民文学出版社，1986：197．
⑦ 中共中央党史研究室．中国共产党历史，第一卷（1921—1949），上册[M]//北京：中共党史出版社，2011：10．
⑧ 尹正达．以唯物史观为指导进行历史评价的原则、标准和方法[J]．江西科技师范大学学报，2017（4）：40．

五四运动之后的一个时期，批判旧传统，提倡新思想、新文化、新制度的浪潮还在激荡之中。在这个时候，主观精神状态和客观环境往往不允许人们从容四顾、多方品评、心平气和地思考。在这过程中，把好的东西抛弃与把坏的保留下来，或虽坏而不知其坏因而把它放过的情况，都是存在的。①

　　校中以高剑父为代表的清末一代（或曰辛亥一代），与经历过五四运动的甲工生即五四一代，是前后相承的两个世代。他们都以拯救中国为己任，唯思想不一，主张有别。与当时许多处在中国固有学术向西学分科转型期的学人一样，后者延续着忧国忧民、舍我其谁的精神传统。正如有学者所揭示的那样，"与以往的'洋务一代'与'清末一代'相比，'五四一代'有着更为强烈的公共关怀、政治抱负，有着更为清醒的民族反思、文化自觉，有着更为犀利的社会批判、文化批判，也有更富有远见的人生规划、社会理想"，但也存在对待东西方文化上的形式主义和绝对化偏向，"不同时代的知识人之间有相携与合作，也有冲突与紧张，尤其是后一世代对前一世代常会有质疑与批评的声音"。②

　　故此，不难理解，"读书运动"中，学生积极结社、办刊、集会，尽最大努力影响民众与社会，以提升自身群体的话语权，③其动作不谓不大。然而细究之下，这个运动对执教者与为学者两方都意味着，在国人尤其是广大知识分子阶层探究富民强国之路上，认识国情，悉心辨别，是社会改革的基础或前提；对他方所坚持或倡言的观念与思想的鉴别，扬弃或批判或吸收，都需要理性与科学的态度；操之过急，缺乏沟通与引导，只会使事态蔓延，酿成对峙、决裂，让彼此受伤害。这个教训值得今人咀嚼与记取。

1921年5月27日甲工全体学生实行退学行动，其中1918级机械科学生退学前合影。第一排右五为阮啸仙。不过，该班学生最终都依时毕业

图片来源：江西省革命烈士纪念堂土地革命战争时期陈列室。

---

① 学术话题：发扬五四传统，弘扬五四精神［N］. 光明日报，1996-04-30（5）.
② 俞祖华. 中国现代知识分子群体的形成、世代与类型［J］. 东岳论丛，2012，33（3）：37.
③ 俞祖华. 分疏与聚合：近代社会变迁视阈下的知识分子成长路径［N］. 光明日报，2012-04-25（7）.

三、曲折办学，仍获长足发展

在上述背景下，创榛辟莽的甲工虽周旋于困境中，教育事业还是有所发展的。

（一）逆势中崛起

前已有述的余勉群、罗百先两位老甲工生，其于1964年所撰有关甲工的回忆文章，是对官方档案有关甲工情状记载稀少或空缺的一个重要补充。该文与甲工后任校长叶家俊及其他师生所亲历亲言、知悉校情的社会贤达所见所闻等，多能相互印证，因而可以采信。

余勉群、罗百先文章当然不是对甲工办学的完整精确描绘，但叙校史发展脉络，条缕清晰传神，从中多少可窥见一些被浓缩了的当年日常教育、教学活动过程、教学管理制度执行状况等，故而缀辑引用，并略作归纳或括注。

> 1. 自创办至改制的6年半间，人事调整频繁，英才际会
>
> 甲工第一任校长为黄强，教务主任袁拔英，总务主任陈达初，机械科主任王仁宇，染织科主任伍仲〔颂〕汤，化学科主任陈韵楼和美术科主任高奇峰。1922〔1921〕年黄强去职……大约经过月余，广东省长公署遂改派雷沛鸿接任校长。雷系广西人，留美国博士。调王仁宇为教务主任，王不久去职，由周斯铭继任，机械科主任胡慕瑗，染织科主任伍仲〔颂〕汤，化学科主任梅蓂芳。梅去职后，由邓国桢继任。以后雷沛鸿去职，由邹卓然接任校长。不久邹去职，由邓鸿仪、萧冠英继任校长。
>
> 注：文中述及的袁拔英，有文称之毕业于广东省立高师，但已知的文献显示为"广东东莞县初级师范学校"。他于1921年9月赴法国中法大学即里昂中国大学海外部留学（1921.10.4—1929.11.29）。①②
>
> 文中上已述及的陈达初，1904年以两广大学堂之西学堂毕业考试第七名资格，当年两广45名官费生之一，留学英国爱丁堡大学。其长女陈美兰忆父负笈于牛津（应属误记），为国内废除科举前后出国留学已知的262名科技留学生之一；后经批准延长留学期，所需游学费用由晚清广东省政府学务公所支付。
>
> 其间，陈达初加入1907年12月底成立的、我国最早的化学学术团体"中国化学会欧洲支会"，为1908年8月10日至19日在英国伦敦召开的首届年会16名成员之一。约于1911年学成归国。经同盟会会员关乾甫向省长廖仲恺引荐，于1912年7月中旬任广东省造币厂总办即厂长，之后任广东公医医学专门学校即今中山大学医学院前身的英文教师。③④
>
> 1919年冬，陈达初与留美物理学博士罗节若、广东农林试验场

陈达初

图片来源：陈美兰. 父亲母亲，当年往事［Z］// 李健明. 沧海扬帆，乐从华人华侨历史. 出版信息不详，2015：210.

---

①学部奏广东东莞县初级师范毕业生请奖折［M］// 奏设政治官报，折奏类，三十二，宣统二年四月份（第九十七号，1910年月初二日）. 台北：文海出版社，1910：43-44.
②公牍，批二，十四年［J］. 广州市市政公报，1925（199）：570.
③沈琼楼. 清末省办各书院及几间公私立学堂简介［Z］. 政协广州市委员会文史资料研究委员会. 广州文史资料，一九六三年第四辑，总第十辑. 广州：广东人民印刷厂，1963：55.
④黎铎. 广东公医医学专门学校及附设公医院［M］// 政协广东省委员会办公厅，广东省政协文化和文史资料委员会. 广东文史资料精编，下编，第4卷，民国时期文化篇. 北京：中国文史出版社，2008：512.

化学技术员利耀峰一起，于广州的东山江岭东街创办华侨资本的广州东山火柴厂。该厂以振兴国货为宗旨，宣传国人用国货，所产"狮牌""鹿牌""马牌""双妹牌""猴牌""猴王弄棒牌"等商标火柴，几经调整工序和改善经营管理制度，以低成本火柴头配方取得竞争优势，站稳了市场。1953年冬该厂实行公私合营后，由利耀峰无偿地公开其独家秘存30多年的配方，为我国火柴工业发展作出了贡献。① 1924年初，陈达初离开甲工，赴德国作商业考察，后在香港开办由其任副经理的中原洋行，经营"寿星公牌"炼乳等进口商品。1941年12月香港沦陷，该洋行被逼歇业。陈举家逃难至广西梧州后，与友人所合办的小型电石厂在日军飞机轰炸梧州时被炸毁，陈家家业几损失殆尽。身心疲惫的陈达初1947年病逝于广州。②

图片来源：羊城集藏．"国耻纪念"火花［DB/OZ］．（2012-06-24）［2015-03-28］．http://www.7788.com．

陈韵楼幼年在私塾学堂半工半读，14岁考取为晚清秀才，后入岭南大学前身格致书院读书，得洋务张志之荐，考取半官费留学生赴日

陈韵楼（前排右三）家庭照

图片来源：彭世珍．爱国者情——记陈祖沛［M］．北京：中华工商联合出版社，2007：插图八．

本语文师范专科学校半工半读，课余到当地农村学校当助教，两年后毕业归国，在广州市今农林下路所在地段一所由日本人主办的农业学校任教兼作日语翻译。

光绪二十二年（1896）间陈韵楼与蔡培元互为好友。归国几年后，携家眷再度赴日，在东京高等工业学校即后来的东京工业大学攻读化学工程。期间，秘密加入中国同盟会。抱实业救国理想，学成归国后，曾任四会县府总务科长，后创办皮革厂，经营失败以致家道中落。其子陈祖沛承父志，为粤港两地业界一翘楚。20世纪80年代出任广东省人大常委会副主任③。

---

① 利耀峰．回忆四十年间广州地区的火柴工业（一九六四年八月）［Z］//政协广州市委员会文史资料研究委员会．广州文史资料，第十四辑．广州：广东人民出版社，1965：12、24．
② 陈美兰．父亲母亲，当年往事［Z］//李健明．沧海扬帆，乐从华人华侨历史．出版信息不详，2015：210-213．
③ 彭世珍．爱国者情——记陈祖沛［M］．北京：中华工商联合出版社，2007：19-20．

高奇峰（1889—1933.11.2，原名嵡，字奇峰，广州番禺人），曾任广东优级师范学校、广府中学、南海中学、省立第一中学等校教员，为岭南画派创始人之一。同仁称其"性宽和恬淡，尚善若谷，酷嗜画"。

高奇峰少失怙恃，寄人篱下。其四兄高剑父通过卖画薄有盈余，接其回家，授以绘画知识与技艺。1904年，高奇峰到广州永铭斋玻璃店，帮助店家绘制花玻璃、竹罩，以掩护革命。1906年，高奇峰13岁起，两度随高剑父赴日学画，同年加入中国同盟会，参与革命党人反清活动。有一说称高奇峰毕业于日本东京美术院（此说存疑待查）。①1908年冬，高奇峰20岁归国后，曾与高剑父一起在广州优级师范学校、广州府中学堂、南海中学及省立第一中学等校任教。②辛亥革命后受广东都督府资助，与兄长高冠天、黄宾虹、马星驰等，于1912年6月在沪创办反映革命真实形象、具强烈政治色彩的综合性美术旬刊《真相画报》和"审美书馆"。该画报创刊当年，大量"登载革命党人殉难的事迹，揭发反动者的阴谋"，即刊载1911年革命党人在广州发动的三二九起义和武昌双十起义即辛亥革命，以及黄花岗烈士墓、红花岗三烈士墓、孙中山致祭黄花岗七十二烈士等照片，配合了当时反封建专制的斗争；另外，又"采刊欧美物质文明进步的状况，灌输国民前进的意识"，从而开创了国内新闻摄影画报的先河，时人称道："是中国摄刊照片的（笔墨绘图的不计）图画杂志之开元。"③-⑤后高氏兄弟以自食其力的方式办刊，高奇峰为编辑兼发行人。孙中山因高奇峰这种做法赞曰："勤俭不可及也。"画报明说以"监督共和政治，调查民生状态，奖进社会主义，输入世界智识"之目的站在民族复兴前沿为办刊宗旨，设置名家书画作品、重大新闻照片、政潮与风俗漫画、政论、美术类与社会论说或译作，以及艺文类作品等栏目组织版面，每期万余言，用当时日本最新的珂罗版彩印技术，使之读者爱看耐读，从中宣传孙中山民主革命思想。该刊封面与同期大多数刊物不一样，每期都贴近画报主要内容而不重复，多为高氏兄弟与同人手笔，不媚俗或装模作样，且意味深长。在沪粤两地及国内其他地方、南洋、美国檀香山等地，发行共17期，影响巨大。1913年8—9月间自动停刊。

至于在上海英租界四马路棋盘街上的审美书馆，开创了国内近代美术史俗文化之先河，推出了后来成名的郑曼陀与徐悲

高奇峰

图片来源：高奇峰之画［J］．良友画报 1927（18）：20.

《真相画报》封面之一。高奇峰作"虎啸图"同时，题写："莽莽风云，乾坤独啸，崛起山林，英雄写照"，以颂革命党人

图片来源：罗磊，黄集昊．高剑父破藩篱、倡革新，天才功力创就岭南画派［N］．南方都市报，2010-09-29（A12）．

---

① 广东省立第一甲种工业学校同学录［Z］．出版信息不详，1922：2.
② 邓新夏．辛亥前之革命宣传品（1966）［M］//《广东文史资料存稿选编》委员会．广东文史资料存稿选编，第一卷，孙中山和第一次北伐．广州：广东人民出版社，2005：20.
③ 梁得所（良友画报主编）．艺术的过程：高奇峰先生与画报［J］．大众画报，1933（12）．
④ 高奇峰先生荣哀录［M］//刘家平，苏晓君（国家图书分馆）．中华历史人物别传集，88．北京：线装书局，2003：154.
⑤ 广东省地方史志编纂委员会．广东省志·文化艺术志［M］．广州：广东人民出版社，2001：24.

高奇峰在岭南大学授课情景

图片来源：岭南名画家，奇峰专页［J］．北洋画报，〈民国〉廿一年·六月·廿五日［1932（796）：3］．

有周斯铭签名的1923年版10元钞式样。由美国钞票公司印制的该系列纸钞，为广东中央银行将印存未签字的前中央银行新币提出，改签中文名，于1929年7月10日起分期发行流通

图片来源：广东省地方史志编纂委员会．广东省志·金融志［M］．广州：广东人民出版社，1999：74．

鸿，间接地促进了国内月份牌画的创作，一时成为具画廊性质的场所。高奇峰去世后，作家、出版家梁得所在与其他35人为其撰文《高奇峰先生行述》后，又撰悼文曰："他不跟士大夫遣兴于无关社会的书画，很快就把艺术之秧插在意识的园地……进而拳拳有对象的〔地〕站在斗士的地位。听来有点诧异，这位文质彬彬的画家，廿多年前常有被捕危险，在那地点不便告人的编辑室中，身上怀着手枪，执笔编绘他的画报，用他底〔的〕笔对黑暗的政治、虚伪的社会挑战，启示着对真、善、美的追求。"①②那时，"密有所策划，常于密室满储炸弹，而先生酣寝其上数日夕，同人皆慑服焉"。③

高奇峰1918年受聘于甲工，任美术制版科主任，又在广州市府学西街开设美学馆授艺。其于1925年被聘为岭南大学美术讲师，1929年春因病辞职，岭大不允，而改以准全休1年、支半薪之举挽留下来。其一生学生众多，其中名画家有黄少强等"天风六子"。1933年高剑父病逝于上海，年仅45岁。高奇峰艺术创作以广东为根据地，擅画花鸟、走兽，也长山水、人物，兼工诗书。创泼色之法，画作雄深俊秀，特长渲染赋彩，成就斐然，硕果累累。同时，在绘画理论方面，也多有精辟之见。④⑤

周斯铭（1891—?），广东茂名人，1921年毕业于日本京都帝国大学工学部矿山科。1921—1923年间为广东全省教育委员会的两届中的专门教育事务委员、督学，1924年3月为国立广东大学筹备处工科委员会六成员之一。后任职于中国银行广东分行。中华人民共和国成立后加入九三学社，1955—1977年期间为广东省第一至第三届政协委员。⑥

---

① 梁得所．艺术的过程：高奇峰先生与画报［J］．大众画报，1933（12）．
② 高奇峰先生荣哀录［M］//刘家平，苏晓君．中华历史人物别传集，88．北京：线装书局，2003：154．
③ 徐悲鸿．徐悲鸿自述［M］．合肥：安徽文艺出版社，2013：100．
④《广东百科全书》编纂委员会，中国大百科全书出版社编辑部．广东百科全书，上卷［M］．北京：中国大百科全书出版社，2008：538．
⑤ 校闻：高奇峰先生休假（1929年3月9日）［J］．南大青年周刊，1929，17（20）：4．（广东省档案馆电子文书档号，038-001-94-059-061：2．）
⑥《广东省志·民主党派志》编纂领导小组．广东省志·民主党派志（1930—1998）［M］．广州：广东人民出版社，2003：457-458．

前已述及，萧冠英任职甲工前，省府还曾安排过数名校长，除罗、余两老先生所忆及的外，还有黄纪秩、龙裔禧两人。萧任校长前，担任过各科主任的，需补充的是，染织科梅雄尊，字萼芳，日本名古屋高等工业学校纺织科毕业，早年追随孙中山，与胡汉民、夏之时、陆孟飞等在日本东京策划反清革命运动。①

2. 招生、生源、专业设置、学制、师资、经费来源等方面时有调整，但总体对教学质量有推动作用；招生入学考试严格，重视学籍管理

第一届招考公费学生240人，即每科为60人（注：对此，地方中共党史学界研究者持另一说。代表性的说法是，设立当年，在广州招50人，全省各县共招150人。分机械、染织、应用化学和美术4科，各招一班，每班50人。②该说与甲工办学章程第三条所规定的招生额、分配数等相合，又与同时代学生所记载的相一致，可信度大。余、罗之忆可能有误，存疑待查）。所有学费、讲义费、膳费、制服、被帐等用具均由学校供给。学习时间为两年。同年秋，改为广东省〈立〉第一甲种工业学校，校长仍为黄强兼任。这是甲工的开始，把机械、化学、染织3科改为4年毕业，美术科则仍为2年制，且于第一届学生毕业后即停办。

1920年招收第二届学生180人，内部设备大加改革，学生质量亦提高。教师多是日本高工毕业生，一部分是留美英的博士、硕士，所以教学上分为两大派系，即日本高工派与留英美派。

招考的学生为旧制中学毕业或具有同等学力，多数是贫穷子弟。当时有个很流行的说法：有钱子弟读法政、医专，贫穷子弟读甲工、高师。（注：如甲工1920级学生黄学增，是背负简单行装，步行千余里到甲工读书的。工专1927届机织科毕业生张震球，于1943年间忆述其在1924年年初，作为"家庭贫困不堪"一考生，自广西家乡艰难考入甲工，"托人往亲戚中借钱，又往我未婚妻家（富农家庭）中设法借来升学路费，共二百元。父亲迫于无奈，不得不同意我去广州考学，于是又卖了一些粮食，典当了一些衣服，一共找得三百元路费。与相约十余同学一起前往广州。到达广州后，如期投考甲工，十余学友中只考取了四人，我是其中一个，其余落选"。③）

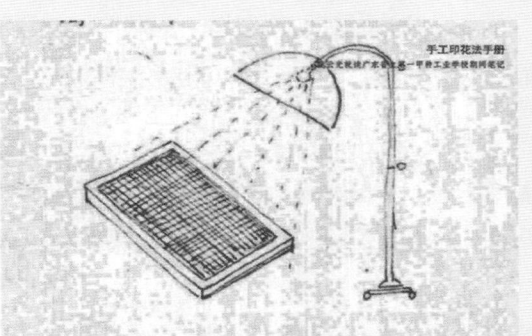
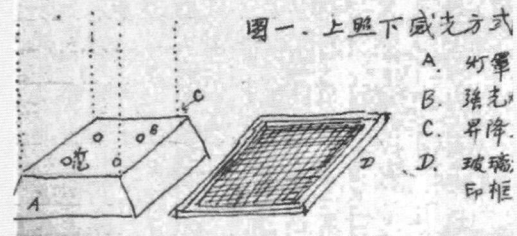

美术制版别科1920级阮云光的部分课余制版学读书笔记

图片来源：广东美术馆. 花逢时雨俏：阮云光的艺术历程[M]. 广州：岭南美术出版社，2012：179.

---

① 阮啸仙. 改造日记（一九二一年十月十日）[J]. 工业杂志，民国十一年春季[1922（1）：35-36]．
② 阮啸仙. 改造日记（一九二一年十月十日）[J]. 工业杂志，民国十一年春季[1922（1）：7-8]．
③ 张震球. 自传书（1943）[Z]. 2012：2.

1922年第三届学生180人，免收学费、讲义费，至于膳费、被服等用具，则由学生自备，属半公费性质。

考试颇为严格，有教育厅派来督学监考，偶有发现偷看人的或私相讲话和夹带等，就即当场赶出考场。数理化三科及格始能取录。

由于第一届学生属完全公费，第二、第三届又属半公费性质，其经费来源是由广东省政府批准在花捐项下，附加两成征收，全部拨作学校经费。至第一届学生毕业后，这种附加征收改由广东省教育委员会办理，学校经费由政府统一拨给。

3. 实验、实习时间达部颁规程关于占总授业时间五分之二的要求，其特色反映质量、体现水平，社会声誉与就业状况良好

甲工的教育特点，乃是学科之外，注重术科，重视实习，有五分之二的时间在工场。（注：上文所引用的《实业学校规程》，其第二条明确要求"实业学校之学科关于实习及实验时间，须占总授业时间五分之二以上"。与工业发达的欧美国家相比，近代中国的工业发展整体看处于幼稚期。由于工程建设环境之不足，致使工程教育十分困难。设置实习工场、教学模型、安排到省内外工厂参观等，以在一定程度上弥补上述之不足，得倾尽校力方可能及。盖旧中国的高等工程教育，按南京政府1929年8月大学规程第四章第二十条之规定："农、工、商各学院学生，自第二学年起须于暑假期内，在校外相当场所实习若干时期，无此项实习证书者，不得毕业。"然受制于国内幼稚的或不景气的民族工业，执行校外厂矿、工地的专业生产实习制度，难度相当大，好在所谓"若干时期"伸缩性大，不少实习终究在校内所设的实习工场完成）。① 各科学生毕业后，机械科学生多由广东省工厂、电厂、自来水厂聘请去当技术员或工程师等。化学科学生多去各化学工厂、肥皂厂等当技师。染织科学生最为吃香，将毕业时，已有很多织布厂、染布厂等事先预约聘请去当技师。所以甲工学生对当时社会的影响和作用有一定的积极意义，同时也说明了甲工学校在学术上和工业上的发展与成就。

4. 临江而建的校园位于城西之郊，远离市区繁嚣，正是营造藏修息游与强健体魄的好环境

甲工学校校址范围相当宽敞，面积约有500市亩（注：500市亩之说似不确。存疑待查。叶家俊于1929年12月提供的数据为44.7亩，按教育部1933年11月出版的《第一次中国教育年鉴》所说："全校面积约十余亩。"叶氏之说与他人的忆述较接近。盖1924年7月甲工始改为工专，其间没发生校地出让变卖事项），②③ 校门口有小花园，广植树木，面临流溪河，建有码头，沿河直通石井、清远等地，经常有运载货物船只来来往往，系粤北水路交通要道。暑天一般学生在河上游泳，系一天然游泳池（其时广州尚未有河边游泳棚的设备）。

注：甲工前身省工艺局以为天地形胜"局门滨河"得运输之便。但校址的选择，在给染织、制糖、造纸等生产实习以用水便利及学生夏日弄潮愉悦之时，校园因处洼地也饱受水龙王淫威的折磨。广州1912年5月、1914年6月、1915年7月、1924年7月等数个年份的洪灾，甲工也深受其害。1914年6月24—27日，因连降大雨洪潦成灾，如后任校长叶家俊言："民国三年，粤省水灾。本局迭遭其患，损失原料品物甚巨，房舍工厂，均受损伤。"1915年5月29日，甲工所在的南海县各堤围崩决，水淹学校所坐落的西村；7月"连日潦水暴涨""水势浩瀚"，至13日洪水又涨。"西村地处卑下，受灾尤烈。闻全村居民尽没于水。远望但见高屋之脊数角及树杪数株而已。"总之，甲工于夏季常因校园"水漫金山"久不消退，而影响教学。④⑤

---

① 教育部公布大学规程（民国十八年八月十四日）[M]//中国第二历史档案馆. 中华民国史档案资料汇编，第五辑. 南京：江苏古籍出版社，1994：177.
② 叶家俊. 广东省立工业专门学校概要[J]. 新建设，工业专号，1929（6）：236.
③ 丙编，教育概况：广东省立工业专科学校[M]//国民政府教育部. 第一次中国教育年鉴. 上海：开明书店，1934：175.
④ 叶家俊. 广东省立工业专门学校概要[J]. 新建设，工业专号，1929（6）：231.
⑤ 中华要闻：广东水火大灾三志[J]. 欧战实报，1915（16）：13.

1931年间校门之一与游泳场。甲工在1924年改为"广东省立工业专门学校"。这里借用1931年的工专图片以作参考。从图可见：江河行地，咫尺校门外便是浮动码头；学生课外习泳、登埠歇息是如此之便

图片来源：本校风景、游泳场［Z］．广东省立工业专门学校第四届毕业同学录（民国廿年七月十三日），1931．（广东省立中山图书馆古籍、地方文献阅览室馆藏）

到1931年10月，经工专化学科主任李文翔公关穿梭，由工专牵头，把学生饭后散步常到工专里来的省立一中即后来的广雅中学校以及办学立案未久的、由国内基督教徒自办自养的教会学校私立美华初级中学（今广州美华中学）等三校力量聚拢，师生共同捐款1100元，外加对体育感兴趣的海军司令陈策及虎门要塞司令陈庆云等社会名流捐赠（两陈各捐500、100元），把流经工专校园外围一段河道的一片水面辟为游泳区，以惠及三校近千师生和附近民众，并取名"西山游泳场"，于当月15日启用。场内设初级、高级泳池及水球场各一个，跳水台一座，并备救生艇一艘。①-③ 此前，已有若干学校于珠江河畔建简易泳池。如岭南学校（1916年由该校教员、学生挖凿而成）、中山大学（1928年6月）以及培英中学（1928年），工专属第四个，也是采用联合共建方式的第一个。可能受此启发，省立一中于1933年9月后，也发动师生员工捐款在校园一角修筑游泳池。《广东省志·体育志》2001年版关于体育场馆建设的叙述，注意到岭大与省一中这方面的举动，工专的则未被记录。

作为题外话，当时广州市增埗自来水厂取水口，就设在西江防洪堤区域的增埗河段。按现时通常的供水水资源保护区中有关地表供水水源地的保护做法是，陆域保护范围，以自然防洪堤为界，取水口上、下游各2000米，纵深至水厂一侧500米所形成的区域，不准停泊航船和设置可能污染水体的工厂、食肆等场所。取水口旁的游泳池，存在污染水体的可能。当年用惯西江水与市区街头井水的人们，大概以为珠江的西江水，是取之不尽用之不竭的，故而对潜在的污染可能不以为然。1928年9月15日民国政府施行的《自来水规则》有19条之多，但都还没有涉及水源地供水安全问题。1931年前后工专的土木工程课程兼职教授陈良士，同期为广州市政府自来水管理委员会兼职工程师，将数年间在工专、岭大及中大3校所编写的课堂讲义整理为大学教材《都市给水学》上下册，由商务印书馆于1939年10月出版发行。该教材"第一编　水质与水量"中的"第二章　各项水源与其出水量""第三章　各项水源之水质与其选择"及"第五章　水质之化验"和"第六章　水致之传染病"等章节，④ 倒是明确指出都市民用水源的安全问题即供水风险，只是当时这种声音不为人们所重视罢了。幸而，增埗水厂还运转至今。

有极为广阔的体育运动场，学生多喜欢篮球、排球、足球运动。在〈广州市〉历届体运会上，甲工学生和培英、培正以及岭南等校都大显身手，与之争夺冠亚军。

---

① 会议录：筹建游泳场工专、一中、美华三校代表第一次联席会议记录；三校代表第二次记录［J］．工专周刊，民国二十年十月五日［1931（3）：4–5］．

② 特载：西山游泳场开幕纪盛［J］．工专周刊，民国二十年十月十九日［1931（5）：5–6］．

③ 校闻：体育部概况［J］．工专周刊，民国二十年十一月二日［1931（7）：2］．

④ 陈良士．都市给水学，上册［M］．北京：商务印书馆，1939．

注：广州受西方文化影响较早，民众的体育活动开展得也较早。光绪三十一年十二月（1906年1月）粤省即举行第一次全省运动大会，比旧中国的第一届全国运动会还要早25年。① 当然，市内许多学校不似有甲工这般的运动场地。为解场地不足之困，民初省教育司特地于所在办公地广州九曜坊辟出数个运动场地，学校于每月的20—25号报送预约时段，依时组织学生过来使用场内所置备的网球、吊球、篮球及排球等器材。每场以1小时计，收费2角。单双杠等体操器械则任由使用，暂不收费，以示鼓励。② 有众校与甲工运动场地之殊，则不难理解，甲工生、工专生（包括高中部生和专科部以上学生）何以赛场上敢与他校争雄了。当然个中更为切实的因素，不妨设想是因习工业知识、高等工程知识需要强的精力和体力，以对付比一般学校多得多的功课与生产实习，也为日后可能面对的体力劳动强度大的机械化、半机械化的工作环境而未雨绸缪。同城之南郊远邻岭南大学所陈放的体育银杯、银鼎累累，光芒闪烁。其学人曾自嘲道："岭大体育虽是称雄南方，历年运动比赛胜利，却多仗附中同学辛苦挣扎得来，大学同学不过是长于摇旗呐喊，虚张声势。"这多少是该校1930年未有工科生之前的一个写照。③

设有校医室，有针药设备，设西医、护士各一名，便利学生有病时就医，一律不收费。

美术室陈列有各种飞禽走兽〈等〉，生物制成的标本，还有许多名画和学生的作品。名画中记得有一幅"百虎图"、一幅"百鸟归巢图"都极宝贵。

此外，学校还有一种新式洋乐，共20余件，这些东西由黄强捐赠给学校，据说是其在省长公署从陈炯明那里要来的。

注：依前文所引《天津益世报》的相关报道，应为局长、校长黄强以省长公署所拨款项添置的进口铜管乐器。铜管乐器在欧美国家中，广泛用于军队、官场礼仪场合下的军乐演奏及大中学生文娱活动，清末进入国内。此后，粤省尤其广州市的教会学校与华侨捐资的学校，都陆续地成立管乐队。直至1931年，甲工已从中等职业学校升格为高等专科学校之后，仍如一样，聘有音乐教师教授学生，说明从甲工到工专对学生音乐学习是有所重视的。从校外看，1927年11月6日，在岭大"怀士堂"召开的冬令大会上，该校基督教青年会音乐部部长、暨民后代工读生冼星海于会间演奏"杀些风"（Saxophone，萨克斯风），即用木管乐器单簧管吹奏，又和李惠伯等人合作横箫与弦琴三重奏。1929年10月初，该校把银乐队从大学部交与附属中学管理。这说明岭大管乐队早已有之；1932年7月5日，中大举行本科第六届、高中部首届两类毕业典礼，尚需邀请"市政府派铜乐队到场行礼"即奏乐助兴。这说明其时中大管乐队或未成型或原有骨干成员已毕业离校、队伍尚在重新整合之中。由此可知，在广州地区学校中，工专拥有铜管乐队，早于1930年1月才成立的广州市政厅音乐队即铜管乐队，也似早于中大，但可能迟于西乐气氛

---

① 政协广州市委员会文史资料研究委员会. 广州近百年教育史料（晚清—1963），广州文史资料专辑［M］. 广州：广东人民出版社，1983：82.
② 广东省教育司布告，布告运动场规则文，教育司运动场规则（第四十一号，民国二年三月十四日）［J］. 广东公报，民国二年三月十五日［1913（189）：14-16］.
③ 校闻：大学各社团比赛篮球之壮观（1929年12月20日）［J］. 岭南青年周刊（岭南大学学生基督教青年会会刊）1929，18（15）：5［广东省档案馆电子文书号，038-001-95-037-040：5］.

浓郁的岭大，且其当年影响力则都不及后两者。作为校际管乐队，人家在20世纪二三十年代，于社会已陆续小有名气了。①-⑤

由于学校在郊区（注：当时西村至增埗是田畴荒冢。1918年10月，广州始设"广州城厢市政公所"，1921年2月15日广州正式建市。此前广州地域以永清路即后来陆续更名的永汉路、北京路为分界，由南海县与番禺县管治。1923年12月24日，市政厅拟定广州市权宜区域范围是"东自……南自……西自……北自沿河经牛牯沙之北、泮塘埠之南，转入涌，沿涌道至罗冲围之东、泥城及工艺局西，沿涌道至黑药厂之东、增埗之西、牛角围之东，沿涌道至田心村及粤龙村之东……"可见直至1923年12月，与工艺局相邻的"涌道""增埗""牛角围""田心村"等一带，都还属于广州的西北郊），⑥ 故设有校警一班，由政府方面拨给枪支负责保卫学校（注：增埗对岸的鹅掌坦乡，时人谓之土匪巢穴。1925年该处土匪绑架私立美华学校的华侨学生，乡民及师生深感安全无保障。所谓"政府方面"是指广州市公安局南岸分局指派该局之第四大段驻地警员到校执勤。⑦ 他们的服务勤惰以及警容礼貌状况，由学校庶务处派员巡视督促。广州市公安局于部分学校驻警或巡查，可能是通例。如岭南大学收回国人办理后，从1927年8月起就由市公安局珠海分局特别分驻所出警36人驻校内15处地方执勤，年度所需过万元的经费也由政府负担。⑧⑨

1930年广州拓城后所立陆界界碑式样

图片来源：广东革命历史博物馆. 见证广州扩城的民国时期广州市界碑[DB/OL].（2013-09-17）[2015-12-13].http://www.dayoo.com.

5. 以由近至纵深、由眼前至四周、由校至社会的角度，徐徐展现办公场所、图书馆、课室、宿舍等校园建筑布局

校舍为旧有建筑，古香古色，校门口原有两个石狮子，后来不知搬到何处。

注：甲工校园虽为晚清兵工厂一旧址，但内中也还有从前道士聚居之所：离明道观一类的老建筑。联系下文所说的"大厅两旁""内厅"等方位表述，该处建筑大体为"三间两廊"形式的家居类用房。以旧时书院、庙宇、祖祠作学堂，是民初地方学校的特色。兵工厂旧舍等这类老建筑，终究与近现代教

---

① 第十四次市行政会议：市政府筹设市音乐队（民国十九年一月十一日）[Z]//广州市政府. 广州市政会议录（1921.2—1934.12），第一辑，上. 广州：宏艺印务公司，1934：1515.
② 会闻：四行社记者. 广州各校青年会冬令大会（1927年11月20日）[J]. 南大青年周刊，1927，16（8）：1（广东省档案馆电子文书档号，038-001-93-014-016：1）.
③ 私立岭南大学银乐队规则（1929年10月4日）[J]. 岭南青年周刊，1929，18（4）：4.（广东省档案馆电子文书档号，038-001-95-004~005：2.）.
④ 校闻：本届及高中部毕业典礼定期举行[N]. 国立中山大学日报，1932-07-02（2）.
⑤ 广东省地方史志编纂委员会. 广东省志·文化艺术志（上古—2000）[M]. 广州：广东人民出版社，2001：406.
⑥ 省长廖仲恺呈请大元帅，现据广州市政厅拟定展拓广州市权宜区域范围，连同图说转呈鉴核由（民国十二年十二月廿四日）[J]. 广东公报，民国十二年十二月廿六日[1923（3339）：10].
⑦ 广州年鉴编纂委员会. 广州年鉴，下[M]. 广州：奇文印务公司，1935：第16卷，101.
⑧ 校闻：本校警费由市政府担任〔负担〕（1927年10月16日）[J]. 南大青年周刊，1927，16（3）：4.（广东省档案馆电子文书档号，038-001-93-004：3）
⑨ 广州年鉴编纂委员会. 广州年鉴，下[M]. 广州：奇文印务公司，1935：第16卷，106-107.

育所强调的光线充足柔和、空气流动清新等校舍建筑布置等基本要求有相当距离。在教育事业维持费有限还不能旁及改造校舍的情况下，甲工宽阔的校园、茂密的道树与滨河的天地云水环境，倒也在某种程度上弥补当中的不足。

由校门通道直进校内，中座有大厅设为接待室，会客以及接待来宾〔客〕均在这里。

大厅两旁和内厅为图书室，藏书相当丰富，除机械、化学、染织等工业上应用各种科学书籍外，还有关于社会科学以及马克思、恩格斯、列宁主义译本，各种各类图书相当完备。这是孕育了不少革命青年一个很大的原因，这些进步书籍，在当时社会环境下不是公开发行的，故不易见。但甲工图书室却购来独多，可以自由阅读。能够从各地源源购到，原因是购买图书，学生会可以提出购书单，而主持学生会的又是革命的青年学生。当时的教职员多数是专门学科出身，故从学科方面来说，他们都有一定的思想进步性，这是当时各个学校所没有的，也是甲工学校特点之一。

注：1922年1月，粤省教育委员会对全省中小学图书馆室业务工作中的图书建设发布指导意见。其中，中学馆馆藏基础数为2000册。基本种类与藏量分别为德育的修身、伦理、教育、宗教等和智育方面的普通参考书各100册，哲学、心理学、伦理学等和语言学及各国文学等各40册，报纸杂志200种。生物、动植物、矿物学与数理化等自然科学与基础知识方面，医、工、建筑、制造等技术应用及中外历史正史方面各200册；名人列传120册，杂记40册，文学160册，小说300册，美术、艺术、音乐等100册，体操、运动、游戏等100册，群育及其他社会科学等100册。① 该项书刊购置指导意见显然是宽松的。它与当时广州标榜"新广东"较为自由的舆论及非政府组织蓬勃发展的政治环境，倒是相一致的。甲工办学时期，作为近代革命策源地的广州，正值各式各样的资产阶级民主革命与社会主义革命等方面思潮奔涌时期。前文所涉的毕业生张震球曾忆述道：大革命潮流汹涌澎湃，许多同学思想趋向革命。"我们订阅了共产党内部出版的书报，如《犁头》《中国青年》《向导》《共产主义的ABC》等，影响了我，感动了我。再加上一个重要原因，我们工专学校内共产党员很多，甚为活动。于是我就积极找关系，要求加入共产党组织。"②

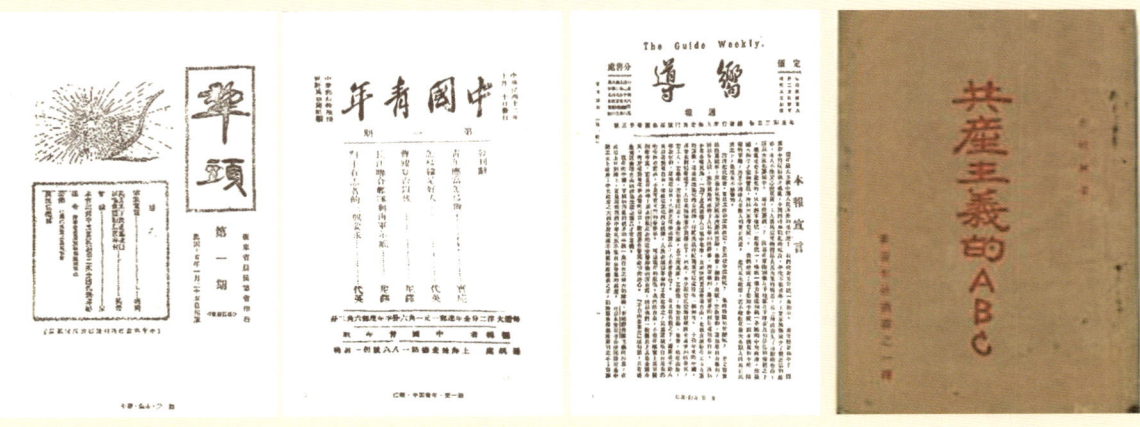

内进为教务处、总务、会计等办公室，二楼为校长室和教职员宿舍。

学生宿舍有南、北、中3座，都是两层木楼。教室分布四周〔围〕，悬有木牌标示某科某年级教室。

在第二届招生时，男女兼收，有女生20余人，另设有女生宿舍。每一宿舍设舍监1人，管理颇为严格，早晚点名检查，如同军事管理一样。

---

① 要闻，国内之部：广东规定各校选择图书之标准（十一·一·七）[J]. 新教育，1922，4（3）：505.
② 张震球. 自传书（1943）[Z]. 整理：张建华，2012：2.

校中央有大膳堂及休息室，均属平房建筑……两旁有两个大池塘，四周〔围〕有通渠沟通两个池塘，遍植莲花和养鱼于其中。课余之暇，因学校离市又远，学生多在此垂钓。又为了沟通南、北、中3座宿舍和教室、工场等互相所系，故在池塘上建筑有凉亭、水榭以及木桥于其间。

6. 偌大校园，山水尽收

后山建筑一座高大的平房用作染织科大工场。改"工专"后，并在后山新建一座宿舍，为两层木楼，可容纳学生百余人住宿。

7. 民初，政府主管教育部门尚未要求属下工科学校设置所谓校外生产实习基地，但甲工校内实习场所已颇具规模，管理还算有板有眼，为社会、企业所信赖；兼之实习与生产相结合，部分制成品还进入市场流通环节，似有今日所倡导的学校产、学、研体制的影子

学校本身设有机械工场、染织工场、化学实验室。（注：设立校内实习工场，民初即有要求。1917年，北京政府教育部提出："查实业学校工业一种，应用最广，设备最难，非备有实习工场，其操作技能莫由造就……须知甲乙种工业学校，原为养成学生有工业上之知识技能，俾将来独立营业或充当各项职工，即以其工作供社会之所需……无论甲乙种工业学校，所有工场均应完全设立。其组织设备布置，一照普通工厂办理。凡属学生能作之业，即以学生为职工。除通习科目及必须在教室内讲授之学科外，尽可即就工场施教、实地工作，以资练习……所制货品务须体察地方情形，期以适用，力求改良。制成之品即由学校售卖，除开支原料、器具、杂费外，所有余利可照普通工厂之例，以一部分作为职员、职工红利或奖励，其余即为学校扩充设备之用。庶学生既可养成实地工作及营业之经验，而学校作业试验亦不至徒归消耗。"①）

机械工场设有马达、车床、刨床、钻床、切削床等多〈种机〉具，还设有翻砂、铸造、工模等供学生学习，学科术科并重。

染织布工场有〈日本式〉足踏铁〈轮〉织机七八十台，木〈轮〉手织布机三四十台，木〈轮〉手织毛巾机五六十台，花织机4台。此外，还有印花模型以及漂染池、晒干场等。（注：1921年8月前，染织工场功能不同的设备及数量尤多。计新旧式手织机有8种：高机、坐机、厩机、弓棚机、

1918级机械科学生阮啸仙、刘尔崧等在机械工场实习
图片来源：广州博物馆. 广州历史文化图册（上古—1949）[M]. 广州：广东人民出版社，1996：287.

辘轳机、唐碓机、毛巾机及多被机70余台，织造平纹、柳条纹及斜纹的新日式足踏铁轮织机200余台。广州机织棉纺业行认为：该行在广州20世纪30年代前处萌芽期，之后进入兴起期。由于1927年广州首家民营"赵南胜布厂"才开始采用日本的旧式脚踏铁木织布机开业织布，②联系上文，由是观之，此前甲工染织专业，包括工专机织专业学生，所习的应是引领社会机织生产的新知识、新工艺与新技能，且多在官营布厂就业。不然何以有前文关于"染织科学生最为吃香，将毕业时，已有很多织布厂、染布厂等事先预约聘请去当技师"之说？陈济棠主粤的20世纪30年代为机织棉纺业兴起期，则进一步说明，全省唯一的、有10多年办学史的工专机织专业，虽已于1929年奉命合并到南通私立纺织专门学校，但此前所培养的机织、染织两专业毕业生，显然在发挥作用。另外，1921年年初，甲工实习工场带实习的工匠、艺

---

① 省长朱训令各道尹，转饬工业学校筹设工场已设者，应照普通工厂办理文（民国六年三月二日）[J]. 广东公报，民国六年四月十七日[1917（1433）：14-15].

② 张克坚. 广州机器棉纺织工业[M]//中国民主建国会广州市委员会，广州市工商业联合会，广州市政协文史资料研究委员会. 广州工商经济史料，广州文史资料，第三十六辑. 广州：广东人民出版社，1986：54.

徒、生产人员配备大致是：机械厂工匠50余人，艺徒20人；染织厂女工百余人，染工数人，艺徒20人。由于学校前身为工艺局，故改为甲工以后，仍有艺徒两班，从事染织布机械工作于技术学习之外，亦要接受课堂教学，不过仅作为高小学校等级的预科生①。）

染织工场，还有技术熟练的女艺徒四五十人，生产精良土布以及毛巾等，在本市大新路设有销售门市部，推销产品并作为推广工业的宣传基地。所有出产的土布、毛巾等质量坚实、耐用，品种新颖，深受群众欢迎（注：全国实业学校校长会议议决案之第三十四项是"实业学校宜注重自营案"。该案提出：学校推出多项为学生而设的"规模较小、成本较轻，可以自营之事业"，学生"其志趣性格，尤易养成独立"。②甲工办学章程中提及的"分销所"与这里的"销售门市部"应是同一事物的不同说法而已。门市部即为学生而设的小小自营基地）。很多机关、学校、工厂，从各地来学校订购，称誉一时。过去〈广州〉宁水布厂以土布出名，远销南洋各地。这个厂的技师就是甲工的毕业生（注：染织专业开办至1918年8月甲工成立前的七八年间，有400多名毕业艺徒被省内工厂聘为技师者。其实，这间设在广州西湖路的、省内规模较大的宁水布厂，"技术员大都由广东省立〈第一〉甲种工业学校染织科的毕业生充任"，上文谈及的原甲工染织科主任伍颂汤为机械技师。该厂初用手摇木机织布，"织布女工是广东省立〈第一〉甲种工业学校前身工艺局的纺织学徒，有一定的技术水平。厂所出产的浅灰色平纹窄封〔幅〕爱国布（幅宽为排线尺1尺，长1丈左右），质地很结实，用硫化染料漂染，不褪色，耐洗耐穿，风行一时"③④）。

化学实验室各种设备颇具规模。如化学仪器、实验药剂等都甚齐备。在教师讲解指导下，专供学生实习。当时出产有香精、香皂、雪花膏等，质量良好。此外，还有如广东兵工厂或其他化学工厂，有化验不了、研究不清的问题，很多送到甲工帮助化验，因而也解决不少疑难问题。⑤（注：甲工能协同在粤期间的广东兵工厂的生产，既反映其对待孙中山领导的资产阶级民主革命的积极态度，也反映了其解决军工生产实际问题的能力与社会声誉。广东兵工厂即上文所涉的石井弹药厂。其后一再易名为制造西局、石井兵工厂、广东兵工厂、广东第一兵器制造厂。它作为省军工业的代表，以其领衔全省机械制造与生产的技术水平在20世纪30年代鲁、鄂、蜀、粤四地的兵工厂中居领先地位，这为后来脱胎于甲工的工专机械工程教学的提高有促进作用。该厂从仿造英式"后膛7响连环快枪"、比现代左轮枪大7.倍的"猪仔脚短枪"以及德国1888式及1903式毛瑟枪、"马梯尼亨利""斯乃德""云者士得"等枪械起步，到抗战前发展为可生产步枪、轻重机枪、手枪、弹药、炮弹、手榴弹、鱼雷、水雷等8类56种产品的粤省综合性兵工总厂。该厂等级高、控制严，厂长、处长以上管理人员任免以及从工厂建设到生产计划，均须呈政府最高领导人审定。七七事变后该厂奉命先后远徙广西融水县、贵州桐梓县坚持生产。后拆分为四川赶水的兵工四十厂，与河南巩县兵工厂、江陵兵工厂、沈阳兵工厂等4厂合一的贵州桐梓兵工四十一厂。其中，四十一兵工厂开发当地水利资源，建成天门河水力发电厂。该电厂迄今仍能为当地工业发展发挥效益。抗战胜利后它们结束生产。除上述的电厂外，人员与设备尽遣，两厂即不复存在。⑥⑦）

---

①阮啸仙. 改造日记（一九二一年十月十日）[J]. 工业杂志，民国十一年春季[1922（1）：46-47、6］.
②全国实业学校校长会议议决案（文件号阙如，民国六年）[M]//邰爽秋，王克仁，王倘，等. 历届教育会议议决案汇编，教育参考资料选辑，第五种. 上海：教育编译馆，1935：60-61.
③阮啸仙. 改造日记（一九二一年十月十日）[J]. 工业杂志，民国十一年春季[1922（1）：46］.
④邹旭升. 我所知道的宁水布厂[M]//《广东文史资料精编》委员会. 广东文史资料精编，上编，第3卷，清末民国时期经济篇. 北京：中国文史出版社，2005：344-345、348.
⑤余勉群，罗百先. 广东省立第一甲种工业学校（1964年）[M]//政协全国委员会文史资料委员会. 文史资料存稿选编. 北京：中国文史出版社，2002：610-612.
⑥《中国近代兵器工业》编辑部. 中国近代兵器工业：清末至民国的兵器工业[M]. 北京：国防工业出版社，1998：158-160.
⑦政协贵州省委员会文史资料研究委员会. 贵州文史资料选辑，第二十八辑[M]. 贵阳：贵州工学院印刷厂，1988：1-2.

这里，需要补充的是：

其一，从甲工起，历任校长与教师，大部分是从留学欧美或留学东洋的毕业生中延揽的。

由于我国跟外国在历史与现实、教育思想与社会风俗习惯等方面的较大差异，自20世纪20年代初起，国内教育体制改革从清末民初起就师法日本，转为向美国寻求出路，不少改革有着浓厚的美国印记，其间所凸显的科学性、民主性与现代性，为师生所欢迎。[1] 受这种倾向性的影响，在一部分人中形成一种社会成见。即不论在晚清还是民国，留学欧美与留日毕业生有不同口碑。后者的社会地位始终低于前者。当时留学生中有所谓"东洋派""西洋派"等。西洋派中又分英、美、法等派。部分学校与学生多注重教员留学资历，认为欧美留学生基本上拥有硕、博学位，科学文化素质最优，日本的次之，而本国的毕业生常被轻视。[2]

其二，1922年11月，国民政府颁布施行学校系统改革案，确定甲工这类甲种实业学校一律更名为职业学校。但目前，在所能看到的且有限的文献资料，或者零星的回忆录里，都不曾觅得改革案颁行后有关甲工为之更名的记载。

其三，1917年，全国实业学校校长会议所通过的议决案之第十八项为"优待实业学校教职员办法案"，力图从制度上保证这类学校的师资队伍的稳定。

当时，公办实业学校的经费和教员待遇，分别略多于和高于普通中学。如以个人待遇为例，虽暂未能知悉此间的明确数，但有民初情形可资参考。如针对办学经费由省政府支出的学校的教员薪俸，自1913年1月执行的广东统计院所制定的薪俸暂行章程就明确：教员以每周教授时数计算月给薪俸。其中，对于专门学校，其计算基准以每周授课一时论。所授为主要科目，每月应支8元；属普通科目中的高级课程者，月支7元；属体操课者，月支4元。与之相对照的普通中学，其计算基准同以每周授课一时论，所授为文史地、数理化以及外国语等普通科目，月支5元；为音乐、图画、手工、体操等技术科目者，月支2.5元。这里的"授课一时"，当可理解为1节。显然，较量两两收入之丰啬或高低，以实业学校者为胜。

工艺局开办后，国内还没有针对各级学校教职员晋级、晋等后薪俸计算标准以及发给细则等丰俭水平的专条规定。到了民初，北京政府教育部遂通知所属："教育各职员薪俸均按财政部所定职员薪俸发给细则，一律办理"，即作为各级学校计薪、起薪的依据。[3] 教育部此举无疑是，至少在薪俸发放方面把学校教职员归入政府公务员行列了。由此推断，广东于1913年所订定的"本省暂行教员薪俸章程"会因此停止执行。1914年7月及1917年5月，北京政府先后有针对直辖专门以上学校、国立大学方面的教职员薪俸发放规程，但像甲工这类职业教育学校的教职员薪俸发放规矩，暂未见到。

大概有此前提，1915年之前的民国三年"内国公债"刚收尾，是年3月粤省为执行北京政府财政部关于募集国家资金、继续发行"四年份内国公债"80万

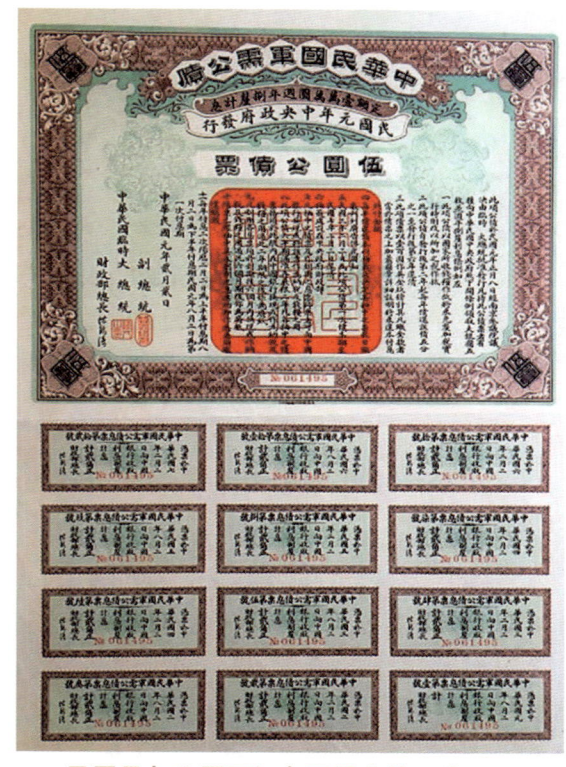

民国元年八厘不记名军需公债，分5元、10元、100元、1000元4种。中英文正反面印刷。图为5元债券式样

图片来源：许善斌. 特殊年代的纸上历史：证照中国（1911—1949）[M]. 北京：新华出版社，2011：107.

---

[1] 周棉. 从模仿外国到本土化：归国留学生与民国时期新式教育体制的建立，[J]. 浙江学刊，2012（5）：66-67.
[2] 沈宗瀚. 沈宗瀚自述：苦难求学记[M]. 台北：传记文学出版社，1984：73.
[3] 广东巡按使公署，饬全省各学校遵照部定职员薪俸发给细则办理文（饬第一千〇二十四号，民国四年二月十六日）[J]. 广东公报，民国四年三月十一日 [1915（795）：7-8].

元的命令,要求"本省政界、警界、学界各机关,各将全部一个月之薪俸配销四年内国公债",即个人一个月的薪俸匀摊为5份,于当年3月至7月的5个月内,买完所配份额。省财厅所下达扣解个人一月薪俸的"各机关配销四年份内国公债金额一览表"中,毫不犹豫地将工艺局列入其间。

又如,省长公署于1918年批准"开办广东公益彩票,借以救济金融",同年11月由省财厅出面"饬催各军政机关认销",被硬性摊派点名"将认销数于文到十日内迳报财政厅"者当中,还是有省工艺局。①②而这时,是工艺局与甲工并存的时期。

1912年1月。由临时大总统孙中山批准发行1亿元、6年还清的首项"八厘公债",旨在"专以充临时政费及保卫治安之用"。③民国推行公债,由此而起。

起于清同治十一年(1871)前后国内的彩票,又称"吕宋票""白鸽票""发财票"等,来源于西班牙殖民地的菲律宾。民国后,地方政府或士绅借彩票公司筹集经费或赈灾同时,也不乏趁势敛财的龌龊动机。由于彩票中奖与否靠的是运气,概率说了算,对被迫当"彩民"的人来说,他们出多进少,绝大多数所付必然是有去无回的;而言催逼买彩票,显有搜刮之嫌,甲工教职员有气也难出;但有奖公债一类,到期后不能按原先所诺如期兑现,却也令普通教职员担心。譬如,以往的几次国家公债分期还本付息以及兑奖事项中,"有奖公债第十三届抽签应于七年八月十五日举行,嗣因库储支绌,所有第十一、十二届两届当签奖金尚未发给",后省财厅应允:第一至第十二届中奖而被拖欠的,迟至1919年4月15日派发;第十三届的,推迟到同年5月15日办理兑现。发薪配销公债的做法,直到1926年还在进行。如市教育局面对日益增加的税赋,出面为学校求情,请市政府从当年9月起,停止对包括职教员工薪在内的教育经费搭发公债的做法。④⑤市属的已如此,作为省属工专等学校,料想也会被省政府似如来佛五指重重压住,而不得不从的。

其实,南北政权分治下的各地学校都出现上述搭发问题。如在北京,以北大为首的北京七校(北京大学、北京高等师范学校、北京法政专门学校、北京医学专门学校、北京农业专门学校、北京工业专门学校、北京女子高等师范学校),就曾联名陈情教育部,恳请免搭:"查各校教职员等终日热心校务,与普通官吏似有不同。纸币之亏折,既无法以弥缝,若再于此价低落无已之时,益以债券,其亏累更不堪言喻。为此公恳钧部,请将搭发公债一事对于京中直辖各校,免于实行,以恤士艰,而维教育"。⑥

话说回来,虽有以上种种逼迫个人掏钱包的政府行为,但当时文献显示,甲工一般教员的周课时数为20节,月薪为180元。同期,广州市立小学的级任及专科教师,月薪为36元,助教者则只有18元。⑦⑧其时,一名收入有限的普通单身工人月最低生活费用约为13.8元,另外,六口之家月最低生

---

① 广东巡按使公署批,批财政厅详拟各机关配销四年内国公债办法由(第三千〇四十七号,民国四年三月十五日)[J]. 广东公报,民国四年三月十五日[1915(798):5-6、26].
② 广东省长公署训令,省长翟训令各机关查照劝道认销广东公益彩票以救金融文,令各道道尹、各关监督、警务处、士敏土厂、省会及商埠各警察厅局、省地方农林试验场、工艺局(第七十五号,民国七年十一月六日)[J]. 广东公报,民国七年八月十四日[1918(1912):1-2].
③ 中华民国八厘公债章程(民国元年一月八日)[M]//中国第二历史档案馆. 中华民国史档案资料汇编,第二辑,南京临时政府(1912年). 南京:江苏古籍出版社,1991:303-304.
④ 广东省财政厅布告,厅长杨布告:开派第一至第十二届有奖公债当签奖金并第十三届抽签日期文(第三十二号,民国八年三月)[J]. 广东公报,民国八年三月十九日[1919(2010):8].
⑤ 广州第六十九次市行政会议:议决"教育局提议市教育经费请自九月份起免再搭发公债"案(民国十五年十一月七日)[Z]. 广州市政府. 广州市政会议录(民国十年二月—民国廿三年十二月):第一辑,上. 广州:宏艺印务公司,1934:432.
⑥ 请对各校教员薪俸免予搭放公债呈(1919年11月22日)[M]//中国蔡元培研究会. 蔡元培全集,第十八卷. 杭州:浙江教育出版社,1998:304.
⑦ 刘尔崧. 教员的人格与权利:金钱——名誉(一九二三年九月十六日)[M]//中共惠州市委党史办公室,中共紫金县委党史办公室. 刘尔崧研究史料. 广州:广东人民出版社,1989:23.
⑧ 广东统计院订定本省暂行教员薪俸章程(民国二年,具体月日不详),文牍,广东教育公报,第一年,中华民国二年六月[1913(9):372-373][M]//殷梦霞,李强. 民国教育公报汇编:第一六四册. 北京:国家图书馆出版社,2009:403-404.

活费用约为47.8元。①② 显然，前者生活的温饱程度，远胜于后几者；比起广西同行，日领菜金2角、仓米20两那样的清贫日子还是要好得多的。

（二）俊彦名声扬

甲工是当年广东省立唯一的一所工业学校。③ 因当初免费入学、公费膳宿，所以投考者众。学生多来自贫困家庭，④ 多为高小毕业，年龄多在17～26岁之间，因此能够考上甲工的，多为学习成绩较好的；许多学生年纪较大，懂得珍惜机会，因此学习比较勤奋，⑤ 况且不少教师才具出色，教学用心。一批师生后来于所在学科或专业领域里有所成就，为社会的经济与教育的发展都作出各自的贡献。

1. 我国纺织科研的开拓者——雷炳林

雷炳林（1879.1.20—1968.5，广东省台山市人） 他是自洋务运动以来，出国留学重矿、电报和铁路等行业，忽略西方先进的纺织技术背景下，自主投身后者的国内早年留美学习纺织第一人、纺织工程专家、纺织科研的开拓者。

1899年20岁的雷炳林赴美纽约帮其父打理洗衣店，在美籍牧师指引下，学英语及其他文化科学知识。1902年，其父将业务交给雷炳林经营。当时国内发生抵制日货运动，华侨兴起创办新兴工业之潮。香港华洋织造公司在美发起组织，雷炳林亦是发起人之一。从中感悟，决心学纺织。在几位叔叔扶持下，以无息贷款充学资，1910年31岁自美国宾夕法尼亚州费城纺织学校学成回国，本"实业救国""教育救国"之心，为纺织事业发展而努力。

雷炳林于1911—1913年任广东东莞工艺局局长兼织染教员，1913—1916年任粤省工艺局织染技师，后受张謇兄弟俩之邀，于1916—1923年间任开办不足4年的江苏南通私立纺织专门学校（今南通大学）教授，成为当时该校20名教师中先后于美高校纺织科毕业的4名教授之一。雷教学注重实际，以学用并举为重。执教之初，即指导学生自行安装新到的纺纱实习机器，深得张氏兄弟的信任。他为我国早期近代纺织业培育了不少技术人才，他的学生大多成为纺织工程界、教育界和科技界的领导人和学术中坚。

雷炳林
图片来源：刘垂绪，陆承之. 雷炳林传略［M］//中国科学技术协会编. 中国科学技术专家传略，工程技术编，纺织卷，一. 北京：中国纺织出版社，1996：12.

张謇兄弟何以要诚聘雷炳林？作为当时国内有名的近代实业家、教育家，张謇尊重科学、爱惜人才，深悟："我国实业教育纺织科为现时之必要，尤为美校所擅长……殆以国内此项专科不多耶。下走于南通经营纺织事业十有余年，苦纺织人才之乏也，乃建纺织专科学校，而延在欧美纺织科毕业者用英文直接教授。"⑥ 前已述及，雷乃国内在美专科学校习纺织工程第一人，他刻苦学习、大器晚成的经历，足堪为南通纺织学校学生的榜样。而雷氏被识才爱才的张謇所延揽。

---

① 刘尔崧. 广东职工运动（一九二六年五月二十一日）［M］//中共惠州市委党史办公室，中共紫金县委党史办公室. 刘尔崧研究史料. 广州：广东人民出版社，1989：122、137-138.
② 李德华. 广州市〈二十世纪〉二十年代小学学制架构及教师欠薪的风波［M］//广州市政协学习和文史资料委员会. 广州文史资料存稿选编（七、文化教育）. 北京：中国文史出版社，2008：217.
③ 阮啸仙. 改造日记（一九二一年十月十日）［J］. 工业杂志，民国十一年春季［1922（1）：29］.
④ 郭瘦真. 五四运动后广州青年学生的一些革命活动（一九六六年六月十九日）［M］//政协广东省委文史资料研究委员会. 广东文史资料：第二十四辑. 广州：广东人民出版社，1979：77.
⑤ 元邦建. 阮啸仙［M］. 广州：广东人民出版社，1983：8.
⑥ 张謇致北京政府教育部总长张一麐关于要求派人留学纺织函（民国四年四月三日）［M］//中国第二历史档案馆. 中华民国史档案资料汇编：第三辑，北洋政府时期教育（1912—1928）. 南京：江苏古籍出版社，1991：385.

雷炳林后于1923—1924年任上海永安一厂布厂主任，1924—1952年在上海永安一厂、三厂以总工程师兼制造部主任双重身份，负责全厂生产管理，包括动力设备、技术操作、保全保养和相关方面。这种既有生产管理权，又有行政管理权的管理方式，突出了生产技术的重要性。其集技术和管理及创立名牌于一体的做法，较之当时国内民族企业中，惯于追求商业利益而忽视技术管理的传统，是一大进步。由于借鉴欧美生产工艺管理的先进经验，尤强调和推行纺织工场空气调节技术和管理制度，使产品质量得以提高，劳动条件有所改善，广泛引起纺织界对车间温湿度控制的重视。当时市场上销售的棉纱布以日厂出品的为大宗，国产品几无立足之地。而永安公司各厂所打出的"金城牌"棉纱、棉布，不独用户信任，且能与外货相抗衡。其中的金城牌棉纱，直到中华人民共和国成立后的1960年9月，因棉纱按等级论价之后，才停用该商标。①

1939年南通学院（原南通私立纺织专门学校）纺织科学友会贺雷炳林60寿辰银质纪念牌

图片来源：中国著名发明家雷炳林先生60寿诞纪念银章［DB/OL］．（2011-11-20）［2012-08-19］．http://www.coinsky.com．

雷炳林除致力推行纺织企业技术管理与改革外，更长时期地以纺纱牵伸机构的研究、降低成本和提高产品质量为己任，终于1936年夏研究出精纺机弹簧销大牵伸机构（人称"雷氏大牵伸"）和粗纺机双喇叭导纱装置两项发明，在纺纱牵伸工艺中提出新颖的理论观点，开国内纺织科研之先河。《申报》有通讯评论道："一雪外人讥笑中国人仅能使用机器，而不能发明机器之耻也。"② 后为英国皇家学会会员。在印度、美、法、德、意和瑞士等国有专利注册。其综合性大牵伸在1957年被纺织部授予技术成果一等奖。国家科学技术委员会亦于1966年3月2日颁发了发明证书。1955年退休后至1968年，雷炳林受命参与有关牵伸技术的研究与开发，卓有成绩，并获得奖励。

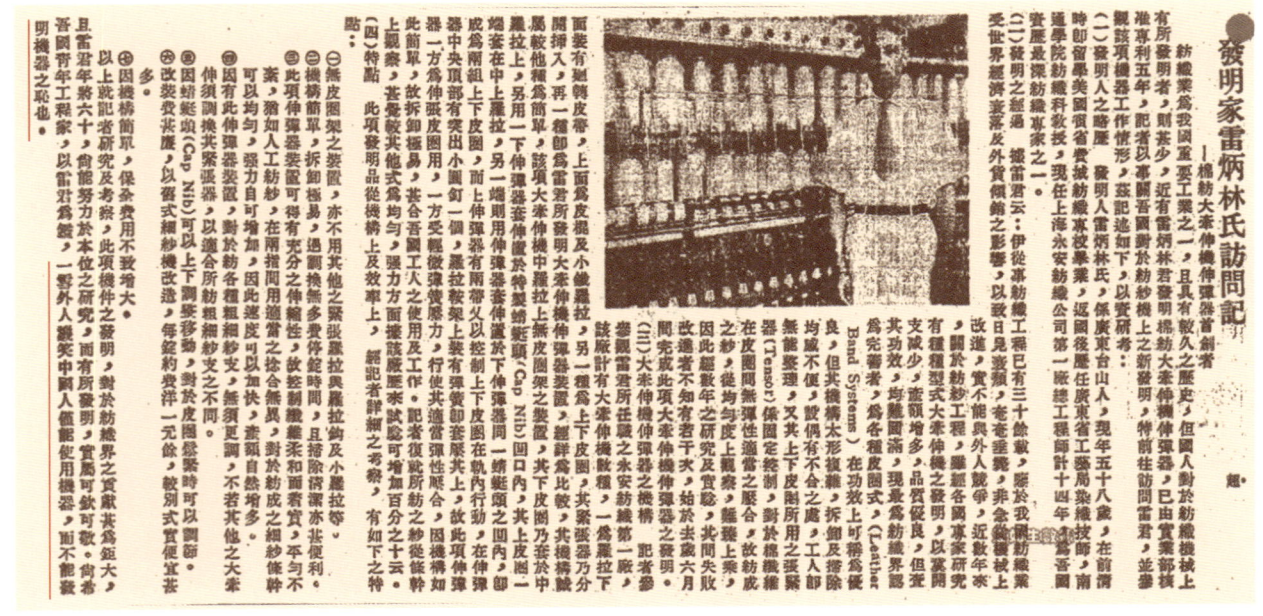

---

①中共中央书记处研究室．陈云文选（一九四九——一九五六）［M］．北京：人民出版社，1984：345．
②超．棉纺大牵伸机伸弹器首创者发明家雷炳林氏访问记［N］．申报，中华民国二十六年四月二十一日［1937-04-21（第四张，15）］．

2. 创岭南画派之一代天骄："二高"——高剑父、高奇峰

19世纪末20世纪初的中国，西风东渐。早先对外开放的广东，成为近代中国社会变革、文化变革、艺术变革最为敏锐的地区，以致近现代整个中国社会文化的转型，都与广东相关。近现代中国美术所面临的"中国画的现代化"与"西洋画的民族化"两个方面的革新，正是从广东开始。广东成为"艺术革命"的策源地、传统艺术走向现代的中心。即近百年来，广东美术的"中西融合"、洋画运动、新兴木刻运动，到中华人民共和国成立后广东美术家数度引领中国美术的"第一"，[①] 其最先引领者，就有前已述及的"两高一陈"中的高剑父与高奇峰。

1938年高剑父题字画

图片来源：山村野夫. 容大块作品欣赏［Z/OL］.（2012-02-08）［2012-03-25］. http://hanfengyuanlin.blog.163.com/blog.

其实，高剑父任职粤省工艺局与甲工前已成名在先，他既是追随孙中山资产阶级革命的革命派，也是热衷美术革命的改革派以及提携后生的教育家。离开甲工后，仍与其五弟高奇峰，会同陈树人，继续对他们所自称的国画艺术"折中派"作艰苦的开拓。此三子者，人曰画坛"岭南三杰"。

在他们的努力与志同道合者的协力下，这个流派于1948年约定俗成地名唤"岭南画派"，并终成为国画各派中深具影响力的一个流派。逾百年来，该画派在学术上仍存争论。如高剑父当时不认可该名号，认为其非地方性画派，实乃立足广东面向国内之一派。虽则如此，其始终是主流画派，与粤剧、广东音乐并称"广府三秀"。

广东绘画美术界对该流派的源流、发展进程、特点、主张、创始人与代表人物等作如下描述与评价：

国画《东战场的烈焰》，以其亲历1932年一·二八淞沪抗战，以及1938年10月21日广州沦陷及其他的所见所闻为题创作于1939年。他一反国画抒发闲情逸致的传统基调，直面社会重大题材，为其所倡导的"时代精神"、革新中国画主张的代表作之一

图片来源：光明文化周末，艺萃［N］. 光明日报，2017-07-23（9）.

> 中国画的一大流派。形成于清末民初，创始人为高剑父、高奇峰、陈树人，早期又被称为"折中派"。它与中华民族绘画史上的重要流派"京津派""海派"三足鼎立，是20世纪主宰中国画坛的三大流派之一，它同时又与粤剧、广东音乐并称为"岭南三秀"。
>
> 岭南画派以"岭南三杰"为代表，在理论与实践上自成一格：主张创新，反对模仿和墨守成规；主张写实，在技法上追求师法自然，即引入西洋画派，吸取古今中外尤其是西方绘画艺术之长以改造传统中国画，在中国画的基础上融合东洋、西洋画法而又自创一格；主张博取诸家之

[①] 李培，毕嘉琪，杨逸，等. 开风气之先，领时代之新，走变革之路，"其命维新：广东美术百年大展"在中国美术馆开展，554件经典作品首次集结［N］. 南方日报，2017-07-09（3）.

长，既要发扬中国画的优良传统又强调个性的发挥，使之朝着现代化、民族化、大众化的方向发展；主张反映时代精神，重视写生，提出要多画中国南方风物和风光，以岭南特有景物丰富题材。而最终目的则是希望通过艺术美的陶冶以"改造国魂"。

"岭南画派"的产生和发展，体现了一种新的文化精神。这种新的文化精神包含了四个方面的内容：（一）革命精神……（二）时代精神……（三）兼容精神……（四）创新精神……[1]

虽然，岭南画派与别的流派一样也有不足与时代限制。如有部分学者认为，其艺术理论与艺术实践存在差距，"折中中西"局限于形式，"中"有失神韵，即绘画偏重于承担启迪民众心智、探索救国道路的责任，艺术追求不够纯粹，艺术表现较为粗糙，"西"主要是由近代日本画家所过滤过的东方语汇，只是表层；"两高一陈"所习得的西方绘画理念与技法不够纯正等，[2] 且随着"两高一陈"的后学弟子代表人物关山月、黎雄才等的陆续辞世，学术上严格意义的岭南画派就此画上了句号。而其创新性、实验性为出发点的文脉，却并未中断。就此而言，本书以为他们在地缘美术文化所作的先驱化、多元化、包容化、本土化以及国际化等社会学意义上的贡献，并非过誉之论。

现在，论及高校事业的发展，不少人常以"大师"与"大学"即人和校的关联度，去考察学校发展进程中的关键问题。而当年不过为中等工业技术学校的甲工，却得两大师眷顾，虽其间高剑父与学生有过节或结怨，但他们所播撒的岭南画派文化精神，其影响则深远。

3. 岭南画派第二、第三代传人

受广州这块岭南画派艺术圣地浸淫，其中一批甲工、工专生接受"二高"的聆教或感化，毕业后继续追随他们，先后走上传承岭南画派艺术之途，有所成就者颇不乏人，成为众多岭南画派门生中源自该校的"二高"门下群体。

容大块（1900.4—1963） 原名建勋、星哲，又名冲，广东台山人，美术制版别科1922届毕业生。其陆续师从高奇峰、高剑父等，与多位大师交往甚密、私交甚好。其写生、绘山水方面的技艺和画作，参酌各家，与岭南画派代表人物之一黎雄才齐名，亦擅走兽、花鸟、虫鱼，亦工书法，作品笔调冷静，"放逸""浑拙""静穆"等风格流淌于不同时期，成为所在流派的代表人物之一，作品曾参加柏林、海牙、日内瓦各地之中国画展览。他也是该派成员及其作品"打过长江"的先行者之一，在上海画坛地位显赫，颇得沪上人士青睐。容大块能诗，为春睡画院学子中所少见。

高剑父看重容大块的弟子情分，一直将其带在身边直到抗战，后者的才学亦得以成为高剑父的一左右膀。容大块是"新国画运动"的先锋之一，以其辈分甚高的弟子身份与高剑父、陈树人、高奇峰等先生倡导"新国画"，1921年12月20日于文德路广东图书馆筹办了省城第一次美术展览会。[3][5]

容大块甘于淡泊，以中国文化为本，行万里路去拓展自己的艺术天地。陆续地为上海美专及广西省立第二、第三师范学校教授，弟子遍沪、桂等地。20世纪三四十年代中后期，壮游华

容大块

图片来源：肖阳，张素娥，黄大德. 壮游写生被桃李，不求盛名只求心［N］. 南方都市报，2008-12-11（D12）.

---

[1]《广东百科全书》编纂委员会，中国大百科全书出版社编辑部. 广东百科全书，上卷［M］. 北京：中国大百科全书出版社，2008：524.
[2] 滕菲，陈雪. 岭南画派：崇山峻岭之南的时代之光［N］. 光明日报，2017-08-01（15）.
[3] 广东省立中山图书馆，广东省珠海市政协. 广东近现代人物词典［M］. 广州：广东科技出版社，1992：424-425.
[4] 广州市地方志编纂委员会. 广州市志（1840—1990），卷十［M］. 广州：广州出版社，2000：301.
[5] 肖阳，张素娥，黄大德. 壮游写生被桃李，不求盛名只求心［N］. 南方都市报，2008-12-11（D12）.

南、华东、华中、华北以及西北各省，沿途写生，为其美术创作活动又一黄金时期。1948年自沪返乡，先后在新会、江门等地举办画展。中华人民共和国成立后，为广州美院教授，1953年被广州市人民委员会聘为广州市文史研究馆馆员。①

海派中国画艺术大师、现代中国画教学的重要奠基人物潘天寿于1963年6月应邀赴广东讲学时，于穗往晤世纪同龄人、昔日上海美专（即今之南京艺术学院）老友容大块，赋诗赠与友，一吐海派、岭南两大师惺惺相惜之情怀，由此可窥见容大块于画坛的地位。

> 曾记春申畔，盘餐首蓿芬。清癯原似旧，高雅不同群。诗律孟东野，名山宗少文。喜今重聚首，相对慰南云。②

同为海派中国画艺术的傅抱石，于1937年7月所著《民国以来国画之史的观察》一文，基本反映了傅的中国画改革观，在一定程度上代表了20世纪30年代部分国画家对中国画改革的看法。因此，在60年后被视为中国20世纪美术经典著述之一。③傅在文中，对容氏等人画作所透露出的不唯传统、敢于创新的画风表示赞赏，进而对岭南画派在中国近代画坛的改革多有推崇：

> 我对于春睡画院画展里，有几位的画我最佩服，一是方人定的人物，一是黎雄才、容大块的写生山水。这三位，最低限度，可以说是某部分上打破了"传统的""流派化"的束缚，同时所走的途径，已有相当的成功，是值得惊异的……
>
> 文化发达愈早的地方，现在愈不行，反之文化后起的地方则愈前进愈厉害……在中国，珠江流域是后起的……中国画的革新或者要希望珠江流域了。④

容大块1922年春在甲工读美术科时习作
图片来源：工业杂志［J］. 民国十一年春季［1922（1）：插图六］.

容漱石（1907—1996） 名硕，广东中山市人。毕业于1928年之前，高奇峰的及门弟子。虽从商，但未放弃绘画创作。擅画花鸟、人物、山水，尤长绘荔枝。作品曾于英、美、法、日、德、比利时、泰、菲等国展出。为当时岭南画派"天风六子"之一。1934年与黄少强等创立"六人画会"，1939年创立"香港美术学院"，1958年与赵少昂、林建同等创立"香港中国美术会"。著有《漱石画集》《广东名胜速写》《荔枝香集》《珂罗版学》及《绘瓷研究》等书。晚年主要在香港生活。

傅日东（1902—1974.1.11） 广东佛山市南海区人。毕业于上述的工业专门学校时期。师从高剑父，擅画佛，工真草，作品数度参加国内外画展及1933年美国芝加哥世界博览会。历任广东省立四中、广州市立一中、执信女中、私立培英中学主任教员，岭峤师范高级图、工、乐、体班主任以及广州亚东画社社长等职。抗战光复后，因家产与画作毁于战火而辍画。解放后为广东南海县政协委员。⑤⑥

---

① 广州市人民政府文史研究馆. 广州市人民政府文史研究馆馆员传略［M］. 广州：广州出版社，2016：382.
② 与容大块晤叙广州国画院［M］//卢炘，俞浣萍. 潘天寿诗存校注. 杭州：中国美术学院出版社，1997：178-179.
③ 万新华. 傅抱石论艺［M］. 上海：上海书画出版社，2010：6.
④ 叶宗镐. 傅抱石美术文集［M］. 南京：江苏文艺出版社，1986：178、180.
⑤ 广东省立中山图书馆，广东省珠海市政协. 广东近现代人物词典［M］. 广州：广东科技出版社，1992：426、506.
⑥ 岭南画派纪念馆. 两岸三地岭南画派画家邀请展作品集［M］. 广州：岭南美术出版社，2007：36.

阮云光（1901.11.18—1991.2.24） 本名文光，别名云光、煜、旭、华旭，广东中山市人。与大多数甲工生为贫家子弟不同，阮云光家境殷实富足，家族织造布匹兼从商。其1920年入读甲工美术制版别科，与容大块同班，作高奇峰门徒，潜心学艺。1925年入"春睡画院"拜高剑父学画，同年9月考入广州市立美术专科学校西洋画系就读3年，受梁銮、冯钢百、赵雅庭、关良、谭华牧、何三峰、陈之佛等名师栽培。1928年毕业后主要在穗港两地从事艺术活动。1932年10月至1936年11月两度赴日本东京游学，继续其"中西融合"的绘画实验。回国后在穗、沪、港及中山等地继续从事艺术活动。

中华人民共和国成立后的1950年某日，部队持枪列于阮家绮霞楼大厅两旁，观阮氏作毛主席油画像，画作悬于乡府。1958年定居香港，主要从事艺术教育工作。以图案设计为业，坚持业余创作，积有大批格调超逸、技艺精湛的画作。2010年3月广东美术馆曾在广州及中山两地举办"阮云光艺术回顾展"。①

阮云光作品《牵牛花》

图片来源：何小特. 阮云光艺术回顾展［DB/OL］.（2010-02-25）［2012-09-20］. http://www.southart.net.

林介如（1905.1.14—1988.3.27） 名秉廉，广东中山市人。15岁与阮云光一同入读甲工美术制版别科，得高奇峰教诲，亦受高剑父、郭文芳等岭南画派大师指导。1922年毕业后随父赴上海从事艺术活动，曾创办《白云画苑》，继又组织《白社》、花鸟画研究会和《力社》、中国书画团体，并举办画展、出版《力社画集》。其画风古朴，善花卉、鸟蝶、家禽、野兽，栩栩如生。可惜战争使其大量优秀作品流散海外。抗战期间避难于香港，后回中山定居。于中山一中、龙山中学、卓山中学等校从事美术教育，为多届校长；作为教育界代表，为中山县1959—1966年间第一、二届政协委员。其间，在中山曾多次举办画展，与方人定夫人杨荫芳成立《奔流画会》，推行粉彩画，1986年，中山市政协、中共中山市委宣传部、中山市文化局联合为他举办了"林介如画展"。②③

吴公虎（1904—1977） 字一山，又名世彰、云飞，字奇凤，别署海南布衣，海南儋州市人，马来西亚归侨。1920年入读甲工美术制版别科，④与容大块、阮文光同班，为高奇峰学生，间又师从高剑父及陈树人习画，最终成为高剑父的春睡画院120多名弟子之一。擅长画花卉、鸟兽，尤长画虎。毕业时，适值国民政府挥师从广东北伐，乃从戎充任东路军前敌总指挥部参议。之后，任国民革命军第三十七师政治部主任、江西省政府秘

林介如仿高剑父作品《松涛丽影》

图片来源：滕小松，卢德铭. 林介如：笔墨难写是精神［DB/OL］.（2006-04-20）［2011-08-07］. http://www.zsnews.cn.

---

① 广东美术馆，中国艺术家杂志社，中山市委宣传部，等. 阮云光艺术回顾展［Z］. 广东美术馆，2010年3月.
② 中山市人民政府地方志办公室. 中山市人物志［M］. 广州：广东人民出版社，2012：215-216.
③ 卢延光，韦承红. 岭南画派大相册［M］. 广州：岭南美术出版社，2007：292.
④ 吴公虎［M］. 恽茹辛. 民国书画家汇传. 台北：台湾商务印书馆，1986：61.

吴公虎1935年立轴画作

图片来源：高剑父题识：公虎画虎，剑父题之。时廿四年春日也。[DB/OL]．（2007-06-14）[2013-06-27]．http://www.artxun.com．

书。以后，考入北京大学攻读政治科。当北平美术专门学校并入北京大学艺术学院时，即转学艺院专攻国画专业，转师金北楼与陈师曾。后创办京华美术专门学校，1930年把在香港举办的个人画展所得收入，赈济海南灾民。1936年6月24日至28日，与师兄方人定、容大块等陪同高剑父携近170件画作，参加在上海静安寺路万国总会所设的"高剑父师生国画展览"。以后，于抗战期间先后任中山日报社、正中日报社、中国日报社等报社社长，"国大"代表、粤省侨务处处长等职。①

4. 佛界高僧冯达庵

冯达庵（1887.11.7—1978.6.20）　字玉衡，名宝瑛，广东惠州人。唐密第50代祖师，被尊称为"大阿阇梨"。

冯达庵原求学于两广游学预科学校西洋班，该校解散后，转读广东高等学堂数学科。毕业后，历任惠州中学和廉州（合浦）中学数学教师、增埗甲工数学科教授、福建漳州煤炭局局长及报社主编等职。从政年余即归广州定居。

冯氏1922年起学习佛教，1927年在香港受黎乙真法师胎藏界学法"灌顶"（即继承阿阇梨位或弟子入门时，先经师父用水或醍醐灌洒头顶的一种佛教仪式），两年后在广州受王弘愿金刚界灌顶，1936年受王弘愿传法灌顶。王氏"入灭"（去世）后，冯氏接驻广州六榕寺的"解行精舍"，对佛寺建设和佛法宣传不遗余力，有"全国各地缁素士绅从法者众"之谓。亦有参与六榕寺花塔的重修大计。经王、冯等居士及几个居士团体不懈努力，由东洋"反哺"的唐密，在中国得以重现。1938年10月后日寇侵华据粤，解行精舍被迫解散。冯入桂，转赴港，不久遁回惠州。他的多部著作产生于此时。战后，重返广州开坛灌顶。1946年冬，应广东佛教协会

冯达庵

图片来源：冯达庵像[Z/OL]．[2013-04-16]．http://www.blog.163.com．

---

① 广东省立中山图书馆，珠海市政协．广东近现代人物词典[M]．广州：广东科技出版社，1992：194．

之邀，在解行精舍演讲《佛教源流》六讲，历时月余。期间与虚云大师、汤瑛居士等创办《圆音月刊》。"文化大革命"期间，法事阑珊，乃潜心修正。一生著述大致可以分为4部分：佛教之概论，随机说法、应病与药之散论，重要经典专论，密宗行持方面的开示。主要有《佛学起源》《佛法要论》《佛教源流》《佛教真面目》《天眼通原理》《宿命通原理》《大乘起信论疏》《般若波罗蜜多心经诸义》《法华特论》《禅宗六祖大鉴禅师传》《禅观随笔》《学密须知》《（金刚经）广义》《（金刚经）提纲》《（八识规矩颂）详释》《惠州西湖佛化史》《人死问题》等40多本刊行。①

除上列者外，期间各届学生散布于城乡间，发挥各自的作用。

如甲工美术制版科1922届毕业生范馥庭（1892—1950），又名桂弁，字馥庭或馥廷，号香草，广东佛冈县人，曾考取留法勤工俭学资格，因费用无着，改读甲工。在学时师从"二高"学画。学成后又入广东宪兵讲习所学习。毕业后初从商，以后从政数年，曾任广东三水县商团教练长、广东澄海鲍江第七区区长等职。后半生投身基础教育事业。先后为广东英德府城小学、白沙翠英小学教师。1929年被聘为烟岭维新小学校长后，推行教育、教学新法。订立新校规、校训；制定新的各年级学年教学大纲、学期教学计划、年级教学周时刻表；下达任务要求全校教师贯彻、落实。此外，亲自到省城选购教材、课外图书、脚踏风琴、鼓乐等教具，篮排足球、乒乓球等体育器材，使全校师生团结友爱，奋发向上，相互学习，共同进步，师生关系融洽密切。一时间"维新"声名远扬于佛冈、英德、新丰等邻县的学生家长也争相送子女前来就读。范馥庭由此成为当地教育界名人。②

（三）甲工——非比寻常的中等职校

光绪二十九年（1903）清廷所公布的《癸卯学制》中，中等农工商实业教育程度有所提高，但仍与普通中学堂程度同等。③

1912年9月3日，北京政府教育部所公布的国内第一份具有资产阶级性质的"学校系统令"，即所谓《壬子癸丑学制》中，显示甲种实业学校的教育程度有所降低，但仍等于普通中学程度。④ 1922年所出台的《壬戌学制》，把实业学堂、实业学校都改为职业学校，职业教育的地位进一步得到加强。其间，《壬子癸丑学制》推行10年，国内的实业教育就整体而言，包括广东省立甲工，是得到加强的。

总括之，不论是工艺局与甲工共存之时的甲工，还是裁局只存甲工的阶段，学校都处在中等职业工业教育位置。同样，未具高等教育性质。

虽如此，甲工在有些方面，却是有别于通常的职业中专的。譬如，所办的刊物除颇具科学精神、时代气象外，学术气息也相当浓厚。这里所说的科学精神及时代气象，是指它在广州工业从个体作坊式向近现代工业转变背景下，遵循办刊规范、以技能型的工业教育的认知方式、工业革命的价值取向，作科学的传播、交流与探索。而当中，又注入了学生对时局包括对学校的态度、情感和价值评判。

在国内，近代期刊萌发于广州，开枝散叶于上海。西式话语从渐显其间，到基本表达形式，直至成为主流话语。图书馆学名家刘国钧，就新文化、新思想启蒙运动影响下的1919—1927年间的书刊出版有一概论，称此间政党而外，纷纷成立的各种各样的政治的、文艺的、科学的、一般性的以及反动的团体，"大多数都以出版刊物作为主要的活动。这些刊物的政治倾向都非常明显"，宣传无产阶级革命意识、马克思列宁主义的政治学说、保守派的思想等，"反映到出版界就呈现了五光十色，表现

---

① 杨佛兴. 一乘法要[M]. 北京：宗教文化出版社，2009：450-452.
② 佛冈县地方志编纂委员会. 佛冈县志（1813—2000）[M]. 北京：中华书局出版社，2003：931.
③ 奏定中等农工商实业学堂章程（光绪二十九年十一月二十六日，1904年1月13日）[M]//璩鑫圭，唐良炎. 中国近代教育史资料汇编：学制演变. 上海：上海教育出版社，2007：459、1077.
④ 教育部公布学校系统令（部令第七号，民国元年九月初三日）[M]. 中国第二历史档案馆. 中华民国史档案资料汇编：第三辑，北洋政府时期教育（1912—1928）. 南京：江苏古籍出版社，1991：60.

了启蒙时期的蓬勃而又杂乱的气象"。① 而在广州，当时作为资产阶级民主革命的策源地，在民国成立后政府各部、学校、宗教团体等，纷纷办刊，就社会革命、社会经济发展各抒己见，构成了这一时期广东期刊出版的基本格局。

有此背景，甲工1922年3月创办凝聚学科自我意识的学术与校园文化兼具的学校季刊——《工业杂志》。其创刊号由学生承办。

通常，杂志有定期与不定期之别。在过去，前者叫期刊，后者就称集刊。《工业杂志》有创刊号，之后有否续编，属期刊还是集刊，目前都不得而知。至今可确认存世于国内还只有创刊号。②

从前的文章不用标点，文从字顺、文气灌注，以文气为主，大而化之，神而明之，而令歧义丛生。③④ 这对于讲究精确定义与计量的自然学科来说，十分不利。1909年1月北大出版《北京大学月刊》，为大学印行专门学术定期刊物之始；1900年至1910年之间，国内数学教材最先采用自左至右横排字符。1915年中国科学社创刊《科学》杂志，在上海以横排字符、西文标点方式处理版面，开国内杂志版面体裁之先河，而令读者耳目一新。此前，晚清广东学人王炳章以中西文字的标点符号为据、辑成10种主张推广，得胡适、陈独秀、鲁迅、钱玄同及刘半农等一批新文化运动主将的欢迎。到1920年2月20日，北京政府曾发布第58号训令《通令采用标点符号文》，通告全国采用12种标点符号及用法。新式标点符号因之正式成为中文书面语的一部分。此间，由胡适、汪原放所主持的上海亚东图书馆，在1920年开始整理、发行中国古典小说新式标点本，成为新文化运动的重要标志之一，其社会影响不胫而走；采用新式标点符号，可以一反旧日强调"书读百遍，其义自见"的慢阅读方式，行文可作大跳跃，段落篇章一目了然，眉目清晰，适合现代社会对纸质读物文字清疏"以看为主"的阅读要求。

或许是得益于以上，该创刊号的文字上下左右间的疏密有调整，也采用西文句读方式断句与定文章结构层次，版面字符、图表、线条等，较之广州地区不少学校同时期的校刊，其可读性及悦目程度要好。但要社会各界接受并熟练运用这个新事物，还需很长的时间。譬如，1923年10月22日，甲工与社会各界联合向孙中山所呈文本，仍循旧制，通篇不着标点符号；而国民党广州特别党部机关报《广州民国日报》，到1926年虽也用上标点符号，但很勉强。又如1926年10月18日所刊中华民国国民政府令，全文只以顿号标点断句。尽管自19世纪中叶起，国外凸版即金属铅质活字印刷、平版印刷以及凹版印刷等比较先进的印刷技术已先后传入国内，但在20世纪20年代的广州印刷业，与国内不少地方一样，有许多店家是以木刻活字且手工印刷为主的。变更惯常操作方式，熟悉凸版铅活字的检字、分行、排版印刷等技艺有一个过程。如上述的《科学》杂志，在1927年4月至1929年7月间陆续请老牌的商务印书馆、华丰印刷铸字所承印，都先后因印刷问题稽延拖期，该杂志社不得不自办印刷所，培训能排版印刷科学书刊的工人，⑤ 可见当年改革排印技术之不易。事实上，在经过长期实践后，直到1955年国内中文出版物才大规模地采用横排印刷之术。

《工业杂志》作为后来者，对上述先驱者有所学，当然会有困难。譬如仿科学杂志的版面，无疑要承印的广州艺苑印刷所一改从上而下、从右至左密排文字，且不作标点断句的传统印刷界面。至于变更排印所需新设备而产生的费用，自是办刊资金本已不足的一众学生难以解决的。因为，刊印费等主要是由在职与前两任共3名校长赞助98元及其他学生捐款，又以家籍较丰厚的应届毕业生周其鉴家人所办的"广州精华织造厂"于该杂志刊登业务广告的形式，即所谓"拉广告"之策，接受其广告版面费的办法，去筹集资金的。所以，该杂志版面布局除一篇译文《转炉铸钢法》约2100字符，是尝试横排并加注标点符号之外，其余文字排布在依循传统处理的同时，爽快地引入政府所颁布的标点符号

---

① 刘国钧. 中国书史简编［M］. 北京：高等教育出版社，1958：131.
② 谭卓垣. 广州定期刊物（1827—1934）的调查［J］. 岭南学报（私立岭南大学），民国二十四年［1935，4（3）：8］.
③ 成玮. 文风、学术与商业的结合：中国古典小说新式标点本诞生记［N］. 中国教育报，2014-09-24（10）.
④ 王雪松. 论标点符号与中国现代诗歌节奏的关系［J］. 中国现代文学研究丛刊，2016（3）：159.
⑤ 柯遵科，李斌. 中国科学社的兴亡：以《科学》杂志为线索的考察［J］. 自然辩证法通讯，2016（3）：23、27、29-30.

断句,显示了民初甲工学生接受与运用新知识、新事物的热情以及引领地方社会的眼光和勇气。

而这时于1918年春入学的众甲工生,受益于五四运动中的新文化潮流关于"言文一致、国语统一"的呼唤,在一批新文化运动主将胡适、蔡元培、鲁迅及陈独秀等所倡言规范通俗写作、大众写作的流播,渐改从前文言文写作习惯,转入20世纪20年代,叙述、解说及论辩等应用文写作,已颇具现代转型的风貌。文学家朱自清曾明确地指出白话文、国语与翻译活动之间的互动作用:"经过五四运动,白话文是畅行了。……这时代是第二回的翻译大时代。白话文不但不全跟着国语的口语走,也不全跟着传统的白话走,却有意的〔地〕跟着翻译的白话走。这是白话文的现代化,也就是国语的现代化。"① 引文中的"第二回翻译大时代"所对应的"第一回",是指19世纪中叶至1919年五四运动前。那时,为翻译技术科学、自然科学、国际知识以及哲学、社会科学、小说等门类图书的兴起时期。而第二回通指甲午战争后,特别是1900年后,"在这个时期,自然科学和技术的著作,在翻译书籍中的比重反而相对减少了。这也反映出当时社会的注意力是集中在社会政治运动方面,而忽略了经济建设和文化建设的"。②

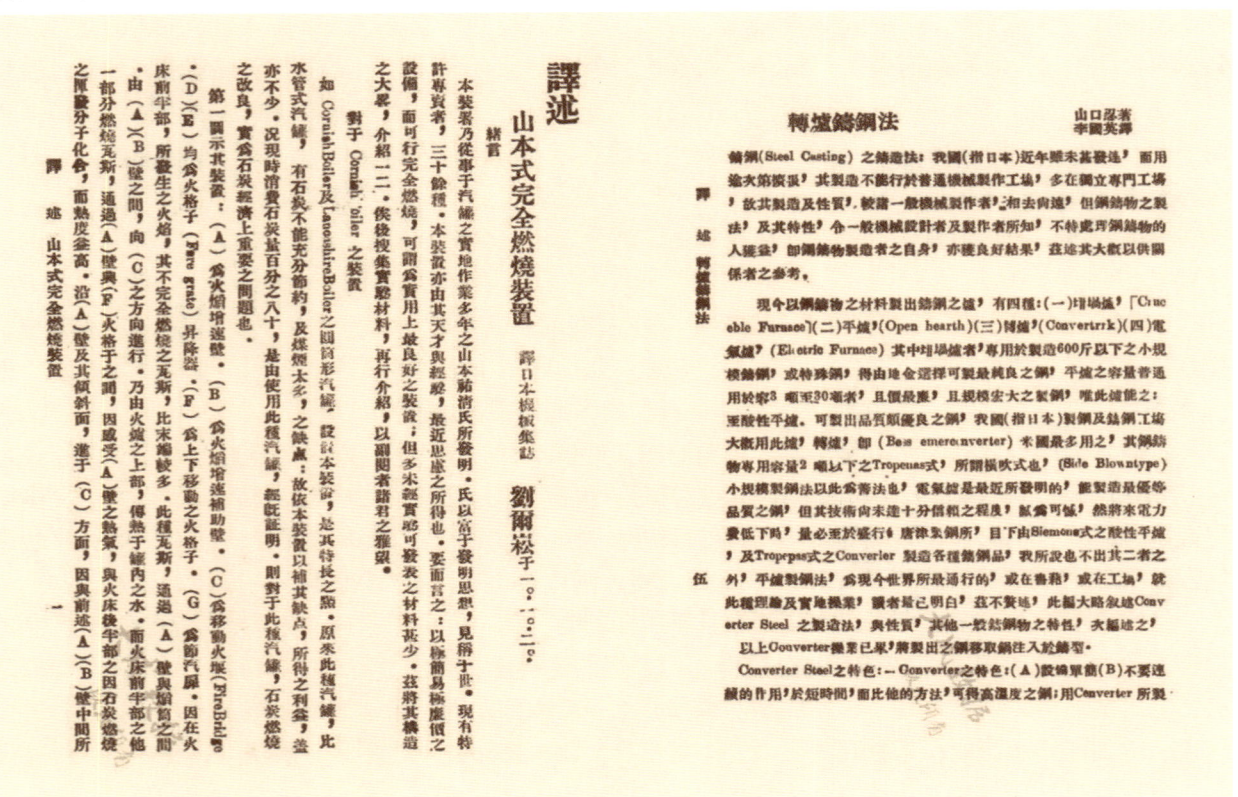

刘尔崧(机械工程科1918级)《山本式完全燃烧装置》　　李国英(机械工程科1918级)《转炉铸钢法》
图片来源:译述[J].工业杂志,民国十一年春季[1922(1):1、5].

处内忧外患交迫中的国内广大青年学生,普遍求知欲强。有上海学生群体就认为:"二十世纪之世界,翻译之世界也",以致不少学生课余醉心新学,以从英文、日文中获取新知为时尚。③ 此番景象也感染了南国不少甲工生,课余纷纷把目光投向外文书刊的阅读与翻译。

在上述的社会背景下,有正文95篇的创刊号,当中无产阶级意识、激进主义思想跃然于字里行间。其中所辑政论文11篇,条陈甲工年前引社会所关注的"读书运动"方面有32篇,合共43篇之多,几近总篇数之半。

---

① 中国散文的发展(民国二十八年十月二十日)[J].中学生战时半月刊,民国二十八年十一月五日[1939(11):21].
② 刘国钧.中国书史简编[M].北京:高等教育出版社,1958:96、113.
③ 俞子夷.蔡元培与光复会草创时期[M]//政协全国委员会文史资料研究委员会.辛亥革命回忆录,七.北京:文史资料出版社,1982:509.

（1）关于时政、工业发展政策、社会建设方略。

《工学生的责任》（机械科1918级刘尔崧）、《青年创造环境的工具》（机械科1918级阮熙朝）、《我们工人的责任是什么》（染织科1918级罗国杰）、《棉业与中国》（染织科1918级周其鉴）、《工学者研究的机关》（应用化学科1918级张善铭）、《中国的劳工快要预备和世界的资本家奋斗》（染织科1918级丘鉴志）、《我对于劳动界的希望》（染织科1918级马淑晖）、《青年的奋斗》（高沛经，专业、年级不详）、《研究实用化学》（张善铭）、《抵制》（丘鉴志）、《我对于广州市的染织工厂的批评》（染织科1918级杨干），共11篇。

上列文章标题后圆括号所标注的为文章作者。其中的前5位，均已牺牲于大革命或土地革命战争时期。

（2）关于本校"读书运动"。

由学生阮啸仙撰写、反映"读书运动"的文章《改造日记》，包括"上教育委员会书""第一次上省长书""致报界公会书""第一次宣言书""发刊劳动号纪念劳动神圣""工业学校风潮之大写真""工业学校反对校长风潮之近讯""第五次上省长书""为同学被开除学籍事致同学书"，等等，计32篇。

（3）关于诗书文艺方面。

不论文采生气发越的，或者笔致委婉、伤时感怀的，几乎都离不开抨击时弊，或诉说郁闷、追求光明的格调，这方面的文章有11篇：《一个奋斗的女子》（阮熙朝）、《战场上最后的觉悟》（美术制版别科1920级何棣华）、《朝曦》（刘尔崧）、《观排球》（阮熙朝）、《我与奇兄诗》（机械科1918级李国英）、《感时》（机械科1921级关崇懋）、《秋感》（美术制版别科1920级阮辅高）、《感怀》（应用化学科1918级邓纪年）、《春日即事》（染织科1918级邝士毅）、《爱情是什么》（阮熙朝）。

（4）关于工程技术。

机械工程：《机械制作之顺序》（机械科1918级曾耀寰）、《燃料缺乏与动力问题》（机械科1918级郑传蕙）、《整流法》（机械科1918级李骥寰）、《我对于一件新发明机械的研究》（郑传蕙）、《简易电机制造法》（机械科1918级林兆凤）、《火油渣原动机与蒸汽机之比较并说明火油渣原动机之原理》（机械科1918级郑棣衍），共6篇。

化学工程：《颜料工业对于军备之关系》（染织科1918级梁华灼）、《化学变化的原理》（温彦智，专业、年级不详）、《发酵及腐败》（邓纪年）、《盐》（机械科1918级陈功显）、《葡萄酒》（机械科1918级陈功武）、《肥皂之制造法》（应用化学科1918级杨元长）、《R.Gano氏之Permitite软化硬水法》（邓纪年），共7篇。

染织工程：《我之染色谈》（染织科1918级钟国桢）、《力织机之研究》（染织科1918级杨干）、《染色经过各工程》（染织科1918级黄国梁）、《丝光纱之解析》（染织科1918级谢褒）、《养蚕》（染织科1918级梁德裔）、《色染药品之贮藏法及其原因》（染织科1918级李国光）、《我

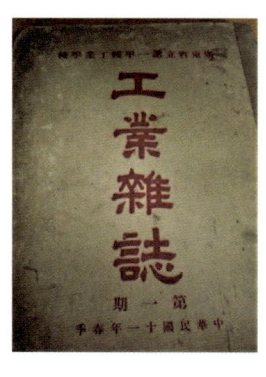

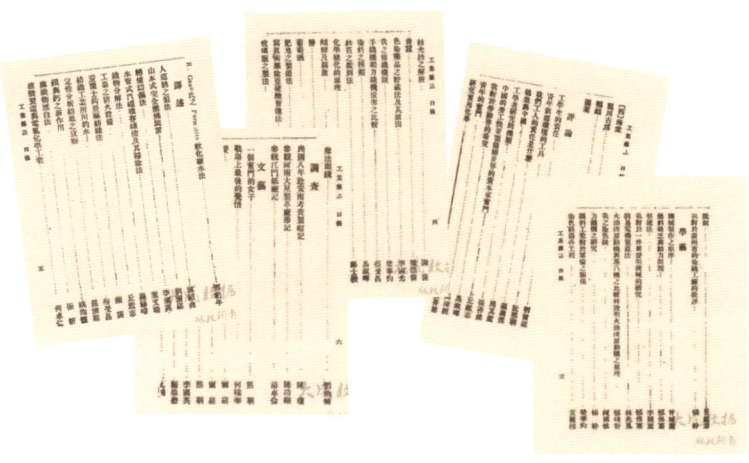

之修织机谈》（梁华灼）、《手织机和力织机优劣之比较》（染织科1918级蔡受昌）、《染料之种类》（马淑晖）、《纱质之鉴别法》（邝士毅），共10篇。

（5）关于美术与制版。

《写真术驱除亚硫酸曹达法》（陈应林）、《玻璃版之制法》（1922届龙绍彭），共2篇。

（6）关于工业技术、物理的译述。

机械工程：《山本式完全燃烧装置》（刘尔崧译自日本机械期刊）、《转炉铸钢法》（李国英译自日本技术期刊）、《水管式汽罐积存罐渣及其扫除法》（机械科1918级叶文端，原文文种不详），共3篇。

化学工程：《定性分析结果之考察》（应用化学科1918级罗济能，译自日文）、《钡与钙之新作用》（应用化学科1918级姚陶馥，原文文种不详）、《硝酸制造与电气化学工业》（应用化学科1918级何卓仁，译自日文），共3篇。

染织工程：《人造丝之制法》（应用化学科1918级郭绍尧，原文文种不详）、《织物分解法》（染织科1918级罗锡畴，原文文种不详）、《工场之防火设备》（丘鉴志，译自日本纺织期刊）、《爱兰士的亚麻纺织法》（谢褒，译自日文）、《纺织工业所用的水》（蔡受昌，译自日本纺织期刊）、《麻织物漂白法》（染织科1918级（黄）振新，译自日文），共6篇。

物理：《魔法眼镜》（机械科1918级刘炳楠，译自日文），1篇。

（7）关于工业调查。

《民国八年赴安南考查制帽日记》（应用化学科1918级陈琼）、《参观〈广州〉河南大星制革厂笔记》（陈功显）、《参观江门纸厂记》（机械科1918级汤卓伦），共3篇。①

结合上文提及的甲工各专业授课表，透过上述系列文章所折射的教学情况看，甲工在学生熟练掌握工业生产专业技能的基础上，对工程素质与科学技术观念的养成，试验方法、逻辑方法等科学思考方法以及科学精神等方面的培养，在阅读外文科学技术期刊的基础上翻译专业论文的能力训练还是比较重视的，而且是所有成效的。以此而论，甲工在这方面，恐怕已超过一般中专学校对学生的常规要求了。处于社会转型期的甲工，工业教育有一定的质量与水平，能在一定程度上于所在地区的工业建设，施加影响直至带动相应行业的管理、技术等方面的进步与发展。

另外，虽说甲工为省立之校，但在革命政府与军阀的几年交战中，甲工校园为军队所占驻，也曾发生过。

据1924年4月《广州民国日报》："增步〔埗〕广东省立第一〈甲种〉工业学校，向来未有军队进驻。此次湘军陆续开抵省城，驻扎西关一带。而该校也有第四军部下进驻。自湘军进驻该校后，年假回乡学生闻之，未敢回校，迫得暂行停课。现闻在校学生议决，派代表多人前往交涉。"

何以要交涉？皆因讨贼军之一湘军第四军吕剑学所部四师

① 工业杂志［J］．民国十一年春季［1922（1）：2-6］．

八旅十五团一营三连连长刘汉湘、一连连长唐玉云，先后于2月10日早晨6时及28日，各率部占驻学校的染织厂、饭堂和礼堂，"校具被损害〔坏〕和焚烧者不少"。湘兵至3月13日才肯离去。兵祸之后的3月24日，省教育厅派督学周斯铭，会同甲工校长邹卓然一同到现场察核。①

该军士兵是在1923年11月"反水"与湖南军阀赵恒惕脱离关系后，自湘南投奔孙中山大本营的，有其要求革命的一面，但作为一支旧军队，其建军宗旨不是和人民站在一起为人民而战，而是筹划打到广东的潮州、汕头及梅县一带，"非快快的〔地〕占据那些富足的县份不可"，"才有地方筹发饷糈，添置器械，作为我们回湘的准备"，"然后大摇大摆的〔地〕回到湖南家乡，谁个敢与我们为难"。②因此，流寇主义恶习未除。

旅粤湘军敬告同人书（续）

同期，讨贼军滇军第三军胡思舜第五师所部占驻市东郊的省公立农业专门学校，东路讨贼军粤军第二军许崇清部占驻在西郊的省立一中等。由于这个时期政府欠薪于教职员已数月，军队又无理侵占校园，上述的一中教职员愤而把全校教职员总辞职书投于报社发表，表达纵然饱读诗书也无处可用的愤懑、无奈甚至悲凄的心境。与一中为近邻的甲工，对此当能感同身受。甲工与他校一样，除了原有的校园外，大家都是别无他所的。校园遭大兵强占1个月，枉费学生时光，甲工生当然要派出代表维权，请湘军他徙。

为何学生见军队占校便"未敢回校"？皆因战事频仍，同学们领教得多了。工专附近的火车西村站即今已退出历史舞台的广州火车西站，作为进出广州城一重要交通枢纽，每当政局变乱时常成兵家鏖战之地。前已述及的西路讨贼军桂系之第一路总司令沈鸿英一部，即驻该地。1923年4月16日早上，该部背叛国民政府，分三路扑攻广州城，滇军于西村及白云山一带与其激战，③因而子弹横飞于该站路段。工专友邻美华学校一青年教师就在宿舍内为流弹所伤而毙命。④学生当不愿如此枉死。

由于相关文献资料的缺失，未知甲工维权后续情形如何。

---

① 湘军进驻工校、核查工校损失［N］.广州民国日报,大中华民国十三年三月三号［1924-03-03（7）］.
② 广州湘军总司令部.旅粤湘军敬告同仁书［N］.广州民国日报,大中华民国十三年四月十五号［1924-04-15（7）］.
③ 致古应芬电三件（一九二三年四月十六日）［M］//中山大学历史系孙中山研究室,广东省社会科学院历史研究室,中国社会科学院近代史研究所中华民国史研究室.孙中山全集：第七卷（1923.1—1923.6）.北京：中华书局,1985：339.
④ 周振光.广州美华中学史料（1982年10月20日）［M］//广州市政协学习和文史资料委员会.广州文史资料存稿选编（十、华侨宗教）.北京：中国文史出版社,2008：75.

附录：1922学年学生不完全名单[①]（注：如无特别注明，所标籍贯均指广东省）

机械科1918级1922届，共36人

徐鳌斌（20岁，字不详，南海）、黄汉儒（23岁，字宗鲁，增城）、林兆凤（24岁，字桐冈，番禺）、郑传蕙（23岁，字德薰，番禺）、颜荣耀（22岁，字筱和，番禺）、李文纶（20岁，字展经，番禺）、罗汝和（19岁，字不详，顺德）、罗学培（19岁，字栽荃，顺德）、刘炳楠（21岁，字若楩，香山）、郑棣衍（19岁，字萼蕃，香山）、赵燮荣（22岁，字惠柔，台山）、梁松祐（22岁，字子乔，台山）、叶卓林（21岁，字逸颐，台山）、余安国（21岁，字仲康，台山）、汤卓伦（24岁，字铁桥，新会）、谭庆荪（22岁，字若增，新会）、刘兆锡（23岁，字先声，东莞）、徐鹤年（21岁，字不详，东莞）、李宪章（24岁，字卫民，高明）、李国英（23岁，字彦，惠阳）、邓廷钦（23岁，字不详，惠阳）、李骥寰（22岁，字不详，惠阳）、陈式熹（22岁，字彰晦，惠阳）、叶文端（22岁，字庄甫，惠阳）、谭纪胜（22岁，字不详，惠阳）、黄承业（22岁，字不详，博罗）、阮熙朝（24岁，字啸仙，河源）、刘尔松（24岁，字季岳，紫金）、张琳（24岁，字克强，紫金）、曾耀寰（24岁，字晦之，龙川）、陈荣楷（24岁，字岑师，曲江）、刘国钧（23岁，字政平，曲江）、谭鸿机（24岁，字尚志，广宁）、冯景文（信息不详）、莫庆淼（信息不详）、陈启聪（信息不详）。

另：高路德（岁、字不详，新会，1921年退学赴美）、朱化豪（岁、字不详，台山，1920年退学赴美）。

染织科1918级1922届，共34人：

关榛时（21岁，字不详，南海）、罗锡畴（20岁，字范九，顺德）、邝士毅（24岁，字伯雅，台山）、黄增华（24岁，字樵公，台山）、梁德斋（23岁，字善贻，台山）、梁华灼（23岁，字见超，台山）、邝善伯（22岁，字云魂，台山）、李兴炎（21岁，字不详，新会）、任雄初（24岁，字勉君，惠阳）、范凤楼（24岁，字晓梧，惠阳）、杨干（22岁，字德元，惠阳）、陈伯材（24岁，字支宇，龙川）、李恒惕（23岁，字子乾，和平）、黄国梁（26岁，字觉良，五华）、江宗荣（22岁，字自华，五华）、钟国桢（23岁，字弼基，兴宁）、赖炎光（22岁，字不详，紫金）、周其鉴（25岁，字镜台，广宁）、罗国杰（23岁，字洞时，广宁）、招绳炘（21岁，字刚武，罗定）、叶保亿（23岁，字同甫，封川）、陈春溥（23岁，字鉴空，海丰）、陈寿征（23岁，字望复，海丰）、马淑晖（22岁，字维骆，海丰）、蔡受昌（21岁，字求真，海丰）、黄振新（23岁，字不详，陆丰）、李国光（22岁，字子宾，普宁）、谢褒（20岁，字冠卿，揭阳）、丘鉴志（22岁，字剑平，乐昌）、陈互存（22岁，字戴仁，曲江）、钟莲（25岁，字子躅，始兴）、黄荣（25岁，字见龙，遂溪）、陈祥临（25岁，字咸初，遂溪）、卢志新（21岁，字庸民，闽）。

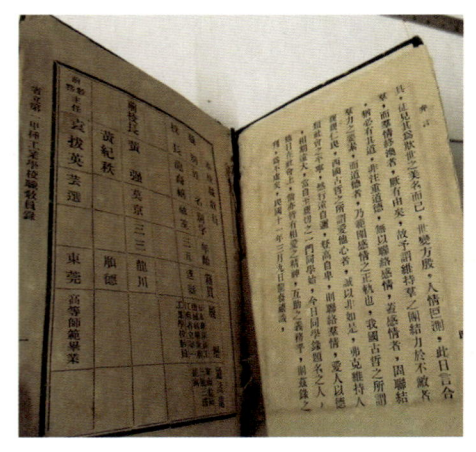 

[①] 广东省立第一甲种工业学校同学录［M］//广东美术馆. 花逢时雨俏：阮云光的艺术历程. 广州：岭南美术出版社，2012：164-177.

应用化学科1918级1922届，共19人：

罗福材（22岁，字劲武，顺德）、连宝彝（岁不详，字秉初，顺德）、甄颂唐（22岁，字仲尹，台山）、蔡肇康（22岁，字祝衢，台山）、陈功武（23岁，字不详，新会）、陈功显（22岁，字不详，新会）、陈晋荃（21岁，字察吾，新会）、杨元长（岁不详，字铁儿，鹤山）、邓福钧（22岁，字君弼，惠阳）、罗济能（22岁，字问知，惠阳）、邓纪年（21岁，字笑我，惠阳）、姚陶馥（23岁，字不详，博罗）、郭绍尧（22岁，字赓唐，清远）、方煦祥（22岁，字子和，清远）、张善铭（22岁，字不详，大埔）、何卓仁（25岁，字不详，兴宁）、陈琼（20岁，字铮叔，梅县）、王衍春（24岁，字元民，海南定安）、欧邦宁（20岁，字不详，海南琼山）。

另：李郁稳（岁、字不详，台山）、李毓培（岁、字不详，台山），两人均于1921年赴美。原文未说明留学或就业与否。

美术制版科1919级1922届，共47人：

钟苏（22岁，字砺石，南海）、区炜（20岁，字耀铭，南海）、陈应霖（22岁，字公廉，番禺）、黄耀林（22岁，字文献，番禺）、龙绍彭（24岁，字子寿，顺德）、冯子循（23岁，字仲礼，顺德）、周葆璋（21岁，字又卿，顺德）、罗楸榕（21岁，字柏舫，顺德）、罗锡康（21岁，字惠南，顺德）、连宝慈（19岁，字季恺，顺德）、潘耀寰（19岁，字圣褒，顺德）、郑湛熙（18岁，字韩公，顺德）、赵善宝（23岁，字廷驹，江门）、余锡泮（27岁，字铁汉，台山）、李荣均（22岁，字康甫，台山）、张自强（23岁，字铁夫，赤溪）、沈傅礼（22岁，字朴生，东莞）、陈硒梧（22岁，字凤俦，惠阳）、潘鼎彝（22岁，字彦宏，惠阳）、李佐明（22岁，字哲忠，惠阳）、罗建廷（22岁，字君毅，惠阳）、张维位（21岁，字镇东，惠阳）、叶汉英（20岁，字擎天，惠阳）、黄惕厘（22岁，字诚修，龙川）、黄秉春（22岁，字百梅，龙川）、刘翔龙（21岁，字刚德，仁化）、刘尔寰（21岁，字瑞东，紫金）、张元超（22岁，字逸凡，大埔）、周应钧（26岁，字秉维，五华）、魏飞峰（23岁，字不详，五华）、朱肖黄（22岁，字又我，翁源）、罗睿樑（21岁，字叔柱，新丰）、范馥庭（25岁，又名桂弁，字光汉或馥廷，号香草，佛冈）、刘以敏（22岁，字伯鲁，连县）、张观瀛（20岁，字瞻仙，连县）、谢汝桢（22岁，字叔荣，德庆）、陈拔长（26岁，字挺生，罗定）、陈坤元（25岁，字伯厚，罗定）、卢桐荣（24岁，字不详，罗定）、王洞（22岁，字不详，罗定）、苏民怀（21岁，字振邦，罗定）、马斗晖（23岁，字拱垣，海丰）、林启宇（22岁，字省曾，海丰）、钟汉声（20岁，字溢西，海丰）、陈燕贻（20岁，字不详，陆丰）、邢保佑（25岁，字惠如，海南文昌）、张廷桀（22岁，字俊群，桂）。

美术制版别科1921级，共25人：

何少桓（20岁，字伯尧，增城）、黄庆德（18岁，字颂林，清远）、阮文光（20岁，字煜，香山）、郑征白（21岁，字哲美，香山）、林秉廉（16岁，字介如，香山）、容建勋（21岁，字星哲，台山）、梅小林（21岁，字伟森，台山）、黄毓涛（20岁，字不详，台山）、邝仲伯（20岁，字雪峰，台山）、梅海筹（20岁，字不详，台山）、蔡益贤（21岁，字大可，新会）、何棣华（19岁，字少毅，东莞）、王维岳（20岁，字景五，东莞）、丘挺群（20岁，字超凡，龙川）、陈德钊（20岁，字剑锋，乐昌）、李子瑶（21岁，字筱琛，海丰）、黎沛霖（20岁，字不详，海丰）、林维源（20岁，字剑鸣，海丰）、林绍唐（20岁，字不详，海丰）、马吾驹（18岁，字家文，海丰）、吴家文（21岁，字不详，陆丰）、金常理（21岁，字如山，遂溪）、赖耀和（21岁，字剑英，阳江）、阮辅高（21岁，字季韬，阳江）、吴云飞（18岁，字奇凤，儋县）。

机械科1921级，共26人：

徐敏远（17岁，字艿苟，番禺）、何潜（19岁，字隐渊，顺德）、郭宗岳（20岁，字不详，香山）、冯藻廉（19岁，字家湾，香山）、梁百运（21岁，字志一，台山）、蒋世明（20岁，字锵秀，新会）、蒋良（19岁，字仲伟，新会）、黄如松（20岁，字竹友，东莞）、杨汉瑄（20岁，字璧臣，惠阳）、杨树滋（18岁，字德新，惠阳）、黄义（20岁，字居仁，龙川）、邹世珍（20岁，字不详，龙川）、黄兴发（19岁，字不详，龙川）、萧枢香（22岁，字不详，大埔）、童炳荣（19岁，字照轩，大埔）、罗贵贤（22岁，字毅夫，兴宁）、谭鸿翔（19岁，字不详，广宁）、程志均（17岁，字衡若，云浮）、张立（21岁，字适轩，揭阳）、冯兆麟（22岁，字不详，海丰）、林国琦（22岁，字伯玮，海丰）、许树仁（20岁，字不详，阳江）、曾其铭（24岁，字洗心，徐闻）、丘岳松（19岁，字不详，海南澄迈）、符鸿通（21岁，字不详，海南文昌）、车廷信（21岁，字志一，朝鲜）。

染织科1921级，共27人：

万添昶（20岁，字蒸民，番禺）、李佐虞（20岁，字匡黎，清远）、容有晃（22岁，字甘棠，香山）、吴国英（21岁，字照明，香山）、梅廷勋（21岁，字云翔，台山）、林毓来（20岁，字千里，台山）、梁如就（19岁，字康成，台山）、梁华畅（19岁，字雅卿，台山）、黄鹏（19岁，字秋魂，台山）、梅楚生（19岁，字国政，台山）、梅尚斌（19岁，字崇蔚，台山）、梁显宏（18岁，字宴君，台山）、吴祺富（18岁，字锡蕃，台山）、潘百谅（19岁，字不详，开平）、叶宏基（18岁，字不详，惠阳）、杨祖裕（20岁，字不详，惠阳）、黎炜銮（17岁，字光汉，博罗）、魏权（22岁，字秉衡，五华）、方鸿猷（20岁，字壮卿，普宁）、吕名琛（25岁，字耀东，海丰）、陈光礼（24岁，字少周，海丰）、梁国槐（18岁，字荫三，海丰）、林国銮（22岁，字铿如，陆丰）、关崇懋（23岁，字不详，阳江）、雷永铨（22岁，字玉振，海南琼东）、吴云清（20岁，字世鹏，海南儋县）、谭炳光（18岁，字复旦，海南儋县）。

应用化学科1921级，共24人：

朱寿澜（17岁，字叔安，南海）、邓伟山（20岁，字柏丝，香山）、朱荣羡（19岁，字璧城，台山）、梅联焜（19岁，字季灼，台山）、梁启桑（19岁，字焱父，台山）、邓培进（18岁，字引庵，台山）、容应培（19岁，字不详，新会）、叶汉文（17岁，字同英，惠阳）、黄业光（19岁，字不详，惠阳）、杨自强（19岁，字不详，惠阳）、黄仁魁（18岁，字星一，龙川）、黄德修（18岁，字肖志，龙川）、邓富盛（17岁，字德君，梅县）、陈运业（18岁，字不详，紫金）、邹师贞（21岁，字不详，大埔）、邹海杨（20岁，字不详，大埔）、邓士芳（21岁，字定远，曲江）、白铎政（21岁，字德宣，乐昌）、冯乾修（19岁，字健夫，广宁）、唐侠（20岁，字不详，海丰）、马名光（19岁，字不详，海丰）、梁国靖（18岁，字不详，海丰）、关泽林（21岁，字鹤孙，阳江）、徐名淑（17岁，字澜召，广东）。

机械科1921级预科生，共33人：

朱君厚（17岁，字耀安，增城）、莫如敏（16岁，字不详，番禺）、李佐氲（18岁，字霭佳，清远）、潘壮修（16岁，字不详，顺德）、刘侠生（19岁，字士溪，香山）、刘应祺（18岁，字贯一，香山）、刘镜湖（17岁，字不详，香山）、赵炳湛（20岁，字露秋，台山）、梅华泽（19岁，字岳彭，台山）、梅剑清（19岁，字不详，台山）、陈佩琼（18岁，字不详，台山）、阮锡俊（18岁，字杰三，台山）、梅寿松（17岁，字菊存，台山）、梅锡盈（17岁，字思谦，台山）、梅炳森（16岁，字芳萍，台山）、梁伟（16岁，字不详，台山）、梁士英（18岁，字不详，开平）、胡洪效（19岁，字不详，新会）、胡隆胜（17岁，字不详，新会）、宋鹤年（17岁，字少高，鹤山）、凌楚儒（19岁，字不详，惠阳）、李禧荣（19岁，字不详，惠阳）、朱玉田（25岁，字不详，博罗）、王志陶（19岁，字不详，平远）、黄德馨（17岁，字贵道，龙川）、陈修来（20岁，字德如，大埔）、罗百良（17岁，字不详，大埔）、杨鄱湖（20岁，字奋生，海丰）、余士灿（19岁，字炯魂，阳江）、陈昌瀚（23岁，字香泉，海南琼东）、陈高标（19岁，字树香，海南琼山）、符树勋（20岁，字仿尧，海南文昌）、张孚策（19岁，字任之，海南文昌）。

应用化学科1921级预科生，共29人：

黄昆（17岁，字昆仑，高要）、杨栋荣（19岁，字不详，鹤山）、朱炳垣（19岁，字炯翼，台山）、梅荣广（18岁，字文鼎，台山）、朱伯侯（18岁，字仁三，台山）、邝荣新（18岁，字鼎云，台山）、张子休（17岁，字伯容，台山）、梅冠华（17岁，字达五，台山）、江豫侯（16岁，字建勋，台山）、曾长春（16岁，字不详，东莞）、曾宪唐（18岁，字不详，宝安）、易庭华（20

岁，字儒丰，平远）、何庆（18岁，字伟朋，大埔）、李修经（18岁，字不详，大埔）、张冕群（18岁，字英伯，揭阳）、蔡受祐（24岁，字不详，海丰）、黄伯驹（20岁，字受其，海丰）、张维藩（20岁，字醒悟，海丰）、陈肇祐（20岁，字受其，海丰）、陈心月（18岁，字不详，海丰）、黄谈儒（16岁，字不详，海丰）、马应元（19岁，字明符，广宁）、梁维楫（21岁，字干甫，遂溪）、韩盈（19岁，字不详，遂溪）、陈世誉（19岁，字希范，海南崖县）、林寿祖（19岁，字景彭，海南崖县）、林梁材（20岁，字不详，海南儋县）、李秀春（20岁，字不详，海南琼山）、王安祖（17岁，字不详，海南琼山）。

广东省立甲种第一工业学校全体员生合影

图片来源：工业杂志，民国十一年春季［1922（1）：插图三］.

第四章
（1924.7—1933.7）

前期的工专
——步入办学史上辉煌时期

自明末至清末西学东渐的300年间，国内始终没产生一所名副其实的现代大学，国内近代大学始于清末1896年的北洋大学堂。在清皇朝被推翻之前，不论是国立京师大学堂，还是各省的大学，抑或外国人办的教会大学，多只是有名无实，充其量为大学预科。①

南京国民政府时期曾一度兼任教育部部长的陈立夫认为："严格说来，工程教育在光绪二十九年（1903）以后方正式建立。"北京政府教育部分别于1912年9月3日、1913年10月24日所公布的《学校系统令》与《大学令》，将大学划分为综合、文及理工等三类型。由此引导了部分学校朝理工科方向的发展。

"工程"就现代的本义通指土木建筑、生产或制造等部门，用比较大而复杂的设备所进行的大规模工作。而在清朝以降，引进国人未见过、摸过的洋设备开展生产，教授艺徒懂操作、会处置故障，直至简易的维修。这类的专业培训学习，实属紧要。所以，上述的"工程教育"可以理解为近代从初等、中等直至高等的3个层次的工程教育。近些年，有不少学者进一步倾向于国内近代的高等工程教育，起步于闽浙总督左宗棠奏设的同治五年（1866）五月正式开学的福州马尾船政学堂（注：今福州船政交通职业学院前身）。②③

各地这方面的学校专业设置，最初多面向军事，后渐次增设铁路、矿冶、电机、纺织及化学工程等民生方面的专业。其办学格局，于1912年至1924年，自大都市起，清末时原为高等工业学堂者，陆续易名为工业专门学校，而同期甲种工业学校则渐次扩充为工业专门学校。其间，这类型学校学科与课程的设置、教学制度等方面的架构，多仿照日本东京、大阪等地的工业专门学校。那时任教授者，曾不乏来自东洋的工程技术学者；1930年后，再改称工业专科学校；以后逐步归并为大学的工学院。④⑤

广东省立工专的教育事业，除当初发轫于工艺局以及没参与1921年至1926年间不少工专改为单科高校的运动外，其余大体也是循这条历史轨迹发展的。

20世纪80年代我国有将培养专门应用技术人才的高等教育界定为高等职业技术教育一说。民国时期则无此等划分，政府从20世纪10年代至30年代，先后以专门学校、专科学校及专修科之规，制定各时期的高等职业教育。本书为叙述方便，依从旧时之说。

---

① 曹效业，熊卫民，王扬宗. 关于中国现代科技发展历史的反思［J］. 科学文化评论，2014，11（1）：6-7.
② 第三编，行政之部：陈立夫. 三十年来中国之工程教育［M］// 中国工程师学会. 三十年来之中国工程，中国工程师学会三十周年纪念刊，第二版. 南京：中华印书馆南京厂，1948：1.
③ 史贵全. 中国近代高等工程教育研究［M］. 上海：上海交通大学出版社，2004：20.
④ 本校萧院长昨召集工学院一年级生训话情况：中国工程教育史的叙述［N］. 国立中山大学日报，1938-03-21（2-3）.
⑤ 李书田. 中国工程教育之纵横观［J］. 北洋理工季刊，民国二十四年九月版［1935，3（3）：1-4］.

一、"年已及笄"现新容

甲工自1910年省工艺局办学算起，1924年7月奉命改制，升格为省立工业专门学校。[①]

它在改制前的1923年，国内甲种实业学校共有164所，每校学生平均数只有124.1人，显示这类学校当年规模都不大；[②] 12月20日，省教育厅督学张资模（注：1942年12月香港沦陷后，"落水"为日军的殖民教育奔走张罗）[③]等人向厅呈递动议，即为粤省将来办专科高等工程教育着想，需为甲工教育事业发展提供革新之路。

> 窃查省立第一甲种工业学校滥觞于前清之工艺局，至民国七年四〔一〕月局长黄强别组新校，名曰"工艺局附设工业学校"，二年毕业，是年八月更展长修业年限为四年，始改今名，遂为吾粤工业教育唯一机关（按：民国七年一月六〔五〕日，奉省长公署第四九〇五号指令：准在工艺局附设工业学校；其年八月二十日，奉省长公署第七五三二号指令：准增加年限，改为广东省立第一甲种工业学校）。现在，全国试行新学制，本省师范、中小各校均次第着手进行。新学制内未列甲种学校。以前所有甲种实业学校俱陆续改办职业学校或高级中学，但粤省甲工学校设备已略具规模，既未便令其改为职业学校，而高级中学又属普通专科，与该校原有性质自殊。至改办高专一层，现当省库奇绌之际，亦恐难急速实现。唯沿用甲种名义，不特与新学制不符，且与该校实情亦异。查该校现在课程与经费，悉与中等学级之组织不同，程度虽有未逮于专门，实则高于甲种学级之上。其经费预算，自未便依照中等学校核算，此于现在审查预算标准上亦不免有多大窒碍。查各省甲种工业学校于改办高专之先，在过渡时期皆已除去"甲种"二字，只称"工业学校"，以便筹备改组……该学校事同一律。拟请改称为"省立工业学校"，以符学制而便改组。至改定校名后，课程组织应如何变更之处，拟请饬令该校自行议具呈候核办。[④]

[①] 政协广州市委文史资料研究委员会. 广州近百年教育史料［M］. 广州：广东人民出版社，1983：143.
[②] 全国各级学校（1923年）［M］//中华教育改进社. 中华教育改进社丛书第四种，中国教育统计概览（1924年）. 上海：商务印书馆，1924.
[③] 陈策. 中国国民党驻港澳总支部工作报告书（1942年10月21日）［J］. 整理：刘长秀. 民国档案，2016（3）：48.
[④] 温仲良. 广东全省教育大事记（中华民国十二年八月一日—中华民国十三年七月三十一日）［Z］. 出版信息不详，1926：87-88.

该动议所列甲工更名的六七个原因，清晰明白，即头衔虽为中专，而其含量的丰盈却远超前者。因而为省厅所确认："以为废除'甲种'称谓，事属可行。"到次年2月11日，甲工正式改名为"广东省立工业学校"，并于当年4月12日启用新关防即新学校公章。

该动议中关于甲工办学"程度虽有未逮于专门，实则高于甲种学级之上"之论，披露了地方教育行政领导机关对甲工办学的评价，尽管是综合性而非具体全面，却是至今为止所能找到的对该阶段办学的唯一一份评价。可谓吉光片羽，弥足珍贵。

文中所及的"督学"，于省一级是承省教育厅厅长之命，视察及指导学校教育事务的荐任或委任的官员。大革命时期粤省有关指导督学工作的法规条文还没有形成。此间，是否会参照大元帅府大本营的内政部于1923年8月21日所公布的《暂行视学规程》处事，则不得而知。此后的1931年6月6日，教育部才首推《省市督学规程》。

促成省教育厅加快筹划甲工升格为专科的动因，是1923年10月底省教育厅派出督学开始对省内各级学校新一轮的"整理省学校教育"视察活动而引发。

是次分专门以上、中等及其他三类型学校进行视察。其中："（一）对于专门以上学校采用调查标准：关于学校状况、教授情形、校务设施、学生人数等调查汇报；（二）对于中等学校采〈用〉视察标准：关于校内布置、教授方法、学生程度等，均加以指导批评，俾臻至善"。及至次年1月4日又行一番视察。①②

甲工的改革，显然引起了广州地区大报《广州民国日报》的注意。1924年2月25日所登的一

图片来源：本市新闻：视学办法［N］. 广州民国日报，大中华民国十二年十月廿六号［1923-10-26（7）］.

份通讯《甲工学校改组》，③ 客观上让社会各界闻晓该校事业进步的新气象。

"毛羽不丰满者，不可以高飞。"④ 但观甲工经过十数年的办学，为广东地方工业建设输送人才独力负重前行的同时，在迭代积累、淬炼与准备后，已经展示出向上攀升发展的欲望与能力。它后来果然改办为专科学校。

1924年7月之前，工业学校向省教育厅呈具关于改名为"广东省立工业专门学校"之文。该请示说：

> 查属校本年一月奉钧厅第九〇号训令：饬将"甲种"称谓废除，改名为"省立工业学校"。五月奉指令第四四七号、六月奉指令第五二六号，准予本年暑假招考中学毕业生补习一年，即

---

① 本市新闻：视学办法［N］. 广州民国日报，大中华民国十二年十月廿六号［1923-10-26（7）］.
② 本市新闻：视察六校［N］. 广州民国日报，大中华民国十三年一月四号［1924-01-04（7）］.
③ 本市新闻：甲工学校改组［N］. 广州民国日报，大中华民国十三年二月廿五号［1924-02-25（7）］.
④ 战国策·秦策一：苏秦以连横说秦［M］//［清］吴楚材，吴调侯. 古文观止，上册. 北京：中华书局，1959：127.

第四章 前期的工专

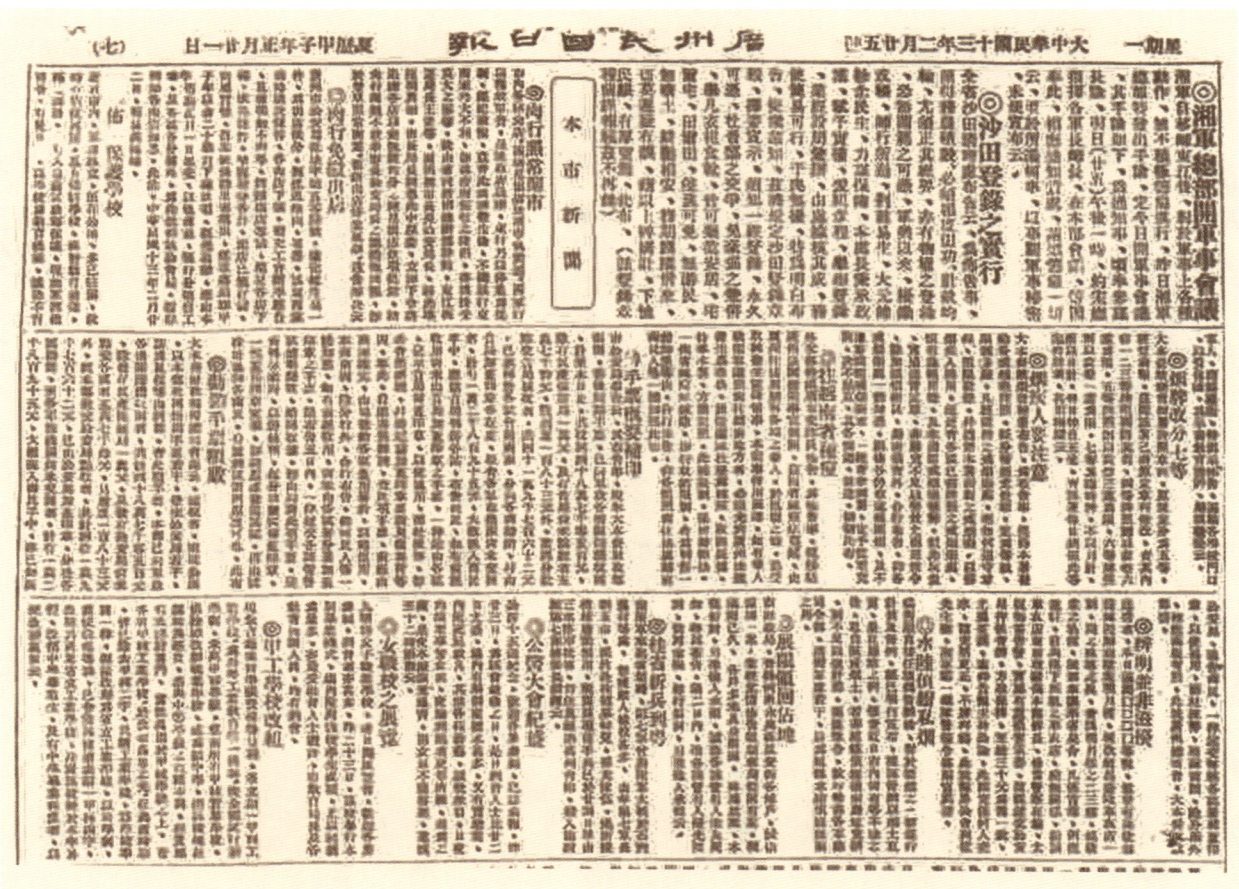

升入专门本科各等因在案。是属校虽未有高等专门之名，已有高等专门之实，既有高等专门之实，似宜采用高等专门之名，更无须俟来年开办本科始建专门之名号。盖名正而后言顺，言顺而后事成，此次招生之初，苟不显示以专门之名，恐来学者不无观望。①

省教育厅认为，工业学校尽早更名，有助于招生工作的顺利展开，乃于7月1日批复："应予照准。除呈报省署察核备案外，仰该校长即便遵照。另具印表印费，呈缴来厅，以便改刊新印。"批复下达次日，新校长萧冠英到任。②及至当月10日，即行启用学校新行政印章。

甲工于筹办专科学校期间，颇有军队的"三军未动，粮草先行"之势。以"专门学校"之名，招标修筑校舍、与人发起孙中山追悼会等，图为当中之例子

图片来源：广州民国日报，大中华民国十四年三月廿四日［1925-03-24（6）.］

---

① 温仲良. 广东全省教育大事记（中华民国十二年八月一日—中华民国十三年七月三十一日）[Z]. 出版信息不详，1926：219-220.
② 要闻：萧冠英接任工业校长[N]. 广州民国日报，大中华民国十三年七月二日［1924-07-02（7）］.

中华工学会1925年10月所出版的学术期刊《工学》中的一份通讯《广东省立工业专门学校成立纪念日工业展览会纪略》，记载了时任校长的萧冠英于工专周年纪念日的演讲，当中说：

> 今年六月一日，为敝校纪念日……溯自民国七年四〔一〕月敝校成立，初附设于工艺局，名曰"附设工艺学校"。原定两年毕业，旋改为四年毕业，更名曰"广东省立第一甲种工业学校"。至民国十年五月，奉令裁撤工艺局，将原有工场及经费，概归学校。自是局废校存，得以专力教务。至昨年二月〔十〕一日，又奉令改正校，名曰"广东省立工业学校"。六月六日，又奉令照准于暑假后改收中学毕业生，改办专门学校。七月一日，冠英接事，又于七月〔一〕日，奉令改正校名为"广东省立工业专门学校"。①

萧冠英演讲辞清晰地披露了甲工的中专工业教育向专科高等工程教育的转制办学日，与前文所引省教育厅秘书温仲良书之的大事记相关内容相吻合，故而关于升格办学日子之言可信。

---

① 梁公亮. 广东省立工业专门学校成立纪念日工业展览会纪略［J］. 工学（中华工学会会刊，以下同），民国十四年十月［1925（3）：目录页、117、121］.

（一）转制改办高等工程教育

"周虽旧邦，其命维新。"① 对于创设于晚清的、肩负发展粤省高等工程教育之使命，该将作何打算？

升格易名一事，由民办报改为国民党广州市特别党部机关报的《广州民国日报》，当年的一则相关通讯也能佐证。该通讯曰：

> 增步〔埗〕甲工学校，近因花捐附加短收，致经费异常支绌。顷当道〔局〕改委萧冠英为校长，萧已定于今日到校任事，现拟将该校改为工业专门学校，尽将内容整理及扩充，预计每月须经费一万二千元云。②

上述日报曾报道，称其：

> 现正极力设法筹款筑男〈女〉生宿舍，改建工场、增加设备、整顿校务，且为奖〔鼓〕励女子职业起见，对于女生来学免收学费，并加设选科，以便自由选习；又对于烈士遗孤之来学者，亦拟免收学费，以示抚恤。③

未久，《省立工业专门学校招男女生》广告，即见于报端：

> 本校改办工专，现招机织、机械、化学本科之补习班生各五十名及甲工各本科一年级插班生若干名。定八月廿四日〔号〕在增步〔埗〕本校试验。来学者祈到本校或惠爱中路翰文楼取章挂号。④

同期，工专特备文连同招生章程百份，"请省教育厅转呈省长，令行各县县长转知该县教育局暨各中学校，藉使远迩周知"，⑤ 以为广开

---

① 阮元. 十三经注疏［M］. 北京：中华书局，1979：503.
② 萧冠英接任工业校长［N］. 广州民国日报，大中华民国十三年七月二号［1924-07-02（7）］.
③ 工业专门学校大刷新：女生及烈士遗孤免收学费［N］. 广州民国日报，大中华民国十三年七月七日［1924-07-07（6）］.
④ 招生广告［N］. 广州民国日报，大中华民国十三年七月十四日［1924-07-14（2）］.
⑤ 工专校招新生［N］. 广州民国日报，大中华民国十三年七月廿三日［1924-07-23（7）］.

生源。之所以有这番举动，乃因1937年之前，国民政府除对高校招生科别与学生资格方面有所管控外，尚未推行全国高校统一招生制度，各校均可自主招生，即自主命题、组织考试、确定分数线与录取数。

为使当时"全粤工业教育机关，向唯属校一所"的甲工，尽早"改办专门"，以应所承载的使命，掌校人萧冠英就此向省长公署呈递把甲工改造"成一完全充实之工专学校"的《粤省立工专学校扩充之计划》。这里可以视其为3年事业发展战略规划；何况，既为省办，又兼唯一高等工程教育学校，故此该规划也可理解为至少在一定程度上反映了当年省长公署在这方面的眼光与决断力。

于鼎革之际提出的3年分步建设计划，包括从省、府治以及革命军政府均设广州的实际，从建设世界工商大都市的资格、地缘经济及世界工业产业发展趋势考虑，必须增设建筑、土木、电气、染色、造船及窑业等6科；添置各科应用的机械器物、理化实验器具，机织、化学两科方面"更须大加购备"；增筑图书馆、教员住宅；大加扩充体育设施，包括修建风雨操场及添置秋千、浪桥等器械、游艺室、国技馆及弓矢枪等配

广东省立工业专门学校正门
图片来源：新建设，工业专号，1929（6）：插图二.

套器械、射击场、游泳池、舢舨船坞等；利用校地南侧山体、水体俱备的条件，营造校园"邸壑园林，沂水舞雩"的善美意境；为免水湿之患，减少器物的霉朽，抬升各处校舍堂室地势，机械、化学工程两科实习工场地尤有必要。

机械工场为上文所说的清末军火广州制造东局厂房遗存，至1924年使用已逾40年，"须全部修改"即改建；一律改置铁木校具，改变学习与生活所用台、椅、床、凳全为杉材质松制劣的情形；为绝湿病、脚病，宿舍迁校园后山；同上理，礼堂、教室、事务室合建于地势较高的校园中央，并以此改善原先散落各处"呼应不灵，耗时费力，事倍功半"的状况。实现以上方案，共需投入78.5万元。其中，开办上述6个专业需费30万元，添置各科仪器设备、理化实验器具、体育设施及修建图书馆等项，需费17万元，其余主要为校舍修筑费。

该计划虽经省教育厅于1924年8月19日批复照准并转呈了省长公署，省长廖仲恺也于1924年8月30日，以第1559号指令指示广东省筹饷总局就工专所提出的，关于引援旧例将有奖义会附加一成拨作工专扩充临时费建议，给予核明饬遵。①

这里有一赘语，省筹饷总局就是大元帅府大本营管理博彩业税收即管赌饷的机关，成立于1923年10月2日。孙中山训令省长廖仲恺兼任该局首任总办。因孙中山认为："就广东目下之情形而论，为补助军费之不足而公开赌博亦属出于不得已。"②③博彩自咸丰十年（1860）清廷为收饷，准予公开即合法化，至民初大多数时候依旧合法。多届革命政府的"军队给养仍赖赌饷挹注"。1923—1924

---

① 粤省立工专学校扩充之计划[J]. 工学，民国十三年七月[1924（3）：1-5].
② 在招待广东名流及记者席上的演说（一九二三年三月十八日）[M]//汤瑞祥. 护法时期孙中山轶文集（一九一二年十二月——一九二五年三月）. 北京：海洋出版社，2011：93.
③ 本省要闻：帅令设立筹饷局[N]. 广州民国日报，大中华民国十二年十月三号[1923-10-03（3）].

年两年间，滇系杨希闵部、桂系的刘震寰与沈鸿英部等数省军队云集广州及西江、北江流域，大开赌局。此间赌博最盛。这时，虽有几个相关条文陆续出台，诸如《大本营筹饷总局组织法》（1923年10月13日颁布），1924年3月1日及同年6月3日修正后的同题《广东筹饷总局组织大纲》，① 但承办赌饷的"利成公司""富有公司"以及"义合公司"等，却无法生存下去。因全年收上解库数，1923年为3.4万元，次年少到只有5000元。而实际上"单就广州一隅，赌饷每日不下2万元之多，强半归入滇军将领手中。"②

时为财政部部长的廖仲恺，于1923年11月3日在广州中上七校关于请求省府补发欠薪的请愿书上批复道："当此军事倥偬，后方筹饷急于〔如〕星火，苟可罗掘，罔不净尽，此亦无可讳言。然万分艰困之中，独于教育经费犹悉心规划，使济目前之急，既经指定，虽万分窘迫，均未尝分毫挪用，是政府对于教育自问已尽心力之所到，而应为诸君所共谅。"③ 这就是说，为平定军阀叛乱，为加快广东统一步伐，以作出师北伐统一全国的革命根据地，大元帅府大本营用费浩繁，省库早已奇绌。

特别是北伐开始后，"以广东一省收入，供给七省饷糈，转战湘、鄂、豫、闽、浙、皖、赣、苏八省，斯时孙、吴诸军（注：指孙传芳、吴佩孚军队）尚未扑灭，而广东金库支出，超过收入甚巨，欲再增税，实已增无可增，欲再筹借款，又已借无可借"。④

显然，工专当年愿景自期，欲奋鹰扬之远志，就成一番过去未有之事业。此间虽有政府一定程度的护持或照应，但如此背景之下出台的一揽子分步计划，最终不得不大部

增埗河流经工专校门（图中央为泊于校门河边的浮动码头，广州话所称之的埠头）

图片来源：广东教育行政周刊（广东省教育厅机关刊），1929（8）：插图二.

搁置，而让位于建设广东民主革命根据地直至出师北伐的统一大业所需。所以，工专人后来慨叹道："改专伊始，设备建筑在在需财，而省库支绌……唯其时军务倥偬，所拟计划虽奉政府核准，殆难实现，只得就已有之财，为初步之设置。"⑤

就工专办学而言，规划延宕确是发展转折期令人扼腕兴叹的遭遇。因为同时代的一批工业学堂在升格为专门学校后经若干年的发展，大都陆续地易名大学或并入大学。

1922年9月29日，教育部公布《学校系统改革案》。该案规定："专门学校如提高程度，改收高级中学毕业生，其修业年限为四年或五年者，得改为单科大学校。"就学制而言，新学制所设置进

---

① 《民国法规集成》编委会. 民国法规集成（1911.10—1949.9）：第二册［M］. 合肥：黄山书社，1999：186-187、196.
② 卫恭. 八十年来广东的"禁赌"和开赌［M］//政协广东省委员会办公厅，广东省政协文化和文史资料委员会. 广东文史资料精编：清末民国时期社会万象篇，上编，第5卷. 北京：中国文史出版社，2008：281-282、286-287.
③ 温仲良. 广东全省教育大事记（中华民国十二年八月一日—中华民国十三年七月三十一日）［Z］. 出版信息不详，1926：60.
④ 广东省地方史志编纂委员会. 广东省志·金融志［M］. 广州：广东人民出版社，1999：71.
⑤ 工专改办工科学院以前之大略［J］. 国立广东大学周刊，中华民国十五年八月三十日［1926（62）：3］.

入单科大学的"门槛",相比于1912年9月旧学制系统所设定的招收初中毕业生念1年预科、3或4年专科毕业的专门学校标准并不高,①② 由此引起国内专门学校自当年起,持续多年的改为大学或并入他校的风潮。此举于当年俗称"改大"。

如上海私立同济医工专1923年改为同济大学,1924年北京工专改为国立北京工业大学,河海工程专门学校改为河海工科大学;1926年,南通纺织专门学校改为纺织大学,湖南工业专门学校、四川成都工业专门学校都在各自与他校合并的基础上,分别并为省立湖南大学、四川大学;1927年浙江工业专门学校并为浙江大学工学院,南京工业专门学校与苏州工业专门学校一起并入东南大学改为第四中山大学工学院;等等。③

始后工专赍志10年,终在1933年实现办本科大学的愿望。

(二)国外工程教育原版书一度作教材

前已述及,国内近代教育的框架与基本内容尤其是大学,取自西方与日本。当中有不少并不合国情与需要。这种认识有一个渐进的过程。

民初的1912年9月13日,北京政府教育部对中小学及师范学校所用教材作出规定,"教科用图书任人自行编辑,唯须呈请教育部审定",④ 而对于高教教材,则在相当长的时期里,未作规定。

工专自甲工改制后,着手为广东培养专科高级工业人才。教材及参考书采用较好的日文译本或英文原版。这与民初相比,已是一大改变。

由于在过去,各地大学与高等专科学校,都曾一度效仿国外做法,即"各种学科多不用课本,悉由讲师口授,学生笔记"。北京政府教育部认为,此举对教与学两方面的好处是"阐发既极详尽,聆

---

① 教育部公布学校系统改革案(民国十一年九月二十九日)[M]//中国第二历史档案馆. 中华民国史档案资料汇编,第三辑,北洋政府时期教育(1912—1928). 南京:江苏古籍出版社,1991:86.
② 教育概况:学校教育概况[M]//国民政府教育部. 第一次中国教育年鉴,丙种,上册. 上海:开明书店,1934:142.
③ 陈立夫. 三十年来中国之工程教育[M]//周开庆(中国工程师学会). 三十年来之中国工程,中国工程师学会三十周年纪念刊,上册. 重庆:中央印制厂,1946:6-9.
④ 教育部部令:审定教科用图书规程(部令第九号,中华民国元年九月十三日)[M]//全国图书馆文献缩微复制中心. 中国近代教育史料汇编:民国卷,政府公报,第一册. 北京:全国图书馆文献缩微复制中心,2006:19.

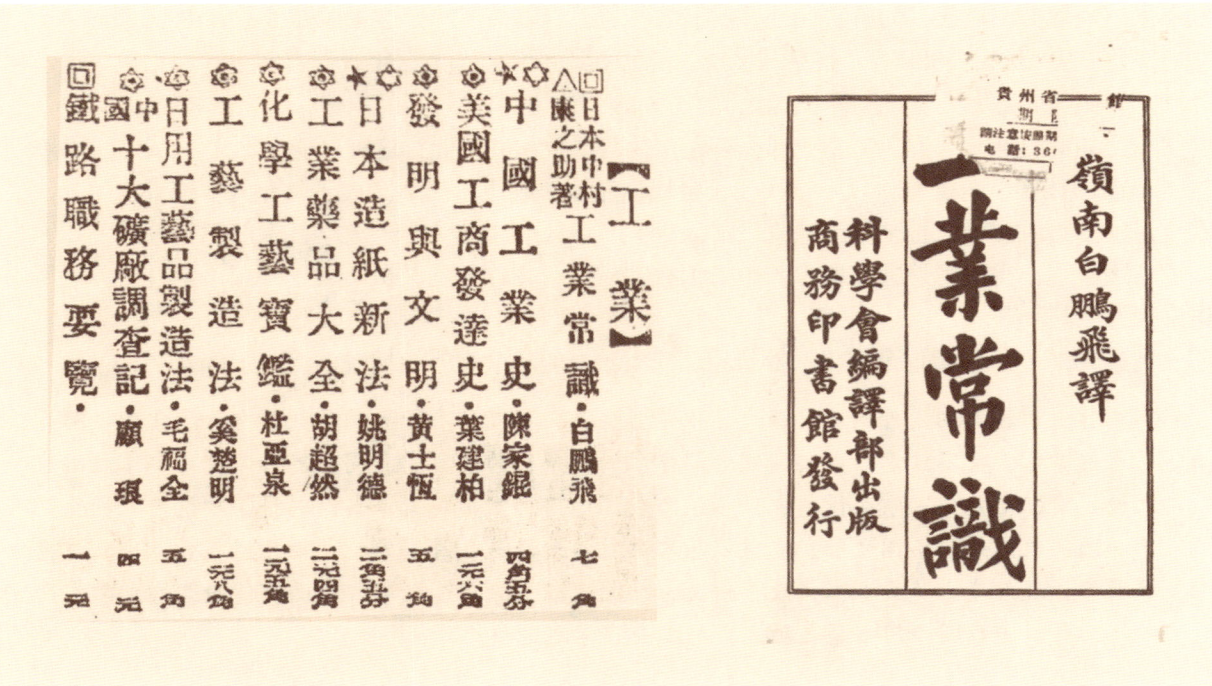

受亦甚明确"。① 但在国家科学未昌明,国人科学与技术知识、意识等方面都还极为薄弱的情况下,譬如面对推陈出新的自然学科或专业的名词与理论的工科生,比起推崇经典理论的文科、师范生来说,就听和做笔记的学习环节而言,前者在没有教科书引导、参照,即有所预习的情况下,课堂学习是远比后者要狼狈得多的。

前已述及,当年自工艺局起,教材为自编与采用外文版的为多。及至甲工升格后,工专认为:"本校为工业专门学校,各生所用课本,自当严格选择,而国内对于工程科学译本,多未齐备,故须向外国订购原本,以资研读。"②

其时,"民国初年发挥资产阶级民主政治的著作很多。其中大部分是翻译,主要是美国人和日本人的著作。从日文重译的西欧人著作也不少。我国人自己撰写的科学著作则寥寥无数。"③ 有人就此说:"查国内大学以西书为课本者十之八九,大有喧宾夺主之势。"国内针对本国实际而编写的工程教科书,寥如凤毛麟角,即令是编译本也甚少。④⑤ 所以,那时国内高等工程教育,包括上海交大的前身之一交通部南洋大学、唐山交通大学等,有的时候往往直接采用欧美或日本等的原版书作教材。

这时,甲工升格为专门学校时期的教务主任是白鹏飞。1913年5月他就曾把日本的中村康之助于大正二年(1913)三月所著的《工业常识》一书,译成中文交由科学会编译部出版,由商务印书馆出版发行。⑥ 到1933年已发行第10版。该书200多页,以文言体表述35项工业生产制造、工程建设与装备的基本流程或发展趋势(动力、水力电气、汽机气罐、瓦斯发动机及汽油发动机、汽车、汽船、空中飞行机、自动车、发电机及电动机、电车、电灯、电信、电话、镀金、蓄电池、机械制作工业、建筑、印刷、冶金术、制铁、制纸、纺织、织物、色染法、制革工业、瓦斯工业、曹达工业、硫酸工业、酒类、砂糖、漆器制造业、陶瓷器、玻璃、士敏土、人造肥料)。当中,过半内容与学生所学有

---

① 教育部训令(第十七号,民国二年三月二十八日),文牍,广东教育公报,第一年,中华民国二年六月[1913(9):263][M]//殷梦霞,李强.民国教育公报汇编:第一六四册.北京:国家图书馆出版社,2009:375.
② 叶家垣.教务纪要[J].工专(广东省立工业专门学校季刊),民国十九年[1930,1(1):1].
③ 刘国钧.中国书史简编[M].北京:高等教育出版社,1958:117.
④ 曹铭先.对于中国工程教育之我见[J].教育杂志,1924,16(3):7.
⑤ 寿勉成.我国大学之教材问题[J].教育杂志,1925,17(3):2.
⑥ 刘洪权.民国时期出版书目汇编,第一册[M].北京:国家图书馆出版社,2010:271.

联系。主理教务的白氏，为解决课外参考书之不足，若以该译本作学生课外参考书也不奇怪。

浏览本书所附的1929年工业专门学校、自预科到各专业一至三年级课本清单，但见数、理、化及外国语各门类，各专业基础与专业理论等方面，英文原版书大行其道。

既然如此，部分课程包括专业课程有无推行双语教学的可能？这种可能性不大。

早在1918年，全国专科以上学校校长会议，有议决案第十一项"大学及专门学校本科用外国文课本及用外国语讲授，应否一律废除或设法减少案"已明确："（一）大学及专门学校教课，如无本国文适当之著述，得采用外国文课本。（二）教师讲授时，除外国教员及关于外国语学科外，以用本国语讲授为原则。"①

到了1930年，问题逐渐突出。校长丘琮向省政府委员会报告校情说：

> 各科讲授，向用外国英文课本，唯是学生英文程度不高，故往往耗其全力于文字之解释，对于所授学术，反不注意，因之研究专门学术的能率，为之减少，同时英文课外〔本〕之编辑，其立论设喻，全就该国学生设想，最不适合我国国情；且用英文课本，则科学学说与教授聘用只限于一国，未能兼取各国之长，更益以原本书籍售价极昂，每一学生年耗几至百金，负担过重，实非所宜，现经废止英文课本，改用讲义，一面可以免除前述之弊，一面可使教者增加学术研究之心得，并促进我国专门书籍之独立，与工业科学之进步。②

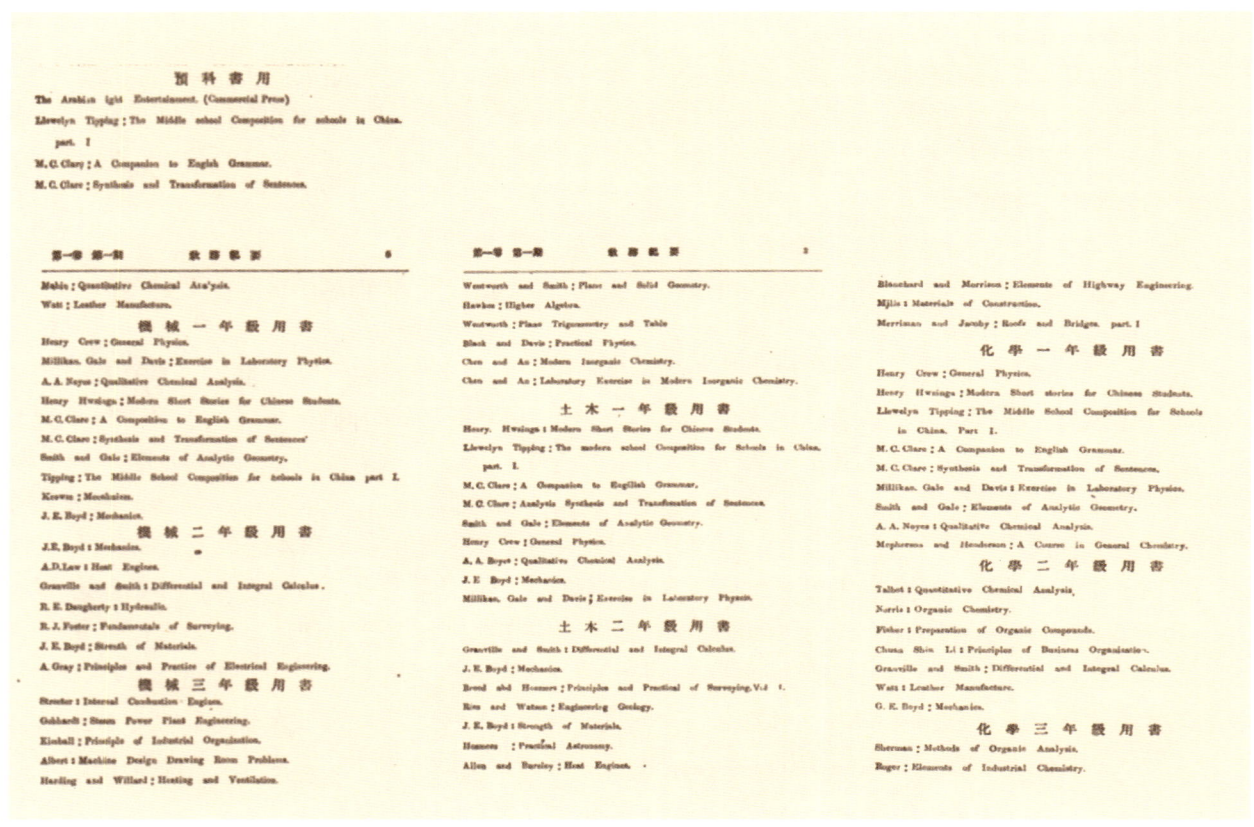

工专1929年学年预科到各专业一至三年级课本清单

图片来源：叶家垣．教务纪要［J］．工专（广东省立工业专门学校季刊），民国十九年［1930，1（1）：2-5］．

---

① 全国专门以上学校校长会议议决案（文件号阙如，民国七年）［M］//邰爽秋，王克仁，王侗，等．历届教育会议议决案汇编，教育参考资料选辑：第五种．上海：教育编译馆，1935：23-24．
② 广东省政府训令，令财教两厅审核省立工专校长呈请按月增加临时整理费案（建字第三八二号，民国十九·三·廿四）［J］．广东省政府公报，民国十九年［1930（78）：10-11］．

欧美原版教材作课本，在一定程度上或许令学生较好、较快地接受到当时西方较先进的科技专业理论与知识，也能有较好的英文知识，直至能用所谓英语方式思维（这包括抽象的、逻辑的及客体的等方面思维）。虽然，广东作为中国近代工业与民族工业的发源地之一，省内部分民族工业已先于洋务企业出现，尤其是陈济棠主政广东的20世纪30年代中前期，所直接引进的制糖、盐碱、棉纺、毛纺等的达到国际先进水平的外来机械设备、技术与生产管理理念、和生产线一并引入的外国工程师，以及由此而起的广东机械工业，有利于工专学生的专业考察；但这类原版教材派生的缺陷确实如丘琮所讲，即所学与当时国内包括广东地区整体性的幼稚的民族工业现状并不对应。

教材的问题，在省教育厅所派出的视学官员的调查报告，也有了类似的反映："历年以来以本国出版界鲜有专门教本，购自外国较为便用，但今外国文教本价值甚昂，本国学生购买力实有不足，以素用英文教本之岭南大学，至今已渐换用中文讲义。"①

当然，不论双语教学抑或原版外国教材价高等问题，当时教材未本土化是引起一连串问题的关键。其实，这种情况于省外的大学也同样存在。譬如，留学耶鲁大学的经济学博士何廉，于1926至1927年学年在南开大学讲授经济学方面4门课程时深感："我觉得绝对必要的是将中国的材料与学科内容融合在一起并且利用中国的素材来解释所学的原理，这样来使我的教学'中国化'。如果一位教师在教课中不能探讨他执教的本国当前的经济问题，我觉得他最多不过是在空谈。要把我的教学从'空'中带回到地面，要解决大量的难题。首先要逐步了解中国的实际经济现状。在我的教学过程中，我因为受的是国外西洋学派的教育，我本人必须经历一个自我教育的过程。其次还要使教科书中得出来的结论能被学生们应用。"②

实际上，在结合当时国内民族工业与吸收消化国外新产业、新技术、新工艺以及新兴学科的基础上，编纂合适的国内理工科教材、讲义，其本土化是一个循序渐进的漫长过程，所碰到困难较之文科要大得多。毕竟，不同于一些文学艺术创作，工科教材定位于准确的表达、明晰的科学推理与严密的逻辑关联。

关于教材问题，在大革命时期的广州国民政府，一个由陈公博（时任省府农工厅厅长）、甘乃光（时任省府南路各属行政委员会主任）、许崇清（时任国民政府常务委员、广东省教育厅厅长）、金曾澄（1929年11月起为教育厅厅长）、钟荣光（时任岭南大学校长）、褚民谊（时任国立广东大学署理，即代校长、广东省教育行政委员会委员）等6人所组成的整体的革命态度、立场还未明显分化的政府最高教育行政机构"教育行政委员会"，也早就注意到处在国民教育体系基础性地位的教材，于当时国内各级学校所存在的严重程度不等的问题。该委员会指出：

窃以年来，教育制度迭有变更，沿用的教育法规，或因体制失其效用，或因情势而其旨趣□□……教科书一项，坊间出版及学校自编者为数极多，其中适合学校教材者故居多数，唯书类〔商〕多注重营业，取材或不及精研，又或改头换面因袭稗版而曰为新编。至于出自学校自编者，亦多以教员个人主观而取材……从〔重〕新组织教材，以其适应革命，教育虽兹事体大，人才、经济两费张罗，但势在必行。"③

换言之，作为天下公器的教育，当时教材编写与供应乱象丛生、相关的人才与经费矛盾突出；教育界人士希冀在改善和增强高校教材所涉及的专业性、学术性问题上能有所作为，以为革命政府所渴求的发展经济愿景方面，提供人力资源。这之中或多或少涉及对办学体制、教育制度等一系列根本制度的改良与改革。

---

① 黎国昌. 视察广州市公私立专科学校、大学、学院、中学报告书（原刊缺页，该报告形成日期不详）. 广东教育月刊，民国二十二年一月十五日 [1933（1）：135] [DB/OL].（更新或修改日不详）[2014-05-13]. http://www.dachengdata.com.
② 何廉回忆录 [M]. 朱佑慈，杨大宁，胡隆昶，等译. 北京：中国文史出版社，1988：56.
③ 关于国民政府教科书编审委员会章程案卷（民国十五年四月三日）[Z]. 南京中国第二历史档案馆，广州国民政府档案汇编，1926：全宗第十九号，案卷号270.

这个1926年3月1日方成立的委员会即于4月3日拟就了国民政府《教科书编审委员会章程》，章程获批复后于10月2日公布推行。而推行前的10月1日，还公布了《教科书审查规程》，①似有一番大动作。可惜活动未及真正展开，就因同年12月10日起国民政府北迁，至次年1月1日正式定都武汉，后又移入南京。该委员会迭次迁往沪、宁，随之于1927年6月13日被裁撤，原有的教材问题也就一直得不到来自政府业务行政领导机关明确的稳定的解决办法，以致新旧问题相交织。

整体而言，当时国内自编的高等工程教育教材也有限。以化工方面为例，首本自编教材为1914年北大余同奎的《应用化学》，次第有张正成的《制革法》（1922）、北京工业大学吴承洛的《化学工程》（讲义，1923）、《应用电化学》（1924）、韩祖康的《工业化学实验法》（1925）以及上海交通大学徐名材的《化学工程手册》（1930）等。而广东自有教材也同样有限。省教育厅调查后所分析的结果是，或因广州本为商业之区，侧重经济，研究著述机会殊鲜；或因教育者待遇过于菲薄、工作过忙，研究精神往往因之不能贯彻。譬如，有的学校教师"如广州大学等，多属讲师，每月每小时虽云有十六元薪金，而支八元，其余得当为捐助学校。又如光华大学等教授，多兼医生，临床诊症，上堂授课，日夕不遑。何有余力顾及其他？各校情形虽或未尽相同，然大概类此"。②

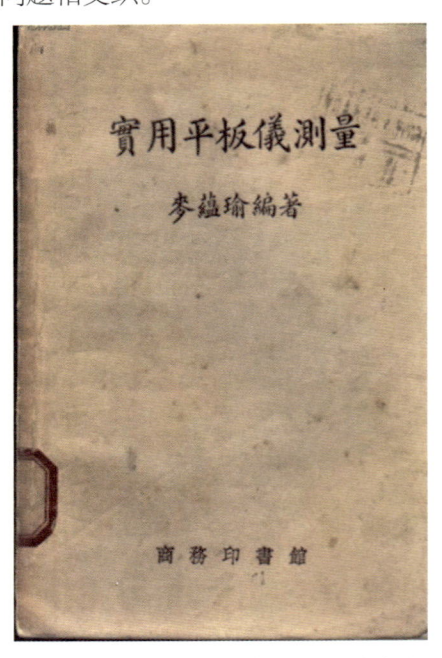

中华人民共和国成立后，商务印书馆为配合国家的第一个五年计划，多次再版《实用平板仪测量》

图片来源：书味斋. 实用平板仪测量（商务印书馆1954年版）［DB/OL］. (2007-09-28) ［2017-09-12］. http://book.kongfz.com.

在这方面，工专有自己的打算。如在1933年选用社会出版的中外文教材有建筑学本科一年级《数学》《党义》，机械工程本科一年级《党义》，土木工程专科二年级《材料强弱学》、土木工程专科一年级《卫生工学》，机械工程专科二年级《水利机械学》；使用自编教材的则有建筑工程本科一年级及机械工程本科一年级《物理及实验》，机械工程专科二年级《设计制图》，化学工程专科三年级《陶瓷学》，化学工程专科二年级《有机化学》等。即外购与自编的教材各占一半。至于高中部各专业，从一年级到三年级的"党义""国文""三角几何"课等，在采用社会出版社出版的教材或活页文选教材的同时，有的课程如"无机化学"，化学工程二年级就直接采用英文原版教材；对于微积分课程，土木与机械两专业的二、三两个年级，也如上以英文原版书为教材。③与此同时，工专所聘任的专兼职教师中，来自工程技术界的人士为数不少。他们以其丰富的工程实践经验，帮助学生理解国外原版教材，作用尤显。

此后，有部分教师在多年教学或长期于工程技术界实践的基础上，厚积薄发，陆续出版著作，其中有的还可作为教材供学生使用。如下文将涉及的1931学年土木工程专任教师麦蕴瑜，于1937年通过商务印书馆出版《实用平板仪测量》；同期的专任教师李敦化、教授区其伟在过往教学实践的基础上，编写、出版了结合国情的专业基础教科书与实验指导书《近代无机化学》《近代无机化学实验》等教材。④

---

① 《民国法规集成》编委会. 民国法规集成（1911.10—1949.9）：第五册［M］. 合肥：黄山书社，1999：132.
② 黎国昌. 视察广州市公私立专科学校、大学、学院、中学报告书（原刊缺页，该报告形成日期不详）［J］. 广东教育月刊，民国二十二年一月十五日［1933（1）：134］.
③ 校闻：二十一年度下学期各课目授课纲目［J］. 工专半月刊，1933（8）：第二张，1-4；（9）：第一张，4；（10）：第二张，1-2.
④ 林大桢，张大经，古喜兰，等. 化学［M］//广东省地方史志编纂委员会. 广东省志·科学技术志（上）. 广州：广东人民出版社，2002：104.

（三）推行国语教学

我国书同文，但各地语不同音。明清之际，基本通行国内的官话即"普通话"，分南京音的"南方官话"与北京音的"北京官话"两种。1840年后北京官话成为全国官定"正音"。虽然清雍正六年（1728）曾通令闽粤两省设立"正音书院"，教授北京官话，并颁行《官话正音》读本和《正音撮要》（注：清嘉庆十五年（1810）出版，为清代最早的正音课本），① 而且清末维新运动有过"国语"运动；辛亥革命后"注音字母"又兴起，将"官话"名称改为国语；到1910年起，广州各中小学增设国语课，一些学校还试行统一以国语授课，但执行的不多，效果也不大。这时广州人能讲国语者甚少。

1913年3月，广东省农林讲习所有位饶姓学生提出一项关于自中学始一律改用国语授课的建议，广东省教育司就此所作的批复，呈现出一副左右为难的窘态："吾国语言庞杂，不独吴、楚、赵、粤地各不同，即同处一省之间，因乡别井殊方言错出，交通〈流〉情感种种隔阂，最为统一上之障碍"，"改用正音教授诚为当务之急，附列进行方法亦多可采……至现在各校能否用正音教授应视教员国语程度，暂由校长酌定执行"。②③

此前在民初，国民党籍议员在首届参众两院中的议席占其总数的45%，议员中的粤籍人士已过半数，许多人受过新式教育，正值壮年；不知是否因有欧、美等地域错将广州话作中国话之故；加上省城广州对省内各地的文化、商业的交流、辐射与影响，自近代以来日渐深入，尽管粤各地方言有异，但广府区域之外不少人，多多少少都能说上些广州话，有的以此借代见过世面，故乐而传播之。所以，各地方言虽不至于向粤省区域中心的广州话靠拢，但后者却是实实在在的"广东普通话"。当中有心高气傲的激进议员，大概认为国语无非是东北旗人话与北京土话，如鸡尾酒般那样的调和物，岂能以其为尊，独令其美；这时粤人政治之气势，渲染了对广州话的优越感，借助通行范围较广、使用人口较多，顺应社会大多数人的共识。④⑤ 这说明不少操广州话者，当年曾经有过浓厚的语言优越感。当然，那时也有过以闽南话、南京话、湖北话等为国语标准各执一词的主张，也都自诩能撑持国语的使命，而不独广东一省。⑥ 类似的情况也出现在中华人民共和国成立后的1955年，在使用人数较多的10多种汉语方言中，当票决以其中一种为标准语时，以成都话为基准音的西南方言，以一票之差落选给获得52票的北京话。⑦

语言记录着人们的心理状态、习惯，也记录着社会、经济、政治、民族或地域群体的历史变迁。从一定意义上说，社会认同和阶层划分以及群体活动很大程度是透过语言来建立和维持的。方言也不例外。⑧ 方言是全民语言的地方变体，是以往社会生活的活化石。就个体而言，它是家传母语，是留给自己一方的乡音

广东省立工业专门学校徽章
图片来源：徽章专区. 广东省立工业专科〔门〕学校［Z/OL］.（2011-01-06）［2012-08-10］. http://www.quancang.com.

---

① 濮之珍. 语言，语文知识讲座［M］. 上海：上海教育出版社，1985：84.
② 本司批农林讲习所学生饶之宏请愿书，请愿自中学以上一律改用国语教授（民国二年三月十一日），文牍，广东教育公报，第一年，民国二年四月［1913（7）：290-291］［DB/OL］.［2014-05-13］. http://www.dachengdata.com.
③ 殷梦霞，李强. 民国教育公报汇编，第一六四册［M］. 北京：国家图书馆出版社，2009：201-202.
④ 杨柳. 羊城后视镜［M］. 广州：花城出版社，2008：288.
⑤ 谭元亨. 广府海韵：珠江文化与海上丝绸之路［M］. 广州：广东旅游出版社，2001：372.
⑥ 潘佳. 普通话的前世今生［N］. 光明日报，2017-09-10（12）.
⑦ 张劲. 从白话文到网络语：纪念五四运动100周年［J］. 新闻与写作，2019（5）：102.
⑧ 葛承雍. 探索语言背后的社会史［J］. 浙江社会科学，1996（5）：77-79.

与乡愁的记忆。

语言包含语音、词汇、语法三要素。在方言中，语音是最易感的，但也是难学的；方言的词汇是较易感的，而方言的语法能跟语音和词汇相纠结，有特定的语音形式，并往往是跨方言区的。普通话和方言的语音异况对应，具有一定的系统性和规律性，[①]但悟出"声韵调系统"，把握当中的"规律"，把方言流畅地转为国语，是一门学问，有一个过程。因而乡音不易改。

由于语言的政治化色彩，使其既为社会纽带也为利器。1919年3月北京政府教育部就认为"欲期教育普及，自以统一国语为先务"，深感："查吾国以文言分歧，影响所及，学校教育因感受进步迟滞之痛苦，即人事社会亦欠具统一精神之利器，若不急使言文一致，欲图文化之发展，其道无由……现在教育界舆论趋向，又咸以国民学校国文科宜改授国语为言，体察情形，提倡国语教育，实难再缓。"[②]

但国语被粤人所认识，还是在五四运动的新文化浪潮前后。

1921年，教育部要求以"京话"——北京话作标准的国家通用语，即上文所说的国语。

当时，普及与传播国语所用到的工具，即法定的记录中文读音的注音字母在技术上并不完善；教育界人士认为广州话有声母20个、韵母53个，而京话韵母只有39个，故而齐齐发声："现在国语的字母的韵母，就广州话而论，实在不够。因此广州教育界以研究的结果，加上两个母音。"虽如此，在1921年广州"市街通衢墙上，都有教导团大书而特书的注音字母，劝人学习，以期普及，也可见粤人注意国语的一斑了"。[③][④]

同年，甲工染织科1918级学生罗国杰在学习注音字母过程中，耽于当中的介母和韵母复合、五声标准及其研究等问题，于5月23日和6月2日两度投书《广东群报》，与热心统一国语读音、正在广州讲学的吴稚晖展开笔谈。

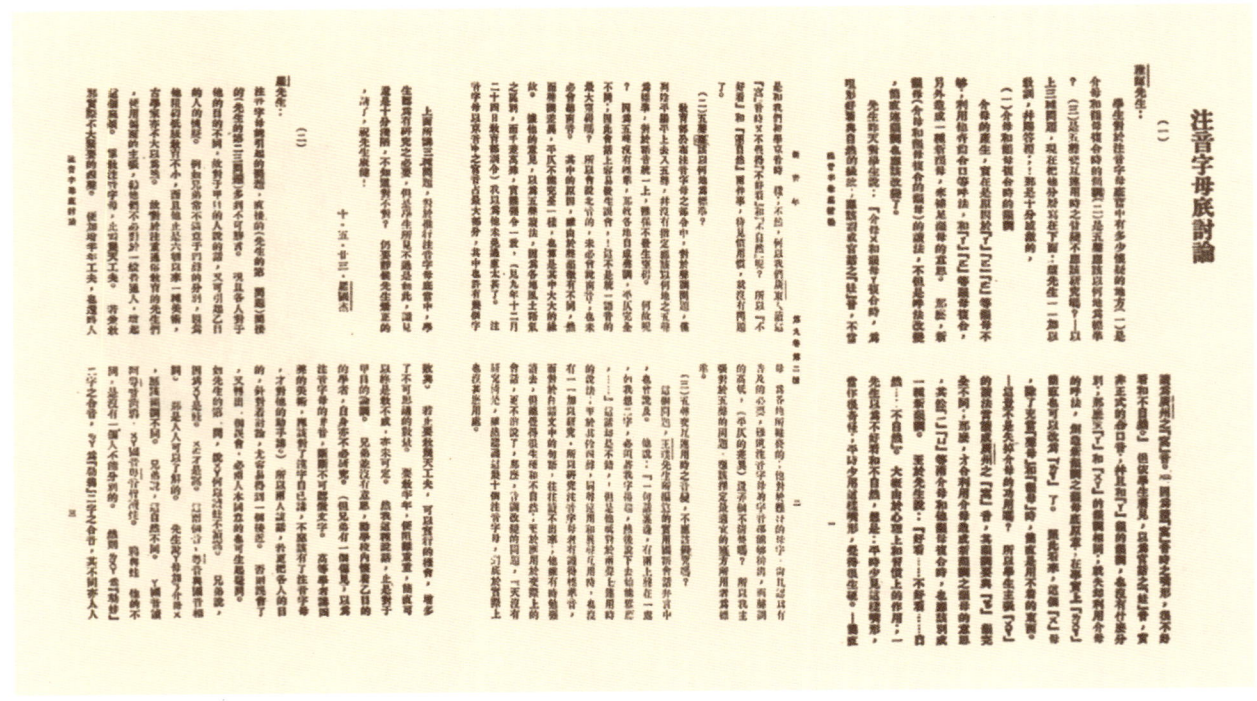

图片来源：吴敬恒. 注音字母底〔的〕讨论［J］. 新青年，1921，9（2）：1-3.

---

① 邢福义. 汉语方言现象与华人文化风情［J］. 华中师范大学学报（人文社会科学版），2014，53（1）：93-95.
② 教育部令行改国文为语体文，以期收言文一致的效果（民国九年一月十二日）［M］// 李桂林，戚名琇，钱曼倩，等. 中国近代教育史资料汇编：普通教育. 第2版. 上海：上海教育出版社，2007：515.
③ 高语罕. 广州纪游（民国十一年二月）［M］. 上海：亚东图书馆，1922：155.
④ 秦松. 一个词证明广州有文化？［N］. 广州日报，2015-12-03（A17）.

1926年1月17日，全国国语运动大会广东筹备会召集各团体、学校代表在广州惠爱中路桂香街口桂香庙内开会，发表国语运动宣言。广州因而发动学习国语运动，街上张贴着"国语一致""文化进步须学国语"等标语，以激励粤人学习热情。

既然广州社会生活交际语为广州话，当年相当多的师生，一方面囿于上述社会心理因素，迟迟不愿接受国语，另一方面，教学上却有推广普及的实际需要。因为，虽则工专的广西籍桂南片地域学生所说的粤方言也是广州话，通行广西地域面积的三分之一，但毕竟还有讲其他地方方言的。这些所说方言各异、字读不同音的两广地区子弟，教师亦多为两广人氏，教学上施行广义"双语教学"——以国语为教学语言，辅之粤语即广州话的教学，逆料困难当然不少。1931年10月25日，工专聘广州国语注音字母传习所结业生陈朗秋为"国语注音字母课"的兼职教授，开讲该课程，[1] 师生就在这样的矛盾中且拒且学且言。

所谓"且拒且学"一直存在。广州话作为吴、闽、客等这类东南片方言即远江方言和普通话差异大。本地人知道，不学普通话，走不远。[2] 毕业前的"毕业旅行"即专业考察，为教学大纲所规定教学内容之一。出省作生产企业毕业考察，不会国语者将寸步难行。

图片来源：甲工参观团消息［N］. 广州民国日报，大中华民国十三年七月廿四日［1924-07-24（7）］.

1924—1930年广东省立工业专门学校图书馆馆藏章印模图。从印模图看，省名以1867年出现的威妥玛（Wade Thomas Francis）等人设计的威妥玛式拉丁字母拼写官话的英文校名占有过半轮廓，花纹与五角星点缀图案，从中似可觅得陈济棠主政广东经济相对发展与稳定时期，高教事业进步的点滴历史信息

图片来源：2001年11月采集自华南理工大学图书馆.

广东省立工业专门学校图书室还书通知单

图片来源：二手旧货单据［DB/OL］.［2014-01-31］. http://www.997788.com.

---

[1] 布告：教务处布告［J］. 工专周刊，民国二十年十一月二日［1931（7）：1］.
[2] 李如龙. 现代汉语方言的萎缩和对策研究［J］. 语言战略研究，2017（4）：28.

工专升格后的甲工各专业末届即1924届毕业班,于毕业前组团自7月20日起一连3周,要到上海、南通、无锡、杭州四地考察。由此对学生运用国语的交际能力颇具挑战性,因而,平时不学不行。

在学校推广国语,独非工专一家。

早在1928年12月,岭南大学为教育事业未来发展之计,校长钟荣光提出"岭南北伐"的办学口号,即到内地开辟生源,宣传岭大要做全国性大学,鼓动北方青年南下岭大求学。为此,于当月10日成立学校的"国语联谊会",继而在10天后的20号,借圣诞活动气氛组织一个有副校长李应林出席的、70多名师生到场的国语谐趣演讲会,以续该校从当年3月开始的旨在"制造南大说国语的风气,提倡中国一家亲的精神",消弭南北地区学生言语障碍的学国语活动。中大在此前后,也有动作。该校当年的"校闻"报道:"查本大学教授平日上课多用国语教授,虽间有为使学生易于明了起见,用粤语以解释,今奉令推行,殊属易事云。"[1]-[3]

该校闻未言及推行之难在何处,但体念居广州话方言区、多已过不惑之年的教师,改变朝夕相随之乡音,该是困难之事。于此,工专及后来的勷勤工学院恐怕也是概莫能外的。同样,不难想象,1929年岭大于"岭南国语运动周"期间渲染气氛所张贴的劝学与激励兼之标语,诸如,以语言修养入手的"国语是最丰丽最普遍的语言",具政治张力的"国语是统一中国的工具""中国人应当会说中国话",营造社会责任的"语言统一须由学生做起",以及"大学讲授应以国语代粤语",[4] 等等,于他校显具普适性。

(四)展示学校形象的一次工业展览活动

1925年6月1日,本属广州大革命时期普通的一天,而之于工专,却是自甲工转制改办高等工程教育的周年纪念日。循旧规,办学纪念日并不拘泥于上级业务行政领导机关批准办学日当天,而视学校情形确定。当年在惯例上,各级学校的本校纪念日全年可有两天休假。工专将其转换为一连3天的学校开放日,举办以"教育救国""工业救国"为主题的工业展览,基本目的是"所望于贤良长官之督促维护,各界之赞助奖励,与毕业生诸君之反哺",以"策进本校"。为此,倾全校之力,组织了筹款、宣传、装饰、余兴、陈列、招待、纠察、联动8个部,以教职员为各部部长,从1922级老生到1925级刚入学新生,基本上各班派班1名代表为干事。大概因筹备之需,小部分学生身兼两部事务。如同为机械科的老生梁世英、詹尊铣两人,都服务于机械部及联动部两部;老生胡家祺,处宣传部及联动部两部;新生陈三光,入宣传部及联动部两部;等等。以上,约有干事130人。筹备前后历84天。

---

[1] 教育部国家教育发展研究中心. 20世纪的中国,教育事业卷 [M]. 兰州:甘肃人民出版社,2000:71-72.
[2] 会闻:国语联谊会圣诞交际会纪(1928年12月20日)[J]. 南大青年周刊,1929,17(15):8.(广东省档案馆电子文书档号,038-001-94-042~045:8)
[3] 校闻:奉教部令设法推广国语 [N]. 国立中山大学日报,1936-12-19(3).
[4] 校闻. 岭南国语运动周及国语剧(1929年5月18日)[J]. 南大青年周刊(友校联谊日特刊),1929,17(30):7.(广东省档案馆电子文书档号,038-001-94-086~089:8)

展览以学生现场操纵各种机械设备、展示各式机械设备仪器与专业生产实习的场景为主，辅之引导观众历览学生各项成绩的统计图表、专业习作、各类制成品及校园等。其内容及活动大致如下：

机械科陈列部：蒸汽机关与学生操作，车、刨、铣、钻等机床与学生操作，煤油发动机与学生操作，煤气机运转与瓦斯生产操作，木工机械与学生木工成绩，材料强弱试验机与学生实验，机械加工用的各种手工具（如大小磅重量不等的手锤，不同种类用途的錾削具，不同齿纹锉具，不同场合下使用的刮具，不同形式活动扳手与呆扳手等系列固定螺钉、螺栓的紧固具，各类钻具，活动与固定等形式手锯，夹持工件的夹具，各式量具），常规机械生产次序与设备功能的说明，学生制图及金属工艺学课程中的打磨成绩。

化学科陈列部：制革厂与制革顺序标本及学生的各种皮革制成品，肥皂厂与各类肥皂的制造顺序及学生成绩品；学生在第一分析室实验演示与各种统计表、各类工业工程分解图，化学小游戏；学生在第二分析室实验演示，陈列实验、化验及生产制造所用的各种装置以及各项图表，展示天平室；学生在第三分析室实验演示，陈列实验、化验及生产制造所用的各种装置；松节油厂松节油的蒸馏生产；造纸厂手工制纸程序以及造纸原料与学生的造纸制成品。

化学科出品贩卖部：洗濯皂、香皂、牙粉、牙膏、香水、花露水、爽身粉、雪花膏、生发油、发膏、鞋油、墨汁、洋墨水、香糊、洋烛、皮草、罐头食品等。

机织科陈列部：染色室、分析室、力织室、纹织室、意匠室、手织室、编织室、毛巾室、成绩室、陈列室。

现场染织科工作分类：染色，印花布，各种浸染、染色小游戏；机织、打花、制织。

染织科出品贩卖部：电光袜、竹纱袜、线纱袜（即棉质袜）、面巾、手帕、运动笠衣（即今之厚质地运动衣裤）、印花布匹、土布、文华绉〈纱〉、花羽纱、丝棉交织物、脱色药精等。

第三教室陈列部：物理仪器、博物标本、出入口货图表、原工艺局师生的制成品等。

在3天开放日里，为方便各方民众到访，工专特备轮船及雇用搭载旅客较多的紫洞艇数艘，逢上午10—11时，下午4时半后，往返于市区的天字码头至增埗码头之间，免费接送参观者；为添对方致兴，使之于不知不觉中躅躞校园，感受学校办学气氛，拉近学校与民众间的距离，除布置多项小游艺活动外，还邀请了市立一中（注：原文如此，疑似误植文字。因广州市立一中成立于1928年秋。这里的"市立一中"似应为当时的省立一中，即今日的"广东广雅中学"。更况两校地理上视为对门般近，平日交往颇多）学生于第一及第三日来校，分别表演锣鼓打击乐与白话戏；后又于第一、第二日两个夜晚，安排本市中学出演表现海南地方军阀横行、琼崖农民受压迫生活凄惨的时代剧。于是乎，"观者骈足而立……不忍散去""观者挤拥异常""观看者，座为之满"。

当年文献记载道：3天里"男、妇、老、细络绎于道"，即兴致勃勃而来的男女老幼络绎不绝。到访者中，首日以学界为主，4000余人；次日以工界及乡民为主，7000余人；第三日，正遇大元帅府大本营胡汉民责令驻粤滇军总司令兼第一军军长杨希闵交出所占防地、交还所占财政各机关，受滇军军阀唐继尧策动兴兵的杨希闵不肯就范,竟与驻粤桂军总司令刘震寰趁国民革命军东征陈炯明、省城广州兵力空虚之际,于6月5日上午公开叛乱,占领省长公署、粤军总司令部及省会公安局、电报局、电话局及铁路等重要机关。公开叛乱前,街头已是战云密布,"风鹤频惊,到〈校〉参观者仍有四千余人。唯其中多系乡民。其由天字码头乘艇来者,则甚少也"。①②

试想一下,平日工专不过400余师生员工,而数日间,学校人流量骤然多于日常的9～17倍,这样壮观的场面,需出动不少学生做"值日生"去维持。在当年,学生受安排,称作"值日生"。他们义务所做事项,其实与今日志愿者性质相近。国民革命正当时,这样的组织与安排,有助于培养学生的国民意识与社会责任感。

显然,这是全方位比较深入地以知识、技能及实物形态,并且多少带有与观众交流互动的、向社会各界自我推介的一次高等工程教学展览。在社会新科学文化积淀极为稀薄的、不少民众思维与生活方式还多少羁勒于旧时代的历史环境下,在政府还无暇也无力顾及的情况下,这一展览对于各方民众来说,类乎认识与理解自然的科学思想和利用自然的工业生产技术科学、工程科学知识等方面的免费普及活动,或曰技术与人、与社会的求实尚理科学精神、人文精神的文明史传播活动,帮助民众学会科学判断与掌握科学方法的科学素质建设活动,或者是对工程教育一次近距离的端详与观赏,或者类乎学校的一次"嘉年华"活动。

(五)关注高新技术的引入与新兴产业的发展

工专作为当时省内唯一一所高等工程教育院校,以推动社会经济建设为义不容辞的使命。时为校长的萧冠英以为,"世界产业革命以来,机械、电气、化学各项万能之说,异口同声","现全省统一,举国人民嗷嗷望治,百废俱兴,知所依归"。其时,他兼广东省工业促进委员会主席,领此衔率众作实地调查后,郑重其事地向省府提出"设一殖产厅,罗致专才,谋产业之发达"的建议,即所谓"殖产兴业",以富国强兵。

该建议就振兴和促进生产力发展,所陈述的六方面组织领导的设想:

(1)设置采矿冶金科,专事查勘地质之构造,探求矿脉丰歉及成分构成,设计开采冶金等;

(2)设置机械科,专事整理内地机械制造、筹备新机械厂,调查国外新发明机械,以便国人兴业利用;

(3)设置电气、土木两科,专事整理与改良既有的电力厂,测量全省水力,计划水力发电、电机制造厂设备等电气工业建设及水利拓展方案;

(4)设置农林畜牧科,关注森林、畜牧、蚕桑、农业、渔业及水产;

(5)设置工业化学科,认为化学工程"此与各工业部门关系最切亦最多",所以专事时,得格外用心;

(6)设置商科,专事调查各国进出口货及需要品,以求推广国货,整理国内外商业及相关渠道,如银行、运输业等,努力谋取和完善商业代理关系等。③

以上,用现时话说,就是瞄准世界新兴产业前沿,引入当时的高新技术,调整原有3个产业结构,以达成改造落后生产力,推动社会经济发展,进而巩固革命政权的目的。

上述建议书,掩藏于零散档案之中,暂未见到有关省府批复或其他处理意见的文档。而随着下文所说的工专一度被划入中大"版图"后,因相关校务与政治等方面的纠缠与胶着,因萧冠英的离任他

---

① 梁公亮. 广东省立工业专门学校成立纪念日工业展览会纪略 [J]. 工学,民国十四年十月 [1925 (3):118-120、122-123].
② 中国社会科学院近代史研究所. 中华民国史·大事记,第四卷(1925—1927)[M]. 北京:中华书局,2011:2221、2225.
③ 萧冠英. 关于提倡殖产以重民生的建议书(民国十五年一月二十五日)[Z]. 南京中国第二历史档案馆,广州国民政府档案,1926:全宗第十九号,案卷第150号.

去，其带有前瞻性的广东经济发展构想，看来是在历史的漩涡中被淹没了。

（六）甲工办学的起起落落

当值其时，工专在高等工程教育方面的办学思路、方针、课程设计与办学经验，是国立广东大学所没有的，这正是后者自1925年秋组织工科筹委会，聘萧冠英为主任拟尽早开办工科所急欲得到的。①

因廖仲恺被刺案而被蒋介石所驱走的国民党重要人物胡汉民、许崇智等一批元老级人士于1925年9月陆续离穗后，约从1926年2月起，蒋介石与汪精卫争夺国民党最高领导权的矛盾突出起来。这之中，广大一校表面化了的蒋汪两股势力的"党争"，犹如"城门失火，殃及池鱼"。中大校史书1983年版曾对其前身之一——广东大学草创期的困厄作如下的表述：

> 学校成立时，由元老派邹鲁掌权。……1925年10月，邹鲁赴北京，后来参加"西山会议"……当时，以左派面目出现的汪精卫，趁机夺取了广东大学的领导权。……可是，由广东大学改为中山大学时，汪派势力又遭到蒋介石的挑战。他们为了控制这所培养高级专门人才的学府，互相不断进行倾轧，学校领导人像走马灯似地进场退场，教学和科研受到了相当的影响。②

省府门前悬挂彩饰庆祝中华民国国民政府（又称"广州国民政府"，所在地为今越华路118号）1925年7月1日于广州正式成立

图片来源：杨柳. 羊城后视镜［M］. 广州：花城出版社，2008：84.

当时省立学校22所，其中广东大学、由甲工升格的工业专门学校、第一中学（即广雅中学）、第一女子师范学校等为粤省重要的公立学校，时称"广州中上四校"或称上文所涉的"广州四校"。

此前，由于政府指定省河（即广州）筵席捐和香港九龙与珠海拱北两海关厘台费充作它们的部分教育事业经费，其余由各校自收自支。四校为此组织了由广大校长邹鲁为委员会主席的"管理广州中上四校经费委员会"，执行经费配额办法，使它们年度总经费，各维持在一定水平上，即广大□元（注：原文缺该项），工专127 648元，一中83 604元，女师65 672元。③

本来，经过各方革命势力的努力，到1925年7月改组后的广东省府成立。次年2月，广东成为统一的革命基地，其革命基础得到巩固，加上整顿税收、扫除地方的浮收巧取之弊等项措施的陆续推行，

---

①中山大学工学院之筹备经过及现况［J］. 工学季刊（国立中山大学工学院院刊），1935（1）：124.
②梁山，李坚，张克谟. 中山大学校史（1924—1949）［M］. 上海：上海教育出版社，1983：5-6.
③广东教育概况（民国十五年度），报告，广东教育公报，第一卷，民国十六年［1927（1）：114.］［M］// 殷梦霞，李强. 民国教育公报汇编：第一七二册. 北京：国家图书馆出版社，2009：138.

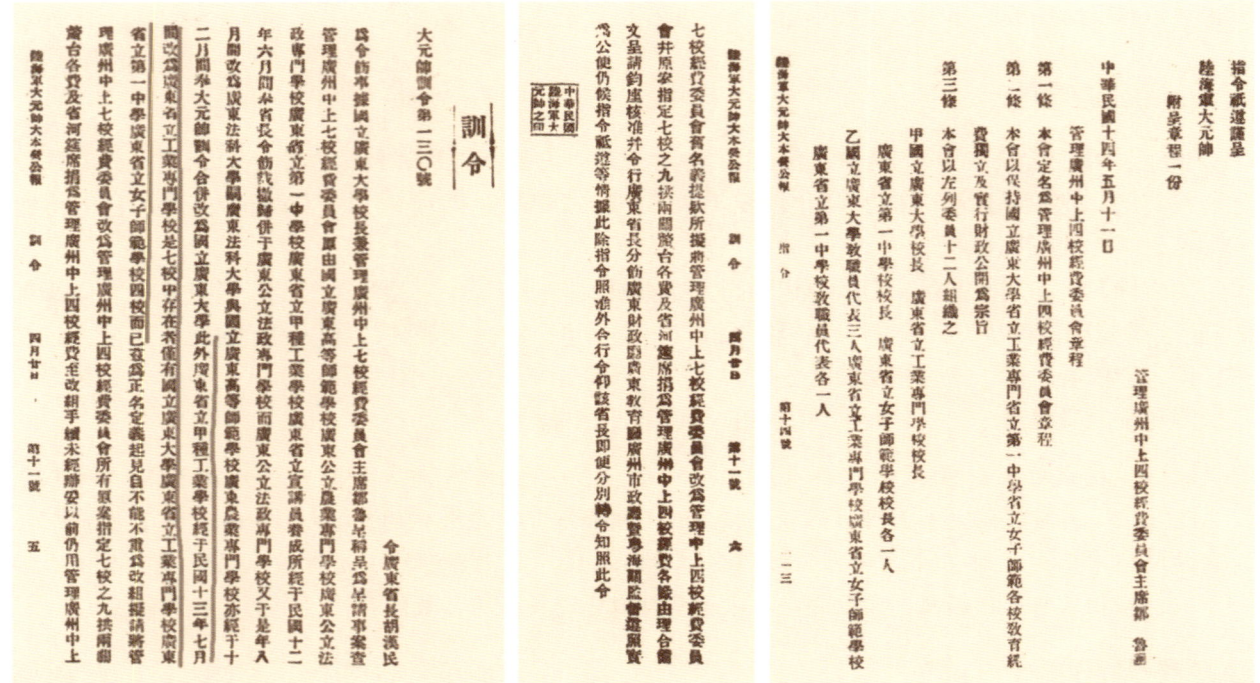

关于经费委员会从七校改广州中上四校经费委员会的训令及该委员会章程

图片来源：①大元帅训令（第一三〇号，中华民国十四年四月十四日）[J]．陆海军大元帅大本营公报，1925（11）：5-6．②大元帅指令（第三七八号，中华民国十四年五月十一日）[J]．陆海军大元帅大本营公报，1925（14）：113．

工商业及交通运输业有了相当的发展，农民的待遇也有了改善，"广东财政的统一，已逐渐增加收入了。以前广东每月收入只有一二百万，现在可以收到四百余万"，越年甚至有月入七八百万正当税收。①②

当时，社会上曾有一种乐观看法，以为北伐稳定推进，革命地盘扩张，财政税收亦扩张，以往军费曾完全仰给于广东，今则可由所占领的各相关省分担，减轻粤省负担的机会是有的，进而从整体上改善与发展广东教育事业也是可能的。但实际并非如此。有如前述所举引文：北伐开始后，"以广东一省收入，供给七省饷糈，转战湘、鄂、豫、闽、浙、皖、赣、苏八省，斯时孙、吴诸军（注：指孙传芳、吴佩孚军队）尚未扑灭，而广东金库支出，超过收入甚巨，欲再增税，实已增无可增，欲再筹借款，又已借无可借"。③

1926年8月，国民政府主席汪精卫等一派趁政府整理财政之机，拟取消四校的经费独立自主权。

其实，有关教育独立以及经费独立等构想与努力，在那个年代是无法游离于国民党关于"一个政党、一个主义、一个领袖"那样一种政治体制之外的。当年的共产党人谭平山关于教育独立的概述很有代表性："所谓教育独立，专就政治那方立论，不过是说不应当滥用政治或政党的势力干涉教育，以保持其独立，使之尽地发展，并不是要使政治和教育分为两截，中间划着鸿沟之谓。"而陈独秀于此事稍早前撰文道："所谓教育独立，是不是离开社会把教育界搬到空中去独立或是大洋去〔中〕去独立？……在这种军阀横行的政治之下，政府指定之独立的教育经费有何力量可以保证不被军阀拿中〔去〕？"④⑤

---

① 团广州地委政治报告：关于形势和团目前的任务（政字第一号，一九二五年十二月一日）[M]//广东省档案馆，广东青运史研究委员会研究室，中共惠州市委党史办，中共龙川县委党史办．黄居仁研究史料．广州：广东人民出版社，1988：131．
② 一年来省港罢工的经过（一九二六年八月）[M]//人民出版社编辑部．邓中夏文集．北京：人民出版社，1983：294．
③ 广东省地方史志编纂委员会．广东省志·金融志[M]．广州：广东人民出版社，1999：71．
④ 中共广东省委党史研究委员会，党史征集委员会．谭平山文集[M]．北京：人民出版社，1986：235．
⑤ 人民出版社编辑部．陈独秀文选：第二卷[M]．北京：人民出版社，2013：322．

所以，中上四校的愿望是实现不了的。

事实也如此。上述"党争"的后期，邹鲁离职他去，中上四校经费委员会名实俱亡。但与此同时，相应补救的措施、办法却没有跟上，四校校务因之陷入危机。

于是，拨款不足、拖欠教职员薪酬便成必然。从1926年寒假后早已欠薪的局面遂加剧，支薪时又被硬性搭配3成国库券。四校教职员集会求停止搭配，但政府明确否定了该请求。①

同年6月25日，经上述所说的国民党中政会议决，取消工专，改作"中大工科"，即广大的"工业专门部"，②委任工专校长萧冠英为部长，以加快广大工科学系的筹设步伐；至7月30日，许崇清主持的省教育厅，会同广大派出的教授金绍祖、工专校长萧冠英共商移交接管事宜。③及至8月17日，广大更名为"国立中山大学"。在改名、甄别考试、新老校交接的过程中，又因"党争"，该校奉命从此前的7月底至次年2月底停课。

停课后，该校原有的校务迟滞、校令不畅问题较前进一步突出。当年的10月18日，《广州民国日报》报道国民党中政会日前所通过的决议，其大意是：为对广东大学作根本性的改造，彻底改革一切规章制度，须实行停课，到下学期作为新规之始；学生一律于复试后再行录取，所有教职员先一律停职，甄别后重新录用；广大原附设的中小学等，则分出去另办。④独工专没被涉及如何处置。

从目前所搜集到的史料看，事前不知情、读罢当日该报道的萧氏，方知学校办学方面有如此这般的骤变。因为，此前广大工科方面的院务会议所作的决议，业经学校的第八十六次校务会议确认。即从维护学生利益出发，工专另立一部，继续执行工专原有的机械、机织、应用化学等3科的教学计划，以利原有科别的84名专科生、45名工业班学生以及16名职业班学生等，能按时毕业；而原有的艺徒班则暂不招生。据此，专门部已在当年的9月13日及10月5日，分两次录取了新生146名、备取生43名；而且，老生与新生也已分别在9月20日、10月1日先后开学。

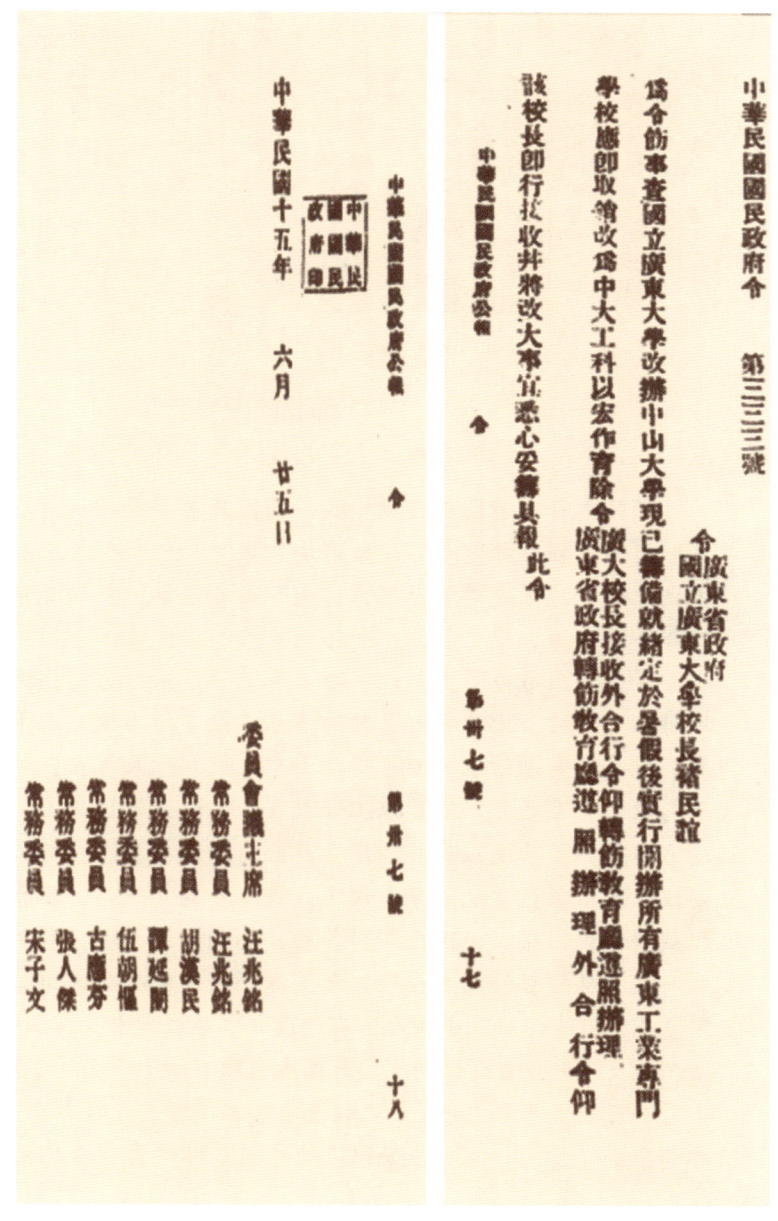

---

① 袁征．孔子·蔡元培·西南联大：中国教育的发展和转折［M］．北京：人民日报出版社，2007：260-261．
② 国民政府秘书处．中华民国国民政府公报，6［M］．台湾：成文出版社，1996：17-18．
③ 校闻：派金绍祖教授会商接管工专事宜（民国十五年八月二日）［J］．国立广东大学周刊，1926（60）：3．
④ 中华民国国民政府令（中华民国十五年十月十八日）、改造中山大学之新计划［N］．广州民国日报，大中华民国十五年十月十八日［1926-10-18（3）］．

故而作为学校"工业专门部"部长的萧冠英闻事当日，就前途未卜的、"既非大学，亦非中小学"的工专，函询学校新旧体制之交的"国立中山大学委员会"：

> 顷阅本日本市民国日报内载，国民政府令开：从前广东大学因循旧习，毫无成绩，人员既多失职，学生程度亦复不齐。政府决意振兴，已明令改中山大学为委员制，期集一时之人望，为根本之改造，应责成委员会努力前进，彻底改革：一切规章制度重行厘定；先行停课，切实建设，期以下学期为新规之始业；全体学生应一律复试，分别去取；所有教职员亦一律停职另任；其中小学等，划出另办等因奉此。查本部前为广东工艺局，民国七年夏始办附设工业学校，其秋改办甲种工业学校，十三年七月改为省立工业专门学校，本年七月奉令取消，改为中大工科，以宏作育。冠英即着手结束。七月卅日由广东教育厅派员，会同广东大学派员，到校移交清讫。是为工专与中大关系之始。冠英以工专教育与工科大学性质不同，一重实际工程，一重高深理论，其用途亦各有异。为适应目前制度及产业前途计，工专应与工大分立而并存。当经函请褚前校长察核妥议，业由工科学院院务会议决：将工专别立一部，其原有广东省立工业〈专门学校〉专门部之机械科、机织科、应用化学科各班，仍应继续办理，本年度招生事宜，由工专主任负责主持，唯原有之艺徒班暂停招生；经广大第八十六次校务会议通过此案，是为进行之根据。冠英以本部内容复杂，有专门班八十四人，有原设之工业班四十五人及职业班十六人，改进刻不容缓。当于九月十三日及十月五日考试新生。计两次录取百四十六名、备取生四十三名；于九月二十日旧生开课，十月一日新生开课。此最近之情形也。兹阅报载本校奉令前因，而未有言及本部。本部既非大学，亦非中小〈学〉，不审应如何办理。因本部学生有以此相询，理合函请指示，祗遵实为公便。[①]

修书者挟"本部学生有以此相询"的群情热点，在函中一一道出工专部成立的正统性、必要性与合理性，旨在诘问当下变更的严肃性。大概为使对工专办学史知之不多的众委员有更为翔实的认识，特地附上"广东省立工业专门学校六一纪念特刊两本"和"本部现任教职员一览表一册"。由此，读

---

① 萧冠英关于工业专门部既非大学亦非中小学应如何办理给中大委员会函（民国十五年十月十八日）[Z].（广东省档案馆电子文书档号，020-001-74-001~005：1-5）

者于上书之外,自不难悟出萧氏于信函字里行间所表达的那种愤懑、不安与无奈。

不过事实上,工专部的去向,中大委员会早有决定。只是由于该委员会处事粗疏,撇下像萧冠英等与办学决策有重要关联的中层干部于不顾,并在事后要由国民党中央政治会议出面完善与弥补。

先说前者,在举行中大委员会委员就职礼的10月17日,该校即于同日公布关于办学六条的布告。该布告关于工专部的意见如下:

> 工专系专门、甲种、乙种三级制之专门学校,其性质不同于大学。且广东本有单独设置工专之必要,如将来政府财政有举办工大之余裕时,当由本大学完全另作规划,切实进行,不必涉及工专。故工专仍决定划出,归省直接管理。①

该布告当时不知以什么方式发布,发布的范围有多大。国民政府机关报《广州民国日报》当时没有刊登该布告内容。及至同月23日,才以"本报专访"形式,以"中大委员会议决之规划"为题,公开中大委员会所规划的内容。只是到了这时,人们才于报端得到有关工专走向的消息。到11月8日,国民党中政会第四十三次会议才就包括工专问题在内的中大"改造"事项,作出具体决定。其中,"工业专门及附属中学划归省办",即工专脱离中大重归省政府办理。②

虽说是"执手分道去,各各还家门",③但专门部于此间办与不办之中,所诱发的师生员工思想动荡、激愤直至彼此对立,终以萧冠英去职、林笋任工专校长等人事更迭之后,④⑤才渐趋平息,故而拖累工专原有的教学。

何以说其诱发?此前,广东公立农业专门学校学生张农就彼时粤省专门学校"改大"即大学运动蔚然成风之论,在师生中很具代表性:"建设大学的运动,教育界诸人竟与学生界的主张完全一致""学生界的大学运动,纯系求知己〔求知〕欲望的冲动,完全属于一种个性发展,既合乎今日教育之目的,又于事实上有非如是不可之势。故各专门学校学生,均有将原校改办大学之诚恳表示"。⑥不妨试想:改大波澜起伏不休,工专人焉能平静乎?以致在10月23日,工专学生推举6人作代表,面询中大委员会委员朱家骅,"朱委员当将委员会决议意思说明,实不能应允工专同学之要求云"。⑦

说回来,省府教育厅接办后,工专复用旧称。⑧

"另起炉灶"的工专吸收教授与学生参与学校管理,注重专业与课程改革,并充实仪器设备

重整旗鼓的工专,当时基本的人力、物力大致如下:

在学生方面:专科部一、二年级6个班共78人,工业班三年级三个班共49人,职业班2个班共33人,以上共计有160人;在学生宿舍方面,南、北、后山三宿舍各有房20间,前两者每间可住4人,后者每间则为8人,总共可住320人;有教室6间,其中4间每间可容纳40～60人,2间每间可容纳30人;在实验室及生产实习工场可容纳学生方面,机械科的木〈模〉工厂17人,铸造工场14人,锻压工

---

① 中大委员会议决之规划(续)[N]. 广州民国日报,大中华民国十五年十月廿三日[1926-10-23(3)].
② 国民党中央执行委员会政治会议第四十三次议决:关于中大工专专门部、附中、附小分别划归省办、市办及改良工专一校等情(第三三二号,民国十五年十一月八日)[Z].(广东省档案馆电子文书档号,020-001-71-028～031:1-2)
③ 方鸣. 一生最爱古诗词,上[M]. 北京:中国华侨出版社,2012:238.
④ 教育界:中央社. 工专发生驱萧风潮(十月廿五日)[N]. 广州民国日报,大中华民国十五年十月廿八日[1926-10-28(5)].
⑤ 广东省教育厅. 关于委任林笋为工业专门学校校长及将附属中学改编为省立第十四中学等情公函(第一三七号,民国十五年十一月二十九日)[Z].(广东省档案馆电子文书档号,020-001-71-036～039:1)
⑥ 张农. 评广东的大学运动潮[J]. 农声汇刊,农专改大运动特刊,1923(2):684.
⑦ 中大工科专修学院消息[N]. 广州民国日报,大中华民国十五年十月廿六日[1926-10-26(6)].
⑧ 政协广州市委文史资料研究委员会. 广州近百年教育史料,广州文史资料专辑[M]. 广州:广东人民出版社,1983:125-126.

场10人，机械打磨工场20人，手工打磨工场24人；机织科的手织机实习室21人，纹织机室9人，力织机室22人，毛巾机室12人，复织机室20人，准备工程所16人，分析室16人，染色试验室80人，印花室12人，意匠室为14人，即全部机织科场地可同时容纳222名学生；化学科的3间分析室共可容纳86人，天平室8人，松节油制造厂4人，造纸厂8人，制皂厂16人，制革厂15人，即全部化学科场地可同时容纳137名学生；物理实验室可同时容纳150人。

另外，从石井兵工厂要来闲置机械5台、旧汽炉1台，从陆军第一师和黄埔军校分别要来残缺弃置的汽车1辆与电船柴油发动机1台，以上旧物论价约值4万余元。① 这些设备作为教具，用之于画法几何、机械原理与机械零件、金属工艺学等公共基础课程的分析、描图、拆解、组装等现场教学环节，对帮助学生建立空间立体概念、增强工程意识与动手能力，当有裨益。

工专恢复之后，对原有行政管理架构着手完善，如在1927年1月中旬，制定了《校务会议规程》。成于国民革命高涨时期的这个规程，颇有教授治校与治学、学生参与办学的管理、监督和评价的民主管理色彩。该规程如下：

校务会议规程

第一条 本会议由教职员十四人及学生代表十四人组织之：

甲，教职员方面（一）总务主任一人，（二）教务主任一人，（三）训育主任一人，（四）机械科主任一人，（五）机织科主任一人，（六）化学科主任一人，（七）普通科主任一人，（八）机织科教授举一人，（九）机械科教授举一人，（十）化学科教授举一人，（十一）职员举四人，总共十四人；

乙，学生方面（一）工业班共三班，每班举一人，（二）专门班第二年级共三班，每班举一人，（三）专门班第一年级共三班，每班举一人，（四）预科班共三班，每班举一人，（五）职业班共两班，每班举一人，总共十四人。

第二条 本会职权规定如下：

子 关于各种事务举办、废止及变更事项；

丑 关于预算决算事项；

寅 关于各种规则之得失事项；

卯 审议各校务委员会之议决事项；

辰 关于建议于官厅之特别事项及其他事项。

第三条 本会议须有教职员会员总数之过半数及学生会员总数之过半数出席，乃将开会其议案，由教职员会员出席者过半数及学生会〔员〕出席者过半数表决之。

第四条 本会议定每月举行一次。其有特别应议事项，由校长临时召集之。

第五条 凡关于校中兴革之事，经会员五人以上之提议，得请求校长召集开会。

第六条 凡开会由文牍先期印发通知各会员。

第七条 开会时各会员须一律到会。其有特别事情不能到会者，应先函主席或文牍请假。

第八条 本会议以校长为主席，如因事缺席，由校长委托主任一人代理（附则：校长亦为会员中之一人）

第九条 会议时，以文牍为书记记录所议事项。②

工专自工艺局时期起，一局一校之内的办学之策，大致是局长或校长一人说了算的，何以于大革命时期以制度形式让师生代表参与学校高层决策、纳师生众言以为改善办学之据？

---

① 工专改办工科学院以前之大略[J]. 国立广东大学周刊, 中华民国十五年八月三十日[1926（62）：3].
② 校务会议规程[J]. 工专旬刊, 民国十六年一月[1927（1）：7].（中山大学图书馆馆藏，以下同）

同期设立的新机构——训育处，在管理学生日常生活即把过去"舍监"人员所管之事尽揽的同时，以"施行政治训育，使学生有明确的政治观念，努力中国国民党的工作以完成国民革命"、指导"组织学生会以促进学生运动之统一"、"指导学生参加农工运动及民众运动"以及"延请革命名流演讲革命问题"等方面为职责，换言之，它是把培养国民革命事业与民国社会经济建设接班人为己任的。譬如，当1927年1月21日广州地区中等以上学校放假一天之时，①派代表参加广东各界召开纪念列宁逝世3周年大会。该处为配合纪念活动，以列宁为题组稿11篇共约1.4万字，于1月21日当天出版《工专旬刊》（列宁纪念专号）。文章都由学生撰写，作者与题目分别是：①黄思耀的"列宁先生传略"；②廖曙光的"纪念列宁"；③郭宏猷的"怎样去纪念列宁？"；④陈林钊的"为纪念列宁敬告革命青年"；⑤赵琪的"我们要怎么纪念列宁？"；⑥陈元煦的"列宁纪念与国民革命"；⑦司徒国的"怎样纪念列宁先生？"；⑧罗玉绶的"列宁先生三周年纪念告世界无产阶级与弱小民族"；⑨陈拔英的"纪念列宁的我见"；⑩詹尊铣的"为什么我们要纪念列宁？"；⑪最光的"我纪念列宁先生的几句话"。及至3月，又以孙中山为题，于其逝世日即3月12日编辑共万余字的工专旬刊"总理逝世二周年纪念号"，载文13篇，仍由学生担纲撰写。

此间的工专，顺应国民革命运动的要求，一改往日甲工办学章程所表现出来的禁锢学生参与社会改革的旧规。

1925年五卅运动后，工专和广州地区的其他中上学校一样，在学生中创设"学生军"。它作为不着军服、不拿枪械而徒手接受简易军事训练的"准民兵组织"，应是广州革命政府一支可随时召唤、用之于壮国民革命运动声势的生力军。到了1927年，工专要求省府拨发有关学生军的专项经费。经办部门省财政厅批复道："广东省立工业专门学校举办学生军，请领每月经费四百三十元，另临时开办费一百元，查该校每月经费一万零八百零四元，历月均由厅支发清楚。此项学生军经费，为数无多，请其即在每月原领经费内腾挪支配，俾免牵动预算，而资撙节。咨教育厅转饬照办。"②

学生军证章

图片来源：徽章专区．广东省立工业专科〔门〕学校[DB/OL]．(2011-01-06)[2012-08-10]．http://www.quancang.com．

就社会常识而论，添置枪支弹药的费用向来不菲。如大革命时期，各派军队的单兵主力枪械是仿德Gew88式步枪的"汉阳造"，即所谓"七九步枪"，它配用M88型直径7.9毫米子弹即所谓七九弹。按1923年9月石井兵工总厂依大元帅府大本营关于《收发军械暂行条例》，于次年5月向各军队所公布的以银元计价的军械价目得知：七九枪每支160元，七九枪弹每百粒20元。③如是，若在1927年以1923年价购枪械的话，仅能买三四支枪，将会用完计划申领的月经费额度。而正常情况下，因人工与机械设备投入费的增加，枪械有逐渐升价的需要。以此综合判断，不然，不会有"此项学生军经费，为数无多"的说法。

透过上述所举《工专旬刊》的文字，可以感悟

广州中上各校学生军之组织

五卅案后，各地学生，为对外作长期奋斗起见，已先后组织学生军。国立广东大学，亦于暑假期内开办学生军讲习所。第一期业已毕业，成绩甚好。现市立中上学校如市美、市师、市职、市商等学生，亦有组织市立中上学校学生军之提议。假市师开联席会议，已将草案通过，拟提大会参考改通过，即呈请教育局通令各校一律举办，并请发给经费。惟枪枝一项，则向国民政府呈领具领。

图片来源：广州中上各校学生军之组织[J]．教育杂志，1925，17(12)：9．

---

① 国立中山大学委员会委员长戴季陶．本月廿一日列宁逝世纪念放假一天布告（布字第五十七号，民国十六年一月廿日）[Z]．(广东省档案馆电子文书档号，020-009-18-045：1)
② 财政厅十六年二月份上半月办事报告，准驳各机关预算情形[J]．广东行政周刊，中华民国十六年三月廿八日[1927(12)：51]．
③ 各军领用枪弹之价目[N]．广州民国日报，大中华民国十二年九月廿九号[1923-09-29(3)]．

图片来源：广东兵工总厂启事［N］．广州民国日报，大中华民国十三年五月廿七号［1924-05-27（2）］．

当时社会革命激情的端倪；《广东省志·出版志》1997年版对当年刊物生发所作的评论，从侧面道出深入人心的大革命在改变社会观念："国共合作形成，把革命形势推向新的高潮，广东成了革命策源地。与此相适应的的是大批革命刊物如雨后春笋，蓬勃出世。"这些刊物的"一个显著的特点是内容的革命性和战斗性。无论是共产党、国民党，还是学校、工农以至社会团体的刊物，几乎无不言辞激烈，锋芒毕露，坚决反帝，呼吁扫除一切封建的、腐朽没落的思想和事物，号召工农民众及社会各界团结起来，用武力改造世界，成为这一时期杂志言论的主旋律。"[1]

规程推行结果如何，目前不得而知。鉴于有关1927年前后工专组织系统的文献资料稀少，该规程第一条甲、乙两款，倒从侧面帮助后人知道当年专业与班级的基本设置。规程所涉的工业班则属职业高中，培养类似中等专业技术学校的学生。

至于校务会议规程中所涉及的职业班，从文献看，是为培养上文已谈及的省内成行成市的机织漂染业急需的工场"技手"，即生产线上熟练操作工，因而在课程安排上，每周有三分之二的时间用于实习。当年有文释道："本校设立职业班之旨意，系为养成一般略具普通科知识之技能者。换言之，即是造就应用工业技术者；一方面固要学得实地应用之方法，他方面又须求关于该项工业之普通科学知识，以为工场需要完好技手之准备。"[2] 这里，也因为缺乏后续的文献资料而不知实际效果如何。这是继1917年常规办学之外增设改良土布技术"额外培训班"后，是又一次主动助推地方经济发展的善举，它再一次彰显了工专持儒家"兼济天下"之念、服务地方经济的诚意与境界。毕竟，作为当年全省唯一的一所高等工程教育的学校，工专承载着社会急欲发展地方工业的责任与期望。

作为后话，大革命失败后，训育处渐成国民党一党专政的工具，与先前初衷背道而驰，学生被赶回到书桌旁，学生会已无可能公开地打出革命之帜。

重回前文，与此同时还陆续推行一系列学制与课程改革，如：

在原有的机械、机织与化学等3个专修科之外，1927年秋新设土木工程、电机工程两个专修科。为此新开英文、数学、物理及体育课程；并在经费与师资暂未到位时，土木系主任由校长叶家俊兼任，但不支兼任项的薪金；该系一年级课程的教学，暂请机械与化工两系的教授分担，电机系一年级暂并入机械系上课；5个预科班减为3个。

最初招考旧制中学毕业生，实行预科1年、专科3年的所谓"一三学制"，后改为"二三学制"，即预科2年、专科3年，改招新制高中毕业生。所谓新制，是指1922年10月后北京政府推行的《壬戌学制》。它规定：6岁入学，小学和中学各有初级与高级两个层次，每层为3年，全部共12年，即所谓

---

[1] 广东省地方史志编委会．广东省志·出版志［M］．广州：广东人民出版社，1997：117-118．
[2] 机织科职业班一年来之实习状况［J］．工专旬刊，民国十六年一月［1927（1）：5-6］．

"六三三学制"。① 上述"二三学制"基本沿用《壬戌学制》，有职业教育与普通教育分离的意图和倾向，但该学制就全国而言，未正式施行。②

就工专而言，预科是指新制初中毕业以上或程度相当者，应先投考工专的预科一年级或者二年级。修习期满，达到相当于高中二年级的水平后，经入学试及格后可读工专。1928年6月起，依据南京政府颁行的《学校系统原则、系统表及说明》的精神，结合广东省实际，推行预科1年、专科从3年改为4年和5年毕业的学制。

这时，工专招生触角伸到了华东地区的上海。其招生代办点及考场都安排在上海交通大学，这或许与当届校长叶家俊及前任代校长曹铭先有些关联。皆因叶、曹两者本来分别为上海交大土木工程科、机电工程科教授，在该校有各方的人缘可提供某些便利。大概如果迳往南京发布招生广告，民国政府首都的广告准入"门槛"，可能较高，对能否顺利"登堂入室"开口招生，还是一个未知数。而上海离南京不算远，可资运用的社会关系当多于后者。工专自1928年8月12日至17日连续6天，于《申报》以"戊A2496"广告登记备案号刊载的招生广告宣传道：

广东省立工业专门学校上海招本、预科男女生

学额：本科一年级机织科插班生廿名，预科生二百名（机织科、机械科、化学科、电机科、土木科各四十名）；投考资格：凡投考本科一年级，须预科毕业、高中毕业，或有相当之程度；凡投考预科，须旧制中学毕业、新制高中二年级修业，或有相当之程度；报名日期：阳历八月十三日至十八日止，每日上午八时至下午四时；报名手续：随带毕业证书或证明书，并缴最近四寸半身相片一张、挂号费一元；报名地点：上海徐家汇第一交通大学交通管理科主任室；考试科目：本科，国文、英文、物理、三民主义、化学、数学；预科，国文、英文、数学、化学、物理、三民主义；考试日期：阳历八月二十、二十一两日，每日上午八时半起至下午四时半止；考试地点：上海假〈座〉第一交通大学；招生简章：函索付邮票四分；校址：广州增步〔埗〕。③

向以两广地区为生源地的工专，为何要把220个招生名额撒往沪市，个中因由以及实际效果，至今未见有文献资料披露。查1932至1934年的工专大专部毕业生名单，籍贯为两广地区的仍旧占绝大多数，他省籍贯包括沪、浙、江一带的，并没有显著增加。这或许从侧面说明，从招生角度看，当次在当地可能没有招到新生或只招到少许；或者从极端角度看，所招到的可能多为在沪的两广籍学生；而从广告效应看，大概起了宣传学校的作用。

---

① 教育大辞典编纂委员会. 教育大辞典, 中国近现代教育史：第10卷［M］. 上海：上海教育出版社，1991：23.
② 陈久奎. 中国职业教育立法的百年历程及反思［J］. 现代教育管理，2014（10）：64.
③ 广东省立工业专门学校上海招本、预科男女生［N］. 申报，中华民国十七年八月十七日［1928-08-17（第二张：7）］.

由于1929年之前，各地中学没有高中部，即没有高中毕业生可资输送到高校，各高校不得已设置预科，以为接续。1929年起，高中生陆续毕业，各高校才不再新招预科生。[①②] 此间，省府拨发工专月度事业经常费为10 804元。

在广东工专方面，推行才过半年，叶家俊发觉这方面的改革难度很大。基本原因如其所言："受事于全校凋残之际、承乏于经济奇窘之时。"[③] 即前因如上文所说的关于增拨经费以应甲工升格专科的改造计划，最终大部分搁置，让位于统一大业所需；后因为广东军兴多年，军需浩繁，省库财力已难兼多项；粤省被广东军阀陈济棠初步统一后，社会经济包括教育都面临休养生息、规划发展的问题。这时的工专与其他不少学校一样，因教育经费欠账太多，特别是工专引为自豪的办学特色之一的工场实习，因经费无着更难以为继。

上述问题后来反映到省政府委员会。1929年1月29日上午，民政厅厅长兼教育厅厅长许崇清受奉派，会同省建设讨论会所属的教育组委员陈伯华、所属的交通组委员丘琮（时任国民党政治会议广州分会建设委员、省府顾问）、王仁宇（原工专教务长）、黎度公（美国弗吉尼亚陆军学校毕业，康奈尔大学土木工程硕士毕业生，时任中央军校高等教育班主任教官，训练处少将副主任）及李子实（日本帝国大学冶金科与东京工业大学军用化学科毕业生，黄埔军校政治教官）等各专门委员一行6人，就改善工专办学条件、调整办学经费等问题视察工专。

这里顺带作一说明。即"建设讨论会"为陈济棠主理粤省党政军后，为振刷广东经济而于1928年2月3日设立的规划、议事临时性机构。以民政、财政、交通、实业与教育等五组织，分工考察各相应事项，以为省府提供决策依据与意见。由中国国民党政治会议广州分会（注：1926年12月21日成立，掌控粤、桂、闽三省政务）聘任从事党务理学研究的专才、有高职务的党务才干、有经济建设实际经验者、毕业于国内外专科以上学校的专业工作者等方面人士为委员。该会于1929年5月底便告结束。[④-⑥]

该众委员在随后形成的办学现状报告及部分改进工作的指导意见有：

一、校舍讲堂：破坏情形属实。

二、设备：化学科只有简单制革厂、制皂厂及化学实验设备；机械科略具规模，比较其他部分，尚属完备；机织科只有力织机四架，其余均〈为〉手织机及足踏机；土木及电机两科，均无设备；物理室设备不足供给学生实验；图书室新组织存书无多，不足供参考之用。

三、学科：现设化学、染织、机械、土木及电机五科；

在政府财力未甚充裕时，拟暂设化学、土木、机械三科，染织科拟暂不扩充，停招新生，电机〈科〉拟不设，现有学生归并机械科。

四、学程：年限本科四年，预科一年；课程参照美国康南耳（注：今通译"康奈尔"）及麻省工科〈两〉大学订定，偏重理论，程度颇高，工场实习甚少。

年限拟仍照旧三年，拟不设预科，招收高级中学毕业生为原则；课程须切于实用，增加工场实习时间；各科须斟酌本省需要情形，为特种之设备，集中训练。

---

① 本省高等教育状况［J］. 工专周刊，中华民国二十年十二月二十一日［1931（14）：3］.
② 〈广东省长公署〉批省立工业专门学校校长叶家俊，呈一件为拟将本科学制改为四年请核示由（批第一一七号，十七年七月十三日发），公牍，广东教育公报，第一卷，中华民国十七年［1928（4）：139-140］［M］//殷梦霞，李强. 民国教育公报汇编（第一七二册）. 北京：国家图书馆出版社，2009：347-348.
③ 叶家俊. 发刊词［J］. 工专（广东省立工业专门学校季刊），中华民国十九年［1930，1（1）：18］.
④ 建设会更改各组开会时间［N］. 广州民国日报，大中华民国十八年五月九日［1929-05-09（4）］.
⑤ 陈主席电令裁撤建设会，定本月底结束［N］. 广州民国日报，大中华民国十八年五月十七日［1929-05-17（3）］.
⑥ 建设委员会组织大纲［N］. 越华报，中华民国十七年二月四日［1928-02-04（2）］.

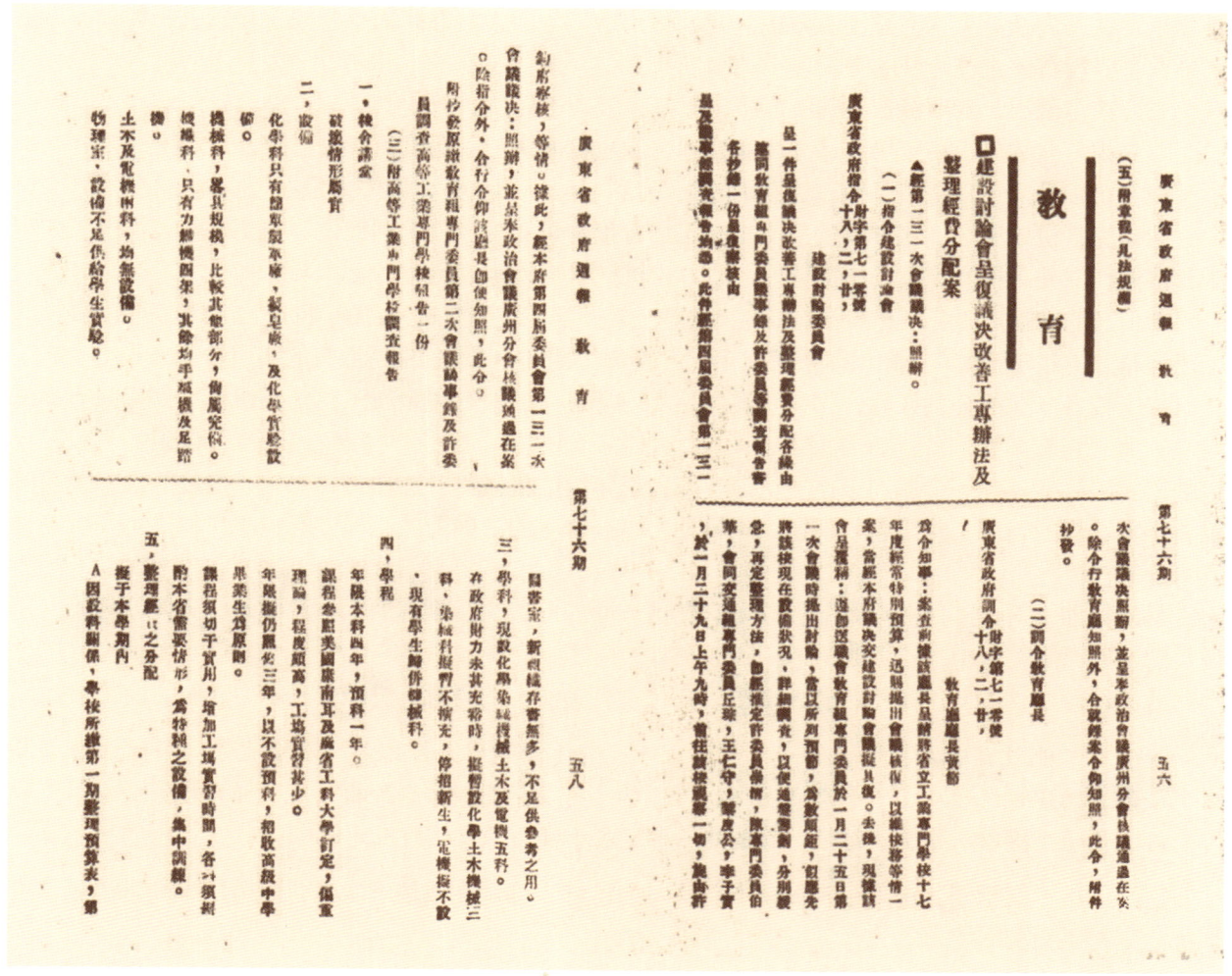

由省库划拨预算经费7.5万元,用于1928年秋至1929年夏学期内,改善与充实各专业的仪器设备与实习工场,修葺校舍。① 上述报告所提出的一部分指导意见,后经同年2月省府第四届委员会第131次会议研究、国民党政治会议广州分会核议通过,确定为:

关于所办专业,保留化学、土木、机械三科,染织、电机两科停办;当中的染织科在读生1927级2名、1928级5名,转到"南通大学"完成学业(注:省财厅随后给转校生每人每年补助学费毫洋200元至毕业②);而电机科学生转专业到机械科。

关于学程即学制,本科3年,预科2年,招收初中毕业生。

原职业、工业各专业学生毕业后,即不再招收该系列学制学生;1928年7月,始有工业专门学校的第一届机械、化学及机织三专业毕业生,总共不过23名。第二年,由于机织二、三〈年〉级学生已集体转校,是年所剩的机械、化学两专业的毕业生总共13名。设机械工程、化学工程两系。

上述报告所提及工专的课程设置,"参照美国康南耳及麻省工科〔两〕大学订定,偏重理论,程度颇高"。已知该两校,为那时赴美留学的习工学人向往之所,且前者还是当时庚款留美生的大本营;而及上文省教育厅关于甲工课程设置及教学质量,其"程度虽未逮于专门,实既高于甲种学级之上"之论,上溯工艺局时期关于"为全省工艺之先导、备各属工艺之师资"的办学宗旨,③人们自不

---

①广东省政府指令,指令建设讨论会、广东省政府训令,令教育厅厅长,建设讨论会呈复议决改善工专办法及整理经费分配案(财字第七一〇号,十八·二·廿).广东省政府周报,1929(76):58、60[J/OL].[2014-05-20]. http://www.dachengdata.com.

②广东省政府第四届委员会第一百三十九次议事录(民国十八年三月十五日)[Z]//林忠佳.广东省档案馆.广东省国民政府政府办公会议录汇编,第二卷.出版信息不详,1987:189.

③叶家俊.广东省立工业专门学校概要[J].新建设(广东省建设厅主办),工业专号.1929(6):231.

难悟出：在国内社会生产力发展有限的时代，华南理工的前人对办高水平学校孜孜以求，为求一流的办学水平，没有停止过追梦的脚步。

省府决定既出，专项经费又陆续划拨，工专亦就乘势而动。于是乎：

原染织专业的染织布工场改造为课室12间，原附设的房屋改配给各专业主任、教授使用。

同年，根据当年7月26日南京政府公布的《专科学校组织法》，集中力量办好机械、化工和土木3个专业；完善机械工场、化学实验室。机械工场分设为可对轴、盘、圆柱体等类工件作表面加工的车床，铸铁、锻铁、打磨等金属加工场地，动力、材料试验场地，此外还设木工场地。①

从现有的文献资料看，升格后的工专，教学上转向学院培养方式为主的同时，工程教育的实践性即工场培养方式并未被抛弃；知识体系在朝专业化方向发展的同时，仍保持原有的实用性即职业化传统。

如全校各专业的公共课程，强化了实验或实习环节。譬如有关金属工艺学及机械物理测量方面的实习，所规定教学计划就其内容而言，一年级的木工即木模、翻砂、打磨、锻铁4种认识实习；二年级的车、刨、钻、螺等金属加工技能认识实习；三年级的机械材料、动力、水力、速度等性能项目测量；土木工程的则从二年级起，规定每年暑期要有一个月的省内野外测量实习，平日每周都安排测量实习；等等。②

另外，加强对校外专业考察的指导。它在这方面如此着力，推求原因，可能是为力图减轻上文所说及的国外原版教材与本国工业生产实际相脱节的程度。

此前，譬如1922年的甲工校长龙裔禧，在论及有关实习的同时，进一步表示生产实习的重要性：

> 就工业教育言之，即教育者对于学生未能与〔予〕以充分练习之机会也……吾愿教育家务必设法购备供给学生实验参考之图书仪器；学生将届毕业，必令外出参观，并与各家公私工厂联络，使学生得以从事实地练习，以造就一种适应于社会需求之的人才。③

后来的工专继承了其前身甲工重视专业实习的传统，强调在栽培学生吃苦耐劳精神的基础上，去训练学生的工程动手能力。

1927年社会动荡之际、校中无主而为代校长的曹铭先，昔前就有见地卓荦的教育思想，即工科生须具尊重劳动、尊重劳动者的品行以及吃苦耐劳和敬业的工匠精神，也提出了专业技术技能实习的规矩和尺度：

> 尝见金工实习时，有服华丝葛皮袍而行驶车床者，木工实习时有假手工匠者。……大抵此辈于工程上必非其长，不若转学别科，尚不致虚耗时日也。学工程者，须含辛茹苦，不避艰险：汽炉之浓烟，检阅时，蜷伏其下，不能嫌其不洁也；……计画〔划〕铁路，测量者须长途旅行，不能避其苦也。故习工程者，必先具有劳工之精神然后可。④

该段引文中的"华丝葛"，为绸缎中的一种；"检阅"语义，当年指"查看"，与今时所含的检验仪式及翻检阅读的语义不尽相同；而所谓"劳工精神"，至少包含信仰诚实劳动、敬业的精神以及"如切如磋、如琢如磨"即精益求精的专业素养等基本方面。犹如孔子所言及的

---

① 政协广州市委文史资料研究委员会. 广州近百年教育史料，广州文史资料专辑［M］. 广州：广东人民出版社，1983：143.
② 叶家俊. 广东省立工业专门学校概要［J］. 新建设，工业专号. 1929（6）：235.
③ 龙裔禧. 对于广东工业教育之意见［J］. 广东教育学会杂志，1922，2（1）：70.
④ 曹铭先. 对于中国工程教育之我见，教育评坛［J］. 教育杂志，1924（3）：7.

"志于道，据于德，依于仁"，即有品格、有怀仁之心者，才有可能做有本领的人。①

另一任校长卢德，把在生产实习教学环节中加强学生的工程动手能力，提到救亡图强的高度去认识，反映了那个时代许多知识界人士所秉持的有关"工业救国""教育救国"的共识：

> 盖专科之设，与普通文法科不同，因其偏重实习与理论之焦点有异也。校长窃尝考察欧西各国，其对于专科组织，靡不设备善完。以欧西工业发达之区，工厂林立，学生于实习方面，固得特殊机会，而其专科学校，尚多有特设工厂，以供学生之揣摩。于此足见实习一科，关系于学生前途，殊非浅鲜！吾国工业堕坠，远逊欧西，其对于专科之设，固属凤毛麟角；即纵有之，亦不过因陋就简，仅具雏形；驯至毕业各生，虽修业期满，而艺乏专长，转为社会所忽视。由是大好生产教育学校，而令人怀疑为做〔造〕成消费人材〔才〕机关，兴言及此，良用痛心！际兹国势阽危，民生日蹙，倘非从实际上倡导工业教育，造就多量工业人才，实无以言救亡之道。②

这里，在叙述本段内容的过程中，穿插有关机械、化工与土木 3 个专业不同年级师生教与学及学生课外活动的几组历史图片。

机械专业1927级学生，在教师指导下扳动小型卧式瓦斯发电机的调车即飞轮曲轴总成作惯性回转，以带动瓦斯喷射燃烧系统与活塞工作，直至机组开始发电

穿着印有广东省立工业专门学校"K.I.T"（Kwang tung Provincial Institute of Technology）字样工装裤的机械专业1928级学生，在机械厂上金属加工课

图片来源：工专（广东省立工业专门学校季刊），中华民国十九年［1930，1（1）：插图四、五］．

---

① 孔子．论语［M］．长春：吉林文史出版社，2004：126．
② 广东省政府指令，核准工专学校开办陶瓷科、土木工程专科（教字第三七五号，民国二十二·五·廿四）［J］．广东省政府公报，1933（225）：85．

广东省立工业专门学校机械厂

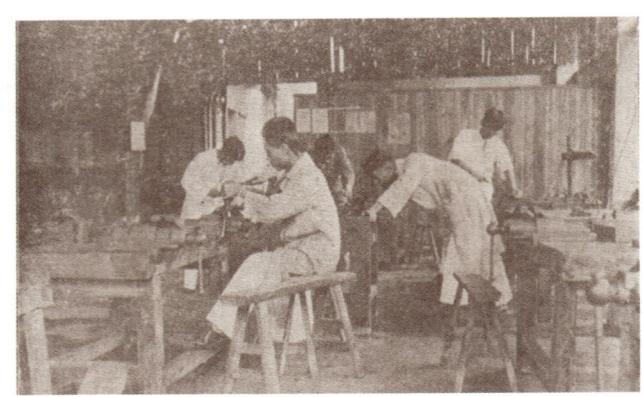
广东省立工业专门学校打磨场

图片来源：广东省立工业专门学校机械厂、打磨场［J］．新建设，工业专号．1929（6）：插图五、六．

物理实验室

图片来源：广东省立工业专门学校物理实验室［J］．新建设，工业专号，1929（6）：插图十五．

鉴于原仅有150余种单件物理仪器，未能满足教学要求，因而再添可供教师课堂做演示的50余种。

此外，在化学试验与实习方面，增设化学制革工场，配套大池6个、大鼓2座及其他工具；增设制皂工场，配有主设备大釜1个，压条、研磨、模印、切块等动力机械，可生产香皂与洗濯皂即洗衣皂。

前已述及，1908年粤省始有人在作坊仿制"洋碱""番枧"（即肥皂），至1920年广州才开始形成有一定规模的制皂厂家。最初的生产工艺，不过是明火煮皂、铁木机槽水冷却、人工锤砸成型、手工切块、烘凉以及打印等简易手工流程，显然比不上现今冷

勤勤大学工学院办学期间原工专制革设备仍用于实习

图片来源：广东省立勤勤大学概览（中华民国二十六年）［Z］．出版信息不详，1937：插图二十九．

板车或真空压条等工艺所生产的高碳脂肪酸钠盐含量高的民用产品。不过，这里所配为动力机械，说明工场能为学生提供蒸汽煮皂这样的半机械化生产实习条件。

此间，实验室已配备供学生实验用本生灯即煤气灯所需燃气的煤气发生炉1座，有机燃烧炉1座，真空蒸馏装置1座，蒸汽干燥箱6个，万分一感量天平15部，普通托盘天平10个，水分电子分析仪2套，原子量测定计、分子量测定计、油类黏度计、显微镜等各1架，煅烧或熔融物质的铂金坩埚3个、

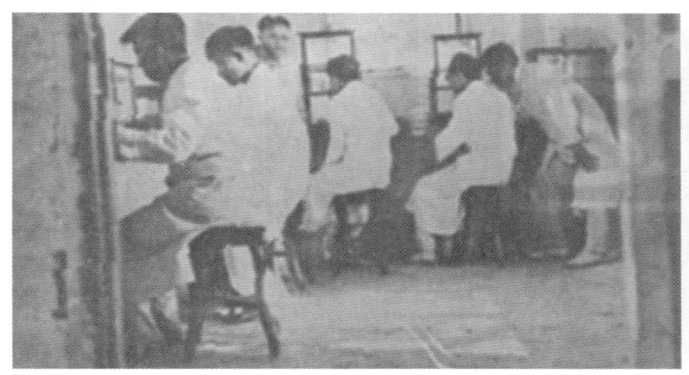
化学工程科天平室

化学工程科二年级生陶瓷实习

化学工程科三年级生化学实习

化学工程科二年级生化学实习

图片来源：工专（广东省立工业专门学校季刊），中华民国十九年［1930，1（1）：插图八、九］.

镍坩埚6个，研磨细末的玛瑙乳钵1个，元素标本1套，矿物标本数百种，等等。学生化学实验条件得到进一步提升。

正是上述种种改善或提升举措，吸引了企业的目光。1931年深秋，汕头岭东瓷业公司与工专达成一项协议，以该公司名义月补助20元，聘请1930届化学科毕业生杨家驿，利用工专实验室继续作公司项目的研究。[①] 这是目前所能见到的华南理工百年办学发展史上，可能是首个带有些许学校、企业协同创新色彩的且有文字记载的项目。

前已述及，化学工程科以造纸、制糖、玻璃、陶瓷等工业生产为范例，引导学生深入掌握该学科的专业知识与理论，自不赘言。作为中国一大发明的瓷器，起于商朝，成熟于东汉，质量臻于两宋，材料技术进步于清朝。[②] 就粤省社会经济建设而论，陶瓷业是重要支柱产业之一。此前晚清光绪时期，粤省佛山镇的广窑应欧商之约所产瓷器，甚为绚彩华丽，引得清乾隆年间所遗唐窑也来"山寨"一把，即仿制。江西景德镇瓷器贩运到广东后，就被重加绘画，以向外洋销售。时人称许工细殊绝。其余如广东钦州窑、潮州窑等，也久负盛名。到

---

① 校闻：瓷业公司奖励研究瓷业［J］. 工专周刊，民国二十年十一月二日［1931（7）：1］.
② 郝士明. 材料图传：关于材料发展史的对话［M］. 北京：化学工业出版社，2014：87-91.

土木一年级生木工实习

土木三年级生实习之一：铁道测量

土木三年级生实习之二：海港测量

土木三年级生实习之三：试验材料

图片来源：工专（广东省立工业专门学校季刊），民国十九年［1930，1（1）：插图七、八、九］．

民国，粤瓷有借鉴德国工艺的，有绘日式山水画的，虽产量大，每年运往香港等地不少，品质却不甚佳。据国内1934年不完全统计，因战乱致不少地方经济凋零，各地陶瓷厂约只有70间，广东仅有3间。① 粤省瓷业界欲重振粤瓷声威之举，此间就成为工专愿意与业界携手共进的外在动力了。至于这种校企协同，是否带有维护我国瓷器大国声誉的历史使命感，因无文献资料佐证，自不便妄断。

同时，为1927年秋开办的新专业土木工程，添置测量角度与水平面用的德国造光学经纬仪（以后又陆续添置德造转镜经纬仪、推算经纬仪）、德国水平仪各1副，次年再添美国造光学经纬仪2副以及六分仪、手提水准仪、罗盘仪、测斜仪、平板仪、量角仪、测高仪、曲线仪、水平杆、标杆、100英尺长皮尺钢尺、针斧等其他测量用具70余件。

另外，1927年6月7日，国民党的中央教育行政委员会，参照法国教育行政制度，设立国家大学院主持全国教育，而于地方试行大学区，以取代原先的政府与地方的教育部、教育厅的教育行政制度。并曾于当年6月12日训令粤、浙、苏三省试行，12天后以中大"由广大改办时筹备经年，成立未久，一旦改制未免变更太速"为由，准广东"暂缓实行"。

1929年7月1日，南京政府下令"由教育部定期停止试行大学区制"。② 战前最后一轮的教育改革就此中断，民国时期国内学制改革因之也基本结束。广东高校包括工专在内，由此避开了浙、苏及北平等地因教育改革而生的困扰。这段历史，有提及的必要。

1927年7月，即工专有二三十人将毕业之际。作为教学计划的一部分，学校以"请省库或各县公款内每名拨给三百元"旅费之由，呈报省府拟安排上述毕业生赴苏联作毕业前的工业考察。假定没有

---

① 吴仁敬，辛安朝．中国陶瓷史，中国文化艺术名著丛书［M］．长沙：湖南大学出版社，2004：70、72、81-82．
② 国民政府关于粤浙苏三省试行大学区制下令（民国十六年六月十二日）、教育行政委员会关于广东暂缓试行大学区制呈（民国十六年六月二十四日）、国民政府停止大学区制令（民国十八年七月一日）［M］//中国第二历史档案馆．中华民国史档案资料汇编，第五辑，第一编，南京国民政府的建立与十年内战（1927.4—1937.7），教育（一）．南京：江苏古籍出版社，1994：30、57．

当年广东的四一五反革命政变,即一如从前推行联俄、联共、扶助农工的国民革命,料想成行应无大碍。然而,政变仅过18天,工专这项教学安排,即被国民党中央政治会议广州分会所否决。以朱家骅为主席的省政府委员会批复道:"本案现经本府委员会第廿一次会议议决,无例可援,碍难照准,并呈奉政治会议广州分会核准照办在案。"①

二、事业跃上新台阶

1930年4月省政府委员会第五届委员会第六十九次议事录记载,委员会同意建设厅、教育厅关于工专增设学制为一年半的公路、电信电话、毛毡、玻璃珐琅4种速成科申请的审核,准其办理。② 但目前未见有据其而开办的后续佐证文献,所以不知成效如何。

1928年5月,国民政府大学院所召开的全国教育会议通过一项决议,即"矿冶、电机、机械暨土木工程等科学生,于修业期间至少须在工厂实习一年方准毕业"。从目前所能得到的工专学期课程安排表以及其他的文献资料,都暂没看到贯彻该决议的系列细节。

此间,结合专业的广州地区以外的工业生产考察,都列入教学计划之中。国内国营铁路自民初所推出的参照外国火车、轮船优惠条例,对高等专科以上学校学生团体外出实习与修学旅行给予减价折扣;而私营者如招商局所经营的海运,则分别按江海口岸、埠头,作8折计价。③ 以上等优待措施到后来仍然执行,这对减轻学校经费负担是有所裨益的。

1929年第一学期各专业课程表(缺课时、学分)整理如表4-1所示。它在一定程度上,反映了工专此间在教学改革方面所作的努力。④ 其部分专业含义在表格中以括号标出。

表4-1 1929年第一学期各专业各年级课程表

专业	年级	课程
预科（不分专业）	一	国文、英文、数学、物理、化学、机械画（即机械制图,以下同）、军事学、三民主义（1928年5月前称"党化教育",以下同）
机械专业	一	物理、化学、英文、数学、意像几何（画法几何,以下同）、机构（即机械原理与机械零件）、力学、机械画、工厂实习、三民主义、军事训练
	二	应用力学、热机学、机械画、工厂实习、微积分、水分学（原文如此,似为水力学）、测量、材料力学、电机学、孙文主义（似应改称为三民主义）
	三	内燃机、电厂工程、材料建筑、工业管理、机械设计、测量、簿记（通指记账法）、热气流通学（即热力学）、三民主义
化工专业	一	定性分析、高等无机化学、数学、机械画、物理、工厂实习、英文、三民主义、军事训练
	二	有机化学、定量分析、无机工业化学、经济学、微积分、制革、力学、三民主义
	三	有机化学、有机工业化学、工业化学分析、制革、化学仪器设计、三民主义
土木专业	一	数学、英文、物理、化学、意像几何、机械画、应用力学、工厂实习、三民主义、军事训练
	二	微积分、应用力学、平面测量、地质学、材料力学、天文、热机学、道路工程、材料建筑、桥力学、三民主义

---

① 广东省政府委员会批,拨给省立工专第五届毕业生赴俄考察工业旅费案(第三〇七号,十六·五·三)[J].广东行政周刊,教育,1927(17):34.(2014年2月2日云南图书馆提供)
② 广东省政府第五届委员会第六十九次议事录(民国十九·四·十一)[J].广东省政府公报,民国十九年四月十九日[1930(83):30].(广州国家档案馆馆藏)
③ 教育部咨各省都督兼民政长、民政长,准交通部函复高等专门学校学生分行各处实地考验及中等学校以上学生修学旅行车船减价办法,请转饬遵照办理文(中华民国二年四月十八日),文牍,广东教育公报,第一年,中华民国二年六月[1913(9):360-361][M]//殷梦霞,李强.民国教育公报汇编:第一六四册.北京:国家图书馆出版社,2009:391-392.
④ 叶家俊.广东省立工业专门学校概要[J].新建设,工业专号.1929(6):236-240.

这里，尚需对表中部分课程设置作一些说明。

其一，专科以上学校部分基础课程渐趋统一。

1927年北京政府统治时期，对专科以上学校的课程安排未作统一规定，而由各校自定。次年6月，南京政府实现形式上的的统一后，执掌教育的大学院着手统制大学课程。当中规定各级各类高校的党义、国文、体育、军事训练及第一、第二外国文为共同必修课。教育部随后于1931年3月26日所公布的《修正专科学校规程》第八条也作类似安排："各专科学校以党义、军事训练、国文、外国文为共同必修课目。"1938年9月，提出各级各类高校把三民主义、军训、体育定为当然必修课，但不计学分；国文与外文为一年级重要必修课。及至1941年通令，三民主义课程只设于一年级，为共同必修课，计4学分。①

这里所说的三民主义，是孙中山在中国资产阶级民主革命中提出的民族、民权、民生三个问题的原则和纲领。随着时代的不同，其内容有新旧之别。旧三民主义为中国旧民主主义革命纲领。1924年1月孙中山接受共产党人建议，在国民党一大会议上重新解释三民主义，旧三民主义从此发展为新三民主义。后者包含联俄、联共、扶助工农三大政策和反帝反封建纲领，是第一次国共合作的政治基础。②

其二，多方面强化三民主义教育。

1918年甲工兴办之初所必修的一门"修身课"，向学生灌输的是公民教育，即国家意识与政治意识。1923年国民党的一大后，更关注学校意识形态方面的工作。1923年冬，孙中山召见国立广东师范学校校长邹鲁时，要求："广东工业学校和广州第一中学，亦由我去指导，使广东整个高等教育能在党的指导之下，免人渗入。"③

这里对引文作些许辩释：1923年冬之前，粤省的工业学校就只有省立第一甲种工业学校；到次年的2月，甲工才改称广东省立工业学校。故此，文中所谓"广东工业学校"估计为甲工；至于"广州第一中学"，乃创办于1928年8月1日，为广州市最早的市立学校，它在时间上显然与邹被召见年份1923年滞后5年之多。可见引文中的"第一中学"当非广州第一中学。那时广州地区有"第一中学"之谓者，唯广东省立第一中学即今称的广雅中学，且这个一中不曾涉足高等教育。故此处两点应属笔误。

工专从1924年1月27日至8月24日，持讲演会所发的"听讲证"（后凭国民党党证），分批轮流聆听孙中山在广东高等师范学校礼堂向社会各界系统作关于三民主义的民族、民权与民生的16次星期天演讲（民族主义与民权主义各六讲，民生主义四讲），④以达成党义课堂教育之外对三民主义的深入认识。

1927年"四一二"反革命政变后，国民党宣称"本党以三民主义来治中国"。反映到教育事业这一层面，就是以"训育"手段，强化政治灌输。这年8月4日所制定的《学校施行党化教育办法草案》宣示要"在国民党的指导之下"，

当年有组织地接受孙中山的演讲

图片来源：听讲须持党证［N］. 广州民国日报，大中华民国十四年四月廿六号［1924-04-26（6）］.

---

① 郭令吾. 国民党统治区的教育［M］// 毛礼锐，沈灌群. 中国教育通史，第五卷. 济南：山东教育出版社，1988：296-297.
② 中共中央文献编辑委员会. 毛泽东著作选读，下册［M］. 北京：人民出版社，1986：852.
③ 邹鲁. 回顾录，旧籍新刊［M］. 长沙：岳麓书社，2000：118.
④ 林丛郁. 关于孙中山演讲三民主义的见闻（1965年）［M］// 广东文史资料存稿选编委员会. 广东文史资料存稿选编：第一卷，孙中山和第一次北伐. 广州：广东人民出版社，2005：243、246.

将教育方针建筑在三民主义之上,即教育谨守于蒋政权后来所确定的"一个信仰、一个领袖、一个政府"的雷池,①而不能置之度外。次年5月召开的上文所谈及的全国教育会议紧密追随之,提出了以实行三民主义的教育为教育方针,予以策应。到了1938年起,把所谓"三个一"明确为"一个政党、一个领袖、一个主义";同年9月,教育部更进一步规定:高中以上学校新生入学的两周受训期内,须参加签名宣誓仪式,立誓"信仰三民主义,拥护国民政府,服从蒋委员长之领导"。②这时的宣传教育,已衍化为社会化与宗教化,民众对此冷淡与疏离。当然,这时已无广东省立工专。

1928年5月,南京政府大学院召开全国教育会议。会议节录由中山大学、广东省教育厅、广西省教育厅三单位所提出的"确立教育方针,实行三民主义的教育建设,以立救国大计案"中有关段落,作为相关理由,交会议讨论,最后决定"废止党化教育名称,代以三民主义教育案"。③

为着贯彻1930年3月国民党三届三中全会关于"以教育建立三民主义之社会,以教育充实三民主义之国家"的精神,包括国民党中央执行委员会关于在学生训练中实施"三民主义融汇于一切学术"的方针,进一步强化这一政治设计,1931年6月1日,南京政府在其所公布的《中华民国训政时期约法》第五章"国民教育"一款中,就提出"三民主义为中华民国教育之根本原则"。到同年9月,国民党中央执行委员会所制定的高等教育目标确定为:"学生应切实理解三民主义的真谛,并具有实用科学的智能,俾克实现三民主义的使命。……训育应以三民主义为中心,养成德、智、体、群、美兼备之人格",并规定学生"使一律参加总理纪念周及其他革命纪念日,以增进爱护党国之精神"。④

与此相关的就是,在校历的设计与安排上,添加了浓厚的国民党政党色彩。以1931学年度校历为例,全学年包括众多的纪念日安排,源自国民政府的"国定本党纪念日"的政治要求,加上教育部有关纪念日的安排及其所设计的规定内容,计有27项,具体如下:

1. 中华民国成立纪念(1912.1.1,左列数字为纪念日,以下同。悬旗志庆,集会讲演孙中山建国史,休假1天);
2. 孙中山逝世纪念日植树节(1925.3.12,下半旗致哀,停止娱乐、宴会,植树纪念,各地党政军警、各机关团体、学校均分别集会追悼,讲演国民党史。并由各该地高级党部召开各界纪念大会);
3. 北平民众革命纪念(1926.3.18,北京段祺瑞政府〈制造〉在京屠杀民众的惨案。派代表参加地方高级党部召集的纪念会);
4. 革命先烈纪念(1911.3.29,革命党人举行三二九广州起义,日后收殓72名烈士遗骸葬于黄花岗。下半旗致哀,各地高级党部召集当地各机关团体、学校,分别集会纪念,举行祭奠活动,休假1天);
5. 清党纪念(1927.4.12,蒋介石以"护党救国"名义所发动的清党分共四一二反革命政变。派代表参加地方高级党部召集的纪念会);
6. 国民政府建都南京纪念(1927.4.18,南京国民政府成立。悬旗志庆);
7. 革命政府纪念(1921.5.5,"中华民国军政府"改组为"中华民国政府",孙中山是日就职为大总统。悬旗志庆,各地党政军警、各机关团体、学校均分别集会纪念,讲演孙中山就任非

---

① 统一革命理论肃清政治斗争之意识案(民国二十七年三月三十一日国民党临时全国代表大会通过)[M]//荣孟源,孙彩霞.中国国民党历次代表大会及中央全会资料,下册(1924.1—1949.7).北京:光明日报出版社,1985:488.
② 教育部.高中以上学校新生入学训练实施纲要(1938年9月14日)[M]//中国第二历史档案馆.中华民国史档案资料汇编,第五辑,第二编,第二次国共合作与八年抗战(1937.7—1945.8),教育(一).南京:江苏古籍出版社,1997:157.
③ 废止党化教育名称,代以三民主义教育案(中华民国十七年五月十五日,中华民国大学院全国教育会议全体表决)[M]//中华民国大学院.全国教育会议报告.上海:商务印书馆,1928:29.
④ 三民主义教育实施原则(民国二十年九月三日第三届中央执委会第一五七次常务会议通过)[M]//中国第二历史档案馆.中华民国史档案资料汇编,第五辑,第一编,南京国民政府的建立与十年内战(1927.4—1937.7),教育(二).南京:江苏古籍出版社,1994:1035.

常大总统的意义，并由各该地高级党部召开各界纪念大会）；

8. 廿一条国耻纪念（1915.5.9，日本帝国主义妄图独占中国的秘密条款，由于中国人民的反对，前者的侵略图谋未能实现。下半旗致哀，停止娱乐、宴会。各地党政军警、各机关团体、学校均分别集会纪念，讲演"五九""九七""五卅"及"六二三惨案"之始末，废除不平等条约之意义，并由当地高级党部召开民众大会，以志全民卧薪尝胆，不忘国之耻）；

9. 陈英士殉国纪念（1916.5.18，中华革命党总务部〈部〉长陈其美被刺身亡。派代表参加地方高级党部纪念会）；

10. 本校创立纪念（1924.6.1，实际的升格日期为7月3日，休假1天）；

11. 孙中山广州蒙难纪念（1922.6.16，陈炯明叛变炮击孙中山寓所"粤秀楼"，孙中山登永丰舰率海军戡乱。派代表参加地方高级党部纪念会）；

12. 国民政府成立纪念（1925.7.1，"中华民国国民政府"在广州成立。悬旗志庆）；

13. 广东省政府成立纪念（1925.7.3，悬旗志庆）；

14. 国民革命军誓师纪念（1926.7.9，国民革命军在广州东较场誓师出征北伐。悬旗志庆，各地党政军警、各机关团体、学校均分别集会纪念，讲演国民革命军历史、使命及北伐经过，并由各该地高级党部召开各界纪念大会）；

15. 廖仲恺殉国纪念（1925.8.20，国民党左派首领廖仲恺遇刺身亡。派代表参加地方高级党部纪念会）；

16. 孔子诞辰纪念（8.27，如前文所说北京政府教育部于1913年将孔子生日8月27日定为圣节，举行纪念式，讲演孔子事略）；

17. 南京和约国耻纪念（1842.8.29，道光二十二年七月第一次鸦片战争后，清朝〈廷〉与英帝国主义所签订的不平等条约）；

18. 辛丑条约国耻纪念（1901.9.7，光绪二十七年即辛丑年，晚清与八国联军（实11国：英、美、俄、德、日、奥、法、意、西、荷、比）于北京签订空前的丧权辱国不平等条约《辛丑条约》，亦即"庚子赔款条约"）；

19. 孙中山第一次起义纪念（1895.9.9，孙中山举义于广州。派代表参加地方高级党部纪念会）；

20. 朱执信殉国纪念（1920.9.21，朱氏联络粤军讨伐桂系遇害于虎门。派代表参加地方高级党部召集的纪念会）；

21. 国庆纪念（10.10，如前文所说北京政府于1912年9月28日定辛亥年10月10日的武昌起义日为民国国庆日，悬旗志庆，讲演民国开国史）；

22. 孙中山伦敦蒙难纪念（1896.10.11，〈发生〉清驻英公使诱禁孙中山于清使馆共12天的事件。派代表参加地方高级党部召集的纪念会）；

23. 黄克强纪念日（1928.10.31，黄兴病逝。派代表参加地方高级党部召集的纪念会）；

24. 广东光复纪念（1911.11.9，广东宣布独立）；

25. 孙中山诞辰纪念（1866.11.12，孙中山诞辰。悬旗志庆，各地党政军警、各机关团体、学校均分别集会纪念，讲演孙中山革命历史，并由各该地高级党部召开各界纪念大会，休假1天）；

26. 肇和兵舰举义纪念（1915.12.5，革命党人谋夺"肇和号"兵舰起义。派代表参加地方高级党部召集的纪念会）；

27. 云南起义纪念（1915.12.25，如前文所说云南倡议拥护共和，护国运动开始。由各地高级党部召开各界纪念大会）。①②

---

①本校二十年度学校历［J］．工专周刊，民国二十年九月二十八日［1931（2）：7-8］．
②革命纪念日史略及宣传要点（民国十九年七月十日国民党第三届中央执行委员会第一〇〇次常务会议通过，民国二十三年十一月十五日第四届中央执行委员会第一四七次常务会议修正）［M］//教育部参事处．教育法令汇编，第一辑．上海：商务印书馆，1936：74-79.

从上可见，表面没有国民党政党色彩的只有校庆、廿一条、孔子诞辰、南京和约、辛丑条约等5项。

当然，由于在广东办学，又逢粤省其时半独立的状态，故而一些做法不免带有地方色彩。譬如，1931年11月18日以军阀陈济棠为代表的国民党两广反蒋介石势力，于广州召开"中国国民党第四次全国代表大会"的当日，工专就奉教育厅之令"放假一天以伸庆祝"。① 倘若工专标新立异或不予理会的话，估计它是无法继续在地方办学的。

民国时期的教育史家陈青之，对此的概述中略带评论：

> 初年（注：联系其上下文，应指"十五年至十七年"，即1926—1928年间）为厉行党化政策，凡中小学校一律课授党义，《三民主义》《建国大纲》《建国方略》及《民权初步》，皆为党义课程中必读的书。此外如胡汉民著的《三民主义连环性》、戴季陶著的《青年之路》及周佛海著的《三民主义理论之体系》，凡足以羽翼三民主义的作品，皆定为学生的课外参考书。除党义课程以外，凡学校各项功课，皆须与党义相联络，即是以党义为经，以其他各项功课为纬，组织成为一整个系统的党化课程。除课程教育以外，凡学生的训练，及党义教师的聘请，均须受本地党部干涉与检定。当时党权高于一切，而党员也能奋发淬厉，全国人的思想差不多渐被统一于一党主义之下，其他各家学说自不容易起来相与抗衡……政府的教育宗旨犹依三民主义，而在学校课程方面，自二十一年以后，则放弃其昔日主张了。②

中小学已如此，不难想象，高校安能被置之度外？何况省立工专还办有职业高中呢。

其三，军训由来已久。

学校推行军训自晚清已有。民初在野之士中，以梁启超、蒋百里两人倡言军事国民教育最著。南京政府教育部采纳欧美国家在中等以上学校设军事教育课的通行做法，1928年7月全国第一次教育会议通过了《高级中等以上学校军事教育方案》，学校军事教育由此正式推行。及至次年1月发出第272号训令《修正高中以上学校军事教育方案》，规定："凡大学、高级中学及专门学校，大学预科并其他高等以上学校，除女生外，均应以军事教育为必修科目，修习时间均定二年。每年每星期实施三小时。"学校加授军事课每周至少3次，每暑期集中连训3周。女生虽免军训，却须接受战地救护常识与技能的专业培训，计每周6小时，共6个月。

在广东，高中以上的各级学校军训教育于1928年至1929年间陆续开展。工专军训首启于1928年。当时有专科生72人，预科生123人，按标准配足杂牌废枪100支，木枪40支。另外，工专所设的高中部，当中的高二生持枪受训，而高一生则接受徒手训练。首批军训教官既有行伍出身、当过代理军长的职业军人，也有于黄埔军校、美国弗吉尼亚及阜蒙两所陆军大学的科班毕业生等。由于把军事教育与训练视为学科，纳入教学计划，所以这些教官得出席学校的教务会议。

当时，工专军训枪支领用得早，与私立国民大学、私立广州大学及省立一中、二中等几所学校一样，尚有枪械可供训练，多数学校均为木枪甚至全无木枪一杆。如1930年3月初，岭南大学的军训"亟待枪支实习，迭次呈请，迄未奉发"。到1933年3月，工专的军训继续进行。这时，全校军训学生编成4个中队。由于新的军训迷彩服为单一灰色，与老生所用的单一黄色不一致。为求得一致，乃将后者的收齐，雇工代染后发还。③④

九一八事变后，高中以上学校的军训有所加强。这时，在专科以上学校中，所配发军训用图书与模型方面有规范、手册、军事讲话、军用挂图及模型；射击器械方面除上述的废枪外，并配枪架、假

---

① 文告：〈关于临时放假的〉布告（民国式拾年十一月十八日）[J]．工专周刊，民国二十年十一月廿三日［1931］（10）：1．
② 陈青之．中国教育史（民国二十三年七月三十日），下册［M］．上海：商务印书馆，1936：792-793．
③ 杨树荣．关于军事教育之过程［J］．广东教育月刊，民国二十一年［1932］（1）：14、26-27．
④ 校闻：本校大学军事训育消息（1930年3月10日）［J］．岭南青年周刊，1930，18（20）：3．（广东省档案馆电子文书档号，038-001-95-051～053：3）

手榴弹及其他预习用具;测量器具方面有图板、指北针、比例尺、测斜照准仪以及标杆等;士兵单兵作业用具方面有铁锹、十字镐、经始尺(注:指量尺);而野外演习用具有水壶、干粮袋、散兵靶、识别旗、手旗等。

配置上述最低标准1套,花费在1043.80元,概由学校支付。同时,各校每年得进行两三次实弹射击练习,每次准向地方驻军借用步枪20支、子弹5发。另外,由于当时省内不少学校军训制式服装与颜色,与军队相类,所以西南政委会提出军训制服穿着办法,规定制服衣领由反折改为企领,领绣校名;而于军事教官制服在原军阶识别带之上,加缀军训人员"训"字徽章一枚。①-③

为推动军训,广州地区有高校采取利益联动之策,军训"如不到者,不许注册",即把不参训者拒之于校门外,如中山大学。④⑤

及至国难日趋严重的1935年,当年11月5日,国民党四届六中全会所通过的冯玉祥、李烈钧等20人联名提出的"救亡大计案",其关于"充实军备"之计划提出:"全国学校完备军训,全国人民施以军训。"⑥

到1936年12月,南京政府教育部制定《高中以上学校学生军训管理办法》,则进一步规定各校设置军训机构,配备军事教官。军训科目分学术与技术两科。前者着重灌输对党国忠孝驯服之观念,后者为步兵操典、野外勤务、射击教范等。为防滋事,不发枪械、弹药,致使军训逐渐架空,令人生厌。更为糟糕的是,往往举军训之名,行党化教育之实。蒋介石就曾电令实施军训的训练总监部:"操作时间务须增多,课余之暇,关于文课及军事必要教程亦宜酌量添授,使莘莘学子专心本业,增益军学,不可专事游行宣传,徒托空言,不务实际,以学术救国为正鹄。"⑦其控制学生思想的意图

工专1928级预科生分为A、B、C三个班共132人的军训情形。此间军训最常见的装束是,小腿缠可减轻长时间行军、作战下肢肿胀程度的棉布"脚绑",肩佩水壶、干粮袋

图片来源:工专(广东省立工业专门学校季刊),民国十九年[1930,1(1):插图三].

---

① 教育部训令,军事教育最低设备标准(第六二二七号,民国二十一年九月)[J].广东教育月刊,民国二十一年[1932(9):23-24].
② 国民政府军政部.修正高中以上学校练习实弹射击借枪购弹办法(民国二十一年八月)[J].广东教育月刊,民国二十一年[1932(8):6].
③ 广东省政府教育厅训令,议定受军训各学校学生及训练人员穿着制服办法(第二四八八号,民国二十一年十月十八日)[J].广东教育月刊,民国二十一年[1932(10):52-54].
④ 李蔚然(校军事训练部主任).军事训练部布告(第八十二、八十三号,民国二十三年八月三十一日)[N].国立中山大学日报,1934-09-03(2).
⑤ 校长文告:重申军训的有关规定(中华民国廿二年三月十七日)[J].工专半月刊,1933(10):第一张,2.
⑥ 中国国民党第四届中央执委会第六次全体会议决议案:救亡大计案(民国二十四年十一月五日第四届中央执委会第六次全体会议通过)[M]//荣孟源,孙彩霞.中国国民党历次代表大会及中央全会资料(1924.1—1949.7):下册.北京:1985:263.
⑦ 教育部颁布高中以上学校加紧军事训练方案的通令(1932年1月29日)[M]//中国第二历史档案馆.中华民国史档案资料汇编:第五辑,第一编,南京国民政府的建立与十年内战(1927.4—1937.7),教育(二).南京:江苏古籍出版社,1994:1272.

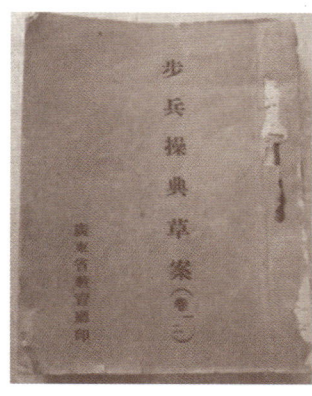  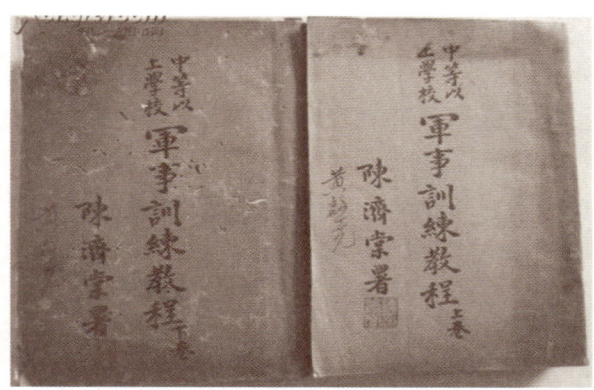

1934年9月广东省教育厅印行的《步兵操典草案》
图片来源：udavid．[DB/OL]．(2014-07-29)[2015-12-21]．http://www.kongfz.com．

20世纪30年代广东教育厅印行的教材《步兵野外勤务》

1933年2月广东省教育厅编纂的教材《军事训练教程》
图片来源：udavid．[DB/OL]．(2014-08-14)[2015-12-21]．http://www.kongfz.com．

显然易见。如此，学生焉有不讨厌之理。所以，抗战期间不少学校为之抵制，总体成效不彰。战后各校军训已名存实亡。[1]

其四，广东对省立学校管制尤苛。

在广东，与此相呼应的是自1928年起，进一步从政治与组织上强化了对专门学校以上的学生会来自政府方面的控制，学生自治已从大革命时期有政府法律主导与扶持、有校规支撑的、能参与学校校务和学务的民主决策与管理以及社会运动的学生团体，逐渐地沦落为学校党化教育的基本工具。

由上文所涉的国民党政治会议广州分会于1928年6月所作的一项决定认为，学生会"过去数年之间，鼓励民气宣传文化，颇赖其力，然因其组织及监督管理之缺陷，学校教育受学生会牵制而停顿退步者，亦复不少"。它在将大革命时期国民政府通过国民党的工人部、农民部、青年部及妇女部等部渠道，借重学生会鼓动学生投身国民革命作时代先锋的历史一笔勾销后，还把造成学校教育问题的脏水泼向学生会，继而认定现在之学生会组织，"将全国百千万之学生，操纵于少数学生政客之手，而强迫百千万学生以盲从，名为民主，实乃最专制愚民之制度，等于从整个国家组织之中，夺取一部分之国民以去，而自成一国家"。故而，该会确定：将学生会正名为"学生自治会"，"其性质应为各个学校学生之自治团体"，"其范围，以一城市乡之区域为限，不得组织县、省、国之联合会"。各学生会在未依法改组前，须暂停活动。[2]

以后，国民党中央执行委员会所颁行的《学生自治会组织大纲》才允许学生在组织校内为限的自治会的同时，可组织跨校、跨省的学生联合会；以上两类团体须"呈请当地高级党部核准后呈报主管官署备案"，而其办会原则依旧须"本三民主义精神"。其理由如同上述国民党政治会议广州分会一样背离了历史，而且无法自圆其说。即一方面宣称，"学生因参加国民革命之破坏工作，对于学业荒废，为不可避免之事实。盖欲求良好教育，必先有良好政治。在北洋军阀政府统治之下，政治混乱已达极点，教育亦因之日益腐败。青年学生，欲求良好教育，安心读书之机会，非参加本党所领导之国民革命推倒北洋军阀政府澄清政治不为功"；另一方面又指斥，"过去民众运动曾一度受共产党之操纵，以阶级斗争之谬说，麻痹民众，致民运失其轨范，结果农荒于野，工辍于场，商扰于市，学生废学，民众乃益陷于痛苦，社会乃益陷于不安"。于是乎，学生活动都得在国民党虎视眈眈之下。如

---

[1] 郭令吾．国民党统治区的教育[M]//毛礼锐，沈灌群．中国教育通史，第五卷．济南：山东教育出版社，1988：288-289．

[2] 政治会议广州分会议决确定学生会之组织及其法律关系以救济青年一案饬属遵照由（训令第五三七号，民国十七年六月）、迅饬学生会依法改组，在未改组以前暂停止活动，如有仍用学生会名义召集开会，应予禁止，以杜流弊而肃学风由（训令第七〇号，民国十七年七月七日），公牍，广东教育公报，第一卷，民国十七年[1928(4)]：83-88、114-115[M]//殷梦霞，李强．民国教育公报汇编．第一七二册．北京：国家图书馆出版社，2009：291-294、322-323．

1932年1月11日，工专学生自治会在完成上述各项手续后的成立当日，就须得在"广州市民调会"官员及本校学监在场情况下，才允选举产生机构成员。①②

为强化这种钳制与制约力，政府由教育厅出面组织一个"广东省教育厅考试委员会"，特针对22所省管学校当中的省立工专、一中、二中以及第一女子师范等4个学期考试活动而设立。为此制定面向该委员会的"暂行规程""办事细则"，面向以上4校学生的"考试规则"及"考试办法"，并先后以两个训令下达执行。③

广东四一五反革命政变后，政府还加强了国民党对中等以上学校即中上学校的掌控。党务办事处就作为一个办事机构设于省教育厅，它要求各校校长依期呈缴关于教职员与学生各自的总人数、当中的国民党党员数以及学校党务组织和工作概况方面的"党务调查表"。④

1933年3月，省教育厅为国民党广州特别市党部和1927年4月26日设立的国民党广东省党部执行委员会在教职员中，以筹建党部名义开展"职务捐"与"基金捐"的一次性活动提供方便。明确由该厅事务部执行"筹建广东省广州特别市党部职务捐征收办法"和"筹建广东省广州特别市党部筹集基金捐款征收细则"，依各人职务工薪收入多寡以1%至30%的比例，分别"征收"。后者款项"按月汇缴"给广东省党部执委会。⑤

（一）校徽与校歌

工专经数年努力，到1929年12月，占地44亩多，有学生283人（注：有一说为279人），教授与讲师共26人（注：有一说为23人），职员26人；课室1座，物理实验室3座，化学实验室3座，绘图室2座，制图室1座，机械实习厂6座，图书馆1座，有中外图书2021册；宿舍3座，教职员办事室3座。这一年，年度经费从概算时的18.5万元，减为约13万元，少了5.5万元。

表4-2一定程度反映了自大革命失败后粤省社会经济建设缓慢复苏的步伐。如在省教育厅所统计的办学七项目中，工专与私立体专相比，大部分数值低于他校。

表4-2　民国十八年度广东省专科学校平均每生占各种经费数

项　目	教员俸给	职员俸给	图书数	仪器课本	其他支出	临时费	占总经费支出数
省立工专	20.84	9.88	0.54	—	14.24	—	45.21
私立体育专科	27.51	24.36	4.67	26.77	10.23	3.63	84.48

注：原表只列出工专与体专两校，没标注经费数为何种度量单位。⑥

---

① 学生自治会组织大纲（民国十九年一月二十三日）、国民党中央执行委员会关于学生团体组织原则及根本精神的指令（民国十九年三月二十一日）、国民党中央训练部. 学生团体组织之根本精神（广播稿，民国十九年二月五日）[M]//中国第二历史档案馆. 中华民国史档案资料汇编：第五辑，第一编，南京国民政府的建立与十年内战（1927.4—1937.7），政治（四）. 南京：江苏古籍出版社，1994：7、10、13.
② 校闻：学生自治会筹委会组织成立[J]. 工专周刊，民国二十一年一月二十五日[1932（19）：2].
③ 训令，令发考试委员会暂行规程、办事细则、考试办法、考试规则由（第十九号，民国十七年六月二十五日）、令各校此次学期考试凡未经校长核准之学生不得补考，若大多数学生抗考，一律开除学籍由（训令第五十四号，民国十七年七月三日），公牍. 广东省教育公报：第一卷，民国十七年[1928（4）：103-109] [M]//殷梦霞，李强. 民国教育公报汇编，第一七二册. 北京：国家图书馆出版社，2009：311-317.
④ 纪载：党务调查表（训令第四三九号，民国十六年四月十八日），广东省教育公报，第一卷，民国十六年[1927（1）：107-108] [M]//殷梦霞，李强. 民国教育公报汇编：第一七二册. 北京：国家图书馆出版社，2009：131-132.
⑤ 校长文告：事务部. 广东省教育厅令准广东省广州特别市党部委员会函请特饬所属一次过认捐职务捐；广东省党部执行委员会函请依照广东省广州市特别党部基金征收细则按月汇缴基金捐款[J]. 工专半月刊，1933（8）：第一张，2-3.
⑥ 民国十八年度广东省专科学校平均每生占各种经费数，统计[J]. 广东教育月刊，民国二十二年[1933（1）：100].

循一贯做法，教师的聘任比较注重有海外留学背景者。如26名教师中，于外国大学毕业的有23人，余者属国内大学1人与专科学校2人。①②

校徽、校歌宛若精神图腾，体现着学校文化。工专的这两样有幸现于其1931年第四届毕业同学录中。这本铜版纸印制的纪念册，至今虽历80余年，部分被书鱼虫所蛀蚀，虫口斑驳，但总体保存还算完整，它为后人追寻当年工专办学史，提供了一条穿越时光的"隧道"。

与此相关的校训、校旗，没有出现在该同学录中。但这并不等于此前就不曾制定过。或许校训及办学口号等，早已潜藏于校歌之中，只是我等后生鲁钝不察而已。

不过，当年就算立了自家的校训，最终还得服从南京政府领袖、国民党总裁蒋介石的旨意，接受其提出的各校共通校训。

1931年间的工业专门学校图书馆、学生宿舍与草木欣荣的校园风景

图片来源：图书馆、南学舍［Z］. 广东省立工业专门学校第四届毕业同学录（民国廿年七月十三日）. 出版信息不详，1931：插图五十二、十、八.

工专因袭工艺局时期好栽林木的传统，如1932年9月，择日种植岭南大学校长钟荣光所赠的香橼、柠檬、香茅、茉莉等各4株于校园。次年5月24日，还修书岭大农学院求教消灭果树及书刊害虫之方法与知识。及至，1946年秋迁设于该旧校园办学的"广东省立工海事专科学校"发觉"校内树木于敌伪占据时砍伐殆尽"，为尽快复绿，该校函请中大惠赠速生、具观赏性的乔木与灌木树苗

图片来源：①广东省立工业专科学校关于派员洽领树苗一事（民国廿一年九月廿七日）［Z］. 广东省档案馆电子文书档号，038-002-61-002：1. ②广东工业专科学校关于请赐予或指导购买消灭害虫方面书籍刊物函（民国廿二年五月廿四日）［Z］. 广东省档案馆电子文书档号，020-005-156-081~082：82. ③关于恳惠赠各种树苗给中山大学校长王星拱特函（民国卅六年一月二十九日）［Z］. 广东省档案馆电子文书档号，020-004-463-004005：5.

1939年1月1日至9日，国民政府在重庆召开全国第三次教育会议，蒋介石在会议中提出以"礼义廉耻"4字为各校共同校训。数月后，广东省教育厅转发了教育部"教部五月第11125号谕微代电"："查各级学校校训，前经总裁在第三次全国教育会议中建议规定为'礼、义、廉、耻'四字，当经全体一致接受，并经总裁手书检发本部印制在案。现此项校训，业已印就。兹颁发一份，仰按所属各级学校校数，向正中书局购取转发，即日遵照制就悬挂为要。"③ 所谓"礼、义、廉、耻"，为春秋战

---

① 广东民政厅. 广东省政府审定、改正十八年度省库岁出概算各款，第三款教育费，法规，广东民政公报，民国十八年八月［1929（44）：26］［M］// 张妍，孙燕京. 广东民政公报，政治·政权机构，民国史料丛刊，127. 郑州：大象出版社，2009：44.
② 广东省专科学校教员学历之分配（民国十八年度）［J］. 广东教育月刊，1932（6）：41.
③ 广东省教育厅快邮代电，各县政府、各管理局、本省中上学校，规定礼义廉耻为各学校共同校训（民国廿八·七·六）［J］. 广东省政府公报，民国二十八年七月［1939（443）：77］.

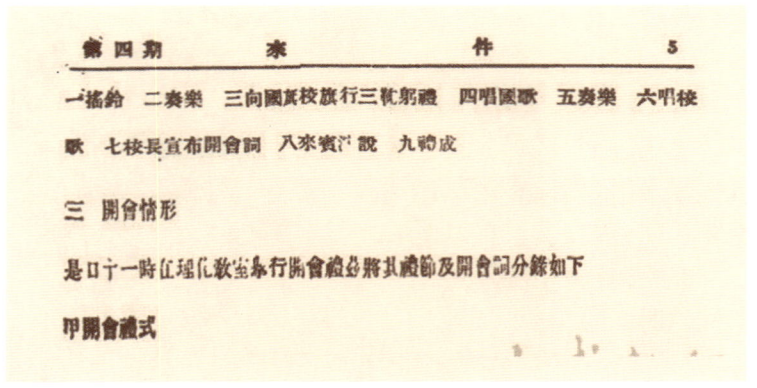

图片来源：梁公亮. 广东省立工业专门学校成立纪念日工业展览会纪略（片段）[J]. 工学, 民国十四年十月[1925（3）]：120-121.

国时期古人对当时核心价值观的认识。

至于校旗，早已有之。前文所提及的1925年6月工专校园开放日首启仪式之第三项就有向"校旗行三鞠躬礼"的环节。由此便知，至少在那时，已有校旗飘扬于校园上空。由于教育部早先就发文告知，"各学校校旗形式由学校自行制定"，所以料想工专也会自制校旗的。只是其式样现时还遍寻不着而已。

构图简洁的校徽图，外形取欧洲风格的盾形徽章轮廓。盾徽源自欧洲中世纪彰显某一家族或组织的荣耀、高贵的独有标志，为欧洲成熟的纹章体系。至于西方大学校徽所常标示的办学年份、学校铭言或校训以及装饰性绶带、条幅等构图方式,[①]它并没借用。该校徽明确地表达了办学的基本内容：盾徽中配以4个工程学系常用仪器、工具等轮廓图，以显工程教育架构。模拟 x 轴、y 轴平面直角坐标系里，嵌入原点的是传统鼠笼型电动机外形图，寓意该校专业设置与社会经济建设尤与工业生产相系；嵌入"工专"两字的青天白日图悬于 y 轴上方，彰明较著服务于民国的办学目的。

第一象限里，配土木工程系地形及工程测量水平角和垂直角用的光学经纬仪图。传统的土木工程专业最初侧重于道路与桥梁，嗣后逐渐延展为市政工程，铁道与公路方面的公路工程，桥梁工程，灌溉、水电、海港及防洪等方面的水利工程，自来水、雨污水与通风等方面的卫生工程。上列各项结构工程都离不开测量。

逆时针方向的第二象限，配机械工程系生产实习中，检验与画线用的直角尺，测量或比较机械工件外直径尺寸或两端距离的外卡钳图，还有疑似为铁路工程施工中常用的一头打固定钢轨于轨枕的道钉、一头翻扒铁道道砟的两用鹤嘴锤或鹤嘴镐。这个中有因。其时国内主干铁路之一、计划贯穿南北的粤汉路（广州—汉口）其中之分区段（广州—韶关），跟广九（广州—九龙）、广三（广州—三水）等线路，早已营运多年；粤汉路原待建的韶坪段（韶关—坪石），也已在1930年春施工，兼之前校长叶家俊于1928年前后曾任广九铁路局局长，学生前往铁路部门，作钢轨线路、铁路施工机械、机车与车辆等方面的机加工与热动力的机械专业考察；或作铁道方面的勘察、选线、定线、施工等方面的土木工程测量实习，都有其方便之处；何况土木工程专业二三年级就有"铁道建筑""铁道管理""铁道经济"及"铁道修养工程"等技术与管理课程。譬如在1933年3月1日，工专高中部机械工程二年级生就在专业教师带领下，"往粤汉路局资观，以资考察各种机械构造"。[②]

校徽图中"工专"字样图，由民国国旗"青天白日"图案变换而来。原持有者可能出于某种自我保护的意识，将字样图外环中所嵌入的"白日"图案，已先期用蓝黑色钢笔墨水涂抹。只是遮盖未尽，细察原件仍可辨别。

图片来源：广东省立工业专门学校第四届毕业同学录（民国廿年七月十三日）[Z]. 出版信息不详，1931：插图一.

---

① 苏春，苏兰. 我国大学校标文化解读[J]. 高等理科教育，2012（2）：25、27.
② 高机二学生参观粤汉路局[J]. 工专半月刊，1933（9）：第一张，3.

第三象限配机织工程系课程实习常用的纺纱机上的纱锭与纺纱工具中的纺锤图。

第四象限显示化学工程系于课程实验室环境下，讲解制革、造纸、陶瓷、肥皂、松香等与课程相关的化工生产中所应用到的流体传质、传热、蒸馏、分离等专业理论时，所常用到的蒸馏物质或使物质分离的玻璃曲颈瓶、酒精灯架与玻璃刻度量杯等物件图。

另外，现时所挖掘到的工专中英文校歌，书面所标注的年份为1928年。该年份是仅指对校歌重抄誊清的年份，还是再修订之年，抑或就是重新创作年，以及词、曲作者是集体还是个人，是否为工专办学史上首支校歌等，目前都尚难判定。

因为，如上文所引用的1925年6月工专校园开放日活动通讯中，活动仪式第六项含"唱校歌"环节。由此得知，至少在那时校歌已在师生员工中咏唱。不过，1925年所唱的与标示"1928年"者属同一首歌否，今人不得而知。

1928年所刊印的校歌似乎没有"跟着感觉走"，没采用那时坊间流行的、自清末的1903年由日本辗转传入我国的、美国音乐教师麦森所传播的简谱去谱乐，而以音符视觉与听觉统一的、世界通用的精准音乐语言五线谱谱曲。

　　伟哉粤东！卓哉本校！学业应时所需，要日异月新，诱掖有道，吾国富强此先兆。名誉弥隆，工业弥妙，足为邦家光耀！①

该校歌歌词共44字，载道传情。歌词道明学校所在地域，表达工专师生潜心教与学、促工业强国、校誉日隆的愿望。当中"粤东"已如上文所释，为历史上广东省的别称。对照其英文，也可知指广东一省；"邦家"即国家之谓。工专当时为省立唯一的工程教育高校，歌者似乎因此生豪情，将校与省比肩。歌中两处直白地提出学生要有为国而学的壮志，当为歌魂之所在。

何以至此？有专家指出：受近代日本西化而强盛、甲午战争中我国败于日本的刺激，近代中国知识分子对西方音乐和近代国民意识渐有深刻认识。音乐最直指人心，这时的音乐在呼唤国民意识中有了内涵的深刻变化，开始有了"国民性"色彩。与此相应的是，包括校歌在内的校园歌曲即上文谈及的"学堂乐歌"的兴起，便成为近代救亡和培养国民意识的一种必然反映。学堂乐歌是20世纪初期，随着新式学堂的建立而兴起的一种校园文化。它初由留日生发起和推广开来。基于救亡的初衷，它具有鲜明的思想特点，以救国、强兵、御侮等爱国思想为主题，以培养国民意识和开通风气为目的，选择适于激发国民意识的日本或欧洲音乐作品的曲调填词。在新式学堂开设的音乐课，那时称为"唱歌"或"乐歌课"，或为学校而编创的歌曲。更况，如梁启超所道："今日不从事教育则已，苟从事教育，则唱歌一科，实为学校中万万不可阙者。"②③以歌声鼓舞国民的自强精神，成为清末民初的社会新风尚。大概

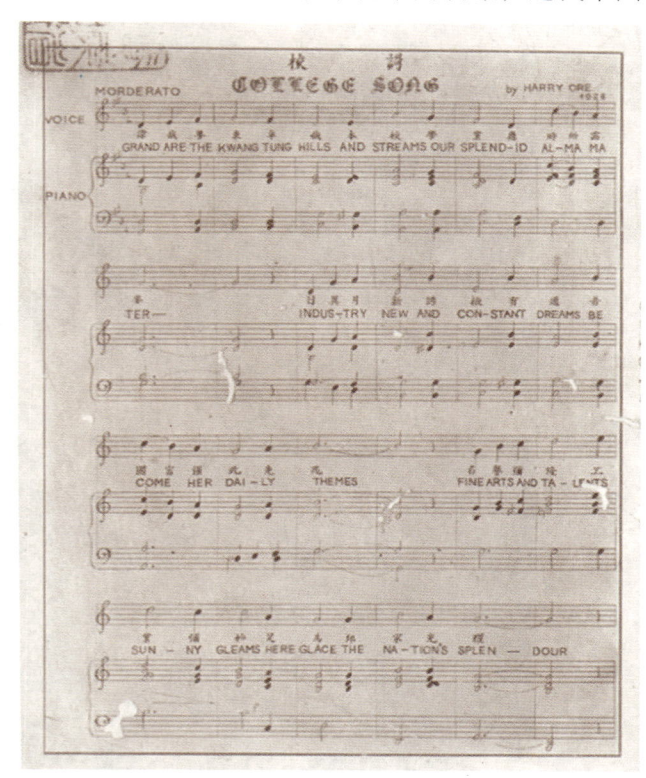

---
① 校歌［Z］. 广东省立工业专门学校第四届毕业同学录（民国廿年七月十三日）. 出版信息不详，1931：插图一.
② 关心. 解放区文艺运动中的民间音乐问题研究：近代中国音乐与国民意识（1937—1949）［J］. 史学月刊，2010（12）：123-124.
③ 梁启超. 饮冰室诗话，第九十七节（1896）［M］. 人民文学出版社编辑部. 中国古典文学理论批评丛书. 北京：人民文学出版社，1959：77.

有如上，工专校歌也就留下了时代的印记。

有学者指出：由于乐歌采西方之曲调，填中文之词，咏唱校歌等校园歌曲须学西方音乐与乐理知识、声乐法、记谱法以及西方音乐美学观等。此外，还需学独唱、合唱、交响音乐等不同体裁的表演形式与演唱法等。[①] 至此，不难理解下文将述及的工专聘有音乐教师，也就不难理解师生能在西乐引导下会心引吭校歌。

（二）课余体育运动活跃，"浪里白条"越外洋

由于粤省对外交往较早较多，田径、球类、体操及游泳等体育项目于国内最先兴起，自清末起到1921年，省级运动大会就已举办过8次。兼之上文提及的临江修泳池、拓荒修筑田径场，有此背景，工专的足、篮、排三大球，垒球、乒乓球、绒球（即网球）、游泳以及象棋等，从场地、设施到队伍组织，都一一就位。

工专体委与顾问合影（民国十八年十二月十八日）（左四古炎祥为机械工程1929级学生，左五钟植华为化学工程1927级学生，左六郭振华为土木工程1928级学生；前排左一胡锡庸为训育部助理职员，左四为顾问、军训教官梅希甫，左五廖绍琪为土木工程1927级学生）

图片来源：工专（广东省立工业专门学校季刊），民国十九年〔1930，1（1）：插图十〕.

篮球队

排球队

曾代表中国出席第七、第八届远东运动会的广东省立工业专门学校游泳队队长杨元华

图片来源：广东省立工业专门学校第四届毕业同学录（民国廿年七月十三日）[Z].出版信息不详，1931：插图四十二至四十七.

---

① 谷玉梅. 李啸. 交通大学百年音乐文化史[M]. 西安：西安交通大学出版社，2013：22.

注：机械工程1931届毕业生杨元华（又名晖华），被称曾参加第七、第八两届远东运动会。此说欠准，实为第八、第九届。在这两届里都为我国游泳国手之一。

第七届远东运动会全国预选大会游泳项，于1925年5月2日至4日在上海圣约翰大学举行。"华南方面原有成绩稍优者数人，但或因职业关系，既未能莅沪预赛，又未能赴菲出席"，故而"本届预选大会参与比赛者，仅华中、华东两区"。① 故从中遴选出的代表队9人名单里，不可能有华南区的杨元华。

1927年8月27日—9月4日，在上海举行第八届远东运动会，参加国除传统的中国、日本、菲律宾三国外，新增泰国、马来西亚、印度等一共六国；1930年5月24—31日，在日本东京举行第九届远东运动会，参加国除传统三国外，另有印度。这两届我方运动员各有154人、136人。

其中，杨元华于第八届为我国

① 第七届远东运动会全国预选大会成绩（一九二五年五月十六日至廿三日）[M]. 中华全国体育协进会. 中华全国体育协进会年刊，第一期. 上海：朱锦堂印刷所，1927：23、33—34.

58名大学生选手之一，个人选手号为"464"，但其名字被错植为"杨英华"；于第九届（东京）为我国6名男选手之一。①-③

20世纪20—30年代，有一个时期，许多体育项目在我国未普及，但参赛者仍需通过选拔产生，且仅限于学校。我国参加第九届远运会的运动员，除棒球项外，各项选手均从1930年4月杭州第四届全运会上名次列前的选手或队所产生。杨作为游泳项队员之一，与同伴一起在杭州竞赛地之江大学赢取广东队游泳团体赛总分第三名及其个人100码仰泳第一名（1′25″2）、各游泳项目个人总分第三名等项成绩。④

所谓远东运动会，全称"远东奥林匹克运动会"，简称"远运会"。为中国、日本、菲律宾三国发起的亚洲最早的地区性综合运动会。从1913年到1934年先后在菲、中、日三国共举办了10届。1934年因日本坚持把由其扶植的傀儡"满洲国"塞进远运会，遭中国抗议并宣布退出该会，该会就此解体，运动会随之停办。⑤

1980年国内所辑民国时期历届全运会史料中，杨元华其姓从"杨"误为"椿"，⑥故其名字便称"椿元华"。此悖谬为不少典籍互引。在《广东省志·体育志》"运动竞赛"一章里关于全国运动会一项作如是说。唯《广州市志·体育志》能正确表述。1929年秋，广西梧州市举办第一届游泳比赛。还在念书的杨元华与陈其松等一众粤港游泳名将10多人被邀请前去作游泳表演。友邻广西所记录之名字还是"杨元华"。⑦

在1929年工专体委的一张合影中，体育主任刘权达（1904—1991.1.23），为近代粤省乃至中国排球界一名宿，一生参加过1913年到1934年所举办的10届远东运动会当中的4届。历史上，广东排球技术有过多项创新，比较突出而影响最大的是快球技术。在1923年第六届远东运动会上，刘权达作为场上队长，组织队员朱祖绳（中大学生）用手背快压法处理网前球。该技巧时称"滑球"，为后来流

代表中国参加第八届远东运动会女子排球赛的领队教练及队员合影照（刘权达在列）
图片来源：摄影：第八届远东运动会中国女子排球队[J]．教育杂志，1927，19（8）：插图十一．

---

① 董守义．中国与远东运动会[M]//中华人民共和国体育运动委员会运动技术委员会．中国体育史参考资料，第二辑．北京：人民体育出版社，1957：85．
② 教育界消息：第八届远东运动会之纪录（附表）[J]．教育杂志，1927，19（9）：6．
③ 第九届远东运动会之中华队[J]．安徽教育行政周刊，1930，3（17）：39．
④ 广州市地方志编纂委员会．广州市志，体育志·卫生志（1840—1990），卷十五．[M]．广州：广州出版社，1997：113．
⑤ 肖鸿波．《申报》1872—1949：体育报道研究[M]．上海：复旦大学出版社，2013：72、76．
⑥ 赵善性．旧中国一至七届全国运动会介绍[M]//体育文史资料编审委员会．体育史料，第1辑．北京：北京人民体育出版社，1980：25．
⑦ 林启明．梧州水上体育运动发展简史[Z]//政协梧州市委员会文史资料组．梧州文史资料选辑，第四辑[M]．1983：70．

播四方的"快球"技巧的雏形。①刘权达所参与培养训练出来的广东排球人马，在1935年之前与上海足球、天津篮球并称全国第一。②

刘权达作为国家运动员出席过远东运动会的第六届（1923年5月，男排亚军）、第七届（1925年5月，男排亚军）；作为国家教练员出席其中的第八届（1927年8月，女排表演赛）、第九届（1930年5月，男排冠军、女排表演赛）。他的教练与体育教学生涯遍广州、上海及印度尼西亚的雅加达。③④1936年8月，刘权达作为中国体育考察团成员之一，出席在德国柏林开幕的第十一届奥运会。

此间，工专课外群体活动活跃。如1931年10月至12月间，庆省立一中建校20周年及与美华中学的校际赛、与广州市荔湾华强足球队的友谊赛，工专多遣学生杨荃、金宝澄、王振宏、钟国康、张天暖、张天野（注：该生1936年毕业于中大土木工程专业，20世纪40年代初为粤省工专副教授，1952年10月后随工专集体调入华南工学院，次年8月作为水利系教授集体调往武汉，参与筹建武汉水利水运学院）、劳荫祖、吴彬、吴多泰、钟素吾、邓炳骝、张庆利、李寿荣、赖藩基、黄崇佑、李芬、林盛梯等10多人轮番出阵。⑤这个时期的工专"排、足、篮、绒球队与外校比赛者，多获胜利"；"统计全年运动，除派队参加本市之各项体育比赛及特约别校之友谊赛外，尚举行校内游泳比赛一次，各科球类比赛一次，单双人绒球比赛一次，乒乓波（注：广州话，即乒乓球）比赛一次及田径赛运动大会一次"。工专后来又一次举办全校田径运动会，为激赏学生参加课外体育活动的积极性，"各教职员捐赠奖品甚多"。⑥

试想，工专体育活动得以"内外兼修"，即校内有声有色，校际交流活跃；课余既能与本地的公立、私立中上学校"打成一片"，又得一身白衫裙穿着得体的女娃当道的省立女子师范和执信女中的球队到校献技；同时，又能请到香港地区学校及新加坡泳队到校交流、切磋。这些，当与刘权达所开创的或所推动的体育教学与指导课余群体运动不无关系。1936年元旦，与工专一脉相承的、下文将涉及的省立勷勤工学院篮球队得以成行访港，⑦当与此间刘权达所打下的基础有关。

惜刘权达壮年染肺病，药石难祛沉疴，无奈于1937年后别杏坛，后半生鳏居。1987年11月中华人民共和国第六届全运会在广州举办期间，中国女排曾集体专程拜访过这位排球耆宿。他为1990年9月北京主办的第十一届亚运会捐献1万元，说："我一生都结上体育缘，国家体育事业的兴盛便是我的幸福，亚运圣火照亮我的心。耄耋之年，能为祖国体育事业尽一份微薄之力，是我的荣幸。"根据

工专体育布告

图片来源：刘权达. 工专体育布告（民国十八年十二月二十四日）[J]. 工专（广东省立工业专门学校季刊），民国十九年[1930, 1（1）：48-50].

---

①姚传显. 广州排球运动回忆（1965年7月27日）[M]//广州市政协学习和文史资料委员会. 广州文史资料存稿选编，（七、文化教育）. 北京：中国文史出版社，2008：421.
②刘权达. 排球忆往（1987）[M]//广州市政协文史资料研究委员会. 广州文史资料选辑，第三十八辑. 广州：广东人民出版社，1988：78-79、81-82.
③广东省地方史志编纂委员会. 广东省志·体育志[M]. 广州：广东人民出版社，2001：790-791.
④体育消息：本校足球队前往一中参加表演、本校与华强比赛足球[J]. 工专周刊，民国二十年十月二十六日[1931（6）：2].
⑤校闻：本校与美华比赛足球[J]. 工专周刊，民国二十年十二月二十一日[1931（14）：1].
⑥一年来校务概况[Z]. 广东省立工专校刊（民国二十二年七月），出版信息不详，1933：39.
⑦广东省地方史志编纂委员会. 广东省志·体育志[M]. 广州：广东人民出版社，2001：977.

刘权达生前遗愿，在他逝世后，遗款港币2万元分赠广州市老体工联谊会、岭南大学校友会、广州培英校友会、基督教锡安堂。①

杨元华、刘权达以及曾与刘一起参加过第六至第九届远运会排球比赛并于1952年自中大转入华南理工的体育教授赵善性，是华南理工百年办学发展史上，参加过国际体育赛事的早期开拓者。

民国时期广东地区高校的体育教师来源有三：退役运动员、体育专科毕业生以及有专长的体育爱好者。在工专，前者有刘权达与下文将涉及的易赞邦，而科班出身者亦有下文将谈及之的朱君达。

及至1931年九一八事变后，校内健身以强国御敌的认识深入人心。工专把体育课纳入通习科即基础课之列，高中、专科两部400多学生，人人须修完该课程。

同时，学生课余群体活动也统一组织起来。其中把高中部学生编为11个队。全校学生分为田赛（自光绪三十一年十二月的首次广东全省大运动会至民国1921年4月的第八次广东大运动会，学校田赛种类分为走跳高、走跳远、三级跳、杆跳高、掷铁球、掷铁饼、掷矛等七项。其后改称跳高、跳远、持杆跳、掷铅球、掷铁饼、掷标枪六项）、径赛（与上述同期，径赛原先分别为百码、二百二十码、四百四十码、半英里跑、一百二十码高栏、二百二十码低栏等六项。后才渐改为100米、200米、400米、800米、高栏跑、低栏跑）、游泳、国技、足球、篮球、排球、垒球、绒球等锻炼队伍。体育部主任兼舍监（即学生宿舍日常管理岗）朱君达主持全校体育教学及课外群体活动，1名助教、4名教员就管理与训练方法、执行标准场地设施等方面予以配合。对学生课余体育运动注意科学指导，"但凡发觉各生所选之途径，对于该生身心发育有碍者，即令其改习适宜之运动，以收补偏救弊之功"。②

学生课余群体活动在明确活动时间的同时，还按时登记缺席人数，考察体育成绩，明确与学业成绩挂钩。即高中部学生定在下午4至5时，专科部学生为早上7至8时。这做法近似于目前国内推行的基础教育阶段的学生，日须有1小时体育锻炼的制度。高中部的每日还须参加6时30分（冬天改为6时40分）到7时的早操；而专科部的则可自由参加。上列的早操及规定时间内的课余活动均计入通习科成绩之内。其计入标准为高中部的出席占4成，早操占3成，课余活动占3成；专科部的出席占6成，课余活动占4成。该项激励性的措施从1931年9月21日起执行。③④

朱君达乃当时广州地区为数不多的科班出身的体育教师，先后任广州基督教青年会体育干事、广东东莞中学体育教师。1952年以中学体育教师的身份，利用周日在广州第十三中学积极学习新体操动作，以丰富对学生的体育教学。朱君达曾为广州市体委太极拳教师、广州越秀区政协委员。自1975年以来，在广东省人民体育场、广州工人体育场、越秀公园等地及街道的太极拳辅导站，义务辅导群众学二十四式简化太极拳与剑术。1986年年届87岁，被评为"广州市健康老人"。

1933年，主持工专体育处教学活动的教师改为易赞邦。易赞邦曾为1926—1929年间驰骋国内足球场的华南队名宿之一。⑤这时的课余群体活动讲究组织。如报名参加各体育项目的学生，分项分时段安排一周一次训练，教师作现场指导。各项参与者都得"依时集齐操场，听候点名练习"。当中，参与田径项目的学生须早起不恋床，冬日也得如此。前者的两组各逢周二、周四的早上7时至7时50分，后者人数少些，便与田径类第二组一起，逢周四的上述时段受训。排球、篮球的各有5组，迭次自周一到周五下午4时起，每日有排球、篮球各一组训练50分钟。垒球、足球的也各有一组，各于周一、周三下午5时起训练50分钟。全校学网球的兴致高、人也多，就分为20组，从周一到周五的每日

---

① 吴国辉. 排坛元老刘权达 [Z] // 广州市荔湾区政协文史资料研究委员会. 荔湾文史：第3辑. 肇庆：高要人民印刷厂，1991：125.
② 体育部概况 [J]. 工专周刊，民国二十年十一月二日 [1931（7）：2-3].
③ 文告：本校第一次临时主任会议记录（民国二十年九月四日）[J]. 工专周刊，民国二十年九月二十一日 [1931（1）：6-7].
④ 体育部布告（民国二十年九月十九日）[J]. 工专周刊，民国二十年九月廿八日 [1931（2）：2、6].
⑤ 沈文彬，鲍瀛福，张治平，等. 中国的足球摇篮：上海足球运动半世纪（1896—1949）[M]. 上海：上海文化出版社，1995：332-333.

下午4至6时的两个小时里,每天安排4组各练30分钟。至于有爱好弹棋的,则可于每日白天的12时到2时、4时到6时的时段借用,每次使用1个小时,① 等等。

从1930年2月起到1938年10月广州陷于日军敌手之前,广州连续举办了一年一度的8届环市"马拉松赛跑"。尽管不是真正意义的42.195公里跑,每届跑程不过10多公里,约只及正规全程跑的四分之一,每届的跑手也只是百来人,亦无什么沿途补给站、精准计时器械。虽说跑程短、选手少,但每逢赛事,市民观赛热情不减。选手一路狂奔之时,有沿街居民蹲守房顶,亦有路人伫立路边观战。"睹健儿跑至,即掌声如雷"。这样的赛事,工专自不甘于人后。因为蓬勃的课外体育活动,为学校选送"走家"(广州话,即竞技手)参赛或磨炼新秀提供了可能。譬如1933年2月25日,广州市第四次环市跑比赛(终起点都在东较场,即今越秀区东山体育场。场内跑一圈后出场,经大东路、惠爱路、丰宁路(原西瓜园)、芦排路、存善路、十五甫路、大同路、六二三路、西堤大马路、太平南路、一德路、泰康路、万福路、越秀南路、白云路、东川路、大东路,重返东较场后绕场跑3圈。全程15.079公里),男女参赛者共190人。其中5人为工专生,当中的机械工程专科二年级潘永年、化学工程高中部一年级李且如,分别以第13名、第18名的资格获奖;机械工程专科二年级古贯今、土木工程高中部三年级黎明海两人未获奖,分别跑出了第55名、第58名的成绩;唯机械工程高中部三年级黎民霖,体力不支,未达终点。②③

另外,在参加全省乒乓球赛、广州国民体育会举办的"翰屏杯"排球赛等赛事,也获不俗的成绩。④

华南理工大学在组建命名后,于1954年3月25日前成立了旨在推动群体运动的学校体育运动委员会;⑤ 此前的工专已在1929年9月19日成立"体育委员会",其性质与前者类似。以此而论,华南理工百年办学发展史当中的体委之设,似至少可考虑从1929年算起。

此外,作为课余活动,银管乐队及其他乐器,直至收音机等物品,也一应俱全。⑥

当中的收音机在传入国内之初,一度称曰"无线电话"。1929年9月17日,岭南大学侨校在新老生交际会上,用收音机收听地方台的音乐节目,"音韵悠扬,愉心悦耳,快乐空气充满全屋";同年12月初,该校接受大学预科生课余团体"英社"社友倾力数月、以义演和募捐方式而赠的价值万余元的几台长短波段真空管收音机及扩音设备,借其建校25周年之庆启用于当月6号。按岭南学人所言:"盖以无线电话,能播声速远,传递消息,至为便利,且可促进文化,为〔威〕力甚伟。近盛行欧美,而吾国尚属罕见。"1929年12月1日,广东省建设厅主办的机关刊物双月刊《新建设》第6期,刊载的《广东省立工业专门学校概要》一文,明确说工专用上了收音机。由此可知,工专使用收音机的时间应迟于岭大。后者地处南郊,省城电力公司所经营的市电未达该地之前,夜掌煤油灯驱黑,生活用水靠煤气抽水机抽取。他们从1925年筹建照明电,中经地方无合适输电线供应、须由中介美商慎昌洋行向美方订购以及组织电路敷设工程的电力公司工期一再拖延等问题迭生。1927年10月下旬,除该校宗教团体青年会会所所在的"怀士堂"先行通电外,晚间校园各处还是漆黑一片,到电灯"放其光明"的日子,也已是1928年5月上旬。⑦—⑨ 地处西郊的工专,当时的照明电架线接电工程情况未见有

---

① 体育专栏:各项运动时间表、绒球练习时间表[J].工专半月刊,1933(8):第二张,4-5.
② 王月华.86年前"广马"已开跑,老广州从1930年到1937年连办八次马拉松环市赛跑,每次比赛好似"嘉年华"[N].广州日报,2016-04-21(A17).
③ 体育专栏:长途赛跑之本校成绩(1933年2月25日)[J].工专半月刊,1933(8):第三张,1.
④ 本校派选手参加全省乒乓球比赛、翰屏杯比赛本校获三名奖第[J].工专半月刊,1933(9):第三张,2.
⑤ 彭华.本院成立体育运动委员会,进一步地开展全院性的体育运动[N].华南工院,1954-03-25(4).
⑥ 叶家俊.广东省立工业专门学校概要[J].新建设,工业专号.1929(6):233.
⑦ 校闻:装设电灯进行情形[J].南大青年周刊,1927,16(11):5.(广东省档案馆电子文书档号,038-001-93-024~026:5)
⑧ 校闻:侨校欢迎新旧生交际会(1929年9月17日)、社团消息:捐送之无线电话机件已到了(1929年12月6日)[J].岭南青年周刊,1929,18(4):3.(广东省档案馆电子文书档号,038-001-95-004~005:3)
⑨ 建校康乐二十五周年纪念特号(岭南大学)[Z].1929,18(13):9.(广东省档案馆电子文书档号,038-001-95-027~035:9)

文献披露，由于两校用上收音机的时间相近，推度办学经费充裕的岭大用电尚如此一波三折，工专比之后者，若遇上类似问题并不诧异。至于工专包括其前身使用当时之220伏制式工业动力电，用于课程教学与生产实习，当远在20世纪10年代始，自然不属此处所议的照明用电的话题。

1920年11月2日美国匹茨堡KDKA广播电台，作为世界最早的广播电台开播；1923年1月23日，美国人E.G.奥斯邦在上海外滩广东路3号大来洋行屋顶创办"大陆报——中国无线电公司广播电台"，播送广播节目，开国内沿海地区都市人步入无线电广播社会之先。离沪赴广州重建大元帅府前夕的孙中山先生，即于1月25日在该台发表关于护法问题的《和平统一宣言》演讲。① 此举开创了国内利用广播电台作政治宣传之先河，此后不少广播电台形成了政治宣传的传统。由此可知，学校添置收音机，不仅为课余娱乐一项，也有思想政治教育即党化教育的需要。1926年10月1日国人自办的哈尔滨广播无线电台开始正式播音②。"中国国民党中央执行委员会广播无线电台"简称"中央广播电台"，以呼号"XKM"于1928年8月1日开始在南京播音。不甘落后的广州市，于1929年5月6日开播官办无线电广播电台，即"广州市播音台"，作为国内第10个地方台，全市只此一间。它分早、中、晚三段共9小时，除以广州话、国语及英语转述由国民政府中央广播电台提供的新闻报告外，还播报时事、金融、商情、气象及时间等社会信息；放送时代曲、粤曲、京剧以及广州海珠戏院音乐演出实况转播等文化娱乐节目；设立专栏教授广东人学说国语。九一八事变后，也播放宣传御侮抗日的演讲、话剧、活报剧与歌曲等录音节目。另外，在广州也能收到来自国内上海、无锡、苏州、南京、武汉、重庆以及国外日本、菲律宾吕宋岛等外埠共约二三十家电台节目。③④

广州市播音台甫问世，工专捷足先登，即行添置收音机以调剂学生课余生活，以感受时代脉搏、社会心声。以此而论，可以说工专在那时是够赶潮流的。因为迟至6年后的1935年6月以及10月，教育部才分别发布《全国中等学校及民众教育馆装设无线电收音机办法大纲》和《各省市实施播音教育办法》，通令各省市主管教育厅、局，"斟酌地方实际情形，分期督促"，为"未装无线电收音机之中等学校及民众教育馆，分期装设无线电收音机"等⑤⑥；也因为直到1937年6月，国内连同东三省，收音机总数约20万部，才渐入社会生活之中；还因为战时省教育厅为鼓励各级学校使用收音机，与广东省省营工业管理处电机修理厂合作，做出有关免费维修学校所损坏的收音机的安排。⑦⑧

广播初创期的听众大多是政府官员、富商及外国人。1928年6月北平市收音机用户，不足2000户；至上述国民党中央广播电台开办之前，国内收音机总用户，仅为万户左右，⑨在20世纪20年代末的广州，收音机还是价格不菲的新贵之物。譬如，一款美国合组无线电"RCA-radiola"十六型干电池六电子管收音机，不带喇叭，1929年5月在广州的市售价为175元，而其"RCA-radiola"十八号交

---

① 和平统一宣言（一九二三年一月二十六日）[M]//中山大学历史系孙中山研究室，广东省社会科学院历史研究室，中国社会科学院近代史研究所中华民国史研究室，等.孙中山全集（1923.1—1923.6）：第七卷.北京：中华书局，1985：48.
② 赵玉明.中国现代广播简史[M].北京：中国广播电视出版社，2001：5-6、13.
③ 周无忌.广州市播音台词条[M]//《岭南文化百科全书》编纂委员会.岭南文化百科全书.北京：中国大百科全书出版社，2006：560-561.
④ 戴宗杰.我推行普通话的回忆[M]//广州市政协学习和文史资料委员会.广州文史资料存稿选编（六、文化教育）.北京：中国文史出版社，2008：91.
⑤ 教育部.全国中等学校及民众教育馆装设无线电收音机办法大纲（第七三〇二号训令，民国二四·六·四）[M].教育部参事处.教育法令汇编，第一辑.上海：商务印书馆，1936：398.
⑥ 教育部.各省市实施教育播音办法（第一五九三三号部令，民国二五·十·三）[J].电化教育，1936（1）：19.
⑦ 广东省教育厅.关于抄发增设后方各县市收音机推行方案的训令（社字第六三号，民国十九年二月二十四日）[Z].（广东省档案馆电子文书号，006-002-0811-079～080：1）
⑧ 广东省教育厅电化教育服务处.广东省教育厅电化教育服务处修理收音机办法（民国十九年）[Z].（广东省档案馆电子文书档号，006-002-0811-092：1）
⑨ 赵玉明.广播电视新闻系列教材：中国现代广播简史[M].北京：中国广播电视出版社，2001：14-15.

一款1927年美国RCA牌十八号花心木盒七电子管收音机样式（左为机盒外形，右为喇叭）

图片来源：[美] radioorphanage. VINTAGE RCA RADIOLA 18: BEAUTIFUL CABI-NET, CHASSIS, POWER SUPPLY 7 TUBES-UNTESTED [DB/OL]. (2015-08-10) [2016-11-02]. http://www.ebay.com.hk/itm/EARLY-ANTI.

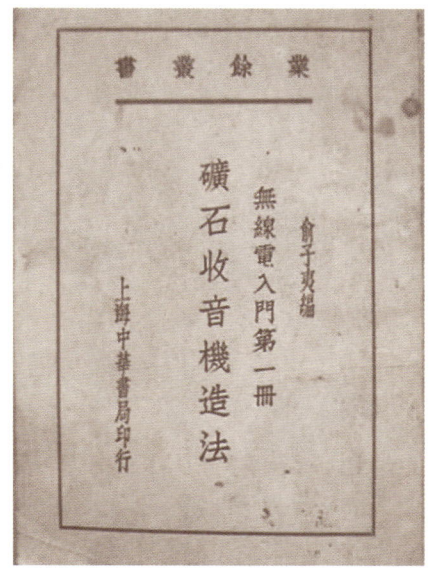

图片来源：民国收音机工具书 [DB/OL]. (2012-09-04) [2016-11-14]. http://www.7788qh.

1922—1925年间德国的"ESWE"牌矿石收音机式样。该机面板左上角为金属活动触针方铅矿或黄铁矿石玻璃筒即无线电波检波器，右上角为左右耳机线插口，面板下方中间为可变电容调谐旋钮与旋转刻度板，其左右两侧应属天、地线接线柱，至于面板所夹的为一接收声频讯号耳机

图片来源：林乙. 疯狂的收音机 [N]. 温州都市报，2012-04-23（31）.

流电收音机，连同喇叭，为365大洋，①② 已超当时工专校长300元月薪之数。直到1936年，湖南长沙中央无线制造厂才试制出"环球"牌五灯收音机。可见那时国内收音机稀缺之状。

当年的舶来品收音机，价格如此不菲，更兼使用管理规矩多。先是明确用户的收音机"每具须各领执照一份"；不久，按市公用局新规，"市内装置收音机者须来局注册，领取执照；报经省府呈第八路军总指挥部核准在案"后，③④ 方允使用。如此这般，无非是政府防范有人可能暗地借用收音机上一些有信号发射及功率放大功能的电子管，用于制作无线电谍报装置罢了。在如此管控下，工专生个人有否自装面世于1920年的矿石收音机收听广播，以充实课余生活，这种可能性是存在的。当时，中华书局的32开本业余丛书《无线电入门第一册——矿石收音机造法》1931年2月版，售价仅3角。

---

① 广告：美国合组无线电公司新式十六号收音机RCA-radiola [N]. 广州民国日报，大中华民国十八年五月廿五日 [1929-05-25（4）].
② 广告：美国合组无线电收音机（新式十八号）[N]. 广州民国日报，大中华民国十八年五月十八日 [1929-05-18（7）].
③ 广州市行政委员会第一八五次市行政会议：通过装置收音机章程（民国十八年二月六日）[Z]. 广州市政府. 广州市行政会议录（1921.2—1934.12），第一辑. 广州：宏艺印务公司，1934：上册，804.
④ 广州特别市政府第二十六次市行政会议：通过广州市公用局修正装置收音机注册章程（民国十九年八月九日）[Z]. 广州市政府. 广州市行政会议录（1921.2—1934.12），第一辑. 广州：宏艺印务公司，1934：下册，1671.

这般大小的册子，适合男生阅后随手放入校服西裤后袋，实在是便于传阅与收起。已知其时收听无线电广播的普通款线圈滑动抽头调感式矿石收音机市售价约为4.5元1架，耳机约为5元1副。对于接受高等工程教育的工专生来说，以工程意识自学相关知识，到广州惠爱西路（即今之中山六路一带）的"根记""超记"或者"大道无线电行"等商铺，自购美国RCA牌或日本产元器件组装一架，于建在山丘地带的男生"后山宿舍"拉上天线，都不是难事。

另，下文将提及的解放战争后期，有1947级水利系学生自装干电池直流式电子管短波收音机，与一批进步学生于傍晚时分朝西北方向拉上临时天线，接收和传播呼号为"XNCR"、波长40米、频率7500千周、地面距离2000公里之外的河北平山县"延安新华广播电台"代表光明与未来的信息。[①] 这时，把收音机当作地下革命活动的工具，当已超越自娱自乐个人感官之需了。

（三）学生是校刊生力军

专门学校以及专科学校时期的学生，都继承了自甲工时代起在教师指导下办校刊的传统。

军阀陈济棠主粤期间，曾一度采取较为宽松的文化政策，使得政府、团体及学校等单位的自办刊物、出版书籍之势，较之大革命时期更盛，并都以编印期刊为时尚，其中，学校出版的期刊数高居首位。有此背景，工专在办《工业杂志》（1922年春创刊，内容分为插图、评论、学艺、译述、调查、文艺等）、《工专旬刊》（1927年1月11日创刊，内容反映学生与教职员办学与国民革命活动，校训育处主持）、《工专训育》（1927年5月创刊，内容为专载、训育消息，校训育处主持）基础上，以当时社会各界习用的刊物刊期长短兼具的方式，又陆续创办了《工专季刊》（1929年1月创刊，内容分科学、文艺、专载、报告等）、《工专周刊》（1931年9月创刊，印行至1932年2月止）、《化学期刊》（1932年6月创刊，内容分学术、报告、附录等），《工专半月刊》（1932年11月1日创刊，内容分文告、校闻、授课纲要、校务会议、校规、体育、学生会、文艺等），以及《勷大工学院半月刊》（1933年9月15日广东省立工业专科学校创办，内容分文告、院闻、规章、文艺、启事等）等刊。[②] 可惜，由于旧社会的动荡，上述各刊物于国内存世甚少。近27年来所能阅览到的，仅仅是零星且内容多有残缺的数期而已，无法较系统、完整地深入其间，殊为憾事。

《工专季刊》出版委员会成员〔合影中，师生坐立悉由尊便。前排左一为土木工程1927级学生廖绍琪，左二为何长光，左四为陈观上，均为化学工程1927级学生，左三为训育部助理职员胡锡庸（此间他还是1930年4月成立的"广州市自然科学研究社"社长）；后排左一为化学工程1927级学生罗尧范，左二为总务主任裴璜，右一为教授兼教务主任叶家垣。由此似反映当时师生关系比较友好。另外，图中装束，颇似各随人愿，未循政府关于严格学校执行中山装着装的规矩〕

图片来源：工专（广东省立工业专门学校季刊）[J]. 民国十九年[1930，1（1）：插图十一].

---

① 永远的丰碑·红色记忆专栏：延安新华广播电台[N]. 光明日报，2007-02-08（10）.
② 谭卓垣. 广州定期刊物的调查（1827—1934）[J]. 岭南学报（私立岭南大学），民国二十四年[1935，4（3）：23、42、50、62、66、71].

前已述及，工专出版涉及学术研究的刊物不算晚。这个时期工专各刊，没有严格分工界限，于今人看来属动态报道性质的周刊，还是属简报性质的旬刊，更不用说月刊、季刊，师生撰写的工程方面的专业论文、社会政论、文艺作品，都常刊载于其上，而成为当时校内刊物一特色。这种情况，与全省同期刊物状况是相吻合的。譬如，由岭南大学教职员主持的《岭南学报》，其1928年3月创刊号于刊载8篇学术论文的同时，设文艺栏目，登师生以"苏幕遮""摊破浣溪沙""菩萨蛮"及"杨柳枝"等词曲牌所撰诗词4阕。由此可窥知上述关于一般学校期刊没明显分工界限。学校学术之刊尚如是，何论校内其他刊物。这可以理解为1919年五四运动前，杂志与报纸各自社会功能、技术性分工尚未明晰的特点，于后续时期还时有显露。"这时的报纸和杂志还没有严格的区别，许多杂志都载有新闻报道，而报纸也常有论著或专书"，① 即视报纸杂志为同类。1929年粤省有期刊221种，其中的周刊38种，旬刊与半月刊各17种，月刊79种，季刊18种。②③ 以此为参照去衡量当年工专各刊，可略知于全省里，多少还是占有一席之地的。

到1931年，各类校刊的编辑出版工作进一步得到加强。是年9月，工专设立出版部以及校刊编辑委员会。确定该委员会的总编辑、常务主席、常务委员等四岗位，由教职员兼任，聘各专业主任、各行政管理部门负责人及部分教师等12人为委员会顾

广东省立工业专科学校1933年3月15日出版的第九期《工专半月刊》封面

图片来源：2015年3月9日，吕晓芹采集自北京国家图书馆

问。以后，工专与校外许多单位、团体，建立了刊物交换关系，表达了师生与他人、他校开展学术与校情交流的良好愿望，也因此屡得回赠。

这些交换关系涉及国立、省市立及私立的大学、中学。大学如北平大学、山东大学、天津北洋大学、湖南大学、广西大学、南京金陵大学、山西法学院、中山大学、岭南大学、广东国民大学、广州体专等。外省中学，如河南省立一师等；广州地区中学，如省立一中与三中，省立第一、第二、第四、第六师范，省立女师，省航空学校，广州师范，广州美校，世德职业学校，广州二职校，南武中学，真光中学，知用中学，协和女师，执信女中，培正中学，培英中学，广州南京中学，中大附中，市一中、二中、五中、六中等；省内中学，如清远中学、台山中学、台山师范、台山女师、连县中师、饶平二中、大埔中学、龙川乡村师范、汕头女中、潮阳师范、揭阳女中等。学术团体或刊物编辑部用于交换之刊物有《新医医报》《潮安教育》《汕头市教育会议刊》《光汉医药月刊》《广西经济学会季刊》《自然学会会刊》《实业界专刊》《中大天文台两月刊》《北平图书馆馆务报告》《中国营造学社汇刊》《中国化学会概况》等。

此外，还有省市地方党政军等单位，林林总总不下130多个。一些单位如广西苍梧中学、福建龙

---

① 刘国钧. 中国书史简编[M]. 北京：高等教育出版社，1958：105.
② 木各. 学术期刊创刊号目录（1928年3月9日），妇女运动号[J]. 南大青年周刊，1928，16（19）：4.（广东省档案馆电子文书档号，038-001-93-038~041：4）
③ 广东省地方史志编纂委员会. 广东省志·出版志[M]. 广州：广东人民出版社，1997：124-125.

溪中学，广东地区的兴华中学、中华中学、知用中学、培英中学、省立第一师范、新会县立二中、新会女中、台山县立中学以及外省教育参观团等还前来造访。①-⑤

当中的《工专半月刊》，到1933年4月已出至第10期。每期大致30篇短文及图表共约万字，反映学校的方方面面。其体裁似今日常见的"简报"这一类。

为求该刊版面赏心悦目，学生编辑花了心思。由于半月刊整体篇幅小，没设目录栏，刊中的文告、校闻、授课纲要、校务会议、校规、体育、学生会、文艺等8个专栏，依次以"审稿先生""唢呐乐女""江海铁轮""拾音器之动圈""驭马欧女""女投篮手""两桅帆竞艇""凭栏赏月"等8种花边插图示之，作为图标相对固定，近乎目录的引导，随其即可循踪觅文。

唢呐乐女

江海铁轮

拾音器之动圈

驭马欧女

两桅帆竞艇

女投篮手

凭栏赏月

① 文艺：各界赠送刊物［J］．工专半月刊，民国廿二年三月十五日［1933（8）：第四张，1-2］．
② 文艺：各界赠送刊物［J］．工专半月刊，民国廿二年三月十五日［1933（9）：第五张，2-4］．
③ 文艺：各界赠送刊物［J］．工专半月刊，民国廿二年三月十五日［1933（10）：第三张，3-4］．
④ 校闻：各团体来校参观记略［J］．工专周刊，民国二十年十一月九日［1931（8）：2］．
⑤ 校闻：上一月到校参观各团体记略［J］．工专周刊，民国廿一年一月四日［1932（16）：2］．

（四）1932年前后工专进入较为稳定的发展时期

1. "专门"改"专科"，办学层次不变

1930年，学校奉教育部之训令，改称"广东省立工业专科学校"。训令说：

> 查专科学校组织法及专科学校规程，业经国府及本部先后公布在案。该省市所有各公私立农工商业等专校，亟应按照该项组织法及规程变更名称组织，以照划一。

该变更理由除上列统一组织名称之需外，教育部还给出了另一个理由，即："因国家建设上之需要，将专门学校改为专科学校，其设立之目的，以教授应用科学养成技术人才者为限。"①

目前找不到相应文献可征者，能确定粤省工专"专门"改"专科"实施完毕的时间，所以只能以1930年教育部关于"成立二年来的工作概况"中，所开列的包括粤省工专在内的9所"已令饬遵改名称组织，尚未据正式呈报之省立农工商业等专门学校"清单，来认定广东工专易名于1930年了。②-④

不知何因，缴销旧"关防"即公章，刊用新公章，却迟至1931年9月。这时校名先后出现过两种英文表述：Kwangtung Provincial School of Industries 及 Kwangtung Provincial College Engineering。⑤ 因后者更能揭示工专的高等工程教育性质，后便确认为唯一译法，固定了下来。

2. 经年努力后，工专外部交通条件有所改善

1931年9月后，工专正校门改建到校园后山的市政马路工专路路口，于是就有了不同于以往的正门照。

就工专历史照片而言，多任学校主要负责人，包括以前工业专门学校、甲工等时期，甚至可能包括工艺局时期，都遵循国内"筑城以卫君，造郭以守民"的"城郭之制"古老传统，一一修筑校门与围墙。他们并没有仿效自己在海外读书时，所见如欧美地区不少高校那样，不一定有校门、围墙，甚至校名标志物也不突出的风格。工专这般处理，应是入乡随俗而为。当然，晚清广东海防善后总局于光绪二十八年（1902）为增埗军火厂所筑砌的围墙，工专也照旧使用。

当时城之西门至增埗未有马路，只是田畴荒塚，另有少许小街窄巷。虽说粤军都督陈炯明于1912年1月下旬，也曾发出预备拆城墙以筑路的布告，但其时政局不稳，难以实施。至1918年6月，广州方迈出拆城墙筑马路的近现代社会建设的步伐，1920年其时的工艺局局长兼甲工校长黄强，即呼请政府修筑校外马路。1928年11月，工专土木科1927级全班27名学生结合课程实习，对市政道路及车辆通行能力所作的一项调查表明，其中计划修筑的"工专路"直至被调查时"尚未铺做路面，遇雨天行车

广东省立工业专科学校正门，校名涂以金色漆，史称第二校门，该地块现为广东冷冻机厂所用

图片来源：李穗梅. 广州旧影[M]. 北京：人民美术出版社，1998：55.

---

① 教育部成立二年来的工作概况（民国十九年）[M]. 中国第二历史档案馆. 中华民国史档案资料汇编：第五辑，第一编，教育（一）. 南京：江苏古籍出版社，1994：129.
② 教育部训令，公私立农工商业专门学校改为专科学校（第一一九〇号，民国十八年八月十九日）[M]//吴树滋. 增订现行教育法令大全. 上海：世界书局，1932：18.
③ 张妍，孙燕京. 增订现行教育法令大全，文教·教育概况，民国史料丛刊，1034. 郑州：大象出版社，2009：266.
④ 教育部成立二年来的工作概况（民国十九年）[M]// 中国第二历史档案馆. 中华民国史档案资料汇编：第五辑，第一编，教育（一）. 南京：江苏古籍出版社，1994：130.
⑤ 黄光域. 近代中国专名翻译词典[M]. 成都：四川人民出版社，2001：202.

极形不便"。①②

　　大概是受制于市政道路建设规划，这个呼吁迟至1929年才落实。当时的工专路是指"由西村车站开筑马路，通至增步〔埗〕，名为'工专路'"。③该路段于中华人民共和国成立前后一段时间曾称"西村公路"。所谓"西村"，是指由西场、西溪、增埗、大岗元及里山组成的片区，紧靠珠江支流增埗河。前文引用的上海《申报》关于工艺局选址"局门滨河"一说，所指即增埗河，其中属广州河段的约有1.6公里。④

　　工专会同市工务局发布招商承筑布告，与投得者合兴隆公司于1929年4月15日签约，定一个半月后筑成。⑤不久，耗资6410元，4400呎长、30呎宽（即1341.1米长、9.1米宽），名为"工专路"的市政泥土马路，才建成投入使用。当时市政路面材通常为砂石、沥青涂刷花砂、水泥三合土，或麻石板直至沥青。工专路是校外第一条马路，也是当时广州35条郊区道路之一，是3条纯为泥土的市政路之一。若不考虑所用路面材料，它就是当时全市最长的马路了。《广东省志·经济综述》2004年版在论及民国时期广州城市道路建设史时称其于"民国十四年至民国十九年全铺柏油路面"，这与上述原始史料不符，是为笔误。

　　不过，修筑工专路好事多磨。市府派出当时还是技士的罗明燏（注："技士"，在南京政府时期属三等专业技术官。当时，从高到低分为"技监""技正""技士"与"技佐"共4等级），会同市工务局建筑课课长一起验收。同行都知道罗是"执法如山"的人，⑥⑦果然，罗明燏发觉承建商有不依规施工的问题，遂逐一列出，报请市府尽早解决。

　　嗣后的1930年9—10月，从自来水厂到工专路的新路，纳入了市工务局工作计划之中，此后工专师生入城又多了一段方便之路。⑧

　　3. 进一步规范办学管理环节

　　如确定了若干办事规程，不少事项可以按部就班来处理。譬如，在每学期内，召开校务会议一次；教务会议于学期之始与末各一次；科务会议即类似专业教研室会议，由科主任每月召集一次。此外，各科主任会议一学年召开一次，并定在周六下午1时举行。日常遇特别事情，得由校长召集临时会议。从已知的文献资料归纳的所谓"特别事情"有呈送省政府委员会之招生委员会审批的新生补录名单；学籍管理方面的如学生选修第二外语的要求与开课时间，

行政院公报

图片来源：训令，令教育部为颁发广东省立工业专科学校关防小章案由（第四四一一号，〈民国〉二十年九月七日），行政院公报，1931（287）：31-32［DB/OL］．［2014-09-13］．http://www.library.sh.cn．

---

① 纪事：令饬改善工专路工程［J］．广州市市政公报，1929（338）：7．
② 土本〔木〕科二年及全体同学．广州市各街道车辆交通调查报告（民国十八年十二月）［J］．工专（广东省立工业专门学校季刊），民国十九年［1930，1（1）：8．
③ 广东社．工专路旁发现汉晋两代古物［N］．广州民国日报，大中华民国十八年五月三日［1929-05-03（5）］．
④ 广东省地方史志编纂委员会．广东省志·地名志［M］．广州：广东人民出版社，1999：41、48、529．
⑤ 纪事：建筑工专路近讯［J］．广州市市政公报，1929（326/327）：86．（云南图书馆馆藏，以下同）
⑥ 倪正太，陈晓明．民国职官词典［M］．合肥：黄山书社，1998：224．
⑦ 韩锋．林云陔的"上明""企砖"新解［M］//广州市政协学习和文史资料委员会．广州文史资料存稿选编（九、社会）．北京：中国文史出版社，2008：234．
⑧ 纪事：兴筑自来水厂至工专马路［J］．〈广州市〉市政公报，1930（343）：12．

课余群体活动成绩登记办法,实习工场管理办法的完善,留级、记过、除名等奖惩类事项,以及牵涉教学须应急处理的如抗日宣传活动临时调整教学安排等。①

此外,一些管理细节经实践得以完善。如,设立各科主任办事处,解决原无固定办公点问题;教授是否告假不能授课,学生可到"教授出席一览表"查看;教授因故未能依时授课时,学生"应在打上课钟后十分钟之内,仍须在教室等候";课程设置上,分为专习(即必修课)、通习(即基础课)以及任选科(即选修课)三种类型,其中任选科仅指德、法、日三种外语及国语注音符号(即注音字母)课等;完善了关于高中二年级以上包括专科部各科学生的校外的专业生产考察与实习、高中一年级各科的专业认识两方面的"校外见习及修学旅行规则"。②③

1931年九一八事变后,从9月28日全校集会声讨日本帝国主义侵略东北算起,到次年1月5日当个学期行将转入期末考试的100多天里,为开展抗日宣传教育活动,经学校批准的全校性停课有17次共26天半。教务处为此称:"停课极多,授课时间,为之锐减。"在离1月21日考试还有半个月的时候,教务处及早提出两点要求:"本校各科课程,俱有确实规则,既未便延移于下期补授,而事实上又不能增加时间补课",各教授"将讲义加多发给,或择要讲授,务须于规定时间内授竣";又重申"从前指示〈复习与考试〉范围恶习一律捐除不准"。④ 就此而论,此举反映了工专维持原有教学标准、要求的努力,以及对教师能够把握教学质量的信心与定力。1月21—27日考试期间,不论专兼职教员,都悉数到场轮流监考。当日轮空者则作为学校"监考委员会"成员,组成5~8人的小组,巡视全校4个考场。这里以当初的兼职教授、1952年调入华南理工的几名教员为例,罗明燏负责授施工法、钢筋混凝土、构造强弱学等三课程,李松生负责平面几何、物理学、工业力学等三课程,李翼纯负责矿学通论、冶金学两课程,李敦化负责酸碱、无机化学两课程,方棣棠负责构造强弱学课程,罗雄才负责理论化学课程。⑤-⑦他们所承担监考的课目,也是各自所讲授的课

---

①文告:本校第一、二、三次临时主任会议记录(民国二十年九月四日、九日、十九日)[J].工专周刊,民国二十年九月二十一日[1931(1):6-7].

②文告:教务处布告(一)、校闻:教务处近闻[J].工专周刊,民国二十年九月二十八日[1931(2):1、5].

③文告:校外见习及修学旅行规则[J].工专周刊,民国二十年十一月二十三日[1931(10):1-2].

④校闻:佚名.各科课程依规定期限内授竣、文告:教务处通告(民国廿一年一月五日)[J].工专周刊,民国廿壹年壹月拾壹日[1932(17):2].

⑤二十年度上学期各班试验时间表[J].工专周刊,民国廿壹年壹月拾八日[1932(18):2-5].

⑥文告:教务处〈关于指定试验室〉布告(民国廿一年一月二十日)[J].工专周刊,民国廿壹年壹月廿五日[1932(19):2-4].

⑦校闻:本〈学〉期考试各试验室座位之分配与监考委员题名〔名单〕[J].工专周刊,民国廿壹年壹月廿五日[1932(19):2-4].

程。该阶段的监考与巡考工作量并不比专职者少。

其间，1931年10月25日，设立"省立工业专科学校建筑委员会"。从该委员会的章程看，其角色与学校现今的"校园规划委员会"某些方面的职能类似。章程称："本会宗旨在审计本校一切之建筑工程，以收本校工程臻于美善之实效"，"本会由校长聘定各科主任、教授、工程师、庶务主任等组织之，并指定委员中一人为主席"，"本会于校长送交各项工程来会审计时召集会议议决之"。当时的组成人员包括主席张公一（专任教授，土木科主任兼教务处主任），委员胡德元（土木科专任教授）、何寿田（专任教授，机械科主任）、李文翔（专任教授，化学科主任）、罗季常（工程师）、麦蕴瑜（土木科专任教授）、胡慕瑗（机电科专任教授）、刘均衡（专任教授，高中工科主任）、郑耀昌（庶务部主任）。①② 该委员会成立后所议决的第一件事就是确定饭堂修缮计划。

及至1931年9月，工专专任教授计有21人，兼任教授则多达42人。各自基本情况见表4-3、表4-4。

表4-3　1931年第一学期专任教授基本情况统计表

姓名	籍贯	毕业学校或最后学历	职务、所任课程	去留状况
柳金田	广东香山县	日本东京帝国大学理学部物理学科	校长，土木工程	1932.8去中大
何寿田	—	1916年日本东京高等工业学校机械科	机械工程科主任，制纸机械、内燃机、热机关、机车工学	—
李文翔	广东梅县	法国波尔多大学化学工程博士	化学工程科主任，化学涂料、有机化学	—
张公一	广东梅县	日本京都帝国大学工学部土木工程	土木工程科主任兼教务处主任，桥梁工学	1934.4去中大
丘 琳	广东蕉岭县	日本东京高等师范学校	注册部主任兼教务处副主任，日文	1933年去中大
刘均衡	广东大埔县	1926年日本京都帝国大学工学部电气工学科	高中部工科主任，电气设备	1932.8去中大
丘君奋	不详	日本东京帝国大学电气工程科	电机及机械、水利机械学	—
胡慕瑗	广东新会县	1918年日本东京高等工业学校机械科	工作机械、机械制作法	1934.8去中大
朱季炜	广东梅县	日本京都帝国大学工学部工业化学科	制糖、电气化学	—
麦蕴瑜	广东中山县	德国汉诺威工科大学土木工程科	道路	—
胡德元	重庆塾江县	日本东京工业大学建筑科	建筑构造、都市计划	1938.8去中大
罗季常	广东兴宁县	1922年日本东京高等工业学校建筑科	材料及施工法、材料力学	—
刘启邺	—	上海复旦大学理科法国里昂制革专门学校	应用化学、油脂及制枧、制革	—
李时可	—	日本东京高等师范学校	微积分	—
曾广弼	广东香山县	日本九州帝国大学工学部应用化学科	有机化工、织物纤维	1932.8去中大

---

① 校闻：本校建筑委员会成立[J]．工专周刊，民国二十年十月廿六日［1931（6）：1-2］．
② 特载：建筑委员会章程[J]．工专周刊，民国廿一年壹月拾壹日［1932（17）：4］．

续上表

姓名	籍贯	毕业学校或最后学历	职务、所任课程	去留状况
李敦化	广东兴宁县	1920年毕业于日本东京帝国大学工学部应用化学科	酸碱、无机化学	1933年在两广省办硫酸厂任总工程师
罗赞元	—	日本东京高等工业学校机械科	材料力学、金相组织学、机构学、工业力学	—
朱树枏	—	英国剑桥大学英文科	英文	—
熊素村	—	留日	学监，三角	—
徐尧堂	—	—	测量、应用力学	—
彭秩芬	—	—	大代数	—

表4-4　1931年第一学期兼任教授基本情况统计表

姓名	籍贯	毕业学校或最后学历	职务、所任课程	去留状况
叶卓林	广东台山县	德国柏林工科大学机械工程	工专机械工场主任	1932.9去中大
谭小谷	—	—	工专教务员，英文	—
李沧萍	广东丰顺县	北京大学文学士北京大学研究所国学门研究员	工专校刊总编辑，国文	1932.8去中大
李松生	广东梅县	美国威斯康星大学电机工程硕士	平面几何、物理学、工业力学	1928.9去中大；1932.9留工专并兼中大教授
李翼纯	广东南海县	美国康奈尔大学矿科	矿学通论、冶金学	1928.8去中大
陈良士	广东东莞县	美国康奈尔大学市政工程硕士	水力工学、卫生工学	—
罗明燏	广州番禺区	美国麻省理工学院航空机械科硕士	铁骨混凝土（注：即钢筋混凝土）、施工法、构造强弱学	—
江河	广东花县	美国麻省理工学院机械工程科毕业	试验工学、汽车工学	1933年在广州自来水厂
区莘伦	广东南海县	美国芝加哥大学1920届法学士	英文、工业簿记	—
沈祥虎	广东番禺县	英国伦敦大学矿科工学士	英文语法	—
姚万年	广东揭阳县	德国利比瑟大学博士（化学、物理、矿物学）	有机分析及综合、无机化工	1932.8去中大
古文捷	广东梅县	法国里昂高等工业专门学校、巴黎高等电气专门学校	物理学	1930.8去中大
袁武烈	—	法国里昂大学数学博士	解析几何	1927.10去中大
黄巽	广东番禺县	法国里昂大学物理学硕士	物理学	1926.8去中大
郭伟棠	广东番禺县	法国巴黎交通专门学校毕业	海河工学	1932.9去中大
方棣棠	广东潮阳县	法国巴黎大学市政学院毕业、巴黎高等土木专门学校毕业	构造力学	1932.2去中大
罗雄才	广东兴宁县	日本东京帝国大学理学部化学科	理论化学	1931.8去中大

续上表

姓名	籍贯	毕业学校或最后学历	职务、所任课程	去留状况
丘退庵	广东梅县	日本东京工业大学	水泥、陶瓷、玻璃	1932.9去中大
关乾甫	广东南海县	日本东京农业大学	仲恺农工学校训育主任，党义	—
刘开坤	—	—	造船原理、造船工程	—
柳金顷	广东香山县	中山大学化学系	—	1934.6去中大
郑景馥	—	—	食品酿造工学	—
廖嗣兰	广东梅县	1923年毕业于日本东京日本大学专门部社会科	国文	—
熊怀若	广东梅县	日本仙台京都帝国大学经济学科	土木行政、工业经济学	—
黄士彝	—	—	英文	—
许绍衡	—	—	平面几何	—
黄思汉	广东阳江县	中山大学理学士	物理学	—
丘 和	—	广东高等师范学校数理化部	平面几何	—
黄士弘	广东梅县	日本东京帝国大学理学部地质科	应用地质学、矿物学	—
黄金槐	广东新会县	1925年日本东京高等工业学校窑业科	燃料学	—
何学坚	—	—	党义	—
伍新三	—	—	纺织机械	—
郭玉安	—	唐山交通大学	铁道工学	—
黄 武	广东台山县	日本东京帝国大学文学部史学科	日文选修课	—
唐锡畴	广东恩平县	同济大学土木工程科	土木科	1933年去广州工务局
刘百畴	—	留德化学博士	德文	—
何家俊	广东香山县	德国比勒斯劳大学化学硕士	德文	中大
张资模	广东梅县	1921年毕业于日本东京高等师范学校理科物理化学部	原广东省教育厅督学	香港沦陷后为日殖民军谋事
贾崇纪	—	—	—	—
侯柳生	—	—	—	—
傅镇嵩	—	—	—	—

资料来源：
①布告：本校现任职教员一览表[J]．工专周刊，民国二十年九月廿一日［1931（2）：3-5］．
②校闻：本校续聘教授[J]．工专周刊，民国二十年十月二十六日［1931（6）：2］．
③广东省建设厅编辑股．广东专门技术人员调查表（中华民国廿二年七月六日）[Z]．广州：东华印务局，1933．
④广东留日同学会．中华民国广东留日学生同乡录（民国七年）[Z]．出版信息不详，1918．
⑤中华民国广东驻日留学生经理处．广东留日学生调查录（民国十八年一月）[Z]．出版信息不详，1929．

民国时期的公私立大学都有兼职教师，多寡不一而已。按照国民政府1929年7月26日所颁布的《专科学校组织法》规定，一校的"兼职教员总数不得超过全体教员总数的三分之一"。工专其时教员总数60名，三分之一数即为20人。上已述及当时工专有42名兼职教员，如若本校3名兼职者忽略不计外，则有39名。这意味着比规定多了近1倍。39之数，也许是反映该系列人员流动性相对较大或较频密的一个动态值而已。因此这点存疑待解。

其实，兼职教师多也并非全然是坏事。李松生、李翼纯、陈良士、罗明燏、姚万年、古文捷、方棣棠、罗雄才等兼职者，不是工业界的一线工作者，便是高校教师，都是带着新知识、新理论以及新观念留学归国没几年的青年人。他们的到来，对升格为高校仅数年的工专课程设置、教材编写、生产实习的组织等方面，作用尤显。此间，在20世纪30年代初中期，由于广东进入了经济相对稳定的发展阶段，工业建设的步伐在加快，对工科毕业生的需求在增加，政府对工专的投入也在增加；兼之当时广州地区高校中，开办高等工程教育的就只有工专一家，岭南大学与中山大学分别在1930年、1934年之前尚没开设工科专业。有如上背景，所以，不少乐见工专教育事业发展的兼职教师，也乐于常年兼职于工专。如罗明燏，不迟于1929年就在工专兼课，并至少到工专改办勷勤工学院及其后的省立勷勤大学工学院的1937年时期；而陈良士于工专兼课也有五六年之久。另外，不少教师入职工专之前都有一线生产技术应用与管理的经历，结合其个人实践、体会的授课，对拓宽学生课堂外视野、加深专业认识，带来不少帮助。如1925年7月在电力工程部门任工程师的叶家垣，在广三铁路局任主任工程师的叶家俊等。①

此前的1929年11月14日，教育部通令全国高校，停止实行学分制，推行学年学时制，次年3月4日，又通令废止大学预科；到了1932年1月，重又推行学分制，等等，工专照章执行。同是这一年，专业设置与学制有所变化。

设机械、化工、土木等3个工程系；

因为不设预科，遂改办有机械、化工和土木3组即3个专业的高中层次的职业教育，定3年毕业，并直接升入大专部同类专业，2年即可毕业。发展这类职业教育，从大的方面看，或许是响应教育部关于添办高级职业教育、改变社会上不注重职业教育、起衰救弊的号召，而作为省属高校为地方利益计，则恐怕是力图贯彻省政府委员会当时提出的一项教育原则，即为去除"现在求学者，仍未脱离科举时代之恶劣心理，以服务于军政机关为唯一之出路"的弊端，"基于此目的，中上学校需增设职业课程，并设置职业学校"，以实现"教育职业化、学生劳动化"。②③

它虽然只是高中层次，但由于工专注重教学管理，使得"近来各校学生，请求转学来校者，颇有其人；其志切工科，情词恳挚"。学校为之感动，"颇欲酌予收容，免致令有向隅之叹"。经报请省政府委员会核准有关录取转学生标准后，即行陆续录取一批转学生于机械与化学两工程专业。面对转学心切的学生，工专坚持既定标准，即他们入读工专的职业高中前，须修业高中工科满一学年，或者虽只是高中理科或普通科修满一年，而其数、理、化科成绩优良者，均需经工专编级入学考试，成绩及格者方允插班。④

20世纪30年代中，粤省民族经济获得发展机遇。造纸、火柴、日用化工、玻璃、油漆、油墨等轻工业一时蓬勃而起，集中在广州地区的以水泥、化学、化肥、造纸、制糖等为代表的省营实业体系的

---

① 广东省建设厅委任令（第六号、第五十四号，民国十四年七月）[J]．广东省政府公报，民国十四年七月十八日［1925（2）：67-68］．
② 中国第二历史档案馆．中华民国史档案资料汇编，第五辑，第一编：教育（一）[M]．南京：江苏古籍出版社，1994：410-411．
③ 广东省省长林文陵．广东省三年施政计划大纲提议书（民国二十一年九月二十七日国民政府西南政务委员会第三十六次政务会议决议修正通过）[J]．新广东月刊，1933（1）：116．（广东省立中山图书馆古籍地方文献阅览室馆藏）
④ 广东省政府教育厅指令，核准省立工专录取转学生标准（第二〇三九号，民国二十一年九月十三日）[J]．广东省政府公报，1932（199）：75-76．

确立，使得广州工业在国内占有重要地位。即以国内资本工业年产值衡量，到1933年广州超亿元，顺德为1000万到2000万，中山、南海两县均为500万至1000万，汕头、新会、东莞等三县市均为100万至500万之间。珠三角经济圈这方面的进步，胜于以武汉、沙市、九江、长沙、重庆、成都等地为代表的长江中上游经济圈，跟随以天津、青岛、济南、北平、唐山及石家庄等地为代表的华北经济圈。①②地域工业的发展，为工专的工程教育增添了新动力。

与此相应的是，工专逐渐形成立足学生学业基础的、基本适应地方经济发展需要的课程设置体系。如大专部的化学工程专业课程设置，于第1学年，注重无机化学、无机工业化学、定性分析等方面的学习；于第2学年注重有机化学、有机工业化学、定量分析等方面的学习，以及制皂、制皮革等实际生产技能的培养与工程素养的提升；到第3学年，注重陶瓷化学、电化学、冶金采矿、油漆即涂料化学等方面的学习，以及工业分析、陶瓷工场等的实习。同时，又把理论化学、燃料、士敏土（即水泥）、玻璃、酿造、纤维（即造纸）、酸碱工业、有机综合等科目，有机地结合到各学年相关课程中去。③

4. 学术研究与交流得到加强

学校内的学术研究与交流以1931年11月17日成立的化学研究会为基地。该会以化学工程专科及职业高中两方面的在校师生为当然会员，也接纳已离校的化学工程毕业生或肄业2年的高中生。该会创办了学术刊物《化学期刊》。该刊有创刊号存世，之后有否续编，属期刊还是集刊，目前也都不得而知。

以1932年应届毕业生为主体的化学研究会第二届执委会部分执委与教师合影于校园葳蕤老榕树下（1932年5月24日）
图片来源：化学期刊（广东省立工业专科学校化学研究会会刊）[J]. 1932（1）：插图四.

1952年2月前仍在原地的亭亭如盖的老榕树
图片来源：梁宝林. 广东省立海事专科学校简史［DB/OL］.（2001-01-28）［2018-06-05］. http://www3.gdou.edu.cn/xy/xshm/2005-07-20.htm.

《化学期刊》创刊号刊出论文共19篇，含译文1篇。其中，学生作者12人，贡献14篇；教师作者4人，贡献5篇。此外，又刊载日本纸业与国内两广的地方工业调查报告6篇。其中，学生作者3人各1篇，教师作者2人共3篇。④以上学生作者中，1928级到1930级专科生及高中生都有，但以1927—1928级专科生的为多，即1932年应届毕业生与1933年行将毕业的高年级学生。

国内近现代学术起步较晚，学术进步与规范有个渐进过程。对此间的专科学生，自难要求他们有多高的学术贡献。这份由学生主办的创刊号，在登载学生作者论文的同时，刊载了教师方面的学术论文与工业调查报告。这对于学生而言，旨在营造学术研究氛围、提倡科学思维方法，助推学生悟道，建立工程意识；而教师文章则在客观上起到了学术示范与学术规范的引领作用。

---

① 广东省地方史志编纂委员会. 广东省志·经济综述［M］. 广州：广东人民出版社，2004：113.
② 张宁. 近代中国工业布局的演变［N］. 光明日报，2017-12-04（5）.
③ 附录：化学科概况［J］. 化学期刊（广东省立工业专科学校化学研究会会刊），1932（1）：附录1.
④ 化学期刊第一期目录［J］. 化学期刊（广东省立工业专科学校化学研究会会刊），1932（1）：1-2.

5. 经费逐年增加

省库年拨发教育事业经费从1927年的17.9万元到1932年增加为21.7万多元（概算）；工专原"祖业"一部——离明道观老校园，即上文提及的"旧有建筑"，由省政府委员会于1932年9月2日着令招商投承，投得的四五万元款项用于购置该校图书设备；不久，因省政府委员会第六届委员会第一〇五次会议议决，收用工专附近民地及工专的小部分余地，作为筹建省营丝织、梳打及氯气三制造厂用地，省建设厅补回相当的地价款，用于工专添购教学科研设备。校园面积因而缩减至10余亩。①②

其间，工专提出了临时增加编印教材讲义费（1930年4月）、拨发饭堂桌椅设备购置费2800元（1932年6月）、修葺校舍购置费8140元（1932年8月）、学校购置费预支2000元（1932年9月）、安装发电机棚预算费832元（1932年11月）等用款临时要求，以及关于1933年学年度勷勤工学院增班开办费、仪器预订费诸项首期5000元预算及该学年度岁出预算（1933年7月、8月）。

这一系列对勷勤工学院扶上马兼送一程的尽责善举，省政府也能一一地给予支持。③-⑨

由于工专向来比较重视实习、实验场地的基础性建设，且有一定规模，后来的勷勤大学工学院得以沿用上述各个场地，顺利地开设实验与生产实习课程。加上在20世纪30年代初，工专所在的西村地区已初步发展为广州的工业核心地带，其性状类似历史上国外传统的工业基地与制造业带，如美国五大湖工业区，或者德国的鲁尔工业区，使得教学实习便利不少。

而对于校外的见习教学活动，也有专项经费支持，施以规则给予保证。譬如，于市区之外者，学生舟车费以三等价格为标准；领队教授则以头等价计算；在内地，食宿费为每日每人3元，于港澳相应为5元等。⑩ 如是，师生见习的步履可以走得稳健扎实些。

如1931学年度，专科部各科以及高中二、三年级各专业学生校外的专业生产考察与实习，因有机会看到相对于内地的新技术、新工艺或新的生产管理方式，延续过往的做法，必去香港九龙与澳门；省内所见习的大体与课程相衔接。

以专业计，机械工程有广州市电力公司，广韶（广州—韶关）、广三（广州—佛山三水）及广九（广州—香港九龙）等3条线路（注：1931年11月25日，由教授胡慕瑗率领机械工程专科一年级及高中二年级前往上列三线路），广东飞机厂，广南造船厂，广州协同和柴油机器厂，石井兵工厂，南海县盐步制纸厂，广州市无线电台及播音台等10处；化学工程有白蚬壳铜厂、广州协同和柴油机器厂、苏记机器厂、石井兵工厂及无烟药厂、广东士敏土厂、电器厂（含广东、南方两间）、南海盐步制纸厂、火柴厂（含广州文明、南海盐步两间）、树胶厂（即橡胶厂，含冯强、南强及长城3间）、枧厂（即肥皂厂，含源昌、国民两间）、砖厂（含广州宏兴、南海奇槎裕益及广东士敏土厂所属3间）、广州市

---

① 广东省政府训令，训令广州市政府、指令建厅，议决收用工专学校余地及附近民田为丝织厂疏〔梳〕打厂及绿〔氯〕气制造厂地址（建字第四〇一三号，民国廿一·九·廿四）[J]. 广东省政府公报，1932（201）：79-81.
② 丙编：广东省立工业专科学校词条[M]//国民政府教育部. 第一次中国教育年鉴. 上海：开明书店，1934：175.
③ 广东省政府第五届委员会第七十四次议事录（民国十九年四月二十九日）[Z]//林忠佳. 广东省国民政府政府办公会议录汇编（1925—1949）：第二卷. 出版信息不详，1987：384.
④ 第六届委员会之第九十七次议事录（民国二十一年六月二十八日）[Z]//林忠佳. 广东省国民政府政府办公会议录汇编（1925—1949）：第三卷. 出版信息不详，1988：153.
⑤ 第一一二次议事录（民国二十一年八月十九日）[Z]//林忠佳. 广东省国民政府政府办公会议录汇编（1925—1949）：第三卷. 出版信息不详，1988：185.
⑥ 第一二一次议事录（民国二十一年九月二十日）[Z]//林忠佳. 广东省国民政府政府办公会议录汇编（1925—1949）：第三卷. 出版信息不详，1988：203.
⑦ 第一三七次议事录（民国二十一年十一月十五日）[Z]//林忠佳. 广东省国民政府政府办公会议录汇编（1925—1949）：第三卷. 出版信息不详，1988：233.
⑧ 第二〇二次议事录（民国二十二年七月七日）[Z]//林忠佳. 广东省国民政府政府办公会议录汇编（1925—1949）：第三卷. 出版信息不详，1988：397.
⑨ 第二一〇次议事录（民国二十二年八月四日）[Z]//林忠佳. 广东省国民政府政府办公会议录汇编（1925—1949）：第三卷. 出版信息不详，1988：416.
⑩ 文告：校外见习及修学旅行规则[J]. 工专周刊，民国二十年十一月二十三日[1931（10）：1-2].

电芯厂即电池厂（含KK、狮唛及中亚3间）、白蚬壳惠来县陶器厂、佛山石湾陶器厂、玻璃厂（含广州先施、富民两间）、化妆品厂（含广州先施、安亚及广生3间）以及南昌源食用油厂等31处。

土木工程有广东测量局（注：1931年12月19日，由麦蕴瑜、郭玉安两教授率土木科专科部各年级；胡德元、唐锡畴与罗季常等教授率土木科高中二、三年级前往）、广东士敏土厂、私立岭南大学工学院（注：1931年11月28日，由土木科主任张公一、胡德元、唐锡畴与徐尧棠等教授率领前往士敏土厂和岭大校园）、广州—增城公路、广州—花县公路、南海奇榄白沙砖厂、新宁铁路（新会—台山）、广州黄埔港、中山县、广州东山模范住宅区、广东三水芦苞—肇庆之西江治水河堤等11处。至于高中部一年级的修学旅行，则为带着专业学习目的的参观访问，当年他们所到之处，包括私立岭南大学、广东肇庆鼎湖山两地。①-④ 限于文献之不足，不知道上述见习的教学环节实际执行结果。因是目前所能寻觅到的唯一的较为完整的，关于全校各专

一则关于1929届应届毕业生离校前赴港专业考察的报道

图片来源：工专第二届毕业生赴港参观工厂[N]．广州民国日报，大中华民国十八年五月五日[1929-05-05（10）]．

香港自来水厂

全体毕业生前往香港参观途中

香港自来水厂

机械科学生参观九龙船岛

图片来源：广东省立工业专门学校第四届毕业同学录（民国廿年七月十三日）[Z]．1931：插图三十七—四十．

① 文告：二十年度机械科校外见习日期处所预定表、化学科校外见习日期处所预定表、土木科校外见习日期处所预定表、高中工科校外见习及修学旅行日期及处所预定表[J]．工专周刊，民国二十年十一月二十三日[1931（10）：2-5]．
② 文告：教务处〈关于校外见习〉布告（民国二十年十一月廿四日）[J]．工专周刊，民国二十年十一月三十日[1931（11）：1]．
③ 校闻：土木科学生往南大及士敏土厂参观[J]．工专周刊，民国二十年十二月七日[1931（12）：2]．
④ 文告：教务处〈关于校外见习〉布告（民国二十年十二月十七日）[J]．工专周刊，民国二十年十二月廿一日[1931（14）：1]．

业各班级的见习教学计划，并且机械、土木两专业的计划还具体到实施的日期，已使后人多少窥其一斑。

以后，随着省营的酒精、硫酸（注：采用全美设备，用接触法生产，1932年投产，产量为15吨/日）、造纸、肥料（注：采用全英设备，1933年筹建，1936年部分投产）、饮料、纺织、麻袋等一批民用工业陆续投产，交通与市政建设的发展，工专实习场所与内容就更多、更丰富了。

6. 师资持续改善

民国时期，国内大学来自欧洲与美国的影响俱在，尤其是美国的影响更深刻些。此时，工专的师资队伍建设延续了甲工时代广揽留学生任教的传统。当年，引进校外人才，有海外留学背景者虽非决定性因素，但却是评定条件之一。在不拘一格量才录用的同时，所引进的人才中，旅历西东者，以留美的为多。其中如美国东、中部如哥伦比亚、康奈尔、纽约等大学，其他如密歇根（旧译"密执安"）、伊利诺伊、俄亥俄、威斯康星、芝加哥、西北、普渡、密苏里等大学以及弗吉尼亚陆军大学。此外还有留学东洋及澳大利亚悉尼的毕业生等。上列29名教师中，留美生比例达72.4%。

为何聘到这般高比例的留美生？这当中既有历史原因，也有现实的要求。

1929年前后工专所聘任的部分教师名单

图片来源：叶家垣. 教务纪要［Z］. 工专（广东省立工业专门学校季刊），民国十九年［1930，1（1）：39-41］.

其一，留美生多习工科。

从严格意义上讲，国内出国留学活动是近代之事。从1872年首批幼童留美到1900年，国内官派生约200人。其中，留美120人，留欧66人，留日13人。这一事件在一定程度上推动了国内近代化的进程。[1] 从历史上看，清季以降，正式饬令各省派遣留欧学生，始于1902年。当时规定以学习实业为主："游学欧洲之官费学生，以已入大学习医、农、工、格致四科之专门学者为限。习法、政、文、商各科者，虽入大学，不得给官费。"[2] 首先，由于工科学习周期长，留学费用大，自费生多不愿选学。受其影响，以北京政府及省会等资助留学的其他官费生，亦以习理工科为多。其次，晚清新学初兴，一般学生出国前自然科学基础甚薄。在这种情况下，留学生如果想在国外得一个文法科方面的学

---

① 《中国人留学史》编委会. 中国人留学史，上册［M］. 北京：社会科学文献出版社，2011：71.
② 学部. 奏酌拟管理欧洲游学生监督处章程（宣统二年三月十五日，1910年4月24日）［J］. 教育杂志，1910，2（5）：305.

位,尚属易事;倘若要在国外攻读一个理工科学位,则非短期内所能竣事。何况,自费留学欧美者,唯富裕家庭尚可承担其费用。

以后,政府鉴于文、法类专业留学生易滋生革命意识,于是限定庚款留美生须有80%的比例选读理工科。而自费留美生,一直以习文科居多。民国以后,这一传统基本上被保存下来了。这里的所谓"庚款",有两层含义。首层指整体上的"庚子赔款"。即从清光绪二十六年(农历庚子年,1900)8月3日起,仅18 811万人的八国联军(注:日8000人,英3000人,美2100人,俄4800人,法800人,奥58人,意53人,7000人的德军未赶到),10天内便攻陷清京畿(注:当时驻京一带的清军就有十五六万人),强迫清政府于次年9月7日签订城下之盟《辛丑条约》。其中规定,按当时4.5亿中国人每人赔1两俯首认输,计为4.5亿两银,年息4厘,于39年内付给列强赔款,本息共计9.82亿多两库平银。所谓库平银,即清末官方衡量标准银。这笔巨款全部转嫁到百姓身上。晚清以海关税、常关税及盐税等所收入作担保。因远不足应支数目,乃向地方年摊派2.5亿两凑足。从1902年开付。付德、奥、日的赔款,因中国分别于一战对德、奥,抗战对日宣战时废除;对葡等国的赔付已偿清。到1938年,相关国实际共获赔款6.50亿两,折合银元约10亿。第二层含义指美国退赔款用于对中国学生的教育。于晚清1903年起任驻美公使即后来的"清华之父"广州人梁诚,通过外交与私人途径游说美国一批有相当影响力的政界人士,另在华传教30年的美国公理会牧师明恩溥(Smith, Arthur Henderson)说服了美总统西奥多·罗斯福,把美所获款项折合美金为2444万元中,多于当年战争实际消耗的部分,减退1078万美元用于中国高等教育和培养留美生。1908年5月25日,美国国会正式通过退还庚款余额给中国,用来选送优秀青年赴美留学的法案(及至1924年5月7日,美下院通过议案将中国对美庚子赔款条约的责任完全解除)。之后,英、日、法等国相继退还部分赔款,主要用于中国的交通、商业,注重经济效益和短期收益。俄在十月革命后的1919年7月,宣布放弃中国对俄的赔款。美国带头退款兴学,既是对过去强索庚款的一种自我否定、对华门户开放政策的自主行为,也含有美国民众此间普遍存在的西方中心主义的文化优越感,唯我独尊、以恩人自居的施舍傲态(自此中美近现代交往百年后的2018年10月4日,美副总统彭斯在华盛顿智库的失理、失利、失节的涉华政策演说中,还在重谈这类"美国恩赐论""美国重建中国论"的美式傲慢与偏见,并且更为惊人与充满敌意)。它作为对华政策的一个重要组成部分,旨在舍近利而图远功,吃小亏而占大便宜,同英、日等国争夺中国留学生教育权。美国捷足先登10余年,旨在向中国输出美国价值观,用心极其深远,手段之"高明",确实令其他列强望尘莫及。不过,由于美在客观上及时地支持了晚清新政运动中的教育改革,[①-④]这一举动当时就被誉为仁慈善举,而赢得中国朝野的普遍好感,进而加强了晚清政府的亲美倾向。

清政府发现,新政运动中,最得力的竟是1881年7月被撤回兼贬抑20多年、所受待遇极为恶劣、起用时已届40多岁的一批留美学生,至此才醒悟到:借异邦以育才,增长心思,"美国学堂,结果甚善,而裨益中国者良非鲜浅"。这批留美学生在久经磨难之后,终于有了用武之地,于是充分发挥他们早年从美国得来的学识和禀赋,很快崭露头角。在国内近代外交、教育、军事、科技作出积极甚至重大的贡献。[⑤]

其二,赴美留学成热潮。

在民间外交方面,1908年以后,随着美国在华声誉的提高,中国学生的留学方向开始被引向美国,留美学运再度振起。中国留美学生人数迅速增加。到1910年,留美学生已达500多人。1911年,留美人数又增至650人。五四运动后,留学热点从以日为师的日本转向法、德、美等国。早先的留美庚款生如胡敦复等,归国后又成为庚款择才留学计划的有力推动者。

---

① 陈旭麓,方诗铭,魏建猷,等. 中国近代史词典[M]. 上海:上海辞书出版社,1982:473.
② 王奇生. 中国留学生的历史轨迹(1872—1949)[M]. 武汉:湖北人民出版社,1992:15、17.
③ 俞可. 留美生"胡杰三氏"共筑教育救国梦[N]. 中国教育报,2014-09-03(10).
④ 崔志海. 新中国成立以来的国内清末新政史研究[J]. 清史研究,2014(3):139.
⑤ 王奇生. 中国留学生的历史轨迹(1872—1949)[M]. 武汉:湖北人民出版社,1992:15.

其三，赴欧、美、日本留学生中，论比例均以习工程者为高。

20世纪20年代之前，攻读农、医、师、文、法、商诸大学科的比例都远低于学工程科的。如在1916年，留学欧美者共184人，当中习工者76人，为总数的41.3%，同期最高的学法者比例仅为19.0%；同年留日生共1086人，当中学工者363人，是总数的33.4%，此间最高的习医者比例停留在16.0%；另外，1920年赴美留学的914人中，习工者320人，占总数的35.0%，其时学商者最高比例不超过15.4%。1915年在康奈尔大学的中国留学生，他们"成绩之佳，为全校所共晓"。习工留学生归国后，对国内工业建设与工程教育的发展关系至紧。①②

根据国内对留学生数居前10位的省份调查统计，于粤省官费生方面，1914年时段留日居二，留欧美居五；1931年时，留日居首，留美位二；1932—1934年间留英列六。③④这种状况与清末民初阶段的相近。民国初年国会议员和国民党与进步党两大政党的重要党员和职员都是留学生，但留日居多。而在国民党政府内阁官员中，留美的超过留日的。1948年，在198名国民党大员中，留美34人，留欧22人，留日32人。在学界，留学生也占了可观的比重。到1936年，中国专科以上学校教职员44%是留学出身。⑤

其四，归国留美生带动社会接近美国。

战前与战时，由于雄厚的经济实力和长期以来不同于其他列强瓜分中国时穷凶极恶的嘴脸，美国一直得到国民政府乃至中国人民的好感。整个民国时期留美生人数众多，其数仅次于留日生。留美学界普遍持久地表现出亲美倾向，不论是在美游学期间，还是归国后，都带着强烈的美国化色彩。他们对于中国国运即政界、学界，甚至对外关系上都有非常大的影响。其归国后从政者，特别是于国民党中央政府任职者较多。⑥

另外，留日生与同期负笈欧美的留学生不同的是：前者在近代民族主义思潮鼓动下，不少人有如老革命家吴玉章那般的经历，"东亚风云大陆沉，浮槎东渡起雄心。为求富国强兵策，强忍抛妻别子情"，⑦通过日本学西方，在接受新知后将现代民族观念、国粹主义等引入国内，为中华民族观念、民族复兴观念的生成奠定了基础，成为中国社会革命的吹鼓手与斗士。国内最早接触和介绍社会主义的群体正是留日生。其中，辛亥革命前后留日的大多数粤籍生，或是成为国内立宪团体及其机关刊物的骨干人物，或是追随孙中山左右，成为民国政坛上始终占有较重要地位的政治力量。清末留日生总数约5万人，当中有90%为师范、政法方面速成生（1年或数月即可领得毕业证书）与普通生，进入专门学校的只占留日生总数的3%～4%，真正进入大学的，仅占总数的1%；取得各学历层次毕业文凭的并不多。⑧⑨这两个特点在转入民国后，依然明显。故而前文曾说，教育界部分注重教员留学资历的学校与学生中，形成留欧美与留日毕业生口碑不同的社会成见或偏见。自清末起，日通过高官显贵来华游说，宣扬赴日留学的种种好处，表达提供留学经费的强烈愿望，旨在借发展留日事业提高其国际地位，谋求东亚霸权进而与欧美角逐世界文化霸权；同时以此培植亲日势力，使之成为其帝国主义势力在华代理人。但由于日本政府、社会及接收学校对留学生传播科学文化所持的教育宗旨，表现出了一系列防备与限制、冷漠与歧视等保守狭隘心态及措施，特别是政府既放纵留日生的反清革命活动，

---

① 陈立夫．三十年来中国之工程教育［M］//中国工程师学会．三十年来之中国工程，中国工程师学会三十周年纪念刊．南京：中华印书馆南京厂，第三编，行政之部．1948：5.
② 王奇生．中国留学生的历史轨迹（1872—1949）［M］．武汉：湖北人民出版社，1992：23.
③ 魏善玲．南京国民政府前期留学生群体的结构分析（1928—1936）［J］．江苏社会科学，2010（3）：219.
④ 教育部公布1913年至1914年留学日本留欧各国官费生学生统计表（民国三年七月）［M］．中国第二历史档案馆．中华民国史档案资料汇编：第三辑，北洋政府时期教育（1912—1928）．南京：江苏古籍出版社，1991：609-611.
⑤ 王奇生．中国留学生的历史轨迹（1872—1949）［M］．武汉：湖北人民出版社，1992：200、214、271.
⑥ 夏军．留美学生与战时中美关系［J］．民国档案，2003（4）：84、86-87.
⑦ 吴玉章．纪念辛亥革命五十周年（一九六一年九月）［N］．人民日报，1961-10-10.
⑧ 冀满红，高龙．略论辛亥革命的粤籍留日学生［M］//广州市人民政府地方志办公室．地方史志与广州城市发展研究．广州：广州出版社，2013：63-64.
⑨ 俞祖华．近代中日关系与中华民族复兴观念及历程［J］．河北学刊，2014（2）：36.

又以取缔留日生的反清活动为筹码，实行两面政策，讹诈清政府，勒索侵华权益，因而使得自清末起多届留日生难以产生真正又持久的亲日感情。①② 这与留美生的亲美倾向相反。

其五，教育制度设计助推美国教育模式的影响。

民初的高校制度与办学理念，在原先的日本模式基础上，转为由蔡元培等引自德、法等欧洲国家的模式，后由郭秉文改引美国模式。留美生对当时国内高校所推行的有美国背景的那一套，较之他人，自然要熟悉一些。

仅就上述几方面，已不难理解这个时期从官方到业界，包括工专在内等高校，都乐见留学生特别是留美生发挥作用。

当然，在20世纪10年代起，已陆续有留学欧美之明贤风从云聚于甲工、工专杏坛，各显其长。

除前已述及如留美的利贡、黄纪秩、雷炳林、雷沛鸿、邓鸿仪，留法的黄强等之外，接踵而来的还有不少。譬如，华凤翔（1897.3.29—1984.3.27，又名如毅，天津人），1916年考入北京清华学校。五四运动期间，为学校治安纠察队成员之一。1920年由清华留美预备学校官费赴美国麻省理工学院和密歇根大学学习造船和机械工程，获硕士学位。1925年回国后，于1926—1929年夏任教于工专并为机械科主任，后为唐山交通大学教授、交通部航政局验船师。1934年任杭州笕桥中央飞机制造厂工程师，全民抗战期间于成都国民政府航空委员会所属的航空研究院任研究员。抗战胜利后历任救济总署工矿委员会主任委员、中国航空公司顾问。1949年，在香港参与组织发动了中央和中国两个航空公司的起义，后历任中央军委民用航空局机务总工程师、太原飞机修理厂厂长、民航科学研究所副所长、民航总局顾问、第二至第五届全国人大代表、中国航空学会第一至第三届理事等。③

华凤翔
图片来源：裴凯.华凤翔［DB/OL］.
［2016-02-14］. http://www.chinabaike.com.

华凤翔似乎与广东及华南理工有某种情缘。从1959年到1975年1月的第二、第三届全国人大会议，他作为中央机关及解放军中的人大代表被分配在广东代表团，多次与其他全国人大、政协委员一起履职视察粤省；其与同团的教育界代表华南理工的罗明燏（第一至第三届全国人大代表），两人都为唐山交大、麻省理工校友，1926—1929年间先后都在广东工专任教；在第三届全国人大会议上，他又与教育界代表华南理工的余仲奎教授共议国是。在抗战时期，华凤翔、罗明燏、余仲奎3人都曾从事与飞机有关的教学、科研工作。在1941年8月航空委员会航空研究院里，其两个系之一的器材系设5个组，系主任即为1932年已为粤空军广东航空学校留美航空机械工程教官的余仲奎。当中的器材实验组组长先后是余仲奎、华凤翔，电气组组长是莫锦桐，仪表组组长是林昭信。在抗战进入艰难的相持阶段、物资极为匮乏的条件下，设立奶酪胶厂，以牛奶为原料制成木质飞机蒙皮涂料；以四川的竹、木材代替金属铝，编织为航空煤油副油箱供作战飞机使用以及教练机的部分结构用材。④⑤ 这之中，除华凤翔之外，诸士子在中华人民共和国成立后都任教于华南理工。

又譬如，徐绒三（1900—1965，浙江嘉兴人），1925年毕业于上文谈及的美国麻省纽必佛纺织

---

① 张纯，侯典举. 二十世纪初留日知识分子人数激增问题探析［J］. 蚌埠学院学报，2016，5（6）：157-158.
② 徐志民. 日本政府的清末留日学生政策［J］. 史林，2016（5）：132.
③ 中华民国史大辞典编委会. 中华民国史大辞典［M］. 南京：江苏古籍出版社，2001：705.
④ 王助. 旧中国航空研究院简史［M］// 马尾造船股份有限公司，马尾船政文化研究会. 马尾首创中国航空业资料集. 福州：福建省音像出版社，2006：210-211.
⑤ 陈晋. 怀念空军建设者黄光锐老师［M］// 广州市政协学习和文史资料委员会. 广州文史资料存稿选编（三、军政）. 北京：中国文史出版社，2008：72.

专门学校,后又获美国北卡罗来纳州立大学研究院工科硕士学位。1926年起先后任粤省工业专门学校染织科主任、教授,南通学院纺织科教务主任、教授,交通大学纺织系教授,青岛第六纺织厂厂长。中华人民共和国成立后历任青岛工学院、华东纺织学院教授、纺织系主任。1953年加入中国民主同盟。[1] 从其经历可知,徐缄三是继早年的工艺局局长利贡之后,第二位有纽必佛学历的工专教师,也是继雷炳林之后,又一位辅弼南通学院的专才。由此而论,华南理工与今之南通大学史存一段厚谊。

末如,杜定友(1898.1.7—1967.3.12,广东南海人,曾用名定有,字础云、楚云、云郎、寄尘、英等,后改号又丁),虽非留学欧美,但在菲律宾所学的正是当时先进的美国图书馆管理理念和方法的图书馆学。为其传道授业解惑者,正是毕业于美国哥伦比亚大学图书馆学及菲律宾大学图书馆学系主任女教授包玛丽(Marry Polk)。

1921年,杜定友回国后,先后任广州市民大学义务教授、市立师范学校校长、省立图书馆馆长、复旦大学教授兼图书馆主任、南洋大学图书馆主任、交通大学图书馆主任、全国图书馆联合会执行部副部长、中华书局图书馆顾问等。1927年3月为中山大学图书馆主任兼市立中山图书馆筹备主任。1929年5月,国民党广东省执行委员会发通告,要求粤省专科学校,各派1~2名代表,会同省内其他界别代表赴京,参加孙中山灵柩安葬南京东郊紫金山的奉安大典,[2] 杜定友作为广东省立工业专门学校代表参与其间。但有关杜在工专任何职、时间多久等细节,览其1940年任职中山大学期间所亲笔填写的"非常时期专门人员登记表"之"经历"及"略历"两栏,均无涉及在工专的履历。[3]

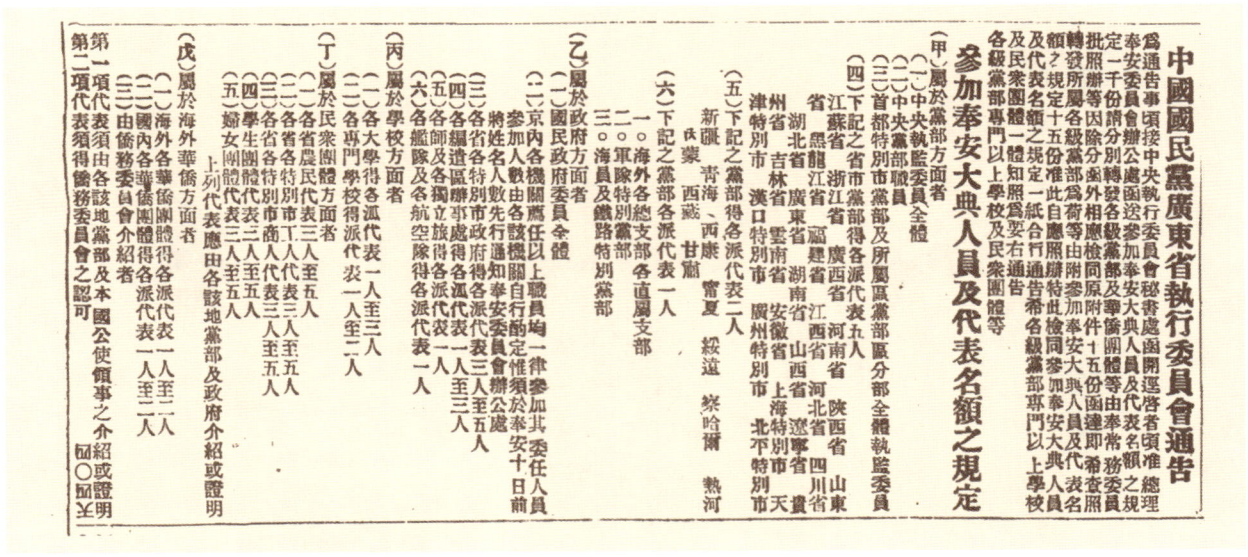

1929年8月杜定友重任上海交大图书馆主任。1936年7月24日起又再度为中山大学图书馆主任。其间,倾其心血所主持修筑的3层半仿中国古典式建筑中大图书馆总馆工程,因七七事变爆发、日军空袭广州渐剧,在仅完成首层楼面的混凝土工程后完全停工。中华人民共和国成立后,才由中大和华南理工修改原设计方案,最终完工于1954年3月。2015年该馆成为广州市的历史文化建筑。就此而言,这座修筑18年的图书馆,是杜定友留给华南理工的一份遗产。

在20世纪二三十年代,我国图书馆事业处于历史性转变时期,杜定友与同仁一道,为普及图书馆事业,做了大量宣传工作。其从1941年3月兼任粤省图书馆馆长至1953年10月,以后为政协广东省第一至第三届委员、广东图书馆学会会长。其一生不遗余力培育图书馆学人才,所主持编辑的南海诸岛之东西南沙群岛资料目录,对维护国家领土主权,作出了巨大贡献。[4] 1916—1965年的50年间,他著

---

[1]《上海高等教育系统教授录》编委会. 上海高等教育系统教授录[M]. 上海:华东师范大学出版社,1988:407.
[2] 广东省国民党执行委员会通告:各级党部专门以上学校及民众团体等参加奉安大典人员及代表名额之规定[N]. 广州民国日报,大中华民国十八年五月十九日[1929-05-19(6)].
[3] 杜定友. 非常时期专门人员登记表(民国二十九年)[Z].(广东省档案馆电子文书档号,020-003-140-292:1)
[4] 广东省地方史志编纂委员会. 广东省志·人物志[M]. 广州:广东人民出版社,2002:688-689.

杜定友

图片来源：《广东百年图录》编委会.
广东百年图录（1833—2000），上卷[M]．广州：广东教育出版社，2002：156．

书85种（已出版55种）、论文448篇（已发表316篇），约600万字。

工专此间得经济支持、获较快的发展，有不能忽视的国内特别是广东社会建设的两方需要。

1932年11月，当时兼任国民政府教育部部长的朱家骅，就此前全国已进行的9个月的教育整理工作，有一概述。其中，关于专科教育包括工科教育发展状况的评论，有其权威性，可作考察上述原因一背景材料。朱家骅谓专科学校："其主要目的在养成国民在技术上之专门技能，与职业教育之专以养成工徒、工目与监工者不同，与大学教育之实科教育专以养成高等技术人才者又不同……中国自采行专门学校制度以来，趋重于法政一途，流弊滋多，嗣又受改办大学运动之影响，专门学校益不注重。迨后乃设专科学校制度，注重实科。今年以来，专科学校渐次增设，然农工诸业〔科〕之发展仍甚微弱。"①

"山积而高，泽积而长。"广东工专教育事业的进步，主动力源自粤省经济有所改善。

1929年至1936年，为广东军阀陈济棠在粤主政时期。陈济棠懂得尚贤者为政之本的要诀，为实现军事割据两广一方，充分利用与南京政府若即若离的松散关系以及国内

资料来源：（民国）总理奉安专刊编纂委员会.总理奉安实录[M]．南京：南京出版社，2009：277、295．

---

① 广东省教育厅训令，令各县市政府及所属各学校，转令发〈朱家骅〉．九个月来教育部整理全国教育之说明（民国二十一年十一月二十五日；第三三七号，民国二十二年一月二十六日）[J]．广东教育月刊，民国二十二年二月十五日〔1933（2）：88〕．

南方政局相对较稳定与世界经济危机的环境，招贤纳士，全力经营粤省地盘。如大力发展文教事业，积极引进国外先进技术和设备，发展广东工商业、交通与市政建设，鼓励垦荒植树、发展养殖业，使经济、交通、文化、教育等方面的建设取得一些成就，民生得到改善。此8年成为民国时期广东社会经济发展较快时期。①

例如，陈济棠将教育经费预算与全省经费总预算比例从1930年的4.3%，大幅度地提升到1935年的10.8%，换言之，教育经费1935年比1930年增加122%，以超前发展教育特别是高等教育与科学技术。②③

陈济棠尊重知识、尊重人才，吸收一批知识分子参加政府工作与生产建设，重视教育投资，希冀早出人才，以振兴地方经济和军事工业。因而，机会成为吸引人才的关键，各方人才纷纷择广东这一"良木"而栖，择名主而仕，即所谓认同与归属。数年间，广东营造了"近者悦而尽才，远者望风而慕"的各方英才聚而用之的气象。

据1931年教育部的统计比较，省际每百万人口中，专科以上学生总数所占该省人口比例，粤省为180人，仅次于闽（261人）、辽（197人）、晋与苏（均195人）等四省份，足见广东当年高教事业之进步。④ 表4-5为广东省立工业专科学校1928年至1930年度基本数据。

表4-5　工专1928—1930年三学年度基本数据

项目		1928年	1929年	1930年	项目		1928年	1929年	1930年
专业名称班级数/个		机械、化工、土木 9	同左	同左	专科女生数		—	—	—
图书数量/册		—	2000	2220	专科毕业生/人		23	31	40
1	中文	—	1540	1680	学生每百人之教职员数/%		24.4	27.2	32.6
2	外文	—	466	560	学生每百人之教员数/%		14.0	17.3	23.8
设备总价值/元		—	100 000	100 000	专科生之籍贯/人	广东	182	108	75
1	仪器价值	—	15 000	15 000		广西	72	40	23
2	标本模型	—	5000	5000		福建	4	1	1
3	机器价值	—	80 000	80 000	学生每百人岁占经费数/元		522.07	544.31	
专科、预科总课目/个		311	158	135	岁入经费分析/元	款项	129 648	136 650	—
1	专科课目	135	135	156	1	省库	—	129 640	
2	预科课目	—	23	55	2	财产收入			
全校每周总课时数/节		324	396$^{1/2}$	531	3	捐助款	—	—	—
1	专科每周课时数	324	325$^{1/2}$	366	4	学生缴费		6792	
2	预科周课时数	—	71	165	5	杂项收入		210	

---

① 广东省地方史志编纂委员会. 广东省志·总述[M]. 广州：广东人民出版社，2004：95-96.
② 广东百科全书编纂委员会. 中国大百科全书出版社编辑部. 广东百科全书：上卷[M]. 北京：中国大百科全书出版社. 2008：113-114.
③ 何苏照. 陈济棠时期的广东教育[J]. 广州研究，1985（3）：68-70.
④ 丁编：各省专科以上学生总数占各省人口比例（民国二十年）[M]//国民政府教育部. 第一次中国教育年鉴. 上海：开明书店，1934：1513.

续上表

项目		1928年	1929年	1930年	项目		1928年	1929年	1930年
教职员数／人		63	77	98	岁出经费分析／元	款项	129 648	129 648	—
1	教员数	33	42	66		教员薪金	—	59 760	—
2	互兼者	4	7	5	俸给费	职员薪金	—	27 480	—
3	职员数	27	38	27		工饷	—	15 901	—
全校教员数／人		36	49	71		办公费	—	—	12 311
1	专科	27	39	49	设备费	特别费	—	—	14 196
2	预科	9	10	22	全校学生数／人		258	283	298
3	教授	—	—	—	1	专科生	258	149	99
4	讲师	36	49	69	2	预科生		134	199
5	助教	—	—	2					
教员专兼职	专任	11	11	15					
	兼本校职务	4	7	5					
	兼校外职务	21	31	51					
女教员数及占全校教员数百分比／%		—	—	1,1.41%					

资料来源：①国民政府教育部. 全国高等教育统计（民国十七年八月至民国二十年七月），表75-94、96-97. ②张妍，孙燕京. 1048, 民国史料丛刊：文教·教育概况 [M]. 郑州：大象出版社, 2009: 88-107、109-110.

说明：①在教育部统一统计口径的包括广东省立工专在内的28所公立（国立、省立）、私立专科学校中，在学科班级数、机器、仪器、标本模型等三方面的设备总值，全校实验课目数，全校周课时数，专科与预科教员数，以上等5项为全国之最；在1930年学生每百人所用教职员数，列上述28所学校之9；学生每百人所用教员数，列上述28所学校之8。

②关于1929年度的学生数、教职员数，与广东教育月刊1932年第一卷第五期所刊载的"广东省专科学校统计表，民国十八年度"有出入：该表显示学生数为239人，而非上列"基本数据表"对应项所显示的283人；此外，教职员前者数为53人，[1]后者77人，等等。估计是由统计口径及具体截止日期前后不一所致；关于1930年的岁出、岁入数以及教职员数，与国民党中央民众训练部所存档案《民国二十年全国高等教育概况统计表》的数据同样也有出入。两部统计都在同一年进行，但教育部的统计可能更具专业与权威性，故而不以前者去修正后者的数据。[2]

③有学者概述民国时期高校经费来源有财政拨款、学生缴费、教育捐赠、财产收入与杂项收入等五方面的渠道。其中之财产收入包括公债利息、基金利息、房租地租、校田进款、学校经营产业所得等，而杂项收入则指开办暑期学校、夜校、短期培训班等方面。[3]

此间，由于社会经济有所发展，教职员的收入相对较稳定，并有所提高。

整体看，收入比甲工时期多了。如给专科生授课一节，得支16元，授课于职业高中生一节，得支10元。表4-6为依据文献所制作的工专参与组建下文将谈及的省立勷勤大学前的教职员工数及月薪表。

---

[1] 广东省专科学校统计表（民国十八年度）[J]. 广东教育月刊, 1932 (5)：82.
[2] 中国第二历史档案馆. 中华民国史档案资料汇编, 第五辑, 第一编, 南京国民政府的建立与十年内战（1927.4—1937.7），教育（一）[M]. 南京：江苏古籍出版社, 1994: 268-269.
[3] 王佩, 赵媛, 陆丽云. 民国时期我国高等院校的教育捐赠研究 [J]. 江苏高教, 2018 (8): 60-61.

表4-6 工专教职员工数及月薪表（单位：人、元）

岗位及人数/人	月薪/元	岗位及人数/人	月薪/元	岗位及人数/人	月薪/元	岗位及人数/人	月薪/元
校长，1	300	庶务主任，1	120	校医，1	120	土木仪器管理员，1	50
专任教授，15	260	庶务员，2	60	教务员，2	80	工匠，23	13～55.5（共13个级别）
高中部专任教授，5	180	会计主任，1	120	事务员，2	45	号房，1	17.5
工场实习助教助手，3	60	会计，1	70	机械工场管理员，1	50	花匠，1	19.5
图书仪器管理部主任，1	120	文牍主任，1	120	化学工场管理员，1	50	杂役，32	15～17.5（共4个级别）
图书馆管理员，1	60	文牍员，2	70/40（共2个级别）	制图员，3	60/50（共2个级别）	警察，10	14～17（共2个级别）
物理仪器室管理员，1	50	学监，1	150	晒图员，2	20	—	—
物料库管理员，1	50	舍监，2	100	书记员，8	40	—	—

资料来源：会计，预算（民国二十二年），〈三〉．[M]//广东省财政特派员公署，广东省政府财政厅．广东省财政纪实（民国元年至二十二年），下册．广州：真平印务局，1934：237-239．

三、学生男多女少

教育性别平等，是一个沉重的历史话题。

咸丰三年（1853），美国传教士哈巴（Haba）夫人在广州创设基督教女子寄宿学校，开启广东女子进学校的历程。但就清朝而言，光绪二十八年（1902）之前，清朝的教育法规向无女子教育的内容。这时，女子的教育仅仅限于家庭教育，她们没有在社会接受教育的地位。光绪三十三年（1907）正月，晚清才发布《女子小学章程》，从学制上确认女子受教育的权利，但也仅仅是男女生分开教育，初小及初级师范都比男生少一年，即女生教育只许到初级师范学堂毕业为止。[1]

辛亥革命后，孙中山将女子接受教育同男女平等以立国的高度，呼吁国人："今民国既已完成，国民之希望甚大……自应以提倡女子教育为最要之事。……教育既兴，然后男女可望平权。女界平权，然后可成此共和民国。"[2] 教育部于此在1912年1月颁行的普通教育暂行办法有了初步的回应，提出初等小学可以男女同校。

还在晚清的1902年，广州就有人创设"私立公益女学"。所以，较之内陆许多地方，粤省的妇女运动更胜一筹，辛亥革命后更开风气之先。民初的96名省临时议会议员中，女议员就有10名。女性比例如此高，在国内外似乎还未有先例。有此基础，广东的女子教育，包括女子职业教育，作为社会发展的必然产物，是有长足进步的。省内岭南学堂于1906年便招收女生入学，省立一中、省立高等师范

---

[1] 中国建设新学制的历史（1922年1月）[M]//江苏省陶行知教育思想研究会，南京晓庄师范陶行知研究室．陶行知文集．南京：江苏人民出版社，1981：35-36．
[2] 在广东女子师范第二校的演说（民国元年五月六日）[M]//中国社会科学院近代史研究所中华民国史研究室、中山大学历史系孙中山研究室，广东省社会科学院历史研究室．孙中山全集：第2卷．北京：中华书局，1982：358．

机械科全体毕业同学

化学工程科全体毕业同学

土木科全体毕业同学

工专1931届三专业之"全男班"

图片来源：广东省立工业专门学校第四届毕业同学录（民国廿年七月十三日）[Z]．出版信息不详，民国廿年六月：插图十五、十四、十六．

学校也于1920年实行男女同校。1921年4月12日，广州军政府颁布男女同校令，初开粤省男女平等的社会风尚，使得广东女子教育比外省发达。1922年11月，北京政府颁布施行《学制系统改革令》，从制度上确认"男女共学"。这是社会教育的一个巨大进步。

但由于"在中国现社会中，男女交际，女子到处吃亏，因为在交际上女子偶一不慎，将为世人所唾弃，而男子似乎可以不负责任。这是几千年来相沿的习俗"；[1] 即除了社会与经济发展的影响之外，还有传统观念的因素，也有人事阻碍因素的影响，都使得在民国时期的一些大学里，女性不能够进入其中接受教育。这在最初，情况比较严重。

诚然，早期的大学即便能够接纳女性，其接纳数也是有限的。许多大学也只招收了几名女生而已。这是20世纪20年代初一般大学里女性教育的现状。当时国内大学里，专科学校由于多为理、工、医、农等专业，接纳女生数仍不多，尤其专事工程教育的专科院校。

这种状况，同样也出现于广东。如，1934年8月前，全省专科以上工科生1148名，当中女生只有13名，即后者仅占总数的1.1%。那时，虽然男女生的大学考取率都为9%，[2][3] 但由于女生数的绝对值小，所以，整体看女生数显得很少。

具体到省立工专，1927学年度，全校学生359人，没有女生；到1929学年度，即处在专门学校更名为专科学校阶段，在校生总数为256人，仅2名女生（按表4-5所示，属专科部女生还是高中部女生存疑待查），所占比例0.8%，还不足1%。到中华人民共和国成立之初的1951年5月，如下文所说，这时工专有学生149名，其中女生也就3人。所占

---

[1]教育评坛：陈兼善．男女同学之讨论[J]．教育杂志，1925，17（4）：2．
[2]专科以上学校男女学生人数．广东省教育厅．广东省二十三年度教育概况[M]．广州：广州太平文房印务社，1935：19．
[3]王燕来．民国教育统计资料汇编，第三十册[M]．北京：国家图书馆出版社，2010：35-37．

比例也不过为2%而已，仍旧十分少。①②

1928年7月，"女子学校，应独立设置一案，经国立中山大学，广东、广西教育厅，联同提出全国教育会议议决"后，③本已率先于国内中学男女合校的广东，不论公立、私立中学，重又改回男女分校制度。这在一定程度上也牵制了女生到男生唱"主角"的工科学校念书的积极性。

从上述历史图片看，与工专一脉相承的下文将说及的广东省立勷勤大学工学院，似乎也延续了罕有女生这样的"传统"。

在广东，岭南大学包括其附属中学经历了男女生同校不同课室的"分办女学"时期，即按美国当时所盛行的"幕火女"（camp fire girl，意为比较火的女孩）办法管理女生，以及完全同在一课室学习的变化过程。男女生在该校同学后，就男生角度而言，"从前对于衣履不甚留意的人，现在已经洁

勷勤大学工学院化工专业学生在做实验。近镜头的为两女生。因女生少，使其当年犹如"万绿丛中一点红"般显眼
图片来源：广东省立勷勤大学概览（民国二十六年）[Z]．出版信息不详，1937：17，插图二十八．

净多多。言语方面亦狠〔很〕为注意，男女间不便说的话，已减了多多，各人见面和谈论时，都是笑容可掬互相为礼的"；"因为同堂的缘故，许多人见得不识书的羞愧，因而发奋读书的就日日增多。有些想得到女生的喜欢，因而勤力读书的也是不少。总之，男女同学学问上比较的〔地〕看起来，是比从前活运得多"；由于女生的出现，"各样会社都已进了新的生命，从前闭户读书的人，也出来服务了。会社之中尤以交际会为多"，由于"恐怕一有什么事情发生，于前途便有妨碍了，所以交际上都狠〔很〕留心，是以两方面都没别事发生"。④这是岭大经济系1922年毕业生甘乃光的深切体会。目前，虽未寻得工专同类题材文献以及学生的忆述文，且岭大与工专办学体制各异，管理学生办法不尽相同，校际间男女生的表现形式、交往程度与情趣有别，但对逝去的学校青春记忆，各校的感受应是大同小异的。甘氏的忆述，大可作参考。

当然，男女生数悬殊，有时颇令学校费心。

譬如，岭大1929年于200多名男生之外，有女生几十人。校方从促进男女生学业互助共赢与团队精神的设想出发，拟订"同堂共食计划"，即除早、午餐外，在每日晚饭时分每名女生须凭饭桌抽签号与同号的五男生共组一桌用膳。该主意甫出即遭反对。有人替女生鸣不平，认为"侵犯女生自由"："把一位女生硬放在五个素不相识的男生之中，你想她能吃得自如吗？"⑤

工专有无这类似困窘之事，以及上文曾提及工专为"奖〔鼓〕励女子职业起见，对于女生来学免收学费，并加选科，以便自由选习"之策，是否收效等，或者是否存在专业性别分隔，即女生受性别身份束缚，不能自主选择专业，时隔八九十年，都已难追寻确认。但作为普通高校，若国内学生性别比与出生性别比反向失衡，即男女生比例失调、专业选择差异显著或受限，终究是学校教育事业残缺不完整的一页，作为历史经验是值得记取的。

---

① 教育部所编高等教育概况——全国专门学校之有女生者（民国十七至民国十八年），商务印书馆创立三十五年纪念刊[M]//庄俞，贺圣鼐（商务印书馆）．最近三十五年之中国教育．上海：商务印书馆，1931：201．
② 广东省人民政府文教厅．一九五〇年学年度第二学期广东省公私立高等学校各项统计（1951年5月22日）[Z]．（广东省档案馆电子文书档号，204-3-79-089～097：4）
③ 通则，甲编：广东省教育厅．男女分校办法（教育厅训令第一八六号，十七年七月）[Z]．广东省教育厅．广东省现行教育法令汇编（中华民国二十年三月）．广州：天成印字馆，1931：35．
④ 甘乃光．岭南大学男女同学之历程（民国九年五月三日）[J]．少年世界，1920，1（8）：97，99．
⑤ 木焦．对于大学男女同堂共食计划的批评（1929年5月4日）[J]．银沫（岭南大学学生会会刊），1929（4）：3（广东省档案馆电子文书档号，038-001-94-081～083：4）．

四、毕业生有数，播撒四方难计

工专，包括本科、专科兼具的广东省立勷勤工学院，直至合并到广东省立勷勤大学之前的11年间，为广东培养了不少高等工程人才，向社会输送了7届至少196名毕业生。

1932年工专应届毕业生即将走向社会参加工作，工专校长卢德此时还兼任省教育厅秘书，处事行文似有其便捷之处。省政府委员会循例批复省教育厅就应届毕业生的毕业出路，训令各市县政府、各学校予以关注和接纳。

省政府此间的推介，固然有利于推动工专毕业生顺利走上社会，也利于尽早腾出人力加快工专参与"改大和并大"的进度。训令说：

> "属校土木科、化学科、机械科三年级共五十四人，均系在本学期之末毕业。该生等在学业结束之日，均欲求得相当职位，本其所学，服务社会，以行学以致用之本旨……恳请俯赐分别咨令各机关场所，如有需用前项专科人员，请尽量录用本校毕业生。至其职务暨待遇办法，则迳向属校商洽，以凭分别妥为介绍，俾能供求适应，而各生等亦学有所用……"据此，自应准予照办。除令复及分行外，合行令仰该县长即便转饬所属学校、场所遵照。如需用此项人才，迳向该校接洽可也。此令。①

不知何因，后来出现在1932届毕业名单上的，只有43人，尚有11人的名字没在其中。

此间此类的推介，并非是一地一校之为，而至少是自民初以来国内南北各校，透过上级业务行政领导机关的渠道，将毕业生推向社会的惯例。如中山大学此时由校长邹鲁"致函广东省教育厅谢厅长（注：指谢瀛洲）及各机关、各公立中等以上学校，极力推荐"该校1932年第六届文理各科的应届毕业生。②

（一）两广子弟纵横

20世纪30年代初，毕业于国内高校理工科专业者，为数有限。粤省也如此。一定意义上说，这个时期的理工专业毕业生属于稀缺人力资源。表4-7、表4-8反映了粤省此阶段的基本状况。其中表4-7为当年3个专业所知的40名毕业生的就业统计，显示有45%在从事教育，总体上似乎没有施展工业建设方面的才能。这当中除个人意愿的因素外，恐怕主要原因是前文已谈及的国内整体幼稚的民族工业发展之不足，使得工专毕业生展示工程技术优势的机会有限。及至30年代中，广东一批地方工业逐渐形成后，他们得以陆续在其中发挥生力军乃至骨干的作用，才逐渐改变当初的就业版图。七七事变前后，部分毕业生辟土服远，转往港澳地区，或海外其他地方寻求个人事业的发展。

表4-7 专科部1931届毕业生就业状况统计（不完全统计）

科名	姓名	服务处所、职务、月薪（元）	姓名	服务处所、职务、月薪（元）
机械工程科	冯宪斌	广东从化县立中学数理化教员，约100	吴国兴	广东台山县立中学数学教员，约150
	吴社鸿	本校机械科助理员，40	刘焕南	广东合浦县立二中数理教员，月薪未详
	杨晖华	据闻为中央军校体育教官	饶振纲	广东德庆县立中学数理教员，月薪未详

---

① 广东省政府教育厅训令，令饬录用工专毕业生，令各县市政府及所属学校（第六〇七号，民国廿一年六月六日）[J]．广东教育月刊，1932（5）：44-45．
② 校闻：本校函各机关推荐第六届毕业生（民国二十一年六月廿八日）[N]．国立中山大学日报，1932-07-01（2）．

续上表

科名	姓名	服务处所、职务、月薪（元）	姓名	服务处所、职务、月薪（元）
机械工程科	刘演存	广东高要县立女子师范学校数理教员，120	吴树椿	广西玉林紫泉中学数理教员，月薪未详
	古炎祥	广东梅县县立中学数理教员，月薪未详	陈启承	赋闲广州
	萧挺才	广东省立十一中数理教员，140	陈言	—
	刘秀恭	广东防城县立师范学校数理教员，月薪未详		
化学工程科	林国宝	广东高明县立乡村师范学校数理化教员，约120	覃鉴海	赋闲在家
	陈拔士	本校化学科助理员，40	罗誉晃	广西北流平政县立二中理化教员，120
	曾昭渭	海南海口民生制造厂，80	李伟祐	居家养病
	谢惠良	广东和平县立中学数理化教员，120	陈隆启	广西玉林育才中学数理化教员，100
	江海科	广东阳江中学数理化教员，120		
土木工程科	凌鸿起	广东新丰县建设科科长，180。后转株（洲）韶（关）铁路局，职务、月薪未详	丘耀渠	广东鹤山县政府建设科市政工程技士，80
	郭振华	广东钦州中学数理教员，120	谢启宣	原在广州市工务局，后转株（洲）韶（关）铁路局，职务、月薪未详
	欧阳炘	原在广州工务局，后转株（洲）韶（关）铁路局，其职务、月薪未详	刘楚彬	—
	谭麟祥	原在广州市工务局，后转株铁路局，职务、月薪未详	丘祖德	原在广州市工务局，后转株（洲）韶（关）铁路局，职务、月薪未详
	黄思仁	原在广东省治河处，后转株（洲）韶（关）铁路局，职务、月薪未详	邓展鹏	前在韶关曲江富国煤矿公司，后为海南陵水县建设科科长，月薪未详
	刘美荫	—	黎敏虔	—
	叶卢渠	广东鹤山县政府建设科市政工程技士，80	窦世爵	广西北流县立一中，职务不详，120
	何德燊	广东鹤山县政府建设科市政工程技士，80	覃业华	广东合浦县政府建设科技士，月薪未详
	李其祯	—	朱乃文	前在富国煤矿公司，月薪未详

资料来源：①特载：本校十九年度毕业生服务社会状况［J］．工专周刊，民国二十年十月二十六日［1931（6）：5-6］．②株韶铁路局聘用本校毕业生［J］．工专周刊，民国二十年十二月七日［1931（12）：3］．③校闻：毕业生消息［J］．工专周刊，民国廿壹年壹月拾八日［1932（18）：6］．

表4-8　1926.6—1934.6工专专科部毕业生各科分布统计及省内三高校、全国相关数据概略比较

单位：人

科目	类别	届别及合计									
		1926	1927	1928	1929	1930	1931	1932	1933	1934	合计
工专（专科）	机械	—	—	7	9	14	13	7	不详	8	58
	化工	—	—	11	4	17	9	14	6	7	68
	机织	—	—	5							5
	土木	—	—	—	—	—	19	22	不详	24	65
小计		—	—	23	13	31	41	43	6	39	196
全国专科各类专业毕业生总数（不分国、省、公、私立）		—	412	407	461	644	642				
全国本科各类专业毕业生总数（不分国、省、公、私立）		—	2302	2816	3703	3936	6392				
中大（本科）	化学	不详	3	2	13	14	1	15	不详		
	数学/天文/物理	—	—	—	1	1	5	不详	不详		
小计（含6个学院14个本专科专业毕业生）				53	174	227	283	293	303		
岭大工学院在校本科生		—	—	—	—	6	35	41	65	—	
国民本科招生数	土木	—	—	—	—	22	29	8	50	—	

附录1：1928.6—1935.8工专专科部毕业生名录

注：籍贯标注于名字后，没加注省别者即为粤籍人氏；名字后带"？"者为不同年份史籍所载名字存异，一并列出供参考。

第一届　1928.7，机械科7人，机织科5人，化学科11人，共23人

机械科：廖篆（紫金）、陈达果（梅县）、李世英（梅县）、陈竹明（蕉岭）、覃唤汉（字唤均，桂·容县）、骆荣松（湘西）、卢师同（豫）。

机织科：陈三光（台山）、丘拔骥（南雄）、丘启光（又名其光？南雄）、李克能（梅县）、曾宪超（海南陵水）。

化学科：吴迪元（曲江）、丘拔熊（又名子祥，南雄）、徐尚同（又名兴业，字惠民，翁源）、李时睦（梅县）、侯士杰（梅县）、车乘运（茂名）、程镜奎（茂名）、梁勋坚（茂名）、丘慧坚（字慧燊，茂名）、谢翰均（海南万宁）、王荣（桂·博白）。

第二届　1929.7，机械科9人，化学科4人，共13人

机械科：罗凤如（兴宁）、刘焕英（平远）、姚涤尘（平远）、吕培菘（茂名）、赵琪（又名玉山，字继鼎，海南文昌）、范子邵（海南文昌）、谢钊光（桂·容县）、崔赞深（桂·容县）、何报著（桂·兴业）。

化学科：莫嘉英（阳江）、沙燧文（阳江）、林庆煌（桂·北流）、邓恭熙（桂·藤县）。

第三届　1930.6，机械科14人，化学科17人，共31人

机械科：林联轩（南海）、林舜仪（番禺）、严松祝（番禺）、沈家玖（番禺）、陈延焴（番禺）、林举君（平远）、林体容（平远）、敖道科（阳江）、程志漕（云浮）、程志漆（云浮）、欧家琳（桂·藤县）、易继睿（桂·苍梧）、徐振业（桂·容县）、梁傅霖（字溥霖，桂·平南）。

化学科：何长光（新会）、杨家驿（兴宁）、林志明（平远）、钟植华（蕉岭）、陈观上（潮阳）、罗尧范（字建模，揭阳）、卢晓澈（揭阳）、林宗仰（潮安）、张锦江（廉江）、罗玉绶（授？海南文昌）、钟盛铿（桂·玉林）、杨家澧（字家礼，桂·玉林）、蒋孙冥（冀？桂·玉林）、叶延龄（桂·玉林）、何崖芳（桂·藤县）、刘统淮（桂·岑溪）、梁泽沂（字泽衍，桂·北流）。

第四届　1931.6，机械工程13人，化学工程9人，土木工程18人，共40人

机械工程：冯宪斌（南海）、吴社鸿（新会）、杨晖华（又名元华，字昌仲，中山）、饶振纲（字伯常，始兴）、古炎祥（梅县）、萧挺才（字其挺，梅县）、刘秀恭（平远）、吴国兴（平远）、刘焕南（平远）、刘演存（高要）、吴树椿（字树春，桂·玉林）、陈启承（桂·玉林）、陈言（字颂平，桂·平南）。

化学工程：谢惠良（字彦达，平远）、林国宝（字善益，海南琼山）、陈拔士（海南琼山）、曾昭淐（字润书，海南琼崖）、江海科（字昭明，桂·平南）、覃鉴海（字挺贤，桂·平南）、罗誉晃（字克，桂·玉林）、李伟祐（字范青，桂·玉林）、陈隆启（字善卿，桂·玉林）。

土木工程：郭振华（南海）、凌鸿起（番禺）、欧阳炘（三水）、谭麟祥（字梓明，台山）、丘耀渠（字镇平，翁源）、叶卢渠（又名劳劬，东莞）、黎敏虔（东莞）、黄思仁（阳江）、刘美荫（信宜）、李其祯（信宜）、谢启宣（桂·陆川）、刘楚彬（桂·陆川）、丘祖德（桂·陆川）、邓展鹏（桂·藤县）、何德燊（桂·博白）、窦世爵（桂·北流）、覃业华（桂·兴业）、朱乃文（桂·平南）。

第五届　1932.7，机械工程7人，化学工程14人，土木工程23人，共44人

机械工程：彭觉生（番禺）、聂百年（字有，新会）、邓其晖（龙川，副班长）、张可叶（揭阳，班长）、彭秀纲（海南琼山）、杨德林（海南琼山）、杜贤良（海南文昌）。

化学工程：罗少怀（兴宁）、刘蓼新（兴宁）、张球光（兴宁）、涂思超（蕉岭）、陈康华（蕉岭）、钟声宏（字凤歧，蕉岭）、王焕民（电白）、骆士强（郁南）、吴文芬（字剑南，南海琼山）、何启清（海南文昌，副班长）、曾祥训（海南澄迈）、李芬（桂·梧州）、黄日华（桂·藤县）、栗泽崧（桂·平南，班长）。

土木工程：金宝澄（番禺）、龙颂樾（顺德）、朱志扬（字公远，新会，副班长）、何德明（新会）、梁亮淦（新会）、文士弘（字毅伯，宝安，班长）、陈志超（宝安）、邓炳瑙（东莞）、黄崇佑（梅县）、曾纪骐（字纪琪，大埔）、钟国康（蕉岭）、吴康发（蕉岭）、刘宗翰（潮阳）、罗承烈（阳江）、廖绍琪（阳春）、梁宏度（字海怀，电白）、林衡（信宜）、李桂材（字博时，化县）、梁俊轩（字云章，桂·苍梧）、蔡瑞占（桂·苍梧）、冀君仪（桂·苍梧）、钟喜炽（字致善，合浦）、吕俊业（桂·陆川）。

第六届　1933.6，化学工程6人，共6人

注：是届毕业生曾于1933年3月27日议决，以Benzene Ring（即"奔驰"指环）图案制作六角形毕业纪念戒指、编印毕业同学录、吁请学校制作毕业纪念章、组织"工专一九三三年班（即1933届）同学会"。制作毕业纪念品，是那个时代国内外许多院校的惯常做法。

化学工程：谭鉴周（龙门）、陈洪巽（梅县）、韦隆徽（信宜）、吴多耀（海南琼山）、黄晓笙（海南文昌）、施碧澄（又名石青，闽·晋江；一说：台湾彰化）。

第七届　1934.8，机械工程8人，化学工程7人，土木工程24人，共39人

机械工程：徐恭（中山）、黄福恩（龙川）、古贯今（五华）、钟素吾（惠阳）、范忠相（字正臣，陆丰）、潘永年（桂·那马县，今马山县一部）、甘耀河（桂·贵县）、周光祖（浙·鄞县）。

化学工程：黄炯（梅县）、李澄翔（梅县）、张景川（遂溪）、梁飞（化县）、朱运珍（海南文昌）、林熙江（海南文昌）、叶裕喜（籍贯不详，副班长）。

土木工程：凌礼棠（番禺）、何德光（番禺）、游寿绵（顺德）、胡志镠（顺德）、张庆利（三水）、梁华会（新会）、李华浓（新会）、萧心余（中山）、袁开（字烈名，中山）、钟灵（字

孟宪，梅县）、何泮池（伴池？兴宁）、李士梅（五华）、徐则劲（蕉岭）、叶树德（字伯潜，惠阳）、严为良（四会）、许达光（字曙定，信宜）、吴多泰（字子超，海南文昌）、李寿荣（桂·玉林）、钟家升（桂·玉林）、龙伟萃（桂·桂平）、杨荃（桂·平南）、滕苤光（桂·邕宁）、杭维宙（桂·邕宁）、陈昌教（籍贯不详）。

第八届 1935.8，土木工程36人，共36人

史庆新、阮亦陶、伍尧燊、吴耀祥、吴国太、李惠伯、李恩继、沈廷泽、林元庆、林睿秀、林朝珍、姚启汉、陈应椿、陈锦良、陈宗强、陶良绍、韦振义、冯刚、张普光、麦禹喜、许耀文、黄培汉、黄卓业、曾刚毅、宁裕谟、蔡铁儿、刘榕柏、刘永年、钟北辰、简冠之、魏任材、谭荫强、吴国英、马建枢、容建祥、刘长民。

附录2：工专专科与职业高中两部在校生名录（截止于1933年6月，共391人）

大学部

机械工程学系一年级，23人：<u>张毅光</u>（增城）、<u>麦善才</u>（南海）、<u>崔刚</u>（南海）、<u>何国杰</u>（南海）、廖德辉（番禺）、董子翔（番禺）、<u>黄伯威</u>（台山）、黄仲仁（台山）、郑修龄（恩平）、钟桂棋（梅县）、黄璇星（梅县）、范志仟（大埔）、范志阶（大埔）、<u>林启筹</u>（平远）、<u>李孟振</u>（阳江，班长）、陈桂生（茂名）、梁勋（茂名）、吴学骥（信宜）、陈汇基（罗定，副班长）、罗远揆（桂·合浦）、<u>韩缉周</u>（桂·合浦）、<u>谢达</u>（桂·桂林）、丘中云（闽·晋江）（注：姓名下画线者，为1936年7月省立勷勤大学工学院机械工程首届本科毕业生）。

建筑工程学系一年级，26人：<u>吴耿光</u>（字乾光？宝安、广州？）、关伟亮（南海）、潘文稳（南海）、何伟杰（南海）、温鉎基（番禺）、<u>龙炳芬</u>（顺德）、<u>陈锦文</u>（佛山、鹤山？班长）、梁耀相（台山）、<u>余寿祺</u>（寿棋？台山）、<u>黄庭葵</u>（字臻？台山）、<u>黄培煦</u>（台山）、<u>郑文骥</u>（中山）、叶桂荣（梅县）、何寰英（兴宁）、罗思温（兴宁）、姚唐秀（平远）、<u>杨思忠</u>（惠阳）、余维翰（茂名）、程梅生（茂名）、杨锦发（茂名）、<u>梁精金</u>（信宜）、<u>朱叶津</u>（郁南）、罗光洛（桂·合浦）、罗光羡（桂·合浦）、<u>朱绍基</u>（蜀·璧山，副班长）、<u>赵象乾</u>（滇·鹤庆）（注：姓名下画线者，为1936年7月省立勷勤大学工学院建筑工程首届本科毕业生）。

专门部

机械工程二年级，8人：徐恭（中山，班长、副班长）、黄福恩（龙川）、古贯今（五华）、钟素吾（惠阳）、范忠相（字正臣，陆丰）、潘永年（桂·那马县，今马山县一部）、甘耀河（桂·贵县）、周光祖（浙·鄞县，班长）。

化学工程科三年级，6人：陈洪巽（梅县，前任班长）、谭鉴周（龙门）、韦隆徽（信宜）、吴多耀（海南琼山，班长）、黄晓笙（海南文昌）、施碧澄（又名石青，闽·晋江；又谓：台湾彰化，副班长）。

化学工程科二年级，7人：黄炯（梅县）、李澄翔（梅县）、梁飞（化县，副班长）、张景川（遂溪，班长）、朱运珍（海南文昌）、林熙江（海南文昌）、冯汝玮（桂·北流）。

土木工程二年级，25人：凌礼棠（番禺）、何德光（番禺）、游寿绵（顺德）、胡志镠（顺德，班长）、张庆利（三水）、梁华会（新会）、李华浓（新会）、萧心余（中山）、袁开（字烈名，中山，前任班长）、<u>周紫东</u>（和平）、叶树德（字伯潜，惠阳）、钟灵（字孟宪，梅县）、何泮池（伴池？兴宁）、<u>练耿文</u>（兴宁）、李士梅（五华）、徐则劲（蕉岭）、许达光（字曙定，信宜）、严为良（四会）、吴多泰（字子超，海南文昌，副班长）、李寿荣（桂·玉林）、钟家升（桂·玉林）、龙伟萃（桂·桂平）、杨荃（桂·平南）、滕苤光（桂·邕宁）、杭维宙（桂·邕宁）（注：姓名下画线者，为1935年6月省立勷勤大学工学院土木工程专科毕业生）。

高中部

机械工程组三年级，21人：利树梁（花县）、褚绍康（番禺）、<u>许宝枢</u>（番禺）、余鸿勋（番禺）、<u>区超仁</u>（顺德，副班长）、<u>何国雍</u>（顺德）、<u>马广佛</u>（台山）、<u>翟万柏</u>（东莞，前任班长）、谢璧琴（梅县）、张芳渠（梅县）、刘任祥（平远）、丘震雄（蕉岭）、<u>曾观海</u>（观梅？惠阳）、<u>马义荣</u>（德庆）、岑毓琉（桂·苍梧，前任副班长）、黎民霖（桂·苍梧）、朱甲衍（桂·藤县）、<u>廖全邦</u>（桂·岑溪）、<u>韩守强</u>（桂·容县）、<u>覃闽元</u>（桂·陆川）、杨再胜（闽，班长）（注：姓名下画线者，为1937年7月省立勤勤大学工学院机械工程第二届本科毕业生）。

机械工程组二年级，32人：李逸宪（南海）、冯错（南海，1938年毕业于中大机械工程专业）、郭景亨（南海，1938年毕业于中大机械工程专业）、陆洪大（南海）、何光涣（番禺）、邬荣汉（番禺）、李肇燊（番禺）、苏展文（顺德）、卢冠华（顺德）、邓大明（三水）、黄成志（新会）、冯子清（鹤山，班长）、缪永霖（中山）、吴蔚棠（海丰）、<u>张天暖</u>（揭阳）、邓炳庆（蕉岭，1938年毕业于中大机械工程专业）、陈展煌（宝安）、周瑞粦（惠阳）、朱管彤（惠阳）、陈继兴（博罗）、叶国魂（博罗）、谢梦驰（博罗）、黄镇荃（龙川）、陈赞韩（清远）、成崇俭（连县）、李宗集（佛冈，副班长）、林泳曾（茂名）、周祖芳（桂·合浦）、林醒天（桂·怀集）、蒙信贤（桂·平南，1938年毕业于中大土木工程专业）、蒋育才（桂·藤县）、罗用新（闽·永定）（注：姓名下画线者，为1938年6月省立勤勤大学工学院电信交通专科毕业生）。

机械工程组一年级，35人：陈庆宇（增城）、陈浩珍（增城）、卫世皋（番禺）、黄之祐（番禺）、李国伟（顺德）、康觉（顺德）、梁銮棋（顺德）、黎廷煊（顺德）、冯元基（鹤山）、郑庆况（三水）、林达均（高要）、喻炯中（高要）、陈铭鼎（新会）、区斐立（新会，副班长）、谭福树（台山）、黄连迪（台山）、杨锦伦（开平）、<u>林绮屏</u>（中山）、刘荫孙（中山）、陈禹平（中山）、刘树恩（中山）、周景熹（惠阳）、钟梅峰（宝安）、<u>庄超一</u>（梅县）、曾玉衡（又名眉，五华）、冯元亮（海丰）、林植英（信宜）、黎矗（新兴，班长）、<u>黄爵俊</u>（桂·平乐）、黄光汉（桂·贵县）、赖炳生（桂·贵县）、<u>谭世义</u>（桂·玉林）、梁界冬（桂·容县）、<u>全镇雄</u>（桂·藤县）、陈戢嘉（闽·闽侯）（注：姓名下画线者，为1938年6月省立勤勤大学工学院电信交通专科毕业生）。

化学工程组三年级，26人：<u>关伟雄</u>（南海）、黄煜邦（番禺）、甘拱垣（顺德）、<u>李梅灿</u>（东莞，前任副班长）、曾光（龙川）、陈书策（和平）、<u>李恩祥</u>（思祥？梅县）、<u>钟珙清</u>（洪清？五华）、<u>丘复庭</u>（蕉岭）、谢锡芳（博罗）、<u>吴彬</u>（遂溪，副班长）、<u>崔铭瑞</u>（铭润？电白）、<u>李麟辉</u>（电白）、甘凤全（桂·苍梧，前任班长）、梁栋（桂·苍梧）、苏裕源（又名蔓，桂·苍梧）、<u>李彪燊</u>（彪荣？桂·苍梧）、黄开铣（桂·北流）、魏国屏（桂·藤县，班长）、<u>廖世观</u>（桂·北流）、黄朴中（桂·北流）、蓝国璠（桂·岑溪）、杨瑞贞（桂·岑溪）、<u>陶芝岩</u>（桂·玉林）、<u>李伟祐</u>（桂·玉林）、李延华（桂·兴业）（注：姓名下画线者，为1937年7月省立勤勤大学工学院化学工程第二届本科毕业生）。

化学工程组二年级，23人：关铭初（南海，班长）、何继容（又名继溶，番禺）、何同和（顺德）、夏宪生（高明）、司徒博（开平）、许侃（开平）、尹福镠（东莞）、吴家扬（中山）、陈树功（大埔，1938年毕业于中大化学工程专业）、朱经杰（丰顺）、何炳焕（阳江）、李卓华（电白）、覃傅信（高要）、赵仲海（新兴）、林书范（海南琼山）、洪运桥（海南文昌）、侯镇球（又名甸、方绥，桂·苍梧）、谢耀汉（桂·苍梧）、程福高（桂·贺县，副班长）、梁善德（桂·岑溪，1938年毕业于中大化学工程专业）、黄耀基（桂·平南）、吴绍璇（桂·陆川）、黄琛琼（桂·北流）。

化学工程组一年级，37人：吴陈灼（增城，班长）、冯越常（从化）、李且如（从化）、刘本民（南海）、杨宗鋘（南海）、黄炎卿（南海）、杨道尧（番禺）、黄智（番禺）、梁汉璋（顺德）、贾（覃？）永全（顺德，副班长）、吕元佐（鹤山）、邓景荀（三水）、郑澄江（新会）、黄朝佑（新会）、李超民（台山）、伍泽霖（台山）、陈荣德（台山）、何宜康（东莞）、张培煊（东莞)、谢丽春(东莞)、王宏谟(东莞,1939年毕业于中大化学工程专业)、袁泽远(东莞,1939年毕业于中大化学工程专业)、叶福枢(东莞)、王有方(东莞)、叶鹤林(东莞)、黎希文(东莞,1939年毕业于中大化学工程专业)、钟志鹏(连县)、高纯静(电白)、赵如坚(四会)、梁有昭(新兴)、林鸿裕(海南文昌)、林照琼(海南儋县)、谢炳义(桂·防城)、陈亨城(桂·防城,1939年毕业于中大化学工程专业)、苏振英(桂·灵川)、邹优瑞(桂·博白)、梁景熹(滇·蒙化)。

土木工程组三年级,36人:<u>姚集珩</u>(南海)、陈宝璘(番禺)、黄致甫(番禺)、<u>史庆新</u>(番禺)、<u>简冠之</u>(顺德,副班长)、<u>刘永年</u>(高要)、<u>钟北辰</u>(新会)、<u>李楚白</u>(新会,班长)、<u>谭荫强</u>(新会)、李惠伯(新会)、张普光(恩平)、黎明海(鹤山)、叶文津(东莞)、曾刚毅(东莞)、<u>阮亦陶</u>(东莞)、梁继乾(东莞)、郑祖良(中山,前任副班长)、刘容柏(中山)、吴成(中山)、赖藩基(梅县)、<u>姚启汉</u>(平远)、周振鹏(惠阳,前任班长)、陈应椿(阳山)、<u>林元庆</u>(遂溪)、<u>黄卓业</u>(化县)、冯刚(郁南)、<u>林书秀</u>(海南琼山)、林鸿标(海南琼山)、<u>魏任材</u>(桂·藤县)、黄培汉(桂·藤县)、甘耀才(桂·岑溪)、吴耀祥(桂·昭平)、劳荫祖(桂·灵川?1938年毕业于中大土木工程专业)、陶绍良(良绍?桂·陆川)、宁裕谟(桂·玉林)、韦振羲(桂·柳州)(注:姓名下画单线者,为1935年6月省立勷勤大学工学院土木工程专科首届毕业生;姓名下画双线者为1937年7月建筑工程本科毕业生)。

土木工程组二年级,39人:<u>吴恺如</u>(增城)、曾广智(南海)、<u>梁启兴</u>(南海)、何瑞泉(南海)、黄木根(番禺)、<u>岑藻新</u>(顺德)、<u>蔡统旦</u>(新会)、李祺奕(新会)、凌本藻(新会)、<u>崔尔俊</u>(新会)、<u>莫维棋</u>(维祺?新会)、翁荫卿(台山)、陈毓豪(台山)、<u>黄国宁</u>(台山)、李植才(台山,后任班长)、刘振辉(台山)、马维新(台山,1938年毕业于中大土木工程专业)、<u>李玉衡</u>(开平,前任乙班副班长)、唐健年(恩平)、吴灼才(恩平)、郑大奎(中山)、杨文焕(中山)、张载杞(大埔)、陈长佑(东莞)、陈广明(东莞)、<u>尹植寰</u>(东莞,前任乙班班长)、赖蕙庵(惠阳)、<u>古丽沾</u>(惠阳,前任甲班副班长)、洪桥(海丰,1938年毕业于中大土木工程专业)、马世簪(海丰)、林光天(普宁)、苏天德(阳江)、梁嘉明(四会)、梁朝球(罗定)、<u>杨鲁贤</u>(桂·藤县)、韦树泽(桂·藤县,副班长,1938年毕业于中大土木工程专业)(注:姓名下画线者,为1936年6月省立勷勤大学工学院第二届土木工程专科毕业生)。

土木工程组一年级,47人:<u>陈锦新</u>(番禺)、黄锐(番禺)、丘复(南海)、岑裕源(南海)、金雄(南海)、陈济航(顺德)、<u>吴管华</u>(顺德)、<u>苏德醒</u>(顺德)、陈泰阶(中山)、<u>彭仲华</u>(中山)、<u>陈兆荣</u>(台山)、张仲伟(开平)、余国本(开平,班长)、<u>林旋永</u>(开平)、谢容溢(开平)、<u>赵汉业</u>(新会)、吕士尧(新会)、吴北禄(新会)、杨惠俦(专俦?新会)、张英才(新会)、<u>冯启堂</u>(鹤山)、冯光关(鹤山)、黄增材(龙川)、魏志强(龙川)、赖道修(和平)、黄定光(惠阳)、杨树芬(惠阳)、汪沛铭(东莞)、卢绍燊(东莞)、张泽溥(东莞)、叶锡荣(东莞)、黎闻秋(东莞)、莫国元(清远)、林友苞(海丰)、方汝南(普宁)、周克荣(潮安)、李烈武(英德)、刘福儒(电白)、林绳勋(信宜)、李俊寿(信宜)、陈思卓(云浮)、<u>黄树民</u>(罗定)、傅荫川(海南文昌)、黄克盛(桂·邕宁)、陆有琬(桂·邕宁)、陈国斌(桂·北流,副班长)、黄毅强(桂·桂平)(注:姓名下画直线者,为1938年6月省立勷勤大学工学院第三届土木工程专科毕业生;画波浪线者为同届电信交通专科毕业生)。

资料来源及说明:
1. 工专方面(含广东省立勷勤工学院时期所余的原工专专科、高中两部尚未毕业的在读学生)
①广东省立工专校刊第四届毕业同学录(民国二十年七月十三日)[Z].出版信息不详,1931:1-10.
②校长文告:训育部.各班正副班长名单(民国廿二年二月二十日)、学生集会:第六届毕业筹备会第一次大会会议录(民国廿二年三月二十七日)[J].工专半月刊,1933(8):第一张,2,1933(10):第三张,1.
③历届毕业生一览表[Z].广东省立工专校刊(民国二十三年七月).出版信息不详,1934:176-194.

④工学院历届毕业生一览表［Z］．广东省立勷勤大学教务处．广东省立勷勤大学概览（民国二十六年）．出版信息不详，1937：38、40—42．

所采集的为工专升格为大学前的专科生数据。工专1924年始招收高等专科生，推行预科1年、专科3年的学制，故而1928年才有首批毕业生。另外，上列的第八届，入学于省立工业专科学校时期的1933年，毕业于省立勷勤大学时期的1935年；由于勷大以1935年为毕业生届别区分线，即之前的毕业生均作历届生，首届起点定在1935学年度。故此，这里把第七、第八两届算入工专之列。

⑤曹思彬等主编的"百年教育史料"所统计的工专毕业生数为132人（政协广州市委员会文史资料研究委员会．广州近百年教育史料，广州文史资料专辑［M］．广州：广东人民出版社，1983：143.），实为不完全统计数字。

2. 全国方面

国民政府教育部．第一次中国教育年鉴，丁编，教育统计，第一，学校教育统计［M］．上海：开明书店，1934：60．

3. 中大方面

①国立中山大学理工学院概览（民国二十二年）［M］．广州：中山大学出版部，1933：188．
②国立中山大学工学院概览（民国二十二年）［M］．广州：中山大学出版部，1933：366．
③国立中山大学二十一年度概览（民国二十二年）［M］．广州：中山大学出版部，1933：366．
④梁山，李坚，张克谟．中山大学校史（1924—1949）［M］．上海：上海教育出版社，1983：23、42．
⑤政协广州市委员会文史资料研究委员会．广州近百年教育史料（晚清—1963），广州文史资料专辑［M］．广州：广东人民出版社，1983：134．

1927届为中大首批毕业生。此前的3届属国立广东大学时期。该校于1931年秋，始设土木和化工两本科专业，因而1933年之前没上述专业的本、专科毕业生。此处以化学、数理两理科本科专业代之，做概略比较。

4. 岭南大学方面

私立岭南大学概况（1934年6月）［Z］．出版信息不详，1934：261．

岭大自1930年开设工科专业到1949年的20年间，工科毕业生共有102人。（政协广州市委员会文史资料研究委员会．广州近百年教育史料（晚清—1963），广州文史资料专辑［M］．广州：广东人民出版社，1983：152.）

5. 私立广东国民大学方面

私立广东国民大学十周年纪念［Z］．出版信息不详，1935．

该校1930年始设本科土木工程专业。此处以本科招生数做概略比较。

结合当年的地缘社会政治因素考察，不难发现上述统计、比较表以及毕业生名录反映了以下五点：

其一，总体看，同期全国本专科各类专业年度毕业生，呈逐年上升趋势。专科方面的升幅及稳定性，都不及本科方面，且毕业生绝对数也明显少于本科。

粤省工专的相关状况，与上述大体相近。

其二，前已述及的学者陈青之当年就指出："对内建设代表民意的国民政府，扶植农工，提倡自治，努力发展一切生产，以解决全国民众的衣食住行一切重要问题。这种政策深合于当时的国情，确为当时全国民众所迫切要求者；所以，他们自十三年一月〈国民党〉第一次全国代表大会宣言发出以后，全国欢呼，莫不渴望着国民革命军早日北伐，青年志士莫不踊跃参加国民党，参加国民革命运动。"

"自十六年以后，正值革命期间，全国教育多受军事影响，没有统计可言。"① 尤其是此间反映广州中上学校教育状况的地区综合性统计数据稀少，难作具体考察，因此只能概略分析。即1924年开始的大革命，国民革命运动的中心与策源地是广州，这时的国共合作给人以希望，愈来愈多的学生突破不闻政治、不入政党的校规禁忌。广州地区中等以上学校大批学生，响应国共两党的号召，积极投入大革命洪流，或为革命潮流所裹挟，参加以工农运动、士兵运动、东征及北伐为代表的一系列国民革命斗争。因此中途离校者甚众，毕业生数相当有限。

---

①陈青之．中国教育史（民国二十三年七月三十日）下册，大学丛书［M］．上海：商务印书馆，1936：744、731．

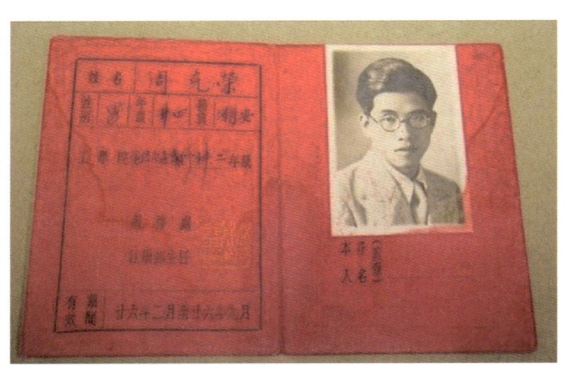

勤大工学院1938届电讯交通专修科毕业生周克荣毕业同学通讯录及学生证

图片来源：徽章专区. 广东省立勤勤大学［DB/OL］.（2011-01-06）［2012-08-10］. http://www.quancang.com.

  有亲历者回忆1926年前后的学生岁月道："高年级的学生，在校外参加了许多活动，连回校上课的时间也不多了。C.Y.（the Communist Youth League，共产主义青年团）的同志更是如此。那时候，社会上有许多公开的或秘密的团体组织，需要很多青年人去干各种各样的革命工作。在称为革命策源地的广州，工会发展很快。在广东，就是广州附近县的农民协会发展更为迅速。他们需要很多小知识分子去为他们干实际工作。……由上级安排出去工作的人很多，只要上面提出，接到介绍信跟着就走，从来不讲价钱，不留恋学业，他们不是等着接班，而是赶着去上班去了。……向往工作，向往革命，不肯埋头窗下，学校里留不住这些青年人。……当时革命形势迅速扩大发展的需要，毅然放下学业，挥起笔杆，走上革命的工作岗位的，岂独市师这个支部的同志为然。"①

  大革命失败前后的数年间，工专与省内三高校不论招生数或毕业数也都较少。工专在以上两方面表现得更为明显一些。

  毕业生数少的另一个可能的原因是，某一个时段留级及不能毕业者的比例大。如"一九二七年度全国留级和不能毕业的，竟占到全数百分之五十五强"。②

  其三，工专赓续传统，一如既往地在招收本省学生同时，也招桂籍学生。

  1925年召开的第十届全国教育会联合会所作的议决案之一是，由北京政府教育部确定全国8个大学区：北京、南京、武昌、广州、太原、沈阳、兰州及成都。③当时国内，虽说是南北政府分治，广州本已为革命政府首都，而北京政府为彰显自己的存在，自视前者为己政治版图一分子。但对学生而言，广州既列其中，客观上如前一样，能吸引有志学习高等工程教育的桂省学生。上述的196名毕业生中，桂籍生约占25%。

---

① 方遐君. 1926年前后广州市师的C.Y.同志［M］//广州市政协学习和文史资料委员会. 广州文史资料存稿选编（七、文化教育）. 北京：中国文史出版社，2008：255-256、260.
② 朱家骅. 在中央党部总理纪念周上讲演中国大学教育的现状及应行注意各点（民国二十年八月三十一日）［M］//中国第二历史档案馆. 中华民国史档案资料汇编：第五辑，第一编，教育（一）. 南京：江苏古籍出版社，1994：285.
③ 第十届全国教育会联合会议决案（民国十四年）［M］//邰爽秋，王克仁，王倘，等. 历届教育会议议决案汇编，教育参考资料选辑，第五种. 上海：教育编译馆，1935：37.

其四，上述统计不完整。譬如1929年1月的广东省政府委员会周报，所载省教育厅1928年11月下半月已办结的事项中，记有："广东省立工业专门学校毕业生梅楚生……呈为自费赴日留学……均准予转呈教育部核办。"① 已知梅楚生为染织科1921级学生，1928年12月起在日本东京牛込区原町的士官学校成城学校读书。② 他正常的毕业时间是1924年。目前有关其是否按时或延时毕业，1928年是以应届还是往届生名义申请留学，如为应届生实际在校有几年等方面的文献资料都未能掌握。因而可能说明当中的文献资料所载有遗漏，统计上存误差。

其五，学生可转读其他专业。如上列高中土木工程组1933级学生周克荣于1936年毕业后，没再读原先的土木工程，而改读省政府于1935年8月委托勤大代办的电讯交通专科。③

作为题外话，上述名录587名学生，绝大多数生于清末至辛亥革命时期。剔除名录中因升学而重复出现的名字，就纸面上所见，冠以"字"或"号"的，总计不过39人，约仅占总人数7%；且逐届递减，到20世纪30年代初已近式微。说明自20世纪初起的新文化运动，对传统命名习俗，有所冲击与抛弃；另外可能的原因还有，家长虽托识字先生为孩子取字，但因家境贫寒，社会交往甚少，所取之字，难有派上用场之日，因而渐被家长和学生自己所放弃。

（二）社会影响广泛

前期这一阶段的工专生，从事各行各业或旅居海外，产生了不少具有一定社会影响的人物。

1. 客家筝演奏与教学一代宗师罗九香

罗九香（1902.6.19—1978.6.9，广东省大埔县人），年少即得家乡古筝乐师启蒙教育，1924年考入广东省立工业专门学校学习，后又到复旦大学读预科。受第一次国共合作时代潮流的推动，协助后来成为省港罢工委员会部秘书的堂兄罗醒开展宣传发动工作。

自1925年起，先后拜罗仙畴、客家汉乐宗师何育斋为师，学习古筝和民间音乐，进而成为客家古筝流派的重要传人、名师。他既精客家十六弦古筝，也精三弦等乐器。20世纪30年代初起，曾任广东省财政厅第五科办事员、广州市土地局登记员、汕头防务经费庶务员、广东省禁烟局三等文书、广东省建设厅东路行车管理处罗浮站站长、广州市警察局总务科文书、广东省实业公司秘书处文书等职。业余则醉心于民间音乐演奏活动。中华人民共和国成立后，走上专业音乐之路，为民声汉剧团乐队筝、三弦演奏员。1955—1956年间，两度赴京：在怀仁堂演出古筝伴奏剧《百里奚会妻》；在第一届全国音乐周上，与他人合作以古筝、椰胡、琵琶演奏《单点头·乱插花》；在古筝观摩交流会上，弹奏《出水莲》《将军令》。其间，受到毛泽东、周恩来、叶剑英等党和国家领导人的接见，而其演奏技艺与风格大受行家赞赏。自此确立其在传播客家音乐中的地位。1959年于天津音乐学院任教一年，成为在高校教授客家古筝第一人。翌年，奉调广州音乐专科学校（今广州星海音乐学院前身）任教。其间当选为中国音乐家协会理事、中国音协广东分会常务理事。

罗九香弹奏古筝

图片来源：罗岭，罗文忠，罗洁中. 执着追求，勇攀高峰：客家筝一代宗师罗九香先生的生平述要 [DB/OL]. （2009-03-26）[2012-08-29]. http://www.51zheng.com.

---

① 省教育厅呈缴十七年十一月份下半月办事报告书 [J]. 广东省政府周报，民国十八年一月廿八日 [1929 (71)：76].
② 中华民国广东驻日留学生经理处. 广东留日学生调查录（民国十八年一月）[Z]. 出版信息不详，1929：37.
③ 省政府委托本校代办交通电讯专修科函（文号不详，中华民国廿四年）[J]. 勤大旬刊，民国廿四年九月一日 [1935, 1 (1)：3].

筝乐器，既能表达优美抒情的曲调，又可抒发气势磅礴的乐章。我国古筝乐有9个流派，广东占其二，分别为"韩江丝竹"潮州筝，"汉皋古韵"客家筝。罗九香所代表的即属于后者。外省将此两流派统称"粤筝"。他的古筝演奏艺术形成了古朴典雅、韵味隽永的鲜明风格；演奏的古筝录音除已出版为唱片发行外，国家级研究机构和主要高等音乐院校均有珍藏；所演奏的客家筝曲有39首辑入全国高等音乐艺术院校古筝教材，定为古筝专业学生必修、选修曲目；经其培养的学生，已成为北、沪、穗、桂、闽等地音乐艺术院校的教授和国家一级演奏家，成为当代古筝界的精英。

《新格罗夫音乐与音乐家辞典》2001年版第15卷中的"罗九香"词条曰："罗九香被誉为客家筝派最重要的典型代表。作为一个古筝表演艺术家，他一生的音乐活动对客家汉乐及汉剧音乐的发展产生了积极深远的影响……在音乐及演奏风格上，他与其他流派的某些同行不同，他并不特别强调形式创新。他的音乐及其演奏，更多的是保留着典型的中国音乐的传统风格。"[1][2]

2. 香港地产业老行尊吴多泰

吴多泰（1911.12.25—2005.9.8，籍贯不明），在读工专期间，因学业优良，得学校免费待遇；又因是游泳好手曾获数奖项。如于前文谈及的私立美华、省立一中及工专三校共建的"西山游泳场"，他在1931年10月15日三校短途游泳竞技赛中，共获50英尺自由式第一名（注：虎门要塞司令陈庆云赞助银鼎1座）、100英尺背泳（即仰泳）第二名（注：工专校长柳金田赞助银鼎1座、工专体育主任朱君达赞助银杯1个）、200英尺蛙泳第二名（注：美华中学校长张兴孝赞助银鼎1座）。[3][4] 1934年8月毕业于省立勷勤工学院土木工程专业。在读土木工程专业时，经教师推荐，参与了中大石牌校区首期建筑设计工程。毕业后，于广东省立第一职业学校任建造学专业教师，1935年到港经商。

吴多泰

图片来源：吴多泰［DB/OL］．（2013-10-31）［2013-11-29］．http//：www.hq.xinhuanet.com.

其在友人的帮助下，创办鸿星建筑公司，从事建筑设计和施工业务，港九许多大厦均由他设计和建造。1945年后，香港移民激增，住房紧张，房价高涨。他选购土地，兴建大楼。通过律师找到法律依据，在一般港人还不能一次付清款买下整幢楼房的情况下，于1946年率先提出"居者有其屋"，创设分层出售楼宇之策，而深受平民百姓客户欢迎，开拓了香港贫民置业新时代。同时，研究制定解决香港屋荒的十大办法及港九跨海铁桥计划。将鸿星公司改为国际鸿星投资集团有限公司，后又创办兆富有限公司、美华有限公司、中盛企业有限公司等，自任董事长，开展多元化经营。在对香港的经济支柱房地产业的发展作出贡献的同时，很快成为著名企业家。

吴多泰思虑建设香港现代化大都市的意见，如反对香港设赌场，获得成功。1967年获英女王颁授荣誉奖章。

吴多泰热心慈善和文化教育事业，建树良多。

从1946年起，历任香港海南商会理事兼调查组组长、交际组组长、福利组组长、财政组组长、名誉会长等职。1948年秋海南遭受台风洪水袭击，塌屋数千间，溺死千余人。他闻讯后，便同旅港部分琼籍同乡慷慨解囊，救济灾民。1973年捐助新台币2万元，辑印《海忠介公全集》。

1950年起即参与香港尖沙咀街坊福利会工作，推动教育及医疗服务，造福该区居民，并后又参与全港性的街坊福利工作，被推举为港九各区街坊研究会主席及港九各区街坊协进会主席。当中，如捐

---

[1] 人物传：罗九香［M］//《大埔县志》编辑部．大埔县志（上古—1988）．广州：广东人民出版社，1992：651．
[2] 罗岭，罗文忠，罗洁中．执着追求，勇攀高峰：客家筝一代宗师罗九香先生的生平述要［DB/OL］．（2009-03-26）［2012-08-29］．http://www.51zheng.com．
[3] 校闻：三项短途游泳比赛结束：果然夺得锦标归［J］．工专周刊，民国二十年十月十九日［1931（5）：3］．
[4] 校友消息．琼海校刊，1934，3（3/4）：40［DB/OL］．［2014-05-20］．http://www.dachengdata.com．

建尖沙咀街坊会大厦，使得街坊会拥有经常的收入，得以开展睦邻工作，排解家庭纠纷，赠医施药派米，支持老人福利等项慈善活动。

1955年起任东华三院总理、顾问。曾出任南华体育会永远会董、香港中华总商会会董、香港至德总会会长，世界至德总会名誉主席、九龙东区扶轮社、创社社长、香港物业商会会董，香港中文大学联合书院校董等社会公益职务。

1978年向中文大学联合书院捐款250万港元建"吴多泰中国语文中心"，以期引起香港大众对母语中文的重视，提高中文在学术文化上的地位。1995年捐赠香港浸会大学1500万港元，兴建"国际交换学者宿舍"，以期促进各地学者的交流。他还是海南大学的创校委员会副主任。1988年同黄坚、周成泰3人，各捐100万港元，合资兴建海南大学行政办公楼"泰坚楼"。海南建省后，热情关心家乡的建设事业，提出多项开发建设海南的方案，得该省政府的重视，其中关于建设码头、渔港、水泥厂等建议，已被采纳实施。

1983年起，为第六、第七届全国政协委员，1984年起，在香港回归过渡期积极参加基本法咨询委员会的工作，出谋献策，支持香港回归祖国。同时，为推动两岸文化交流，如台湾歌手邓丽君大陆之行等，也做了有益的尝试。①-③

此外，曾投资3.2亿元兴建广州泰康城广场，投资6亿元改造广州荔湾旧城区。

3. 岭南庭园近现代建筑设计核心人物郑祖良

郑祖良（1914—1994，籍贯不明），为岭南近现代园林建筑设计的核心人物之一，岭南近现代重要的建筑活动家、理论家，所作的开创性贡献，为国内同行所赞誉。

1933年为工专职业高中土木工程组三年级学生，次年随校集体地迭次转入省立勷勤工学院、省立勷勤大学工学院，就读于建筑工程专业。其在1937年3月所撰写并出版的《防空建筑——防空避难室建筑法》一书，虽只有58页、发行1000册，但作为一名在校毕业班学生，能如此努力于课余之时，借力其所在的由一班关注现代建筑且志同道合者创建的学生社团"中国新建筑月刊杂志社"，足以反映了他和同学们的救国为民之心。

面对当时广州、重庆等国内大多数城市空域不设防的军事危象，该书所附的一组立于建筑专业而拟就的"防空建筑标语"，不啻是有专业学识的学生深切呐喊、服务抗战的真切心声："建筑工程师须有防空知识""建筑房屋应合防空思想""城市住户家家应有防空室""城市住户家家应备防空救急药品""城市应设备防空指导机关""城市应设备模范防空室""城市应设置适于防空的模范建筑""防空避难室对于市民生命有安全保障""地窖式防空室以入地一公尺以上为佳""防空避难室应有防毒的设备""防空避难室应有出入口二〔两〕个以上""防空避难室应有通气净化装置""城市建筑不宜过高""房屋墙壁最好要用灰色""都市应多设公园与体育场或旷地""都市公共场所应有防空计划（应有良好之避难室设备）""都市公共事业应受特别保护""都市道路宜宽大，并多种树木""改造房舍应询问当地防空指导人员使其适应防空的要求"。④

1937年7月毕业后先后在勷大、中大、国民政府陪都重庆的

郑祖良

图片来源：何姗，陈文. 荣耀与悲哀：第一、二代建筑大师作品之今昔，岭南现代建筑保护行动，广州民生·深读［N］. 新快报，2012-08-25（A08）.

---

① 海南名人辞典编委会. 海南名人辞典［M］. 广州：中山大学出版社，1990：258-259.
②《香港回归》丛书编委会. 香港的经济（二）［M］. 北京：新华出版社，1996：221.
③ 韩力. 邓丽君未尝的梦想［N］. 光明日报，2013-05-09（13）.
④ 郑祖良. 防空建筑：防空避难室建筑法［M］. 广州：中国新建筑月刊杂志社，1937：58.

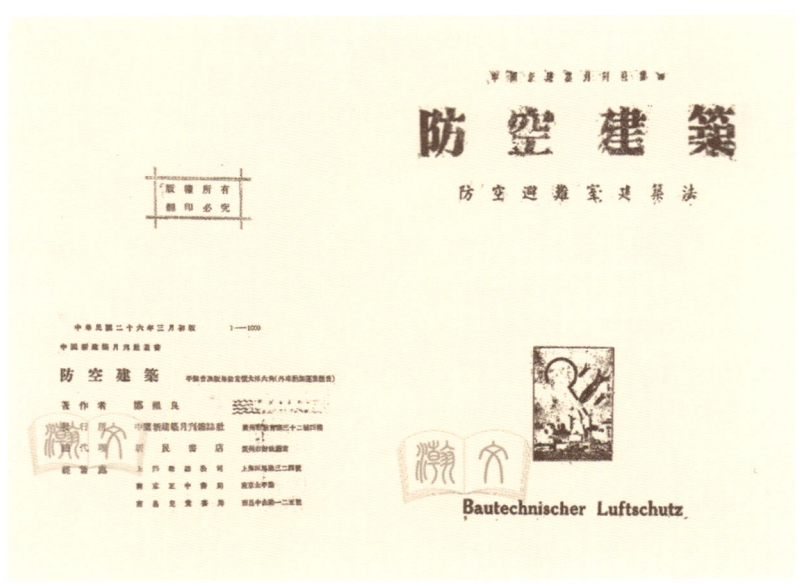

《防空建筑》封底、封面

图片来源：郑祖良. 防空建筑——防空避难室建筑法，中国新建筑月刊社丛书[M]. 广州：中国新建筑月刊杂志社，1937. [DB/OL]. [2018-07-18]. http://www.hwshu.com.

兵工署、工务局等任职。从1941年开始，分别与夏昌世、黎抡杰、莫伯治、郑昭等合作，把现代建筑艺术和岭南传统庭园元素有机地融合起来，创作了一系列具时代新意、又具地方风格的现代园林和建筑作品。1952—1978年任广州市建设局工程师，其间，于1953年参与创办广州市建筑设计院，是广州市建筑学会的主要发起人之一。1978—1985年任广州市园林局工程师。

郑祖良一生致力于现代建筑和园林理论的研究和传播，为现代主义建筑的坚定支持者和践行者。先后创办或主编《新建筑》《新市政》《广东园林》《南方建筑》等多种学术期刊，发表数十篇相关的学术专论，著有丛书，对岭南现代建筑与园林的发展产生重要影响。

其园林规划设计结合城市蓄洪排涝、公共游憩及城市绿化系统组织，通过因地制宜与灵活自然的规划布局，营造了广州园林建设的典范。在园林建筑小品"亭"的选址和设计上具有独到功力，设计建成各类亭子逾百座，在行内有"亭王"之誉。

所主创或与他人合作的主要作品有文化公园品石轩（1952年），广州起义烈士陵园（1954年），二沙头体育公园（1956年），广州动物园、流花湖公

广州市解放北路兰圃里的芳华园，为慕尼黑市中国园的样板园

图片来源：卜松竹. 一园芳华，从广州走向世界，广州：史上的那些个第一[N]. 广州日报，2017-05-15（19）.

园、东湖公园、荔湾湖公园（此4项均建成于1958年），兰圃（1959年），白云山郑仙岩及山顶公园（1964年），双溪别墅甲座（1964年），白云山松风轩（1964年），华南植物园水榭（1965年），文化公园园中园（1980年），流花湖公园音乐茶室（1981年），芳华园（获联邦德国慕尼黑国际园艺博览会的"德意志联邦共和国大金奖"和"联邦德国园艺建设中央联合会大金奖"，1983年），麓湖公园与白云山风景区规划（1984年）等。①

郑祖良作为农工党成员，晚年曾被选为广东省第六届（1984.4—1988.1）人大代表。

---

① 吴璇，何姗. 岭南现代建筑之60年代，设计结合庭园代表人物：郑祖良，广州民生·深读[N]. 新快报，2012-09-20（A24）.

4. 中国近代建筑的现代主义流派传播和研究之先锋黎抡杰

黎抡杰（1912—2001，广州番禺区人），为早期中国现代主义建筑理念的主要宣传家。黎于1933年秋考入省立勷勤工学院建筑工程系，与郑祖良同班。二年级之时，与郑祖良及同班同学于1935年11月1日组织课余学术团体"建筑工程学社"。黎抡杰与郑祖良任该社的学术股干事。① 两人毕业后也先后于勷大、中大任教。1940年3月后，黎辞职赴重庆，与先期已在渝的郑祖良一起复办1936年10月在勷大工学院就读时所创杂志《新建筑》，任该刊主编。该刊以宣传中国新建筑思想为己任，黎抡杰就此所发表的论文有9篇，单行本著作7册。其间，先后就职于中国新建筑社事务所、重庆大学建筑系，任技师、讲师、副教授等职。

1946年，黎抡杰为成都建设计划委员会工程师，承担八角形柱体盔顶钢筋混凝土结构的"抗战胜利纪功碑"的设计任务，该碑落成于1947年8月。1950年更名为"重庆人民解放纪念碑"。有辞赋记述邓小平主政大西南、该碑获新生曰："山拥黄葛树，水润川茶花，解放碑鸣钟唱晓，朝天门启锚待发。"② 2016年9月29日，在国内，它作为98项经典建筑之一的第46号，入选"首批中国20世纪建筑遗产名录"。③

此后，黎抡杰重返广州，与郑祖良合作组织新建筑工程公司。1949年前后，黎氏定居香港，自始未能继续从事专职建筑设计和研究工作，以打散工维持生活。④

黎抡杰

抗战胜利纪功碑

图片来源：陈晓平．抗战胜利纪功碑设计师黎抡杰［N］．南方周末，2015-08-13（E32）．

---

①工学院消息八则：工学院建筑工程学系民二六年级建筑工程学社成立启事［J］．勷大旬刊，民国廿四年十二月一日［1935，1（10）：18-19、61］．
②蓝锡麟．重庆赋［N］．光明日报，2007-07-18（1）．
③李韵．致敬百年经典建筑：98项经典建筑入选"首批中国20世纪建筑遗产名录"［N］．光明日报，2016-10-01（3）．
④彭长歆．岭南近代著名建筑师［M］．广州：广东人民出版社，2005：114-115.

第五章（1933.7—1938年夏）

工专与省立勷勤工学院、省立勷勤大学工学院以及国立中山大学工学院
——工专推动了广东高等工程教育发展

前已述及，1922年教育部公布《学校系统改革案》后，引起国内持续多年的"改大"风潮。至七七事变前，全国原有的工专只剩两所。

一、工专办学层次的提升和名字的变更

粤省办军务、兴土木、举民生，工专光景一时新。广东省立工专是在此时"改大"和并校的。

1931年11月18日，以西南政务委员会为一派的国民党人，在广州召开与南京政府分庭抗礼的国民党第四次全国代表大会，在作出一系列决议后结束。大会正式召开前的10月30日下午，300名代表浩浩荡荡地驱车到工专各处，畅快淋漓地视察一番后带着观感离去。有此一举，经集地方党政军权力于一身的广东军阀陈济棠（时任省党部指导委员会常委、广州绥靖主任、第一集团军总司令、国民党广东省第四届执行委员会委员）动议，是次大会遂形成决议：由广东省教育厅、广州市政府会同筹

四全会代表到校参观纪盛

图片来源：校闻［J］．工专周刊，民国二十年十一月一日［1931（7）］：1．

议，将省立工专改办工学院，与相关学院合组为"广东省立勷勤大学"，以纪念于会前逝世未久的国民党元老代表人物古应芬。①

古氏字勷勤或湘勤、湘芹，早年为同盟会会员，参加讨伐袁世凯、护法等斗争，后陆续为大元帅府大本营秘书长、财政部长兼粤省财政厅厅长、军需总监、政务厅长等；1927年参与策动广州四一二反革命政变；以后为国民政府常务委员兼财政部部长、文官长，国民党中央政治会议委员及第四届中央监察委员；1930年冬之后任反蒋派的广州国民政府常务委员，②是陈济棠的政治保护伞。1932年7月2日广东省教育厅及广州市两政府共同筹建广东省立勷勤大学。③

接着，省政府委员会又于1932年8月12日通过决议，除聘请陈济棠之外，包括省市党政财文等重要机构掌权者邓泽如（国民党中央监察委员会委员、西南政务委员会委员）、萧佛成（国民党中央监察委员会委员、广州国民政府委员）、陈融（曾任广东省高等审判厅厅长）、林云陔（广东省政府委员会主席、财政厅厅长、建设厅厅长）、林翼中（西南政务委员会委员、国民党广东省党部执行委员

---

① 广东省立勷勤大学概览（民国二十六年）［Z］．出版信息不详，1937：1．
② 《广东革命史辞典》编委会．广东革命史辞典（1894—1950）［M］．广州：广东人民出版社，1993：243．
③ 广东省政府指令，分令广东教育厅厅长谢瀛洲、广州市市长刘纪文等办勷勤大学计划纲要（教字第四一二号，民国二十一年七月二日）［Z］．广东省档案馆馆藏档案．

会委员)、刘纪文(广州市市长)、谢瀛洲(广东省国民政府委员兼教育厅厅长、高等法院院长)、陆幼刚(广州市府秘书长、省府秘书长)等共9人,为省立勤勤大学董事。① 当中,以刘纪文、陆幼刚、谢瀛洲等3人为筹备委员,以加快各相关校改大和并大进度。时任省长林云陔即拨200余万元为开办费。

(一)多项措施并举以促"改大"和并校步伐

1. 改办大学的思路

为此,工专紧锣密鼓地以大学课程标准,筹办本科层次的工学院。它向省政府委员会所提出的改办大学理由有三:

其一,因为专科与大学的投考资格相同,大学只不过多读一年书,在社会即可得较优的地位,所以"学生心理多注重大学,而轻视专门",故而"年中所收学生,极难得优秀分子",即工专得不到优秀生源;

其二,大学一年级只注重基本原理,实习少,工专则不同,"现存图书、仪器,尚足敷用,无须添置";

其三,改办勤勤工学院已先后得省教育厅允许、省政府委员会与西南政委会议决照办。

工专表示:一旦批准,将按大学招生章程处理,不再办专科层次的专业。②

就一般而言,发展地方工业,其工业教育、工程教育应有中等技术、专科与本科3个不同教育层次相配套,使之与工业生产的需求相适应。停办专科,似表明工专屈服于当时惯常的社会压力与民众趋利求益心态的嬗变;另一方面,从中暴露了当年割据一方的西南政委会以及掌控西南有限的南京政府对相关问题宣传教育的不足或缺失,以及教育制度设计的弊端,转换为今天的话,即高考"指挥棒"失准,有关顶层设计不完善。

当然,停办省立这部分,虽省内没有同一层次同类专业的毕业生供选择,但省外相应的毕业生都还有,广东多少可通过国内尚未发达的人力资源市场的调节渠道获得所需的部分专业人才。

2. 数项举措跟进

高等工程教育涉及学制,学校教务系统的组织、课程设置、教材与教学方法,师资队伍建设,招生、新生资格与入学考试、成绩考核与奖惩等学籍管理,毕业生出路与职业介绍等。工专"改大"计划在获省政府委员会批准后,即使有9年工程专科办学的积累,也不敢懈怠,随后于1年间接连推行多项措施:

如,1932年当时机械科与土木科两专业三年级应届毕业生,各只剩1人、2人。学生虽少,但各相应的机构设置与人力,客观上不能撤销,因此造成多项资源的闲置以致浪费。鉴于此,省教育厅长谢瀛洲提议:在读应届毕业生"拟资送入其他相当学校肄业,年各给津贴四百元,以二年为限,本年度暂在教育厅临时费项下开支。至该两班裁去后,余下经费每年约三万五千元,拟在工专添办大学一年级,土木工程科及机械科各一班"。该动议显然有利于加快上述的进度,所以,是年的7月27日,即获省政府委员会第六届委员会第105次会议议决,同意"照办"。

谢瀛洲为巴黎大学1924届法学博士,复杂的政治历史人物,从政从教兼有之。其中,对广东教育事业颇有建树。如积极参与勤勤大学的创办,为该校筹备会和董事会成员,并倡议开办工学院。③ 谢氏一向主张"教育救国""工业救国",其女毕生从事教育工作,3子学工或习农,从事工程技术工

---

① 广东省政府第六届委员会第一百一十次议事录(民国二十一年八月十二日)[Z]//林忠佳.民国时期广东省政府议事录(1925—1949),第三册. 出版信息不详,1988:181.
② 本省教育要闻:工专改大将实现(民国二十一年八月)[J].广东教育月刊,民国二十一年[1932(7):124].
③ 广东省地方史志编纂委员会. 广东省志·人物志[M]. 广州:广东人民出版社,2002:771.

作；① 一孙辈为"文化大革命"后恢复高考的首批大学生之一，赴美留学前曾就读于华南理工的无线电系两年。后期的工专校长之一的黄巽，认为谢氏品德纯正、待人忠厚，故乐与其为邻。②

说回来，工专大概因此受启发，乃以发展与完善广州建筑为己任，在省厅动议的基础上，向省政府委员会提出更为大胆的设想：停办土木工程专业，以该专业原有经费改办建筑工程专业。在当时来看：

> 据现时调查所得，全国学校只有东北大学开办建筑工程科一班，而东北又在暴日侵略之下，该科人才难为我用。此外，在外国毕业回国者，全国不过二十余人；在广东者不过二三人。人才缺乏于此可见。现时广州因缺乏建筑专科人才之故，一切建筑，多由普通工程师代为设计；普通工程师虽亦通晓建筑原理，然非专家终难期改善。现广州建筑所以不能日臻华美者，此实为重大原因。且查广东学校现时开办土木工程科者，已有中山大学、岭南大学、国民大学三间，将来土木工程人才，亦可无缺乏之虞。故拟即将该土木工程科经费，改办建筑工程科，以应社会需要，而为改善建筑之基础。③

谢瀛洲

图片来源：广东省立工专校刊（民国二十三年七月）[Z]．出版信息不详，1934：插图一．

未久，经省政府委员会8月10日批准，将本用于土木工程专业的经费，改用于筹设4年制建筑工程本科专业，但对工专关于停办土木工程专业的提议，委员会不置可否。

工专据以上批复，相应地于1933年各专科专业停招生1年，并将原有土木、机械两专业的三年级学生黄林翔等3人，由学校与上海同济大学及中大商妥，使之各继续原专业的学习，④ 以集中人力、财力，加快本科专业筹办进度。至9月，增设本科大学部，招收机械、建筑工程两专业一年级两个班，作为日后改办大学的基础。

这样，学校全部专科生只剩100人，原有及延聘准备开新课的教职员则达到102人，其中教师有60人。至于职业高中，则大体维持原来局面，有304人在读。全年经费还是稳定在21.3万元的水平，以保证改办为大学的各项需要。⑤

及至6月，原工专1933届各专业学生已全部毕业，高考与学校保送（注：其保送生的数、理、化及英文等4科成绩平均分不能低于70分）并行而添招的大学一年级新生49人（注：建筑工程专业26人、机械工程专业23人），连同已有的3个二年级专科（注：化工13人、土木25人、机械8人）、专科预科生及职业工科高中生，全校学生增至近400人。相关统计参见表5-1。

这里有一赘言，即为何工专改办高等工程教育后还会设置工业高中班。前已有述，陈济棠主政几年间，一直主张发展地方工业，并为此从人事制度上予以扶持。譬如，认定"在国内外公立私立大学之工科，或工科大学或高等工业学校毕业者"和"在国内外旧制甲种工业学校或新制高级中学之工业

---

① 陈启明．谢瀛洲事迹补遗[M]//政协从化县委员会文史资料研究委员会．从化文史资料，第七辑，从化县"三胞"史料专辑．出版信息不详，1987：67．
② 黄巽．忆谢瀛洲（1986年12月）[Z]//政协从化县委员会文史资料研究委员会．从化文史资料，第六辑，人物志专辑．出版信息不详，1986：7．
③ 广东省政府指令，核准省立工专将土木工程科经费改办建筑工程科（教字第四八八号，廿一·八·十）[J]．广东省政府公报，1932（196）：105．
④ 本厅二十一年八月份行政报告：乙、省立工专裁减两班及资送学生转学事项[J]．广东教育月刊，民国二十一年[1932（9）]：143-144．
⑤ 广东省教育厅．广东全省教育概况（中华民国二十一年度）[M]．出版信息不详，1932：439；广东省立工专校刊（民国二十三年七月）[Z]．出版信息不详，1934：7．

科毕业并曾任工业专门技术职务五年以上，具有相当学力者"，以及"曾任工业专门技术职务十五年以上，具有相当学力者"等方面人士，便具有申请接受"检定试验"的资格，在通过后即可获得建设厅长签发的工业专门技师证书，纳入该厅管理，推荐就业，[①] 从而为个人从业提供政府的信誉保证。

表5-1　1931—1933年工专专业与学生分布情况

年份		1931	1932	1933
大学部		—	一年级 建筑工程学系26人 机械工程学系23人	建筑工程学系一、二年级 机械工程学系一、二年级 化学工程学系一年级
专科	三年级	机械工程科7人、化学工程科14人、土木工程科24人	机械工程科1人（转往外校毕业）、化学工程科6人、土木工程科2人（转往外校毕业）	机械工程科、化学工程科、土木工程科，各一班
	二年级	机械工程科3人、化学工程科8人、土木工程科2人	机械工程科8人、化学工程科7人、土木工程科25人	本年度没有旧班生升入二年级
	一年级	机械工程科12人、化学工程科12人、土木工程科31人	本年度停招一年级新生	新制一年级（两年制）陶瓷科、土木工程科各一班
高中	三年级	当年没有三年级	机械工程组21人、化学工程组26人、土木工程组36人	机械工程科、化学工程科、土木工程科各一班
	二年级	机械工程组23人、化学工程组28人、土木工程组36人	机械工程组32人、化学工程组23人、土木工程组39人	机械工程科、化学工程科、土木工程科各一班
	一年级	机械工程组36人、化学工程组41人、土木工程组35人	机械工程组34人、化学工程组37人、土木工程组47人	因奉令停办职业高中，甲、乙、丙各班，改为普通高中
合计		15个班，312人	15个班，390人	以上19个班，各年级人数不详，共约400人

资料来源：一年来校务概况［Z］. 广东省立工专校刊（民国二十三年七月）. 出版信息不详，1934：4-5.

3. 人力、物力汇聚于1933年

工专于花信之年的1933年，结合上述教学制度、专业与课程设置等方面的变动或改革，在具体的办学环节方面，通盘投入的资金加大，整体更新、改善的力度也加大。

如原作为"广东省三年施政计划"第一年内拟开设并筹备已一时的纺织工程、陶瓷工程两专科中的纺织工程，则奉命暂停开办，因工专在上一年8月曾打算停办的土木工程专科奉令继续开办，纺织工程3万元开办费中的8000元，遂改作土木工程专业仪器购置费，当年即购置3000元仪器；原纺织工程专业年度经常费2.4万元转入土木工程专科经常费。

在化学工程专业方面，由纺织工程所余2.2万元转入陶瓷专业后，使该专业开办费增至3.2万元，以此购置了包括试验窑、彩窑在内的窑炉4座，鼓形粉碎机3台等陶瓷机械，另添原料样本约50种，石膏模型约60种；5月9日补招陶瓷专业专科班1个；制革工场的应用机械增至30种，有皮革样本4种；有造纸制浆池1座，试验以竹子、杉木、桑枝及碎布等纤维制浆抄纸的应用机械约20种；颜料及涂料标本500余种。

在机械工程方面，年内以近8000元资金，进一步完善各实验、实习场地主要设备与仪器的配置。其中，实验工场2个，共置有发动机5台、电动机3台、电球即同步柴油发电机2台；机械厂有车

[①] 广东省国民政府. 广东省工业专门技师登记规程（文件号不详，十七年十二月十五日）. 广东省政府年刊，1928：272-273［DB/OL］.［2018-12-26］.http://www.dachengdata.com/search/toRea-lIndex.action.

床、刨床、铣床及冲压机各为5、3、2、1台，其他配套机械约10台；木工厂有车床6台，电锯、平刨机及热处理机械各2台，铸铁炉、送风机各1台。

在建筑学、土木工程方面，为保证教学效果，注意及时更新测量器具，该年度又添置约3000元仪器，使得整个仪器室计有德国、美国造经纬仪5副，德国、英国造水平仪6副，德国造平台仪2副。此外，直角平板仪、水准尺、望标尺及晒图材料等，也得到补充。

在公共课程之物理实验室建设方面，属电磁学的仪器已增加到50余件，固体力学、流体力学的各40余件，热力学、光学的各30余件，气体力学、声波音频的各10余件，度量仪约10件。

在化学实验室建设方面，有陶瓷、制革、纤维工业、油脂工业等项的工场各1间，分析实验室增至3间，有煤气发生炉1座，精密天平12台，一般天平18架，玻璃仪器约600种，金属仪器约150种，电化仪器40余种，高温测量仪10余种，铂金器具10种，玛瑙器具5种，等等。平日有相关新品上市，学校也常予以采购，以供参考或仿制；也广采省内各地瓷土作样本，后以肇庆瓷土为学生制陶实习的原料。

以上举措，意在通过完善实验、实习条件或手段，进一步培植学生的工业精神、工程意识以及动手能力。

在教材方面，由于上文所说的"坊肆所售现成课本，极难满意"等方面的原因，工专乃组织"各教授自编讲义，以为教本；或选用现成课本，再选讲义以补其缺。高中功课，其用讲义者亦多"。

此外，又聘任一批校外教授如康辛元等为兼职讲师。（注：新中国成立后康辛元任职于华南理工大学）

由此，师资与图书仪器设备等方面得到充实或改善。

面对学校升格和扩招所带来的诸多问题，工专师生员工和衷共济想方设法予以缓解。

譬如，原学生宿舍3座，每座房舍20间，每房住6人。其中专科、高中两部学生，各住1座、2座后，已无床位供大学部学生使用。学校将旧日图书馆及工人宿舍腾空，转交大学部学生使用，再设法布置图书馆与安顿工人；至暑假又把教职员宿舍2座改作学生用房。该批教职员就暂栖于临时搭建的竹棚、木屋及以杉树皮作屋顶的茅草房；原3间办公室压缩调整为1大间，全校教职员集中于一室办公，所腾出的面积移用到修筑机械专业所用的车棚、制图室等教学与学生方面。如新置的"第三制图室"由原物理室改建后，缓和了各层次学生工程制图课课桌严重不足的问题。①

鉴于原有学生所用床架为各办学时期历年所存，形式参差，多已不适用，乃全部更换；借1932年兴建的学生饭堂行将竣工，添置了清一色的柚木桌椅，装设龙头、瓷水盆，以营造良好的生活环境。

由于那时国内包括粤省在内，房建小五金件及水暖器材的商品市场，均以销售外国产品为主。另一方面，本土卫生陶瓷制品与国外的都见之于市场，广州又有港澳地区输入之便，②因而工专所相应添置的若为舶来品，便都不稀奇。这些海外的与本土的东西，倒是为学生机械与陶瓷的生产实习，提供了研究的样板，也不啻为一桩好事。

较之友邻私立美华中学自凿150英尺水井、自购小型发电机组以解无水电之状，工专还不至于如此之苦。

虽然，增埗广州自来水厂近在咫尺，但生活用水供应却不足，只得以高扬程水泵抽水至高地储水池，改配大口径输水管，改变了原先学生宿舍龙头出水从涌流到涓滴的一栋不如一栋日益恶化状况；广州电力建设130年，如今成为国内最大的城市电网之一，但80多年前供电状况却比较糟糕。处西郊的工专，远离城南长堤边的广东电灯股份公司所属广州五仙门发电所，而其他的市营小型火电厂都为各自独立发电自成配电线网，分散经营，全城没形成统一电网，兼之供电方没有专责的巡线与运行维护制度，尤其在此前后"因偷电之风仍未尽戢，致电力虚耗甚巨"，③线损率达62%，供电安全可靠

---

① 校长文告：教务部、高中部. 关于制图室〈教学〉分配表（民国廿二年二月九日）[J]. 工专半月刊，1933（8）：第一张，2.
② 广东省地方史志编纂委员会. 广东省志·建材工业志[M]. 广州：广东人民出版社，2004：132、274.
③ 第一〇九次市政会议：通过"增设电力监理，以整顿电务"案（民国廿三年七月十九日）[Z] // 广州市政府. 广州市政会议录（民国十年二月—民国廿三年十二月），第一辑，下. 广州：宏艺印务公司，1934：2645.

性与经济性都低。市电入校前，电压本已偏低，加之学校原敷供电线路使用年久，电介损耗大，致使灯光"暗淡似火团"宛若咸鸭蛋黄那般，不便修习，做实验也有困难。由于所供低压配电线路110伏（照明）/220伏（动力）电力供应不足，迫使工专不得不实行定时供电制度。"本年下学期黾勉维划，始将全校电线重新更换，并增加电流〔力〕供应，故全校灯光，较前明亮。"但直到1938年3月，市政府于增埗水厂附近地段新建西村发电所即今之广州发电厂，安装性能较好的火力中温中压汽轮发电机组，该地区用电状况才有所好转，①而这时，工专早已是省立勷勤大学之一部，并如前所述从1937年8月底起，远徙广东新兴县和云浮县，躲避日军飞机对广州城空袭，无缘用西村电了。

至1931年11月，图书馆座位逾50个，馆藏6200余册。当中中外文书各占51%、49%。重置后的图书馆，馆藏过万册，中、英、德、法、日等国文字书籍也一直在购置，科技新书不少。主要有丛书2500余册、应用科学700余册、自然科学约500册、线装书700余册、社会科学约400册、教育科学约260册、文学200余册、史地学科约100册、哲学与艺术各三四十册、中外文过刊合订本各2000余册、画报30余种、中外文报纸10余种等。重置馆后，修订了《教职员借书规则》《学生借书阅览规则》《图书馆办事细则》等管理办法，特别是强化流通阅览措施。如除周一外，每日开馆9个半小时（白天：9：30—5：00时，晚上：7：00—9：00；星期天开馆时间稍短），设新书浏览区，规定该类图书1个月后才可外借。

九一八事变爆发，成为国民一次前所未有的民族意识启蒙。得益于国内新闻传播与舆论宣传的主要媒体：报刊，事变爆发未久，各类报刊有关日军辱华与军民敌忾、抗敌的记载目不暇接，漫画讽刺软弱的政府和腐败的官员，各式图文反映各阶层民众鲜活的事实、社会变化，传播各报刊扬"忠良"、抑"丑恶"的基本思想导向，客观上在构建中华民族一体化的认同观，激发全国军民同仇敌忾、共赴国难，投入到捍卫民族独立的斗争中去。②

有此便利，图书馆专设中日关系书籍区，陈列诸如《东三省果为日本之生命耶》《日本参谋本部满蒙国防计划意见书》《日本并吞满蒙之秘密计划》《中日关系主要实力图表》《日本军阀借口皇谟实行侵略政策之真相》《九一八事变真相》《九一八事〈变〉后日本铁蹄下之东北铁路》《倭制满洲国》《九一八后国难痛史资料第一卷》《东北袖珍统计》《国难文学》《中国发展东北之努力》《暴日侵占东北痛史》《日本欺诈外交》《中日条约汇纂，附各国公约》《东北现势图》（小幅、中英文合编大幅）等类书籍。

与此同时，训育部绘制日寇侵占我东三省、热河（注：约为今河北承德地区、内蒙古赤峰地区、通辽部分地区、辽宁朝阳与阜新地区）等地局势图，悬于办公厅布告栏。每日按报章所载消息，描绘战地各要隘、城镇，以小旗标注出敌我双方军事态势等，这些都有利于在校内营造国难时期对日警惕的气氛。③-⑥

另，又设置阅报室，在图书馆每日闭馆后读者仍可自由地翻阅。多种举措之下，日均读者流量若略去当中教职员工方面30多人次的不计，学生方面的达120～130人次。这在七七事变前广州市书店不多、阅读主要靠学校图书馆的社会环境下，于约400学生、人均图书拥有量约25册的教学条件下，相当于每日有30%～32.5%的学生徜徉于书刊中。其数也算可观。

当然，与当年国内许多高校图书馆的做法类似，限于经费与馆舍之不足，工专图书馆对学生读者实行闭架借阅办法，即不能自行进书库借阅，须得由图书管理员凭其所填写的索书单检出图书，方能借走。另外，前已述及国内高等工程教育图书，出版本来就不多，而能提供相应的参考类书籍，如

---

① 广东省地方史志编纂委员会. 广东省志·电力工业志［M］. 广州：广东人民出版社，1998：278、344.
② 郭常英. 报刊图片与抗战舆论动员［J］. 文学月刊，2015（10）：18-20.
③ 校闻：图书馆近况［J］. 工专周刊，民国二十年十一月二日［1931（7）］：1-2.
④ 校闻：图书馆最近进行计划［J］. 工专半月刊，1933（8）：第一张，4.
⑤ 文艺：图书馆新到书籍一览、图书馆.〈开馆时间〉启事（中华民国廿二年三月十一日）［J］. 工专半月刊，1933（9）：第四张，2、4.
⑥ 校闻：训育部绘制日军侵略地图［J］. 工专半月刊，1933（10）：第一张，3.

教学用的各科教学参考书，学生用的各科实验与实习指导书、习题集解等，则更为稀少。所以，整体看当年工科类图书馆藏是有限的。

再譬如，网球场修筑费用较多，在资金未到位前，维护好现有的两个场地，并增设篮、排球场各1个，改搭游泳棚，平整跑道，清理操场杂草，以应学生课外体育活动所需。①②

这时，工专外部的交通问题还不少。即不论广州市营运的长途车或私营的公共汽车，都没设站点行经工专。虽然，1924年增埗一带有建设新式住宅区的计划；1928年11月，广州市政会议通过市公用局关于西村车站直通增埗码头议案，决定"一俟市库稍裕时即行举办"，但这些后来都决而未行。③

这里所谓"长途""公共汽车"的概念，今昔有别。当年，广州市公用局把"向无一定地点停车，且有沿途接载搭客的'野鸡'汽车"，称为"公共汽车"；由"通行""模范""侨商""国民""交通""利南"等12个承运商，各以不低于100万元资本，通过竞标取得营运资格，设有固定门市租赁点、固定开车时间、计程或计时，纳入市府管理的客运业务之车，称为"长途车"。④而车抵市郊，即为长途。如从市区的传统中轴线永汉路即今北京南路的省财政厅到西郊的黄沙码头，所辟的新线路仅五六公里之遥。⑤

20世纪30年代初，长堤路上的"广州市长途搭客汽车停车处"

图片来源：红色收藏的博客. 民国时期广州等地老照片[DB/OL].（2011-02-08）[2015-12-15]. http://blog.sina.com.cn/huohuashoucang.

当年中大的医科学院及第一医院设立于今市区中山二路百子路，距永汉路亦不过四五公里。以病躯之身出门看病的市民便觉"离市区已远，且地近荒郊"。⑥增埗在城西之外，自然视作远郊。至于上述"野鸡"之谓，于民国社会有三种语义：非专行且不正规的商业行为或社会活动，冠此名号以示奚落；好嫖之男；站街拉客之游娼。

民国时期，国内没有汽车工业，只有若干汽车修理与配件制造厂。有少数企业能生产简易三轮汽

---

① 广东省政府指令，核准工专学校开办陶瓷科、土木工程专科（教字第三七五号，二十二·五·廿四）[J]. 广东省政府公报，1933（225）：83-86.
② 一年来校务概况[Z]. 广东省立工专校刊（民国二十三年七月），出版信息不详，1934：3、23-25、43-47、165-166.
③ 广州市行政委员会第一百三十六次会议：通过"财政公物两局会同提议新辟西村增埗住宅区筑路征费章程十条"案（民国十三年三月十九日）、广州市第一七二次市行政会议：通过"工务局提议西村车站直通增埗〔埠〕头马路预算"案（民国十七年十一月七日）[Z]//广州市政府. 广州市政会议录（民国十年二月—民国廿三年十二月）：第一辑，上. 广州：宏艺印务公司，1934：219、747.
④ 广州市政府第六次市行政会：通过广州市公用局提议案（民国十九年十月四日）、广州市第十五次市行政会通过修正《广州市长途汽车章程》（民国二十年九月廿六日）[Z]//广州市政府. 广州市政会议录（民国十年二月—民国廿三年十二月），第一辑，下. 广州：宏艺印务公司，1934：1710-1711、1904.
⑤ 广州市行政委员会第一七九次会议：议决"公用局提议令饬长途汽车公司派车行驶省财政厅到黄沙各路线以利交通"案（民国十二年十二月廿六日）[Z]//广州市政府. 广州市政会议录（民国十年二月—民国廿三年十二月），第一辑，上. 广州：宏艺印务公司，1934：779.
⑥ 校闻[N]. 国立中山大学日报，1928-04-03（2）.

车。① 所以，路上行驶的机动车几乎全是舶来品。虽然，到1937年广东拥有可上路的客、货机动车共1159辆，占国内自1925年进口客、货车总数3.1万辆的3.6%，② 以此而言，其数于各省市中已是前茅；并在国内唯一地推行由省会公安局统管全市315名交通警察的制度。就广州而言，在20世纪30年代初中期，由于当时市政公用交通设施、措施，还较为落后，有路也难行。

1929年5月美制"雪佛兰"牌（Chevrolet）CVC6系列的6缸1.5吨货车式样，与此类车相较，工专专属"校车"除多两个轮子外，估计外形大致如此

图片来源：广告：新式且夫力六盘一吨半运货汽车［N］．广州民国日报，大中华民国十八年五月十五日［1929-05-15（14）］．

1931年间，全市营运的14或16座位长途车只有140辆。③ 工专往返于学校与市区，以机动车代步"唯广大路口之营业汽车，而此种汽车，必须满客七人，方始开行。本校教职员每因候车缘故，逾时返校办公上课，其困难及讨厌情形"，不少人都一再领略过。工专把主理两广党、政、军诸事务的西南政务委员会所拨送的一辆"车身机件残废"的、美国通用汽车公司生产的"别克"（Buick®）6轮载重车（注：估计拨送的本意是充作教具的。另，当时社会营运的长途汽车或公交车还只是4轮车）修旧利废，改成9座客车，④ 称"经试车多次，行驶敏捷，稳定异常"。车头插黄边蓝底白字、书"工专校车"字样布旗，日行往返校门经惠爱路、大新公司旁门至财厅前即今之北京路省财厅前14次，

省财政厅正门。有好几条长途线的市区终点站设在省财政厅前。工专也照此"炮制"，"校车"到省财政厅前，便算终点

图片来源：广东省立中山图书馆．广东历史图片［DB/OL］．［2017-04-25］．http://www.zslib.com.cn．

可中途上下车；上午7时50分前，只载教职员，之后可附搭学生，车资2角；其间10—12时、13—15时因人少不开行。

1936年广州市所颁行的《广州市取缔陈旧汽车规则》提出："凡在本市行驶之汽车，其本身陈旧，或机件损坏，足以妨碍市容，或影响公共安全者，均适用本规则。"⑤ 以此反观1933年春工专的修旧利废之举，应是情急无奈了。

---

① 关云平．中国汽车工业的早期发展（1920—1978）［M］．上海：上海人民出版社，2015：18．
② 中国汽车工业史编审委员会．中国汽车工业史（1901—1990）［M］．北京：人民交通出版社，1996：5．
③ 广州市政府第十五次市行政会议：通过"广州市公用局黎局长、张秘书审查承办广州市长途汽车章程"案（民国二十年九月二十六日）［Z］//广州市政府．广州市政会议录（民国十年二月—民国廿三年十二月）：第一辑，下．广州：宏艺印务公司，1934：1904．
④ 合作车临时行驶办法（中华民国廿二年三月廿四日）［J］．工专半月刊，1933（9）：第一张，2-3．
⑤ 广州市取缔陈旧汽车规则（文件号阙如，民国二十五年十一月）［Z］．（广东省档案馆电子文书档号，020-007-72-186~187：1）．

如在1927年，规定广州市区的各类汽车循左行驶，车速不准超过8英里（1英里约为1.6公里）；[1] 到1928年，市区有22个街头、路口设置了交通指挥岗亭，交通警察于此手持黑白相间的指挥棍指挥车辆。那时的马路，只为畜力车、行人和自行车使用，政府难有财力为日后汽车上路留足预算。机动车入城后，才确定马路中间为快行车道即机动车道，旁为马道，次为非机动车道与人行道。也在1928年这一年，市公用局向广州市府诉苦道："本市各汽、货车其车轮向用实心套。载货行驶如遇过重，弹性不足，路面每为辗烂，不胜修理。匪特耗费工程，对于交通亦多妨碍。"到1929年，行驶市区的各类机动车已按市府行车新规，由实心车轮改换由英国人邓禄普所最先发明的充气轮胎即广州人称的"泵气胶轮"。与此同时，行人横穿马路、十字路口、丁字路口等要道，逐渐有了以白色油漆描画的专用通道即今马路斑马线的前身。[2][3] 这时车速限行10英里约合16.1公里。后来所修订的《广州市各种车辆行驶管理规则》中的第六条规定：包括各类营运客车在内的一般社会机动车辆，不论于市区何种地段，车速"每小时仍不得超过二十公里"。[4] 到1933年4月，机动车才在驾驶室前方挡风玻璃上设置手动汽车转向指示器（即红蓝两色箭头示向灯），以利其他车辆及行人及早作出反应。至于在交通指挥岗设置"马路天使"——交通信号灯，则约在1935年前后。到1935年左右，由于道路状况及交通管理与设施的完善，放宽到不得超过15英里；[5] 信号灯自1868年被发明，至1968年实现从人工到自动化的实用化阶段，历百年之久。以致1931年6月23日，美国一群社会人士在纽约第五大道围观一组新式交通红绿灯，会被历史所记载。而国内从人工控制到电子控制的交通信号灯真正兴起与普及，还只在1979年3月之后。[6] 不妨试想一下，当今非变速传统普通自行车的中、高时速为15~17公里，综观上列所举的交通设置、管理方式与办法等，可知当年除红十字救伤车、消防、警察及军队等特种车辆外，各类型车的车速都不高。盖因当年广州市区与当今大都市规格的广州城区相较，到1933年棋盘方格加环线路的道路网络还只是一个雏形，道路建设标准低，既无如若今天的许多裁弯取直、改性沥青作路面材的通衢大道，也无红、黄、绿3色电气交通信号灯、人行道与斑马线等相组合的一系列引导车与人分流的物质和手段；由此推断学校"通勤车"时速不会快到哪去，但从另一角度看，工专人为保障教学，还是"蛮拼的"。

上述那般的车速，已使处社会生活慢节奏的工专师生员工，舒心与惬意都映衬在脸上了；另外，大概因其运行费用不在学校预算经费之列，工专便于教职员中，以"均分红利，不足之数则请学校配予津贴"沾些许股份合作色彩的形式集资，以计划预约方式乘坐定时往返，车资从受益人薪俸中扣除。[7]-[10]

---

[1] 广州市行政委员会第一○三次市行政会议：决议"委员长提议：查在西关新辟马路，汽车辗毙人命日有所闻。亟应限制汽车速率每小时不得超过八英里，并督令交通警察认真防范，以重人命"案（民国十六年六月八日）[Z]. 广州市政府. 广州市政会议录（民国十年二月—民国廿三年十二月）：第一辑，上. 广州：宏艺印务公司，1934：548-549.

[2] 广州行政委员会第一四三次市行政会议：议决"公用局提议本市各汽、货车改换泵气胶轮以免辗伤路面"案（民国十七年四月十八日）[Z]//广州市政府. 广州市政会议录（民国十年二月—民国廿三年十二月），第一辑. 广州：宏艺印务公司，1934：上册，654.

[3] 广州市第九次市行政会议："公用局提议：拟在马路、十字路口、丁字路口镶砌白石行人路线，及锐湾地点无交通警察站岗处，竖三合土圆柱，上装红色电灯；郊外转弯道路无灯光地点，竖立色木牌，以示警惕"案（民国十八年十一月二十三日）。决议：所有标记暂用白油线，余缓议。交由公用局办理[Z]//广州市政府. 广州市政会议录（民国十年二月—民国廿三年十二月），第一辑. 广州：宏艺印务公司，1934：下册，1474.

[4] 中国人民公安大学警察法学研究中心. 中国都市交通警察[M]. 北京：商务印书馆，2018：17.

[5] 中国人民公安大学警察法学研究中心. 中国都市交通警察[M]. 北京：商务印书馆，2018：301.

[6] 林平. 汽车传奇故事，普及汽车知识，传播汽车文化[M]. 北京：电子工业出版社，2018：279-280.

[7] 公用事业志编纂委员会. 公用事业志、市政建设志编纂委员会. 市政建设志[M]//广州市地方志编纂委员会. 广州市志：卷三. 广州. 广州出版社，1995：176、178、481.

[8] 广州市各种车辆行驶管理规则（文件号、发文日阙如）[Z]. (广东省档案馆电子文书档号，019-001-34-086~092：3).

[9] 校长文告：总务部. 〈关于〉合作汽车〈组织〉办法（民国廿二年三月十一日）[J]. 工专半月刊，1933（9）：第一张，2-3.

[10] 车务部. 〈关于〉合作车临时行驶办法（民国廿二年三月廿四日）[J]. 工专半月刊，1933（10）：第一张，2-3.

直到1934年6月21日，广州市政府第一〇五次市政会议议决：开通14条长途汽车线路。后做些许调整，其中之一为行经12个站的增埗勤勤大学工学院公交站到广九火车站的营运，由第11路线执行，①②从而纾缓了工专即后来的勤勤大学工学院，自省立工艺局起办学20余年入城无机动车代步之苦。该"专车"大概因此可不用再上路了。要知道，在那样的交通设施条件下，以及司机路人的交通安全意识远不足够的状况下，广州城于1933年全年，就因机动车交通事故而使398人受伤、16人死亡。③

国内在真空电子管扩音机和动圈式传声器还极为稀罕之时，薄铁皮或铜皮造的手提传声筒，成为当年群众集会扩声工具的标配

图片来源：福建国庆日识字运动大会［J］. 教育杂志，1928，20（11）：插图二.

4. 强化管理

与此同时，相应地对学校层面上的教务、训育、事务及高中等的管理，予以改进或强化。

这时，政治训练处与训导处合并后，坚持"总理纪念周"即每周一次的孙中山纪念活动，聘请名流到校演讲。按学生坐高的高低，事先编排座位表，在纪念活动及全校性集会时，均须一一对号入座，不允随意坐。近乎把学校规训为刻板的成人幼儿园。当然，理由甚是冠冕堂皇：这类活动"皆具有深重意义。既恭且穆，足动低徊之思；否则位次零〔凌〕乱，高低不齐，既仪容之不庄，曷克召怀于瞻仰？……抑思省立诸校，我校冠之，树其楷模，他校是则。一草颓陋，风从而兴，意在斯夫！"④即党国与领袖并举，校纪和校誉同列，刚柔互济。无独有偶，同期中大于上述同名的全校轮值纪念周活动里，也要求学生按号就座。⑤

所谓纪念周，本系建国粤军总部于1925年4月制定"总理纪念周条例"，规定粤军官兵向孙中山遗像行礼纪念的一个仪式。1926年1月16日国民党第二次全国代表大会正式通过了总理纪念仪式决议，并导入其党章。以后国民党中央执行委员会把这种在每周一上午9—12时之间，安排全体向孙中山遗像及党旗国旗躬礼、俯首肃立默念其遗教、循声恭读其遗嘱，作政治报告、演说，或讲读孙中山遗教报告工作的1小时仪式，予以制度化，即强化与扩展为国民党各级党部、各军队、一般政府机关、团体和学校必须执行的常规性礼仪。⑥

不妨设想，这类对号入座做法似不会为学校彼此间的简单效仿，而可能是于规定的周活动之中执行上头指令的又一个"规定动作"。特别是如上文所述，针对学生强化了来自政府方面的政治与组织控制。即随时检定学生所发表的文字及集会上的言论：学生自治会所编辑的《工专学生月刊》，化学研究会所制作的《化学壁报》及《化学年刊》，土木工程研究会（1933年2月由专门学校时期的学生学术社团"土木工程顾问处"扩展而来）的周年纪念特刊等学生课外学术团体及工专剧社的学术类

---

①广州市政府三年来施政报告书，第二，公用事项，（六）交通事业，1936：148、153［M］//张妍，孙燕京. 刘纪文. 广州市政府三年来施政报告书（民国廿一年三月—廿四年十二月），政治·政权机构，192，民国史料丛刊. 郑州：大象出版社，2009：180、185.
②本市公共汽车路线表［N］. 国民报，1937-03-21（第三张，4）.
③中华民国内政部警政司. 中国都市交通警察（民国二四年六月二十六日）［M］//中国人民公安大学警察法学研究中心. 中国都市交通警察. 北京：商务印书馆，2018：133.
④校长文告：关于编定座位表列公布（民国廿二年二月二十四日）［J］. 工专半月刊，1933（8）：第一张，1-2.
⑤专载：纪念周法学院各生座位表［N］. 国立中山大学日报，1933-03-30（6）.
⑥陈蕴茜. 崇拜与记忆：孙中山符号的建构与传播［M］. 南京：南京大学出版社，2009：192-193.

或文学艺术类文字，在接受出版处指导的同时，须在检审后才允发表。当然，这类审定，过去就有，并非工专一校。如大革命失败后，即使是接受美国教会资助的私立岭南大学，对学生所参与出版的校报、年鉴、农事月刊、学生会会刊等几种刊物及群团组织的简章等，都从1927年9月21日起，由学校所指派秘书处处长、图书馆馆长等教职员做政治性的专项审查；该校又从1928年10月9日起，对面向学生演出的戏剧和电影，都要接受由校方指定的职员的审查。1929年6月中旬，该校学生文稿专项审查员扣下高中三年级一社团组织"光社"社刊《霓光》第四、第五期合刊拟刊文"中国今日之党争"，事情仅此而已，就被国民党广州特别市党部执行委员会为借口，于7月17日对该社团下达解散令。①-③ 由此可知，政府的政治性压迫借学校之力在逐渐强化。根据当时的规定："凡民众团体之组织与活动，因按其性质与范围，受各级党部之监督与指导。" ④ 在工专，还要审查学生课外所阅的政治、社会等方面的读物。以上数举全为防"邪说蛰起"；学生自治会的筹备与成立，均需报国民党省党部备案，并在党部派员及学校训导处在场监视下成立；而上列学术团体课外活动，需在教职员指导下定期开展。譬如，1931年12月，广东话剧借助九一八事变后的抗日救国运动如雨后春笋般发展。工专学生也组织起话剧社，及至1933年3月，重新登记成立的"省立工专剧社"就一并聘校长、教务主任、训育主任等5名主任以上的教师及职员为剧社顾问，并且，所有演出须执行下文将细述的省教育厅所颁布的关于《男女学生不得共同演剧及演习戏剧俗乐》。1933年春工专学生外出参加抗日演出，到市政厅于1929年创建的石牌森林公园即今之天河公园里的"西瓜氹"地带，做惯例的"三一二"植树式以纪念孙中山逝世8周年及造林运动日活动等，都有上述两处的职员随行督促。⑤-⑦

上述种种举动，使后人思疑这一切很可能是学校的国民党直属区党部或区分部在策划、张罗。虽然，目前所见有关工专的文献资料并没有清晰显示这点。因此按当年国民党总章所规定，就组织结构而言，区分部是从中央到基层5级组织中最下一级的组织，区党部则在区分部之上；一个单位或团体，只需有5名国民党员，即可申请成立区分部；⑧ 专科以上学校得设国民党的基层组织。如中大在已有的10个国民党区分部基础上，于1933年3月30日选举产生直属国民党中央的中大区党部。该校之通告直白道："查本校直属区党部，因奉令变更组织。嗣后各团体，凡关于呈请立案、监选、指导、补助经费、审查刊物、申请组织及其他一切请求事项，统迳呈学校办理，无庸呈送党部"。⑨⑩这里的"变更"，应理解为机构调整而非撤销。以此而论，中大实行国民党党务与学校行政业务一体的管理体制，即"党政一元化"。与其同一城郭下的工专，同归以陈济棠为首的国民党西南政务委员会所管辖，料想无理由自外于这种政治、组织管理体制的。

说回来，这时学生成绩分操行与学业两方面，其考核办法各异。在前者，督课处日常负责有关学生对功课的勤惰状况、服务社会的精神、循规与待人接物的处事态度及能力等方面，随时考察与记载。此外，对来自教职员的报告、学生的检举，都逐项记录于个人操行的考察表及登记表上。该处除

---

① 会闻：出版委员会来函（一九二七年九月廿一日校务委员会第四次会议决议）[J]．南大青年周刊，1927，16（4）：1（广东省档案馆电子文书档号，038-001-93-005~006）.
② 会闻：闻录通讯社．表演戏剧须先受审查（民国十七年十月九日）[J]．南大青年周刊，1928，17（6）：5（广东省档案馆电子文书档号：038-001-94-010~012：5）.
③ 四维．光社果被解散耶？（1929年9月12日）[J]．岭南青年周刊，1929，18（1）：1（广东省档案馆电子文书档号：038-001-95-070~072：8、10）.
④ 各级党部与各级民众团体之关系条例（民国十六年六月）[M]．《民国法规集成》编委会．民国法规集成（1911.10—1949.9）：第六十九册．合肥：黄山书社，1999：153．
⑤ 校闻：本校剧员从〔重〕新登记[J]．工专半刊，1933（8）：第一张，4．
⑥ 学生集会：工专剧社第二届执委会第一次会议录（中华民国年二年三月二日）[J]．工专半刊，1933（9）：第三张，4．
⑦ 校闻：本校举行总理逝世纪念及植树情形[J]．工专半刊，1933（9）：第一张，3．
⑧ 《民国法规集成》编委会．民国法规集成（1911.10—1949.9），第六十九册[M]．合肥：黄山书社，1999：107．
⑨ 党务：中国国民党中央直属国立中山大学区党部筹备委员会通告（民国二十二年三月三十日）[N]．国立中山大学日报，1933-03-30（4-5）.
⑩ 邹鲁．大学通告（民国廿三年十月六日）[N]．国立中山大学日报，1934-10-08（3）.

发送学生上课检查表给教员登记外，还常常派员到教室点名，另行记录。

所谓"点名"，即以《课室检查暂行规则》为职责准绳，于上课日巡查记录在案。其曰：

（一）本校为督促学生学业并整饬课室秩序起见，由教务、训育部处会同派员，每日按时到各班教室检查，以资考核。课室检查应行注意之事项如左：①出席缺席，②迟到早退，③服装，④教科用书及工作器具，⑤有无阅览课外书物，⑥秩序，⑦肃静，⑧清洁，⑨其他。（二）前条所列各项，制定表式，每次检查须将详细情形分别记录，于每日下课后，呈缴校长核阅后，逐项加入平时操行成绩计算。（三）检查人员对于记录各项，应切实填记，不得意存瞻徇。如有学生故意不守秩序，或妨害〈碍〉检查者，应即报告校长，立予惩处。（四）本规则如有未尽事宜，由本校随时增改之。（五）本规则自布告之日起施行。①

至于学生缺课及旷课时数，由督课处统计向全校公布。以上，均作学期末操行优劣的鉴定依据，并由该处向全校发布各生最终的操行成绩。

在后者，教务部与高中部，对于科目考试不及格者，本、专科生45分以上的，高中生50分以上的，均可准予补考一次；本、专科生成绩不满40分，高中生成绩不满50分的，包括补考后仍不及格者，两部重申一律须重修18周、分时段缴交7份重习报告表的旧规"自应照办"。②

训导处亦于学期末向每名学生家长寄发有关其子弟在校情况的家庭报告书或通知书。个别学生若有违规事项，则随时与家长联系。

为检阅全校学生成绩，1933年2月组成"省立工专学校成绩展览筹备委员会"，委机械工程系主任李锦安、化学工程系主任李文翔、建筑土木工程系主任林克明为展览各相应成绩部的主任，以举全校之力办好全校成绩展览。③

5. 集体亮相于广东全省教育展览会

同是1933年，工专把几年间的办学成绩择其部分送全省教育展览会参展，接受社会各界的检阅与评议。这是继1925年6月学校工业教育展览后，学校形象的一种形塑，8年来另一种形式的工程教育集中展示，也是改大、并校前最后一次集体的亮相。当年所送展的如下：

大学部机械系与专科部机械科方面的出品物有各式车床10余台，新式改良农具20架，电熨斗、电暖炉30～40个，风枪、洗衣机、火炉等10余（把、台、具）。

大学部化学工程系与专科部化学工程科方面的出品物有：各款式陶瓷制成品200余件，六七种款式皮革及色皮拖鞋30余件，5款香皂、洗衣皂400余块，4款杀虫水20余瓶。

大学部建筑系与专科部土木科方面的展品有：民用住宅及三拱桥梁模型10余座，工厂金字架模型6座，罗马多力柱、钢筋三合土地基柱阵楼面及马路模型3座，各种建筑土木图则80余幅。

今人目睹上列陈列品或许喟叹：工科学校其成绩如此乃尔，竟然没有什么专业、研究课题或科研成果，与国家基础性的如大型铁路、港口等交通运输、能源、邮电通讯以及重工业等直接相连的，或与能带动一批相关民用工业的军工生产相接。

本来，高校的发展一向与社会的政治、经济、文化以及科学技术等多重因素存交互关系，互为需要，互为动力。中国的经济发展，自古就推崇政府的积极作用。自1931年九一八事件后，在积弱积贫、九原板荡的国难日亟的历史背景下，不论是陈济棠主政下的半独立广东谋划繁荣粤省，还是南京政府设想"抗战建国，同时并举"，后者在国内基本得到统一的条件下，通过推行经济统制政策和措施，集中有限资源加快经济发展和经济备战，经历了所谓的"黄金十年"，工业化水平有了显著的提高，到1936年，工业总产值比1910年增加了47%。④⑤

---

① 校规：课室检查暂行规则（中华民国廿二年四月一日）[J]．工专半月刊，1933（10）：第二张，2-3．
② 教务部，高中部．重习暂行规定（中华民国廿二年三月十五日）[J]．工专半月刊，1933（9）：第二张，4．
③ 一年来校务概况[Z]．广东省立工专校刊（民国二十三年七月），出版信息不详，1934：33-37、48．
④ 张宪文．再论民国史研究中的几个重大问题[J]．江海学刊，2008（5）：174．
⑤ 徐毅，[荷]巴斯·范鲁文．中国工业的长期表现及其全球比较：1850—2012年——以增加值核算为中心[J]．中国经济史研究，2016（1）：47．

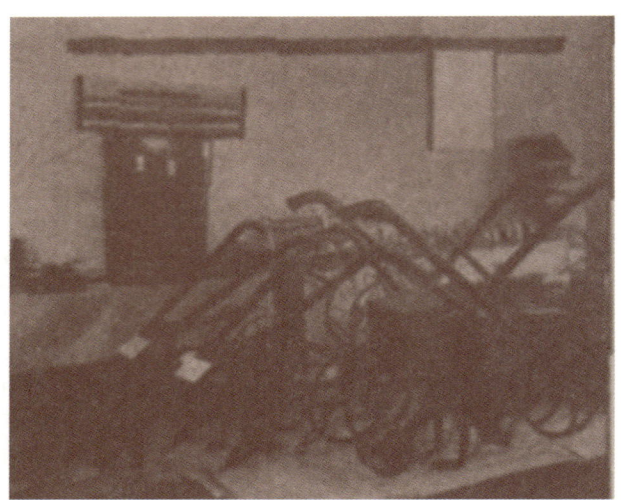

广东全省教育成绩展览会：工专之农具及建筑模型

图片来源：[J]．东方杂志，1933，30（21）：插图四十八、四十九．

  世界工业革命经历了18世纪的机械制造设备工业1.0时代，20世纪初的电气化与自动化工业2.0时代，20世纪70年代的信息化工业3.0时代，目前正迈进提升制造专业性的实体物理世界和虚拟网络世界融合的工业4.0时代。其制造方式，历经3阶段：近3000多年的以铸造、锻压、焊接等手段生产产品，材料重量基本不变的等材制造；第一次工业革命以来近300多年的以车、铣、刨、磨等机床，对材料进行切削加工，以达设计形状的减材制造；而目前正进入3D打印，通过光固化、选择性激光烧结、熔融堆积等技术，使材料一点点累加，形成所需要形状的增材制造。① 以此历程比对，当年国内自晚清至民国经历着极为缓慢的工业化发展，沿海部分地区在手工业个体化的传统基础上，逐步开始艰巨而又漫长减材制造方式的工业1.0生产进程，更不用说2.0时代及其后续的递进"版本"了。从全球工业化角度看，1910—1980年这一时期整体为国内工业化的起步阶段。到21世纪10年代末，有近70年历史的中华人民共和国，虽然"独立的、比较完整的社会主义工业体系已经基本形成"，② 机械产品自给率超过85%，也只是总体上步入工业化中后期阶段、信息化中期、新科技革命前期等多期重叠时代，并还要在工业2.0、3.0两个方面"补课"，分别推进电气化、自动化的两个改造，同时完善减材制造方式，以利追赶4.0时代。国内目前的制造业大而不强、自主创新能力不足、产品附加值不高，总体还处在国际产业链和价值链中低端，处在从汗水经济向智慧经济的转变阶段。

  以上说明，一方面制度变迁与技术进步是国家经济增长和社会发展的基本源泉，另一方面，社会生产的工业化有其内在的发展规律。亦即"物质生活的生产方式制约着整个社会生活、政治生活和精神生活的过程"。③ 以此为观察点，考察20世纪二三十年代的民国，那时不论广东，还是南京政府统治区，国家仍处在传统农业文明的阶段，铁钉和火柴梗都得靠进口，远未达到向现代工业文明转变的阶段。生产力总体还处于低端水平，即与世界经济发展相适应的国民经济体系的产业结构与技术结构还未建立起来，民族工业规模和发展于整体上也还处于幼稚阶段，更勿论独立的比较完整自主的工业体系、近现代比较完备的科学体系。另外，国民收入与总社会购买力也还不高。用现时的话说，就是当年中国的国际经济竞争力还处在比较靠后的位置。

  有鉴于此，便不难理解直到1949年国民党政府垮台前，广东工业行业结构中，以造纸、纺织、制糖、食品加工、皮革、饮料、炼油、陶瓷、印染、机械、矿冶、小型发电、小五金以及服装等业为

---

① 李克强．催生新的动能，实现发展升级——2015年8月21日在国务院先进制造与3D打印专题讲座上的讲话摘要[J]．求是，2015（20）：3-4．
② 中华人民共和国宪法（2018年3月11日，第十三届全国人民代表大会第一次会议通过的《中华人民共和国宪法修正案》修正）[N]．人民日报，2018-03-22（1）．
③ 马克思．中共中央马克思恩格斯列宁斯大林著作编译局．马克思恩格斯选集，第二卷[M]．北京：人民出版社，1972：82．

主；工业总产值仅占工农业总产值的26.2%；工业结构中，以农产品加工为主的轻工业占绝对优势，其占工业总产值的90.5%，石油工业属空白，电力、冶金规模小。①

国家的强盛固然要倚重高校的强盛，而高校的强盛，有一个遵循教育内在发展规律的渐进与积累的过程。虽然，教育有一定的相对独立性，工专似应为未来社会工业技术变革出力，但在国运衰微、政局动荡与军阀割据的年代，在民族整体的科学素质不高的情况下，工专若寻求创新与变革的价值选择，所临困境非工专一校或广东一省所能摆脱或超越。换言之，社会需求是创新的根本动力，当年国家科研经费少、专业人才少、科研条件差以及大众需求既有限且被压抑的状况，不具备现时所常说的诸如把创新"摆在国家发展全局的核心位置""对接国家战略"的体制与社会大环境，创新不可能成为当年的主旋律。

工专工程教育涉及农业机械与家用电器研发制造、轻化工与精细化工研发生产等，闷头耐心在做与社会经济发展相适应的、力所能及的维持性活动以及生产技艺、工艺流程精细化研究，这种似是农耕时代的工匠活，既是因势而谋、应势而动、顺势而为融入社会以求生存，也是客观上在为地方日后抗战作备战服务，是当时深入社会底层的"经邦济世""民为邦本、本固邦宁"的民本传统思想的反映。若不认可上述的乐观处世、豁达生存之论，从另一角度看，也许可理解为工专那时于粤省高等工程教育领域尚处"一家独大"之势，学养尚深，不疾不徐地守成发展。当然，这是从可行能力下浪掷才智、苟且于眼前的消极立场的一种理解，是农耕社会保守性文化与传统下，一种普遍性历史现象。但不管怎样，以超越社会的发展水平即教育的社会制约性去要求前人，就是苛求了。

从办学角度看，课程建设是教学内涵发展的重要抓手。工专自1918年起至1933年的15年间，如前所述屡历国家与地方政权多变、学校一再易长的复杂情况下，它在化工方面办学之着力与用心值得审视。

因为，就现代社会经济建设而论，化学工业包括石油化工在内的生产部门，是一种资金、知识、技术密集型工业，它既是加工工业，也是原材料工业，既包括生产资料的生产，也包括生活资料的生产，其影响涉及农业、工业和国防，而成为衡量国家综合实力的重要标志之一。在最近的100多年时间里，全球运用化学工程制造出1000万种以上自然界本来不存在的新物质。可以说，没有化学工业，就没有社会生活从近代向现代的过渡与演变。②

工专应是洞见其间的重大关系，也知设置化工专业之难："化学工业品日常需用最多。我国制器陋劣，不能与舶来品竞争，漏卮之巨不可究诘。迩年国内化学工业渐见进步，其出品虽不能与工业发达之国家抗衡，然亦挽回利权不少，足见工业人才与国家社会关系之重大。本校历年设办化学专科，学生毕业后多能置身工业界从事实际工作。"③

从前述作为职业学校的甲工，于应用化学科各学年课程与授课时间表可见，1918年该科所设置的课程包含有机化学的脂肪族化合物、芳香族化合物，颜料、脂肪涂料，基本有机合成中的色素、中间体制造，化学工程中的蒸馏及凝缩装置以及橡皮胶生产等几门；次年建实验工场以松脂分馏制取农林化工原料松节油；到从事高等工程教育后的1925年6月，工专教育展览上展出化工科学生实习制成的多款香水、花露水、雪花膏、生发油、发膏等成品；随后1929年化学工程专业的有机化学、有机工业化学等课程；1930年的三酸两碱工业课程；至于1933年6月改为"广东省立勷勤工学院"后所开设的化学工程本科课程，从其课程表中学分、学时的安排看，不难悟出对传统的继承与光大；有计划地集以500余种颜料及涂料，供学生化学工程课堂上的颜料与涂料组分配比实验的参考标本，又在展览会上展示自产品香皂、洗衣皂、杀虫药等。

另外，上文已谈及化工生产属资金密集型工业。其生产组织形式不论是作坊形式的、工业化形式的、还是集群工业化形式的，抑或集团形式的，都如此。因而要求不同层次的化工技术员，须具备

---

① 广东省地方史志编纂委员会. 广东省志·环境保护志［M］. 广州：广东人民出版社，2001：165.
② 宋航，付超，杜开峰，等. 化工技术经济［M］. 3版. 北京：化学工业出版社，2012年：2-5.
③ 一年来校务概况［Z］. 广东省立工专校刊（民国二十三年七月），出版信息不详，1934：21.

相应的工程经济知识。细阅甲工1918年应用化学科第3学年的课程表，可瞥见那时就已设置与企业管理、企业经济相关的课程，即"工业经营""工业簿记"等；到1929年，化工科二年级课程中保有"经济学"一门；直到1933年的化学工程专业的课程中，与经济管理相涉的有"工场经济"和"工场管理"。在国外，化工技术经济学作为技术经济学的一门分支、综合性的应用学科，大致定型于1926年。而在中华人民共和国成立前的国内，则还未有成形。由于过去社会的动荡，目前始终寻觅不到上述各时期工专所使用的技术经济方面的教材，后人无法做进一步的评论，但15年间，工专人于化工学科教育与建设中，结合国情对国外先进的学科建设思想观念的借鉴、消化的认识以及长久摸索的步履，却是可以判断得出来的。

下图为当年的课程设置，涉及石油化学工业领域20多个行业中的有机原料、精细化工（含颜料、涂料、化学农药、香料）、橡胶制品、洗涤剂等几个方面。全球石油化工起步于20世纪20年代，高速成长于40年代。以此而论，工专在那些年里，没有停止跟踪与追赶新兴产业石油化工的步伐。15年的时间轨迹，勾勒出工专人对此不懈的追求。倘若不是日本侵华战争粗暴地打断了包括工专在内的国内高等工程教育的持续发展，它在这方面原有的进程与其向学科前沿进一步的靠拢本应可期。其中的时间之伤与历史之痛，实在令后人永志不能忘。

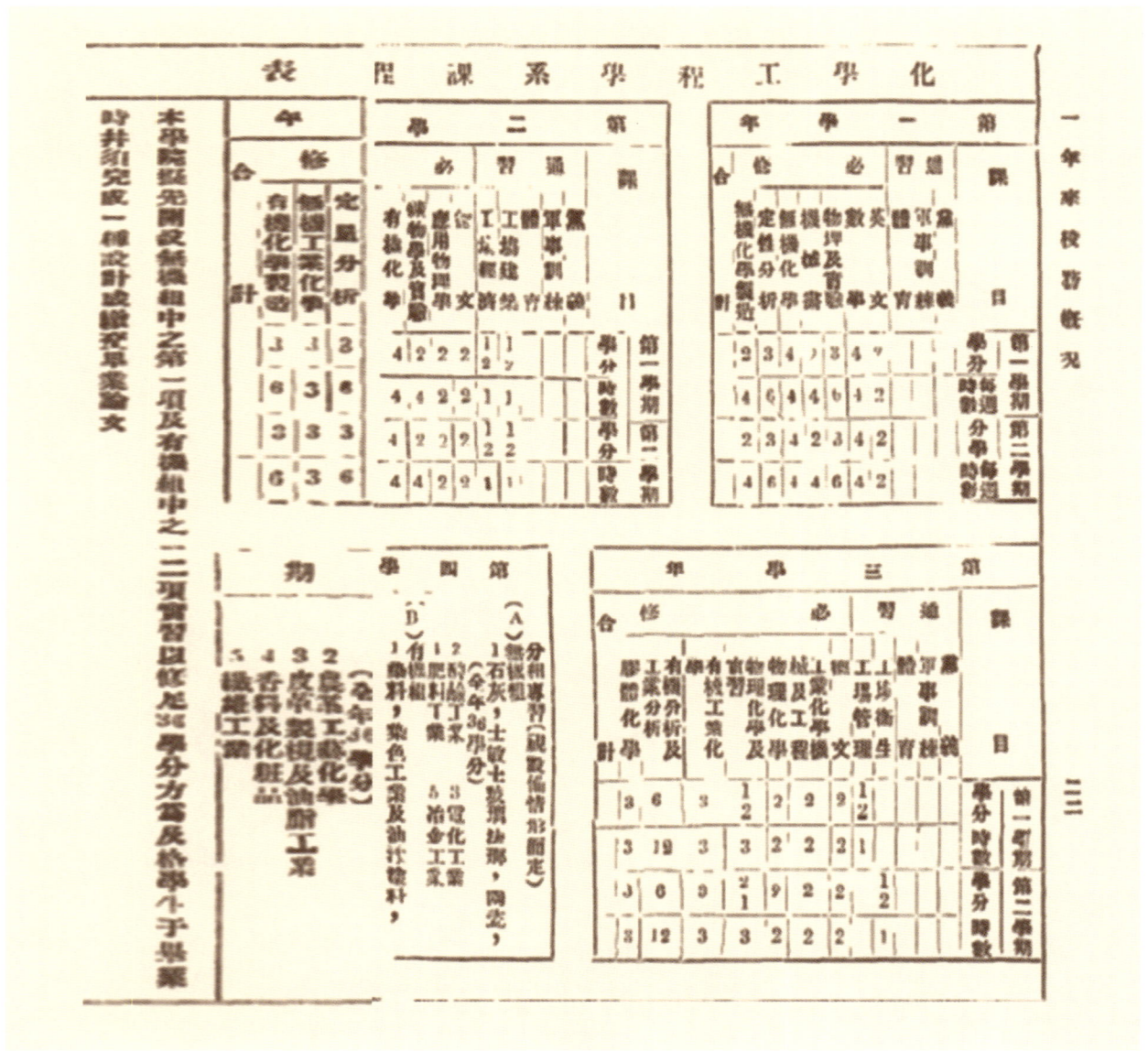

1933年广东省立勷勤工学院化学工程学系课程表

资料来源：一年来校务概况［Z］. 广东省立工专校刊（民国二十三年七月），出版信息不详，1934：21-22.
注：图表中的"第四学期"，应为"第四学年"。

广东省教育厅根据此前教育部关于同意将工专"改办工学院，定名'勤勤工学院'"的批复，于1933年6月5日委任该厅秘书兼工专校长卢德，为勤勤工学院的代理院长。①② 其委任令，不知是为着行文简洁，还是因勤勤大学行将正式成立，各院院长都将要求续履现职，故而不打算再发文宣布勤大院长名单，进而有直接地把勤勤工学院院长冠以"勤勤大学工学院院长"之举。由于任命在前、勤大成立在后，卢德便以教育厅秘书兼工专校长、勤大工学院代院长的多重身份出公差。此间经教育部及勤勤大学董事会核准、通过，同年7月1日，工专扩设为"广东省立勤勤工学院"，并在8月正式成立。"广东省立工业专科学校"之名就此基本停用。

图片来源：广东省政府公报，1933（226）：18. [DB/OL]. [2014-05-13]. http://www.dachengdata.com.

一年后的1934年7月，勤勤工学院在给最后一批专科生颁发了"广东省立工业专科学校"毕业证书后，与广州的勤勤师范学院（学生308人）和商学院（262人）等三所学院于同年7月1日整合为"广东省立勤勤大学"。③ 广东省立勤勤工学院之名就此不复存世。

同是1934年的7月，工专出版了它的"终结版"《广东省立工专校刊》。不知是辑者感怀旧日，心乱如麻而疏忽，抑或改大、扩张的成功喜不自禁而大意，该刊封面的出版年份本应为民国二十三年，文字却错植为"民国二十二年"。此间的省立勤勤大学工学院院长卢德，以工专末任校长的身份于"校刊"作序，颇为感触述往昔：

> 本校创立，原〔源〕于清季，始自工艺局、艺徒学校，一再扩充为甲种工业学校、为工业专门学校、工业专科学校，今且又改为大学工科矣……数十年来，工业学校之性质不改，而学校之历史，历年愈远而愈益深长。盖本省工业学校成立最早，历史最长者，唯此而已……一年以来，幸员生努力合作，本校规模，略已粗具，改大基础亦渐稳固。自兹以往，工专一校已告结束。④

---

① 广东省政府任命状，任命卢德为广东省教育厅秘书（教字第四十八号，廿一·六·廿四）. 广东省政府公报，1932（191）：37.
② 广东省政府任命状，任命卢德代理勤勤大学工学院院长（教字第九○号，廿二·六·五）[J]. 广东省政府公报，1933（226）：18 [DB/OL]. [2014-05-13]. http://www.dachengdata.com.
③ 演讲：陆副校长在本校二周年纪念会致开幕辞（民国廿四年十一月八日）[J]. 勤大旬刊，民国廿四年十一月廿一日 [1935，1（9）：10].
④ 卢德. 序（中华民国廿三年七月）[Z]. 广东省立工专校刊（民国二十三年七月），出版信息不详，1934：1-2.

核准广东省立工业专科学校改办工学院，
定名勷勤工学院的报告
图片来源：一月份之教部工作报告：申报，1933-02-27
（第三张：11）. [N/OL]. [2015-09-10]. http://www.
neohytung.com

图片来源：粤教厅秘书卢惠溥在沪考察职教
[N]. 申报，1934-01-22（第四张：13）.

至此，前期工专办学史已然终结，但由其所开启的广东近现代高等工程教育之史却是值得载入史册的。

换言之，广东近现代高等工程教育，源头与基础不在他校，只在工专一家。

否则，工专校长卢德何以于1934年7月敢说"盖本省工业学校成立最早，历史最长者，唯此而已"；化学科主任李文翔何以于1931年9月说"广东只有一间工业学校，两广也只有一间工业学校"；学生的抗日征稿启事何以于1931年9月说："吾校为本省工业最高学府，国难当前，应站于奋斗最前阵线之上唤醒民众之责，更无旁贷。"①

---

① 专载：李文翔先生演词（九月廿八日全体员生抗日大会演说词之一）、征稿启事[J]. 工专周刊，民国二十年十月十一日 [1931（4）：8].

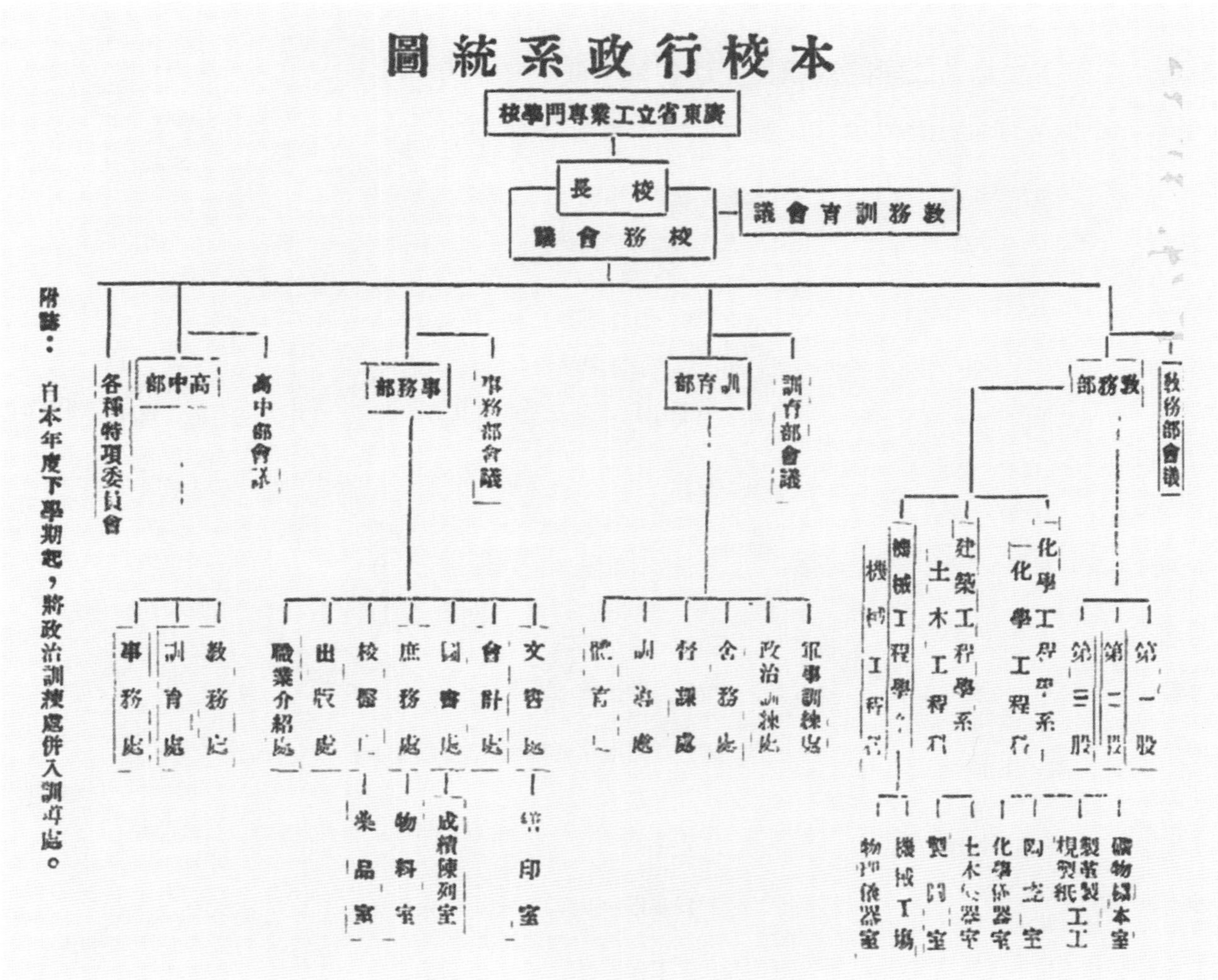

改办广东省立勷勤工学院之前的工专行政系统图

图片来源：本校行政规章［Z］．广东省立工专校刊（民国二十三年七月）．出版信息不详，1934：129.

●勷勤工學院 民國廿三年五月調查

（地址）廣州增步

（沿革）本校原爲工藝局。清末時附設工藝學堂。嗣改爲甲種工業學校。民國十三年、又改爲工業專門學校。隸於中山大學工專部。旋改歸省立。十九年、更名廣東工業專科學校。二十二年、奉教育部令改稱今名。

（組織）院長負綜理全院事務之責。輔以院務部務、教務、訓育會議。院長下置教務、事務、訓育三部。教務部分掌學考績註冊三處。事務部分文書會計圖書庶務校醫出版六處。訓育部分督課訓導體育政訓軍訓五處及舍務委員會。每部或處各設主任一人。教授講師教員及其他職員若干人。

（學制）分大學專修科高中各級。大學分化學工程建築工程機械工程三學系。專修科分土木工程機械工程化學工程三科。

（畢業年限）大學四年。專修科三年。

（職員）（院長）盧德 （教務部主任）方學芬 （化學系主任）李文翔 （建築系主任）林克明 （機械系主任）李錦安 教職員共一〇四人。

（經費）二十二年度全院經常費三〇四、九三三元。臨時費二一五、八五一元。均由廣東省金庫撥支。

（學生人數）二十三年春季計大學班一二五名。專修科八二名。

（畢業人數）至二十二年底止。祇有專修科畢業生一五六名。

（出版物）半月刊一種及臨時特刊

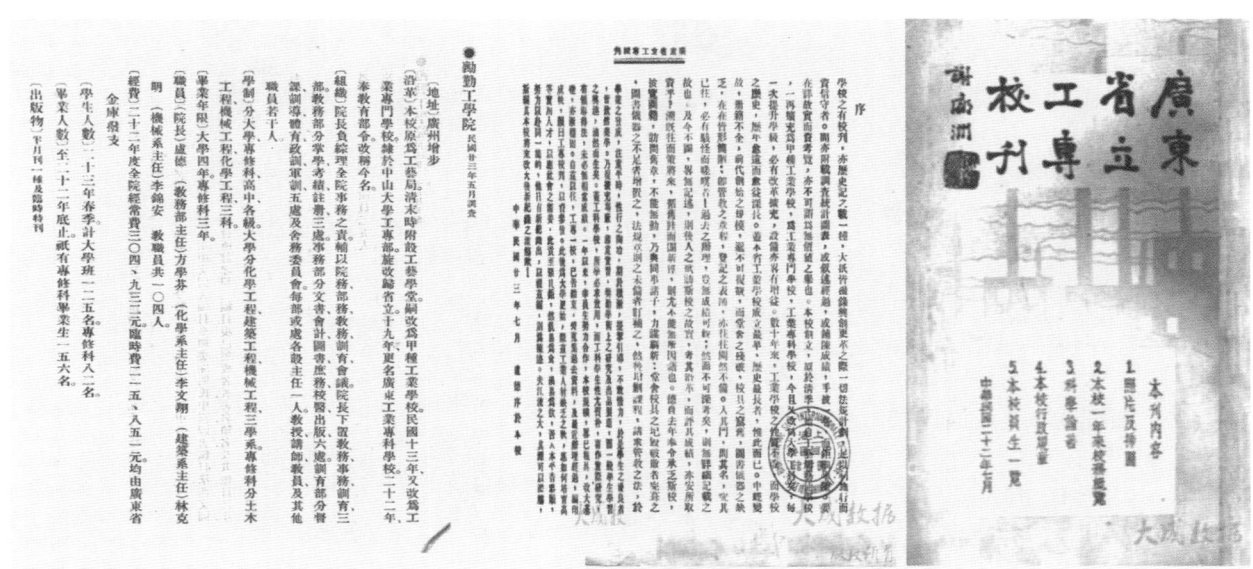

1934年调查一览，卢德就工专校刊所撰序言，相互印证了勷勤工学院办学一年所做的部分工作。机械、电机、化工及土木等四学科，向为工程科学的四大基础学科。从上述一览可见：到勷勤工学院阶段，原拟设置电机科的计划并未实现。创设该学科的“接力棒”，后由勷勤大学工学院接过去之后才得以实现

图片来源：庄文亚（世界文化合作中国协会筹备委员会）．全国文化机关一览［M］．上海：世界书局，1934：515–517.

附录　广东省立勷勤工学院教职员变动名单（截至1934年7月）

姓名	毕业学校或最后学历	职务、所任课程、个人简历
卢　德	法国里昂大学理科硕士	工专校长，勷勤工学院院长。其余前已有述
黄　巽	法国里昂大学物理学硕士	物理课教授兼教务部主任。曾连任中大物理系主任6年。其余下文将谈及
莫衍钧	广东高等师范学校	教务部第一股主任兼高中部教务处主任兼国文课教员。曾任省立女师、省立一中、省立二中、市立师范二中、广东高等师范学校等校教员等职
郑炯湖	不详	教务部第三股主任。其余不详
陈黄荣	中央研究院研究生	教务部第三股主任兼事务部出纳股主任兼舍务兼国文课教员。曾任广州市立师范教员
徐帼英	香港智约女中	教务员。曾任广州市教育局职员、广州市立师范附属小学职员兼英语、自然课教员、市立师范训育员等职
吕仲勤	广州市立师范学校	教务员。曾任贫民女子学校教员，其余不详
韩夔龙	上海法政大学	上学期任教务员。曾任番禺八桂中学教员、省立二中训育员、广州地方法院推事、广东财政厅科员等职
李静如	广东东莞县立中学	教务员。曾任东莞县府之统计、建设、公路等部科员
李恩銮	广州市立职工学校高中土木工程科	教务员。曾任广州市立职工学校教务员兼土木工程科助教
麦汝器	广州市立职工学校高中土木工程科	教务员，下学期改任庶务员。曾任广州市立职工学校教务员兼助教
李文翔	法国波尔多大学化学工程博士	化学工程教授兼化学工程系主任。其余不详
刘启邠	法国里昂制革专门学校	历任本校化学工程科教授
高　志	美国约翰霍普金大学院博士	化学工程科教授。曾任武汉大学、武昌华中大学等校化学科教授
陈书始	美国哥伦比亚大学理科工程硕士	化学工程科教授。曾任美国布鲁伦煤油厂化验师、东北奉天精盐公司总工程师兼顾问、农商部咨议、财政部技正、广东建设厅工业试验所技正、广东云浮县县长、中大教授等职
梁孟齐	美国南加州（奥省）大学化学科硕士	化学工程科教授。曾任中大化学讲师、预科化学教授、国民党空军航校数理化教官等职
康辛元	美国伊利诺大学化学工程学士、纽约州立森林大学森林化学科造纸系理学硕士	化学工程科讲师。曾任中大工业化学科教授、化学工业研究所主任
李翼纯	美国康奈尔大学矿科	化学工程科讲师。曾任广东矿务技士、广州增城帽峰山金矿副工程师、湖南铋矿技士、广西大学讲师、广西建设厅技正、中大地质学教授等职
蔡仲文	法国巴黎农业大学研究院	化学工程科讲师。曾任法国农业工程师、上海劳动大学教授兼农业化学系主任等职
伍琚华	比利时沙城工科大学	化学工程科讲师。曾任广西建设厅技正兼广西水泥厂筹备主管、地方专员、广州灰厂监督工程师等职
余子明	不详	化学工程科讲师。其余不详
刘群兴	不详	化学工程科教员。曾任广东佛山英华中学美术教授、省立女中教员等职
罗翔抡	日本东京工业大学应用化学科毕业	化学工程科教员。黄埔国民党中央军政学校教官、广西省立二中及广东省立第一师范教员等职

续上表

姓名	毕业学校或最后学历	职务、所任课程、个人简历
方宁赞	美国密西根大学化学工程科	上学期任化学工程科教员。其余不详
陈拔士	广东省立工业专科学校化学工程科	化学工场管理员。原任本校化学工程科助理员
吴文笏	广东省立工业专科学校化学工程科	化学工程科助理员。原任本校化学工程科助理员
涂思超	广东省立工业专科学校化学工程科	化学工程科助理员。原任本校化学工程科助理员
林克明	法国里昂大学建筑工程科	土木工程科教授兼建筑工程系主任。曾任汕头市政府工务科长、广州市工务局建筑股主任、广州中山纪念堂工程顾问、改建黄花岗建筑委员等职
胡德元	日本东京工业大学建筑科毕业	土木工程科教授。曾任日本东京清水组建筑监督
麦蕴瑜	德国汉诺威大学土木工程	土木工程科教授。曾任广东全省公路处工程员，广州市府工务局建筑课长，省建设厅南路公路处处长等职
陈 昆	唐山交通大学土木工程科	土木工程科教授。曾任广西建设厅技士，宁明镇南区公路总局工程师，荔修公路工务处主任，广州西村水泥厂工程师，广州市府工务局技士等职
陈良士	美国康奈尔大学市政工程硕士	土木工程科讲师。曾任上海复旦大学、东吴大学、北平大学等校教授，京张铁路工程师、汕头市府工务局代局长、广州市自来水管理委员会工程师兼课长等职
陈锦松	美国康奈尔大学工科硕士	土木工程科讲师。曾在广州市府工务局、广东省建设厅公路处等部门任职；第一次国共合作时期为苏联政府驻国民政府顾问团中方翻译；中大任教授
潘绍宪	美国密西根大学工科硕士奥华州立大学工科博士	土木工程科讲师。其余不详
沈祥虎	英国伦敦大学矿科工学士	土木工程科讲师。曾任农业专科学校、高等师范学校教员；中大、国民大学教授等职
陈锡钧	美国、意大利美术学校	土木工程科讲师。曾任美国雕刻科教授、广州市立美术学校雕刻科教授等职
梁文翰	不详	土木工程科讲师。其余不详
李文邦	不详	土木工程科讲师。其余不详
温其濬	美国弗吉尼亚州立大学土木科	土木工程科教员。曾任江苏铁路学校教务长、上海工业专门学校土木科主任教员、粤汉铁路工程师、广东工务司工务课长、湖南公立工专土木科教员、广东铁路专门学校校长、省建设厅韶坪公路技士、岭南大学及广东国民大学教授等职
李达勋	上海复旦大学科学士	上学期任土木工程科教员。曾任广州市建筑工程师
唐锡畴	上海同济大学土木科	下学期将任土木工程科教员。曾任广东建设厅工务局技士兼修缮股主任等职
李锦安	法国国立最高航空机械学校	机械工程系主任兼机械工场主任。曾任上海快利汽车厂工程师
陈式度	上海交大机械工程工学士	机械工程科教授兼机械工场副主任。曾任沪杭甬路闸口机车厂见习员、粤汉路机务处材料试验室化验师等职
罗赞元	日本东京高等工业学校机械科	历任本校机械工程科教授
李松生	美国威斯康星大学机械工程学硕士	机械工程科教授。曾任省建设厅粤汉铁路局总务处长、黄埔国民党中央军政学校高级班教官兼中大教授
古文捷	法国里昂大学、里昂高等工业专门学校、巴黎高等电气专门学校毕业	机械工程科讲师。现任中大教授

续上表

姓名	毕业学校或最后学历	职务、所任课程、个人简历
郭伟棠	法国巴黎交通专门学校毕业	机械工程科讲师。其余不详
林汉珍	法国苏米尔城机械工程学校、歇城大学电子学	下学期将任机械工程科讲师。曾任法国苏米尔城电力公司机械工程师、越南西贡亚细亚公司工程师、广州市府自来水管理委员会技士等职
江 河	美国麻省理工学院机械工程科	机械工程科讲师。曾任美国钢铁及铁线公司工程师，后一度在美国西部经商，广州自来水厂工程师兼主任等职
林士祥	不详	下学期将任机械工程科教员。其余不详
吴社鸿	广东省立工业专科学校机械工程科	机械工场管理员。原任本校机械工程科助理员
李时可	日本东京高等师范学校	数学课教授。曾任广东省立梅州中学校长、汕头市府教育局科长、汕头市府设计委员会秘书等职
袁武烈	法国里昂大学数学博士	数学课讲师。现任中大教授
刘俊贤	法国里昂大学数学博士	数学课讲师。现任中大教授
丘 和	广东高等师范学校数理化部	数学课教员。曾任广东省立二中、女子师范及中大附中等校教员
卢国英	广东高等师范学校数理化部	上学期任数学课教员。其余不详
黎昌仁	法国里昂大学	上学期任物理课讲师。其余不详
郑 荫	中山大学天文数学物理系	下学期将任物理实验课讲师。其余不详
朱树枬	英国剑桥大学文科	英文课教授。其余不详
赖博超	广东高等师范学校	英文课教员。曾任广州市立师范学校英文科主任
麦宗元	广东存古学校	国文课教员，曾任广东省立一中、四中、惠潮梅初级师范、南海县立师范等校教员
楼子尘	日本粟本图案馆分馆	图案画课讲师。曾任浙江省立一中艺术科主任、上海三余工业社图案技师、广州市立美术学校图案系主任兼市立工科高中教员等职
王 昌	上海美术专门学校	自在画课讲师。曾任湖北武昌美术专门学校教授、广州市立美术学校教员等职
黄著勋	美国里海大学理学士及矿务工程师	矿物课教员。曾任广东高等师范教授、广东大学教授兼地质系主任兼预科主任、广州市电话所所长、广东南路公路处长等职
区萃仑	美国芝加哥大学法学士柯省大学经济理财学士	工业簿记教员。曾任中大、广东省立一中教员；南海县立师范学校校长等职
邓柱燊	广东高等师范学校	训育部主任兼英文课教员。曾任省立中学教员、事务主任、总务主任，省立二中及国民党广东曲江县党部训练部主任兼秘书、国民党广东全省党义教师及训育人员鉴定委员会委员等职
鲁英彪	陆军学校步兵科	训育部军事训练处主任。曾任国民党军陆军排、连、营、团长；参谋长、副官长、兵站站长；讲武学堂、军官学校工兵教导队教官；中大、广东国民大学、省立之一中二中、航空学校、市立之师范、商业、美术等校军事教官及主任等职
张 灏	不详	军事训练教官，下学期将兼任物理教员。其余不详
李文海	国民党军政部陆军学校	军事训练教官。曾任国民党军连长、营副、参谋等职
张杰文	北平朝阳大学经济学士、日明治大学研究生国民革命军第一集团军军政学校军事研究班	上学期任军事训练教官。曾任财政部禁烟科科员、广州市立商业专门学校教员、广西省府总税局会计科长国民党军军政学校政治教官等职

续上表

姓名	毕业学校或最后学历	职务、所任课程、个人简历
谢国兴	国民革命军第一集团军军政学校学员队	上学期任军事训练教官。曾任国民党军军校学生队助教、军官班区队长、中大义勇军军事教官等职
林阑生	不详	下学期将任军事训练教官。其余不详
黄 炎	不详	下学期将任军事训练教官。其余不详
蒋光辉	不详	下学期将任军事训练教官。其余不详
谈季燊	不详	下学期将任军事训练教官。其余不详
朱勉躬	法国南锡大学法学法学士、国民党中央检定大学党义教师资格合格	上学期任训育部政治训练处主任，下学期为党义课教员。曾任广东国民大学法学院院长
伦达如	北京大学历史科、全国大学及专门学校检定党义教师资格合格	上学期任训育部政治训练处指导员，下学期为党义课教员。曾任中大党义教员
程少藉	广州大学、国民党广东青年运动人员训练所毕业、检定高中训育主任资格合格	上学期任训育部政治训练处指导员兼党义课教员。曾任国民党广东省党部第二至第五届执行委员会干事、市职业介绍委员会委员、广东全省回民协会整理委员等职
关乾甫	日本东京农业大学	上学期任训育部政治训练处指导员，下学期为党义课教员。曾任广东全省农林试验场技师、广东高等师范博物部教授、国民革命军总司令部政治部总务科长、仲恺农工学校训育主任等职
曾鹏志	广东国民大学政治经济学	党义课教员，曾任广东化县教育局长、县立中学教员等职
徐孺	广东高等师范学校理科本科	上学期任训育部舍务处主任，下学期改任数学课教员。曾任广东高师附中师范教员、省立第一第二高小教员，省立第一第三第七师范讲习所教员、省立小学校长、县财政局长兼教育局督学等职
杨永熙	广东高等师范学校	下学期将任训育部舍务处主任。其余不详
陈霖芳	广东高等师范学校	训育部督课处主任兼数学课教员。曾任省立第十二中学、广东恩平县立中学、合浦县立一中等校教员，广东信宜新东中学教务主任兼代校长等职
张永康	不详	督课处助理员。其余不详
？其宗	中山大学法学	上学期任训育部训导处主任。其余不详
梁朝汇	中山大学教育学	训育部训导处主任兼体育课教员、兼理教务。其余不详
胡锡庸	中山大学修业	训导处助理员。其余不详
胡春冰	不详	下学期将任戏剧指导员。其余见本书第九章第八节之三
易赞邦	香港皇仁书院	体育部体育处主任兼体育课教员、兼理舍务。曾任香港华人青年会体育教练，广州市立师范、美术、职工等校体育课教员等职
甘佐夫	上海体育专科学校	体育课教员。曾任广东阳江县立中学体育主任、童子军主任、兼军事科教练等职
袁敬仁	北京法政专门学校	事务部主任兼文书处主任，曾任广州市教育局秘书
赖？典	广东高等师范学校	事务部会计处主任。曾任广州市立学校文书主任、曲江县府行政科长、广州市府秘书兼财政局长等职
徐宗陵	北平大学法学院	事务部图书馆主任。曾任北平大学注册课员兼军训委员会委员长、同济大学图书馆管理员等职
梁锦歌	广东番禺县立中学肄业	图书馆助理员。曾任圆周中学事务员
卢岳骏	广东东莞中学	事务部庶务处主任。曾任市立职工学校庶务兼会计等职
黎福？	广东东莞中学	庶务处助理员。曾任广州市立美术学校、职工学校教务员等职

续上表

姓名	毕业学校或最后学历	职务、所任课程、个人简历
李子超	广东东莞中学	庶务处助理员。曾任广州市教育局事务员
白端?	广东粤城中学	上学期任庶务处助理员。曾任广州市卫生局职员、增城县府机关职员、广州市立职工学校事务员
阮德和	日本东京帝国大学医科	上学期任事务部校医处主任。曾任广州光华医院、育善医院医生，市立一中、明远中学校医
叶树仁	广州救护调剂学校	上学期任事务部校医处护士。曾任东莞中学图书馆管理员、国民党军空军医院护士
叶启明	广州救护调剂学校	下学期将任事务部校医处护士。其余不详
袁岱云	中法医校	下学期将任事务部校医处主任。曾任广东国民大学、省立一中校医，广州市卫生局检验医员、第一卫生区主任、防疫课长
曹醒我	香港皇仁书院	高中部事务处主任兼英文课教员。曾任英属北婆罗洲山打根埠中华学校校长；琼山中学、海南公学英文教员；灵山、防城、东兴等县中学教员或教务主任；北海市府教育科长；上海孔教中学、广肇公学等校教员等职
袁文澜	中山大学附属中学高中	文牍员。其余不详
温艺	不详	晒图员。原任本校晒图员
卢宣祥	广州法政学院法律本科修业	上学期任助理员。曾任国民党粤海军龙骧舰、江固舰书记
王孟伦	广州市立职工学校高中土木工程科	助理员。曾任广州市立美术学校教务员兼事务员
招鸿恩	香港皇仁书院肄业	助理员。曾任广东阳春县立中学教员
黄华衮	广东东莞中学	助理员。其余不详
裴远盛	广州教忠师范学校	下学期将任助理员。其余不详
霍沃泉	不详	助理员。其余不详
张满	不详	助理员。其余不详
李克明	不详	助理员。其余不详

资料来源：本校职员一览表、本校教员一览表［Z］. 广东省立工专校刊（民国二十三年七月），出版信息不详，1934：153-175.

（二）改大、并校如期实现

如前所述，工专在甲工原有基础上，自1924年7月以来积10年之功，经省府几年间的大力扶持，以其学生565人（内有女生6名），"原有土木工程、电气工程各科仪器，参考图书颇多，设备完善，足资研究应用"，以及"职教员多为专任"等方面的殷实"家底"，[1] 而成为勤大重要支柱。以其做基础，整合市立师范学校与新办的商学院在一起的广东省立勤勤大学，于1934年7月1日在广州光孝寺宣布建立。

此前在1932年，省政府委员会指令组建勤大所附的《筹办勤勤大学计划纲要》第五项之B款称："工商两学院，除造就工程师、商业家外，并培养中等职业学校师资，以供推广职业学校之需要。所有分科计划，均以不与中山大学重复为要旨。"

该主张契合当时教育部的相关决议精神，即"在同一区域之国立大学应避免院系之重复，各院校在同一区域，以不设立重复院系为原则"。[2] 以现在的话说就是，强调差异性发展，不搞同质化。同

---

[1] 广东省立勤勤大学. 广东省教育厅. 广东省二十三年度教育概况. 广州：广州太平文房印务社，1935：33-34．［M］// 王燕来. 民国教育统计资料汇编：第三十册. 北京：国家图书馆出版社，2010：49-50.

[2] 广东省政府指令，分令广东教育厅厅长谢瀛洲、广州市市长刘纪文筹办勤勤大学计划纲要（教自第四百一十二号，民国二十一年七月二日）［J］. 广东教育月刊，1932（6）：31-32.

时,《筹办勤勤大学计划纲要》第五项B款在客观上披露了省政府委员会及具体办学班子,以国立标准创建地方大学的愿望。

1932年12月,在国民党四届中央执委会三次全会上,关于国民政府行政院及所属各部、会工作报告的决议认为:"年来教育趋势,大学文法科过分发达,不适实际需要,应于理、农、工、医各科,切实发展……职业教育,亦未能发达,似宜切实注意……国防科学及应用化学等学科,于国防关系极巨,亦应切实提倡。"①

广东省立勤勤大学校门

图片来源:广东省立勤勤大学概览(民国二十六年)[Z].出版信息不详,1937:插图十七.

由此而论,当年工专的升格、参与组建勤大以及下文涉及随后所加强与创设的诸工程学系和职业高中,都不失为顺应社会经济发展之策。

改组后的工学院以创办国内一流水平学校为目标,以勤勤工学院原有专业为基础,在几年内发展成为有机械工程、化学工程、建筑工程及土木工程4个系,土木工程和电信交通两个专修科及职业高中部(注:1935年8月该部并入勤大附中),成为很有实力的学院。上述几系的前三名系主任,仍分别由原勤勤工学院所对应的众系主任李锦安、李文翔及林克明来担任,只有土木工程系主任罗明燏为新任者。②③

林克明、罗明燏两人,中华人民共和国成立后或短或长地在华南理工任教过。其中林克明(1900.7—1999.3)广东东莞人,法国里昂大学建筑工程科毕业,为我国近代建筑先驱之一,老一辈著名建筑师、建筑教育家。从事建筑创作60余年,作品百余项,所培养的毕业生散布海内外。他于1929—1931年任工专教授、1931—1938年任勤大工学院建工系教授兼系主任。1979年后兼任华南理工建筑设计研究院院长、建筑系教授等职。④⑤

勤大校章图案与意境,该作何解,目前未能查到当年文献对此的有关解释。分析本章所附的珐琅工艺制作的勤大校章图样,它大致传递了三个历史信息。

孙中山手绘青天白日旗纸样

图片来源:孙中山全集,补编[M].上海:三民公司,1927:插图三

---

① 对于行政院及所属各部会工作报告之决议案(民国二十一年十二月二十一日中国国民党第四届中央执委会第三次全体会议通过)[M]//荣孟源,孙彩霞.中国国民党历次代表大会及中央全会资料(1924.1—1949.7.):下册.北京:1985:196.
② 政协广州市委文史资料研究委员会.广州近百年教育史料,广州文史资料专辑[M].广州:广东人民出版社,1983:139-140、143.
③ 梁冰禅.广东的高等教育[Z].中兴报(香港),周年纪念刊,广东建设号,民国二十二年五月,1933:110.
④ 林克明.建筑教育、建筑创作实践六十二年[M]//广东省科技协会,华南理工大学建筑工程系,华南理工大学建筑设计研究院等11单位、团体、机构.中国著名建筑师林克明.广州:科学普及出版社,1991:1、172.
⑤《建筑师》编辑部.建筑师,9[M].北京:中国建筑工业出版社,1981:76.

（1）校章似乎借鉴了北美、欧洲不少近代大学以古希腊、古罗马象征身份与权力的圆形印章作校章的式样。

（2）构图用色与工专校章一样，看上去重视国体与党义的渗透教育。即突出国民党中央执行委员会于1924年9月所颁布的关于党旗、军旗、国旗通告中的旗帜用色规定。

盾形校徽图嵌入校章中心，其青天白日国民党党旗、军旗模拟图案下，以国旗青天白日满地红旗之红色作底色。

1923年10月11日，孙中山又一次提议以青天白日二色旗，加上红底色成为青天白日满地红旗，作为民国国旗。[①]他确定为红、蓝、白三色，以示自由、平等、博爱之义；而12束叉光，寓意为12干支，即12个时辰。后如前述，1928年12月17日国民政府正式以青天白日满地红旗取代五色旗成为国旗。

校徽图中张挂中式帆装三桅帆船，可能寓意教育、工程、商贸3学院，在青天白日红旗指引下，如同弥满风力的3帆为广东经济社会之轮前行而尽责。

（3）校徽中左右两侧各绘有化工塔台、管道、烟囱与中国古代铜币——尖足布币等外形轮廓，寓意学校以工业、金融、商业等为基本办学方向。

到1936年10月，工学院计有教授20人，讲师25人，助教11人，学生433人。其中的刘英智、李松生、李敦化、陈锦松等教授及讲师中的郑荫，新中国成立后就任教于华南工学院。

由于工学院办学经费比较充裕，图书、仪器和设备充实（注：书刊6200多册，年购置费5700多元；仪器、设备总值35万元，数量达1.1万多件），教与学又都比较认真和积极，它培养出来的一批技术人才，得到社会的好评。

它初期的院址仍设在增埗，1936年9月迁入广州市南郊石榴岗的新校址。[②]

按照广东省政府委员会于1933年1月开始实施的、原定3年的施政计划，在省立勤勤大学工学院原有基础上，要在1934—1935年间陆续"增设农产制造专科及电气工程专科""扩充勤大学工学院，增设矿冶工程学系及制纸工程学系"。[③]上列计划中，从文献上看，不知何因，后来只落实了设置电气工程专科一项。

1937年七七事变前，为广东战前高等教育发展最盛期。国立的为中大，省立的有勤大、体育专科，私立的则有岭大、国民大学、广州大学及光华医学院等7所规模不等的高校。全民抗

广东省立勤勤大学校章

图片来源：徽章专区. 广东省立勤勤大学校章［DB/OL］.（2011-01-06）［2012-08-10］. http://www.quancang.com.

勤大校章中盾形校徽图样

图片来源：广东省立勤勤大学概览（民国二十六年）［Z］. 出版信息不详，1937：插图三

---

① 关于改革国旗的讲话（一九二三年十月十一日）［M］//汤锐祥. 护法时期孙中山轶文集（一九一二年十二月—一九二五年三月）. 北京：海洋出版社，2011：109.
② 林克明，蔡桐坡. 省立勤勤大学［M］//政协广州市委文史资料委员会. 羊城杏坛忆旧，广州文史资料第五十二辑. 广州：广东人民出版社，1998：235-236.
③ 广东省教育厅训令，令所属各学校转令发广东省三年施政计划简表（第二百一十八号，民国二十一年十二月二十八日广东省政府委员会议决议修正通过，民国廿二年一月十八日公布）［J］. 广东教育月刊，民国二十二年二月十五日［1933（2）］：54.

战爆发后，国内高校奉命陆续内迁或合并。[1] 1937年8月底起，广州城时遭空袭，勷大被迫四处疏散办学。其中工学院先后远徙广东的新兴县天堂圩和云浮县城的李家祠及春岗等地，器物分散保存与使用。其中，图书、建筑仪器在春岗图书馆，机械设备在云都车站机械厂，化学仪器在云浮县立中学；陶瓷工厂、皮革工场在云浮延平书院。[2]

1938年的8月20日，广东省立勷勤大学奉国民政府教育部之命改组、停办，临战火仍奋力向前的勷大就此倏然解

石榴岗勷大工学院远眺

图片来源：广东省立勷勤大学概览（民国二十六年）[Z]. 出版信息不详，1937：插图二十二

体。师生带着无限的惆怅，各自散去。其中之工学院，于同年10月1日为国立中山大学工学院所"收容"。当年因抗战，为保护高校而合并或迁徙，总体看不谓不对，但当中政府的主导以及行政干预，客观上为其后来屡屡以公权干涉高校独立性的行为开了口子。对此，战时的民国广东政府给出不同的解释："此种变迁，缘于学校行政上之改革者为多，缘于战事之影响者较少。"[3][4] 但该说难以服众。香港版《大公报》以"裁撤"之词，直白地道出社会民众对此的真切感受。

当时改组的一些居高临下的作派，显然伤害了勷大工学院师生的人格与尊严。譬如，国民政府教育部的相关批复提出，"勷勤大学工学院原有学生移送中山大学收容"的过程中，省教育厅应甄审该批学生的"入学资格核准年月及

图片来源：教育短讯：勷勤大学裁撤[J]. 教育杂志，1938，28（10）：87.

---

① 政协广州市委文史资料研究委员会. 广州近百年教育史料[M]. 广州：广东人民出版社，1983：140；第三编，行政之部：陈立夫. 三十年来中国之工程教育[Z]//周开庆（中国工程师学会）. 三十年来之中国工程，上册，中国工程师学会三十周年纪念刊，民国三十五年. 出版信息不详，1946：8-9.
② 省立勷勤大学工学院存在云浮县图书仪器等清单（民国二十七年十一月）[Z].（广东省档案馆电子文书档号，020-004-978-059：1）.
③ 抗战后本省高等教育况概〔概况〕[Z]. 广东省政府秘书处编译室. 广东教育，广东省政丛书. 韶关：河西印刷工业社，1943：79.
④ 关于"抗战后"的叙事时序，今昔有别。当年以1937年七七事变进入全民抗战，谓之"抗战后"。今则将此用于1945年8月日本宣布投降后。简称"战后"。

指令号数，以凭查核"。承办此事的省教育厅为此"改组省立勷勤大学，将原有工学院停办，该学系各年级学生转送中山大学工学院分别收容"。[①-③] "收容"语义，今昔可能有别。当时可能属中性词，就像1928年省府有关筹办省立第一女子中学文件中，使用"收容女生"的字眼。

林克明与同时代的不少人认为，勷大之废置除军兴原因外，与蒋介石南京政府欲彻底根除陈济棠、古应芬等一派反蒋国民党人在粤势力及影响的图谋，存内在联系。[④⑤] 即其跟近代省立大学"国立化"过程中，所暴露的中央与地方权力博弈、斗争与依附、对立与妥协、利益交换或让渡等现象，是一致的。[⑥] 战前国内仅有的9所省立大学，无一例外或主动或被动地于全民抗战期间，全部国立化。

说回来，中大从1938年10月12日起，举校仓促逃离即将沦陷的广州城，被接收仅11天的原勷大工学院师生在加入中大的亡命大军后，人员已各散东西，集中发声直至宣泄的条件与环境不复存在，心中原有的愤懑与不快归于遁形。在全民抗战的岁月里，合二为一的两工学院学人共赴国难。

由于勷大工学院被"收容"前分散各处的图书、仪器、机械设备等物大部都滞留于原收藏、使用地，来不及归入当时中大的流亡办学之旅。到1940年11月，勷大工学院自云南澄江折返粤省暂栖粤北办学后，经中大工学院院长陈宗南从中斡旋，校长许崇清以"前勷勤大学工学院仪器、公物颇多适用"之由，向省文教厅申请借用。

另外，作为题外之话，台湾省高雄市的"国立中山大学"，在其办校史中，也有工专、勷大工学院并入"中山大学"的相关叙述。就认同两岸不少文化教育建设项目、有着同源一脉或相近的历史渊源来说，相信这是生前就为台湾回归祖国奋斗了多年的、1929年间的省立工专校长丘琮先生所乐见的。

同当年的岭南大学、私立广州大学以及私立广东国民大学一样，勷大图书馆对所添置的书刊，为求提高图书流通使用的耐久性，多数再做"包背装"的处理，即封面裱以绿、赭或黑为主色调的仿羊皮或压花蜡光纸即铜版纸，以求得外观悦目、手感舒适；硬封皮里页，贴一张两三寸见方的浸渍或涂刷可驱蠹虫的药纸条，有时是以万年红防蠹纸即红丹（四氧化三铅）浸渍纸衬作副页，封里则贴有质地较好的毛道林纸印刷的"广东省立勷勤大学图书馆"专属卡。由此可管窥勷大当时图书管理特色。本图样原件，是盖有

1938年9月勷勤大学工学院合并到中山大学工学院后的图书加工印章图

图片来源：2001年11月，自华南理工大学图书馆.

---

① 牛家兴. 抗战时期的大学教育方针［J］. 大学研究（中旬刊），2015（7）：62.
② 教育部. 关于勷勤大学工学院原有学生移送中山大学收容办法指令（国拾八号，民国廿七年十月□日）［Z］.（广东省档案馆电子文书档号，020-001-74-015~016：1）.
③ 广东省教育厅. 关于改组省立勷勤大学原有工学院学生移送中山大学收容公函（高一四四号，民国二十七年八月二十三日）［Z］. 广东省档案馆电子文书档号，020-001-74-020~023：1.
④ 林克明，蔡桐坡. 省立勷勤大学［M］//政协广州市委文史资料委员会. 羊城杏坛忆旧，广州文史资料，第五十二辑. 广州：广东人民出版社，1998：236.
⑤ 政协广州市委员会文史资料研究委员会. 广州文史资料专辑：广州近百年教育史料［M］. 广州：广东人民出版社，1983：140.
⑥ 肖卫兵. 中央与地方的权力博弈：南京国民政府时期省立大学国立化考察［J］. 高教探索，2018（10）：89-90.

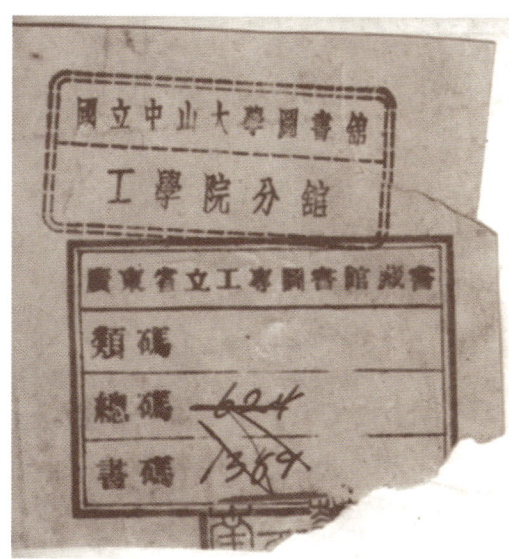

不同校名图书馆馆藏章印模相叠压式样之一

图片来源：2001年11月自华南理工大学图书馆.

"国立中山大学图书馆工学院分馆藏书"章的廉价单面有光纸片，粘贴于专属卡上，这从侧面反映了两校工学院合并史。二者"联姻"未逾两周，即因10月21日广州沦陷，遽然远徙他乡避敌办学。从原件前后用料的反差、中大对图书简陋的加工，似可推断战时物资之极度匮乏与办学之颠沛流离，也可推知勤大工学院这批书交予新主后，所经历的跋涉办学史。而它从中大原藏书30多万册（有一说为20多万册）之一，到最后成为仅存的4万册（有一说为5万多册）书之一，重返中大石牌校区，而后，又从中大调拨到华南理工的。

1945年后，中大为返航广州石牌校区复学做准备工作的"国立中山大学广州办事处"，曾向甫收复广州城的国民党军第二方面军司令部司令长官张发奎声索图书仪器设备，称中大于"广州失陷时，全校图书仪器，除小部分能及时携出移往云南外，其余大部分未及带出。当经日军掠去。俟日军部复将该批仪器、图书，交与伪广东省政府开办伪广东大学及鸣崧中学"。据文献所载：中大图书包括原工业专门学校、工业专科学校及勤大工学院等已经加盖或来不及加盖中大图书馆藏书章的书刊，除上述引文所说的流向外，有的掠往在广州越华路的"南支派遣军司令部"图书室、广州吉祥路的日军"东亚研究所"（共2314册），有的在1944年粤北被攻陷后落入敌手。[①②] 还有，据研究者考证，"国立中山大学图书馆、广西省立第二图书馆、广州市新闻记者公会图书馆、广东省建设厅图书馆和广州大学图书馆的藏书"，由在广州的日本南支那调查会劫夺运到日本，藏于东北帝国大学供本国人享用。以上大部分书籍都有日本"东北帝国大学图书印"的藏书章。1945年9月后，日本被迫归还的包括上列部分图书，经由我方国民政府的"日本赔偿及归还物资接收委员会"及行政院管理委员会等前后安排，于1949年8月以"增利轮"海运到台湾，并最终在1952年6月12日及1986年，先后交与台北工专即今日之台北科技大学、高雄中山大学的图书馆收藏，之后由台湾收藏家许伯夷所有。战后，中大图书有的于南京运回两三箱，从日本追回10余本以及从我国香港西环永源货仓运回存寄碑帖与书5万余件册，等等。[③④]

放大镜下，显示"国立中山大学图书馆工学院分馆"章、"华南工学院图书馆藏书"章（印模残

---

① 黄仲文（国立中山大学广州办事处主任）. 关于请将中山大学图书移交本处接管给国民革命军第二方面军司令部长官张发奎的公函（民国卅四年九月十七日）[Z].（广东省档案馆电子文书档号，020-009-30-106）.
② 黄仲文. 请准由本处接收伪广东大学及鸣崧中学之图书仪器俾使复学由（民国卅四年九月十七日）[Z].（广东省档案馆电子文书档号，020-009-30-103：1）.
③ 黄伟. 抗战期间刘文典被劫图书考述[J]. 北京化工大学学报（社会科学版），2014（1）：49.
④ 台湾知名收藏家许伯夷：收藏数百册日军掠走中大图书馆图书[N]. 南方日报，2014-11-13（A07）.

缺），分别骑压在工专馆藏章上。华南理工藏书章之字即"圕"字，意为图书馆，为上述谈及的杜定友于1924年将图书馆3字拼写所创，在20世纪50年代之前，曾一度为国内不少图书馆所采用。

二、工专对广东高等工程教育的重要贡献

工专为勤勤工学院与国立中山大学工学院的发展壮大，从专业与课程设置、师资队伍、教学设施等方面提供了厚实的基础。

仅就师资一项，以中大工学院为例，它深刻地反映了当时工专对中大工学院的范导作用，以及后者对前者主动的借鉴与汲取。

中大从1932年8月6日起在理工学院内筹办土木工程与化学工程两个系，到1934年8月24日正式对外发文，宣布共有4个工程系（土木工程、化学工程、机械工程、电气工程）从理工学院中分立出去组建工学院，至1935年满1年的阶段为止，工学院在册的27名教授与副教授（含来自理学院的3名兼课教授）、16名讲师和助教以及11名办公室职员由工专延揽过来的分别为37%、1%和45%，以致它的首任院长（萧冠英）、机工和电工的首任系主任（前者黄秉哲，后者刘均衡）以及首任工场主任（胡慕瑗）就都来自工专。①~③

从另一角度看，1931年工专在册的44名教职员，在以后的4年里，据不完全统计，就有31.8%的人先后任职于中大工学院。其中，有原工专的两名校长（萧冠英、丘琮）、教务主任（张公一）、工场主任（胡慕瑗）及专业科主任（机械黄秉哲、电机李松生）等。④

此外，历时共11载的3届该校工学院筹备委员会中的前两届主席，均系原工专校长萧冠英。3届筹委会所聘委员共47人次，即<u>萧冠英</u>、桂铭敬、陈国机、何自立、<u>叶家垣</u>、邓焕模、谭华基、<u>区其伟</u>、<u>李敦化</u>、邓盛仪、<u>李其苏</u>、郑允衷、王志远、<u>李青</u>（即李松生）、金绍祖、罗清滨、陈子英、张乃燕、<u>黄秉哲</u>、黄肇翔、胡章、陈宗南、李仲振、朱汝梅、杨锡宗、康辛元、曾锐庭、黄巽、何衍璇、<u>刘均衡</u>、曾广弼、黄锡雄、程耀椿、梅观涛、方棣棠、罗雄才、林清许、<u>叶卓林</u>、罗赞元、萧锡三、李翼纯、黄著勋、古文捷、<u>胡慕瑗</u>、徐学濂、姚万年、吴鲁强。⑤⑥上述姓名标有下画线者，为工专不同时期的专任教授，此项计有16人次，由此可算出筹委会成员有34%来自工专。

工专先行一步创办机电、化工、土木及建筑工程等专业，其人才培养模式、教学内容及方法，工程技术意识与素质的养成诸环节，以资历和学识见长的源自工专的委员，以及教学上对学生严格要求，特别是工专以美国著名工科院校为镜鉴办学，在社会所形成的美誉度等，所有这些所产生的作用，以及彼此性相近、心相通的互帮互学应是明显而突出的。所以，此间若果对方揖礼道"多蒙鼎力协助，无任感谢"，工专是可以豪爽接受的。

中大工学院终以卒底于成的心情，长久企望与努力后复杂、喜悦兼之的简练笔触记叙："各委员分工合作，订学则，编课程，置设备，建院舍，积极进行。卒能于二十三年八月，本学院筹备完竣而组织成立，即聘萧冠英为院长。"⑦⑧

另外，上列筹委会委员古文捷，于中华人民共和国成立后先担任广州私立文化大学副校长，后以

---

① 邹鲁. 国立中山大学关于原理工学院改称理学院及土木、化工两系移交工学院的布告（民国二十三年七月五日）[Z].（广东省档案馆电子文书档号，020-009-11-131~133：1-2）.
② 邹鲁. 通知工学院成立（民国二十三年八月廿四日）[Z].（广东省档案馆电子文书档号，020-001-232-010~011：1）.
③ 中山大学工学院之筹备经过及现况（民国二十四年）[J]. 工学季刊，1935（1）：126-128.
④ 广东省立工业专门学校第四届毕业同学录（民国二十年七月十三日）[Z]. 出版信息不详，1931：3-20.
⑤ 国立中山大学理工学院二十一年度概览（民国二十二年）[Z]. 广州：中山大学出版部，1933：371.
⑥ 中山大学工学院之筹备经过及现况（民国二十四年）[J]. 工学季刊，1935（1）：124.
⑦ 中山大学工学院之筹备经过及现况（民国二十四年）[J]. 工学季刊，1935（1）：124.
⑧ 中大档案馆有一说：中大工学院成立于1934年7月5日（中山大学工学院 [Z/OL].（2011-10-27）[2012-11-26]. http://www.archives.sysu.edu.cn）

图片来源：中山大学工学院之筹备经过及现况，片断（民国二十四年）[J]．工学季刊（中大工学院院刊），1935（1）：124.

前暨南大学副校长之身，随同1970年解体后所余的暨南大学机关单位及数理化基础部教职员工，集体地调入华南工学院所分立出去的"广东化工学院"，并至1978年4月中旬。

显然，作为省内高等工程教育先行一步的工专来说，楚材晋用，以及扶掖勷勤大学工学院与中山大学工学院，不啻是对广东高等工程教育的一个历史贡献。

三、今天的认识

1912年10月22日北京政府公布《专门学校令》，称专门学校"以教授高等学术、养成专门人才为宗旨"，在紧随其后公布的《工业专门学校规程》中，都规定修业年限为预科1年、专科3年，共计4年，可以办的专业为土木、机械、造船、电气机械、建筑、机织、应用化学、采矿冶金、电气化学、染色、窑业、酿造和图案（即美术）等13类。①

1929年7月26日、8月15日，南京政府及其教育部先后公布《大学组织法》《大学规程》；教育部后又于1931年3月26日公布《修正专科学校规程》。前两者要求大学分文、理、法、教育、农、工、商、医各学院。凡具备三个学院以上，并含理学院或农、工、商、医各学院之一者，始得称为大学。后者则规定：教授应用学科，养成技术人才，改旧制专门学校为专科学校，修业年限为2～3年。②

---

① 教育部令，工业专门学校规程（第二十三号，民国元年十一月十三日）[J]．广东公报，民国元年十二月初六日[1912（108）：7-8．
② 国民政府颁布：大学组织法（文件号阙如，民国十八年七月二十六日）、教育部公布：大学规程（文件号阙如，民国十八年八月十四日）、教育部公布：修正专科学校规程（文件号阙如，民国二十年八月二十六日）[M]//中国第二历史档案馆．中华民国史档案资料汇编：第五辑，第一编，教育（一）．南京：江苏古籍出版社，1994：171-172，174.

根据史实和当年相关法规，可以认定，从1924年7月起广东省立工专进入高等专科办学阶段，从1933年7月起进入高等本科办学阶段。

另外，流传多年的传统认识称：两广总督岑春煊于光绪三十三年（1907）在广州惠爱街旧抚院署开办的两广高等工业学堂（原称"两广高等实业学堂"，民间也有称之为"广东高等工业学校"），是广东省内最早开设高等工程教育的学校。①

但已知的文献资料并不支持这个说法。如民初的一份官府文件说：

查两广高等工业学堂系于前清光绪三十三年开办预科，以巡抚旧署为校舍，至宣统二年预科各班先后毕业。三年三月本科开办，先设机械及应用化学两科。其时，建设工场、延聘教员及种种设备多未就绪。实则通习科目之外，并无主科、实习功课，徒标本科之名，全无本科之实。迨开课未久，即遭三月二十九日之变，学生星散……四月时，经该堂监督陈涛禀请提学司，转详两广总督核准暂行停课。其后仅于广雅书局设立工程处，为另行购地建校之筹备。卒以校地未定，经费无着，停课以后，未尝复开……此两广高等工业学堂之先后办理情形也。②

两年后的1916年，又一份官府文件再次重复上述引文的基本说法。此即前已涉的1916年11月广东省递交给在京召开的全国教育行政会议关于广东全省教育现况报告：

两广高等工业学堂：此校于前清光绪三十三年开办，先设预科五班，以裁缺广东巡抚署为校舍，至宣统二年预科各班先后毕业，计共二百零六人。三年三月，本科先后开办机械及应用化学

---

① 《岭南文化百科全书》编纂委员会. 岭南文化百科全书［M］. 北京：中国大百科全书出版社，2006：518.
② 广东巡按使公署咨陈，咨陈教育部准部咨，据留日毕业生龙裔禧禀请恢复工业专门学校咨，复察照文（第一百九十六号，民国三年十一月十二日）［J］. 广东公报，民国三年十一月十六日［1914（701）：6-7］.

两科。开课未久，即遭三月二十九日之变，学生四散。改革之初，公地多驻军队，寄存各物多已散失。①

上述两份官府文件所谈及的"三月二十九日之变"，是指以黄兴为首的革命党人于1911年发动攻占晚清两广总督府的广州"三二九起义"；另谈及的"改革之初"，当指1911年辛亥革命后、民国初期广东所曾出现的改革热潮，而非20世纪80年代初勃发于国内的改革开放。

两份官府文件形成于1914年至1916年间，离两广高等工业学堂解体不过3～5年，官府或平民要弄清学堂的来龙去脉并不难。所以，两文件所说及的事项有较高的可信度。

另外，1921年间有社会人士吁请政府，在省立一中计划搬迁后改办为广东工业专门学校，建议4年内至少投入开办费22万元，以后每年拨7万元维持费。当时称曰复办，② 其实此前粤省并没办过这类工业专门学校。处于前已述及的广州城头变幻大王旗之际，该计划终究是纸上谈兵，并未成为现实。

既有此，则广东省立工专，于1924年7月开创省内最早从事高等工程教育之先河，当可了然。

---

① 广东省教育现况［M］. 沈云龙. 全国教育行政会议各省区报告汇录（中华民国五年十一月），近代中国史料丛刊三编：第十辑. 台北：文海出版社有限公司，1986：221.
② 杂录：佚名. 恢复广东工业专门学校计划书大要［J］. 广东教育杂志，1921，1（2）：294.

第六章 （1943年夏—1952.10）

山重水复的后期工专
——从艰难复办到组建入华南工学院，在新社会获得重生

工专改办本科以及并入中大10年后的1943年夏，广东省国民政府教育厅复办广东省立工业专门学校，[①] 并从当年起招生。随即着手艰难的复办工作，校址先后置广东的高要县、云浮县及肇庆市等地，中华人民共和国成立之初迁回广州。

一、工专在战火中重生

后期工专得以复办，其推动者为1933年前后任工专教务部主任教授黄巽。

黄巽（1898—1987），字绎言，广州番禺区人，里昂中法大学1926届理学硕士、里昂中央工业学校电学工程师。1927年回国后先后任中山大学物理系主任兼事务管理处注册部主任、中央专门学校电机工程师、省立工专教授兼教务部主任、省立第一职业学校（注：今广东轻工职业技术学院前身）校长，后又兼省科学仪器制造厂厂长等职，从教50余年。中华人民共和国成立后被评定为四级教授，先后任华南联合大学、中山医学院教授。[②③]

1985年，87岁的黄巽撰文忆远岁：1939年避敌凶焰于广东乐昌县九峰山北乡上丛村、坚守广东省立高级工业职业学校校长之职期间，所提出一项惠及青年学生的建设性动议，随后获准；向教育部建议重新开办"工业专科学校"（因战前广东已经把"工专"纳入大学里），又得到教育部同意，在西江云浮县腰古墟……利用高工的仪器机器，开办"省立工业专科学校"。当时有"老侄带嫩叔"之称。我兼任"省工专"校长至抗日战争胜利后半年。[④]

截取其历史片断，今天可大致还原如下的"场景"：

1939年9月23日，日本大本营规定中国派遣军总任务之一是"要占领广州附近、汕头附近及海南岛北部要地……广州附近的作战地区，大概在惠州、从化、清远、北江及三水以下之西江下游之间"。[⑤] 因而，日军于1938年10月占领广州及其外围从化、佛山几个县和几个沿海城市之后，没向周边继续推进，作更大的扩展。同时，也由于时为广东省府主席兼省保安司令的李汉魂于战区与同僚苦心守土，戮力同心维持对粤北、南路、粤东、西江部分地区与海南腹地即粤省2/3面积的统治。[⑥] 至1940年，蒋日两军处对峙局面，广东抗日后方一时现粗安之势，肇庆地区也一度成为敌后偏安地带。

[①] 国民政府教育部教育年鉴编纂委员会. 第二次中国教育年鉴 [M]. 上海：商务印书馆，1948：775；何国华. 民国时期的教育，岭南文丛 [M]. 广州：广东人民出版社，1996：143.
[②] 番禺市地方志办公室. 番禺县志（1912—1991）[M]. 广州：广东人民出版社，1995：1005.
[③] 黄巽诗词集 [Z]. 出版信息不详，1998：12-13.
[④] 黄巽. 八十七年的回顾 [Z] // 番禺县政协文史资料研究委员会. 番禺文史资料，第3辑. 出版信息不详. 1985：58-59.
[⑤] 李敏. 话说民国 [M]. 北京：团结出版社，2007：1657.
[⑥] 张晓辉，杨波，黄史臣. 民国时期的广东经济 [M] // 广东省地方史志编纂委员会. 广东省志·经济综述. 广州：广东人民出版社，2004：154.

"鉴于国防建设及后方生产之急需",兼之尚存办学的地域空间,广东省政府委员会承教育部令于1943年着人"筹设"工专于广东西江地区的高要县。① 因而就有了"始新建校舍于高要之长江坡,办水利、机械、化学三系"的筹备活动。

1944年4月,日军发动豫湘桂战役,敌军在中美飞机不断袭击下,还能以每天30公里速度推进。② 由此导致国内高校不得不第三次内迁,其中不少迁徙到桂、贵、粤北及湘西等地;而仓促者则只好进一步西迁至川渝大后方另有部分滞留于闽、赣与粤北等地,于所在地向内迁移,广东工专是其一。

由于同年8月,高要县政府根据国民党谍报组织所侦悉的日将西侵的敌情,命各级学校停课疏散;③④ 9月6日起,桂柳会战的战火逐渐蔓延到粤境,敌10余万兵力分4路源源南下进犯西江,经肇庆、高要地区向梧州窜犯。日军二十三军主力一〇四师团攻取粤北地区而入湖南,另一路原在广东的中山、顺德、南海的日军与之呼应,溯西江北岸向广西北犯。9月10日驻北岸的国民党六十四军一五六师及一五九师、驻南岸的全配捷克式装备的六十五军一五八师等,消极抵抗后便仓皇向西退却;而国民党第三十五集团军军部自8月即从肇庆、德庆地境向高州方向转移,不战而退,致使来敌迅速占领三水、四会、广宁、怀集、肇庆等西江广大地区。其中,高要县于9月16日被日军占领。⑤⑥ 于是就有了"建筑新校舍工程尚未完成,适值日寇南窜,奉令疏散""敌陷西江,校舍复烬""旋校长谭孟衍病故,校政一度停顿"等令人痛心与沮丧的多个变故。

劫掠、践踏西江地区之敌,除在高要盘踞11个月外,其余没大规模遣兵久驻该地,只在若干地方设点控制水陆交通线,收缩战线折向广西进犯。元气大失的工专,慌乱之中落难于两广丘陵地带的今云浮市云城区腰古镇,暂且在明清古村落——水东村"蓉华义学"(又称"蓉华书院")一间两进大祠堂里安营扎寨,一时彷徨。

这里的"进",是旧时打量平房宅子内分前后几排的量词,由此得知用房宽松程度。一排称一进,两排便是两进。该书院地块后于1983年为三水—茂名铁路所用,原房舍因此已无迹可寻。

现存云浮市云城区腰古镇中心小学校园的"蓉华义学"石刻门额。额长3.13米,宽0.73米,刻成于同治十三年四月五日(1874)。校名为咸丰二年(1852)壬子恩科状元、同治十二年(1873)任提督广东学政的章鋆所题。门额后在拆除校门时不慎断裂

图片来源:吴勇华(云浮市档案馆)."蓉华义学"石刻匾额,2006年7月15日、18日摄.

---

① 广东省政府秘书处编译室. 广东教育(中华民国卅二年八月)[Z]. 韶关:河西印刷工业合作社,1943:3.
② 唐红丽. 正视历史事实,深化抗战研究:访中共中央党校党史研究部教授李东朗[N]. 中国社会科学报,2015-06-26(A07).
③⑤ 肇庆市地方志编纂委员会. 肇庆市志:上,地级市志[M]. 广州:广东人民出版社,1999:44.
④ 肇庆市端州区地方志编纂委员会. 肇庆市志:县级市志[M]. 广州:广东人民出版社,1996:28-29.
⑥ 谢立全. 挺进粤中,革命回忆录[M]. 广州:广东人民出版社,1980:26、50.

工专办学苦旅的中途校园故址（今云浮市云城区腰古镇水东村）。1990年该镇区面积0.7平方公里，人口3617人。该镇在第一次国共合作及第一次国内土地革命战争时期，为云浮县总农会、共青团县委、妇女运动委员会等群众团体的驻地

图片来源：广东轻工职业技术学院建校80周年历史回顾（三）[DB/OL].（2013-11-10）[2013-12-25].http://www.gdqy.edu.cn.

此间，黄巽所主持的省高工匆匆撤离粤北连县的西岸乡，长途跋涉辗转罗定后也落脚于此。得省教育厅授权，他一身兼两职，调动省高工本来就有限的部分办学资源，用该义学所遗校舍，于同一地办起职业教育与工程教育两所学校来。

黄巽扶危济急，是其作为留法勤工俭学生一员，为生存权、求学权抗争历练所凝奋斗精神的又一次绽放。因他的担当，颠沛的工专在斯文将灭之际，得以再续弦歌。

战时处于随时走难的动荡日子，师生生命安全为第一要务。办一所有模有样的工科高校所需的校舍、师资、经费、仪器设备以及相应的人文环境与交通区位等基本条件，显然都难以兼顾。

工专正式开学于1945年3月1日，学制一年，[①] 光复前后，教师、教材与相关教学仪器设备一直严重短缺。如为首届化学工程科开设的31门课程计划，实际执行的只是机械工程、材料力学、工业分析、材料试验、化学机械试验及工厂实习等六课程中的前五个，大部分因得不到人力、物力的支持而没有实施；另外则受制于工厂开工不足或停产不得不作罢。这时的教导主任为岑藻芬。[②③]

对比战前工专的校徽式样，战时的工专校徽"子肖其父"，沿袭了前者。这从侧面表明它对前者办学衣钵的继承关系。

光复后工专深感"二年期间未免短促，对于学生研习方面未能获致最大效能"，曾计划在1947年改学制为三年，设化学工程、机械工程、水利工程、土木工程和纺织工程等五个专修科，并添置机械与丝织等实习工场、化学与水力等实验室，以及简易图书室等。其间，先后获省教育厅配发、增拨及紧急措施费等三项的1945学年教育总复员费用1150万元，以及1946年、1947年两学年教育复员费各1000万元、2200万元。[④] 但因经费不足以支持如此的扩展设想，不得已维持2年学制，并不再考虑复办土木与机织两老牌专业。1948年1月南京政府公布新的一轮《专科学校法》，规定修业年限

---

① 政协广州市委文史资料研究委员会. 广州近百年教育史料：广州文史资料专辑[M]. 广州：广东人民出版社，1983：143-144.
② 广东省立工业专科学校教务处. 一九四四年度化学工程科第一届学生李莲芳成绩表[Z]. 广东省档案馆电子文书档号，020-009-121-032~033：2.
③ 梁允模. 广东省立工专对我县教育的一些影响[Z]//《云浮文史》编辑委员会. 云浮文史，第八辑. 云浮县：县政府办印刷厂，1991：71.
④ 广东省教育厅会计室. 本省历次教育费配发情形. 广东教育，民国三十七年六月十五日[1948（1）：23-25.] [DB/OL].（更新或修改日不详）[2014-05-13]. http://www.dachengdata.com.

为2年，[①]粤省工专依规执行。

此前，校长谭孟衍于1943年上半年曾任中山大学机工系教授，他为工专事而四处"化缘"，如向中大函寄"筹募建校及设备募捐册"。在谭孟衍病逝、黄巽接管工专的情况下，光复后从粤东等地返航广州石牌校区的中山大学。该校有关部门在1945年12月报校方负责人核示的关于为工专捐款请示中提出："现生活费用增加，每人捐50元似不为过。拟在集体捐款数捐一万元。"其实，该次所谓"集体捐款"，是学校"于发放十二月薪津每人征收五十元，在薪津扣抵"的。[②]这里，因后续相关文献资料未能寻觅到，虽不知实际结果如何，但中大念旧伸援手之情，实应铭记。

后期的工专办学阶段，大部分时间处在战争或物价飞涨时期，学校日子难过。

如前所述，1945年9月后工专二迁肇庆镇南路青云堂，借小学的课室上课。一年后的1946年9月16日，三迁往穷乡僻壤的高要县罗隐涌的县立湖山简易师范学校旧址办学。这时，有人投书省府秘书处编译室所办的《广东教育》，以通讯形式，反映省立工专在简陋的校园环境下，师资和教学用图书、仪器、设备匮乏的局面：

> 自从搬到肇庆的鼎湖山来，它被拥抱在青山绿水之中，自然环境是显得太美了。围绕在周围的有一条如带的溪流，前面是广阔的平原一片，侧面的栽花道上，遍植着各色各样的花草，正好点缀了古林的苍郁。虽说而今已是深秋，但那玉兰、桂花混成的淡淡的幽香吹来，会使人彷如置身桃园的……
>
> 一般地说，正像大学里的工学院同学一样，工专的同学也多是切实、勤奋。质朴的他们都苦〈行〉僧似地埋首于工业方面的课程，比较地缺乏文人学士那种闲情逸致。要是月白风清的夜晚，有谁在学校门口的草地上仰卧下来，细数那天上闪灼〔烁〕的星星，一定会很写意的。可惜，这个学校还是草创，一切都尚待充实。虽说建〈设〉厅拨来了一间丝织厂，余汉谋长官也拨助过机械一批，地方人士更捐助砖石瓦木，帮助建设校舍，但比起同学们的学习□□来，却还是相差十万八千里的。
>
> 因为离开广州遥远，好教授的延聘，自是忧乎其难，学校当局难以高薪办法补救，一时也难达预期目的。
>
> 图书的设备，也是急待充实的。文学、政治方面的书籍，固是一本也找不到。顶使人遗憾的是连本行的书籍，也少如凤毛。图书馆里虽也摆着好几箱书籍，其实却尽是

1943—1952年间工专校徽

图片来源：黄巽校长毛笔信札［DB/OL］．（2013-01-19）［2013-08-26］.http://www.kongfz.com

---

[①]国民政府公布专科学校法（三七·一·十二）［M］．中国第二历史档案馆．中华民国史档案资料汇编：第五辑，教育（一）．南京：江苏古籍出版社，2000：46.

[②]广东省立工业专科学校关于送筹募建校及设备册等清册函［Z］．广东省档案馆电子文书档号：020-004-504-005~006：1-2.

日文的。至于什〔杂〕志报章方面，则除偶尔有一二份中山、建国日报之外，别的报章和什〔杂〕志，是影子也找不见的。同学们在精神食粮上要感到极度的渴饥，该不是偶然的了。作为一个专科学校的内容，竟贫乏到如此田地，是为了〔因为〕经费太少呢？还是"人谋之不臧"呢？

体育运动方面，同学们自己动手架〔起〕了一个排球场。这偌大的专科学校，就是这一个排球场呵！①

通讯中提及的"一间丝织厂"，是指1946年6月4日，省建设厅把原农林局、蚕丝改良局所属的广东顺德伦教丝织线袜厂于广东沦陷前抢运撤至高明县杨梅圩和平乡易家祠的设备，转工专"代管运用"。其主要设备有武林式丝织机20台，格丝机、并丝机、浆经机、打捻机等各1台。而这些设备已属此前杨梅乡沦陷时遭日军洗劫后的残留物；该厅后又于同年7月25日，把沦陷前抢运撤至德庆县的原省公路处运输总段的柴油机发电机一台，"拨让"与工专，以成全壁配套于丝织设备系列。②③

关于"余汉谋长官"，为抗战时第七战区司令长官兼第十二集团军总司令，祖籍肇庆。1945年12月，该战区与集团军同时被裁撤，余改驻江西，任衢州绥靖公署主任。其于1947年2月所捐助的机械设备计有6尺车床4台，8尺车床、万能铣床各3台，刨床、钻床、压片机各2台，制轴承滚珠机床、火石渣研磨机、柴油发电机组，以及7马力、25马力内燃机各1台。④⑤

关于肇庆与广州市的传统陆路即公路距离，当时为180公里，并不遥远。问题是作为西路第一干线一段的广肇公路为纯沙土路，于抗战中的1938年，国民党政府为阻延日军入侵而实行"焦土政策""挖土抗战"，下令全面破坏公路，规定每华里破坏4段，每段长5丈，深1丈多，挖成之字形，仅留3尺人行道，并炸毁桥梁。1945年光复后才陆续组织人力修复。肇庆境内只可通车一小段，其余公路不成路形，杂草丛生。由于路况已不容长途载客，又没有定期班车，而客货混载汽车为时速25~30公里的低速、低马力的中外杂牌木炭燃气车。大多数地方长途客车常被突击征用，以作国民党军七战区的兵站军需补给物资运输；征用期间不给租金或任何报酬。⑥ 由于战时得不到计划内的维修与技术保养所

---

① 肇庆通讯：裴. 展望工专（民国三十五年十一月三日）[J]. 广东教育，1946，1（6）：29. （云南图书馆馆藏）
② 梁玉华，彭大充（广东省建设厅四科）. 关于将顺德丝线厂交杨梅机器交省立工业专科学校代管运用（民国三十五年六月四日）[Z]. 广东省档案馆电子文书号，006-002-1627-039~042：39-41.
③ 麦伯秀（广东省建设厅四科）. 关于广东省立工业专科学校领取油渣机一事的报告（民国三十五年七月二十七日）[Z]. 广东省档案馆电子文书号，006-002-1627-070~071：71.
④ 公私立专科学校概况：广东省立工业专科学校 [M]. 国民政府教育部教育年鉴编纂委员会. 第二次中国教育年鉴. 上海：商务印书馆，1948：287-288.
⑤ 华. 广东省立工专增设两科 [J]. 教育通讯，1947，3（8）：31.
⑥《肇庆市地方志》编纂委员会. 肇庆市志，上，地级市志 [M]. 广州：广东人民出版社，1999：430；周藻翰. 抗战期间广东后勤机构的黑幕（1964年）[M]//《广东文史资料存稿选编》委员会. 广东文史资料存稿选编：第四卷，广东抗日战争. 广州：广东人民出版社，2005：455.

需的资金，车况日益恶化，途中死火、"趴窝"的窘况常见，行者欲避未能。由于路况与车况都很不如人意，兼之从1947年下半年起通货膨胀，使公路客运运价相当混乱，一度令许多人视乘车出行为畏途。

历史上广肇两地的交通以内河水运为主，俗称"省肇渡"，是以广州为中心的五大航线之一，向有平底客货木驳船"花尾渡"（一种自身无动力、靠外机动船即"拖渡"又称"火轮"拖带的班船）定期往返，船速18～21公里/小时，夜登船昼上岸，颇为便捷，很适合当时慢节奏的社会生活。更兼票价低廉。如1936年光景，广州至梧州途经肇庆的广梧内河客运价，全程特等位为3.6元，一等为3.2元，二等为1.8元，三等为1.2元。① 其中，广州到肇庆里程约只及该水运线全程的三分之一，因此实际价位当低于上列数。

光复后一个时期里，为吸引四邻乡客、八方商贾，票价并没有大幅上扬，故而花尾渡轮航运鼎盛一时，省肇拖渡就有18艘。拖渡所用燃料"油渣"即柴油，本来就是"美孚""德士古"及"亚细亚"等美英石油公司的舶来物。解放战争爆发后，美英三大公司不再运柴油到广州，而它正是当时国民党统治区军事战略管控物资之一，除军队外，各党政机关、商户、社会团体等均须凭配给额度购买，并且还不能保证如数供给。如广州四维船务公司，以内河机船3艘经营西江河道的广州至广西线的客货运输，"每月需用油渣燃料甚巨"，申购100吨，但实际只得到20吨；② 所以，许多时候民船只能以松香渣替代柴油，用蓖麻油、茶油、菜油代替润滑机油，不得已之时开行木炭机器船；兼之当时时局动荡，沿江匪卡林立，匪盗啸聚江面打劫民船，致使渡轮班期不定，间驶间歇，出勤率低，行旅极感不便。1946年7月，国民党政府军对民船采取强行封用措施，被封船只400多艘。到广州解放前夕，民船仅剩轮船、渡轮5艘，各式帆船、驳船数十艘而已。③④

战乱使一切社会生活失去了应有的生活节奏；兼之工专所在地鼎湖，"与城市距离甚远，只通西江水道"，"鼎湖系中途小站，搭船极不方便"。⑤ 有此种种，使得往返广肇两地的心理距离一度变得遥远。不似现在，若搭乘广州至肇庆城际铁路，在日开行10对CRH6A型动车组、1分钟刷卡购票的公交化便捷高效乘坐环境下，111公里的城际区间，最快时64分钟即可便捷、安全地抵达终点。⑥

民国时期爱群大厦附近江面上的花尾渡与拖轮。花尾渡得名于船头彩绘镇魔压邪的貔貅、船尾彩绘有艳丽夺目的奇花异兽。它自身没动力，须由拖船带动。一艘200吨级的花尾渡，可载客200多人、载货几十吨

图片来源：黄蓉芳. "拍拖"原出自珠江"花尾渡"[N]. 广州日报，2009-09-23（A11）.

---

① 广州市轮船商业同业公会. 广州梧州线一九三六年客货运价（一九五〇年十二月）[Z]. 广东省档案馆电子文书档号，006-009-0048-079~080：1.
② 马静莆（船务公司司理）. 广州四维船务公司关于申购油渣燃料函（民国卅七年七月廿二日）[Z]. 广东省档案馆电子文书档号，004-005-0194-007~008：2.
③ 肇庆市地方志编纂委员会. 肇庆市志：上[M]. 广州：广东人民出版社，1999：448.
④ 张晓辉，杨波，黄史臣. 民国时期的广东经济[M]//广东省志地方史志编纂委员会. 广东省志·经济综述. 广州：广东人民出版社，2004：179-180.
⑤ 广东省立商〈工〉业专科学校[M]. 中国青年互助会. 最近全国公私立专科以上学校概况，升学指导丛书之一. 出版地不详，中国青年互助总会出版社，1948：225.
⑥ 于敢勇，苏燕君. 广佛肇城轨昨日正式提速，广州到肇庆最快仅64分钟[N]. 广州日报，2016-07-02（A8）.

既如此，已令坦途成畏途，直教旅客一度三思而却步。不得已之下，为使1945级的二年级即行将于1946年毕业的应届生有参观、实习的机会，也便于中大及其他高校的教授为他们兼课，以及满足教育业务行政当局关于高校专任教师兼课地点相关限制的规定，当届毕业班全数暂迁移到广州文德路一间尚未恢复生产的工厂厂房内上课，一直到毕业为止。①

关于图书，据查1947学年有工科书籍296册、文科书58册、过刊合订本230册，另有教学挂图30幅。②

关于《中山日报》《建国日报》两报，前者本系《广州国民日报》，全民抗战前改此名，为国民党中宣部系统在广东的平面媒体。因其在广东渲染"中央化"色彩，除机关订阅外，不为地方民众所欢迎。后者为战时第七战区长官部政治部的军队报纸，对外称《建国日报》，光复后成为广东地方势力的半官方报纸，是广州地区办得比较活泼的一份报纸，为广州读者所熟悉，拥有一批以知识分子为主的读者群，1949年停刊。③④

前文曾谈及，1910年广东的代议机关广东咨议局议员们关注过工艺局的办学；此间，广东省临时参议会有批议员注意到工专的困境了。

参议员梁翰昭联名李炯、黄全世、叶思训、于敏杰、彭松如、李子培、陈永吉、关能创、黄汉山、冼维祺、王光海及李仲仁等共13人，于1946年10月省一届一次参议会上，以第51号提案吁请"省府拨款完成省立工业专科学校建置费，以充实该校设备"。

该案认为，工专的修建计划，虽经省府第64次省务会议确定，由学校所在地的"第三区（注：该区含高要、广宁、四会、开建、封川、郁南、新兴、罗定、德庆、云浮、鹤山、高明等12县，公署驻高要县）行政督察专员公署会同工专学校校长及该区所属各县县长、参议会议长组织建校委员会，主持该校筹建事宜"，该区并已"核定各县募捐建校材料，计砖一百四十万个〔块〕、杉〈木〉一万三千条、石灰一千七百担，又建校经费款额五千万元"，但"战后经济困窘，百业凋零……国家前途，至堪忧虑"。"现物价飞涨，一月数增，省府如仅责成西江各县募捐筹建，即使照额募足，恐需时已多，原定预算之数，必至不敷该校修筑及设备之用。"由此看来，该提案表达了对任务摊派地能否如期完成省府所下达募集任务以及物价攀升的双重担心。

该案还反映，工专虽已于1946年暑假期间，将原高要县湖山简易师范旧址四个班的课室与宿舍简单修缮后投入使用，但肯定不能满足现有三个专业九个班的应用，实习工场与实验室必须增建，实习

---

① 梁允模. 广东省立工专对我县教育的一些影响[Z]//《云浮文史》编辑委员会. 云浮文史，第八辑. 云浮县：县政府办印刷厂，1991：71.
② 公私立专科学校概况：广东省立工业专科学校条目[M]. 国民政府教育部教育年鉴编纂委员会. 第二次中国教育年鉴. 上海：商务印书馆，1948：287.
③ 陆羽. 抗战胜利后到解放前的广州报业[M]//政协广东省委员会办公厅，广东省政协文化和文史资料委员会. 广东文史资料精编：清末民国时期文化与民族宗教篇，上编，第4卷. 北京：中国文史出版社，2008：279、281-282、296.
④ 广东百科全书编纂委员会编辑部. 广东百科全书[M]. 北京：中国大百科全书出版社，1995：524、459.

机械设备与实验药品、仪器、图书尤其缺乏，亟待补充。

该案转而提出，既然工业教育为今日第一急务，工专为省立唯一工业专科学校，"建校费用，省库自应负担"，建议省政府委员会"本年度最低额拨给该校修建及设备费一万万元"。

上述"第三区行政督察专员会同……组织建校委员会"，印证本文开头关于学校沿革，所录郑传蕙文之"设筹备委员会于肇庆时，今校长王公适任三区行政督察专员，兼董其事"这一史实。

而上述提案所谓"一万万元"，是指法币额度1亿元，但实际币值非如此。1937年抗战前夕，南京政府发行法币总额只有14多亿元，到1945年日本投降前夕，发行额已达5千亿元。由于政府一再推行通货膨涨政策，法币急剧贬值。到1947年4月，发行额又增至16万亿元以上。在广州，人们爱吃的一种名为"齐眉"的大米，自1946年1月至1947年5月，其每担批发价从1.7万元猛增至11.25万元法币。而此时教授每月工资只有二三十万元到四五十万元不等。① 所以，1亿法币的实际购买力是要大打折扣的。

该案于当月24日第九次会议上，获"照审查意见通过"的决议，大会表示"送省政府切实办理"。②

然而此前，国民党利用战后其声望达到高峰之机，调动政府军于6月26日进攻中原解放区以着手解决中共，把和平、休养生息的人心所归与天下大义化为战火。这样，再好再多的大会决议，都被内战的战争机器碾为齑粉。该项决议后来的命运如何，就不难想象了。

1947年4月的《广东教育通讯》在概述复原两年来的广东教育事业时，提及这所面向粤省西江地区办学困顿中的工专："该校以水利工程科为骨干，并有机械工程、化学工程两科，学生只有百余，战时在器材缺乏下，徒有空形，而教学上亦感极端困难……在实习方面根本谈不上设备……。"③

五、省立工业专科学校

该校是为造成西江粤人材而设，战时在云浮腰古，战后迁返高要，因西江河堤错纵，凉水频仍，时常崩缺泛滥之虞，所以该校以水利工程科为骨干，并有机械工程、化学工程两科，学生祗有百余，战时在器材缺乏下，徒有空形，而教学上亦感极端困难，复员后已从僻陋的乡村，再加上物质的新衣，设施上已略见规模，校长仍是王仁宇先生，本学期复举办合增班中等水利科，完全招收公费生，可惜该校学额少，未能尽量收容赡受着白眼的青年，不得其门而入。

1943—1952年间省立工专藏书流通章印模图之一。"图书组"字眼，表明规模为图书室级别，反衬出图书、资料匮乏的状况。此时的馆藏章，较之前述的工业专门学校馆藏章，似乎受战时一切崇尚简约之风影响，线条、文字布置颇显简陋。它唯一的修饰是以菱形作轮廓线

图片来源：华南理工大学图书馆.

---

① 黄苾华，唐森. 广州市志·大事记（1840—1990）：卷一 [M]. 广州：广州出版社，1999：300、302-303.
② 张妍，孙燕京. 民国史料丛刊（129）[M]. 郑州：大象出版社，2009：149、280-281.
③ 专上教育：后生. 复员以来本省的教育状态（续）[J]. 广东教育通讯，1947（4）：8.

此间工专之状，有如池浅水更枯般，经费困难，规模压缩（关于规模问题下文将有涉及），以致校警只得雇用1名；①而此前，1930年前后需"设有校警一班，由政府方面拨给枪枝负责保卫学校。"两者相较，差异何其明显。

二、学生在苦难中求学

（一）复办期的政治环境

在这个时期，有关意识形态问题于工专被格外"看管"。解放战争后期，国民政府对这方面的控制并不放松。如1947年12月25日所公布的《戡乱时期危害国家紧急治罪条例》，将持有与国民党思想政治不一致者，或者实施行动者视为异端与敌人，投入牢狱直至处以极刑。其中的第六条规定："以文字、图书或演说为匪徒宣传者，处三年以上、七年以下有期徒刑。"②学校以此为由，声言对持有、阅读进步革命书刊即所谓"禁书"者，严加查处。

平日，如果有谁对时政或经济生活发些牢骚，流露不快或厌烦，都有可能在学籍管理上不明不白地或者不知不觉地被查处。譬如，机械工程1947级学生郭淦祥，因说了一些牢骚话，就在1948年放暑假期间遭学校偷偷勒令退学。将学生退学及开除的事情后来也有发生，学校所举冠冕堂皇的理由无非是"思想不纯""造谣惑众""煽动学潮""破坏校纪""不堪造就"等。③

把学校管理与防奸匪即防中共并朝政治的、刑事的方向靠拢直至挂钩，是当年许多学校的惯常手段。这时的广东工专也不例外。

1948年暑假后，学校暗地指使部分学生成立所谓"发电委员会"，声称要自己买设备发电，解决生活、学习用电问题，强调正值"戡乱"时期，最好是遵守校纪，埋头读书，"勿为奸党所利用"；强调"发电委员会"是学校同意成立的正当组织，而且由学生集资建发电设备，是为解决实际困难而采取的一种可行办法，并明确在学期注册时就要交上这笔钱，否则将按情节轻重，不予注册，不承认学籍。这一绑架民意强制之举，当然遭到绝大多数同学的反对。

机械工程1947级学生陈学，时已参加地下革命活动，不惧压力，提出反对意见，直陈社会腐败黑暗：全省大学中，没有比广东工专更黑暗，连改善学生基本生活条件多年来都做不到，这样办学就很成问题了；学校没钱买设备应该向教育部要钱，而不是找学生要。如果教育部或省政府拒不拨款，那只能说明政府无心办教育，把钱都用去"戡乱"了。陈学一针见血点明实质的言辞获得了同学们的热烈支持。

之后，一批进步学生秘密在校园张贴落款只具时间不署名的一些警告信，揭破学校职员中反动分子、特务分子的面目；警告对方不得轻举妄动迫害学生，不要再与人民为敌，否则将予以严惩，用以震慑与迷惑对方，反制校方出手处置的可能性。由于学校临西江北岸，人民解放军粤中纵队的新高鹤支队和粤桂湘边纵队的绥贺支队武工队，时常在江之两岸活动，有时也挺进到学校的周边，而且南迁广州为京都的国民政府，在南下人民解放军大军压境之下，风雨飘摇，又要西迁重庆。校方大概摸不清底细，一时间没有采取什么更严厉的压制措施，直到1949年应届毕业生于6月离校为止，没见到学校抓过进步学生。所以这届毕业生中的革命积极分子总算平安度过。④

---

① 公私立专科学校概况：广东省立工业专科学校[M]//国民政府教育部教育年鉴编纂委员会. 第二次中国教育年鉴. 上海：商务印书馆，1948：287.
② 中国第二历史档案馆. 中华民国史档案资料汇编：第五辑，第三编，政治（一）[M]. 南京：江苏古籍出版社，1999：200.
③ 吕晓芹，陈国坚. 陈学同志采访录（2015.9.17—11.25）[Z]. 华南理工大学高等教育研究所校史研究所，2016：20.
④ 吕晓芹，陈国坚. 陈学同志采访录（2015.9.17—11.25）[Z]. 华南理工大学高等教育研究所校史研究所，2016：26.

（二）复办期的学习和生活环境

不同年级的不少毕业生，对那个"百业凋零民不聊生年代"求学于工专的校园生活，有着很多近似的深刻记忆。若非"恰同学少年，挥斥方遒"，有时会忽略愁与苦的精神感受，兼之岁月冲刷，将印象淡化，实际的生活其实是周而复始的苦难。

如水利工程1946级，念书两年，如前所述3易校址，后定址于鼎湖山脚，"住在一排排旧而矮的校舍"，进出校门要走"松木钉成的小桥，大水时还要卷起裤脚，涉水而过"，"课余饮夜茶，出校门口，在路旁的小茅棚，在淡淡的煤油灯下，喝几杯清茶，吃几件花生糖、麻花，就是最美好的生活享受……"，此外，"课余上庆云寺、飞水潭、老鼎是常事。有些游人，一路上山，一路在山边插香祈福，而我们'顽皮'青年人就跟着在后面'收香'，带回宿舍作蚊香用。一早就上山晨跑，可以见到黄猄到处跑。跑步热身后扑通一声跳进山坑，来一个冷水晨浴，快乐极了，天真极了。"①

如机械工程1947级的，"工专校舍都是砖木结构的平房。男生宿舍有两座，都摆满了架床。女生不多，有八九个人吧，单独一座宿舍。当时学校没有校服、校徽、门牌，没有图书馆，只有一个化学实验室和机械实习工场；没有自来水；各专业的实习、实验，靠自行发电提供能源，不供应生活用电；学校根据学生入学成绩高低名次，发给相应等级的公费，每月最多18元或19元钱。由于社会物价不断攀升，靠它难以维持生活。这时伙食很差，有段时间有些同学自己搞伙食……以课堂上学到的钣金工知识和技巧，利用美国救济品奶粉的空铁罐，制作木炭炉，饭菜一锅熟"。②

如化学工程1948级，"工专的校舍傍溪而立……学校的建筑和设施都很简陋，真像隐居的寮舍……山溪就是我们的天然浴池，洗澡、洗衣全在这里，我们经常会走到较上游处有一条小石桥的地方去，那儿水较深阔可以游泳……学校的照明靠自己发电，电力很不足，灯光像吊炭暗红无光，晚上根本无法研读和工作。……伙食非常粗劣……长时间吃着清汤寡水的饭菜着实也令人生馋，因而经常有同学端着饭碗到球场那边的乡村饭店去煎个鸭蛋或炒个牛肉粉之类来解馋"。③

到后来教师也被高昂物价压迫得喘不过气来。全民抗战之时，高校教职员与政府公务员一样，工资保留50元底薪外，只发放原薪的七成，同时还须缴税及统一从薪金扣钱用于买抗战公债，所余三成

1949年间工专校园建筑外景

图片来源：广东省立工业专科学校第四届毕业同学录（民国三十八年）[Z]．出版信息不详，1949：2-3．

---

① 马平卓．难忘的半世纪：广东工专校友会第二届同学五十周年聚会纪实[J]．校友会会刊（华南理工大学），1996（11）：21．
② 吕晓芹，陈国坚．陈学同志采访录（2015.9.17—11.25）[Z]．华南理工大学高等教育研究所校史研究所，2016：22．
③ 张在娟．鼎湖山怀旧[M]//华南理工大学校友总会秘书处．华工人．广州：华南理工大学出版社，2006：343-344．

由政府统筹用之于抗战。这在战时人们尚能理解并给予程度不等的支持。不料战后生活苦况更甚于抗战时期，且党政军公职人员贪污腐败丑闻不绝于耳，而使不少教职员对政府的立场从支持转向反对。受广州地区学校民主运动影响，1949年4月3日工专教授也集体向省府及省教育厅请求改善待遇，否则"请假待命"（即罢教）。①

作为学生教材，书面洁白、字符大小与图形排布适中，是阅读舒适最起码的要求。但在战后，特别是解放战争后期，教材、讲义的印刷用纸，有不少是由未经除尘、除沙和脱墨以及漂白处理的废旧纸，搅碎为纸浆抄造的原色纸，表面非但不洁白，反而是灰黑一片，既不平整，均匀度也很差。用这类纸张铅印或油印出来的教材与参考书，或为节省纸张版面密排印刷而令书本乌黑一片等做法，都使学生难以卒读，叫苦连天。

1948年年末，教育部配给广州学区14院校及科研单位1755美元外汇总额度，分别下达给中大657美元，岭南大学、广东国民大学、广州大学等3所私立大学各188美元，到工专、两广地质调查所、私立广东光华医学院、私立中华文法学院等数单位各47美元等，作为第5年度的额度。准许它们由中大领衔办理，通过国民政府的"中国全国经济委员会"所辖的"输出入口贸易管理委员会"上海区办事处，集体地以当时通行货币金圆券买入美元，在各自外汇限额内进口国外产白报纸即新闻纸，以缓解上述问题。当初，4金圆券可购1美元，在汇率愈来愈波动变化，每日不同，甚至上午、下午也不同的状态面前，踌躇半日工专与私立华侨工商学院先期放弃购汇。剩下的12院校与单位，由中大出面于1949年1月24日函达上述进出口机构，划拨6808元用于购汇。次日，即以代电形式告知对方信托局购料处，明确原函购申请须作废。其基本原因恐怕就是作为代表方的中大，先前于1948年年底所告知对方的苦衷："目前外汇率调整频繁，增加无限。各院校多限于经费无法筹足。经商讨结果，决定停止

1949年间工专校园景象

图片来源：广东省立工业专科学校第四届毕业同学录（民国三十八年）[Z]．出版信息不详，1949：1-2.

---

① 广州市地方志编纂委员会．广州市志·大事记（1840—1990）：卷一[M]．广州：广州出版社，1999：316.

申请。"[1]

中大、岭大、民大及广大等大单位尚顶不住暴涨的物价压力，对小单位之一的工专来说，就不难理解其上述早早放弃购汇的举动了。

办学经费匮乏，无法解决教材与讲义用纸的困境，于是自编教材、补充讲义，学生按指定书单入省城自购，又到"龙门联合书局广州经销处"买英文版教材。

这样的学习条件，实在让学生尽尝苦头："那时，相当一部分教材是英文教材，这些书当然都是盗版的，用新闻纸或道林纸张翻印美国原版《应用力学》《材料力学》《化学》《机械零件》等教材。中文版有刘仙洲的《机械原理》、萨本栋的《普通物理学》以及别的《数学》《工程画》等。老师用英文讲授英文教材。由于同学自修、做作业，都是用自备的小煤油灯看书，英文版的字很小，阅读起来很辛苦，面对这样的学习环境，学生都很不满。"[2]

龙门联合书局1941年版的Fred B.Seely, M.S.（*RESISTANCE OF MATERIALS*）（《材料力学》）其版权说明为另纸临时贴上

图片来源：二愚书社［DB/OL］.（2012-01-11）［2015-12-07］. http://www.kongfz.com.

印行于1938年的刘仙洲著《机械原理》上、下册

图片来源：秋声阁［DB/OL］.（2012-06-20）［2015-12-08］. http://www.kongfz.com.

印行于1946年的萨本栋著《普通物理学》上册

图片来源：群书阁［DB/OL］.（2014-08-08）［2015-12-04］. http://www.kongfz.com.

（三）复办期学生的学习态度

粤省工专作为当时国内23所省、市立专科学校之一，在进入1947学年度后，比复办时算稍有所稳定，有9个班254名学生（男242，女12名），教职员45名（教师29名，职员16名）。[3] 此时一如从前的老工专，是穷人家子弟的学校，只有少数是穷人当中的"富人"，即与他人比，也没"富"到哪儿；也依旧如前是外文版课本；复办后的工专，似乎没有因当中停办过几年，就阻断学习风气的代际传递。在一批原工专老教师引导下，不少人尚能秉持老校传统，不甘于苟且，以不负光阴、不负君之心，本"人才有高下，知物由学"的信念，学习都还刻苦用功。

工专办学条件差，设施简陋。不过，有一批有真才实学、肯躬身杏坛的教师，如机械科的罗赞元、水利科的张天野、工程力学科的何技宏以及讲授其他基础课与专业课的李奏平、伍大钧、李朴、

---

[1] 关于广州区14院校、单位办理第五年以外汇配额购进口白报纸的购汇申请案卷（民国三十七年一三十八年一月）［Z］. 中国第二历史档案馆，广州国民政府档案汇编（1948—1949），全宗第四十一号，案卷号64.

[2] 吕晓芹、陈国坚. 陈学同志采访录（2015.9.17—11.25）［Z］. 华南理工大学高等教育研究所校史研究所，2016：24.

[3] 中国第二历史档案馆. 中华民国史档案资料汇编：第五辑，第三编，教育（一）［M］. 南京：江苏古籍出版社，2000：619.

杜炎燊、叶绍桢等（注：上述众教师，除罗赞元、伍大钧及李朴外，余者都在华南理工组建时一一调入），与学生同甘共苦。他们悉心培养了一批技术干部。

那么，学生又是怎样度过两年学习生活的呢？

1948届机械工程专业毕业生赵家舜，晚年离休后向后人讲述作为1946级的19岁穷学生，于食且不继与功课的双重压力下，以课余打工方式挣钱完成学业；在战乱中关于饥饿和读书难以忘怀的记忆。这是目前所能看到的此阶段较为详细的学习生活的叙述。循上文之例，对段落中部分人与事作括注：

赵家舜

图片来源：校友玉照及题词［Z］．华南理工大学工专校友会《校友纪念册》编委会．校友纪念册．广州：华南理工大学出版社，2001：41．

> 在广州预交的一个月伙食费吃〔花〕完了，姨妈给我的余款，也买了课本。交不出第二个月的伙食费，毫无办法，在吃午饭时只好躺在床上不起来。同学们吃完午饭回来，见我躺着，问是什么缘故，我说没有钱交伙食费了。同学中有一个〈叫〉陈康茵……他见我如此困难，立即替我交了一个月的伙食费，带我去吃午饭。
>
> 我们用的课本，完全采用美国大学用的课本，全部是英文版。广州市内只有龙门书店〔龙门联合书局〕有售，也不是原版书，而是翻印的影印书。（注：上文谈及的1944年9月湘桂战役后，长沙、衡阳、桂林等地相继沦落，广东高校赖以从商务、中华等大书局订购教材及教学参考书之路，就因上列多地沦陷邮路一一断绝。这时，省政府委员会虽曾作出以"分区设立翻印站""与承印商订立合约""严定价格，不准书商任意提高，以利学生购买""请金融部门予承印商贷款"等连贯解决办法，① 姑且勿论解决"书荒"问题当中所涉及的政治与经济因素，至少是从决议到实际达成所生的滞后原因，无法按时得到所需教材的学生，是不得不"八仙过海，各显神通"的。国民党发动全面内战后，国民经济全面衰退，通货膨胀，广东图书出版业陷入困境。这时找到愿意承印教材、按时出书者几为梦想。）儿教院（即抗战时期的广东儿童教养院）同学中，有一个在市内经营石印店｛工作｝，我便介绍同学到他那石印书籍，而我顺便到那间熟悉的狮头店（注：当时广州市大新路一带，为省会经营扎制喜庆醒狮的用品集散地，店铺尤多）做工，这样大家解决了用书问题，而我解决了无钱买书及吃饭的难题。
>
> 我向工专申请助学金……只够支持个把月的饭费！不过总比没有的好，也可少挨饿。（注：按国民政府教育部于1943年学年度施行的《非常时期国立中等以上学校及省私立专科以上学校规定公费学生办法》，公费生分甲、乙两种，均免膳食费，其中对甲种还补助其他费用；省立专科以上的工学生全为甲种公费生。但因战火蔓延，战区扩大，流亡学生多，该部遂又制定《战时国立中等以上学校及省立专科以上学校学生给予公费办法》，并于1945年8月施行。其公费范围与名额有所扩大。享受公费者绝大多数为战区内迁生，即一般没任何经济来源，仅靠公费生活的学生。但蒋介石政权于1946年6月挑起全面内战后，军费浩繁，对教育经费每多挪用；物价飞涨，米价高飙；又兼经费划拨中有的部门及个人的巧取豪夺而流失，致使学生开始时尚可果腹，到后来有上顿没下顿。在"僧多粥少"的困境下，许多学校推行申请助学金之策自救，把本应惠及全体的资助面，人为地分作三六九等，一人之食匀出数人共餐。从而使一个个公费办法形同虚设。学生就不能不长期处于半饥饿状态了。当年省立工专因此而陷入与他校同样的困境。虽然省政府委员会田赋粮食管理处从1947年2月起，平价发省级公务员、师生员工食米，并实行批发商议价、零售商限价等措施，以助减轻购粮经济负担。但在因金融风暴而起的急剧高涨的粮价市场面前，省府的"广东粮食全面政策"毫无招架之功。）②

---

① 关于教育议决案之二，广东省临时参议会第二届第二次大会（民国三十四年一月），1945：84［M］//张妍，孙燕京．广东省政府施政报告，政治·政权机构，民国史料丛刊，129．郑州：大象出版社，2009：90．
② 张妍，孙燕京．民国史料丛刊（128）［M］．郑州：大象出版社，2009：15-16，152．

20世纪40年代工专男子万米跑决赛前情形

图片来源：广东省地方史志编纂委员会．广东省志·体育志（上古—2000）[M]．广州：广东人民出版社，2001：93．

就这样，我在饥饿线上挣扎的同时也拼命学习并做好以后工作的准备。1947年暑假后，要回鼎湖上课，可是的确没有钱吃饭了，于是我到一家琴行租琴教两个初中女生学钢琴；后来又在南海县鼎安乡第七保国民学校教书；寒假，我又到狮头店做工。

虽然我常出来做工，但功课并没有丢下，那时候生活条件并不好，学生宿舍是大房，全部排列双层床，一端床头钉上一条横板，作为书桌。晚上，每个人都在自己床头书桌上点起小小的煤油灯，坐在床头，双脚垂向床下，就这样做功课。课本是英文的，当然也用英文来做练习了。我们的课程和大学本科完全相同，只不过是把大学两天的课程压缩为一天。我们像中学生一样，上午下午都上课，课程安排得密密的，晚上做习题，常常做到深夜。①

在工专，我们用英文课本学习，用英文做习题，打桥牌用英语，说科技名词时用英语，但其他日常生活类的英语口语则很少用，听力较差。②

生活艰窘的工专生，其学业水平与技能到底如何？

珠江水利委员会对当时粤省的水利科办学业绩，于几十年后有一间接评述：

珠江流域水利教育起步于20世纪初。有计划地开展水利教育，培养水利人才，是从1942年广东省立高级工业职业学校增设农田水利科和1943年〔1944年〕广东省立工业专科学校设置水利系开始的。这是珠江流域首次举办水利专科教育，水利系首批招生14〔16〕人。到1952年全国高校院系调整时，毕业8届，约160多人，是珠江流域培养的第一批水利专业人才。③

上述的"珠江流域"即珠江流域片，含珠江流域、海南、韩江流域以及两广沿海诸河、云南和广西的国际河流范围，涉及云、贵、桂、粤、琼、湘、赣、闽等8省。④当时，世界水利建设工程渐入近现代水利阶段，国内却停滞不前，水利工程的治理难度很大。上文提及的学生赵家舜对此忆述道：

大约是1947年，西江水泛滥，有些堤围决堤，堤内顿成泽国。水灾后，要在西江沿江决堤范围内进行测量，绘制堤围图纸。广东几所大学的水利系学生全体出动。我们工专水利系同学的测量图纸误差少、质量高，得到好评。其他学校的图纸误差大，甚至个别的还有在图纸上画到基围

---

① 赵家舜．儿院力中七年半，进入工专学习忙[M]//李浈．幸余生：抗日时期难童人生纪实．广州：中山大学出版社，2009：215-216．
② 赵家舜．掩护同学搜情报，从师瑞典工程师[M]//李浈．幸余生：抗日时期难童人生纪实．广州：中山大学出版社，2009：256．
③ 水利部珠江水利委员会，《珠江志》编纂委员会．珠江志：第五卷[M]．广州：广东科技出版社，1994：33．
④ 水利部珠江水利委员会，《珠江续志》编纂委员会．珠江续志（1986—2000）：第一卷[M]．北京：水利水电出版社，2009：1．

合拢不来的现象。①

赵家舜提到的1947年"西江水泛滥",所指时段是1947年6月5日至7月上旬;广东"几所大学的水利系",当年除工专、省立高职已设置外,中大也设有。一般而言,未设水利系、办有土木工程专业的如岭南大学、广州大学、国民大学等,都会有"河海工程""水文学""水力学""水利水电"等方面的课程,虽属基础性质的,但在多个场合下也能从土木工程角度参与江湖利病防治的。

一般地看,此时的工专除了水利专科办学尚能说上几句之外,此间整体不用说与他人相比,较之在1933年前后的增埗时代翘楚一方、声势夺人的优势比较,已籍籍无名、陋弱衰微,早失于同行中桴鼓挑战之功,实在令人憾恨。

附录 1949年我国高等学校水利教育状况表

学校名称	系 别	招生（人）			在校生（人）	
		本科	专科	合计	本科	专科
国立北洋大学	水利工程系	27	—	27	87	—
河北省立工学院	水利工程系	6	—	6	36	—
国立上海交通大学	水利工程系	34	—	34	93	—
西北工学院	水利工程系	10	—	10	45	—
国立兰州大学	水利工程系	26	—	26	26	—
国立中央大学	水利工程系	29	—	29	79	—
国立河南大学	水利工程系	42	—	42	115	—
国立湖南大学	水利工程系	46	—	46	108	—
江西省立水利专科学校	水利工程系	—	33	33	—	33
广东省立工业专科学校	水利工程系	—	12	12	—	33
河北省立农学院	水利工程系	42	—	42	79	—
西北农学院	农田水利系	23	—	23	72	—
山东省立农学院	农田水利系	—	—	—	97	—
	水文专修科	—	—	—	—	35
湖北省立农学院	农田水利系	32	—	32	32	—
川北大学	农田水利系	13	—	13	34	—
私立乡村学院	农田水利系	14	—	14	41	—
国立清华大学	农田水利系	—	48	48	—	48
国立北京大学	农田水利系	—	16	16	—	16
私立信江农业专科学校	农田水利系	—	10	10	—	10
黑龙江农业专科学校	同上	—	48	48	—	48
国立四川大学	土木水利系	33	—	33	143	—
合 计	—	337	167	544	1 087	225〔223〕

资料来源:李金媚,周宝銮. 国内外水利类高职高专教育比较研究（一）[J]. 广东水电职业技术学院学报,2003,1（2）:7

---

① 赵家舜. 儿院力中七年半,进入工专学习忙 [M] // 李涎. 幸余生:抗日时期难童人生纪实. 广州:中山大学出版社,2009:216.

三、甲工在新社会的办学状况

到1949年9月,国内高校中共有机械工程系16个(注:此为1945年度第二期学期数)、化学工程系30个、水利工程系21个。以上三类工程系,广东省立工专各占其一。

在国内解放战争取得节节胜利的1948年,当年的7月3日,中共中央发出了《关于争取和改造知识分子及新区学校教育的指示》,提出:"对于原有学校要维持其存在,逐步地加以必要的与可能的改良。"当大陆行将获得解放的前夜,1949年4月底中共中央所发布的《中国人民解放军布告》,明确表示,人民解放军和人民政府"保护一切公私学校、医院、文化教育机关、体育场所,和其他一切公益事业",要求各级学校暂维现状,即日开学。①② 以上这些,成为人民解放军接管和改造新解放区学校的依循原则。

1949年10月21日,雄鸡唱白新宇。人民解放军肇庆区军事管制委员会在肇庆镇成立,军管会的文教委员会随后接管拥有上述工程系、157~159名学生、44名教职员工的省立工业专科学校,工专由此迎来了新社会的第一缕阳光,成为被人民政府接办的全省19所公私立高校之一,由此迈出了参与中华人民共和国接管改造高校旧教育,开基创业、奠定新教育体系基础的第一步。

其时,全省省立专科学校只有7所,在校生2009人,教职员273人。③ 由此可知,工专于同类学校中在校生所占比例仅8%弱,教职员者则只占16%。1950年4月11日,省文教厅发布《关于恢复和整顿本省原有学校工作要点》。不久,根据该文件的精神,由省文教厅会同军管会文教接管委员会遴派了代校长李奏平,调整了人事,组织了新的校务班子,多数教职员仍留校工作。

1950年暑期招生前,中南区教育部根据中央人民政府教育部关于当年高校暑期招考新生规定的精神,决定在同一市的省立各校统一招生,国立与私立高校自行招生。④ 工专当时在肇庆正处欲走还留的地步,所以参照上述规矩,自主招生。

1950年9月,战时流转近千里、艰难备尝的工专,根据省文教厅高等教育主要工作关于"省立工

广东省立工业专科学校招生广告。从广告可知,当年校本部7月还在肇庆鼎湖,9月便定址于广州市三元里拱桥。文中的"一百元",为人民币旧币,比照人民币新币等同于1分钱

图片来源:广告[N].南方日报,1950-07-23(4)、1950-09-19(4).

---

① 毛泽东,朱德. 中国人民解放军布告(一九四九年四月二十五日)[M]//中共中央文献研究室,中央档案馆. 建党以来重要文献选编(一九二一——一九四九):第二十六册(1949.1—1949.9). 北京:中央文献出版社,2011:326.
② 《中华人民共和国教育史》编委会. 中华人民共和国教育史:上卷(1949—1966)[M]. 海口:海南出版社,2007:40.
③ 李修宏,周鹤鸣,潘毅生,等. 广东高等教育(1949—1986)[M]. 广州:广东高等教育出版社,1988:363.
④ 中央教育科学研究所. 中华人民共和国教育大事记(1949—1982)[M]. 北京:教育科学出版社,1984:18.

专拟于最近迁来广州"的预设,① 带着一身硝烟与伤痛返航广州。这时,作为新解放区的省城广州社会,还处在军事管制之中(1954年7月才正式结束),马路旁的骑楼下,其他公共场所及街头巷尾的屋檐下,几个月前被贴在墙上以红、黄、绿纸制作的五一口号,尚有一些可完整读出。新近抵埠师生,环视11个月前战火曾经笼罩的省垣,思忖口号"全国科学家、艺术家、工程师、技术人员、教师、学生和一切在文化领域内工作的知识分子和青年们,努力学习新知识、新技能,努力为发展工农业生产、提高人民文化水平而奋斗"当中的含义,② 掂量自己能否过好新社会这一关。

此间,在党和人民政府的带领下,全国人民正在为医治帝国主义侵略和国民党反动派长期统治所带来的创伤,争取国家财政经济状况的基本好转而斗争。就新广东而言,不少高校失业教师等待救济安置就业,许多因经济困难导致失学的学生等待补助以求复学,许多失业高校毕业生等待政府设法介绍职业。师生员工冀在政府的支持下,共同努力,恢复和整顿学校,早日走出办学困境。同期,社会在许多方面都很欠缺。如社会基层架构由于部分行业及地区的中共党组织还处于秘密或半公开状态,直到1953年党的基层组织在社会政治经济生活各层面上,数量还很少,不少厂矿企业、学校、街道,都没有中共党员;许多街道居委会等基层政权机构尚在建设之中,未能就位,临时管理机构通常由军事管制委员会工作组与所在地派出所合署而成。解决问题,尚需时日。正如当年广州副市长朱光所说:"现在每次推动工作,从市委决定起,到传达下去,起码要经过一个月。如八大系统工作报告、调整干部、抗美援朝,都是这样从领导到干部,干部一直到群众,深刻体会,要有一个月的思想酝酿过程。"③④ 由此可以说,在人民新政权草创之际,认识身边从未耳闻的新社会,思索个人前途,打量眼前学习与生活的种种困难,那种追随或抵触,期待与彷徨的心态,确实令不少师生员心事重重。

这时,不知何故,它没有回到增埗原省立工业专科学校的旧址继续办学。虽然,该址曾为广东省立海事专科学校自1946年暑假起所用,1950年2月奉命停办时,所遗课室、实验室、实习工场、田径场及球场等学校设施俱在。⑤⑥ 于是,先暂驻市北郊三元里拱桥一地,根据当年8月14日政务院批准的《专科学校暂行规程》关于修业年限为2～3年的精神,结合当时自身多个方面都困顿的实际,仍取二

1950年7月1日,机械工程1950届毕业生与教师合影于学校实习工厂的机械厂大门前。约两月后,羁留肇庆数年的工专即迁返广州

图片来源:广东工业专科学校校友会《校友纪念册》编委会. 校友纪念册[Z]. 广州:华南理工大学出版社,2001:13.

---

①广东省人民政府文教厅. 广东省三年(一九五一——一九五三)教育工作计划大纲(1950年)[Z].(广东省档案馆电子文书档号,314-1-44-1~3:1).
②中共中央文献研究室. 建国以来重要文献选编:第一册[M]. 北京:中央文献出版社,2011:182.
③王德. 王德回忆录[M]. 广东:广东人民出版社,2001:207-208.
④孙祯苏. 朱光诗文墨迹选集[M]. 北京:中央文献出版社,2006:257.
⑤广东省地方史志编纂委员会. 广东省志·水产志[M]. 广州:广东人民出版社,2004:376.
⑥广东省立海事专科学校轮机学会学术部. 介绍广东省立海事专科学校[J]. 轮机月刊,1948,2(12):7.

年制办学。

处在1950年百废待兴时期的广州，各项管理制度未臻完善，投机倒把分子因而乘机兴风作浪，市场物价不稳定。如规格为"中雪"的大米，每100斤的零售价在1950年1月至4月，各为7.22元、15.96元、22.16元、16.90元，波动很大。① 从当年4月起，省文教厅按全国财经统一的原则，经费发放以牌子为"中雪"的大米月售价为计价标准，推行"暂行处理办法"：在拨发给省立高校教育维持费方面，对理、医、农、工学校者，于广州办学的每月每班140斤大米计发，在此之外办学的相应地减少为以112斤计发；在发放人民助学金方面，属于理、医、农、工学生者，以实有人数的25%分为甲、乙、丙3个等级办理。在3个等级全免缴学杂费的同时，对其中之甲等，以月给"中雪"米70斤计发；乙等者，以35斤计发；而丙级者，只有免缴学杂费一项的待遇，不享受以大米价计发生活补助费的第二项待遇。及至当年下半年，情况略有好转。根据中南区的高校"学生人民助学金暂行条例"，助学金等级扩展为甲、乙、丙、丁、戊等5个，除各级别均享免缴学杂费的优惠外，月补助以85斤到25斤大米不等计发。这时，还不能如1952年开始的几年里，工学院学生享受学费与膳费全免的待遇。

在教师方面，当时的政策是，专任教师如有超钟点授课者，得安排政治清白的、相应专业的失业教师担任所溢出的那部分，以帮助其维持最低限度的生活水平。②-⑥

在1950年，尽管当时为着支援解放全国的战争、国民经济的恢复与建设，广东是年总收入的81.64%上解给国库；在全省全年财政总支出中，用于文教卫生事业方面还是占9.76%，比4.59%经济建设费、3.63%地方支前费等两项之和都要多，反映出中共华南分局、省政府对包括工专等高校在内的各级学校的政策倾斜与扶持。⑦ 从一方面看，尽管广东省财政收入在新生政权头3年逐年有所好转，在学校员工编制、人民助学金等项，所把握的尺度，在尊重中南军政委员会有关规定的前提下，较之1950年逐年也稍有宽松。但诚如1953年省文教厅在其《三年来教育开支情况》中所回顾1950年的开支状况："一般上来说是标准较低，学校经费较困难，只能作一般维持"。⑧ 从另一方面看，自1951年起，国家的财力、物力须大量地用之于抗美援朝，兼之帝国主义实行封锁禁运，国内财政、市场物资供应都十分紧张。因而在客观上加重了解决上述失业、失学问题的难度。

综上所述，当时不论地方政府，抑或学校及其师生员工，从大局出发彼此都在咬紧牙关努力克服困难。作为中南区6省（即两广、两湖、豫、赣等省。1954年赣改隶于华东区）22所公立高校之一的工专，也是不会例外的。

未及半年，拱桥一带地段因防空工作的需要被征用。工专乃于11月撤往南郊石榴岗即1936年时期的原省立勷勤大学校区办学，与先期于光复后及1946年9月17日先后回迁至此的广东法商学院、广东省立文理学院会合。末者的前身，即为原勷大教育学院。10多年战火后，大家相会于昔前校园执手庆余生，倍加珍重往日兄弟姐妹般的情谊。

1950年11月30日，文理学院临时院务委员会主任委员黄友谋，在已身兼物理系主任、华南师范

---

① 广州市地方志编纂委员会. 广州市志（卷九）[M]. 广州：广州出版社，1999：505.
② 中央教育科学研究所. 中华人民共和国教育大事记（1949—1982）[M]. 北京：教育科学出版社，1984：22.
③ 广东省文教厅. 关于专任教员超钟点课程应尽量分给失业教员担任以维持最低限度生活的指示（1950年4月10日）[Z]. 广东省档案馆电子文书档号，314-1-7-3~3：1.
④ 广东省文教厅. 关于决定今后经〈常〉临〈时〉费处理办法（1950年4月27日）[Z]. 广东省档案馆电子文书档号，314-1-19-1~9：6、8.
⑤ 广东省中等以上国省立学校学生申请人民助学金暂行办法（一九五〇年五月十八日）[J]. 广东政报，1950，2（1）：72.
⑥ 中南军政委员会教育部. 中南区高等学校学生人民助学金暂行条例（1950年10月）[J]. 广东政报，1950，1（5）：105-106.
⑦ 中共广东省委党史研究室. 中国共产党广东历史（1949—1978）：第二卷[M]. 北京：中共党史出版社，2014：149.
⑧ 广东省人民政府文教厅. 三年来教育开支情况（1953年）[Z]. 广东省档案馆电子文书档号，314-1-91-16~21：1-2.

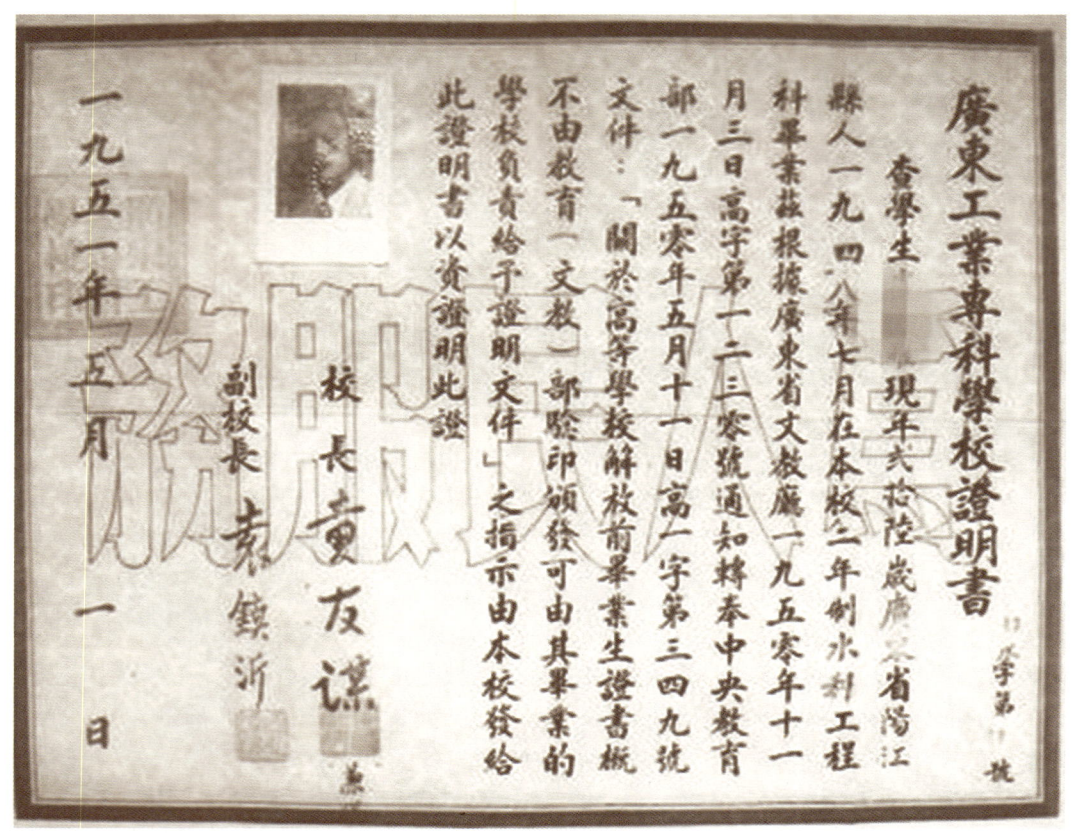

1951年5月，水利工程专科1948级卢姓毕业生所领到的工专毕业证明书（教育部曾于1950年6月4日发布《高等学校颁发学生毕业证书暂行办法》，就证书格式、验印和颁发程序做出过规定；至7月15日，教育部发出《各级学校印信条例》，规定了公私立学校印信即公章的制法、启用与销毁办法。该证书左上角的一方红印，即为工专公章印模式样）

图片来源：中央教育科学研究所. 中华人民共和国教育大事记（1949—1982）[M]. 北京：教育科学出版社，1984：20-21.

学院筹备事务与教务均繁重之际，仍本旧日同僚之情，承省文教厅之托，"为加强工业专科学校领导起见"，毅然兼代此时办学风雨飘摇的工专校长之职（1951年2月19日省府批复确认），[①] 至1952年3月。文理学院以后发展为今日的华南师范大学，他们于工专困厄之时的真诚襄助，华南理工是应该铭记的。

黄友谋（1909—1988.7.9，广东梅县人），公费留日生，日本仙台京都帝国大学物理系毕业。1925年加入团的外围组织新学生社，后为共青团。1937年起先后在勷大工学院、广西大学工学院、广东省立文理学院等高校任教授、系主任、教务长，还曾任台北气象局代局长。以后，历任华南师范学院副院长及代院长，中国科学院广州分院副院长兼暨南大学副校长，省属广东工学院教授，中山大学革命委员会副主任、副校长。同期，历任第五至第六届全国人民代表大会代表、第四届全国政协委员、九三学社中央常务委员会委员、中国人民政治协商会议广东省第二至第四届副主席，以及省第五至第六届人民代表大会常务委员会副主任等。[②]

此间工专各处科、室、组长以上负责人，不算正副校长仅有12名（教授王树芬，兼机械科主任；教授李奏平，兼化学科主任；教授张天野，兼水利科主任；教授彭海祥，兼教务处主任；副教授吴顺成（后为叶吉如），兼总务处主任；讲师林贤达，兼体育组长；刘志平，校长室秘书；朱㤉，教务组组长；李文斌，注册组组长；罗明德，文书组组长；袁熹，事务组组长；吴日照，会计组组长）。在

[①] 广东省人民政府同意黄友谋兼代工专校长职（1951年2月19日）[Z]. 广东省档案馆电子文书档号，255-1-48-142~145：1.
[②] 广东百科全书编纂委员会编辑部. 广东百科全书[M]. 北京：中国大百科全书出版社，1995：437.

经费、教师及学生（此时，月经费以大米计价折算为旧币36729 907元，约为3600多元，学生助学金以总量4870斤米计发；专任教师有25人，其中教授9人、副教授7人、讲师3人、助教6人；兼任教授5人；职员有13人，其中女职员2人；校工有12人，其中技工2人，普通工9人，其中女工1人。学生181人，其中一年级134人（其中女生2人），二年级即应届毕业生47人（其中女生2人））①②等三方都感困难的局面下，他们和其他师生员工一起，在人民新政府策励、教育下，以忐忑不安又期待的心绪，注视着新社会，上下一致努力维持机械工程、化学工程与水利工程3科的校务，希冀早日走出办学困境。

上述12人，后来大都随工专集体转入华南理工。以后，有不少成为所在学术领域的一方领军人物，或行政事务的业务骨干。

前已引述的中华人民共和国颁布的第一个专科学校方面的暂行规程提出："以理论与实际一致的教育方法，培养能掌握现代科学和技术的成就，全心全意为新民主主义建设服务的专门技术人才。"在这非常时期，受此教学任务、培养目标的激励，为了尽快认识新社会，在思想、情感与行动上，投向人民的阵营，由校长领导的工专校务委员会与校工会共同组织，每约两天召开一次教师学习或业务会，认真学习中央人民政府于1949年10月1日所颁布的《中国人民政治协商会议共同纲领》精神。该纲领在1954年中华人民共和国首部宪法颁布前，一直起着临时宪法的作用，成为社会各界共同遵守和执行的行动准则。与此同时，学校的新民主主义青年团组织即共青团，根据团中央的部署把开展新民主主义的学习，作为学生工作的中心任务。自1951年3月起，毛泽东的《新民主主义论》作为政治课，以教师讲授为主，学生自学与小组讨论为辅。

通过学习，一些思想领先一步的师生，更以不同方式参与了广东省、广州市人民新政权的草创。如上述的教务处主任彭海祥教授，先前就已作为广州市教育界15名代表之一，参加1950年4月21日至5月1日召开的、以恢复生产为中心议题的"广州市第二届各界人民代表会议"；又于5月25日参加拥护和平、反对战争的"广州市人民保卫世界和平宣言签名运动大会"，并在会上当选为"中国保卫世界和平大会委员会广州分会"委员；随后，作为广州区的50名参政议政代表之一，于同年10月1日至16日，出席在广州召开的"广东省首届各界人民代表会议"。③⁻⑤这里所谓"各界人民代表会议"，是中华人民共和国成立之初人民参政的一种形式。其代表由推选、邀请、商定及选举等方式产生。在地方各级人民代表大会召开之前，它先是地方各级人民政府传达政策、联系群众的协议机关，后曾代行地方各级人民代表大会的职权。在各界人民代表会议休会期间，设各界人民代表会议协商委员会，协助人民政府实行各界人民代表会议的决议，并负责筹备下一届各界人民代表会议。⑥省市各界人民代表会议是广东省和广州市军事管制时期的、省市政府的协议机关及地方性的政治协商会议，是在人民代表大会制度建立之前、体现人民民主权利和政府联系群众、依靠群众办事的一种组织形式。

1952年3月底为建设海军基地，整个石榴岗校园为之"让路"。在中共中央华南分局主持下，省政府执行"广州区高等学校调整方案"：其一，华师所在的石榴岗校园与中南海军政治部于黄华路造币厂的驻地对调；其二，"华南联大〔理〕工学院、广东工专迁往石牌"，⑦即改置中大的石牌校区一隅，继续办学。黄友谋一年半以来不辞劳苦所兼理的工专校长之职，也因此而止。

这时的工专，是筹建"独立的工学院"一分子，对后者全貌虽一时还难端详，但心中涌动着对未

---

① 广东省工业专科学校关于处、科、室、组主任以上人员名册（1951年10月10日）[Z]．广东省档案馆电子文书档号，314-1-26-52~53：1．
② 广东省人民政府文教厅．广东省公私立高等学校概况，一九五〇年学年度第一学期（1951年1月15日）[Z]．广东省档案馆电子文书档号，314-1-20-28~40：2、36、38-39．
③ 本市二届各界人民代表会议代表名单[N]．南方日报，1950-04-22（3）．
④ 中国保卫世界和平大会委〈员〉会广州分会昨成立，通过成立宣言和慰问居里电[N]．南方日报，1950-05-26（1）．
⑤ 广东省第一届各界人民代表会议代表名单[N]．南方日报，1950-10-17（3）．
⑥ 中共中央文献编辑委员会．刘少奇选集：下卷[M]．北京：人民出版社，1985：479．
⑦ 中共中央华南分局呈递中共中央关于广州区高等学校调整方案报告（1952年3月2日）[Z]．广东省档案馆电子文书档号，204-1-272-072：2．

来憧憬的工专人来说，结束其自1943年以来的第7次、也是最后一次的迁徙，到石牌办学，委实能"却道，此心安处是吾乡"的。正是经历了几多酸楚，百般欢欣，因而放眼再艰难的日子也心甘情愿。

之后，工专一时找不到适合的新校长，但"军中不可一日无大将"，为使国家既定的广州区"独立的工学院"组建计划如期实现，省文教厅出面委托中大，自4月起代为办理工专，因而当年工专毕业生临时毕业证明书便由中大发给。①

这里有一说明：中大所制作的"中山大学沿革图"标注1952年广东工业专科学校"部分系科""调进"中山大学，② 目前未见文献佐证。

中华人民共和国成立之初的1950—1953年间，国家的教育事业经费管理推行中央统一财政、三级管理的体制。其中，政务院于1950年3月两次作出决定：中央政府直接掌管的大中小学，大行政区和省（市）县立

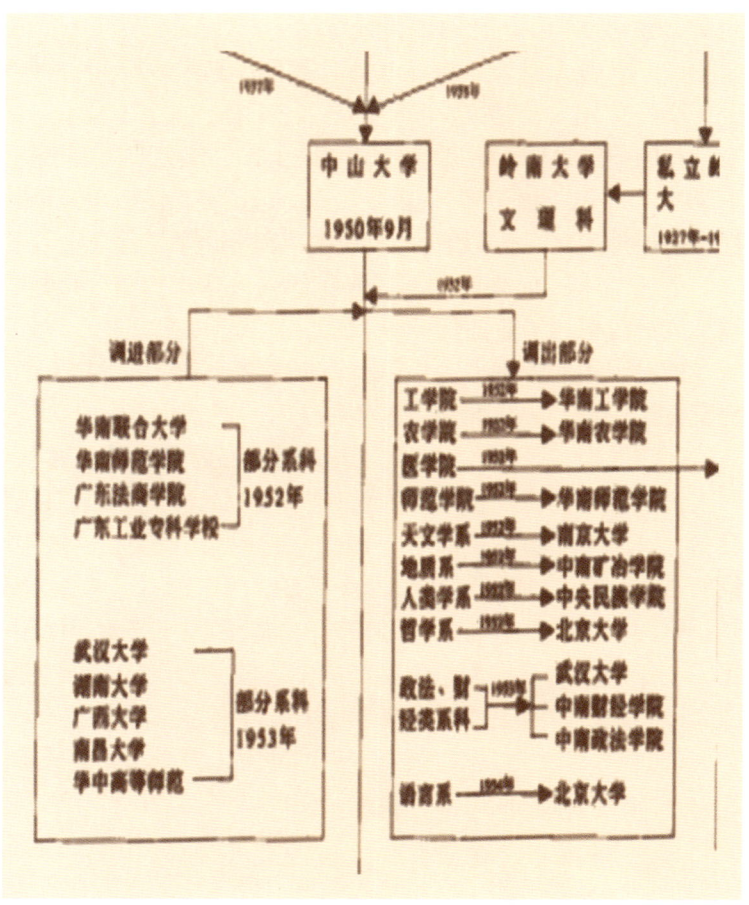

中山大学沿革图

中等以上学校的教育事业费，分别列入同级预算。1951年3月政务院进一步明确规定，教育费按学校直接领导关系分别列入中央、大行政区、省（市）三级预算。③

而广东人民新政权成立的头3年，众高等师范教育学校及中大的教育事业维持费，向由中南区教育部拨发。其余公私立高校的教育维持费概由省教育厅拨发，或以补助形式拨付。省教育厅在一份有关全省各级学校的1952年教育事业支出、决算的说明中提到，1952年"上半年由厅领导的高等学校有法商学院、工专、文艺学院，以及以私校名义的岭南大学及〔华南〕联合大学、南华财经专科学校和私立中医专科学校。……公立的法商及工专，私立的联大、岭大从八月份起调整合并于中山大学及华南工学院等，经费改由中南直接拨发"。换言之，如果工专当年"调进"中大，则上述"支出、决算说明"，当不会无缘无故地称道工专"由厅领导"；再者，"调进"后当取消工专的经费户头，所需经费必统一由中大从中南区教育部领取，并且不分工专、中大做通盘处理才是，因而教育厅也就无必要画蛇添足地指明工专经费"由中南直接拨发"了。这个"支出、决算说明"，显然从正面讲清楚工专当时隶属于省教育厅。④

华南理工档案馆搜集到中大于1952年9月颁发给冼姓等10名工专应届毕业生的"临时毕业证明书"，"附注"皆同曰："广东工业专科学校自本年四月起，由文教厅委托我校代办，故是届毕业证明书由我校发给。"附注所言的"代办"与上述沿革图所称的"调进"，应属不同概念。

---

① 广东工业专科学校1952届机械工程专业冼姓毕业生，中山大学临时毕业证明书（复印件）[Z]. 华南理工大学档案馆，1952.
② 中山大学校史编写组. 中山大学校史（1924—2004）[M]. 广州：中山大学出版社：2006：10.
③《中国教育年鉴》编辑部. 中国教育年鉴（1949—1981）[M]. 北京：中国大百科全书出版社，1984：94.
④ 广东省教育厅. 广东省一九五二年度教育支出决算说明书（1953年5月25日）[Z]. 广东省档案馆电子文书档号，314-1-91-51~55：4.

于此，难怪2006年不少健在的工专1952届毕业生，不认可当年工专"调进"或合并到中大的说法，而秉持原有的"代办"或"托管"的历史认识。①

后期的工专，毕业生有8届共800多人。其中，毕业于中华人民共和国成立前的有345人左右。

同年10月广州区高校院系调整，工专的教师16人（教授10人、助教6人）和3个专科的学生160人（毕业班的有83人）全部转入华南理工。②③工专42年坎坷多舛的办学发展史就此结束。在最后的3年里，它张开双臂迎接了新中国，在困难中谨守着本分职责，追随国家从1952年开始的由新民主主义向社会主义过渡时期的前进步伐，听从召唤，跃入华南理工办学阵营。

1953年11月23日，华南工学院通过《南方日报》发通告称：

> 前中山大学工学院〈一九〉五一年度第一、二学期毕业证书，前岭南大学工学院〈一九〉五一年度第一、二学期毕业证书，前广东工业专科学校〈一九〉四九、〈一九〉五〇、〈一九〉五一各年度第二学期毕业证书，及本院一九五三年度第一学期毕业证书先后经中南高教局及广东省文教厅验印发还，希各该届毕业生持原领临时毕业证明书到本院换领应用（委托亲友代领者并须持有毕业生本人委托书）。

---

① 华南理工大学工专校友会. 广东省立工业专科学校历史概况（1910—1952）[Z]. 广州：出版信息不完整，2002：4.
② 刘战，李强，陈建，等. 华南理工大学史（1952—1992）[M]. 广州：华南理工大学出版社，1994：14-15.
③ 中国人民政治协商会议广东省广州市委员会，文史资料研究委员会. 广州近百年教育史料[M]. 广州：广东人民出版社，1983：390.

于是，原持中山大学临时毕业证书的工专生，因此领用华南理工大学颁发的正式毕业证书。

工专转入华南理工之前，作为生力军一分子为新中国财政经济状况的基本好转而努力。譬如，部分学生于1950年由学校团组织保送，到青年团广州市工作委员会主持的、为培养广州市各级行政机关干部而设于市内西门口烂马路陈家祠"广州市行政干部学校"学习，毕业后比工专同窗提前跨入轰轰烈烈的社会主义建设事业；① 又譬如，中共广州市委与市军管会为着郊区的农村土地改革，从1950年10月14日到同年12月10日，在中大石牌校区与上述的行政干部学校两处，组织每期10至15天共3期、1016人受训的培训班。② 此间的10月，中南区军政委员会教育部发布《关于高等学校学生参加土地改革工作的指示》，因而部分工专生成为上述的学员。此外，还与兄弟院校一起投身抗美援朝运动，从而为工专添上了最后的一抹浓墨重彩。

1951年1月，中共广州市委副书记、广州市副市长朱光在铁路广州站与参加军干校的青年握别

图片来源：余修. 众口齐说老市长［M］//杨柳. 羊城后视镜. ②. 广州：花城出版社，2008：229.

1950年12月1日、1951年6月24日，中央军委、政务院先后两次作出《关于招收青年学生青年工人参加各种军事干部学校的决定》《关于各种军事干部学校招收学生的决定》，号召青年报名参加海、空军及特种兵的学校。为此，全省先后组织多次宣传教育活动，全省共有5.7万余名青年志愿报名，仅广州市就有近2.2万名报名。③ 当时参与命名组建华南理工的4所基础院校许多学生踊跃响应。最后，全广州市有3271名青年应征光荣入伍，成为当年全国计划12万应征入伍青年当中，中南地区计划7850名的一部分。④⑤

周恩来在审定中共中央关于动员青年投考军干校文件时，于原文"大学专科三、四年级的理、工、农学生更要少动员或不动员"段落间，批示强调："在大学生中，应该多动员文学院的学生，少动员工、农学院的学生，医学院和医专的学生一般不动员，青工也要少调技术熟练的，以免削弱建设人才。"⑥⑦ 贯彻该文件精神的结果是，文理生比例大的中大一校就有百余人入伍，与之相对应的工专生被批准的就不多，它与岭大、广东文理、法商等数校合计只有百余人。各校上述人员，或分到空军中南预科总队直属大队第四中队，或经培训后再编入空军的机关、部队和航校。

---

① 广东省人民政府文教厅. 报送广东省各地学校教育工作中混乱现象初步检查报告（1951年9月12日）[Z]. 广东省档案馆电子文书档号，314-1-22-52~57：3.

② 黄穗生. 广州郊区土地改革［M］//《广州近现代大事典》编辑委员会. 广州近现代大事典（1840—2000）. 广州：广州出版社，2003：442.

③ 广东省抗美援朝分会. 广东省抗美援朝的基本情况（一九五三年六月）［M］//中国人民抗美援朝总会宣传部. 伟大的抗美援朝运动. 北京：人民出版社，1954：1254.

④ 黄穗生. 广州抗美援朝运动概述［M］//范焕清，孙援，李振华. 支援抗美援朝纪实：亲历亲见亲闻. 北京：中国文史出版社，2000：214.

⑤ 关于当年军干校录取数，这里没有使用"概述"所列的3338之数，而采纳中共广东省委党史研究室所编写的《中国共产党广东历史（1949—1978）（第二卷）》2014年版第61页提供的3271之数。两数之差为167人，存疑待查.

⑥ 中共中央文献研究室. 周恩来年谱（1949—1976）：上卷［M］. 北京：中央文献出版社，2007：103.

⑦ 中共中央关于动员青年学生和青年工人投考军事干部学校的通知（一九五〇年十二月五日）[M]//中央档案馆，中央文献研究室. 中共中央文件选集：第四册（1950年9月—12月）. 北京：人民出版社，2013：324.

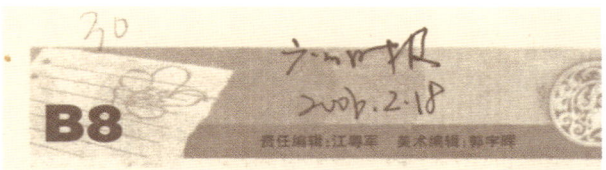

梁干华，1948届水利科毕业生，1950年12月从军新疆。后分配到新疆八一农学院水利系任教。1957年转业，留校继续任教。后在新疆从事农田灌溉与改良耕地的农业技术工作

李作尧，时为工专机械科1950级在读生。他与同为在读生的水利科1950级梁梓燊，"少小从军别工专"。李作尧从此在空军工作30年

图片来源：华南理工大学工专校友会《校友纪念册》编委会. 校友纪念册. 广州：华南理工大学出版社，2001：39、66.

这之中，在广州解放前就投身地下斗争的青年党员和地下学联成员，成为其中的骨干。[①][②]

后来，他们中有的牺牲了，其余除少数仍在军队服役外，更多的转业、复员到地方，继续发挥作用。在临近退休时，根据教育部1984年关于"因公经组织决定抽调参加工作或经动员参军的学生，均按本人原同届补发毕业证书"的精神，[③]才领到毕业证书。而此前，与之相应的许多个人利益，却因当时国力所限，得不到补偿或追补了。这些都是他们的一种损失。

经校档案馆持续努力，搜集到1950—1951年参军、参干的11名同志关于补发毕业证书申请书复印件。当中有参与命名组建华南理工的10数所院校中源自中大、华南联合大学工学院、岭大以及南昌大学的，唯独还没寻获工专的，殊为憾事。现在，这些都被存于学校档案馆一角，在静静地"诉说"自己的主人公曾有的光荣与付出。

当然，工专毕业生能入选军干校者，毕竟只

---

① 邓锦棠，区超海. 岭南学子多才俊，碧海青天斗雄风，映像广州，老照片[N]. 广州日报，2006-02-18（B8）.
② 黄崧华. 解放战争时期广州的秘密工作[M]//中共广州党史研究室，广东革命历史博物馆. 我与广州解放. 广州：广州出版社，2009：11.
③ 国家教育委员会高等学校学生管理司. 高等学校学籍管理文件汇编（1950—1987）[M]. 重庆：西南师范大学出版社，1988：305-306.

能是少数，投身到国民经济建设的洪流中去的是多数。

这之中有在军工战线从事航空动力机械研制的机械工程1951届的李腾杰，有参与导弹部件研制、为第二炮兵歼灭入侵我领空敌机的化学工程1952届的冼锡卿等。

从事水电建设40年的1947届水利工程毕业生马平卓自豪地综述道：从旧社会来到新中国，许多毕业生"积极响应党的号召，哪里需要就到哪里，东北西北，边陲塞外，都成为校友向往的地方。从黑龙江边到塞外贺兰山区等地，人迹罕至，交通梗塞，生活非常艰苦，但都置身度外，一座座大型化工厂，一片片国防工业基地，都在荒漠地区像雨后春笋般冒出来了。拍马扬鞭，东南西北中，在祖国的大地上，转了一个大圈，又转了一个大圈，年青人意气风发，把种种困难踩在脚下，奋力'装点江山'，三线工程、研制导弹零部件多次击落美机，他们都付出了劳动，献出了一流的设计"。①

亦如机械工程1946届毕业生何麟于晚年综述道：8届毕业生多从事科技、教育工作……"特别是前四届校友是解放前毕业的，一般说来是旧社会出身的知识分子，解放后接受了党的教育，诚心为人民服务，为建设有中国特色的社会主义，为改革开放添砖加瓦，尽了应尽的责任。更可告慰的是他们能顶着社会的逆流，没有为金钱至上、钱权交易、目浅丧德，老实地过着平静的、清贫的、问心无愧的生活……回首前尘，我们没有辜负党和人民的期望和母校的栽培"。②

转学他校毕业后便投身地下斗争的机械工程1947级学生郭淦祥，晚年赋诗忆当年："鼎湖山下工专园，溪潭冬泳练志坚。各门学科多钻研，生机勃勃读书声。严师育才多精英，皆为祖国奔前程。"③

---

① 马平卓. 青山不老，绿水长流——《校友纪念册》读后[J]. 校友会会刊（华南理工大学），2001（16）：64.
② 何麟. 一次难忘的聚会联想[J]. 校友会会刊（华南理工大学），2003（18）：32.
③ 郭淦祥. 感怀工专校友[J]. 校友会会刊（华南理工大学），2001（16）：61.

第七章 甲工、工专的历史贡献与地位及师生群像

一、工专是广东近现代工程教育的开创者和奠基石

国内高等工程教育萌芽于19世纪60年代，迄今历160余年。

就办学史而论，工专来龙去脉清晰，传承有序，各办学升格的时间节点明朗：其前身以广东工艺局于1910年6月16日招生为办学发轫之日，它以中初两等职业工业教育起步，1918年8月20日即行中等工业专门教育，及至1924年7月3日，跃迁高等工程专科教育之列；1933年6月5日，改办大学本科、专科与高中并存的高等工程教育和职业工业教育。它上至晚清，下涵新中国，见证了清朝的灭亡、旧中国的败落与新中国的诞生，几乎与中国近代史相始终；先后肩负为大革命、抗日救亡、解放战争以及新中国服务的历史使命。前后历42载，期间曾停办了八九年，统属屡更，蹶而复振，衰而复兴，逢此百龄。工专在这块教育领地上，以行业需求为基础，教育生态多样、互融、互补。

就教学史、教育史而论，它是广东近代、现代工业教育与工程教育的一个缩影，是一本完整而系统的历史"教科书"。

专业教育有职业性与学术性两基本属性，就目前文献所见，工专一路走来，所从事的是属前者的教育，亦即现在人们所说的以技术范式为特征的工程教育。它注重培养工程师，讲究实践，强调技术和动手能力，教育内容以应用手册和公式为主。① 那时，还不可能像现在这样，推崇工程教育要从知识传授向知识发现的高度攀登。

20世纪10年代末至30年代初，在广东省立的20余所学校中，不论是甲工，还是提升学级后的工专，都是省内唯一的一所省立工科学校，长期以来，都作为广东省一所名校而受关注。

1920年12月24日，入粤任广东全省教育委员会委员长的陈独秀，在其提出的广东"改革教育三大纲领"中，置甲工于勃兴工业教育之位。"纲领"之三提出："专门教育——以工业教育为主，除高等专门及大学工科而外，以设甲种工业学校，普及乙种工业学校为目的。"② 陈独秀此间在粤约8个月，曾到过4所学校演讲，甲工是其一。

此外，在1921年5月9日，民国军政府（广州）非常国会参议院议长林森到甲工视察该校开展的"读书运动"。③

从1929年至全面抗战爆发前的1936年，是民国教育发展的黄金时期。④ 其间与此相对应的是，论办学规模与效益，工专最盛之时当数1933年前后的增埗时代。

以1932年为例，其时国内公私立专科学校共30所。其中属省立的专科学校有13所，当中的工业

---

① 李茂国，朱正伟. 工程教育范式：从回归工程走向融合创新 [J]. 中国高教研究，2017（6）：31.
② 唐宝林，林茂生. 陈独秀年谱 [M]. 上海：上海人民出版社，1988：135–136.
③ 阮啸仙. 五月九日，我与林议长之谈话，改造日记（一九二一年十月十日）[J]. 工业杂志，民国十一年春季 [1922（1）：28].
④ 教育部国家教育发展研究中心. 20世纪的中国（教育事业卷）[M]. 兰州：甘肃人民出版社，2000：107.

学校仅有3所,粤省工专属广东唯一一所省立工业专科学校。

20世纪20—30年代,广东所创办的纺织、陶瓷、土木工程和电机工程等高等专科,均首设于该校。

1928年工专创办土木工程专业后,省内几所大学随后也开设此专业,如私立广东国民大学的设于1929年秋,私立岭南大学的设于1930年,国立中山大学的设于1931年8月,私立广州大学的设于1940年。同样,1928年工专把原甲工的应用化学和机械两专业加强为专修科后,国立中山大学随后在1931年8月开设化学工程专业,1934年8月再设机械工程、电机工程等两个本科专业。

此处应作辨疑。《广东省志·科技志》2002年版大事记中关于中大1928年已设机械工程系一说,①显为笔误。事实上,该校经历了1926年下半年至1927年的"党争"与改名、甄别考试、新老校交接等过程后,已伤元气,正待重整旗鼓,不会有余力去筹设耗资甚多的机械工程专业;况在此之前,广东作为革命根据地,以人力、物力和财力倾力支持北伐;之后,陈济棠(1928年5月起为省党部指导委员会常委,1929.3.30—1931.6任广东第一编遣区分区特派员兼讨逆军第八路军总指挥,同期为国民党中央执行委员国民党省第四届执行委员会委员)、陈铭枢(1928.11.21—1931.5任省主席,同期先后为国民党省第三、第四届执行委员会委员)、陈策(粤海军江防司令)等"三陈"合力推倒李济深(国民革命军总司令部参谋长兼新编第四军军长,并于1927.6.28(1928.3.7?)—1929.3.14期间兼任国民党中央政治会议广州分会主席;1926.12—1928.11.21任省主席,同期为讨逆军第八路军总指挥部总指挥)。李济深虽为粤系军队首领,但因其桂籍,与军中陈济棠、蒋光鼐、余汉谋等为首的广州肇庆派,以及以张发奎、薛岳、吴奇伟为首的客家派等,各怀心事,不能相容。一时间,彼此内争正当时。一直想控制广东的蒋介石,遣其侍从副官郑介民收买陈济棠与陈铭枢,以此反对李济深,旨在把水搅浑,乐见他们互相牵制,以减轻直至消除粤桂联合反宁之虑。粤省社会经济一时陷于停滞,至1931年4月才结束内争,调转矛头共同对抗蒋介石。

就此而言,在此之前的省署也难有精力顾及民生与教育包括中大的发展。更何况,到1938年,中大才有首届机械工程毕业生。②

以致具体筹办中大工学院的

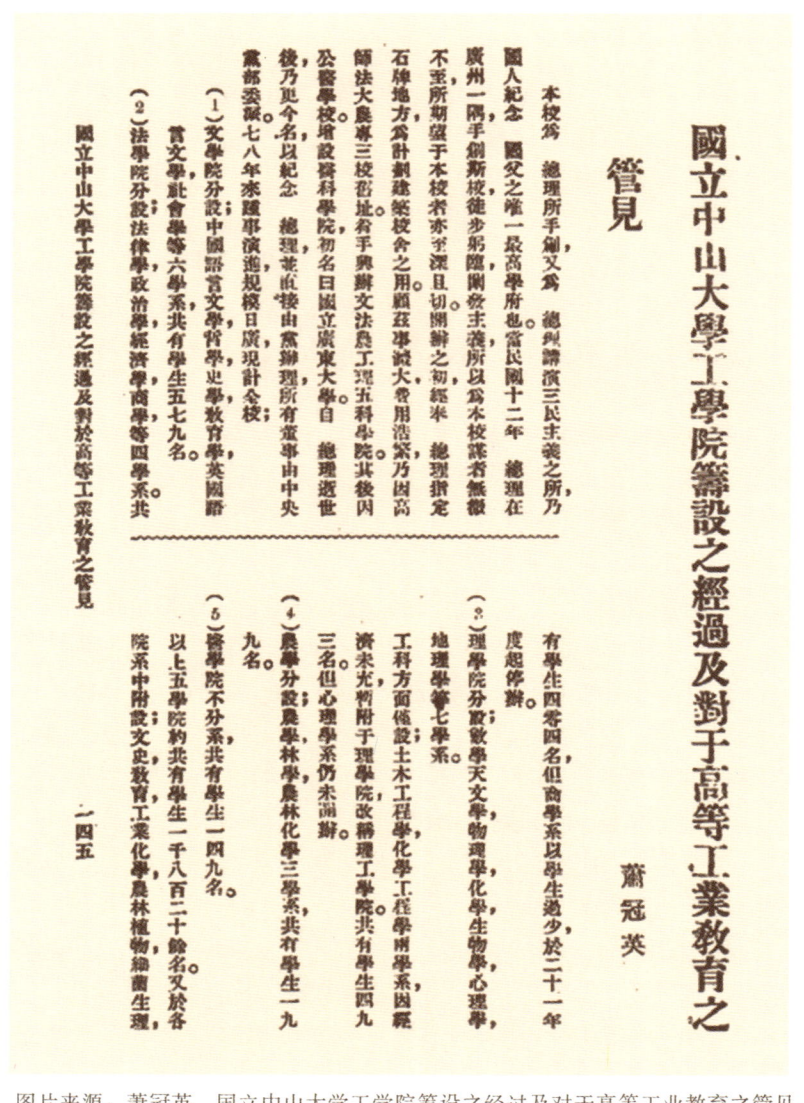

图片来源:萧冠英. 国立中山大学工学院筹设之经过及对于高等工业教育之管见[J]. 三民主义月刊, 1933, 1(4):145.

---

① 广东省地方史志编纂委员会. 广东省志·科学技术志[M]. 广州:广东人民出版社, 2002:33.
② 中山大学校友名录编委会. 中山大学校友名录(1924年—1952年分册)[M]. 广州:中山大学出版社, 1994:127.

萧冠英，当年就明确地表述，中大的"工科方面仅设土木工程、化学工程两学系。因经济未充，暂附于理学院，改称'理工学院'，共有学生四九三名"。

再言及前文，南京政府教育部所编写的首部教育年鉴，在其所列出的全国省立专科学校八项可资比较的数据中，工专在办学经费、课程数目、课程总数及教职员数等四个方面，居全国省立专科之首。①-④

该年鉴还显示，1931年全国每百万人口中，专科以上学生数为93人。其中，粤省为180人，仅次于福建（261人）、奉天（即辽宁，197人）、山西与江苏（均195人）等四省份。⑤ 在广东省内，工专自是巩固粤省这个比例的支撑点之一。

凭此实力，由工专整体转换而成的广东省立勷勤工学院入主广东省立勷勤大学，使后者实力与名气陡增。当然，勷大工学院亦因之得以广招贤才，设置当时全国大学中的第二个建筑学系。⑥⑦

而当勷大工学院并入国立中山大学工学院，遂令这所大学的工学院如虎添翼，因而雄踞南中国高校工科之首。1952年组建的华南工学院，得以挟中山大学工学院、华南联合大学工学院、岭南大学工程方面的系科及其他院校工科学系之雄风，8年间便扶摇直上全国重点大学之列。⑧

1945年9月20—26日，由国民政府教育部在重庆主持召开的"全国教育善后复员会议"要求各省：

> 抗战期内公私立专科学校，凡已停办或归并，而其历史悠久、成绩卓著，有恢复设置之必要者，得予恢复。⑨

可以说，抗战后期复办于全国教育善后复员会议之前的工专，顺应了光复后重振社会经济的迫切需要；但在当时，由于国民党政权的腐败无能，在收复失土中失掉民心，一般民众无论在物质上还是精神上，都备受摧残，人们对光复的喜悦、对新生活的渴望，于漫长的等待与内战的爆发中消磨殆尽。蒋政权种种不得人心的行为，无疑把青年人推向了共产党，⑩ 在客观上为后来的新中国准备了一批工农业建设的生力军。即如前所述，许多毕业生在人民政府政策感召和党的教育下，丢掉旧思想，全身心地投入社会主义建设事业，不少人后来成长为栋梁之材。

复办后几年间，一批资深教授，如李敦化、罗明燏、朱惠照、刘鸿、岑藻芬等参与了教学活动。

后期的工专就其规模而言，则走向式微，已无昔日强势。如若上述1933年前后增埗时代那样的整体比较优势，已不复存在。而就其内迁于粤中地区的办学行动而言，它拓展了省城高等教育资源向内迁地区的流动，改善了所在地的高等教育状况，在一定程度上促进了当地的社会经济发展。

1932年度全国省立专科学校概况见下表。

---

① 李敦化. 我所知道的两个工业学堂［M］// 政协广东省委文史资料委员会. 广东文史资料第十辑. 广州：广东人民出版社，1963：150-154.
② 国民政府教育部. 第一次中国教育年鉴［M］. 上海：开明书店，1934：丙编，115，117.
③ 国民政府教育部教育年鉴编纂委员会. 第二次中国教育年鉴［M］. 上海：商务印书馆. 1948：第三编，655.
④ 政协广州市委文史资料研究委员会. 广州近百年教育史料（晚清—1963）［M］. 广州：广东人民出版社，1983：127.
⑤ 丁编：各省专科以上学生总数占各该省人口比例（民国二十年）［M］// 国民政府教育部. 第一次中国教育年鉴. 上海：开明书店，1934：2.
⑥ 广东省立工专校刊（民国二十三年七月）［Z］. 出版信息不详，1934：8.
⑦ 林克明，蔡桐坡. 省立勷勤大学［M］// 政协广州市委文史资料委员会. 羊城杏坛忆旧，广州文史资料：第五十二辑. 广州：广东人民出版社，1998：235.
⑧ 中央档案馆，中共中央文献研究室. 中共中央文件选集，第三十五册（1960年9月—12月）［M］. 北京：人民出版社，2013：300.
⑨ 国民政府教育部教育年鉴编纂委员会. 第二次中国教育年鉴［M］. 上海：商务印书馆. 1948：13.
⑩ 周峰. 美蒋联日反共受降战略的政治考量：战后中国两种命运的历史抉择［J］. 南京政治学院学报，2015，31（2）：56-57.

1932年度全国省立专科学校概况

项目		广东省立工业专科	山西省立工业专科	山西省立农业专科	山西省立商业专科	江西省立工业专科	江西省立农艺专科	江西省立医学专科	河南省立水利专科	山东省立医学专科	浙江省立医药专科	河北省立水产专科	察哈尔农业专科
校址		广州	太原	太原	曲阳满城	南昌	南昌	南昌	—	—	杭州	天津	张家口土耳沟
开办年		1910年	1916年	1901年	1908年	1913年	1906年	1921年			1912年	1910年	1923年
经费	岁出（元）	100 150	101 194	82 522	46 390	92 164	58 066	41 426	40 000	87 342	84 266	65 971	23 526
	岁入（元）	100 150	101 194	85 197	46 390	92 164	58 108	41 905	40 000	100 987	89 779	65 970	23 526
编制	科（个）	1	1	1	1	1	1	1	1	1	1	1	1
	组（个）	3	3	3	5	2	1	1	1	1	1	2	1
课程	种数（种）	156	50	67	68	45	21	28	24	12	23	48	30
	周时数（节）	366	139	137	153	105	63	119	59	39	83	84	131
教职员数	教员（人）	71	31	46	25	35	30	16	13	18	30	24	18
	职员（人）	27	35	33	12	30	31	18	13	12	26	28	13
	互兼（人）	5	—	13	3	1	12	10	—	6	2	1	3
	小计（人）	93	66	66	34	64	49	24	26	24	54	51	28
毕业生（人）		—	78	66	39	—	—	32	—	—	—	31	19
在校生	男（人）	99	86	159	119	41	19	94	48	47	106	49	20
	女（人）	—				1		6		3	24		
	小计（人）	99	86	159	119	42	19	100	48	50	130	49	20
图书册数（册）		6180	10 797	10 543	10 120	3763	13 090	967	6609	395	7845	3063	4693
新添设备价值（元）		—	13 682	4062	2100	14 482	4976	6600	5120	13 563	8976	4887	930

资料来源：南京政府教育部高等教育司. 全国高等教育概况统计（1932年度），1933：9-10. [M] // 张妍, 孙燕京. 全国高等教育概况统计（1932年度），文教·教育概况，民国史料丛刊，1048. 郑州：大象出版社，2009：147-148.

此阶段粤省工专与省外部分省属专科学校概况比较，参见下表。为便于对照，该表依旧采用1932年度全国高等教育概况统计所提供的12所工、农、医、商等专科学校。表中校名下没列任何数据者，可能已停办或已合并于他校而更名。

1947年度第一学期部分省立专科学校概况简表

项目		广东省立工业专科	山西省立工业专科	山西省立农业专科	山西省立商业专科	江西省立工业专科	江西省立农艺专科	江西省立医学专科	河南省立水利专科	山东省立医学专科	浙江省立医药专科	河北省立水产专科	察哈尔农业专科
教职员数（人）	教员	29	—	—	—	47	38	73	—	45	50	15	—
	职员	16				51	30	77		38	41	10	
	小计	45				98	68	150		83	91	25	
在校生（人）	男	242				550	202	283		152	226	142	
	女	12				7	16	68		84	86		
	小计	254				557	218	351		236	312	142	
班级数（个）		9				22	9	8		6	7	4	

资料来源：南京政府教育部. 全国国立、省立专科学校三十六学年度（1947年）概况简表［M］//中国第二历史档案馆. 中华民国史档案资料汇编，第五辑，第三编，蒋介石发动全面内战与南京国民政府的覆灭（1945.8—1949.9），教育（一）. 南京：江苏古籍出版社，2000：618-621.

限于相关档案文献之不足，从整体看，目前对工艺局到工专各阶段的办学制度、办学思想以及教学活动，所知远非完整、充分和深入，但仍可以毫不夸耀地说，工专一脉绵亘，渊源有自，并非偶然。或曰：好大一棵树，此乃为根，堪属广东省内工业与高等工程教育一块历史奠基石，它一头传承得广东工业教育风气之先的广东工艺局和广东省立第一甲种工业学校，另一头奠基了广东的高等工程教育。它是广东省立勷勤大学安身立命不可或缺的基石，也是国立中山大学工学院后来发展壮大的基石。

二、光耀千秋革命史：不同历史时期英雄师生群像

《中国共产党创建史词典》2006年版中，对"广东省立第一甲种工业学校"有如下表述：

> 1920年由"广东省立工业专门学校"改称。校址在广州增埗。是广州积极响应五四运动最活跃的三所学校之一。广州共产党早期组织和社会主义青年团组织均以该校进步学生为重点，发展建党、建团对象。1921年8月中共广东支部成立后，在该校发展了阮啸仙、周其鉴、刘尔崧、张善铭4名学生为第一批党员，稍后，又发展了黄学增为党员。故当时有"红色甲工"之称。[①]

晚清至民国初年，国内不少省份尤其是沿海一带，多设有一至数所省立甲种工业学校。到1919年这类学校共约32所，[②] 广东省立第一甲种工业学校是其一。

上述引文只表述甲工1923年6月前的革命史，但从中多少可感

[①]《中国共产党创建史辞典》编辑委员会. 中国共产党创建史辞典［M］. 上海：上海人民出版社，2006：109.
[②] 中国第二历史档案馆. 中华民国史档案资料汇编，第三辑，北洋政府时期教育（1912—1928）［M］. 南京：江苏古籍出版社，1991：427.

悟出它之于地方革命的特别地位与影响。因为在国内同类学校中，同期最早参与中共地方党组织创建活动的，目前所见就只有这一所；省内一些曾参与其间的学校，后来停办或解散，而它不同，办学赓续发展所承载的革命精神至今不灭者，于广东省内也就这一所。正是这两个唯一性，奠定了甲工这所学校于广东地方近代革命以及政治社会学意义上所具的无可替代的地位。

它前后存世42年的办学之途，昭然与国内同期的政治社会、经济社会同轨发展，所展现的历史跌宕起伏。就革命史而言，一批组织和领导广东五四学生与青年运动的甲工师生，以及于不同时期汇聚于此的其他革命师生，与时共进，先后肩负为中共广东党团创建、大革命、抗日救亡、解放战争以及社会主义建设事业服务的使命。其中，在新民主主义革命时期，至少有28名师生，为民族独立、人民解放而牺牲。

为纪念中国共产党成立80周年，2001年6月25日人民日报第8版载图文《开天辟地》，评介五四运动前后，李大钊于北方宣传马克思主义的同时，"在广东，杨匏安发表了一系列推介马克思主义的文章，成为华南地区最早的马克思主义传播者""随着马克思主义在中国的传播，中国唯一的无产阶级政党——中国共产党诞生了。从此，中国历史揭开了新篇章"。杨匏安像位列其中。

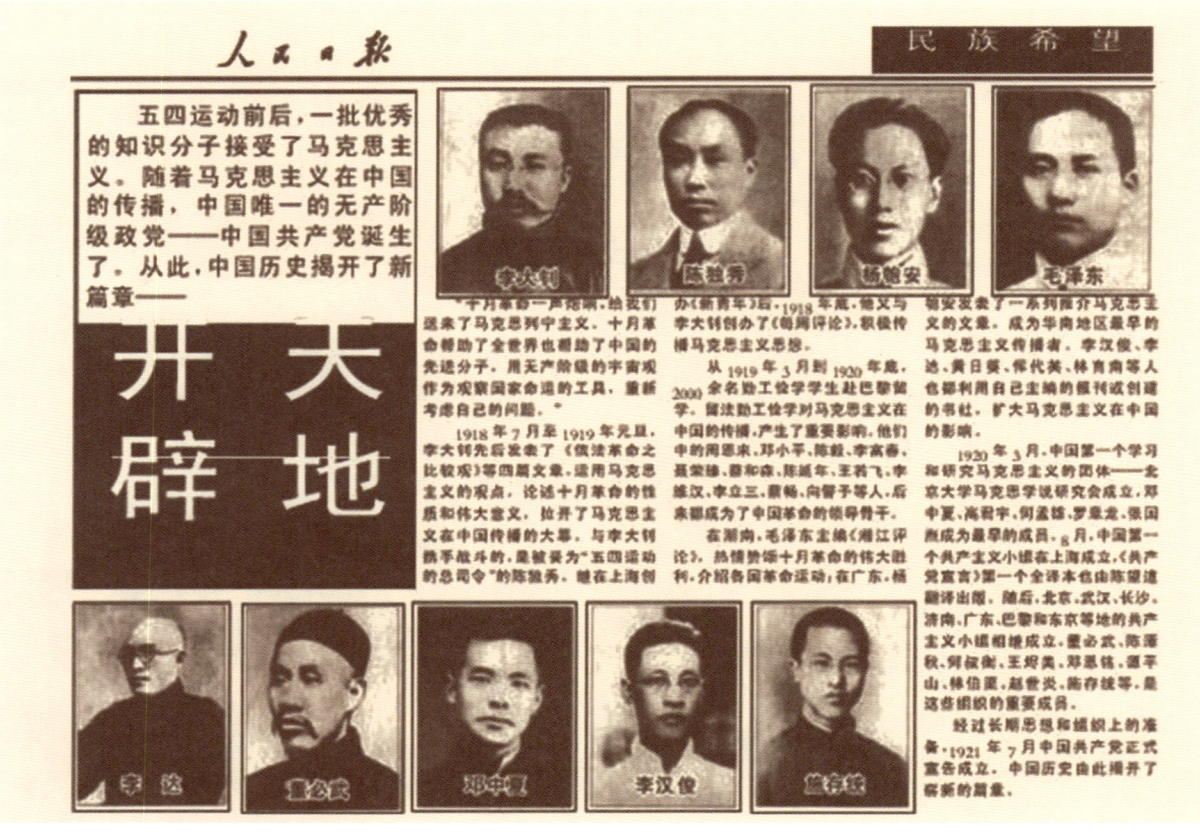

此后，新华社所播发的《我党早期优秀理论家杨匏安》（人民日报，2005-03-17（4））、《在敌人刑场上举行革命者婚礼——周文雍和陈铁军》（人民日报，2005-04-03（2））、《广东地区青年运动的先驱者之一——阮啸仙》（人民日报，2005-04-12（2））等文，记叙了杨匏安、阮啸仙、周文雍与陈铁军（女，国立广东大学1924级英文系预科生）等英烈之事迹。

继而，从2006年5月15日起，新华社与中央主要新闻单位和各省区市新闻单位，为庆祝中国共产党成立85周年、纪念中国工农红军长征胜利70周年，共同推出"永远的丰碑·红色记忆"大型主题宣传活动。

当中，所播发的《省港大罢工》（人民日报，2006-06-23（2））、《大革命时期轰轰烈烈的农民运动》（人民日报，2006-07-02（2））、《广州起义》（人民日报，2006-08-04（2））、《阮啸仙与人民审计制度的建立》（人民日报，2007-02-09（2））等文，评述了杨匏安、刘尔崧、阮啸仙、周文雍等英烈对革命所作的贡献。

随之，2009年5月中旬，为推动群众性爱国主义教育活动深入开展，庆祝中华人民共和国成立60周年，中共中央宣传部、中共中央组织部及解放军总政治部等十一部门联合组织开展"100位为新中国成立作出突出贡献的英雄模范人物"和"100位新中国成立以来感动中国人物"评选活动。

经近亿群众参与投票评选、组委会评审，在2009年9月10日所公布的评选结果中，阮啸仙、周文雍2位烈士入选百位英模人物之列。

其间，从2009年7月2日起，新华社与中央主要新闻单位和各省区市新闻单位，又联合推出庆祝中华人民共和国成立60周年大型人物专栏"人民英模"，纪念开创中华人民共和国、建设中华人民共和国的国家英模。当中所播发的《周文雍和陈铁军》（2009-07-11）、《阮啸仙》（2009-09-12）两篇文章，记述了周文雍、陈铁军、阮啸仙3名英烈的事迹。

在2011年纪念中国共产党成立90周年的日子里，中央主要媒体和各省区市党报、主要都市报于2月9日至6月13日，联合推出大型人物专栏"'双百'人物中的共产党员"。新华社先后于2月9日和3月15日分别播发了《周文雍和陈铁军夫妇》《阮啸仙》两文。

自2018年4月6日开始，《人民日报》所开辟的、由各省市自治区主要新闻平面媒体跟进的专栏"为了民族复兴·英雄烈士谱"，集中报道793位（组）英烈人物，刊载他们的事迹，传承其精神。其中，分别以"刑场上的婚礼——周文雍和陈铁军"（2018-05-19）、"杨匏安：华南传播马克思主义第一人"（2018-07-25）、"中共历史上的第一位'审计长'：阮啸仙"（2018-09-25）等为题，再一次播发了周文雍与陈铁军、杨匏安、阮啸仙的事迹。

杨匏安、阮啸仙、刘尔崧、周文雍等4名英烈同出一校，即前文所说的工专及其前身甲工。

一校师生事迹，于18年间为中央主要媒体及各省区市新闻单位，以多个专题方式一再地被颂扬，当中2名还入选为创建新中国的百杰英模。这种现象，在广东高校当中，为过去所罕见甚至没有。

此外，《广东省志·总述》2004年版在评述现代、当代著名人物时概述道："杨匏安的《马克思主义》一文……与李大钊《我的马克思主义观》一文同为中国早期传播马克思主义的不朽之作……与彭湃一道主持广东农民运动的阮啸仙……大革命时期广东工人运动领袖苏兆征、杨殷、周文雍、陈郁，青年学生运动的领袖刘尔崧、黄居仁……都为后人留下了可钦可敬的业绩。"①

这般的表述，在20世纪90年代之后的广东省、广州市两地众多史志系列丛书中具有代表性。

其时，杨匏安自1920年夏起为甲工兼职教师，阮啸仙、刘尔崧、周文雍等都为甲工、工专毕业生或肄业生。

甲工、工专区区一校，何以英雄辈出，常有惊人之举？

甲工与工专在广东旧民主主义与新民主主义的革命等多个历史阶段中，是革命中坚力量之一，也是民主与封建、新与旧、保守与进步、传统与现代的教育思想、教育方法等相较量的一个场所。学生接受工程教育，以促进国家近代化与现代化（或曰解放生产力）为己任而读书；在国将不国之时，受反帝反封建社会潮流的推动，不少人以自己所理解的方式，投身民族独立、人民民主自由（或曰解决生产关系）的斗争。其中，高擎中共之帜挺立在前列的，是当中崛起的英雄群体。

这个群体中的杨匏安（兼职教师，传播马克思主义到中国的先驱者之一，广东工人运动先驱，致力于国民革命统一战线的建立与发展）、阮啸仙（机械科1922届，广东青年运动先驱、农民运动理论家和领导人、中共早期审计监察开拓者）、刘尔崧（机械科1922届，广东青年运动先驱和工人运动领袖之一）、周其鉴（染织科1922届，广东学生运动先驱、农民武装运动先驱）、张善铭（应用化学科1922届，广东早期青年运动领袖之一）、黄学增（染织科1924届，广东农民运动领袖）、邹师贞（应用化学科1924届，国立广东大学化学系1924级学生，广东社会主义青年团组织者和领导者之一）、黄居仁（染织科1921级，广州青年运动领袖之一）、周文雍（机械科1922级，广州青年运动、工人运动领导人之一）、雷永铨（染织科1925届，海南琼东地区工人、农民、青年运动领导人）、黄国梁（染织科1922届，中共两广区委财经负责人）、陈玉婵（女，1924级，琼崖妇女运动领袖之一）、黎竟民（1924级，琼东工农武装斗争领导人）、李任予（染织科1925届，工农红军早期领导人之一）、苏蔓（化学工程科1934届，中共广西工委副书记）等15位，是其中突出代表。面对异常强大的敌人、异常残酷的镇压，他们为工农群众的翻身解放，慷慨赴难，壮烈捐躯。

国内整个民主主义历史阶段的革命任务是争取民族独立，争取民主共和，即推翻压在中国人民身上的帝国主义、封建主义、官僚资本主义这三座大山，建立中华人民共和国。叙一校革命之史，自会涉及师生中的中国共产党与国民党即国共两个不同阵营或复杂或简单的人与事，还有更多的是属于所谓"中间地带"即中间力量，于上述两个阵营之外的人和事。

另外，本章虽以1910—1952年间历史阶段为主叙事，但因为有一大批从旧中国走过来的师生，于中华人民共和国建立后，继续先烈的未竟事业，或从事有益于国家与社会的活动，所以会有部分段落将跨越一段历史时空，表述所涉的人与事。

历史是人创造的。恩格斯认为："历史什么事情也没有做，它'不拥有任何惊人的丰富性，它没有进行任何战斗！'其实，正是人，现实的、活生生的人在创造这一切，拥有这一切并且进行战斗。并不是'历史'把人当作手段来达到自己——仿佛历史是一个独具魅力的人——的目的。历史不过是追求着自己目的的人的活动而已。"②

古云："草之精秀者为英，兽之特群者为雄……是故聪明秀出，谓之英；胆力过人，谓之雄。"③

立于上述视角，当代的华南理工人，有必要去认识学校的这些先辈，是怎样为远大理想与抱负，一生奋斗而成为英雄的。

---

① 广东省地方史志编纂委员会. 广东省志·总述［M］. 广州：广东人民出版社，2004：212.
② 中共中央马克思恩格斯列宁斯大林著作编译局. 马克思恩格斯文集：第一卷［M］. 北京：人民出版社，2009：295.
③ ［魏］刘劭. 人物志全译［M］. 译注：马骏骐，朱健华. 贵阳：贵州人民出版社，1998：104.

（一）戎马半生的无衔战将张震球

张震球（1907.11.16—1974.8.7，又名第贤、寿祺、仁俊，化名黎贤、黎诚、黎赤、黎诚夫、黎诚溴等，广西区玉林市人），家有兄弟4人，他居长。因家穷，只择其念书，故而读书格外勤奋，成绩一向很好。1923年初中未毕业即转学读玉林私立"东厢职业学校"习技。这所创于1921年、存世仅12年的职校，学制3年，招收高小毕业生，培养染色织布技术骨干，前后共有毕业生约500名。[①-③]

张震球1924年夏于该校毕业后，如愿考入甲工机织科（后改为省立工业专门学校）进一步深造。11月加入中国共产党。从其学习足迹看，似乎他最初是打算做一名称职的染织技师的。1927年，他如期从工专毕业。1924年，全国共产党员有900多人，其中有400多人集中在广州市城区。张震球在广东省立工业专门学校加入中共支部，开始踏上了人生艰难而辉煌的革命征程。

当时，广州是民主革命的策源地、大革命的发生地，国民革命浪潮高。诚如1924年4月从太原、上海辗转到广州投考黄埔军校的徐向前所耳闻目睹，"这里，革命气氛甚浓，同太原、上海迥若两个世界，大街小巷里的革命标语，琳琅满目。《广州国民报》天天刊登革命活动的消息，积极宣传三民主义"。而国民党所创办的黄埔军校，"军校训令中还明确规定：社会主义、共产主义、马克思主义等书籍，本校学生均可阅读"[④]。工专不少同学边读书边参加革命活动。张震球"因当时大革命所趋，回忆我的家乡时所受地主豪绅之压迫、剥削和欺侮，反省过去，觉悟现在，非要参加革命斗争是不成的〔非要参加革命不可〕。同时，那个时候是处在大革命，〈革命〉潮流踊跃澎湃惊〔警〕

1926年广州工人代表大会执委会委员合影（前排右一为张震球）

图片来源：中共惠州市委党史办公室，中共紫金县委党史办公室. 刘尔崧研究史料［M］. 广州：广东人民出版社，1989：插图五.

---

① 杨美颢. 解放前的玉林纺织业［Z］//政协广西区委文史资料委员会. 广西文史资料，第十六辑. 南宁：南宁地区印刷厂，1983：151-152.
② 玉林市志编纂委员会. 玉林市志［M］. 南宁：广西人民出版社，1993：973.
③ 广西纺织志编纂组. 广西近代纺织史资料（一）［Z］//中国近代纺织史编辑委员会. 中国近代纺织史研究资料汇编，第1辑. 上海：中国纺织大学印刷厂，1988：51.
④ 徐向前. 历史的回顾（一九八四年四月）［M］. 北京：解放军出版社，1984：25，28.

醒了我，当时〈思想〉趋向革命"①。

于是，他从日常十分节俭中所省下的丁点生活费，到昌兴街（今广州中山五路新大新百货公司西侧、广州市财政厅前）上20号门牌的"丁卜书社"（当时还兼开"丁卜图书馆"。鲁迅常到此两处）、26号门牌的"国光书店"、"新生活书店"等店铺购买进步书刊，阅读《犁头》《中国青年》《响导》等周刊及《共产主义ABC》等图书，政治觉悟为之一新，经广西贵港籍同学马宗盛等的介绍，于入学当年的11月底加入中共，成为家乡玉林地区第一个中共党员。同时，接受党内关于经济和党的工作等方面的训练，听取革命名流的讲演；参加学生运动、游行示威活动，发动、组织各种纪念日的宣传；组织工人运动，如在广州工代会工人纠察队中任政治教员讲授政治课，宣传教育工人，到黄沙、西村等车站及自来水厂组织领导工人俱乐部、工人子弟学校，发动工人为改善日常生活进行斗争；第一次国共合作期间，参加省港工人大罢工，还作为省港大罢工工人纠察队总队部一员，参加了平息杨刘叛乱的战斗。

1927年4月广州"四一五"反革命政变后，国民党右派势力弹冠相庆，跳将出来策应国民党广州特别市党部执行委员会于政变后组织的告发与杀戮行动。其中之国民党广州特别市党部青年部"通告有关系之团体，将所有共产党分子悉数检举，从速密报本党，以凭转请特别委员会核办"；同一党部的另一机构宣传部则以1元至100元的稿酬，唆使各基层单位去"搜罗共产党破坏本党事实与证据，译为纪述"，交部"早日付印"云云。②

这时，"广州市各大戏院都变成了监狱"，张震球经历了最初的生死之险：

> 我们学校的学生逃走的不少，被捕的也不少。我们的党支部书记郭洪犹〔宏猷〕同志，在广州大街上被抓捕，当场被枪毙，遭到残酷杀害。但是，我们学校中还掩蔽着一批"左"倾分子。后来，学校组织了"清党"委员会，一些"左"倾分子和共产党员也被选为"清党"委员。那些反动学生眼红了，出头来带领警察，强行进入学校进行搜捕。就在"清委"正在开会的时候，十一名"清委"就被捕去八名。反动学生洋洋得意地带领警察到各学生宿舍中抓捕"左"倾学生和共产党员。我也被列上抓捕黑名单。③

当国民党"清党"达到专断、任意、暴力的疯狂地步时，连服装与发饰都成为被捕的简单理由。据日本东洋文库《国共合作清党运动及工农运动文钞》保存下来的一份"清党"文件中记载，由于"清党"运动的扩大化，在广州的国民党右派一次行动中，军警将凡是穿西装、中山装和学生服的，以及头发向后梳的，统统予以逮捕。④

白色恐怖同样也出现在别的学校。如在中大，"许多平时肯阅读进步书刊的学生，都被视为嫌疑分子……不少学生连夜把进步书刊自行焚毁，宿舍前后真是火光熊熊"。⑤该校在1927年5月中称，全校"查有共产党分子二百余，就捕者仅四分之一"；该校特别党部第五分部当月24日宣称："凡有察觉本区分部党员当中有C.P.和C.Y.嫌疑及一切投机分子者，请于本星期五（二十七日）以前到本区分部办事处（出版部）报告，以便分别办理。如有反动分子于本星期五前到本办事处自首者，当请特别党部改组委员会从轻议处"；5月25日，该校策动校学生会召开全体学生大会，表示拥护学校特别党部关于开除学生C.P.和C.Y.分子学籍的决议；不久，该校正副校长戴季陶、朱家骅联名发布布告称"将员生中共产分子，有据可查，或事实显著者，一律开除学籍或职务"，次日，再行布告处

---

① 百色起义纪念馆《张震球画传》编写组．张震球画传［M］．南宁：广西人民出版社，2016：242．
② 中国国民党广州特别市党部青年部．关于将共产分子悉数检举密报的通告（民国十六年四月十九日）［Z］．广东省档案馆电子文书档号，020-003-13-105：1．
③ 中国国民党广州特别市党部宣传部．关于请搜罗共产党破坏本党事实与证据资料等情函（民国十六年四月二十二日）［Z］．广东省档案馆电子文书档号，020-003-21-063~064：1．
④ 王奇生．中国近代通史，国共合作与国民革命（1924—1927）：第七卷［M］．中国社会科学院近代史研究所．中国近代通史．南京：江苏人民出版社，2009：412．
⑤ 谭川昭．国民党"清党"见闻三则［M］//广州市政协学习和文史资料委员会．广州文史资料存稿选编（二、军政）．北京：中国文史出版社，2008：72．

置C.Y.分子。及至第二年4月中，该校特别党部对曾以个人名义加入国民党的跨党人员——主要是中共方面成员，宣称"凡去年清党时，经本部改组委员会呈请〈国民党〉广州政治分会核准，开除学籍、党籍之反动分子，如直接向学校请求恢复学籍，或被押请求保释者，务所查照名册，一概不予受理"①②。

目睹"这种极为惨重的形势"，张震球寻机摆脱了敌人的缉捕，"在香港找到了党的组织。6月间，经党组织派遣，更名为'张震球'，返回广西老家去工作"③。他以当地成均乡邦塘村小学教师身份为掩护，与杨第鹃一起恢复地方农民运动。其间，秘密召集农会积极分子活动，以农会名义继续开展二五减租、反对苛捐杂税与打击土豪劣绅的斗争。他在家乡樟木、福绵等地活动期间，秘密串联进步学生组织青年团，发展党员；于1928年春成立中共罗冲支部；与杨第鹃、王懿仁、张第杰等组建隶属于中共广西特委领导的中共玉林县临时委员会（1928年7月时，县委委员3人，下辖支部2个，党员共12人；至年底支部增至4个，党员40余人）；与俞作豫等多次深入六万大山，宣传教育以黎福海和丘宏才为首的、破产农民为主体的绿林军转化工作，计划收编改组为农军，以助反抗国民党右派"清党""清乡"斗争；1929年5月为玉林五属各县（玉林、北流、博白、陆川、兴业）端午暴动行动委员会委员，8月初为广西省第一届农民协会筹备处执委；9月10日，作为玉林县两代表之一，出席广西全省首届党代会，会后被中共广西特委派往广西右江地区的向都县任农民运动特派员，与阮殿煊、黄永达等组建中共广西思林县委，为委员。④

为此，张震球家蒙受了许多苦难。他在《自传》中写道，仅1927年至1929年，"我因参加共产党领导的革命活动，家庭成员亦被搜捕四次，我概未被捉获，而我们家庭却被洗劫一空。我的父亲被捕坐牢半年，亲戚朋友被捕被杀者不少"⑤。

1929年10月上旬，张震球率农赤军700余人，组织向都、思林两地村镇的农民暴动，歼灭县团武装，缴枪50余支；全歼敌警备三大队及恩隆县即今田东县府警备队；参与筹建思林县苏维埃政府；后于当年12月中旬率农军参加由邓小平、张云逸、韦拔群等领导的百色起义，为右江苏维埃政府工农赤卫军警备特务营政治教导员，随后调入红七军。该军初有3个纵队5000人，第二年发展到7000人。他先后任班长、连党代表、军政治部宣传队队长、俱乐部主任和土地股长。为巩固左右江革命根据地，转战桂黔边一带，攻克榕江收复百色等战斗。⑥后随李明瑞、张云逸所率红七军、红八军军部与十九师及二十师，于1930年11月8日在广西河池整编后，奉命离开右江，北上远征。其间，他历任红七军政治部秘书长、团政委。队伍转战桂、湘、粤、赣四省边境8个月，征程7000余里，经历生死间的大小战斗百余次，牺牲了大批优秀指战员，于1931年7月11日（一说为22日）抵达中央苏区的江西于都桥头圩。这时，全队只剩2000多人，随后编入中央红军第三军团红五师，⑦即在1932年6月恢复番号的红一方面军序列。同期，参加1931年8月7日至9月15日，历时3个月，3万余红军针对蒋介石亲率的30万人马进剿中央苏区的第3次反"围剿"作战。

这里所说的红一方面军，1930年8月建立于湖南。其间，该军所在之赣南闽西根据地与中共中央

---

① 校闻：中大特别党部第五区分部改粗〔组〕委员会启（民国十六年五月二十四日）．校闻：中大学生会全体大会详情，到会者八百余人，议决重要议案多项，全场革命空气异常紧张（民国二十六年五月二十四日）．本校布告：处置共产党分子（民国十六年六月二十九日）．本校布告：中大党部特别改组委员会今列送名单，应开除学籍或职务之有证C.Y.分子［N］．国立中山大学日报，1927-05-19（3）、1927-05-26（2-3）、1927-05-27（4）、1927-06-29（1-2）、1927-06-30（2）．
② 本校布告：中大特别党部书函［N］．国立中山大学日报，1928-04-07（4）．
③ 张震球．自传书（1943年）［Z］．整理：张建华．2012：4．
④ 中共玉林市委党史办公室．中国共产党玉林历史（第一卷）［M］．南宁：广西人民出版社，2010：36，65，75，85-86，99-100．
⑤ 张震球．自传书（1943年）［Z］．整理：张建华．2012：1
⑥ 张建华．我的父亲张震球，从玉林到百色［M］//广西百色起义纪念馆．我的父亲与红七军．长沙：湖南大学出版社，2011：134-147．
⑦ 中共中央文献编辑委员会．邓小平文选［M］．第三卷．北京：人民出版社，1993：394．

油画《百色起义》

图片来源：本书编委会. 红色记忆·中国人民革命军事博物馆馆藏油画经典（1927—1949）[M]. 北京：长城出版社，2009.

于同一区域，被称为中央革命根据地，它的总部数次为中华苏维埃共和国中央革命军事委员会撤销，受中央直接指挥，因而又称中央红军。1935年8月于长征途中，恢复红一方面军总部；9月到达陕北后，改编为中国工农红军陕甘支队；11月份又一次恢复红一方面军称号。1937年8月与他部合编为八路军一一五师。[①]

1931年冬之后，张震球调任红五军团第十四军政治部秘书长兼政务处处长、第十四军四十师（一说十九师）一一八团政委、师政治部秘书处处长，先后参加1932年2月初至3月初的江西赣州城攻坚战、6月下旬至7月10日的粤北南雄以东水口进攻战及8月中下旬的江西乐安、宜黄进攻战等。7月8日至10日的水口战役，是由朱德、王稼祥和毛泽东等指挥对敌陈济棠所部余汉谋所辖的粤军独立第三、第四、第五师共20个团之战，也是红军史上著名的恶战，阵前指挥为红一军团政委聂荣臻。该战我军"吃了兵力不集中的亏"。"双方伤亡之大，战场景象之惨烈，为第二次国内革命战争时期所罕见。

1931年6月，红七军转战到江西赣江沙地镇，中央派出代表欢迎红七军到中央苏区

1931年7月13日，红七军到达中央苏区兴国县，受到万人热烈欢迎

图片来源：广西壮族自治区地方志编纂委员会. 广西通志·照片志[M]. 南宁：广西人民出版社，2013：169.

---

① 中国人民革命军事博物馆. 读懂长征[M]. 南京：江苏人民出版社，2016：6.

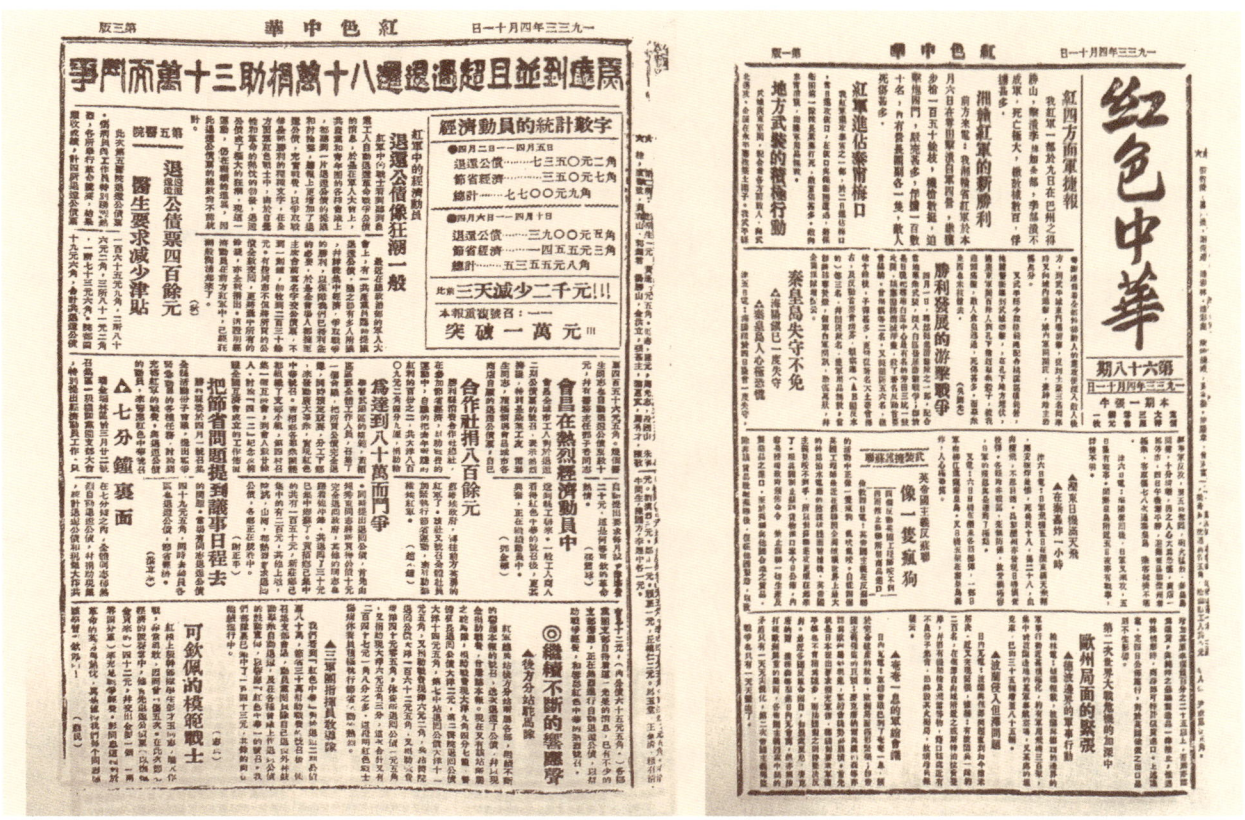

面对苏区日益困难的经济与军事形势，作为发行量最高达4万份的、国内苏维埃运动喉舌的《红色中华》（瑞金版，中国共产党苏区中央局、中央工农民主政府、中华全国总工会苏区执行局、中国共产青年团苏区中央局4家联合中共、中华全国总工会和中国共产主义青年团合办的机关报），于1933年3月6日倡议："本报号召立刻开始：节省一个铜板，退回公债，减少伙食费的运动。"时为医院政委的张震球，撰文："第五医院退还公债票四百余元，医生要求减少津贴。"

此次第五医院退还公债票，伤病员与工作员特别踊跃热烈，各所举行革命竞赛。计四所退还公债票一百六十五元九角，二所八十六元二角，三所八十一元二角，一所七十三元六角，院部四十九元六角，合计共退还公债票四百五十六元五角。几个医生同志也自动退还公债票数十元，并有医务主任邓子香同志自动提出要求每月减少津贴费二十元。这是何等可钦〈佩〉的革命热情

图片来源：张震球. 第五医院退还公债票四百余元，医生要求减少津贴. 红色中华，一九三三年四月十一日［1933（68）：3］.［M］//《红藏：进步期刊总汇（1915—1949）》编辑出版委员会. 红色中华①. 湘潭：湘潭大学出版社，2014：443，445.

尸横遍野，对于这次战斗来说，并不是过甚其词。有的部队白天打仗，夜间还要在该地露营，许多同志疲劳过甚，倒头便睡，第二天拂晓才发现是和尸体露宿在一起了。有的同志夜间口渴，摸到河沟去喝水，有一股血腥味，第二天拂晓一看，河沟里的水泛着红色。"[1]

上述的班为军中最小一级组织，是最基层的战术小分队和行政管理单位；连为军中一级组织，通常隶属于营，为基本的战术分队和教育训练、行政管理单位；至于团，为军中一级组织，隶属于师或旅，下辖若干个营（连），为基本战术部队。[2]

同年秋，张震球调任红三军团三十九师政治部秘书处处长兼师党务委员会书记及师直党总支书记。1933年1月至3月下旬粉碎40万敌军第四次"围剿"的作战即将结束时，他战创复发住院养伤期间，还先后担任红军总部宁都第五、龙岗第二后方医院和第三、第一兵站医院4所医院的政委。

1933年夏，张震球调至红一方面军的红一军团政治部之宣传部任宣传干事，开展第五次反"围剿"作战宣传；翌年初，到组建仅数月的"中国工农红军大学"即"红大"（今江西瑞金第一中学所

---

[1] 聂荣臻. 聂荣臻元帅回忆录（1983年5月5日）[M]. 北京：解放军出版社，2005：125.
[2] 《军事大辞典》编辑委员会. 军事大辞典[M]. 上海：上海辞书出版社，1992：138-139.

在地）有1500多人的第三期学习近1年。

土地革命战争时期，工农红军素以战场作训练场，于实战中学习打仗。从中央根据地开始，中央都办有各种在当时环境下堪称"正规"的学校和各类训练班，各部队还办有自己的教导队，训练基层干部。"红大"即在这个基础上，抽调部分指战员着力培养成为连以上的军事、政治专业干部。学校设"高级指挥""上级政治""上级指挥""上级参谋"等4科，教授"党的建设""中国革命基本问题""社会发展史""红军政治工作""步兵战斗条令""野战条令""红军和外军作战经验"等课程；演练近战、夜战、游击战等战法；到前线收集作战经验以及查阶级等具体工作，培养理论联系实际、学以致用的能力。该校曾先后称为"中央军事政治学校""中国工农红军学校"等。1933年11月17日，该校的高级班和上级班改为"红军大学校"。①-③

当然，处在严酷战争环境下的这类学校，并非真正意义上的大学。与张震球同为第三期学员的吕黎平晚年忆述道："红军学校的学习条件是比较差的。宿舍和教室多半是捣毁了菩萨、清除了灵牌的庙宇或祠堂，有的还是群众让出来的私房。东一间，西一室，不成院，不成栋，分散凌乱。""教学用具很紧张。除了用纸保证供应外（瑞金汀州出产毛边纸），其他如铅笔、钢笔和墨水等都十分缺乏。"④由于相当多工农干部入学前是文盲，只有很少一部分人读过两三年私塾，稍好一点的念过三两年小学，做课堂笔记极为困难。童养媳出身的老红军战士康克清，1926年15岁参加革命时，没有上过学；1932年夏，在该校学制半年的上级班毕业。她晚年回忆道：在红军学校学习时，"只要不下雨，就在村外大树下或是村头广场上课。坐在背包上，膝盖当桌子，教员在树上挂一块黑板，就讲起课来"，"我听讲记不下来，课后就抄人家的笔记"。⑤学校冠以大学之名，可理解为旨在表达革命队伍敢攀知识文化高峰的雄心壮志。

1934年10月，南方各革命根据地红军主力开始战略转移，即长征。张震球参加了二万五千里长征。

集结待命"围剿"中央苏区的国民党军队

图片来源：中国人民革命军事博物馆. 读懂长征[M]. 南京：江苏人民出版社，2016：15.

---

① 聂荣臻. 聂荣臻元帅回忆录（1983年5月5日）[M]. 北京：解放军出版社，2005：168.
② 辞海编辑委员会. 辞海[M]. 6版. 上海：上海辞书出版社，2009：894.
③《军事大辞典》编辑委员会. 军事大辞典[M]. 上海：上海辞书出版社，1992：256，1137.
④ 吕黎平. 青春的步履（一九八四年五月十日）[M]. 北京：解放军出版社，1984：74.
⑤《康克清回忆录》撰写组. 康克清回忆录（1987年夏秋之交）[M]. 北京：解放军出版社，1993：89，221.

1934年4月27（28）日作为中央苏区"北大门"的赣东南广昌县（今抚州市市属县）保卫战失利后，中共中央主要领导开始考虑中央红军战略转移问题，并为战略转移着手进行军事经济等准备工作，即从防御中的保守主义变成了退却中的逃跑主义。

同年5月的中共中央、中华苏维埃共和国中央革命军事委员会即中革军委会议上，红军面临突破国民党军包围到苏区外部作战与继续捍卫苏区的两种选择。6月25日，共产国际回复中共中央关于主力红军撤离苏区的报告，"为了保存活的力量"，同意适时退出苏区。

7月6日晚，上述两领导机构与中华苏维埃共和国政府决定：为调动和牵制敌人，减轻国民党军队对中央革命根据地的压力，以保存有生力量，实现北上抗日拯救民族危亡的夙愿，准备实施战略转移，命令有6000多人的红七军团作为抗日先遣队北上。先遣队带着包括中华苏维埃共和国中央政府主席毛泽东、中国工农红军革命军事委员会主席朱德等于7月15日联合签署的《中华苏维埃共和国中央政府、中国工农红军革命军事委员会为中国工农红军北上抗日宣言》在内的160多万份宣传材料300担，踏上征程。

7月23日，为给中央红军的战略转移探路，又命红六军团9700余人撤离湘赣苏区，西征到湘中发展游击战争。同时，瑞金县（即今瑞金市，为赣州代管市）广大妇女响应工农政府的应急动员，赶在10月10日之前超额完成编织草鞋20万双的任务；该县只有24万人口，参军支前的有11.3万人，参加长征的有3万人。而于都县也在数月内筹集了草鞋8400双、菜干150担、粮食8万担、钱62500元等军需

1934年8月1日，《红色中华》全文刊登了《为中国工农红军北上抗日宣言》

图片来源：红色中华（中华苏维埃共和国临时中央政府机关报），1934-08-01（1）.［DB/OL］.（更新或修改日期不详）［2018-01-07］. http://db.ersjk.com/sypt/dabao/jumptoview.jsp.

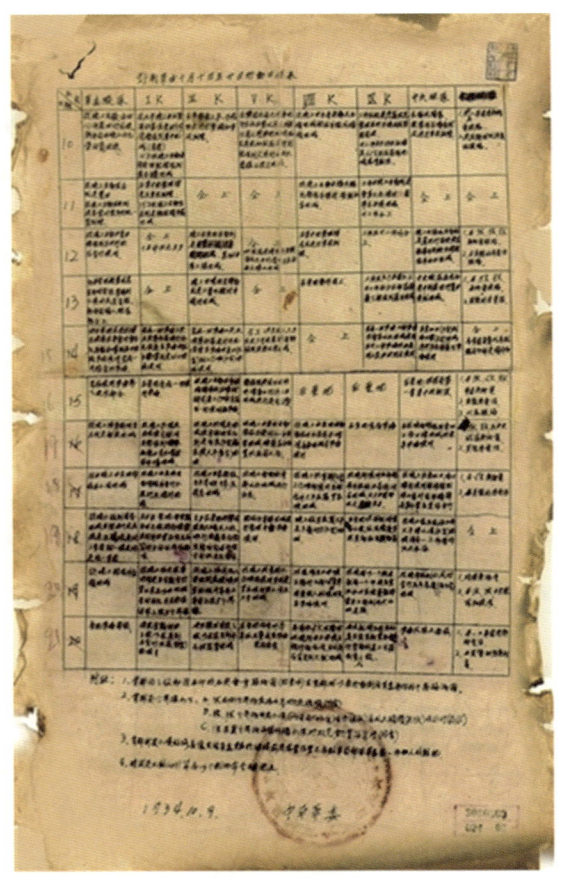

1934年10月9日，中革军委发布野战军十月十日至二十日行动日程表，对红军各部和军委纵队、中央纵队的集结转移、休整补充作出具体周详的安排，以赶在敌对中央苏区的"铁桶围剿"包围态势未完全合围之前撤出根据地

图片来源：揭秘：红军第一份长征行动计划［DB/OL］.（2016-08-03）［2017-02-01］. http://www.mp.sohu.com.

物资与现金。①

9月30日,共产国际执行委员会政治书记处政治委员会同意中共中央关于红军突围转移的计划。10月5日,上海中央局书记盛忠亮被捕叛变,即向国民党供出中央红军战略转移基本计划;7日,中共上海局三部联络电台被敌查获,电台相关人员被捕后也叛变,红军战略转移行动计划全部暴露。② 由此,中共中央不得不加快战略转移的步伐。与此同时,原红三军团四师参谋长张翼背叛投敌,兼之在不少钻进红军秘密机关的国民党特务刺探下,敌比较早地、比较准确地判定和掌握红军所拟定的战略转移计划、路线,使得蒋介石有时间制定对策,有可能在中央红军突围转移前调兵遣将,完成对中央苏区的合围,一举歼灭红军主力,并在红军转移路上预置兵力、层层设卡作围歼准备。

雁阵惊寒中的10月10日晚,正是农历九月初三寒露节令的第二天,瑟瑟深秋凉意。中央红军主力即第一、第三、第五、第八和第九等军团,以及由中共中央、中华苏维埃共和国中央政府、中革军委会机关以及直属部队编成的第一、第二纵队,陆续从中央革命根据地的瑞金县云石山、雩都县即今于都县（今赣州市属县）城东门渡口以及福建的长汀县中夏村（今属龙岩市）观寿公祠、宁化县凤凰山（今属三明市）等地分别集结出发,于17日晚起至20日晓行夜宿,朝湘西分两路向西和向南突围转移。当时叫"北上抗日",或曰"西征"。同时,留下部分红军就地坚持游击战争。这个重大行动之前,师部找团以上干部接连开了几次会,但具体的行动计划、去向、任务,还只有大致的轮廓。③

此间,张震球所在的"红大"于1934年10月1日与其他红军学校合并,组成为中革军委会属下的军委第一纵队第四梯队,即"干部团"的"上级干部队"简称"上干队"④,张震球任政治教员。所谓"第一纵队",即总指挥部。

长征期间,张震球与战友历1934年11月底开始的湘江之战,1935年元月1日至3日的乌江之战;一渡赤水前,于1935年1月28日拂晓至29日拂晓,由于对敌情判断错误、轻敌与兵力分散,土城镇防御战红军第五军团阵地被敌突破,在总司令朱德端枪上阵之时,戴着钢盔临危受命的干部团配合三军团,与武器装备和战斗力比黔军强得多的敌川军王牌部队潘文华所部模范师郭勋祺、廖泽2个旅共6个团鏖战,把一直攻到镇东南的白马山中央军委指挥部前沿之敌,压往观山高地以下的平川地带,控制了战局。此时,为适应长途转战,张震球所在的第一野战纵队与第二纵队合二为一整编成中革军委纵队,干部团则成为"独立的作战部队,归军委纵队司令部直辖"。⑤ 1935年3月下旬四渡赤水期间,张震球调任干部团第三营政治教员。5月2日,红军分左中右三路纵队,乘机奔袭金沙江。其中的中央军委纵队以干部团为前锋的渡江先遣队,在红军总参谋长刘伯承、陈赓、宋任穷等率领下,当该队之干部团一部进抵威逼昆明守敌、诱使敌从金沙江回防部分兵力之际,张震球作为中路成员随同干部团1个营及工兵二十九分队（和三营及4个先遣连）一起化装成国民党军,只吃过一顿冷饭,一昼夜强行军100余公里直奔金沙江皎平渡口（今云南昆明市禄劝彝族苗族自治县,该渡口与四川会理县城隔江相望）。5月2日子夜,他们幸运地夺得一条送敌探的过江小船;在当地船工协助下,又找到沉船一条,用布堵塞漏洞后,两船所载前卫连的24名指战员,不顾江宽水急的危险,从南岸悄然渡江偷袭北岸,消灭国民党正规军一连和一个地方保安队,控制了两岸渡口,并从上游鲁车渡找出没被敌烧毁的4艘船,又找来南北两岸37名船工。他们受红军政策感召,打破"夜不渡皎平"的习俗,从3日当晚到9日晚,以6艘木船歇人不歇船地日夜摆渡,全军所余3万人全部过江,随后毁船封江。⑥

1935年5月上旬,张震球又参加了围攻今四川凉山彝族自治县会理县城1周,5月底扼守贵州安顺

---

① 靳昊,徐丹鹿,王清彬,等.渡口,那一支难忘的歌[N].光明日报,2019-06-12（1）.
② 杜人淮.中央红军长征前的军事经济准备[J].军事历史研究,2017,31（2）:81.
③ 杨成武.忆长征（一九八一年十二月二十六日）[M].北京:解放军文艺出版社,1982:15.
④ 刘国语,陈伙成,陈力,等.中国人民解放军军史,第一卷（1927年8月—1937年7月）[M]//中国人民解放军军史编写组.中国人民解放军军史.北京:军事科学出版社,2013:370.
⑤ 中国工农红军长征史料丛书编审委员会.中国工农红军长征史料丛书,参考资料①[M].北京:解放军出版社,2016:190.
⑥ 毛磊,苏银成.不忘初心,传承红色基因（长征记忆·寻访红军部队）[N].人民日报,2016-10-13（9）.

1935年11月，先期由干部团所更名的"随营学校"与陕北红军军政干部学校在瓦窑堡合并，复称"西北工农红军学校"。所谓"随营学校"，就是无固定校园，学校随队行军打仗，战事止歇时，再就地开学。翌年2月起，西北军校迭次扩编或改名为"西北抗日红军大学""中国人民抗日红军大学"及"中国人民抗日军事政治大学"（俗称抗大）

图片来源：苏士甲. 闪亮的红星：中国工农红军院校及其办校人[M]. 北京：新华出版社，2007：220，222.

场，5月25日至29日强渡贵州大渡河诸役。6月12日中央红军与红四方面军会师懋功，并于8月初两个方面军主力混合编成左右两路军。其中，红一方面军的第一、第三两个中央直属纵队，与红四方面军第四、第三十两个军组成右路军。张震球调任右路军里红军大学特科团骑兵科政委，参与组建骑兵部队，后任骑兵科政治教员；以后，跟随红军大学和军委纵队穿越草地；9月10日凌晨，在党中央毛泽东率领下，跟随红一军即原来的红一军团、军委纵队、红军大学等，摆脱张国焘的控制，离开若尔盖县巴西乡，迅速北进甘肃；9月16日下午至17日早晨，参加对今甘肃甘南藏族自治州迭部县的腊子口守敌鲁大昌师所部4个团的奇袭战；9月30日参与急袭今甘肃定西市辖县通渭城，占领该城；10月21日，张震球在陕甘两省交界处、当时只有11户人家的今陕西延安市辖县吴起之吴起镇，依托有利地形，歼敌马鸿宾第三十五师骑兵团、击溃3个团，参加迫敌停止对红军的袭扰与尾追的"切尾巴"伏击战等一系列战役、战斗。

结束上述长征的最后一战之后，11月21日拂晓至下午2时，在不到百户人家三面环山的小镇——直罗镇，张震球参加对东犯陕北根据地之敌董英斌五十七军所部东北军牛元峰一〇九师的歼灭战，粉碎了敌人对根据地的第三次"围剿"，极大地巩固了根据地；第二年的1936年2月20日至5月5日，参加由红一方面军1.3万人组成的"中国人民红军抗日先锋军"东征。当中，包括东渡黄河出师山西，打击阎锡山之晋军，巩固西北苏区抗日根据地等战役。

张震球在"红大"二期学习期间，于1937年4月20日与一批长征后抵达延安的原红七军干部合影于枣园（从左至右：前排：□□□、张震球、李干辉，后排：云广英、陈英、莫文骅、张云逸、□□□、□□□、冼恒汉）

图片来源：莫文骅. 莫文骅回忆录[Z]. 北京：解放军出版社，1996：插图八.

东征一役，突破了国民党军100多里的黄河防线，经过75天奋战，灭敌1.7万余人，扩充红军7000余人，筹款40万元，巩固了陕北革命根据地，宣传了红军抗日主张，推动了华北以至全国的抗日高潮。① 其间，先锋军派出工作组在山西20余个县开展群众工作。张震球带一个工作队，在游击区发动群众打土豪分钱粮，宣传中共抗日救国主张，扩大中共和红军的影响，成立地方苏维埃政权。

1936年6月，张震球调往设在陕甘宁边区瓦窑堡米粮山关帝庙的"中国人民抗日红军大学"（简称"红大"）第二期第三科一营任政治主任教员兼分支书记。该期共招收学员1063人，其中第三科有800人。3个科分别培养师团级、营连级与班排级等类别的干部。

这时期的办学条件十分艰苦，以石洞作教室与宿舍，石块就是课桌。毛泽东就此说："你们是过着石器时代的生活，学习当代最先进的科学——马克思列宁主义。"②

因国民党对根据地实行严密的经济封锁，人们的生活十分困难。第三科学员都是青年人，每餐要吃7茶缸小米饭，米饭往往供应不足。张震球和其他干部本着"官兵一致""干部爱护士兵"的精神，总是让学员先吃。他拿着茶缸站在一边，不去争吃。鞋坏了，脚趾外露，他也不愿换新的。

1937年1月，张震球到"红大"第二期第一队学习。该期由大学部和步兵学校两部分组成，共1362名学员。大学部分为14个队，其中第一、第二队学员与红军第一期之第一、二科类似，大部分是红军的军、师、团级高级干部。因七七事变爆发，该期学员于8月之前，提前毕业离校，奔赴抗日前线。

七七事变后的1937年8月，张震球调任红军前敌总指挥部政治部宣传科科长、八路军后方留守处三八五旅政治部副主任兼教育科科长，带领部队镇守陕甘宁边区西南边防，开展练兵教育，同时与国民党顽固派开展有理、有利、有节的统一战线的斗争；1938年6月，调中央军委三局即1934年成立的通讯联络局任军委八路军通讯学校政治委员兼第三局政治处主任，与局长王诤一起，为八路军和新四军培养了一批无线电通信的业务骨干。

工农红军在1931年粉碎国民党军对中央苏区的第一次"围剿"并缴获敌人无线电台后，即开始建设无线电通信队伍。其中的人才来源于四个方面，即从敌军俘虏中争取过来为己所用，从对方的起义部队中选调过来，从国民党统治区我方地下党员中选调过来，以及开办通讯学校培养。③ 张震球当时所做的就是第四项工作。同年10月，张震球被选为三局优秀党务工作者出席中共陕甘宁边区党代会；为贯彻中共党的六届六中全会关于"巩固华北、发展华中"的战略方针，八路军主力一部南下，协同北上的江南新四军，支援江北新四军，大力发展苏北抗日游击战。他因此于12月转赴皖东北（该地区东靠洪泽湖，西至津浦路，南临淮河，北与邳县、睢宁、铜山地区毗邻，为我华北与华中敌后战场的连接地带）新四军游击支队工作。1939年起，先后为驻豫苏皖边

陕西郯县督河村的军委三局故址。抗日战争初期，军委三局主要承担保障党政军各个系统的通信联络、培养通信干部、供应通信器材、统一领导各战区通信业务等四方面工作。军委三局下设通信组织、器材供应、业务教育、生活管理等4个科和政治处。此间，张震球为三局通讯学校的第十二至十三期政治委员。其中，第十三期近200人，为该校史上学员数最多、规模最大的一期。

图片来源：弋辉，周燕，周凯. 人生风采——纪念周建南同志[M]. 北京：机械工业出版社，2005：47-48.

---

① 聂荣臻. 聂荣臻元帅回忆录[M]. 北京：解放军出版社，2005：250.
② 莫文骅. 莫文骅回忆录[M]. 北京：解放军出版社，1996：319.
③ 吕黎平. 青春的步履[M]. 北京：解放军出版社，1984：126.

抗日根据地（永城、夏邑、萧县、宿西、亳北五县）新四军第六支队之第四总队政治部主任①，5月兼皖北独立第一团团长。1940年七八月间，六支四总队和八路军的四纵二旅、四旅七团、八路军一一五师的苏鲁豫支队、八路军山东纵队的陇海南进支队、新二旅及第六八七团，统一整编为八路军第五纵队②，下辖3个支队，共9个团约2万人。张震球任第三支队政治部主任，参与坚持对津浦路东的国民党顽固派的斗争，粉碎国民党顽固派韩德勤的进攻，创建淮海、盐阜的两处抗日根据地。

皖南事变后的1941年2月，原八路军五纵三支队整编为新四军7个主力师之一的第三师第九旅，辖第二十五、第二十六及第二十七3个团，旅长为张爱萍、政委为韦国清，张震球为政治部主任。这时部队所在的第三师主要任务是保卫和建设华中最大的淮海、盐阜两块根据地即苏北抗日根据地（含淮阴、海州、盐城、阜宁两地区，为联结华北八路军跟南方新四军的重要枢纽）。其间，张震球率所部参与苏北、苏中1941年夏季的反"扫荡"作战，粉碎日伪军2万余人对苏北盐阜地区新四军军部的分路合击。③

三师九旅从事文艺宣传的剧团老同志晚年还清楚记得，旅政治部主任张震球正确地指导剧团的工作方向及工作方法；叮嘱他们牢牢把握"文艺工作是为大众的"之方向，多次就工作方法和演出形式提醒：

1938年11月12日，第十二期毕业生与教职员合影照

图片来源：弋辉，周燕，周凯.人生风采——纪念周建南同志[M].北京：机械工业出版社，2005：47-48.

1941年9月9日，新四军第三师第九旅与第四师第十旅对调建制，陈毅、张云逸在淮北泗阳县新行圩与第九旅干部合影

（左三起：张震球、彭雪枫、张震寰、韦国清、陈毅、冯定、张云逸、张爱萍、杨志雅）

图片来源：辞海编辑委员会.辞海[M].第6版，彩图本.上海：上海辞书出版社，2009：2549.

"要搞一些锣鼓戏，群众一听到锣鼓就来了，他们喜欢听你们唱，看你们演，不要光说话，你们的宣传教育才能更有效。"他们深感："早在1940〔1941〕年，一个红军干部，就能够提出遵循毛主席关于文艺工作的根本方向和思想原则，并用来指导工作"，极

---

① "总队""支队"分别为武装力量中相当于师或旅、师或团一级组织。抗战中用之于一些地方部队、游击队的编成，人数多寡不一。即总队兵力不一定多于支队，同一建制之间，彼此兵力也非相同。"旅"则为军队里一级组织，属战术兵团，常隶属于师或军，下辖若干个营或团。
② 永远的丰碑·红色记忆：苏北抗日根据地[N].光明日报，2007-05-07（2）.
③《军事大辞典》编辑委员会.军事大辞典[M].上海：上海辞书出版社，1992：1327.

为可贵。① 至同年9月,第九旅调归第四师。其间,他们坚持了对日伪军、国民党顽军韩德勤部的青阳、马公店、洪泽湖畔、邳县、睢宁、铜山及灵璧等地区一系列反"扫荡"、反"蚕食"战斗,收复和扩大皖东北、巩固淮北苏皖边区(该边区东至运河,西靠津浦线,南临淮河,北达陇海线,处淮阴、铜山、蚌埠三大敌据点间)及邳睢铜等地的抗日根据地;1942年5月后,张震球先后兼任九旅二十七团团长及淮北军区第三军分区(邳、睢、铜、灵四地)司令员,率部粉碎日伪军的蚕食伪化、大扫荡,②进一步巩固了地方抗日民主政权。这里的"军区"为根据战略需要而划分的军事区域;"军分区"为抗战期间根据地的主力部队地方化的一种做法。由旅或团兼军分区。③

1943年1月,张震球调回第四师第九旅任副旅长兼淮北军区第一军分区副司令员,参加了山子头反击战,辅助韦国清等率部粉碎了国民党顽固派的第三次反共高潮;1944年6月至7月,和韦国清率九旅协同兄弟部队在东起运河、西至津浦路数百里长战线,连续作战50余天,攻克大店集、泗县张楼等据点51处,歼日伪军2000余人,解放了泗北地区;11月改任一、二军分区合并后的第一军分区司令员,1945年1月任津浦路东军分区司令员,指挥9个总队和7个独立团等地方武装,配合主力发起淮北春、夏、秋三季攻势作战,攻克泗阳县城等大批日伪军据点,继之在华中局、新四军军部发起的盐城战役攻势中,使苏北敌占区全部解放,④取得抗战的最后胜利。

七七事变后,中国军民在5000公里的正面战场与200余万平方公里的敌后地区,以正规军500余万、民兵200余万,在2亿民众的直接、间接参战下,浴血奋战3000多个日日夜夜,与日本侵略军进行大小战斗近20万次,歼灭日军150万余人,歼灭伪军118万余人。战争结束时,接受投降日军128万余人、投降伪军146万余人。⑤中共领导下的人民武装力量在敌后抗战8年间,对敌作战12.5万人次,消灭日伪军171.4万人,其中日军52.7万人。其间,张震球先前所在的八路军,总共歼灭日伪军125万余人,自身伤亡34万人;而后他所在的新四军,则总共歼灭日伪军31.7万余人,自身伤亡8.9万人。⑥这时,新四军已发展到主力部队21万多人,地方部队近10万人,民兵自卫队96万余人,建立起有3420万人口、25.3万平方公里面积的根据地。解放战争时期,以新四军为主力,组成了后来名震一方的人民解放军第三野战军。

1944年11月,在洪泽湖师部合影(自左至右:张震球、刘瑞龙、□□□、邓子恢、张爱萍、冯定)

图片来源:刘瑞龙诞辰100周年纪念特展陈列大纲[J].博物苑,2010,17(2):17.

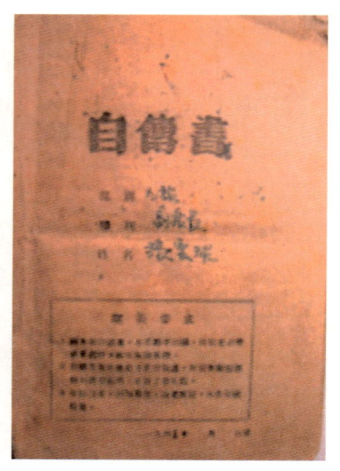

1943年期间,张震球所填写的《自传书》封面

图片来源:2012年9月29日张建华提供.

---

① 吴瑾瑜. 在实践中贯彻党的文艺方针:回忆奋斗剧团(1990年3月)[M]//陆海川,刘影,宋扬,等. 鏖兵苏鲁豫皖:新四军第九旅老战士回忆录. 北京:长征出版社,1992:347-348.
② 《军事大辞典》编辑委员会. 军事大辞典[M]. 上海:上海辞书出版社,1992:1328.
③ 《军事大辞典》编辑委员会. 军事大辞典[M]. 上海:上海辞书出版社,1992:132-133.
④ 永远的丰碑·红色记忆:苏北抗日根据地[N]. 光明日报,2007-05-07(2).
⑤ 彭玉龙. 抗日战争中国军队伤亡调查[M]. 北京:2016:1,51.
⑥ 《军事大辞典》编辑委员会. 军事大辞典[M]. 上海:上海辞书出版社,1992:1141,1149.

抗战胜利后，1945年10月张震球为华中军区第七军分区司令员，与政委赖毅率部参加保卫淮阴作战，领导津浦路东12个县的军民，在减租减息、发展生产的基础上，全面展开土改运动和军政大练兵；12月率部参加淮阴、宿北战役后，战争年代第3次脱产进修，入华中党校学习半年。

1946年6月下旬内战爆发，即解放战争开始。张震球率部积极坚持在淮北津浦路东解放区的内线游击作战，以配合华中主力夺取朝阳集战役和泗县战斗的胜利。继之经历皖东北地区国民党军严重的军事压迫态势、残酷的军事斗争，淮北路东地区一带损失严重。① 1947年6月，中共中央作出人民解放军由战略防御转入战略进攻的决策，决定把战略进攻的主要方向指向既是国民党军的要害又是其薄弱环节的中原地区。当刘伯承、邓小平的12万晋冀鲁豫野战军千里跃进大别山，陈赓、谢富治的8万太岳集团挺进豫西，陈毅、粟裕的18万西线兵团直插豫皖苏边区，三路大军以"品"字形阵势，把战争引向国民党统治区的同时，张震球作为山东渤海第三军分区司令员，率地方武装配合华东野战军东线兵团展开了胶东保卫战，歼敌6.3万多人，彻底粉碎敌占胶东半岛的企图，② 从侧翼策应了上述三军挺进中原的战略部署。到当年年底，战争已经主要不是在解放区内进行，而是在国民党统治区内进行。1948年4月，张震球率部投入昌乐、潍坊战役；是役后调任华东野战军山东兵团渤海纵队副司令员，与纵队司令员袁也烈协同指挥部队作战。作为东集团（由第九纵队、渤海纵队及渤海军区组成）一部，先后参与1948年9月中旬东、西两集团对山东济南实施的钳形突击攻克战。③

昌乐、潍坊战役全歼守敌10万余人，成功夺取济南，使华北、华东两大解放区连成一片，迅速打破蒋介石集团以大城市为主的"重点防御"体系；"证明人民解放军强大的攻击能力，已经是国民党军队无法抵御的了，任何一个国民党城市都无法抵御人民解放军的攻击了"④；成为人民解放军调整作战思想的标志，并由此拉开了解放战争中辽沈、淮海、平津三大战役的序幕⑤。在11月12日开始的淮海战役中，配属华东野战军第六纵队正面对自蚌埠北援的国民党军李延年、刘汝明两兵团阻击战及作为东集团围歼国民党军杜聿明集团的突击战。历时66天的淮海战役，为人民解放战争中具有决定意义的三大战役之一。人民解放军以伤亡13万人的代价，歼灭、争取起义或投诚之敌共55.5万人。

1945年7月军分区机关进驻安徽泗县县城休整，总结战斗经验。张震球看望第一届报务会议的电台工作人员，并合影留念（前排左起：李风扬、潘醒民、马水新、廖经贵、张震球，后排左起：彭太廉、李振东、小金、孙藻勋、王善士、赵志清）

图片来源：郭隆辉. 烽火岁月中的电台工作回忆［DB/OL］.（2016-01-12）［2017-01-01］. http://txwh123.com.

---

① 中共江苏省委党史工作办公室，江苏省泗洪县新四军历史研究会，北京新四军研究会四师分会. 刘瑞龙淮北文集（下册）［M］. 北京：中共党史出版社，2005：668.
② 永远的丰碑·红色记忆：三军挺进中原［N］. 光明日报，2007-07-25（3）.
③ 永远的丰碑·红色记忆：济南战役［N］. 光明日报，2007-09-19（3）.
④ 新华社社论：庆祝济南解放的伟大胜利（一九四八年九月三十日）［M］// 中共中央文献研究室，新华通讯社. 毛泽东新闻工作文选. 北京：新华出版社，1983：369.
⑤ 于化庭. 淮海战役中毛泽东的全局指导［J］. 党的文献，2019（2）：44.

毛泽东认为"此战胜利,不但长江以北局面大定,即全国局面亦可基本上解决"。①② 1949年2月,渤纵与淮海战役中起义的国民党第五十九军合编为第三野战军第九兵团第三十三军,军长张克侠、政委韩念龙,张震球担任第一副军长;随后,人民解放军第二、第三野战军组成东、中、西3个突击集团,采取宽正面、有重点的多路突击战法,在西起湖口、东至江阴的千里战线上,发起中国历史上规模空前的渡江战役。4月20日晚,三十三军作为中路突击集团一部,由谭震林指挥于鲁港至铜陵段渡江作战后,与东集团配合从东西两个方向进攻,③于29日在皖南的宣城、郎溪及广德等地围

人民解放军突破济南城垣,扑向市区

图片来源:永远的丰碑·红色记忆:济南战役[N]. 光明日报,2007-09-19(3).

歼了南逃的国民党4个军6万余人。5月中旬,他率部配属第七兵团指挥,参加上海战役,由常熟向昆山、太仓方向攻占上海市区,为该战役的胜利作出了贡献。渡江战役是战略追击阶段的一场大规模战略性战役,共历42天,解放军以牺牲6万余人的代价,歼灭国民党军46个师共43万人,解放了南京、上海、武汉等大城市及江苏、安徽两省和浙江省大部,还有江西、湖北、福建等省一部,为尔后解放华东全境、挥师夺取华南与西南创造了重要条件。

中华人民共和国成立之初,张震球改任第三野战军第九兵团第二十军军政委兼军党委书记,并兼军区党委副书记苏北军区副政委。④⑥这时党的工作中心由军事向经济转移,从全力领导革命战争到全力领导和平建设。

参照苏联军队军衔等级设置,人民解放军从1955年1月23日开始,全面实行军官四等十四级与士兵二等五级的军衔制度。其中规定正、副、准军级的,多数可评少将;已到地方工作的部队干部原则上不授予现役军衔,因实际需要的可授予预备役军衔。截止于1965年取消军衔制时,授衔的共和国开国将军,含少将、中将、上将及大将四序列,共1614名,⑦张震球不在其中。因为,和大批解放军高级干部一样,张震球已先于军衔制实行之前,作为无衔战将卸甲去管理和建设城市,在1952年9月转入地方社会主义经济建设战线,担任华东军政委员会卫生部副部长兼党委书记;1953年调任华东行政委员会劳动局副局长;1954年8月调任中央人民政府劳动人事部教育司司长;1958年9月,中华全国自然科学专门学会联合会与中华全国科学技术普及协会两团体合并成国家科学技术协会,他即出任该协会书记处第一书记、机关党委书记。从此,他在由聂荣臻牵头抓总的科学技术战线里,于科研服务领域里奋斗了16个春秋,直至去世。其间当选为政协全国第三、第四届委员会委员。

在和平建设环境里,张震球依然保留着艰苦朴素的革命精神。1958年筹备成立广西壮族自治区

---

① 永远的丰碑·红色记忆:淮海战役(下)[N]. 光明日报,2007-07-29(3).
② 中共中央文献研究室,中央档案馆. 建党以来重要文献选编(一九二一—一九四九),第二十五册[M]. 北京:中央文献出版社,2011:648.
③ 永远的丰碑·红色记忆:渡江战役[N]. 光明日报,2007-09-23(3).
④ 中国工农红军第一方面军史编审委员会. 中国工农红军第一方面军人物志[M]. 北京:解放军出版社,1995:397.
⑤ 张淮流. 在纪念张震球同志百年诞辰座谈会上的讲话(2008年1月19日)[M]//白矛,刘华苏,张贤浚,等. 铁流,19(下册). 北京:解放军出版社,2012:64-67.
⑥ 华国富,温瑞茂,姜铁军,等. 中国人民解放军军史,第三卷[M]//中国人民解放军军史编写组. 中国人民解放军军史. 北京:军事科学出版社,2010:377-378.
⑦ 杨贵华. 人民解放军的军衔制[N]. 光明日报,2007-05-30(9).

渡江战役中，江岸炮兵掩护驾船步兵以排山倒海之势跨越长江，志在撕裂国民党军沿江防御工事，向纵深推进

图片来源：永远的丰碑·红色记忆：渡江战役［N］. 光明日报，2007-09-23（3）.

时，中央派他（时任中央劳动部人事教育司司长）与钟夫翔、谢鹤筹、陈此生等回玉林做地方同志的工作。他们一行就住在县政府内的两间招待房和干部空出的房间，在玉林工作了10多天。其间，他抽空回家乡探亲时，身已无分文，于是向县政府借了几十元钱和30斤粮票，买了些面条和猪肉带回去。回到北京后，即如数把钱、粮票寄还给玉林县政府。①-③

当年以阮啸仙为代表的一批甲工学生，以照相机为宣传教育工具，拍下了不少珍贵照片。而张震球便是后继者之一。他在抗战中，曾用缴获的照相机拍摄过不少具有历史价值的相片。每到一个单位工作，他都要组织战地摄影，把它当作鼓舞士气、活跃生活、记录史实和进行政治宣传的必备工具，认为是编纂中共党史、军史、中国革命史的资料和依据。因而，他所收集、保存的革命历史相片很多。从1959年起，他赠送给北京中国人民解放军军事博物馆、兰州军区政治部等单位的有关新四军四师九旅、淮北抗战历史相片就有100多幅。④

1950年10月的军中将领张震球

图片来源：张建华. 坚定信仰，奋斗一生——忆我的父亲、中共早期党员张震球［J］. 黄埔，2012（6）：26.

以张震球为代表的多届工专生弃文就武救国、报国的精神，在中华人民共和国成立后，于华南理工得到进一步的发扬，并在人数、持续程度、所及学科和专业等方面，早已远超从前的工专。在上述的人民解放军第二至目前的第四阶段发展建设过程中，每年都有众多毕业生投身其间，成为各时期生力军中的一员。其中有的后来成长为所在专业领域里的领军人物或一方主帅，更多的则是沉潜军中的各方骨干与不可或缺的力量。至于在校师生参与涉及国防建设的科学研究，以及受委托组织新世纪以来的国防生教育与"强军计划"，更是以理工见长的华南理工大学的使命之一。

---

① 张震球. 参加百色起义［M］//中共广西区委党史资料征集委员会，《左右江革命根据地》编写组. 左右江革命根据地. 北京：中共党史资料出版社，1989：695-696.

② 新四军和华中抗日根据地研究会. 新四军和华中抗日根据地人物辞典（下）. 北京：中共党史出版社，2016：601-602.

③ 郑德庆. 张震球艰苦朴素二三事［Z］//中共玉林地委党史办公室. 玉林地区党史资料，第七辑，革命斗争故事集. 1991：169.

④ 张田. 深切怀念父亲张震球——在父亲张震球百年诞辰纪念座谈会上的发言［M］//北京新四军暨中华抗日根据地研究会. 铁流，19（下册）. 北京：解放军出版社，2012：80-81.

（二）红军时期毛泽东的一任女秘书曾碧漪

曾碧漪（1907—1997.3.29），女，又名昭慈，广东南雄县人，16岁毕业于广东韶关私立德华女子师范学校，1924年春任广州芳村一教会小学教员。后得南雄县教育局200元读书补助兼受伯父资助，1924年秋，考入广东甲种工业专门学校，不久即参加广东新学生社的活动。1925年5月后，参加广东省妇女解放协会的工作。当年暑假期间，由组织派往广东的曲江、始兴、南雄等地，揭露日本帝国主义在上海和英帝国主义在广州分别屠杀工人、学生的暴行，发动群众声援反抗爆发于上海的五卅惨案和广州沙基"六·二三"惨案。同期加入共青团，1925年冬转为中共党员。

就读广东甲工期间的1926年2月，"南雄县妇女解放协会"成立，她被推选为主席。此间，设在广州市大东门的"中国妇女解放协会"，由中共两广区委员会委员兼妇女部长的邓颖超以及蔡畅负责组织领导。她们为尽快发展广东妇女解放协会的基层组织，物色了一些女学生并将其派到各县去做工作。1926年秋，中国妇女解放协会主席蔡畅任命曾昭慈为"广东省妇女解放协会南雄分会"特派员，于是她奉命中断学业离校回原籍开展革命活动。其间，参与建立南雄县第一个党组织，她任中共南雄县委委员；不久，参与创建国民党县党部，担任国民党县党部执行委员会妇女部长兼县农民协会妇委书记，成为跨党的国民党员。[1] 同期，在私立集英国民小学任教。1927年广东四一五反革命政变

曾碧漪（1965年）

后，在南雄县坚持革命斗争。同年12月下旬，被增补为恢复成立的中共南雄县委之委员。1928年2月13日参加南雄农民第二次武装暴动，一个多月后暴动失败，她受反动派通缉，便将名字从"昭慈"改为"碧漪"。1928年8月转入江西虔南县即今之全南县开展革命活动，发展党员。次年在社迳大曾屋参与成立虔南县第一个党小组。后在江西寻乌县即今之寻乌县（今赣州市属县）从事教导妇女学文化和政治的妇女工作，在大田举办了3期妇女学习班。1928年冬，任寻乌县苏维埃政府妇女部长。

1929年初冬战斗间隙的一天，在方塘肚一家客栈里，曾碧

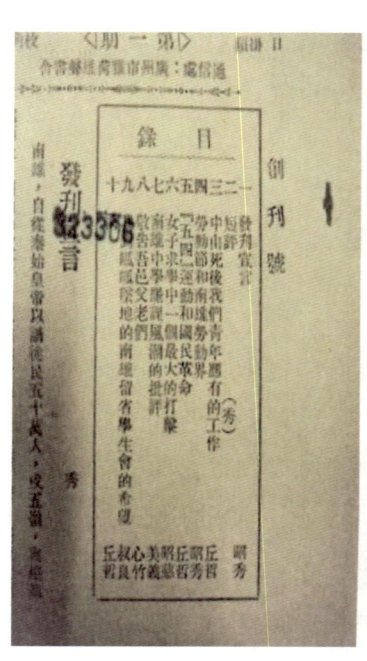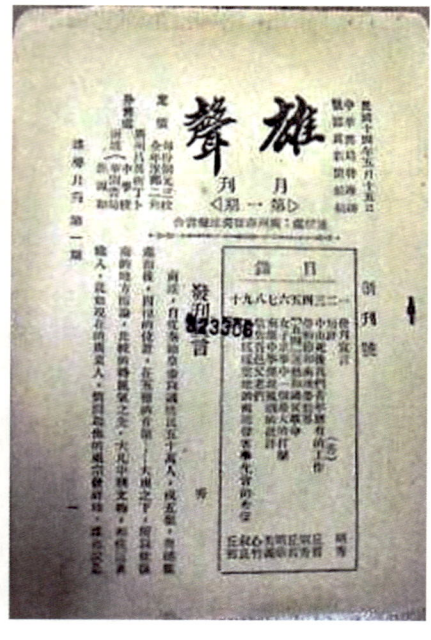

设在广州榨粉街雅荷塘的"南雄留省学生会"于1925年5月15日所创办的团体月刊《雄声》，以反帝反封建、鼓吹革命为己任。次年秋停刊。曾碧漪为该刊编辑班子主要成员。其所撰的《女子求学中一个最大的打击》一文刊于创刊号上

图文来源：曾昭慈. 第一次国内革命时期南雄县革命活动回忆片断[Z]. 口述记录，整理：唐克文，赖绍连. 南雄县政协文史资料研究委员会，中共南雄县委党史办公室. 南雄人民革命史料选编（上）. 出版信息不详，1990：94-95.
西子先生的书摊. 中共早期革命刊物《雄声》创刊号，1925年广州雅荷雄声书舍发行[DB/OL]. (2012-04-03) [2016-12-01]. http：www.kongfz.com.

---

[1] 全国妇联. 中国妇女运动史（1919—1949），第三编[Z]. 出版信息不详，1988：71.

漪与古柏举行了简朴、热烈的婚礼，县工农红军二十一纵队干部战士代表等参加了婚礼。曾碧漪和古柏当众宣读《结婚宣言》："我们是革命道途中的伴侣，要毕生为共产主义事业奋斗，反对包办婚姻，反对拐卖妇女和一夫多妻，主张男女平等，自由结婚。"会场上掌声四起。大家对不害羞、大大方方地说说笑笑的新郎新娘，指指点点，评头品足，交头接耳。①②

1930年5月2日，红四军在寻乌红五十团配合下三进寻乌县，军前委机关从会昌抵县城。该县是地处江西东南端的山区客家县，为赣南与粤东物流中转地。当时反动统治力量比较薄弱。那时，红军知识分子很少，像曾碧漪这样的大专肄业生，在部队里算是有学问的人了。因此，她被抽去随同古柏等一起协助毛委员完成从5月2日至6月5日于民主革命时期所做的一系列调查中规模最大的调查，在有2684人的寻乌县城做了20多天详尽、系统的城市调查。她经常下乡，主要做妇女工作，但一有空也去帮忙。他们走访全县7个区21个行业，开了10多天调查会，重点调查寻乌城概况、全县农村人口成分、旧有土地关系、分配方法和标准，以及各阶级、阶层对土地革命的态度，包括妇女地位的变化；了解全县每户大地主的情况，详细了解地主剥削农民的各种手段及残酷程度。被询问的11名对象从20多岁到60多岁，包括杂货店主、职员、小商贩、县署钱粮兼征柜办事员、城郊乡苏维埃主席等不同职业群体；询问了盐、杂货、油、豆、屠坊以及娼妓等25项状况，分析物流变化以解析县城的社会经济状况；调查会后，又召开有50多人参加的总结调查会，提出没弄明白或没把握的问题，请大家帮忙解答。

大革命时期妇女运动宣传材料的封面。封面上中间一袭校服装束的女学生，左牵新潮打扮职业女性，右拉发髻盘头的家庭妇女，欣然守望前行，应是当年女生为妇女运动生力军的写照

图片来源：国民革命军总司令部政治部. 广东妇女解放协会宣言［Z］. 广州：出版单位不详，1926.

他们穿行于大街小巷之间，早晚散步时遇行人，或遇赶圩及摆摊的人们，都寻机与之攀谈；或在城郊田间地头，与村民一起做农事的同时做些调查。该调查在江西宁都县小布圩整理后，于1931年1月26日形成5章39节104个纲目共8万多字的《寻乌调查》报告。它迭经1937年10月6日与毛泽东的其他8份农村调查结集，在陕北出版。

《寻乌调查》是红军初创时期我党了解和认识我国南方中小城市的百科式全书，成为毛泽东早年的马克思主义社会学的重要著作。③④毛泽东同时写下指导思想与《寻乌调查》紧密相连的《调查工作》一文。

该文首次提出了"没有调查，没有发言权"的科学论断，明确提出马克思主义的基本原理要与中国实际情况相结合的观点，为我党实事求是思想路线的形成奠定了理论基础，而成为毛泽东思想开始形成的标志之一。

曾碧漪在寻乌调查中所做的基础性工作，让毛委员认识了她的工作能力。调查甫结束，在寻乌驻军1个月的红四军亦开拔离去。她与古柏一起被调入红四军工作，转战赣南、闽西。未久，红四军即于同年6月组建为红军第一军团，至8月23日红一、红三两军团合编为有3万余人的红一方面军，相应地陆续建立前敌委员会和总前委的军事指挥机构，及至1931年11月27日总前委撤销。其间，古柏任红

---

① 曾碧漪. 古柏、我和毛泽东［M］//"毛泽东与我"征文活动组委. 我与毛泽东的交往. 太原：山西人民出版社，1993：124.
② 杨庆旺. 毛泽东题词与联语纪事，上册［M］. 北京：中央文献出版社，2001：53.
③ 曾碧漪. 古柏、我和毛泽东［M］//"毛泽东与我"征文活动组委. 我与毛泽东的交往. 太原：山西人民出版社，1993：122.
④ 余伯流，凌步机. 中央苏区史［M］. 南昌：江西人民出版社，2001：186-188.

四军前委秘书长,红一军团、红一方面军总前委秘书长,协助毛委员工作。曾碧漪则于1930年6月至1933年,先后任前委、总前委秘书处秘书保管科、文书科科长,专门负责收发、保管文件,破译密码。譬如,在国民党统治区从事地下工作的同志将情报写在《红楼梦》《水浒》等小说扉页背后或别的期刊,也有写在整匹整匹的布或衣服或手帕上,收到后用碘酒或用中药水处理让字显出,誊正后送毛泽东。曾碧漪还要收集、阅读和整理报纸,将有用的材料剪辑、摘录下来,供毛泽东参考。毛泽东、贺自珍(贺子珍)、古柏和曾碧漪4人组成工作高效的总前委机关,行军、工作、生活形影不离。办公桌相挨,床相挨,昼夜都可随时商量工作。

毛泽东寻乌调查纪念馆

图片来源:毛泽东寻乌调查纪念馆[DB/OL].(2011-04-08)[2016-11-25].中央苏区红色旅游联盟会员单位赣州市旅游局网.

曾碧漪参加过3次因敌进剿中央苏区而展开的反"围剿"斗争,即1930年12月30日至次年1月3日,历时1周,红一方面军3万多兵力对10余万敌的"二十万军重入赣,风烟滚滚来天半"的第1次;①1931年5月16日至5月31日,历时半个月,红一方面军同样以3万余众对20万之敌的第2次,以及前已有述的第3次,经历了从游击战到运动战的变化。

当部队从驻军转入行军打仗时,曾碧漪和贺自珍两人要在前有尖兵、前委等作战指挥机关,后有其他作战部队的队伍中,护卫文件箱。而在队伍一旦转入作战状态,她们就得同部队拉开一点距离。一

毛泽东著《调查工作》

图片来源:杨明伟."没有调查,没有发言权":毛泽东早期的调查研究[N].光明日报,2014-01.

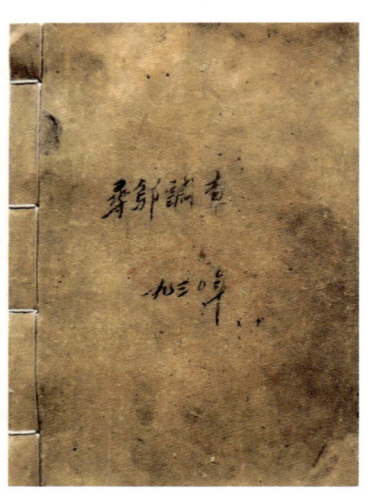

《寻乌调查》文稿

图片来源:毛泽东所著《调查工作》[DB/OL].(2009-02-23)[2016-11-26].http://cpc.people.com.cn.

人密切注视着前方战斗,判断部队朝哪个方向运动,考虑什么时候跟上队伍。另一人察看周围,警惕敌人对自己突袭的可能。在第3次反"围剿"斗争的9月7日,曾碧漪和贺自珍随军转移,在高兴圩一个山头上,被敌机一颗航空弹落地爆炸掀起的泥土几乎活埋,当时都被震晕失去了知觉,等她们苏醒过来后,发现雇来的挑夫已被战火吓跑,在找到被撒落泥土掩埋的铁皮文件箱后,见四下无人才摸黑下山,在老乡帮助下于深夜找到总前委驻地。

为应付战争,"当时中央苏区提出的口号是'一切为了前线'。其实,前线战士的生活也不好,只比后方人员多给些盐,饭能吃饱……因为粮食不够,后方人员每天只能吃两餐饭还吃不饱。吃饭前,每人把分给自己的米放在蒲〈席〉包内拿到厨房去蒸,上面写着自己的名字……每餐的菜都很少,菜是没有油的,盛菜的容器是铁制的小盆,菜连盆底都盖不住。每天上午十时到十二时,我们就饿得发慌。晚上也是如此。心中发慌,就在床上躺一躺,休息一下又起来工作……不管到哪里,晚上

---

① 渔家傲·反第一次大"围剿"(一九三一年春)[M].人民文学出版社编辑部.毛主席诗词.北京:人民文学出版社,1966:11.

油画《反"围剿"的伟大胜利》

图片来源：中国人民革命军事博物馆. 读懂长征［M］. 南京：江苏人民出版社，2016：17.

1953年曾碧漪与彭儒（右）合影照

图片来源：陈瑞生. 井冈山的红杜鹃——我的母亲彭儒［M］. 北京：中国青年出版社，2013：65、172.

中华苏维埃第一次全国代表大会开幕当天6名女工作人员合影照（前排左起：曾碧漪、彭儒（陈正人夫人），后排左起：康克清（朱德夫人）、钱希钧（周小鼎夫人）、周月林（梁柏台夫人）、贺自珍）

图片来源：章芸，唐绍禄. 中华苏维埃共和国时期的保密工作：中华苏维埃共和国诞生前夕的保密工作［J］. 保密工作，2007（2）：45.

都不脱衣服，和衣而睡，随时准备行军打仗"。①

当时中央苏区最鼎盛时，有60个行政县，总面积约8.4万平方公里，总人口达453万。姑且勿论口粮，仅每月食用和充作部分消炎用药的盐，至少也要15万斤。所谓"饭能吃饱"，仅指作战部队每人每天供给1.6斤粮，供给部发6分钱菜金。②但后来到极度困难的时期，"粮食缺乏，部队定量不断减少，甚至每天只能吃八两至十两。盐更困难，最紧张的阶段，根本吃不到食盐。至于布匹和西药的供应，就更谈不上了"。③苏区中央局领导和工作人员生活一样很艰苦。菜很简单，大都是蔬菜，一个菜盒分成两格，两人共一个菜盒，大家一道用餐。如红军总部作战科的青年参谋们与时任中央军事委员会主席朱德、副主席周恩来、红军总司令部总参谋长刘伯承等军事首长同一个伙食单位，"不光我们年轻人吃不饱肚子，就是上了年纪的朱总司令，那时也感到肚子里总饿得慌"。④

---

① 《回忆与研究》编辑组. 李维汉回忆与研究（上）［M］. 北京：中共党史出版社，1986：341.
② 聂荣臻. 聂荣臻元帅回忆录［M］. 北京：解放军出版社，2005：165-166.
③ 杨成武. 忆长征［M］. 北京：解放军文艺出版社，1982：6.
④ 吕黎平. 青春的步履［M］. 北京：解放军出版社，1984：115.

当然，同期地方干部也在挨饿。1931年兴国县规定："凡是吃公粮的区乡干部，限定每天不超过1斤。下去检查指导工作，调查研究问题，参加会议等一律自带口粮。"①康克清晚年曾追述1933年春在红军总部工作时的饮食状况，说道："红军的伙食从第四次反'围剿'开始，就日益下降。……由于供应不足，把一日三餐改作两餐。每餐每人半斤米……菜很少，冬天若能吃到竹笋就算不错了。吃多了就不想再吃，偶然吃点通心菜，就觉得好吃得很。肉减到一月吃一次，后来也难以做到了"，到1933年10月中央苏区的第五次反"围剿"，"苏区人民生活越来越苦，红军伙食标准规定的每人每天三钱盐、五钱油也没法保证了"。②有一段时间大家常吃竹笋，曾碧漪与贺自珍一齐直吐酸水，两人误以为怀孕而吓得脸无人色，后发现不论男女也吐酸水，心情才抚平。当年艰苦日子可见一斑。

为打破敌人的封锁，中央特别强调妇女参加农业生产。当时军民农业生产积极性是很高的。"苏区的山峦田野上，妇女群众你追我赶参加生产运动，真是轰轰烈烈"，曾碧漪、康克清、贺自珍等红军"所有女干部都参加过农业生产"③。虽然，1933年赣南、闽西两地的粮食产量比1932年增加了15%，瑞金县云集区各乡建立了农业研究委员会研究防虫方法等，④⑤但战争环境下，对经济的消耗是巨大的，更不用说被敌人反复围剿，对生产力的破坏更是巨大的。

在军事上，"蒋介石已经有力量组织全国性的统一'围剿'，对付日益发展着的红军和根据地。敌人的'围剿'，指挥统一，兵力众多，规模大，时间久"：⑥"那时不管在中央苏区，还是鄂豫皖苏区或湘鄂西苏区，都是处于敌人四面包围中作战。敌人的方针就是要扭在苏区边沿和苏区里面打，尽情地消耗我苏区的人力、物力、财力，使我们陷于枯竭，即使取得军事上若干胜利，也不能持久。"⑦

由于王明"左"倾冒险主义统治江西中央苏区，1933年2月，因所谓"罗明路线"的斗争，批判古柏而株连曾碧漪，不让她再做红一方面军的前委秘书，在1933年4月就将她调离他任了。1934年9月初，中央军委下达扩大红军、以补充3万新兵到前线的紧急动员令后，曾碧漪又和贺自珍、钱希钧、康克清等下乡作"扩红"宣传教育活动。⑧

1935年3月6日，古柏在粤赣边区挺进大队第一支队所在地广东龙川县鸳鸯坑，因交通站叛徒王应湖的出卖，遭敌两个警卫小队袭击，于指挥突围中中弹牺牲。之后，曾碧漪最初在瑞金武阳区活动，部队打散后，被迫分散活动，国民党军放火烧山逼红军现身。曾碧漪在山下被富农告密为国民党兵所捕。因咬定自己受雇于红军洗衣队，所

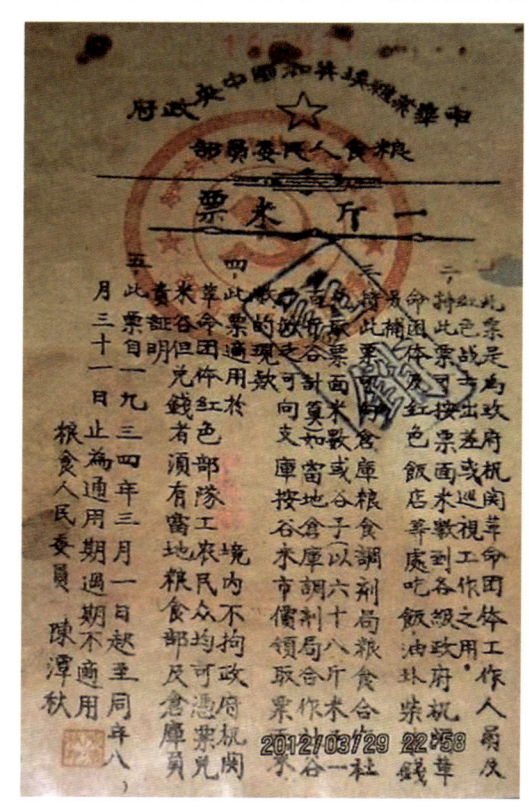

曾碧漪改任中央苏区政府粮食人民委员部调查统计局局长期间，粮食部所发行的1斤米票
图片来源：广东正乾. 早期红军粮票一张 [DB/OL].（2013-10-2）[2017-04-01]. http://www.7788.com.

---

① 吕黎平. 青春的步履 [M]. 北京：解放军出版社，1984：60.
② 《康克清回忆录》撰写组. 康克清回忆录 [M]. 北京：解放军出版社，1993：99.
③ 《康克清回忆录》撰写组. 康克清回忆录 [M]. 北京：解放军出版社，1993：401.
④ 昌期. 湘鄂赣苏区代表访问记 [N]. 红色中华，1934-01-22（3）.
⑤ 王观澜. 瑞金云集区春耕情报 [N]. 红色中华，1934-03-22.
⑥ 徐向前. 历史的回顾（一九八四年四月）[M]. 北京：解放军出版社，1984：136.
⑦ 邓小平. 跃进中原的胜利形势与今后的政策策略（一九四八年四月二十五日）[M] // 中共中央文献研究室，中央档案馆. 建党以来重要文献选编（一九二一——一九四九），第二十五册. 北京：中央文献出版社，2011：271.
⑧ 《康克清回忆录》撰写组. 康克清回忆录 [M]. 北京：解放军出版社，1993：117.

以不论江西瑞金敌军法处审讯与拷问、解押江西第一监狱，终未弄清其真实身份。后来，先被羁押于国民党军事委员会委员长南昌行营"感化院"即"江西反省院"，再后随院转往江西九江。

按当时南昌行营的感化处置办法规定，以3个月为1个感化期，[①]被关押者到底要被"感化"多少期才算数，去留实无定数。由于1937年第二次国共合作，感化院在"人犯"全部释放后解散。重获自由的曾碧漪，先以江西吉安地区一教会小学教师为职业掩护身份。当年秋之后，她才知道丈夫古柏业已于1935年3月牺牲；1938年她写信给毛泽东要求到延安，贺自珍受毛泽东委托函约曾赴延安的书简，途中被地方国民党党部截获，敌要拿办曾，恰其回南雄老家探亲才致敌扑空。在南昌地下党的安排下，她又以一妇产医院护士职业为掩护。其间，动员堂弟曾文玉、妹曾华、表兄张功佩北上延安抗日军政大学。1945年8月，曾碧漪接到毛泽东托古大存捎信说，国共又要分家了，路上有危险，叫曾碧漪坚持地下斗争，待条件成熟后再来延安。于是，曾碧漪继续留在南雄当地从事地下工人运动。

曾碧漪有子女5人，战争年代都寄养在根据地百姓家中，直到1954年，才在江西瑞金找到唯一在世的第5个孩子。

曾碧漪先后在中国红十字总会、中央纪律检查委员会、中央党校、中国革命博物馆和中央组织部工作和学习过，曾任第四、第五届全国政协委员，直到1983年政协第五届最后一次会议才退下来。[②③]

在"文化大革命"中，曾碧漪也受尽磨难。曾一度在"加强战备，疏散人口"借口下，于1970年春被驱离北京到广东从化，与先前已被下放到此的全国人大常委会委员长朱德、康克清夫妇为邻。康克清晚年忆述道："曾碧漪带着她两岁半的小孙女红红'疏散'到从化。我与她在江西苏区就相识，此时此地来了一位老战友，还有一个天真无邪的孩子跑前跑后，为我和朱老总的生活增添了不少乐趣。"[④]

中央广播电视总台第一套节目于2011年5月21日所开播的29集电视剧《红色摇篮》，表现1929年至1934年在白色统治下的红色割据苏区工农红军艰苦卓绝斗争的场面中，就有曾碧漪的艺术形象。

（三）抗战电影与新中国早期电影事业擎旗人司徒慧敏

司徒慧敏，是同期从事革命文艺活动直至社会主义社会电影事业建设工专生中突出的代表，也是国内卓有贡献的电影界名家。《广东省志·总述》2004年版，称其为"中国早期电影界，广东人在制片、编导、表演等方面占据了半壁江山"的代表人物之一。[⑤]

司徒慧敏（1910.2.16—1987.4.4，又名柱、屈文，广东省开平市人），出生于三代华侨家庭。就读省立一中之时参加新学生社，已立志投身国民革命。1925年考入甲种工业专门学校化学工程专业。1927年广东"四一五"反革命政变后，还差一年就毕业的他，奉命离校在市内昌兴街以开设专卖新文艺书刊的"新庐文艺书屋"为掩护，司职监视敌动向；由周文雍介绍于同年11月转为中共党员；同年参加广州起义做工人赤卫队（含第一至第七

司徒慧敏

图片来源：广东百科全书编纂委员会，中国大百科全书编辑部. 广东百科全书，上卷[M]. 北京：中国大百科全书出版社，2008：542.

[①] 国民党军事委员会委员长南昌行营感化院处置被感化人暂行办法（文号不详，民国二十年三月八日军事委员会委员长南昌行营核准）[M]//蔡鸿源. 民国法规集成（第六十六册）. 合肥：黄山书社，1999：170.
[②] 曾碧漪. 回忆毛主席[M]//中央文献研究室《缅怀毛泽东》编辑组. 缅怀毛泽东（上）. 第2版. 北京：中央文献出版社，2013：336-338.
[③] 倪慧君. 名人的妻子[M]. 合肥：安徽人民出版社，1999：171-173.
[④] 《康克清回忆录》撰写组. 康克清回忆录[M]. 北京：解放军出版社，1993：476.
[⑤] 广东省地方史志编纂委员会. 广东省志·总述[M]. 广州：广东人民出版社，2004：214.

联队，敢死队、汽车队以及消息局）的交通联络工作，与武装工人一道驻守广州长堤，截击在渡江的国民党军李福林部。广州起义失败后遭通缉，辗转各地，于1928年春到日本。到9月就读于东京神田区仲猿乐町五的东亚预备学校习日语，① 后考入东京下谷区上野的东京美术学校（1887—1952）图案专业学习。该校是"二战"前日本唯一一所国立美术学校，所培养的5799名学生中，含中国大陆103人、台湾地区30人，朝鲜89人，西欧诸国17人。司徒慧敏则是至1931年6月10日前所统计的该校10名中国留学生之一，也是同期广东在日563名留学生之一。在该校，外国生被称为"特别学生"，分为两类。一类是实习、学科同修，毕业时授予与日本学生同样的毕业证书；另一类是只修一个科目的实习，只授予与实习相关的毕业证书。

当时在日一起革命的队伍中，最后就只剩下廖承志、司徒慧敏、黄鼎臣和陈曼云（女）4人。其余有的牺牲，有的病故，有的叛变，有的中途逃跑，所以他们4人直到中华人民共和国成立后，都是最好的朋友。②

课余，司徒慧敏于日本大学电影研究班学习，又为东京早稻田大学电子系校外生，做无线电研究。1928年夏之前，和少年时期在广州就相熟的、也在早稻田大学学习的廖承志一起，"多次在广东留学生会及其他进步团体主办的集会上，国民党反动派纵使反动学生进行的破坏活动中，为保护进步学生活动而受到反动派的殴打，迫使我们也起来进行自卫"，他俩和黄鼎臣、黄维聪、许崇耆等，都是"当年的武斗明星"。③④

1929年，司徒慧敏与美校同学许达（即许幸之）一块，和沈学诚（即沈西苓）、余炳文、漆宗牺、漆宗裳等，发起组织左翼"青年艺术家联盟"，与当地左翼文化人藤枝丈夫、秋田雨雀、村山知义等作广泛的交流。后来叶仲豪（即叶坚）、沈端先（即夏衍）、沈兹九（胡愈之夫人）、蔡李馨

1930年2月上野美校图案专业工艺部毕业生送别会前合影（第四排右一为司徒慧敏）
图片来源：中国电影家协会，中国电影资料馆. 百年司徒慧敏——司徒慧敏诞辰百年图文纪念集［M］. 北京：中国电影出版社，2010：7.

---

① 中华民国广东驻日留学生经理处. 广东留日学生调查录（民国十八年一月）［Z］. 出版信息不详，1929：29.
② 蔡明. 我的父亲母亲："人民导演"与"红色间谍"［M］// 李菁. 记忆的容颜：《口述》精选集二（2008—2011）. 北京：生活·读书·新知三联书店，2012：41.
③ 司徒慧敏. 我心中不灭的长明灯：悼廖承志同志［N］. 光明日报，1983-06-25（4）.
④ 司徒慧敏. 关于东京风暴［M］// 中国电影家协会，中国电影资料馆. 百年司徒慧敏：司徒慧敏诞辰百年图文纪念集. 北京：中国电影出版社，2010：314.

（夏衍夫人）、周起应（即周扬）以及冯宪赏等人也加入进来。①② 同年秋因参加"反对帝国主义战争同盟"活动，被地方政府逮捕关押60天，经上野教授千头庸也的斡旋，始被释放。

1930年归国后，司徒慧敏到沪在业余工人夜校与中小学任教，及在上海美专代课，以后投身左翼戏剧运动，参加上海艺术剧社（主要负责人为夏衍，1929年成立，1930年被地方政府查封）、大道剧社（田汉领导，1931年成立，1932年解散）及四十年代剧社的活动，任舞台装置、舞台监督和导演。1932年初进入时人称为"旧派"影业公司的上海天一影片公司即今香港邵氏影业公司之前身，任布景设计师，开始涉足电影事业。1933年3月，与夏衍、阿英（钱杏邨）、王尘无（王承谟）、石凌鹤等5人，组成由中共上海中央局文化工作委员会即"文委"领导的"电影小组"，在国民党统治区即国统区从事电影文化界左翼文化运动，从此确立中共对上海左翼电影运动的领导。其间，对不健康的、落后的、反动的、宣传封建迷信和神怪色情的、为帝国主义侵略作掩饰辩护的电影，予以批判，以期联络广大的电影工作者，激励他们中的进步倾向。③ 夏衍家在上海爱文义路即今北京西路的普益里。房子前门在爱文义路，后门两个开在麦特赫斯特路即今新闸路，遇事即可从后门脱身。此处成为小组成员常聚拢开会的地方。1935年2月后因中共小组江苏省委及上海文委遭敌破坏，尔后被迫停止活动。④⑤

1933年年底，司徒慧敏与分别毕业于哈佛大学的堂兄司徒逸民、华盛顿大学的马德建及龚毓珂等研究成功中国第一架"三友式"电影光学录音机，成为中国电影史上有声电影同步录音实际使用人之一，随后相继为20世纪30年代多部著名电影，如《渔光曲》《大路》《新女性》《浪淘沙》《到自然去》及电通公司所摄的《桃李劫》《自由神》《都市风光》《风云儿女》4部电影录音，效果良好。1934年夏，在夏衍等人的策划支持下，在1933年9月成立的电通电影器材公司基础上，于上海法租界蒲石路即今长乐路，组成"电通影片公司"。他为创办资方代理出面人与技术总负责人，任摄影场主任兼制片人与导演，实际为公司地下党核心负责人。他联合左翼艺术工作者拍摄了一批鼓舞民众抗日救亡的爱国影片，如《桃李劫》《自由神》《都市风光》，以及以《义勇军进行曲》为主题歌的《风云儿女》等。这些有着广泛社会影响的作品，在中国电影史上占有重要位置。⑥

其间，司徒慧敏深入第一线工作。1934年秋与次年4月，先后约请共产党人田汉与聂耳，分别为《义勇军进行曲》填写歌词和谱曲；1935年5月9日在东方百代唱片公司录音棚（今上海徐家汇公园小红楼），录制电影《风云儿女》主题曲《义勇军进行曲》时，首版歌者为7人临时合唱队，就因司徒慧敏、郑君里及顾梦鹤等3名广东人的加入，

首版《义勇军进行曲》酚醛树脂（俗称黑胶）唱片

图片来源：陈庆辉. 第一个国歌的听众是广东人——全国首家国歌展示馆在上海正式向公众开放［N］. 广州日报，2010-10-01（A13）.

---

① 吉田千鹤子. 东京美术学校的外国学生［M］. 韩玉志，李青堂，译. 香港：天马出版有限公司，2004：39.
② 司徒慧敏. 关于东京风暴［M］// 中国电影家协会，中国电影资料馆. 百年司徒慧敏：司徒慧敏诞辰百年图文纪念集. 北京：中国电影出版社，2010：313.
③ 司徒慧敏. 从评论电影中学习电影（1980年）［M］// 中国电影家协会，中国电影资料馆. 百年司徒慧敏：司徒慧敏诞辰百年图文纪念集. 北京：中国电影出版社，2010：252-254.
④ 沈芸. 夏衍与中共隐蔽战线［J］. 档案春秋，2018（8）：28.
⑤《上海电影志》编纂委员会. 上海电影志［M］. 上海：上海社会科学院出版社，1999：160.
⑥《上海大辞典》编委会. 上海大辞典（中）［M］. 上海：上海辞书出版社，2007：1284.

使其曲调带有明显的"广东腔"。①

1936年初，电通公司因国民党地方当局的政治压迫与经济困难被迫停业后，他转入"联华影业公司"。在电影小组领导下，积极组织拍摄反帝反封建题材的影片，撰文宣传党的抗战思想，团结和争取了电影界的大多数。在集锦片《联华交响曲》（1937）、《艺海风光》（1937）中，执导反映社会生活的《两毛钱》和《歌舞班》（又名"前台与后台"）两短片。

司徒慧敏对业务的钻研常达到痴迷的程度。譬如，为研究苏联电影作品《生路》《金山》及美国电影《亡命者》的剪接手法、专业技术思路，带上面包，从早到晚观看、反复地记录同一部影片；在分镜头和长度表没出来之前，长期而又多次地在影院放映室的倒片台前，一本本、一段段地琢磨，直至对有些片段逐个镜头的画面构图、镜头的编辑次序、其呎数、格数等细节记录在案。②

七七事变后的当年秋，司徒慧敏奉命赴香港及在内地开展抗战统战、电影民主运动。在港先后创建"新时代影片公司""大地影业公司"，继续拍摄抗战电影。如执导与蔡楚生合编的两部抗日粤语片《血溅宝山城》（新时代影片公司，1938）、《游击进行曲》（该片后更名为"正气歌"，启明影业公司，1938），导演了夏衍编剧、反映港胞支援抗日的影片《白云故乡》（大地影业公司，1939），以及蔡楚生编导、反映沦陷后的一批上海爱国青年坚持斗争的《孤岛天堂》等片。

1941年皖南事变后，司徒慧敏与夏衍、于伶、金山、宋之的、王莹等文艺界人士组织"旅港剧人协会"。他作为协会负责人，对外与戏院签订演出合同，对内解决几十演职人员集体生活的"大锅饭"，主持演出批评国民党统治、歌颂反法西斯斗争及鼓吹抗战的《雾重庆》《马门教授》《希特勒的杰作》《北京人》《愁城记》等戏剧。日后，周恩来对司徒慧敏说及《血溅宝山城》时赞许道："你们在香港能把《血溅宝山城》拍出来，而且是抗战以后写抗战的第一部故事片，是很好的。这种很快写出来的急就章，要求它在艺术上很高很感人比较困难，在当时那种政治气氛下，拍这样的片子很有意义"，"我记得在第一次世界大战时，当时写出反映战争的作品就很少。看来，你们在这样短的时间里写出反映抗战的作品，是一个经验，值得很好地总结一下"。③

1941年12月底香港沦陷后，协助组织旅港电影、戏剧界人士分批从香港走水路，经澳门、石岐、江门、台山；或经广州湾即湛江港，广西的钦州、灵山与柳州，辗转撤往桂林或重庆。在重庆，他担任党领导的"中国艺术剧社"附属剧团团长，从事戏剧救亡活动。从选择剧目到筹资演出、同各种人等打交道，组织演出了《雾重庆》《家》《戏剧春秋》《北京人》等进步剧目，并在国民政府办的中国电影制片厂任新闻纪录片部主任，拍摄抗日新闻纪录片。其间，从事搜集与传递情报的隐蔽斗争。

为着革命事业，司徒慧敏动员家中大人小孩做各自力所能及的看风、放暗哨等工作。1945年9月国共重庆谈判前，他安排妻子邓雪琼暗地上门为毛泽东、周恩来缝制毛料中山装各两套，为邓颖超缝制上衣外套。布料与加工费均由其妻支付。④

光复后于1946年初在沪参与筹组"昆仑电影制片公司"。同年7月至1951年年底，受命在美学习电影技术和管理，兼做旅美华侨的统战工作。先后在好莱坞企业电影场、西电公司电影场、纽约哥伦比亚大学、雷电华电影公司纽约厂学习与工作。其间于1947年在美导演、摄制纪录片《中国民族舞蹈》，获1948年英国爱丁堡纪录影片电影节优秀奖，被纽约布洛林音乐舞蹈学院评选为当年5部最佳舞蹈片之一。

司徒慧敏在美国"麦卡锡主义"即20世纪50年代初美国法西斯主义最为猖獗之时，克服重重阻挠于1952年4月回国，之后致力于新中国电影事业的建设与发展，并作出重要贡献。1953年起，先后任

---

① 司徒慧敏. 在暴风雨中诞生：追忆聂耳创作《义勇军进行曲》（1982年）[M]//中国电影家协会，中国电影资料馆. 百年司徒慧敏：司徒慧敏诞辰百年图文纪念集. 北京：中国电影出版社，2010：267.
② 司徒慧敏. 从评论电影中学习电影（1980年）[M]//中国电影家协会，中国电影资料馆. 百年司徒慧敏：司徒慧敏诞辰百年图文纪念集. 北京：中国电影出版社，2010：254.
③ 转战香港，利用电影和戏剧的武器开展抗日斗争[M]//中国电影家协会，中国电影资料馆. 百年司徒慧敏：司徒慧敏诞辰百年图文纪念集. 北京：中国电影出版社，2010：28.
④ 司徒恩湄. 忆父亲二三事[M]//中国电影家协会，中国电影资料馆. 百年司徒慧敏：司徒慧敏诞辰百年图文纪念集. 北京：中国电影出版社，2010：157-158.

全面抗战爆发后,进步文化人、电影人多南下粤港坚持抗日。1938年3月29日,司徒慧敏在广州陪同时为八路军驻港办事处负责人的廖承志及潘汉年与文化界人士合影(前排左起:茅盾、夏衍、廖承志;后排左起:潘汉年、汪馥泉、郁风、叶文津、司徒慧敏)

图片来源:中国电影家协会,中国电影资料馆. 百年司徒慧敏:司徒慧敏诞辰百年图文纪念集[M]. 北京:中国电影出版社,2010:27.

文化部国家电影局专家办公室技术处处长、副局长,并兼任国家电影科研所所长,文化部技术委员会主任,负责电影技术及外事方面的领导工作,成为新中国有关电影制片、机械、胶片工业及科研等方面的主要奠基人。如筹建多片种综合性电影摄制机构解放军八一电影制片厂,擘画西安、峨眉、珠江及天山等地方电影制片厂的厂址勘察选定、老厂改造与保定化工部第一胶片厂、北京电影洗印厂及南京、上海、哈尔滨等电影机械厂的建设,使新中国的电影制片与技术等行业,从手工作坊的生产方式逐步迈向现代化。

此外,司徒慧敏1952—1953年在任八一厂第二任厂长期间,导演拍摄了国内第一部大型彩色纪录片《八一运动会》(获"1949—1955年国家优秀影片评奖"三等奖),使一批专业创作骨干和技术人员从中成长起来。20世纪50年代中后期,主持电影局对外文化交流工作。其坦诚、热心与平等的作风,娴熟的英、日语,以及自学的俄、法、德、西班牙语,使其在国外同行与港澳同胞、侨胞中,有广泛的联系与情谊。

1964年10月,国内第一部大型音乐舞蹈史诗《东方红》以音乐舞蹈艺术形式,将中国革命的伟大历程展现在舞台上。之后,根据国务院总理周恩来的提议,有关部门决定把它从舞台搬上银幕,司徒慧敏作为总指挥,领导对《东方红》的彩色宽银幕影片的拍摄。

1975年后,司徒慧敏历任电影事业管理局副局长、文化部副部长兼部党组成员、文化部技术委员会主任、中国电影家协会副主席、中国电影电视技术学会理事长等职,第四、五届全国政协委员,第六届全国人大代表,全国人大华侨委员会副主任等职。[1][2]

晚年的司徒慧敏,依旧爱才惜才。1978年与部长黄镇在文化部部务会议上,反对北京电影学院关于张艺谋、何群等8人年龄偏大、文化科成绩偏弱拟不招录的意见,决定悉数录取他们为1978级学生。其中,张艺谋后来的《黄土地》(时为摄影师,1984)、《红高粱》(时为导演,1987)等电影

---

[1] 上海通志编纂委员会. 上海通志:第四十四卷,第十册,人物[M]. 上海:上海人民出版社,上海社会科学出版社,2005:6786.
[2] 广东省电影家协会. 司徒慧敏词条[M]//《广东省志·人物志》编辑部. 广东省志·人物志(下). 广州:广东人民出版社,2002:1015-1017.

作品，在改革开放早期，都是在其首肯下通过发行的。①

司徒慧敏与时代共进的思想、信念、智慧以及实事求是的为人态度，勤奋、任劳任怨的作风，被国内同行尊称为"司徒牛"。

与司徒慧敏革命路途相知53年的黄苗子，所赋诗《悼司徒》状绘了司徒慧敏投身革命60年在国内电影文化艺术界的地位与贡献：

> 誓掷头颅解倒悬，两间荷戟舞刑天；风云儿女情如昨，战斗银坛六十年。
> 冷雨敲窗远望楼，故人相对泪双流；何曾了却耕耘债，太息开荒失此牛。②

（四）雨花台之忠魂陈朝海

陈朝海（1908.10—1931.9，号会川，化名胡梅，广西博白县人）。1927年8月入读工专前，受博白中学校长、中共广西党早期领导者朱锡昂的宣传教育，已加入共青团、积极投身学生运动。入读工专后，课余为博白旅穗学生所组织的、留穗同乡会骨干创办的"博白革命青年社"广州分社第二届执委，刊印社刊《南流潮》，声援家乡工农革命运动。他著文揭露贪官污吏、土豪劣绅罪恶；撰写《革命青年应打破的不良观念》，提出革命青年要克服旧观念，为革命而努力工作。

陈朝海

图片来源：徐敦龙，薛正兴，盛同和，等. 雨花台忠魂图集［M］. 南京：江苏古籍出版社，1999：116-117.

1928年5月，赴沪化名"胡梅"从事革命活动，并由朱光介绍加入中共。同年秋考入南京中央大学教育系。1929年夏，其与另外的33人发表了《博白留学京、沪同人为博白风潮事宣言》，声援母校博白中学的斗争。1930年4月5日，陈朝海参加由中央大学、金陵大学、晓庄师范等校声援下关和记工厂工人的罢工示威游行。

1931年4月3日，教育部长兼中央大学校长朱家骅给该校注册部下达一纸手令："迳启者，学生陈朝海、赵宗麟因宣传反动，经卫戍司令部查明法办在案，应予开除学籍，除布告周知外，相应函达。"

陈朝海在被无理开除后，仍坚守在南京从事革命。是年

陈朝海（二排右一）与家人合影照（民国十七年一月廿四日，1928年春节年初二）

图片来源：红色记忆，英雄谱，图片数据库［DB/OL］.［2014-02-03］. http://www.jslib.org.cn.

---

① 吴光. 怀念司徒慧敏同志（2009年5月）［M］//中国电影家协会，中国电影资料馆. 百年司徒慧敏：司徒慧敏诞辰百年图文纪念集. 北京：中国电影出版社，2010：113.
② 黄苗子. 悼司徒（1987年4月）［M］//中国电影家协会，中国电影资料馆. 百年司徒慧敏：司徒慧敏诞辰百年图文纪念集. 北京：中国电影出版社，2010：111.

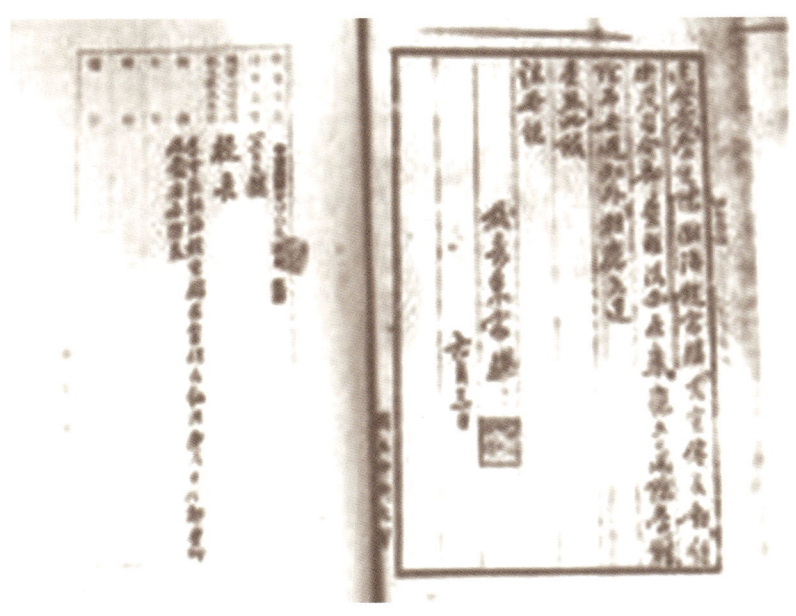

中央大学关于开除陈朝海等学生学籍的文本

图片来源：徐敦龙，薛正兴，盛同和，等.雨花台忠魂图集［M］.南京：江苏古籍出版社，1999：116-117.

九一八事变后，南京各大、中学罢课，上街宣传抗日，要求政府出兵抗日。他在与同志们于某一日散发揭露国民党卖国不抗日的传单时被捕，囚禁于南京水西门外江东门中央军人监狱。陈朝海在狱中经受酷刑拷打，却始终坚贞不屈。因酷刑的摧残和狱中生活的折磨，身罹疾病，1931年年底瘐亡狱中，牺牲时年仅23岁。战友将其葬于江东门坟地并立碑纪念。中华人民共和国成立后，南京市将陈朝海列为南京雨花台革命烈士陵园的早期革命烈士之一。"巍巍雨花台，烈士鲜血化碧"，① 它成为国内新民主主义革命时期中国共产党人最集中的殉难地。该陵园所记载的170名烈士，平均年龄仅29岁，74%都受过高等教育。② 陈朝海便是其中之一。

1982年南京大学在其教学楼北面高坡上建立烈士纪念碑，纪念在该校学习或工作期间牺牲的烈士，③-⑥碑文所镌刻的烈士名单里就有陈朝海。

（五）毕生办学的徐尚同

徐尚同（1903—1948.7.13，又名兴业，字惠民，广东翁源县人），出生于书香门第。1928届广东省立工业专科学校化学科毕业生。为地方教育界名人，与当地中、上层人士有广泛的社会关系，在青年知识分子中享有很高的威望，是地方颇有影响的国民党上层人士，更是潜伏在敌人营垒中的中共党员，壮年捐躯的烈士。

徐尚同毕业后参加广东省教育会第三届暑期体育训练班，并进入广州特别市党童军领袖训练班，结业后验定为初中训育主任。1930年被翁源县教育会聘为县立初级中学教务主任兼教员，有感于当地不良风气，逾年愤而辞职，远走防城、始兴两县立中学执教，先后为会务主任兼教员、级主任教员。嗣后由乡人诚聘回县效力。1937年8月，县教育会以其教育水平高、教学

徐尚同（1937年）

图片来源：徐尚同：翁源学生运动的领头人，永远的丰碑［N］.韶关日报，2011-07-05（A2）.

---

① 袁裕陵.南京赋［N］.光明日报，2007-04-02（4）.
② 郑晋鸣，朱蕾.话剧《雨花台》开启全国高校巡演［N］.光明日报，2016-04-05（5）.
③ 《博白县志》编纂委员会.博白县志（上古—1989）［M］.南宁：广西人民出版社，1994：983.
④ 抗日文化战士：柳乃夫［Z］//政协荣昌县委员会.荣昌文史资料选辑，第5—6辑合辑.重庆荣昌县：永川华声印刷厂，2003：184.
⑤ 华彬清，钱树柏.南京大学共产党人（1922年9月—1949年4月）［M］.南京：南京大学出版社，2002：94-95.
⑥ 《南大百年实录》编辑组.南大百年实录，南京大学史料选（下卷）［M］.南京：南京大学出版社，2002：600-601.

能力强之故，一致推举其为县立初中校长。自始任地方数所中学校长连续10年。其间，避战祸六迁校址，数历磨难，远出延聘师资、筹措经费，致力促进翁西区筹办初中；1942年发动全县各界人士集资，在县立中学招收首届高中班，县立中学从此易名为县立一中。徐尚同孜孜于乡梓教育，业绩显著，为乡人所赞许。

徐尚同基础学科知识全面，文理兼通，古文造诣较深，工书法，尤擅数、理、化教学，且喜欢游泳等体育项目，扬琴弹奏也有水平。校长任内，深入教学，做出表率，或有教师告假，无论何年级或何课程，必亲自代课，以免贻误学生，这在当地远近少有，被雅誉为"百晓先生"；在教育经费较为困难的日子里，徐带头并发动教职员捐资助学，对贫穷好学的学生除免收学费或资助外，还从思想上以谆谆教育鼓励，因而深为学生爱戴。①

七七事变后，徐尚同积极投身抗日救亡活动。1938年暑假期间，受中共广东省委宣传部部长蒲特（饶彰风）等所荐，在广州延聘中共地下党员廖翠贞（廖琼）到翁中即翁源中学任教。廖翠贞得徐尚同支持，很快使翁中抗日救亡活动活跃起来。1938年10月广东青年抗日先锋队翁源分队入驻，开展抗日宣传，发展组织；徐尚同亲自教唱革命歌曲，指导排演宣传剧目，带领翁中抗日救亡宣传队深入黄洞山区和各圩镇进行演出。此间，以翁中为据点，吸收了一批中共党员。他利用自己的社会地位和声望多方掩护地下党的活动。同年11月初，翁中秘密建立第一个中共支部，隶属省委领导。1939年2月，进而在翁中成立中共翁源县工委，同年8月改为中共翁源县委后仍秘驻于此。而此间他非中共党员，足见其对中共信赖之深。1939年4月经邓楚白（时为中共翁源县工委宣传部部长）、廖琼（中共翁中支部书记）介绍，加入中共后，更积极地投入抗日救亡中。同年冬，日军侵占翁源，他与已是县委书记的邓楚白一起，率200多名翁中师生撤至黄洞山区，日军退却后，他又率翁中重回县城原先的龙仙镇东升小学复课，坚持办学。

徐尚同对粉碎敌人于1940年夏和1943年5月两次篡夺翁中领导权以搞垮翁中这个革命据点的企图，起到了重要作用。1944年秋，应翁西区乡民、士绅迫切要求，徐尚同毅然辞去校务日进的翁一中校长之职，转任翁二中校长。调任后，整顿校风、教风，任用进步人士与中共地下党员充实教师队伍，配合中共北江特委的部署，把企图阻挠师生抗日活动的国民党顽固派、特务势力，设计驱逐出校，使二中教学日臻完善，抗日活动重又活跃。同期，中共地下党通过徐尚同的关系，安排了一批在大学失学的地下党员到各中小学任教，为秘密建立和扩大农村地下党组织创造了有利的条件。他先后所主持的一中、二中成为地下党秘密活动据点，为中共抗战和解放战争输送了许多青年骨干力量。

1944年冬，徐尚同奉命在校长任内担任国民党翁源县党部书记长。他居敌营处事沉稳，利用书记长身份，为中共地下党提供敌党、政、军大量的情报。1946年夏，游击队武装力量攻打江尾乡公所取胜。徐即告诫身边同志"还得做做样子，离开这里到外面去躲一躲，严防敌耳目窥测"，并嘱其告知刘石子山刘屋小学以教师身份为掩护的地下党员吴镜明（注：1922.5—2011.6，华南理工离休干部），做好应对工作，以策安全。1947年12月20日，被国民党政府军驻英德县横石水六十二军第一五八师司令部疑为"奸党"，遭传讯羁押，因无证据被迫释放。不久，驻地国民党政府军六十九师"剿共指挥部"复疑其为"共党"，1948年1月25日，以县政府"开会"之名，诱捕后投狱于广州国民党行辕军法处。面对敌封官利诱和严刑逼供，徐尚同仍坚贞不屈，不吐露中共和游击队秘密。敌不敢公开枪毙，乃使毒辣手段，用建筑水泥掺饭，致使其大便不通，被折磨得极为痛苦。敌一无所获后，于7月13日晚将徐尚同秘密活埋于广州市流花桥，时年45岁。②③

---

① 侯崇言. 艰苦办学为革命捐躯的徐尚同校长［Z］// 政协韶关市委员会文史委员会. 韶关文史资料，第13辑. 韶关：韶关市粤北印刷厂，1989：91.
② 陈占垣，江继桢. 徐尚同［M］// 中共广东省委党史研究委员会办公室，广东省民政厅合编. 南粤英烈传，第六辑. 广州：广东人民出版社，1989：365-370.
③ 陈宜景. 缅怀徐尚同同志［Z］// 政协翁源县委员会文史资料委员会. 翁源文史资料，第8辑. 出版信息不详，1990：56.

1950年2月,翁源县人民政府决定,把徐尚同生前最后任所的县二中改名为"尚同中学",并在校园和县城龙仙镇建"尚同亭",以纪念这位英雄。1995年8月,尚同中学被列为县"爱国主义教育基地"。

值得一提的是,在九一八事变后,工专于1933年7月更名为省立勷勤工学院及1934年成建制地组建为广东省立勷勤大学工学院前后,也孕育了一批英雄人物。

(六)献身桂北大地的苏蔓

苏蔓(1914.7—1942.7.13,原名苏裕源,又名苏汶,化名亚宋、裴济、黄维,广西苍梧县人),是一位誓死保卫党组织的中共省区一级的领导人。

苏蔓生于一个封建豪绅家庭,年少生活优裕,文静好学,不用10年便学完小学到高中的全部课程。后家道中落,经济收入困窘。1930年秋就读于广东省立工业专门学校预科,次年转入职业高中化学工程组。

受叶永蓁所写的《小小十年》一书的启发,苏蔓开始认真审视社会现状,接触马列主义。九一八事变后,先是参加下文将提及的工专师生救亡团体"抗日救国委员会"中的组织部工作,后策动在工专的10多名桂籍同学利用假期回梧州,到苍梧县中学、梧州女中开展抗日救亡活动,到街头宣传"停止内战、一致抗日"的主张,向群众表演话剧、唱歌、演讲,讲解日军所投掷的燃烧弹构造与防护方法。

苏蔓

图片来源:广东省立工业专科学校毕业同学录(民国二十三年)[Z].1934:插图四十三.

1933年3月,苏蔓与侯镇球一起,加入课余"化学研究会",为该会第四届出版部干事。同年7月集体转入省立勷勤工学院至次年毕业。毕业当年,为了索求国家、民族的出路,与同校同学侯甸和广州洁芳女子高级中学学生罗文坤(1917.11—1942.7,广西苍梧县人,家住广州,家境富裕。1937年夏在上海加入中共。中共广西省工委妇女部部长兼桂林市委书记)等数人,在广州合租两房,组织"曙光社(Lauroro)读书会",在整个暑假认真阅读、钻研《资本论》《国家与革命》《社会主义从空想到科学的发展》等马列著作,并学习世界语,筹划赴日留学。苏蔓抱定"出国之前应该认识一下中国的社会,找一点社会经验"的态度,于同年9月到广东四会县中学任教,讲授数理化课程兼当二年级主任。其间,推行新学,宣传新思想和苏联社会进步情况,并和学生一起生活,"使大部分学生趋向'左'倾化,普遍的〔地〕对现社会发生怀疑和不满",而为学生所欢迎。不少学生思想产生积极变化,却为学校所忌,他因此而不再被延聘。①②

1935年春,苏蔓与罗文坤结婚后,一同浮槎东渡留学。

苏蔓入东京大学,罗文坤到日本大学政法系。当年,赴日留学入境手续简便,时短,路近省费。即不需办出国手续、出示护照及留学证书,不受教育部有关留学资格的限制。其海关对中国留学生不刻意查问,只要说是前来读书的,即允放行入关。此前,清末国人赴日留学的路线之一是:在沪乘船至日本横滨,再换乘火车至东京,全程只需六七天。其头等舱位42元,二等的为26元,三等的为10元。③至全民抗战前,该传统线路旅费仍不算高。当时,日海关对三等舱旅客稽查较严,而对头等舱位的则比较宽松。为避免麻烦,他们尽量选择头等舱位。

---

① 苏蔓. 自传(节录)[N]. 桂林市党史通讯,1989(9):37.
② 中共苍梧县委党史办公室. 捐躯护党高风亮节:纪念苏蔓烈士诞辰80周年[N]. 梧州市党史资料通讯,1994(1/2):41.
③《中国人留学史》编委会. 中国人留学史(上册)[M]. 北京:社会科学文献出版社,2013:78.

1936年苏蔓、罗文坤（后排右二、右一）与战友摄于东京

图片来源：古子坚，苏裕翠，苏德源. 苏蔓传略[M]//中共广州市委党史研究室. 中共东京支部（1935—1938）. 广州：广州出版社，2013：254.

20世纪20年代，在欧洲和苏联出版的马克思主义相关著作，几乎都被引进日本，研究也非常兴盛，是马克思主义在日本传播的黄金期。1933年日本政府出台《治安维持法》，加强言论控制，马克思主义文献再次遭禁止出版。①虽然如此，东京的书坊即书店很多，仍售卖不少国内罕有的日文版马、恩、列经典著作。这类著作在日本出版时虽然已被检查，打上很多"✗"，删去不少内容，但都没有磨灭进步学生的学习热情。20世纪20年代末，日本的图书馆还普遍实行闭架管理，读者不能自由进出书库取阅；除大学的图书馆及个别社会综合图书馆之外，阅览室都不陈列图书，以防遗失或损坏；而"日本图书馆的阅览，大都是要取费"，从"每张日金二三钱，同时可以看三四种书"的普通阅览券，到"每张六七钱，同时阅书一二十种"的特别阅览券，以及缴费约70钱的1月券、约3元钱的6月券、约5元钱的1年券等。②而与之不同的是，市面上各书店摆上几排椅子给人看书，不论看多久，店员都不赶人走。不少留学生把书店当作课堂和图书馆。这对从我国国内来的、囊中羞涩的革命分子来说是一个很好的学习环境。③

苏蔓参加中共上海文委东京支部领导的半秘密革命团体文化活动，如"社会科学文化座谈会"有关哲学、社会发展史与政治经济学方面的学习以及"艺术座谈会"等进步活动。当年，许多进步留学生是在各方接济下维持生活，大都没正式去大学课堂听课，而是参加了这类另行组织的"自修大学"的学习。这些活动时常是在日本便衣警察监视下坚持开展的。

东京支部孤悬海外，存在于1935年9月至1938年春，先后有党员50人左右。1936年上半年同时集中在东京实行单线联系的党员也不过20多人。当年在东京的来自平、津、沪、粤、鄂等地的中国左翼文化人与留学生有数千人，该支部旨在推动广泛的抗日民族统一战线，工作开展异常艰巨，所能联系与影响着的约为500人。④

此间，苏蔓作为党小组长与陈健、蔡北华、潘沃权以及下文将谈及的侯甸等同志主持"中华留东世界语学会"；与陈健、丁克等参与组织"新文字学会"，开设世界语及推广1935年上半年于国内已开展的国语拉丁化新文字以及广州白话、桂林话等地方语言拉丁化方案学习班，吸引了以两广地区为主的100多位留学生来学习，从而在他们中开展革命理论宣传教育活动，进而逐步建立起广泛的留东

---

① 王可佳，沈红辉. 马克思主义中国化取得成功：访日本研究马克思主义专家平子友长[N]. 参考消息，2018-05-07（11）.
② 杜定友. 日本图书馆参观记[J]. 教育杂志，1927，19（1）：9-10.
③ 李云扬. 在日本留学的日子、刘坚. 三十年代留日革命学生运动[M]//中共广州市委党史研究室. 中共东京支部（1935—1938）. 广州：广州出版社，2013：35，61.
④ 陈健. 在日本参加中共东京支部的回忆[M]//中共广州市委党史研究室. 中共东京支部（1935—1938）. 广州：广州出版社，2013：118.

学生统一战线。其中，参加世界语学习的人，学到的东西极少，但无产阶级政治思想教育意义较深；学拉丁化新文字的更多，能学到较多的东西，对国内粤、桂两省的广州白话拉丁化影响也大。①② 这类活动一直坚持到1936年春夏间，东京的左联、语联等各联解散为止。

1936年3月，苏蔓由在东京明治大学攻读政治经济学的中共东京支部书记林基路（即林为梁）介绍入党。那时，发展党员的条件和国内一样。但为适应环境，作了变通。一是简化入党手续：个别谈话、支委会通过后通知本人；不举行入党仪式，不登记填表，不留文字；二是单线领导，个别联系。一般不集会，不发生横的关系。由于采取了这些安全措施，党的工作得以顺利进行。③ 他很快就成为该支部初、中期的骨干分子。下半年即在支部所设立的学生、艺术、妇女等3个党团中，担任学生党团书记，与他人一起在东京数所大学的中国留学生会和留东同乡会中发展党员。

1935年年底或1936年年初，苏蔓（左五站立者）和在东京的部分世界语研究与学习者合影
图片来源：陈健自述［M］//中共广州市委党史研究室.中共东京支部（1935—1938）.广州：广州出版社，2013：169.

1937年3月初，苏蔓决然结束学业回国。按事先规定，东京支部党员回国，由中共上海文委接收。他被分配到上海全国学联工作，负责领导大夏大学、暨南大学两大学地下党支部的工作，以及中法大学等大专院校的抗日救亡运动及青年救国服务团党支部工作。

其时，苏蔓父亲拟以跟国民党广西省府主席黄旭初的师生情，为苏蔓谋取一官半职，多次去信催其返桂，然屡辞不就。

同年10月，苏蔓为中共江苏省委（当时上海地下党由江苏省委管辖）领导的学生运动委员会委员。"八一三"事变上海沦陷后，苏蔓夫妇留沪之法租界，组织难民疏散和留沪民众的抗日活动，直到次年2月。

1938年2月中，苏蔓由中共江苏省委派往延安中央党校学习，他取道香港、广州回乡筹集路费后奔赴延安。一年后调往中共广东省委组织部，在韶关、佛岗、清远、南雄等地从事地下工作。其中，1939年2月下旬，赴佛岗检查工作，传达省委关于撤走由饶璜湘、李玉华、邹华衍领导的广东青年抗日先锋队第一一八队的指示；同时批准建立中共佛岗特别支部，以领导一一八队党支部及地方支部。及至5月，率谢永宽、周锦照、吴凤珠再赴佛岗，传达省委关于撤销中共佛岗特别支部、成立以谢永宽为书记的中共佛岗区委，统一领导当地党的工作。④ 1939年3月中旬、7月、12月，受省委委派在省委组织部组织下，先后于广东曲江县城西河坝、马坝漠溪白马庙、演山谢屋以及南雄县等三地，主持3期由其为班主任的县级党干训练班。学员大部分为从广州撤离出来的"抗先"和"广东省民众抗日动员委员会战时工作队"的党员骨干，大革命时期粤北农运党员干部，以及翁源、佛冈、南雄等地的

---

① 陈健，梁威林.三十年代中期的中共东京支部（1984年10月）［M］//中共广州市委党史研究室.中共东京支部（1935—1938）.广州：广州出版社，2013：5-6.
② 陈健.中国留日学生中的党组织（1971年10月5日）［M］//中共广州市委党史研究室.中共东京支部（1935—1938）.广州：广州出版社，2013：47.
③ 王子光.忆中共东京特别支部［M］//政协全国委员会文史资料研究委员会.革命史资料，3.北京：文史资料出版社，1981：184.
④ 佛冈县地方志编纂委员会.佛冈县志（1813—2000）［M］.北京：中华书局，2003：485-486.

干部共100多人。

3期训练班由省委领导及部门负责人主讲，苏蔓兼授有关党的建设课程。他多才多艺、性格开朗，与大家朝夕相处，深受学员欢迎。①

第二期的学员张江明（即张铭勋），中华人民共和国成立后曾任中共广东省委宣传部常务副部长、省社科联主席、党组书记，他于晚年撰文忆昔：

> 苏蔓是我的老师……1939年在曲江主持省委举办的党员学习班，我到此学习。他讲授党的建设，常常采取讲故事的形式，通过许多革命先烈的英雄形象和叛徒丑恶面目的对比，阐明党的组织原则，生动活泼，富有吸引力。他热情诚恳，平易近人，理论联系实际好，党性强，和他接触过的人，无不留下深刻印象。②

经苏蔓苦心操持，学员比较系统地学习党的"三大法宝"理论和游击战争的战略战术，思想政治水平和工作能力得到大提高。③他们结业后大都分配到各重要岗位，在革命斗争中发挥重要作用。不少人直到二十世纪七八十年代仍旧是国内或地方党、政、军、文教等多条战线重要的领导成员。如第一期20余学员中，有黄焕秋（原中山大学党委书记、校长）、谢永宽（即谢锡爵，原广东省水产厅党组书记、厅长、中共广东省委顾问委员会委员）、莫福枝（原广东省人大常委会副秘书长）、周锦照（原广州市侨务办顾问兼侨联副主席）、王仲华（原佛山地委农业部副部长）等。第二期四五十人中，除上述的张江明外，还有林彩容（女，原广州市东山区政协副主席）、徐道昌（原广东工业大学离休干部）、欧阳汝森（原韶关师专党委书记）、邬强（即邬泉玖，原政协广东省第四届副主席）、林名勋（原广东省人大常委会副秘书长）、许足成（女，原广州海珠区党委副书记兼区人大常委会主任）、何俊才（原广东省人大教科文卫委员会副主任、省科委党组副书记）。而第三期近30人中，有余美庆（即余兆吉，原广州市政协副主席）、周天行（即周炳光，原广东省科委副主任）、欧新（政协广东省第四、第五届委员）、李光中（即李秋子，原广东省文史馆副馆长，政协广东省第四、第五届委员）、黎百松（原广东省海员工会副主席）等。此外，有的在残酷斗争中牺牲或英年病故，有的于中华人民共和国成立后不论职务高低，始终保持共产党人的本色，工作到生命的最后一息。

1940年8月，不包括左右江地区，广西全境有桂林、南宁与梧州等3个中共特别支部，共有党员626人。其时，国民党顽固派阴谋发动第二次反共高潮，中共中央南方局桂林办事处作撤离桂林的准备，指示中共广东省委派苏蔓回广西参与筹建中共广西省工作委员会。④是年夏他奉调广西桂林，初为广西地方建设干部学校政治指导员，同年底改任刚重建的中共广西省工作委员会副书记兼宣传部部长。在第二次国共合作的环境下，苏蔓夫妇分别以桂林逸仙中学的代数、地理教师身份作掩护，秘密开展党建工作。因中共南方工作委员会即南委的组织部部长郭潜出卖，于1942年7月9日上午11时许，苏蔓与妻子罗文坤、同事张海萍（南委驻桂特别交通员，公开身份为逸仙中学历史教师，秘密协助苏、罗两人地下工作）不幸被秘密逮捕，遭到敌人拷打逼供，都坚决不吐露党机密。特务的报告承认："将犯人送到龙隐岩讯问通宵达旦，未尝休息，而犯人仍顽固不认，亦不悔悟。"后敌人以放线钓鱼之法，于12日上午假释3人。在被严密监视、完全失去自由无法与组织联系的紧要关头，毅然于当日深夜在逸仙中学教职员宿舍集体自缢，壮烈牺牲。由此引来国民党顽固派喉舌《扫荡报》就此杜撰"桃色事件""三角恋爱"自杀而死之类的报道，企图以此掩盖顽固派制造桂林"七九"事件、迫害共产党人与抗日爱国人士的血腥罪行。但这客观上替苏蔓送出了报警信号。3人凛然舍身向党报

---

① 谢永宽. 忆省委党干班的学习活动 [J]. 广东党史，1999年合订本，1999：91.
② 张江明. 留取丹心照汗青：深切怀念张海萍烈士 [N]. 桂林市党史通讯，1989（9）：15.
③ 李景昌. 抗战时期在曲江举办的党训班的情况 [Z] // 政协曲江县文史资料委员会. 曲江文史，第15辑. 出版信息不详，1990：8-10.
④ 广西壮族自治区地方志编纂领导小组. 广西通志·中共广西地方组织志 [M]. 南宁：广西人民出版社，1994：39.

警，使广西省工委所属党员大部"撤退尚迅速"，从而避免了党组织更大的损失。①-③

他们本来有脱离险境的机会。因为事发前一个月即6月，上级党组织曾决定让苏蔓与他人一起先期撤离桂林，以避敌新一轮的反共浪潮。苏蔓为工作计，不惧危险，表示要等到期考教学活动结束后才走。生前，他们3人教学孜孜不倦，忠厚淳朴，得师生尊敬。特别是在自缢前，3人认真批改完学生的期末考试卷，在学生送来的纪念册上一一题字留念；④他们牺牲后，部分师生不惧地方当局恐吓，毅然筹款买棺收殓，葬于桂林东郊瑠玛山，墓前立碑，摆上寄托哀思的花圈。⑤

1943年2月初，中共广西省委在桂林秘密散发刻印的"告全体同志书"，号召大家"学习苏、罗、张三同志'宁死不屈'的死难精神来保存革命实力"。⑥同年7月12日，省委还为苏、罗、张三同志殉难一周年举行了追悼仪式。⑦

侯甸作为苏蔓当年的战友，于1961年春在桂林市丽泽门外老人山麓荆榛丛中，独寻到依旧如当年景像的三烈士遗冢，有感于对烈士的不公正待遇，赋诗悲悼：

> 一叶江南事未忘，同仇当日忿于狂。独夫屈膝蹶前线，群丑磨牙噬后方。妖雾猝侵漓水黯，忠骸丛葬桂山香。廿年喜得英雄冢，郁郁苍松挺翠岗。⑧

现在，在广西桂林逸仙中学2号教学楼前面，3烈士牺牲地立有镌刻"苏蔓、罗文坤、张海萍烈士牺牲处"字样的纪念碑。碑的背面记载了3烈士的光荣事迹。

1983年3月，中共广西壮族自治区委员会将3位烈士的骨灰由桂林移至南宁革命陵园安放。

1989年7月9日，在桂林东郊尧山西麓一字岭上，广西区政府为苏蔓等三烈士建庄严肃穆的纪念碑，以作永久纪念。该碑高25米，绿琉璃瓦三重檐为碑帽，象征三烈士英灵，为桂林最大的纪念性建筑，为广西区烈士纪念建筑物重点保护单位之一

图片来源：广西壮族自治区民政厅. 广西革命先烈图典[M]. 桂林：广西师范大学出版社，2007：56.

---

① 陈健，梁威林. 回忆三十年代中共东京支部的成长历程[M]//中共中央党史资料征集委员会. 中共党史资料，第九辑. 北京：中共党史出版社，1984：169-171，173-174.
② 李昭，苏德源. 广西"七九事件"三烈士[M]//《革命烈士传》编辑委员会. 革命烈士传，第七集. 北京：中共党史出版社，1991：117-122.
③ 钱兴. 广西情况报告（一九四六年十一月七日）[M]//中共怀集县委员会. 怀念钱兴. 广州：广东人民出版社，1988：70.
④ 人物·传略：苏蔓、罗文坤[M]//苍梧县志编纂委员会. 苍梧县志. 南宁：广西人民出版社，1997：759，761.
⑤ 邹冰. 忆钱兴同志、黄嘉. "七九反共事变"[M]//中共怀集县委员会. 怀念钱兴. 广州：广东人民出版社，1988：93-94，133.
⑥ 钱兴. 为反对顽固反共分子继续摧残，告全体同志书（一九四三年二月七日）[M]//中共怀集县委员会. 怀念钱兴. 广州：广东人民出版社，1988：13.
⑦ 古子坚，苏裕翠，苏德源. 苏蔓传略（1982年12月15日）[M]//中共广州市委党史研究室. 中共东京支部（1935—1938）. 广州：广州出版社，2013：254-255.
⑧ 侯甸. 悲悼和怀念[N]. 广西日报，1983-07-06（2）.

（七）隐蔽战线与对外文化交流的老战士侯甸

侯甸（1914.12.9—2005.6.9），是同期从事隐蔽斗争的工专生中突出代表之一，为将毕生精力献给人民解放事业与社会主义建设之老红军。

1932年9月侯甸就读于广东省立工业专科学校，次年随校集体地迭次转入广东省立勤勤工学院、省立勤勤大学工学院。1934年11月赴日留学，先后在东京东亚学校、日本大学念书。其间，1936年2月在东京加入中国左翼世界语者联盟、"文化座谈会"等革命活动，同年8月由中共上海文委东京支部书记林基路、苏蔓介绍加入中国共产党。当年的11月任艺术党团书记，主编《文艺科学》杂志。

1937年3月侯甸回国后，先后在广西梧州初级中学、国民党第五路军政训处、第一七六师战地服务队、延安陕甘宁边区文协及八路军驻重庆办事处等地，做教员、队伍负责人、党员培训、新华日报编译等工作。1939年9月受中共南方局派遣返桂，打入①桂系内部，先后任广西绥靖公署政治部中校科员、政训科上校科长、办公厅上校秘书，1943年调任重庆国民党三青团中央团部服务处组长。1944年12月至1947年4月先后为广西果德县县长、横县县长，以及广西大学讲师、副教授、教授等职，秘密从事统战、联络、情报工作，掩护地方党和进步青年反蒋抗日。

到了1948年秋，侯甸调往广东游击区，为解放军粤赣湘边纵队政治部联络科长，参与改编国民党起义部队。

抗战时期的侯甸

图片来源：侯东海，侯东林，侯东迎. 隐蔽战线上的尖兵与对外文化交流使者——侯甸[M]// 广东省地方史志办公室. 父辈的足迹. 广州：岭南美术出版社，2009：299.

1963年，侯甸（前排左二）、杜宣（前排左一）等当年中共东京支部部分成员一行，以文化人身份、民间团体的形式，在团长周而复（前排右一）率领下，赴日开展促进中日邦交正常化的活动

图片来源：侯东海，侯东林，侯东迎. 隐蔽战线上的尖兵与对外文化交流使者——侯甸[M]// 广东省地方史志办公室. 父辈的足迹. 广州：岭南美术出版社，2009：299.

---

① 所谓"打入"，这里特指1939年的上半年，国民党在其统治区里强迫各机关公务员，各学校教职员、学生与军队各级军官加入国民党或三青团；为了民族统一战线与党的利益，中共中央为此有所对应和利用。一是经中共地委以上常委审查与批准，派遣政治立场坚定且不被对方怀疑的党员，加入国民党或三青团；二是进去后采取埋头苦干、积蓄力量、推动其进步的方针。

1949年10月广州解放后，侯甸参加接管国民党省府。其后至1966年的17年间，历任省府办公厅秘书处处长、办公厅副主任，中共华南分局统战部办公室主任，广东省委统战部副秘书长，省人委办公厅副主任、副秘书长兼交际处长，后改任省文化局局长、党组书记。其间，兼任省市对外文协副会长、省戏剧家协会党组书记。为协调省府综合工作、办文办事、交际，联络各民主党派、无党派人士与港澳爱国同胞，广交朋友并争取与团结社会各界对新中国社会主义建设事业的理解与支持，发展与繁荣对外文化交流，贡献尤多。

侯甸1966年春调京至1983年的17年间，从事对外文化交流。先后任作协对外联络委员会负责人、中国人民对外友好协会常务理事会常务理事。1978年9月，国务院甫定国家对外文化交流工作归口文化部管理，侯甸即于10月被任命为该部对外文化联络第四司司长兼中国（对外）演出公司总经理。1979年首倡我国艺术团体到发达国家作商业性演出，为国家创造了外汇。

侯甸离休后被聘为文化部对外文化联络委员会委员，并任中国国际友谊促进会理事、副秘书长。①②

（八）广州学运的"总线头"胡泽群

胡泽群（1919—，广东顺德人），1937年1月在广州广雅中学高中毕业前加入中共，7月奉党组织之命，考入当时尚未并入中大工学院的省立勷勤大学勷勤工学院就读。

1938年6月加入顺德抗日游击队，一干就是7年。其间，"当过交通员、教员、队长、区长，做过文化、统战、政治以及军事工作，睡过猪圈、挨过炮弹，经历过日寇的扫荡，逐步地锻炼成长"。③

抗战胜利后被珠江纵队派回广州，以原省立勷勤大学工学院学生免试复学之名为掩护，顺势进入两院合并后的国立中山大学工学院的机械工程系隐蔽，执行党中央关于在国民党统治区"应采取抗战后期经验，实行平行组织、单线领导、转移地区不转关系的方针"开展地下工作。④以他为首的党的秘密外围组织"中山大学爱国民主运动协会"，依靠广大群众保持和发展民主力量的阵地，在解放战争中一次又一次地组织学生运动，并与工人运动相结合，形成反对蒋介石反动派的第二战线。他在血与火的斗争中成为学生运动领袖。⑤-⑦

胡泽群

图片来源：1949：一个城市的记忆与重生——广州篇，第二集，剑指广州[Z/OL]．（2009-09-09）[2009-09-30]．http://www.cctv.com

---

① 苍梧县志编纂委员会．苍梧县志[M]．南宁：广西人民出版社，1997：791．
② 侯东海，侯东林，侯东迎．隐蔽战线上的尖兵与对外文化交流使者：侯甸[M]//广东省地方史志办公室．父辈的足迹．广州：岭南美术出版社，2009：299-308．
③ 胡泽群．我与学生运动一起成长[M]//中共广州党史研究室，广东革命历史博物馆．我与广州解放，纪念广州解放60周年口述史．广州：广州出版社，2009：14-15．
④ 周恩来．蒋管区斗争要有清醒头脑和灵活策略（一九四八年八月二十二日）[M]//中共中央文献研究室，中央档案馆．建党以来重要文献选编（一九二一——一九四九）：第二十五册．北京：中央文献出版社，2011：433．
⑤ 中共广州市委党史研究室．中共广州地方史，新民主主义革命时期[M]．广州：广东人民出版社，1995：276-282．
⑥ 胡泽群．建国初期广州青年工作的回忆[Z]//中共广州市委党史研究室，团广州市委员会广州青年运动史研究会．建国头三年的广州青年工作．出版信息不详，1997：139．
⑦ 庞伟华，王林建．忆峥嵘岁月望璀璨明朝：访老校友胡泽群[J]．华南理工大学校友会会刊，1989（4）：40-41．

(九)为"自己的广州"奋斗的杜襟南

杜襟南(1916.7—2012.6.11,又名文俊、戬嘉,福建闽侯人),工专1933级高中机械工程组学生,当时学名为陈戬嘉。九一八事变后开始投身抗日救亡运动。

1933年年仅17岁,因上述谈及的左翼文化团体"力社"于当年12月24日遭敌搜查,不幸被捕入狱。他撰诗自励:"生逢离乱世,羁陷复何奇!囚徒等闲耳,断头亦不悲。"① 1935年5月出狱后,先后加入抗日救亡团体广州艺术工作者协会,参与建立广东青年抗日先锋队,1939年4月11日加入中国共产党,曾任抗先队总队部党支书。1940年调往东江纵队,任军政委员会秘书、队报编辑、总队部电台政委等职。长期跟随尹林平、方方等广东党组织领导人,在中央香港分局、华南分局负责机要工作。1949年参与广州的解放与接管。

中华人民共和国成立后,先后在中央机要部门及地方工作。1981年3月出任广州市社会科学院首任院长,完成从职业革命家向社会科学领域一方学术领导人不同身份的圆满转换。②-⑤

杜襟南

图片来源:1949:城市的记忆与重生——广州篇[Z/OL].(2009-09-09)[2009-09-30].http://www.cctv.com

(十)为老一辈知识分子榜样的陈其瑷

陈其瑷(1887.3.1—1968.5.30,字忠蘧、志壖,广州市人),一位教育、理财兼之的革命者。1912年毕业于北大采矿冶金工程科。此后历任北京政府农林部秘书、签士及该部总务厅长,粤省工艺局局长、实业司第二科长,北京交通银行秘书长;1916年袁氏亡,交行人星散,独陈其瑷留行清理簿籍毕始退,该行赖以保存;1917年返粤任广三铁路局总务处处长、机务处处长等职。继为广州大元帅府大本营秘书、财政厅秘书,并被推举为广东省教育会会长及广州基督教青年会副会长。后卸政府之职改任广州培英中学校长,其间,就华北旱灾与美国人吕礼高发起广东赈灾中外协会被推为执行部部长,曾创办大中储蓄公司及银行;1921年秋加入国民党后,从事筹款济饷工作,复在大本营财政部任总务厅长;后受市长孙科之邀改任广州市财政局局长。在任期间,组织善后委员会、民产保证局,呼吁市长停止举报官产,以利集中财力、精力准备北伐。同期代募夫役,以免失业民众被军队随意拉夫;创办广州瞽目学校并兼任校长,鼓励失盲者加入平民教育运动;1924年7月改任粤省财厅厅长。⑥

此间,陈其瑷还兼任华法教育会广东分会干事,与黄强、汪精卫等其他干事一起,协助省府推动粤省青年赴法留学事宜,⑦创办私立广东国民大学,自任校长,吸收进步青年学生入学。进而又陆续任中国银行监理官,广州特别市党部执委、常委,青年部、宣传部、工人部、商民部等部部长,广东

---

① 杜襟南.从"力社"到南石头监狱[Z]//《南石头监狱的斗争》编辑组.南石头监狱的斗争,回忆录.广州:中共广州市委党校印刷厂,1988:125.
② 杜襟南.为自己的广州而奋斗[M]//中共广州市委党史研究室,广东革命历史博物馆.我与广州解放:纪念广州解放60周年口述史.广州:广州出版社,2009:100-106.
③ 首任广州社会科学院院长杜襟南对党的心路历程[N/OL].(2001-07-03)[2009-09-22].http://www.ycwb.com.
④ 曾庆榴.抗战前广州主要抗日救亡社团[M]//陈建华,汤应武,罗京军,等.广州抗战史迹图文集.广州:广州出版社,2006:32,238.
⑤ 广州青年运动史研究委员会.广州学生运动史(1919—1949)[M].广州:华南理工大学出版社,2002:166.
⑥ 财厅长陈其瑷之略历[N].广州民国日报,大中华民国十三年七月七日[1924-07-07(6)].
⑦ 华法教育会广东分会公启,广东省长张锦芳训令各县知事选送学生赴法留学文(1919年12月5日)[M]//张允侯,殷叙彝,李峻晨.留法勤工俭学运动(一).上海:上海人民出版社,1980:90,491.

国民政府参事、粤省农工厅厅长、国民党候补中央执委、武汉中央党部军委、政委会书记兼代秘书长等职。

此间，因常为黄埔军校（其时兼黄埔军校政治部第四期政治讲师）、农民运动讲习所、罢工委员会、工人夜校讲课，①而与恽代英、熊雄、邓中夏、萧楚女等一批著名共产党人相熟。受他们影响，由中共同情者逐步转为中共拥护者。1927年大革命失败后，反对国民党背叛革命，乃组织第三党运动，遭通缉并被开除国民党党籍，不得不避走海外。

1930年至1946年旅居美国。其间，以工人、演员、编辑等多种职业为掩护，参加邓演达的中国国民党行动委员会活动，从事华侨文化教育及抗日救亡活动。在抗战爆发前，参与美共中国局组织的美洲华侨反帝大同盟总部、司徒美堂发起的纽约华侨抗日救国筹饷总会的工作等，历任大同盟总部秘书，纽约《先锋周报》等数家进步华侨报纸常务编辑、编委，宣传中共抗日救国政治主张。以在美共中国局工作之便，推动了携大批医疗器械药品、志愿到中国服务的加拿大白求恩、美国医疗队一行，于1938年春取道温哥华、香港赴延安的行动。②

1938年夏，饶漱石以前中共驻"赤色工会国际"代表身份到美活动（1938年2月该国际组织宣告解散），对美共中国局进行"整顿"，排斥此前于1927年就建立中国局的徐永煐③等负责人，开除对其做法持不同意见的陈其瑗等的党籍。此间，陈其瑗仍坚持在华侨中开展抗战宣传教育活动。④

1945年4月24日，陈其瑗出席在美国旧金山召开的49国关于联合国制宪之会议。他作为中国代表团10名正式成员之一与中共及解放区代表董必武一行抵旧金山。董必武即邀其回国从事革命教育事业。其间，他与徐永煐充任董必武于4月25日至6月26日在旧金山与会期间的随行英文翻译。

此间董必武以诗赠之：

    天与机缘到美洲，逢君忽忆廿年游。中兴名论三篇策，高卧豪情百尺楼。志士不辞污马革，群儿争取烂羊头。人间何地无渣滓？次第清除始自由。⑤

1946年7月，陈其瑗应董必武邀请到香港，主持创办农工民主党前身的中华民族解放行动委员会广东组织负责人丘哲所倡言、纪念革命家邓演达革命品质的"达德学院"，为首任院长。

该院政治上受中共港澳工委直接领导，民主党派与爱国人士密切合作，中共派黄焕秋等参加具体筹办工作。学院以民主爱国人士蔡廷锴在九龙青山新墟镇的私人别墅"芳园"为校址，聘请一大批当时国内著名的学者、教授义务担任教学工作，招收侨胞子弟及内地知识青年，先后设置商业经济、法政、国文等专业及新闻专修班、先修班。课程由许涤新、陶大镛、章乃器、千家驹、黄药眠、夏衍、侯外庐、翦伯赞等知名人士等任教，何香凝、李济深、林照涵、郭沫若、茅盾、胡绳、冯乃超、乔冠华等著名学者和政治活动家作专题讲座。学生主要来源为内地生，共约1200人，占学生总数84%，其余为华侨生、港九生。达德推崇思想自由、学术自由之民主精神，讲求实学，培植真才，当年被誉为南方民主进步事业的一颗明珠，一所新型的文科全日制高等学院、革命大学。

达德学院只办了五个学期，却为人民解放事业作出了贡献，为党的教育事业作了可贵的探索。陈其瑗为此赋诗一首，诗云："据鞍矍铄少年丛，两载耕耘事倍功。身健幸差同董老，齿齐羞与伍衰

---

① 中共中央党史研究室一室. 《中国共产党历史（上卷）》注释集[M]. 北京：中共党史出版社，1991：86.
② 禤荣口述. 接待白求恩的经过[M]//广州市政协学习和文史资料委员会. 广州文史资料存稿选编（一、军政）. 北京：中国文史出版社，2008：28.
③ 徐永煐（1902—1968），1927年夏加入中共，曾任美共中国局书记。组织留学生中国同学会、反帝大同盟等进步团体，任美洲华侨日版等进步报刊主编。曾协助董必武出席制宪会议期间的工作。1946年回国。中华人民共和国成立后任中共中央编译局英文组负责人、中国人民外交学会副会长，曾为全国人大代表。引自：挽徐永煐同志（一九六八年九月十一日）[M]//董必武. 董必武诗选. 北京：人民文学出版社，1986：229-230.
④ 彭玉新（中共四川省委党史研究室）. 中共中央南方局的文化工作[M]//中共中央党史研究室. 中共中央南方局历史研究丛书. 北京：中共党史出版社，2009：313-314.
⑤ 董必武. 董必武诗选[M]. 北京：人民文学出版社，1986：91.

达德学院师生与留港民主党派和爱国人士沈钧儒、马叙伦、柳亚子、郭沫若、茅盾夫妇、章伯钧、连贯、周新民等，共同举行送旧迎新与文艺表演大会

图片来源：民国老照片（三），民国旧影［DB/OL］．（2011-02-24）［2013-12-14］．http://www.shac.net.cn．

翁。学如不及惊时逝，知也无涯警自封。留得青山常自在，新民种子播南中。"①②

达德学院于1946年10月21日开学。早在学院成立之初，港英当局即有扼杀之意，既批准注册，又拖延发给正式执照，经常派教育司人员和警察"注视"学院的各种活动。1949年2月23日，港英当局下令取消达德学院注册，派出武装强令停办。3月16日完全停止办公。中共广东地方组织专门召开会议研究善后工作，决定学院大多数教授北上，部分教授留港继续工作，其他人进入内地解放区、游击区工作。③陈其瑗旅港期间，继续从事民主革命活动：加入民盟；与李济深、何香凝等于1948年1月1日参与创建中国国民党革命委员会即民革，为民革中委。同年12月，北上参与新政协筹备与共同纲领起草工作。

中华人民共和国成立后，陈其瑗历任中央人民政府政务政治法律委员会委员、内务部副部长、全国侨联副主席、第一至第四届中国国民党革命委员会中央常务委员、第一至第三届全国人民代表大会常务委员会委员、第一至第四届全国政治协商会议全国委员会委员等职。其中，于内务部任职内期间，热心支持侨务工作。为安置在国外遭受迫害而回国的华侨，国家筹集了大量财力、物力、人力，先后创办了几十个华侨农场，他积极参与其中，为落实各项侨务政策不遗余力。

1955年3月，中央对高岗、饶漱石反党分裂活动作出组织处理后，他向党组织提出恢复党籍的请求。后于1959年3月，以72岁高龄，经董必武、谢觉哉两老介绍加入中国共产党。曾将省吃俭用所积攒的5万多元，全部交党费。

陈其瑗去世后，董必武悼之以诗：

> 年高过八十，病竟夺其生。衣食皆从俭，工薪总拟轻。风云世界变，金石诺言诚。到老三篇学，心同张白贞。④-⑧（原文注：张指张思德，白指白求恩）

1987年3月16日，民革中央在京举行有国家领导人及各民主党派等各方人士共200多人出席的座

---

① 雷强，郑天祥，黄启臣，等．穗港澳关系志［M］//广州市地方志编纂委员会．广州市志（1840—1990），卷十八．广州：广州出版社，1996：348．
② 黄焕秋．达德学院建立的历史背景及其影响［M］．达德学院校友会．达德学院建校五十周年纪念文集．广州：广东人民出版社，1996：17，29．
③ 林鹏，张正吾，曹直，等．达德学院纪事（1945年、1946年6月至1949年3月）［M］．达德学院校友会．达德学院建校五十周年纪念文集．广州：广东人民出版社，1996：22-23．
④ 侯国隆，侯月祥，吴群力，等．广东省志·人物志［M］．广州：广东人民出版社，2002：697-698．
⑤ 尹中卿，罗广武，王长龙，等．全国人大常委会名录［M］．北京：解放军出版社，1995：485．
⑥ 陈其瑗．在党的影响和教育下，三十六年来我的不断前进的道路［M］//中国青年出版社．中国知识分子的道路．北京：中国青年出版社，1959：91-97．
⑦ 杨路．陈其瑗，民革人物［DB/OL］．（2008-09-27）［2011-03-27］．http://www.minge.gov.cn．
⑧ 张正吾，王干，王爱明，等．达德岁月，香港达德学院纪念集［M］．广州：中山大学出版社，2004：27，37，40，46，63．

1954年9月28日，彭德怀（前右一）、何香凝（前右三）、廖承志（二排右四），同出席第一届全国人大的华侨代表陈嘉庚（前左一）、司徒美堂（前右二）、彭泽民（二排左四）、陈其瑗（二排左五）、黄长水（二排右一）等合影

图片来源：广东省地方史志编纂委员会. 广东省志·华侨志［M］. 广州：广东人民出版社，1996：插图.

谈会，纪念民革创始人之一的陈其瑗100周年诞辰。会上称其早年追随孙中山先生，致力国民革命，是著名的爱国民主主义者，也是忠诚的共产主义战士。①

（十一）顽强抗战在粤东的丘琮

2015年10月23日，政协全国委员会主席俞正声在纪念台湾光复70周年大会上的讲话提到："历史不会忘记，广大台湾同胞为全民族抗战作出的牺牲和贡献。在14年反抗日本军国主义侵略的战争中，无数台湾同胞抱着'救台湾必先救祖国'的理念，自觉将自己的命运与祖国的解放结合起来，投入到全民族抗战的洪流。数以万计的台湾同胞回到祖国内地，直接投入武装抗日斗争……丘念台在粤东成立'东区服务队'，台湾同胞为抗日战争胜利作出了重要贡献。"②

引文中的丘念台即丘琮（1894.3.11—1967.1.12，又名伯琮、国琮、广、旷、弘空，字念台，此外用过陈远谟、吕远谋、姜广等姓名。广东蕉岭县人）。内地文章多称其名，台湾地区则唤其字，是台湾抗日英雄丘逢甲的长子。父为使其子将来不忘收复台湾，特号其为"念台"。他1895年后随父归原籍广东，1907年在蕉岭县立中学读书后，秘密加入同盟会。1913年2月赴日留学12年，初毕业于日本金泽的国立第四高等学校，继1925年春毕业于东京帝国大学（今东京大学）工学部矿山学科与企业管理。③其间，攻读至博士，其学位论文涉及广东的高州油矿与韩江流域地质矿产两项研究，因不想该两项为日本所利用，后决然放弃此前攻读博士学位已近尾声的全部努力。

留日期间，丘琮参与同盟会所组织的反对北洋军阀袁世凯、

1917年在日本国立第四高等学校读书时的丘琮

图片来源：苏云清. 念兹在兹：丘念台传［M］. 台北：近代中国出版社，1984：插图一.

---

① 周长新. 民革中央举行座谈会，纪念陈其瑗一百周年诞辰［N］. 人民日报，1987-03-17（4）.
② 俞正声. 共同铭记历史，共圆伟大梦想：2015年10月23日在纪念台湾光复70周年大会上的讲话［N］. 人民日报，2015-10-24（4）.
③ 中华民国广东驻日留学生经理处. 广东留日学生调查录（民国十八年一月）［Z］. 出版信息不详，1929：68.

段祺瑞运动。那时,国人反对帝国主义的重心,自1915年反日本"二十一条"运动后,矛头从对西方列强转而对日。留日生其间都充当急先锋角色。丘氏也不例外。1918年5月至7月,作为留日生罢学归国救国团广东代表,曾先期与数人回粤作取消与日共同防敌军事密约、挽回主权的宣传活动,并陈情于以整顿庶政、废除积弊见称的广东省长朱庆澜。① 1920年组织研究学问、联络大陆与台湾学生的团体"东宁学会"(注:清顺治十八年即康熙元年(1662),郑成功收复先后被荷兰殖民主义者侵占的台湾,置承天府于台湾赤崁城即今台南市一带,号东都明京。及至康熙八年(1669),郑之子郑经改东都为东宁。该学会名东宁,旨在表达继承先驱之志、收复台湾愿望),成员以广东籍台湾生为多。此举被多疑的日本警方所怀疑,认为是共产党组织,而约谈丘琮。丘琮坚决不吐露真情,以"东宁"意为"东方安宁"之语搪塞过去。该学会倡导当时在日留学的台湾生阅读中国课本,以学国语、将来回祖国内地工作、护国光复台湾互勉。果然,七七卢沟桥事变后爆发全国抗战,原学会成员有10多人即回国投身抗日救亡运动。

丘琮于1925年8月回国后,初任广东省政府高州探矿委员,同时执教于私立广州大学。继之为东北沈阳兵工厂副技师与技师,在发觉兵工厂是东三省军阀张作霖争权夺利的工具后,主动辞职,迭经厂方陈情挽留,改只从事辽宁煤矿勘探,鸡西矿采矿部主任、总工程师。此间,著有上下篇10万余字的精装《开发两广矿业计划》一书在广州出版发行。②

1929年11月,丘琮应广东国民政府省长陈铭枢之邀,任省府顾问兼广东省立工业专门学校校长,约两年。其间,不忘东北的经济建设。1931年7月1日去书辽宁省政府主席臧式毅谈道,他受省长"殷勤委托",负有促进"南洋美澳各地华侨与东省政府绅商协力",以垦发"奉热各地矿产","引导海外华侨共纾国难之责"。③ 1931年九一八事变后,即以私人身份,带着沪、津各界各地抗日团体捐款,并和深明大义的妻子变卖嫁妆和家产,所得钱物翻悉数北上慰劳,两出山海关,三出塞外,行踪遍及粤、闽、冀、苏、辽以及热河和察哈尔等省,协助义勇军作战,在精神、物质上给予支持。

其间,丘琮赴黑龙江随该省代主席兼军事总指挥马占山的抗日救国军参战,再后来自行组织义勇军,参加1933年3月6日至5月30日国民党军主导的、抗击侵华日军的长城抗战(东起石门寨,西至多伦,包括义院口、冷口、喜峰口、古北口一带),也曾随十九路军到江西"围剿"红军。1933年5月31日,国民政府与日签订自袁世凯承认"二十一条"之后最严重的一次卖国条约《塘沽协定》,承

丘琮任广东工业专科学校校长时期赴粤北探矿留影

图片来源:苏云清. 念兹在兹——丘念台传[M]. 台北:近代中国出版社,1984:插图五.

---

① 省长会客名单(民国六年七月十六日)[J]. 广东公报,民国六年七月十八日[1917(1510):6].
② 广告. 丘琮先生著《开发两广矿业计划》[N]. 广州民国日报,大中华民国十八年五月一日[1929-05-01(13)].
③ 董慧云. 张学良重视华侨工作[M]// 张学良暨东北军史研究会. 张学良暨东北军新论,张学良暨东北军史研究丛书. 北京:华文出版社,1993:262.

认日本对东北、热河的占领,划出绥东、察北、冀东为日军自由出入区,南京政府承诺不支持东北的"反满抗日"、取缔关内抗日运动,明确全面压制反日运动、对日彻底妥协的态度。丘因而被迫返粤。

在任工专校长期间,丘琮已秘密从事抗日复台活动。如在妻子协助下,于工专内设立专收台湾学生的华侨补习班(有四五十人),鼓励他们发奋向上、爱国。该班引起了日驻广州领事须磨弥吉郎的怀疑,以班中学生有台籍共产党分子为由,要求停办。丘琮一再与对方交流,打消对方猜疑。这批受训青年后来多数成为抗战时期光复台湾的中坚力量。[①]

如1930年4月某天,为躲避日本驻广州领事馆对台胞的严厉监视,丘琮秘邀在穗的工专学生杨数余,中大1928年政治系二年级插班生谢求生等校学生,博爱医院(当时该院由日本人掌握)护士赖惠贞、蔡娇娥等部分台胞五六十人,于工专校园一个地下室,由其主持纪念台湾沦陷35周年集会。简单布置的会场中间的桌子上,竖有白纸裱成的牌位,上书"台湾沦陷三十五年来抗日死难烈士之灵"。与会者之一章振乾于晚年追述道:

> 丘琮在牌位前上了香、点燃几支白蜡烛。在这一过程,他一直流泪,许多人热泪盈眶,有的人泣不成声。在肃穆悲抑的气氛中,丘琮作了演说,大意是说在日本殖民主义者统治下的台湾,同胞处于水深火热之中,几十年来反日抗日的义举前赴后继,极其壮烈;我们应当继承烈士遗志,奋不顾身,誓把日本殖民主义者赶出台湾,务使台湾重新列入祖国版图。接着有好多人慷慨陈词誓死驱逐日本强盗,台湾一定要回到祖国怀抱。[②]

上述的谢求生即谢东闵,台湾彰化县人。1931年中大政治系毕业后于抗战期间在桂、闽等地从事抗日活动。1945年8月抗战胜利后返台。1972年为第九任台湾省府主席,1978年改任台湾地区第六任副领导人,卸任后被聘为台湾当局"资政"。[③]

丘琮继任职工专之后,担任了中山大学理工学院地质系教授。此间,他并未忘却抗日。

1936年1月13日,丘琮在中大日报上所发表的有关辞去中大抗日会职务的启事,目前尚未确知请辞的深层原因是否因下文说及的反谍锄奸问题,但也很能揭示其抗日思想。该文道:

丘琮(右二)等于民国二十年冬,因援助东北义勇军在山海关时留影

图片来源:苏云清. 念兹在兹——丘念台传[M]. 台北:近代中国出版社,1984:插图七.

1938年10月广州沦陷前,丘琮与妻子梁筠端(左二)、女儿丘应棠(左三)、儿子丘应楠合影照

图片来源:高杨. 台湾报道:一生不忘亡国恨:记台湾抗日志士丘念台[N]. 人民政协报,2015-07-04(8).

---

① (新华社驻台记者)孟昭丽,陈键兴. 台湾抗日丘家人:飘零乡心在,血泪盼团圆[J]. 两岸关系,2015(12):50.
②③ 章振乾. 久别天涯思旧谊:记我与谢东闵先生的一些往事[M]// 啸马,许维勤. 八闽文苑:炎黄纵横文选. 福州:海峡文艺出版社,2000:397-399,402.

敬启者：顷接邹校长一月九日函，推定琮等五人为贵会教职员正式委员，为琮因有特别情由，势难胜任此重任，经向校长面辞邀准。用特具函奉达。希为查照备案。窃维驱除倭寇，为琮夙愿。自九一八以来，经牺牲一切禄位而从。当兹华北沦陷，举国飘摇，奔驰何敢后人。特救国途经多端，只须同认准目标，何妨分道而赴。区区之意想能蒙诸同志鉴原也。①

1936年11月20日，中大一批有名望的教授联名通电国民政府，吁请出兵抗日，丘琮是联名者之一。② 同期，他受广东省会公安局即广州市警察局局长何荦之托，协助反谍锄奸，破获日本在广州的特务机关，后因敌以反间计诬称丘是日潜伏特务，南京政府通令广东要缉捕他。

在第二次国共合作的政治环境下，丘琮于1938年2月初离开中大，自费到延安考察两个月，寻求抗日救亡的道路。其间，丘保持与粤省省主席吴铁城、广州市市长曾养甫（兼市党部主委）及驻粤国民党余汉谋部第十二集团军参谋处处长赵良（字一肩）的通信联系。让他们知道此西北行是研究如何组织训练民众和游击战术。③

丘琮在延安的陕北公学和抗日军政大学听课。他的朴质、扎实、严谨、深入、钻研的言谈举止及工作作风，很快便与延安交际处的同志达到推心置腹的亲密程度。④ 他在离别延安时作新式诗曰：

别了啊！延安！/延安啊！延安！你的岁月几千年？/延河水流在宝塔前！/小米窑洞还依然。/但是精神今变了，/纯是天真烂漫，忠诚勇敢一青年。/我和你相处了两个月，/知道你救世的心虔，知道你抗日的心坚，/把我十多年的疲倦化作了云烟。/沙漠中得到了水草，暗室中得到了明灯。/啊！延安！今要同你别了，哪能不令我一步三回顾，一顾三留连！/只是鬼子的飞机大炮，/已轰遍了国土的四边，/鬼子的奸掠焚杀，/已剥尽了民族的威权。/若不南下负起重责，/哪算尽了人生的本能？/哪算对得起我这良朋？/别了啊！延安！/等扫净了腥膻，恢复了幅员。/再到黄陵边，握手话缠绵。⑤

离陕后，丘琮接连考察成都、重庆、贵阳、云南等大后方抗战状况，经越南河内于1938年初夏返回广州。即承父志高举抗战之帜，利用自己的社会地位与影响，获第十二集团军总司令部少将参议职衔（后改任七战区长官部少将参议），吸收、依靠陕北公学、抗日军政大学部分的粤闽籍毕业生和进步青年共13人，筹设抗日救亡团体。丘琮和队员一起，每周一次学习讨论关于共产党性质、任务的书籍《论党》。队员生活用丘当参议的薪金来维持。于当年10月组织起由他任队长的、国民党承认的、有合法地位的抗日救亡团体"广东民众抗日自卫团统率委员会东区服务队"，简称"东区服务队"，或"东服队"，并在1938年10月20日广州沦陷前夜，领到2000元毫洋⑥启动经费。

当时丘琮还不是国民党人，⑦也非共产党人，他"争取去过延安的青年"加入服务队，就目的而论是为抗日，但其出发点是"因为要是不做这一工作，广东的青年便会给共党拉去，以扩大他们的战时组织"。这是其资产阶级立场使然。该队伍成立之初为十二集团军总司令部政治部所辖；1939年4月后，他被国民党第四战区司令长官张发奎聘为少将参议，队伍改归该战区十二集团军总司令部政治部领导。⑧

---

① 启事：丘琮启事（民国二十五年一月十三日）[N]．国立中山大学日报，1936-01-20（2）．
② 中大教授联名吁请政府出兵抗日通电[N]．国立中山大学日报，1936-11-20（5）．
③ 组训惠、潮、梅民众参加抗战[M]//丘念台．我的奋斗史（1962年），再版本．台北：中华日报社，1981：189．
④ 记国民党抗日人士邱〔丘〕琮[M]//金城．为党交游六十年：金城文集．北京：华文出版社，2008：15．
⑤ 记国民党抗日人士邱〔丘〕琮[M]//金城．为党交游六十年：金城文集．北京：华文出版社，2008：20-21．
⑥ 当时一切公私款项的收付与契约的订立，均以毫洋计算。毫洋为广东所铸的银辅币——基本货币，即本位货币。1926—1936年间两广地区广泛流通，在上海等地也盛行。毫洋1元合大洋8角，大洋1元值毫洋1元2角5分。1935年11月7日粤省当局货币改制，收买白银，毫洋渐退出流通领域。参见：广州市地方志编纂委员会．广州市志：卷九（下）[M]．广州：广州出版社，1999：392．
⑦ 关于丘此时的政治面貌，同丘共事数年的服务队中的共产党人与在延安做统战工作的金城同志说法相左。前者否定，后者肯定。存疑待查。本书暂取服务队中共产党人之说。
⑧ 启事：丘琮启事（民国二十五年一月十三日）[N]．国立中山大学日报，1936-01-20（2）．

丘琮把1938年10月21日广州陷敌日作为立队纪念日，他为队伍"设计了一个圆形的队徽，黑红两线圈边，中间用斜线分开半圆。上黄下蓝，并绘山河线形，即显示祖国西北大陆和东南海洋的形象。它的含义是：以铁血保卫祖国河山"。同时，又由其撰作队歌，队员林启周作谱曲。词曰：

南海风波恶，/惠、博、增、从落，/白云山下倭兵著！/步行二千里，东区服务队，动员民众自卫！/团结，严厉，自省，奋斗，牺牲！/岭外三州（注：指嘉应州、潮州、惠州）作根据，除人民疾苦，善人民生计。/大家齐奋起，老幼男女，/必收复失地！

这支一度列入军队编制、身披国民党军军服、配军徽的队伍，最多时有30多人。从1939年秋起至抗战胜利，以博罗县罗浮山南麓为驻地。中共的东（莞）宝（安）惠（阳）边人民抗日游击大队即后来的东江纵队，则在其驻地之南。当时罗浮山周遭乡村，早已成了半沦陷区，敌我双方都不太管，这些地区，成为东区服务队做敌前、敌后政治工作的根据地。

其间，服务队"由于外间的中伤，和敌人的来犯以及转变工作等关系，曾经三次调回后方，三次进出罗浮山区，其中冤抑经过，说来是够伤心的"。但他们始终活跃在广大的农村山乡和国民党的军队中，走遍广东的西江、北江和东江，足迹所及的有三水、四会、清远、翁源、连平、龙川、五华、兴宁、梅县、蕉岭、紫金、惠阳、博罗、东莞等以惠、潮、梅三属为主的前后共25个县以及当时的潮汕前线。

东区服务队最初于1938年12月上旬，以丘琮的家乡蕉岭县文福乡为训练中心，在该乡创兆学校即今文福中心小学举办"抗日民众自卫组织青年干部训练班"1个月，分初级、高级两班，组训蕉岭、梅县、大埔与平远等附近县青年学生120多人；参照抗大和陕北公学的训练内容和方法，讲课与小组讨论相结合，讲授抗日民族统一战线、政治经济学、哲学、抗战理论、抗日游击战术、抗日群众运动、中国革命问题，三民主义等，并用三四个月时间训练当地民众3000多人。一时间，该乡成立了青年抗敌会、妇女会和儿童团，各自然村都有识字夜校，入夜读书声琅琅。同时，设研究班一个，吸收当地小学教师及高中毕业程度的知识青年参加小组学习与讨论。他们以事实告诉大家：要救亡图存，就必须把自己武装和组织起来，才有力量对付敌人。①

其间，队伍中的中共党员已先期与中共梅县中心县委取得联系，在服务队秘密成立了党支部，以卓轮（即卓扬）为支部书记，丘继英负责组织，蔡伟青（即蔡子培）负责宣传。接受地方党委的领导。依中心县委指示，认真执行党的统战政策和秘密工作原则，即服务队及其队员不以共产党面目出现宣传党的主张，不说队员多从延安来的底细，避免国民党的怀疑。因此，党员的学习与组织生活往往是散步到郊野进行的。这时，服务队的党员除上述三支委外，还有魏梵、关其清、陶祖梅（女）、古关贤（即古奇）等。中心县委为不暴露服务队党组织，另派三党员在干训班成立学生支部，在学生当中秘密吸收了张战义（女，即饶德安）、魏胜叁（女，即李健光）、吴建绪（女，又名何孟琳，何明）、何成陆（即郭建昌）、丘松学、丘惠兰（女）、丘静梅（女，即丘桂珍）、罗海萍、邓抗益、丘世雄等10名党员。这支队伍成为中共抗日游击队的外围组织。

服务队由丘琮担任社长，队员都是"民主建国社"的社员。该组织会议决定队伍重要事项，即由从延安回来的人决定。丘琮认为，民建社是一种政党的雏形，服务队也许有国民党，有共产党。他重申：不论是国民党或共产党，不要求放弃原来的政治面目，但在服务队只能是一个队员，不要再建立党的组织，更不能在队里发展党员。但是党支部不因他讲了，就不发展党员，只是工作更加秘密了。1940年3月，服务队的组织关系由中共梅县中心县委秘密地转到中共东江特委。②

1939年5月，丘琮携两队员到战时省府所在地韶关，请求解决后续活动经费问题。其间，他受张发奎之邀，到粤北南雄县国民党军政党训练班担任教官，讲述考察延安时所看到的中共组织、训练民

---

① 丘念台. 岭海微飙 [M] // 陈小冲. 与祖国同生：台湾同胞在大陆的抗战足迹，台湾研究系列，日据时期台湾史研究丛书. 北京：九州出版社，2013：190-193.
② 卓扬，丘继英，邓慧. 东区服务队与丘琮 [M] // 政协广州市委员会文史资料研究委员会. 广州文史资料，选辑第二十八辑. 广州：广东人民出版社，1983：128-129.

众游击战争的方法与问题。

1939年端午节后,服务队到驻防潮安县北部的登塘、白水一带的国民党军华振中部独立第九旅防地约3个月,协助培训随九旅从前线撤退下来的200多名潮汕青年学生,以作将来动员地方民众抗日活动的业务骨干。此外,针对该旅特务营及第三营失败主义情绪严重的实际,开展爱国主义教育与抗战必胜的信念教育,政工和组训民众的工作,并筹划在揭阳附近的八乡山建立游击基地。[①]

1940年春,萧道应、黄素贞夫妇,钟浩东、蒋碧玉(台湾反殖民运动领袖、名士蒋渭水养女)夫妇和李南峰(钟的表弟)等5人,和数万台湾热血青年一样,不安于日据之下的台湾文明"进步"表象,而是出于对中华民族认同与对日本殖民"皇民化运动"的切齿痛恨,历经周折离台西行回到烽火连天的大陆参加抗日斗争。这5人本要去重庆,却在途经广东惠州时,因没有身份证明文件,加之沟通上的问题,而一度被误认为日军间谍嫌疑人,被扣押甄审大半年,差点被处决。后得丘琮相助才得以脱离险境。其中,萧道应、黄素贞和蒋碧玉被分配到国民党军在粤省韶关的陆军总医院工作,萧原本是台北帝国大学(日本侵占台湾后于1928年创办,即今台湾大学前身)医学部法医学毕业生,任外科上尉门诊部主任,黄、蒋两人任上士护士;钟、李两人则从事民运。1941年10月,他们接受丘琮的请求,放弃比东区服务队稳定得多的医院工作与民运工作,转而加入服务队。他们在随后的4年多里,与别的队员一样,一路辗转。每天6时起床,便一直工作到晚上,每日只吃两顿;有时一天走几十公里山路,几乎没有好好睡过床。萧道应还兼下文将述及的罗浮中学事务主任,这个时期他发挥医学专长,治病救人,黄素贞则做护士、教师,萧与钟两家的第一个小孩因为行军不便,都被迫送给了当地百姓。其中,萧家孩子后因战乱不幸夭折;钟家的则直到20世纪80年代,年已60多岁的蒋碧玉返大陆寻子,才在韶关找到寄养于萧姓农家的长子钟继坚。台湾导演侯孝贤的电影作品《好男好女》就是以上述几人回国参战的经历,通过艺术创作而搬上银幕的。[②③]

当时由于战事影响,许多县府搬迁频仍,常常无法兼顾乡村基础教育。这时,服务队于无形中做了几个县的"教育科长",从申请立项与经费、招聘教师、招生,到男队员分担各校日间授课、女队员主持各校妇女夜班,等等,都是服务队替那几个县包办。就这样,从1940年秋起,服务队在惠阳、博罗、紫金、河源等四五个县区,先后开办了45间小学。如在惠州以东的横坜镇,以安政教民为工作目标,以横坜为中心,逐渐向周围发展,办起多间战时小学,大部分队员做了无薪资的临时教师,对距横坜较远的学校,就代向外县招考教员,前往教学。到1944年,还借罗浮山的冲虚道观(当时,广东抗日人民游击队东江纵队司令部也设于此)和白鹤观分别办学。前者为丘琮任校长的普通正规的罗浮中学,收容附近小学毕业的学生,很受地方欢迎,校务发展颇速;后者为钟浩东任负责人的有学员50多人的博西补习学校,该校目的在于培养坚持抗战、忠于祖国的青年。两校后因日军出兵下乡无常,当博罗县第4次沦陷时不得不停办。[④]1942年春,丘琮在罗浮山冲虚观举办了博西片青年抗日救国自修班,同时筹办罗浮中学,借用冲虚观庙宇为课室,校长由丘琮兼任。

在抗战进入相持阶段、反共逆流猖獗的处境下,服务队依靠进步力量、团结中间势力,积极开展工作,仍然将许多学校办成培养抗战人才、发展党组织、宣传党的政策、开展抗战活动的秘密据点。

他们的抗日救亡活动深入人心,让国民党顽固派头痛不已。服务队本已接受张发奎关于全体队员加入国民党、以驱除他人怀疑的建议,不料,所在地的国民党蕉岭县县党部及国民党省党部始终怀疑丘是第三党(中国国民党革命委员会)领导成员之一,而予以拒绝队伍集体加入国民党。服务队被认为是左派团体而遭严密监视,队伍已无固定编制,经费被扣压。

[①] 卓扬,丘继英,邓慧. 东区服务队与丘琮[M]//政协广州市委员会,文史资料研究委员会. 广州文史资料选辑(第二十八辑). 广州:广东人民出版社,1983:133.
[②] 成因,钟鸣. 300图片揭秘台胞抗日风云,40余幅图片首次亮相,诸多新史料首次公布[N]. 南方都市报,2002-07-07(A10).
[③] 王尧. 烽火岁月的《好男好女》:访台湾抗日志士后人萧开平[N]. 人民日报,2015-08-20(20).
[④] 丘念台. 岭海微飚[M]//陈小冲. 与祖国同生:台湾同胞在大陆的抗战足迹. 北京:九州出版社,2013:192-193,195-197.

譬如，1940年服务队晓之以理说服博罗县地方民众，经过半年的联络登记，加以编组训练。早晚鸣锣集训，讲习项目包括：民族精神讲话，各地抗战动态，以及游击战术等，尤其着重指导怎么配合当地环境去号召民众，参加抗敌的各种方法。在此基础上，建立起一支300多人的民众武装队伍，而政府没有提供饷械，全靠服务队与民众筹集费用、各自拿出平时用以防盗的枪械。该队伍被外间怀疑为中共武装力量，被下令移交给博罗县地方政府指挥，这支自备饷械的村民队伍，并不听命于地方官，不久便于无形中解散。从1940年冬至次年春再到1942年6月，当中有7名中共党员不得不分批撤离。①

到了1942年，经费完全无着落，一度靠社会贤达捐款维持。为摆脱困境，丘琮运用智慧和谋略，向国民党中央表述收复台湾的决心，促成对方把1940年6月在香港秘密建立的"中国国民党中央组织部直属台湾党部筹备处"，借助台闽关系最切的历史因素，于1943年4月1日在福建漳州陆安东路98号中正医院，正式成立受国民党中央组织部直接领导的"中国国民党直属台湾党部"（该部后成为台湾党务系统的前身），②并任命他为党部委员，谢东闵为执行委员兼宣传科长。丘琮即以在党部所得的收入作为队员的生活费。以后服务队乘势取得"国民党台湾党部粤东工作团"（丘任团长）和"台湾三青团粤东工作队"的两种身份。1944年3月中，国民党在重庆成立由中央设计局下辖的"台湾调查委员会"，为将来台湾的收复作研究。该委员会属战时为国民党最高权力核心提供战后收复台湾各项研究调查、资料收集、方案研究及人才培训等的咨询幕僚机构，不具决策权。③丘琮为该委员会成员。同年8月，丘琮在漳州拟成《复台大计管见》和《台湾改进党务管见》，为收复台湾献计献策。

从1943年起，队伍便弃用"东区服务队"的旧名，以惠阳、博罗等县为根据地，将工作重心转移到收复被日寇占领的台湾的斗争中去。不是国民党员与三青团员的共产党人，常以商旅之名用国民党的经费纵横国统区与敌占的广州、香港等地，在闽粤一带展开对日的谍报活动。此间，许多在国民党统治区的台籍进步人士多采取虚构闽粤籍贯以掩藏个人台籍之法，以躲避日警缉捕，或避免身份泄露招致歧视与困扰。为此，他们用多种方法秘密联络台籍人士，开展复台斗争。直至抗战胜利。

丘琮这支由广东、广西等地的台湾客家籍同胞组成的队伍，在长达近7年的抗日救亡斗争中，大力进行抗日宣传，有力地配合了当地的武装斗争。先后有100多人加入进来，其中先后有20人加入中共。在残酷艰难的斗争日子里，5人牺牲，10人因贫病而亡故。就丘琮个人而言，没有他对民族解放事业的忠诚、与队伍共存亡的精神，该队在国民党统治区难有立足之地；没有他的掩护与支持，许多共产党人和进步青年是无法在队伍中坚持下去的。④⑤

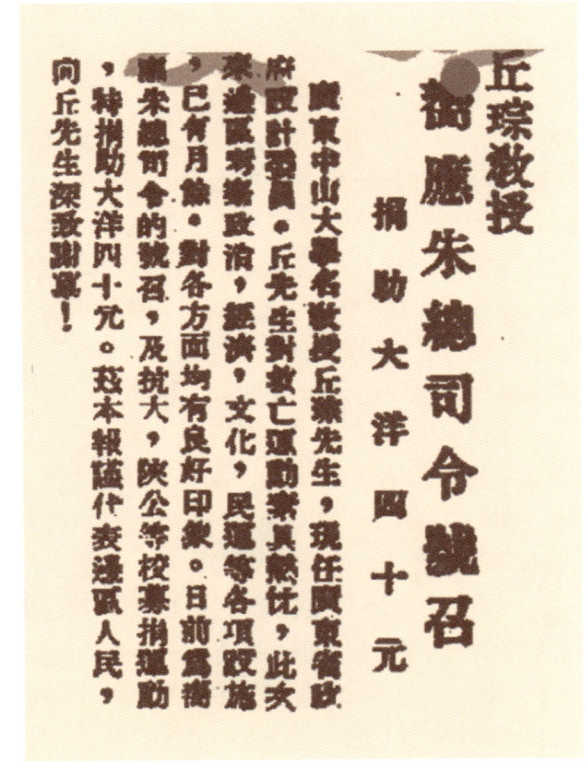

图片来源：新中华报，1938-05-20（2）.［DB/OL］.
［2018-01-09］. http://db.ersjk.com/sypt/dabao/jumptoview.jsp.

---

① 丘念台. 岭海微飙［M］//陈小冲. 与祖国同生：台湾同胞在大陆的抗战足迹. 北京：九州出版社，2013：195-196.
② 褚静涛. 国民政府收复台湾研究［M］. 北京：中华书局，2013：226-227.
③ 褚静涛. 国民政府收复台湾研究［M］. 北京：中华书局，2013：425.
④ 卓杨，丘继英，邓慧，等. 东区服务队与丘琮［M］//广州市政协文史资料研究委员会. 广州文史资料选辑（第二十八辑）. 广州：广东人民出版社，1983：123-146.
⑤ 邓慧. 对《东区服务队与丘琮》一文的补充［M］//广州市政协文史资料研究委员会. 广州文史资料选辑（第三十辑）. 广州：广东人民出版社，1983：224-226.

丘琮7年里有4年多在罗浮山区，有1年半做国民党党务工作。其妻为支持丘专心抗战，毅然携子女到丘家祖居所在的淡定山村即今逢甲村，自己耕田打理农事。她太过克俭，以致留下宿疾。丘琮则每逢先人忌日，或逢年过节，尽可能赶回祖居祭祖，与家人享短暂的天伦之乐。丘琮因此感叹道："可以说是苦多乐少，感慨良深！我是坚决拥护政府抗日的，而且牺牲了自己研习的本学，走向穷乡僻壤去组训民众，感化青年；走向最接近敌人的前线地区去清除奸伪和发动武装打游击。凡是我们到过的地方，都能赢得民众的信任与拥戴，赢得部队的爱护与亲近，这些是差堪自慰的。尤其各地的知识青年们，对我们东服队更为仰慕拥护，有许多位是从数百里外的地区徒步前来投效的，实在令人感动。前后经过我队组训的青年男女，不下五六百人，都是欢欣而来，满意而去。"①

光复后，台湾、广州、上海及南京等地部分台湾人，被视作汉奸、日敌战犯，遭逮捕和审讯。其中在广州就有约2万名台籍官兵，包括隶属日军者1600人。丘琮闻讯后即从福建永安县步行12天抵穗，寻求解决良策，后赴重庆向国民党中央面陈：台被日寇强占半世纪，台胞一律被强入日籍而无中国籍；他们被强充壮丁（注：约有25万被强征参战，约5万人战死或病死，到1945年10月亟待返籍台胞约有20万人），军阶都很低，等等。国民政府采纳了他的意见，通令全国释放了这一批台胞。

面对台湾光复初期一些国民党人以征服者姿态在台作威作福、抢占物资的局面，丘琮怒斥："我们接收了台湾，而失去了台湾的人心。"他以国民政府监察院监察委员兼国民党台湾省党部委员的身份，奔走全岛，呼吁争取民心，宣慰国家民族意识。为消除日据时代台湾与大陆的长期隔膜与生疏，从1946年6月起，不辞劳苦地奔走于台湾与大陆，邀集各界名士到大陆访问，以了解和认识大陆，筹组了以其为顾问的、台籍大地主及大资产阶级为首的耆绅名流"台湾光复致敬团"，并得以在8月29日至10月5日顺利走访大陆各地。另外，为营救1947年"二二八事件"被捕的嫌疑犯，也不遗余力趋前之。②③

丘琮从1931年赴东北抗日、组织义勇军参战，到1945年抗战胜利，投身民族解放事业14年。在1933年，广东国民党政府军的少将月薪大体为360元，同期，省立工专校长月薪为300元。④以他的资历与家世地位，要过舒适的生活应不会太难，然而他甘于吃苦，奔走于兵运与民运第一线，努力推动地方全民抗战。不论是他身边的一批共产党员，或者是台湾国民党高层，都赞许他正直忠诚的品格。其待人接物率真，不谙当官之道。正因其安贫乐道、箪食瓢饮的精神，

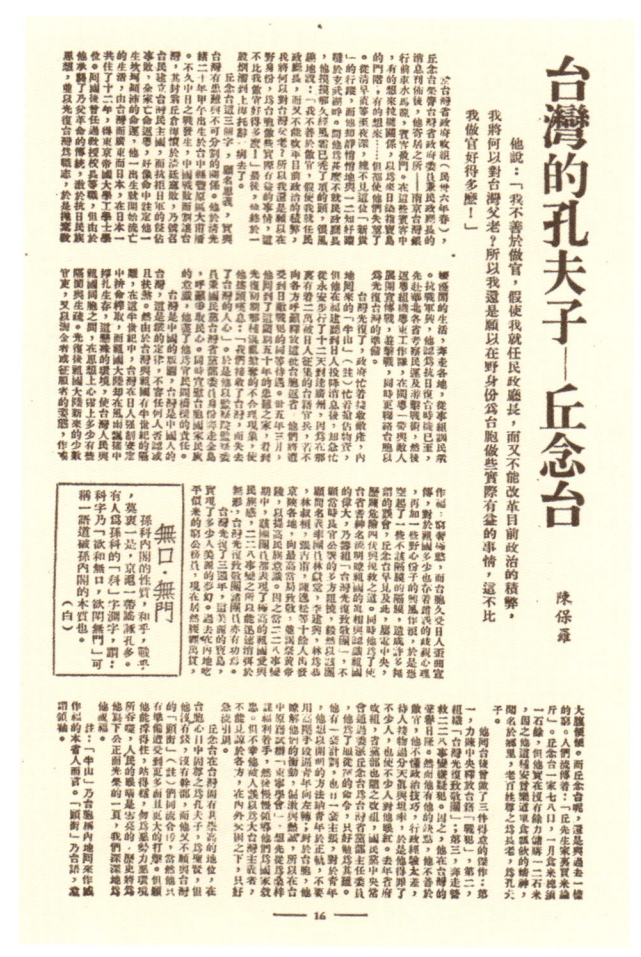

---

① 丘念台. 岭海微飙［M］//陈小冲. 与祖国同生：台湾同胞在大陆的抗战足迹. 北京：九州出版社，2013：198.
② 陈保罗. 台湾的孔夫子：丘念台. 新闻天地［DB/OL］. 香港航空版，1949（55）：16.（更新或修改日不详）［2014-05-13］. http://www.dachengdata.com.
③ 丘念台. 追怀林献堂先生（民国四十九年）［J］. 台湾源流，2006（35）：63-71.
④ 第四编，会计，预算，广东各区绥靖委员公署经费，〈三〉，（民国二十二年），1933：172. ［M］//张妍，孙燕京. 广东省财政纪实，经济·财政，444，民国史料丛刊. 郑州：大象出版社，2009：470.

在台有"台湾的孔夫子"之誉。[1][2]

1945年9月15日，邹鲁、陈济棠联名向蒋介石推荐丘琮："敬请赐予丘同志行政上高级位置，当能有大贡献也。"蒋介石即批示将赴台就任台湾最高党政长官的陈仪："约丘君担任接收台湾之实际工作，或其他适当任务。"但丘琮后来并未为陈仪所起用。[3]10月台湾光复后，丘琮以为其父复兴台湾的愿望已实现，当回台报效。1947年台湾"二二八"事件发生后，有海外媒体怂恿台湾人投归异邦，把台湾交与联合国托管，或让美国来管治。对此，丘琮愤然投书报端义正词严地予以批驳，申明"台湾人绝不愿离开祖国"之志。[4]

新中国成立前夕，丘琮没听从他人与叶剑英信使的一再劝留，执意率部分队员返台。1947年7月起，丘琮先后任中央直属台湾党部执委，"监察院"监察委员，台湾省党部主任委员，台湾省府民政厅厅长，台湾地区"资政"、评议委员等。曾连任4届国民党中常委委员。1951年主动辞去台湾地区"资政"一职，只任监委一职终其身。其常以个人身份访日，在旅日侨胞中宣传爱国思想。1967年1月突发急病，猝逝于东京街头。

---

[1] 陈保罗. 台湾的孔夫子：丘念台［J］. 新闻天地，香港航空版，1949（55）：16.
[2] 丘晨波. 抗战期间台湾同胞在大陆的抗日斗争（一九八六年五月）［M］// 政协广东省委文史资料研究委员会. 广东文史资料，第五十辑. 广州：广东人民出版社. 1987：63.
[3] 褚静涛. 国民政府收复台湾研究［M］. 北京：中华书局，2013：435-436.
[4] 丘念台. 台湾人决不愿离开祖国［N］. 中央日报，中华民国三十六年四月二十一日［1947-04-21（3）］.

附录 部分烈士主要事迹

1. 杨匏安（1896.11.6—1931.8.21）

杨匏安又名锦焘，笔名匏庵、王纯一、寒灰、老渔等，广东省珠海市人。出生破落茶商家庭。辛亥革命前夕入读广东省高等学堂附属中学（即广雅中学），1915年留日半工半读。1916年回国后在澳门做家庭教师。1918年春在广州西关多宝路私立时敏中学任教务主任，后转私立道根女校任教。1919年参加在广东的五四运动。其间兼任《广东中华新报》记者。从1919年5月21日起，设"青年心理讲话"等专栏，引导青年在爱国主义运动中健康成长；7月12日起，又设"世界学说"专栏，介绍欧文、圣西门、傅立叶、蒲鲁东的社会主义，法国摩莱里的空想共产主义、国家社会主义、基督教社会主义等西方流派社会学说。到12月间，杨匏安陆续发表40余篇有关马克思主义的文章，为最早把马克思主义传播到中国的先驱者之一，对马克思主义在中国的传播起过重要作用。

杨匏安

图片来源：中共广州市委党史研究室. 中共广州地方史, 新民主主义革命时期[M]. 广州：广东人民出版社，1995：插图七.

1921年春加入中国共产党，春夏间任教于广州南武中学，并为省立甲工兼职教员。1922年7月被任命为中共广九铁路支部书记，10月至次年春一度代理团广东区委书记，1923年5—10月为团广东区委候补委员。其间参加新学生社活动，从事工人运动。担任粤汉铁路广州分局编辑主任，编辑《铁路公报》等刊，利用合法身份开展宣传、教育工作，不久于蓬莱路阶砖巷7号组建中共粤汉铁路局黄沙地段党支部，任党支书；1922年年底，于黄沙海傍街创办"北江商运局"，承运广东韶关、清远等地货物，利用滇军押送，以掩护党在粤汉铁路工人中的活动，为党筹措活动经费；1923年年底至次年三四月间，在广州石井兵工厂组织工人秘密团体"十人团"。1923年年底至次年春，任中共粤汉铁路党支书。第一次国共合作期间，受党派遣参加国民党临时中央委员会，参与帮助改组国民党的工作，致力于统一战线的建立与发展。其间为中共驻国民党中央的党团副书记，负责协调国民党内共产党人的行动。1923年11月为国民党广州市党部第十区执委秘书兼代主席；1924年1月国民党一大后，任国民党中央组织部秘书，10月参加镇压广州商团叛乱，组织革命委员会工作；同年11月起任国民党中央组织部代部长；1925年2月至6月为中共广东区委监委委员；6月13日，以广东省革命政府财政和国民党中央工人部部长廖仲恺代表的身份，赴港与邓中夏、苏兆征、杨殷等一起领导发动省港大罢工，并被中共广东区委指定为省港罢工党团成员；同年7月1日被港英当局逮捕、关押50天，释放后被驱逐出境；8月下旬参加省革命政府廖案特委会和特别法庭工作，任法庭审判员；9月为香港罢工工团宣传学校名誉校长；11月任国民党广东省党部常务委员会委员兼组织部部长。

1926年1月22日在国民党二届一中全会上当选为国民党中央执行委员会委员和常务委员，任中央常务委员会秘书处秘书、中央组织部秘书；5月在国民党二届二中全会后离开中央常务委员会秘书处和中央组织部，仍留在广州主持国民党省党部工作；11月在国民党省二大上当选为省党部常委；1927年4月在国民党二届三中全会上当选为国民党中央执行委员会委员，5月中旬参与组织国民党闽粤桂3省党部驻武汉办事处，任"全国济难总会"委员和"被难同志救恤委员会"常委；同期为中共武汉国民党政府党团干事会成员、秘书。在1927年大革命失败后召开的中共五大上，向大会报告了广东区委建立监察委员会的情况，在其与王荷波等人的提议下，大会选举产生了中央监察委员会，杨当选为中央监委会委员。8月，以该身份出席中共中央在湖北汉口原俄租界三教街41号（今鄱阳街139号）秘密

杨匏安旧居陈列馆——杨家祠（原广州司后街今越华路116号大院内自编第五栋）。现仅存首进。2019年4月入选为第九批省级文物保护单位。广州共产主义小组曾在该祠开办"注音字母训练班"，培养从事基层宣传工作的干部，以此掩护党组织活动，是早期的中共广东区委重要活动据点之一。阮啸仙、刘尔崧等因研究工作常出入于此

图片来源：彭野. 羊城又添红色教育基地："传播马克思主义及中共监察工作先驱"杨匏安旧居今日开放[DB/OL].（2019-04-30）[2019-05-15]. http://www.nanyueguyidao.cn.

召开的紧急会议（即八七会议）。会上，积极赞同土地革命和武装反抗国民党反动派的总方针；会后为中组部秘书。不久，到港澳协助广东党组织接应八一南昌起义南下部队；之后，杨匏安回到南方，奔走于广州、香港、澳门之间，对第四军张发奎部做统战工作，谈判没有成功。11月中旬，犯"左"倾错误的中共中央领导人实行惩办主义，处分了包括毛泽东、周恩来在内的大批同志，杨匏安被取消了中央监察委员的资格，受到留党察看的处分。1927年12月至次年春杨匏安赴南洋新加坡、吉隆坡做地下工作；不久即于1928年初奉调到在上海的中共中央机关，从事党的秘密宣传工作并编辑、编译党刊；1930年年初被捕，8个月后获营救，仍留在上海中共中央机关工作，并参加蒋光慈、钱杏邨组织的根据瞿秋白指示而成立的文化团体"太阳社"活动（该社以倡导无产阶级革命文学、传播马克思主义文艺理论为己任，其成员均为中共党员）。1930年3月2日，中国左翼作家联盟在上海窦乐安路233号即今多伦路201弄2号成立后，杨与其他成员一起，全体加入该联盟，太阳社随即解散。1930年以"互济会"名义开办政训班，为党培训干部；次年，兼任中共中央农民运动委员会农村部副部长；后为叛徒出卖，于1931年7月25日不幸再次被捕，同年8月21日就义于上海龙华淞沪警备司令部里的荒地上，年仅35岁。

1986年11月，珠海市于香洲区海滨北路举行纪念杨匏安诞辰90周年暨塑像落成典礼。杨匏安烈士纪念碑位于广东省珠海市香洲区海滨南路。

2009年7月20日，杨匏安被全国"双百"评选活动组委会办公室公布为"100位为新中国成立作出突出贡献的英雄模范人物"候选人之一。[1][2]

---

[1] 中央纪委，中组部，中央党史研究室，解放军总政治部. 中国共产党中央纪委委员大辞典（1927—2008）[M]. 北京：中国方正出版社，2009：535-536.
[2] 全国"双百"评选活动组委会办公室. 100位为新中国成立作出突出贡献的英雄模范人物候选人事迹[N]. 人民日报，2009-07-20（19）.

2. 阮啸仙（1897.8.17—1935.3.6）

阮啸仙又名熙朝，字建备，号瑞宗、晃曦，广东省河源市人。1919年投身广东五四运动。先与刘尔崧、周其鉴等组织甲工学生会，随后任广东省中上学联会副会长。在第一、第二次土地革命战争中，先后从事工农、学生运动和军事斗争。1920年冬参与领导创建广东社会主义青年团。1921年春加入广州共产主义小组，8月中共广东支部成立，即转为中共党员；同月参与组织、领导以发展广东工运为宗旨的中国劳动组合书记部南方分部，次年6月起为分部主任；同期，在《青年周刊》《珠江评论》《人民周刊》《中国农民》等刊发表大量文章，致力农运与青运研究。1922年3月组织广东非基督教学生同盟（后更名为反文化侵略大同盟），反对帝国主义的文化侵略；同年5月出席全国首次团代会，之后任团两广区委书记。1923年初夏，受陈独秀之托，恢复和健全广州社会主义青年团的组织，5月13日成立团广州地委并任书记，经团中央同意，以团广州地委代理团广东区委职能；同年5—10月任团粤区代理书记，领导粤、桂、闽南及香港等地青年团工作，成为粤省社会主义青年团主要创始人和领导人；同期，与刘尔崧组织成立广东工会联合会；6月领导创办团的外围组织广东新学生社，任执委会书记至1926年；同期，出席党的三大、团的二大，当选为团中央执行委员会候补委员。

阮啸仙

图片来源：中共广东省委组织部．党的光辉照广东——广东省庆祝中国共产党成立80周年展览图片集[M]．广州：岭南美术出版社，2001：3.

1923年起他作为广东农运的领导人之一，领导各地农民的斗争。1923年10月至次年5月，任团广东区执委会委员长；1924年5—10月，改任团广东区委执委会委员、秘书；同年10月，参与镇压广州商团叛乱的临时指挥部领导工作；10月后为中共广州地委负责人，广东区委委员、农委书记。

第一次国共合作时期，阮啸仙参与帮助改组国民党的工作，任国民党广州特别市党部候补执委、广州区临时区党部常委，中共党员及团员跨党人数最多的国民党广州第一区区党部秘书、二区区分部书记，国民党中央农民部组织干事，农运特派员，国民党中央执委农委会委员，广东农工商学联合会领导成员。1926年6月初被聘为国立中山大学教授，为该校的国民党特别区党部的政研班授课。

1924年后参与创建广州农民运动讲习所，次年1—4月初为农讲所第三届主任，以后担任历届农讲所教员；同年5月至1927年7月，任广东省农协第一、第二届执委会常委、组织部主任。1926年11月至1927年7月为中共中央农委会委员。1927年4月缺席在武汉召开的中共五大，但被选为中央监委会候补委员任职，至1928年6月；5月任中共广东省委委员、农委会书记，10月继续担任中共广东省委委员、组织部长、常委、农委书记。1928年1—2月任中共广东仁化县县委书记，领导仁化农民暴动后，任安岗

1924年3月，中国社会主义青年团第二次中央扩大执行委员会会议部分与会者在上海合影。前排左起：卜道明（卜士畸）、阮啸仙、陆沉、夏明翰、邓中夏；后排刘仁静（左一）、黄日葵（左三）、恽代英（左四）

图片来源：共青团中央青运史档案馆．历史的轨迹：中国共产主义青年团（1922—2012）[M]．重庆：重庆出版社，2012：31.

区苏维埃政府主席，受挫后转赴香港；6月18日至7月11日，作为广东20名代表之一出席党的六大，并在会上发言，会上当选为由以刘少奇为首的5人组成的中共中央财政审查委员会委员，依党的六大党章的规定，其主要任务为"监督各级党部之财政、会计及各机关之工作"，任职至20世纪30年代前中期；同年8月后任中共广东省委秘书长，11月至次年11月为中共中央农民运动委员会委员。1929年年初任中共中央审计处处长，至10月为中共江西省委常委、宣传部主任、秘书长、组织部主任，11月调任中共江苏省委委员兼宣传部长。

1930年春为中宣部部长，后改任含山西、河北、天津、北平地域的中共顺直省委组织部负责人，7月为江苏徐海蚌总行动委员会书记，8月为福建闽西"中国军官学校第一分校"（即闽西红军学校）校务委员会主席；[①]9月后被中央派往天津，组成以贺昌为书记（兼军委书记）、阮啸仙为组织部长、余泽鸿为宣传委员会主任的中共中央北方局，负责领导顺直、山东、满洲、山西及内蒙古等省区的党组织。中国工农红军军官学校第一分校校务委员会主任（有一说为由11人组成的、中共福建闽西总行动委员会与红二十一军联席革命军事委员会委员）；12月起至次年4月为中共河北省委常委、军委书记（任该职至1931年2月）。

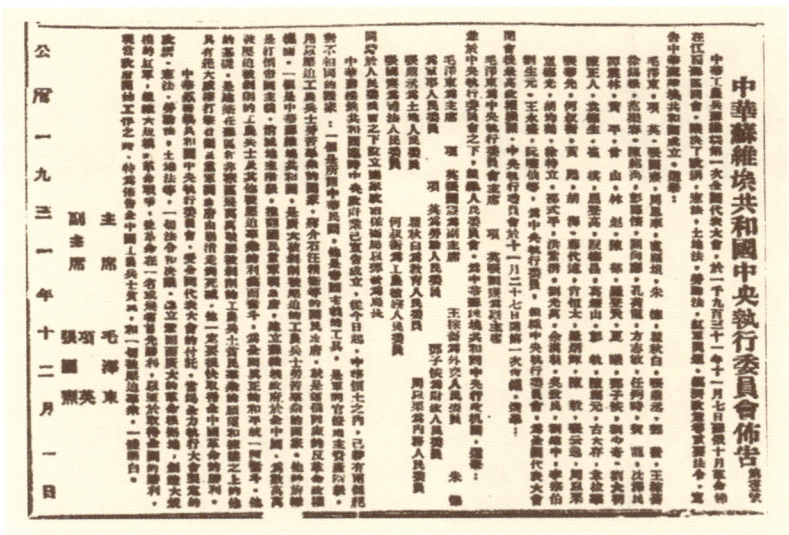

1931年11月7—20日，中华苏维埃第一次全国代表大会在江西瑞金叶坪召开，大会选举产生了毛泽东、刘少奇、周恩来、朱德以及阮啸仙（阮因工作缺席大会）等64人为首届临时中央政府执行委员

图片来源：中华苏维埃共和国中央执行委员会布告（一九三一年十二月一日，第壹号）．红色中华，1931-12-11（2）．[DB/OL]．[2018-05-29]．http://db.ersjk.com/sypt/dabao/jumptoview.jsp.

中共顺直省委故址（天津市山西路耀华里2号，已拆除）。阮啸仙曾在此工作

图片来源：中共天津历史红色印迹[DB/OL]．[2015-03-11]．http://www.zgtjls.com．

阮啸仙于1930年12月21日至次年1月底、1931年4月10日至5月初两度为河北省委代书记。其中于前者，领导对党内右派小组织的斗争。后随省委机关由天津迁往北平；1931年3月起为省委农运书记，5—6月为省委常委、组织部长，6月改任河北省委委员。九一八事变后，河北省委遭破坏，脱险返沪寻找党组织。1931年11月19日当选为中华苏维埃共和国临时中央政府首届中央执行委员会委员。1932年年初在沪与党组织接上关系，后任全国赤色互济会援救部部长。1933年9月调入中央根据地。1934年1月31日续任中华苏维埃共和国临时中央政府中央执行委员会委员，任政府审计委员会主任，成为我党第一任主管审计工作的首长。

1934年10月红军长征后，阮啸仙与蔡会文、刘伯坚等奉命留在中央苏区率赣南军区独立六团1800多人坚持赣南根据地游击战争，牵制国民党军。1934年12月至1935年3月任中共赣南省（辖于

---

① 苏士甲．闪亮的红星——中国工农红军院校及其办校人[M]．北京：新华出版社，2007：47．

距莫斯科市中心约40公里的西南郊,那罗福明斯克城波乌麦斯基村(五一村)的贵族庄园18世纪建筑赛列布若耶别墅,当年曾为中共六大会议会址。此间,党迫切需要一段较充裕时间与安定环境总结大革命失败以来的经验教训,经共产国际批准在苏联召开中共六大。当时,代表全党13多万名党员的142名代表(正式代表84人)所出席的六大,为中共历史上唯一一次于国外召开的全国党代会。由于国内斗争形势严峻,许多代表冒着重重危险,不远万里,乔装秘密取道大连、哈尔滨等地,或马车或火车,或徒步偷渡越境,从4月底起分批出发赴会。代表均以假名或代号发言与领取会议及生活用品。阮啸仙出席该会,其代号为"99"。该会址后破败成残垣断壁、一地瓦砾。2016年6月由中方出资修复,并冠名"中国共产党第六次全国代表大会会址常设展览馆"(建筑面积3 267平方米),以年租金1卢布由中方租赁使用,并作为莫斯科中国文化中心分部对外开放,成为国内赴俄代表团与旅游团必去的景点之一。图为获俄罗斯"优秀修复项目奖""文化遗产修复及现代化使用"特别大奖的展馆外景照

图片来源:张晓东. 以中国品质占领市场,以中国标准带动同行,中国建筑在俄罗斯"圈粉"[N]. 人民日报,2018-01-13(3).

都、寻安、门岭、登贤、信康、杨殷、赣县等县以及广东的兴宁、龙川两县。主力红军长征后,上述以烈士命名的"登贤""杨殷"两县在被敌占领后,县名在行政区划上即行消失)省委书记兼闽赣军区政委。1935年2月,赣南苏区被国民党军攻占。3月6日,阮啸仙率部在江西信丰、大庾(今大余)交界即于南地区的牛岭突围战中为流弹所击中而牺牲,时年38岁。突围战所余80多人后与其他队伍汇合于赣粤两省边区油山一带坚持游击战。

1938年9月于延安召开的中共扩大的六届六中全会开幕式上,悼念为中华民族和中国人民解放而英勇牺牲的近5年部分牺牲者名单中,就有阮啸仙。[1-3]

1985年3月,团广东省委举行大会,隆重纪念阮啸仙烈士牺牲50周年。

---

[1] 中央纪委,中组部,中央党史研究室,解放军总政治部. 中国共产党中央纪委委员大辞典(1927—2008)[M]. 北京:中国方正出版社,2009:352-354.

[2] 陈丕显. 陈丕显回忆录——粤赣边三年游击战[M]. 上海:上海人民出版社,2002:24-25.

[3] 张闻天. 中共扩大的六届六中全会开幕词(一九三八年九月二十九日)[M]//中共中央文献研究室. 建国以来重要文献选编(一九四九——一九六五):第十五册. 北京:中央文献出版社,2011:571.

中华苏维埃共和国第二次全国苏维埃代表大会集体照

图片来源：中国社会科学出版社中国近代影像资料库（1840—1949）[DB/OL]．[2018-10-20]．http://www.gzlib.gov.cn

河源市烈士陵园内阮啸仙烈士塑像

图片来源：郑道林于2004年8月27日摄

2005年4月11日、2006年7月1日、2007年2月9日，新华社分别在《永远的丰碑》以及《永远的丰碑——红色记忆》专栏，播发有关阮啸仙事迹。

2009年9月10日，全国"双百"评选活动组委会公布的"100位为新中国作出突出贡献的英雄模范人物"名单中，阮啸仙在列。同月12日，新华社在《庆祝新中国成立60周年人民英模》专栏里播发阮啸仙相关事迹。

2011年3月16日，中央主要媒体和各省区市党报、主要都市报联合推出大型人物专栏《"双百"人物中的共产党员》展示，阮啸仙在列。

建于清代的围屋式阮啸仙故居，自2002年7月起先后被公布为广东省重点文物保护单位、河源市爱国主义教育基地

图片来源：中共广东省委党史研究室，中共河源市委党史研究室．广东省革命遗址通览·河源市（总第20卷，第11册）[M]．广州：广东人民出版社，2014：53．

3. 刘尔崧（1899.11.24—1927.4.19）

刘尔崧又名海、尔松，字福海，号季岳，广东省紫金县人。1918年为甲工学生会主席，1919年5月11日与阮啸仙、张善铭、周其鉴等发动甲工师生集会声援北京学生的斗争，组织学生开展抵制日货斗争，随后任广东省中上学联副会长。1920年秋与阮啸仙等协助谭平山筹建成立广东地区社会主义青年团。1922年5月与阮啸仙、周其鉴等筹组并正式成立社会主义青年团两广区委，任执委兼广州地方教育宣传委员。同年起领导工运。8月任中华全国总工会的前身中国劳动组合书记部在广州的南方分部执委，1922年冬建立广东第一个党领导的顺德县总工会，次年6月在出席党的三大后任中共广州地委委员，后与阮啸仙、周其鉴等创办新学生社，在其中兼任国民运动委员会主任；同年3月与杨殷等于石井兵工厂、粤汉线、广三线、广九线、油业、碾谷、手车夫、理发业等行业中，吸收工人积极分子，组织工人秘密组织"十人团"；又与周其鉴在广东顺德等地开展工运。1924年12月16日，作为百余团体9代表之一，与廖仲恺、周恩来、阮啸仙、施卜、谭竹山、李励藏、孙律西、黄祖培等，参与筹备统一战线组织"广东国民会议促成会"。1925年6月，与李森、周文雍一起领导沙面工人罢工；在此前后，担任中共广东区委执委、工委书记，广州地委委员、执委，并参与领导广东工团军、农团军，平定广州商团军叛乱。先后出席团的三大，被选为团中央委员、团中央驻粤特派员兼团广东区委执委（组织委员）、委员长、团广州地委书记，第二、第三届中华全国总工会执委、常委，广州工代会首任执委会主席，省港大罢工党团成员之一与顾问。第一次国共合作时期，从1923年起先后任国民党广州一区区党部执委、第二区区分部组委，国民党广东省党部执委、工人部部长、国民党中央执行委员会工人部干事、工运特派员、组织部指导员、国民党国民运动最高执委秘书。1927年4月15日在广东四一五反革命政变当日被捕，先后扣解于广州南关电影院、南石头惩戒场，数日后即被杀害，时年28岁。就义前，以唐朝开元进士张巡被安禄山乱军处死前的留言"南八男儿死耳，不可为不义屈"来激励其他同志继续斗争。遗下妻与

刘尔崧

图片来源：中共广州市委党史研究室. 中共广州地方史，新民主主义革命时期［M］．广州：广东人民出版社，1995：插图二十一．

1986年建于紫金县紫城镇黄牛挨磨山麓的中山公园内的刘尔崧纪念馆

图片来源：刘路红，杨党校. 刘尔崧传［M］．北京：中共党史出版社，2014：封底插图．

子两人。①②

1928年11月25日，中共广东省委第二次扩大会议作出的关于《纪念死难诸烈士》决议名单里，就有刘尔崧。③

1987年4月、1989年11月，中共紫金县委、县政府分别召开大会，隆重纪念刘尔崧烈士就义60周年、诞辰90周年。

此前，中央军委副主席、聂荣臻元帅为刘尔崧纪念馆题写了馆名。纪念馆脚下，建有以刘尔崧名字命名的"尔崧中学"。

4. 周其鉴（1893.4.6—1928.1.29）

周其鉴又名莹祥、奉贤、镜台、莹，广东省广宁县人。1919年投身学运，与阮啸仙、刘尔崧等组织甲工学生会，任会长；随后任广东省中上学联会副会长。1920年8月与阮啸仙、刘尔崧等参与筹组广州社会主义青年团。1922年秋毕业后曾任中国劳动组合书记部南方分部负责人，参与创办"爱群通讯社"，出席同年召开的全国团的一大。1923年在广州与顺德等地参与组织工人秘密组织"十人团"；12月任团广州地委执委，后兼任新学生社编辑委员会主任。从1924年春起投身农运和武装斗争，支援北伐战争。先后当选为中共广东区委农委执委、中共西江地委书记，创建中共在西江地区的第一个党支部广宁县支部，为首任支书。第一次国共合作时期，曾任国民党广州党部第一区第一分部执委、

周其鉴

图片来源：中共广东省委组织部. 党的光辉照广东：广东省庆祝中国共产党成立80周年展览图片集[M]. 广州：岭南美术出版社，2001：3.

"中国工农红军广宁周其鉴红军中学"，是目前被命名授牌为红军学校的300所之一。在其教学办公楼二楼，设有展馆面积80多平方米的"周其鉴纪念馆"。该馆于1995年4月被地方人民政府确定为县青少年德育基地

广宁县东乡镇新楼村三巷48号周其鉴故居纪念馆于1989年6月被公布为广东省文物保护单位。故居于1992年全面修缮

图片来源：中共广东省委党史研究室，中共肇庆市委党史研究室. 广东省革命遗址通览·肇庆市（总第20卷，第8册）[M]. 广州：广东人民出版社，2014：102、124.

---

① 中共广东省委给中央的报告（普字第七号，一九二八年十二月十一日）[M]//中共惠州市委党史办公室，中共紫金县委党史办公室. 刘尔崧研究史料. 广州：广东人民出版社，1989：312.
② 骆辛.《惩戒场回忆片断》一文的补充[M]//广州市政协学习和文史资料委员会. 广州文史资料存稿选编（五、军政）. 北京：中国文史出版社，2008：225.
③ 中国共产党广东省委员会第二次扩大会议决议，纪念死难诸烈士（一九二八年十一月二十五日）[M]//中共惠州市委党史办公室，中共紫金县委党史办公室. 刘尔崧研究史料. 广州：广东人民出版社，1989：313.

第七区第三分部组织委员、国民党中央执委会农民部特派员、首届广东省农协执委会委员、副委员长，广东省农协驻西江办事处主任，二届农协执委会常委兼北江办事处主任、广东北江工农军副总指挥、中共广东省委候补委员、委员。1927年8月参与率领工农军600多人参加八一南昌起义，同年10月后参加广州起义筹备工作。后重返北江地区继续开展农运，发动英德潭洞暴动。1928年1月22日因反动地主告密被捕，29日（一说为2月1日）就义于广东清远县城西门岗，时年35岁，遗下妻与子两人。①

5. 张善铭（1900.6.12—1928.5.3）

张善铭，广东省大埔县西河镇下黄砂村人。1919年起投身学运，当年5月任甲工校友会会长，1920年参与筹组广州社会主义青年团。1921年加入中国共产党，为梅州籍最早的中共党员。1923年6月任广东新学生社主任，同年10月起，继阮啸仙之后任团广州地委委员长、秘书。1924年10月至1925年8月初赴苏留学。回国后担任中共广东区委委员、军委委员、中共广州地委书记，后任团广东区委书记兼宣传部主任兼广州地委书记。第一次国共合作时期，曾任国民党广州第一区第一分部执委，国民党中央执委会工人部青年干事、国民革命军第四军党代表兼政治部主任，参与指挥讨伐军阀邓本殷的南征战役。1925年11月起先后任中共海陆丰地委书记、东江特委书记、汕头地委书记。1927年4月20日组织领导了海丰四二〇武装暴动，同年9月、11月，参与领导海陆丰第二、第三次武装起义。参与领导了海陆丰、紫金等地的3次武装暴动，组织广东工农革命军第二师。1927年12月参加广州起义的组织准备工作。起义失败后于当月20日任省委代理书记。1928年1月任省委常委兼北江特委书记、东江特派员，负责军委工作，组织暴动，5月在汕尾梧歧坑被捕后就义，年仅29岁。

1928年11月25日，中共广东省委第二次扩大会议作出的关于《纪念死难诸烈士》决议名单里，就有张善铭。②

1988年4月，中共大埔县委召开大会，隆重纪念张善铭烈士牺牲60周年。

6. 黄学增（1900.8.21/9.14—1929.8.12）

黄学增又名学珍、学曾，广东省遂溪县人，出生于贫苦农民家庭。1919年结婚，次年考入甲工。1921年入团，次年转为中共党员（也有说为1923年）。1922年起在广东花县、高要和广宁等地开展农运及党建工作；1923年年初，与雷州革命青年韩盈等发起"雷州留穗同学会"，团结雷州3县及高州、琼崖等

张善铭

图片来源：中共广东省委组织部. 党的光辉照广东：广东省庆祝中国共产党成立80周年展览图片集[M]. 广州：岭南美术出版社，2001：3.

黄学增

图片来源：殷翊展，丁乐平，黄武，等. 黄学增：点燃南路革命圣火的农运领袖，红色足迹[N]. 湛江日报，2011-05-11（A08）.

---

① 中共广东省委给中央的报告（普字第七号，一九二八五年十二月十一日）[M]//中共惠州市委党史办公室，中共紫金县委党史办公室. 刘尔崧研究史料. 广州：广东人民出版社，1989：312.
② 中国共产党广东省委员会第二次扩大会议决议，纪念死难诸烈士（一九二八年十一月二十五日）[M]//中共惠州市委党史办公室，中共紫金县委党史办公室. 刘尔崧研究史料. 广州：广东人民出版社，1989：313.

位于汕尾市海丰县红场路23号的海丰红宫旧址纪念馆，由明洪武十二年（1379）的孔庙建筑与大门构成的红场，场内有海丰苏维埃政府成立庆祝大会主席台——红台，始建于1927年。第三次起义后，工农群众与南昌起义部队红二师在孔庙召开县工农兵代表大会。当时会场内均刷成红色，孔庙由此被称为"红宫"。门额"红场"两字，为彭湃亲笔题写

图片来源：中国博物馆志（第8册）. 广东卷. 香港卷. 澳门卷. 中国国家文物局，中国博物馆协会. 北京：文物出版社，2011：355-356.

地在穗学生开展革命活动。1924年先后任团广东区委候补委员、团广州地委候补委员兼工农部长助理，同年于首届广州农讲所毕业。1925年起先后任首届广东省农协执委兼秘书、中共广东区委农委委员、中共广东区委南路特派员、广东省农协南路办事处主任、中共南路地委书记、广东省二届农协大会秘书长，并被选为第二届执委会执委，是南路党组织和农民运动的主要领导人，先后领导高要县领村和广宁县石涧的暴动，以武装斗争反击国民党反动派。第一次国共合作时期，曾任广州国民政府市府委员、国民党中央执委会农民部特派员、国民党广东省党部南路特委会委员。大革命失败后，任中共广东省委西江巡视员、中共西江地委书记、广宁县委书记。1927年10月15日为中共广东省委候补委员，1928年4月13日为委员，11月24日为候补常委；同年5月任海南琼崖巡视员，6月为琼崖特委书记，建立琼崖苏维埃政府。

曾任1928年8月成立的琼崖工农革命军独立师政委，为琼崖工农红军早期创建者。1929年4月27日为中共广东省委候补常委，后改任常委；同年8月12日因叛徒出卖，于海口市福音医院被捕，拒绝时任国民党海南专署专员黄强的劝降，不久就义，时年29岁。

7. 邹师贞（1901—1927.6）

邹师贞，广东省大埔县人，1919年投身反帝反封建爱国运动。1920年夏起任甲工学生会执委，1922年春入团，同年6月与阮啸仙、刘尔崧、周其鉴等参与创办"爱群通讯社"。1923年6月为广东新学生社执委，介绍黄居仁、周文雍等30余人入社。同年10月后当选为团广州地委候补委员、执委；1924年入党，5月任团广州地委委员，主管组织部，同时兼任团广东区委候补委员、团区委组织部部长助理。第一次国共合作时期，曾任国民党广州第三区分部（甲工）执委、第七区（西关）区党部秘书。1924年考入国立广东大学。1925年2月奉党组织之命离校，任中共广东区委工委委员、秘书，协助刘尔崧从事工人运动。曾任广东省油业工会秘书。1927年6月因叛徒出卖被捕，就义时为26岁。

8. 黄居仁（1902.2.13—1928.11.25）

黄居仁，广东省龙川县人。早年为佛山山紫村一织布厂工人，被选派入读甲工染织科。因勤奋好学成绩优异，为教师杨匏安所赞赏。其间，于1923年11月入团，1924年5月后为团广州地委候补委员、团广东区委委员、团广州地委执委。1925年3月由团转党。后陆续任团广州地委组织部长、代书记、书记，团广东区委书记兼中共广东区委执委、中共广东汕头市特委书记、汕头市委书记、中共广东省委巡视员、特派员。第一次国共合作时期，曾任国民党广州第三区分部（甲工）、第七区区党部

执委，国民党中央执委会农民部特派员。他积极发动和组织青年参加统一战线的工作，支援省港大罢工。1927年12月，参与广州起义的准备工作，1928年1月起先后任中共广东惠阳县委书记、中共广东省委巡视员等职。同年7月不幸被捕，11月就义，时年26岁。

1928年11月25日，中共广东省委第二次扩大会议作出的关于《纪念死难诸烈士》决议名单里，就有黄居仁。① 会议通过特别通告，沉痛悼念黄居仁等烈士。

1988年11月，中共龙川县委、县政府举行有关黄居仁烈士牺牲60周年、黄居仁的纪念室及塑像落成等一系列纪念活动。

9. 周文雍（1905.8—1928.2.6）

周文雍又名铁琴、光宏，广东省开平市人。1923年5月加入共产主义青年团，到暑假即任甲工团支书，1924年春后任学校学生会会长，同时为广州学联执委兼文书部副主任、广东反文化侵略大同盟盟委，同年5月任团广州地委委员，主管学生部，1925年为团区委学生部部长助理。第一次国共合作时期，曾任国民党广州第三区分部（甲工）执委、省党部工人部干事。自1924年起参加工人运动，参与领导沙面洋务工会、石井兵工厂、香港金属业总工会的工人运动，参与发动省港大罢工。1925年加入中国共产党。1925年2月起，先后任中共广东区工委委员、团广州地委委员兼工农主任、经济斗争委员会书记，发动学生、工人支援北伐。1927年4月后，周文雍接任中共广州市委工委书记，以后又任党中央职工运动委员会委员、广州工代会特别委员会主席、中共广州市委组织部长；8月建立秘密机关准备广州起义，同年12月作为广州起义指挥部委员、革命军事委员会负责人之一兼工人赤卫队总指挥，参与领导广州起义。起义后，任广州苏维埃政府人民劳动委员会委员兼教育部长。起义失败后，坚持对敌斗争。1928年1月当选为中共广州市委常委、广东省委常委。2月2日因叛徒出卖不幸被捕，2月6日与同时入狱的陈铁军在广州红花岗刑场上从容就义，年仅23岁。

1928年11月25日，中共广东省委第二次扩大会议作出的关于《纪念死难诸烈士》决议名单里就有周文雍。②

黄居仁

图片来源：广州博物馆. 广州历史文化图册（上古—1949）[M]. 广州：广东人民出版社，1996：238.

中华人民共和国成立后，在周文雍的家乡开平市百合镇茅冈圩广湛公路旁修建了周文雍、陈铁军烈士陵园。1983年，周文雍故居被公布为县级文物保护单位。

2005年4月2日、2006年8月4日，新华社分别在《永远的丰碑》以及《永远的丰碑——红色记忆》专栏，播发周文雍相关事迹。

2009年7月11日，新华社在《庆祝新中国成立60周年人民英

2011年11月重修的铁场镇桥头村黄居仁故居

图片来源：中共广东省委党史研究室，中共河源市委党史研究室. 广东省革命遗址通览·河源市（总第20卷，第11册）[M]. 广州：广东人民出版社，2014：123.

---

① 中国共产党广东省委员会第二次扩大会议决议，纪念死难诸烈士（一九二八年十一月二十五日）[M]//中共惠州市委党史办公室，中共紫金县委党史办公室. 刘尔崧研究史料. 广州：广东人民出版社，1989：314.
② 中国共产党广东省委员会第二次扩大会议决议，纪念死难诸烈士（一九二八年十一月二十五日）[M]//中共惠州市委党史办公室，中共紫金县委党史办公室. 刘尔崧研究史料. 广州：广东人民出版社，1989：313.

周文雍、陈铁军烈士陵园。该陵园为2016年9月20日民政部所公布的全国第六批国家级烈士纪念设施之一，也是省级重点烈士纪念建筑物保护单位、省红色旅游示范基地

图片来源：郑道林于2005年8月26日摄

2009年年初落成于广州烈士陵园雕像纪念广场上的"刑场上的婚礼"雕像

图片来源：全杰，左西尧，黄永光，陈安．"刑场上的婚礼"走进烈士陵园［N］．广州日报，2009-04-06（A4）．

模》专栏里，播发周文雍相关事迹。2009年9月10日，全国"双百"评选活动组委会公布的"100位为新中国作出突出贡献的英雄模范人物"名单中，周文雍在列。

2011年2月10日，中央主要媒体和各省区市党报、主要都市报联合推出大型人物专栏《"双百"人物中的共产党员》展示，周文雍在列。

10. 黄国梁（1894—1927.5.16）

黄国梁又名胜亚，号采莲，广东省五华县人。1923年在校参加广东新学生社，随后入党（一说为1922年），为五华县第一位共产党员。1924年秋起以广州工团军军需主任、国光书店[①]（前已述在昌兴街，后改永汉路省财厅前）经理、国光印刷厂经理等职为掩护，担任中共广东区委总务，开展财经方面的工作。其经理室就设在上文已述及的中共广东区委的三楼。此外，还兼广州码头工会、省港罢工委员会办事处等事务。因工作勤奋，被赞誉为"火车头"。

国光书店为中共中央第一家出版发行机构——上海书店的有关马克思主义著作和革命书报的海内外13个发行销售网点之一。它以中共广东区委于1923年创办的"平民书社"为基础，开办于1924年秋，为中共广东区委编辑、出版与发行党内书刊及进步文艺书刊的专门机构。该店出版或代理发行、销售进步书刊，如中共中央机关周刊《向导》、团中央机关周刊《中国青年》（1925年10月起发行）、中共广东区委机关刊《人民周刊》（该刊的总发行所就在国光书店）、中国青年军人联合会旬刊《中国军人》（1925年2月起发行）以及《社会发展史》《共产主义的ABC》等其他方面的革命书刊；同时承印党内书刊，如毛泽东任主编的国民党中央宣传部机关刊《政治周报》、任第六届农讲所所长期间所编辑的一套26种《农民问题丛刊》，广东省农协的《广东农民》《犁头》，省港罢工委员会的《工人之路》；由周恩来题写书名、中共广东区委书记陈延年校订、彭湃所撰的《海丰农民运动》单行本等书籍和小册子等，作为教材或课外读物供应给农讲所学员与中共干部深造班。此外，也大量翻印涉及马克思主义的上百种书籍，如《共产党宣言》《资本论入门》《马克思主义浅说》《帝国主义浅说》《共产主义问答》《新社会观》《唯物史观》《中国共产党对时局的宣言》《俄国共产

[①] 广东省地方史志编纂委员会．广东省志·出版志［M］．广州：广东人民出版社，1997：152、154．

黄国梁故居

图片来源：江奕欢，梁权荣，李浩. 第一个中共党员（五华）黄国梁故居简介. 梅州人社区，梅州窗口，五华窗口［Z/OL］.（2009-11-26）［2010-01-07］.://www.sinaflash.htm.

广州市广大路广大二巷4号四楼第一个中共广州市委故址（1927.4.17—12.13）。此前，1926年3月中山舰事件发生后，黄国梁曾租赁新落成的该楼秘密开展工作

图文来源：中共广州市委党史研究室. 中共广州地方史. 新民主主义革命时期［M］. 广州：广东人民出版社，1995：插图四十二.

《党党纲》《共产党的计划》《国际劳工运动中之重要问题》《李卜克内西纪念》《俄国革命纪实》《新青年丛书》《工钱劳动与资本》《劳农会之建设》《共产党的礼拜六》《列宁传》等。同期，还翻印当时国民党中央的文件。书店在群众中颇有影响，受到中共广东区委领导的表彰。

同期，黄国梁在知识青年、打石工人中宣传和鼓动革命，并进行党建和对驻广东兴宁县国民党军队的"兵士运动"。如新中国成立后曾任中共广东省委书记的古大存，就由他与宋青在1924年暑假介绍入党。①其间，曾带领古大存等年轻党员参加广州码头工会的革命活动。1927年5月因叛徒出卖被捕，就义时年34岁。当年国光书店老读者、1926年毕业于中大的离休干部魏挽华，于1987年赋诗悼念黄国梁烈士牺牲60周年："鸿图钟毓秀，精干与人殊。少壮有奇志，横眉对敌仇。工专研马列，国光售红书。四一五浩劫，奉命回梅州。任务未达成，身竟陷楚囚。黄梅就义日，宁水涌洪流。"②

11. 李任予（1903—1932.11.27）

李任予原名济道，曾用名李力一、李德山、黎亚克、李之道等，广东省新丰县人。兄妹5人中，他为长子。中国工农红军早期领导人。1925年下半年，曾任国民革命军第四军蒋光鼐部广州教导团政治指导员，后在倾向进步的与共产党人杨殷、杨匏安、邓中夏常来往的李章达所主持的广州市公安局工作。1926年受工运领袖苏兆征、邓中夏及李森等的引导，从事工会活动。其间，加入中共。大革命失败后到广东北江地区组织农运，1927年12月参加广州起义。

1928年春奉调厦门，曾在厦门大学进行大学生党建活动，后被派往闽西领导农民武装斗争与同年3月的平和暴动。1929年4月为中共闽西特委书记、军委会主席及闽西区农运主要领导人。同年6月中，为朱德所创建的红四军四纵党代表、政治部主任，随后于7月调任红四军二纵党代表，率部在闽西以游击战开辟革命根据地，11月改任红四军政治部主任，同年12月底，在红四军古田会议上当选为由11人组成的前敌委员会委员，1930年2月7日，重建红四军军委时，为军委6常委之一、政治部"党

---

① 古大存自传、中共五华县委党史研究室. 古大存生平年表［M］//中共广东省委党史研究室，中共广东省五华县委员会. 红旗不倒——纪念古大存诞辰110周年暨红十一军创建77周年. 广州：广东人民出版社，2007：239-318.
② 魏挽华. 悼念黄国梁烈士（1987年）［Z］//五华县《横陂诗歌选》编辑委员会. 横陂诗歌选. 五华：华彩轩印刷服务部，2010：238. 该诗自注："黄梅"指春尽夏来时节；"宁水"指兴宁县宁江，黄国梁烈士在兴宁遇难。

团"书记。不久率部转战于闽赣地区。1930年4月改任红十二军政委,其间兼任上已述及的闽西红军学校校务委员会委员、政治部主任。①同年6月11日,红四军四纵重归闽西,与红十二军一纵合编为红二十一军,李任予为政委兼军委书记,8月5日又兼军长,率部转往连城县一带打游击。8月挥师东江伤亡很大,于9月中旬退回闽西。在闽总行委和红二十一军共同策划下,以闽西、东江、闽南的红色区域及中央军委南方办事处代表等11人,组成革命军事委员会,李任予为军委书记。当月下旬调集红二十一军进攻上杭,再度兵败退入连城。11月中闽西部队整编,二十、二十一两军余部合编为新十二军,李任予任政治部主任,先后转战赣南、闽西,歼灭国民党军与地方反动民团,从而巩固和发展了闽赣苏区。

1930年12月29日,李任予离开闽西到上海寻找党中央。后奉命在上海、南京领导城市斗争。其间,在上海组织领导了工人反蒋抗日的爱国运动。1931年11月,出任中共北平市委组织部长,领导北平各界反蒋抗日斗争,整顿和发展燕京、清华、北平等大学及洋车夫等的党组织,建立抗日民众团体。

李任予个高、长方脸、肤白,思维敏捷,给人以勤勉书生、精明强干、老练成熟之感,人曰"老李"。这种外表利于掩护学生运动。一次在学生抗日游行中,他身着大褂,在指挥队伍行进的同时,手拿相机照相,使游行学生倍受鼓舞。1931年12月初,参与由中共北平市委、团北平市委发动的由清华大学、燕京大学学生及滞留于北平的东北大学学生共几千人,声势浩大南下南京向国民政府进行请愿示威的卧轨斗争,并取得胜利。1932年4月为中共北平市委代书记兼组织部长,后与清华大学女生陶瀛孙组成假夫妻开展革命活动。同年5月改任中共河北保属特别区委员会书记,发动社会各界支持省立二师的护校学潮斗争;8月27日发动高阳、蠡县农民暴动失败后,因被叛徒出卖,于9月30日下午1时许被捕。蔡廷锴、冯玉祥为之出面保释,被蒋介石以"共党暴动有据"为由不允,下令处决。11月27日晨5时于河北保定被秘密杀害,时年29岁。

60多年后,家乡父老才得悉李任予早已血洒冀中大地。2000年5月12日,广东省政府追认李任予为革命烈士。2002年4月,中共新丰县委、新丰县政府将县城原南门塘的文博中心楼前广场命名为"任予广场",广场置有李任予塑像供瞻仰。②~④

李任予

图片来源:李任予,人物,纪念古田会议召开80周年[N/OL].(2009-07-29)[2010-02-07].http://www.fjsen.com.

1931年9月,时任地下党中共北平市委组织部长的李任予(右一),偕妻子陈竹君(时为中共北平市委秘书长,后叛变)赴南京,与此间驻防沪宁线的十九路军军长蔡廷锴(左一)密商反蒋抗日救国大计,并接受对方资助组织北方抗日救国团体活动经费1000大洋

图片来源:广东省新丰县史志办公室.革命烈士李任予[M].北京:中共党史出版社,2011:插图七.

---

① 苏士甲.闪亮的红星——中国工农红军院校及其办校人[M].北京:新华出版社,2007:47.
② 广东省新丰县史志办公室.革命烈士李任予[M].北京:中共党史出版社,2011:148-158.
③ 广东省立中山图书馆,珠海市政协.广东近现代人物词典[M].广州:广东科技出版社,1992:169.
④ 关于河北高阳蠡县张闻天文集编辑组.张闻天文集:第一卷[M].北京:中共党史资料出版社,1990:294-305.

结语

2014年3月底，习近平主席在联合国教科文组织总部的演讲中的一段话，表达了中国人民对于文明日新又新的不懈追求。

> 每一种文明都延续着一个国家和民族的精神血脉，既需要薪火相传、代代守护，更需要与时俱进、勇于创新。[①]

这就是说，与时俱进和创新，是国家与民族的品格。华南理工大学是社会的一个单元，对自身历史文化的价值追求，理当也如此。

历史是文化与精神的永恒依托，是薪火相传的不竭之源。

岁月其徂，逝水东流均为史。工专史仿佛历史神秘峡谷中的潜流，已汩汩现于跟前，该怎样看待它？

一、完善办学史轮廓的构建

在过去，虽然不曾有谁论及学校关于甲工、工专昔日的辉煌，不曾想到有一个英雄群体是我们的师生，但今天知道了，这是值得高兴的。

办学史轮廓的构建，要放在新旧两个中国社会变迁的背景中，尊重整个历史进程，以历史发展逻辑去寻找结果，排除个人好恶、感情色彩对价值观、方法论的干扰，排除那种"所有人都像我们这么想"的思维模式等认知陷阱。这对于完善办学史轮廓的构建是有意义的。

1955年12月23日，学校在一份上报材料《华南工学院干部管理工作情况报告》中，明确表述："我院于1952年10月由中大、岭大、联大、湖大、西大、南大、工专等有关系科调整合并而成立的。"上列学校，依序还原为1950年以前的全称，分别是国立中山大学、私立岭南大学、私立华南联合大学、国立湖南大学、国立广西大学、国立南昌大学、广东省立工业专科学校。

之后，学校多以上述若干所院校工学院或工科方面的系和科组建而成的字眼表述过去。这里所称的"科"，后来按教育部有关通知的要求改称"专业"。

1954年前后，华南工学院是由中南5省12所院校有关系科组建的。国家随后又于1955—1958年、1960—1963年、1969—1970年、1972—1978年以及1998—2000年等时段有过几次院系调整。就华南理工而言，最后一次调整为1978年。

截止1978年，华南理工由中南、华东及西南3个行政区中，两广、两湖、两江（广东、广西、湖南、湖北、江西、江苏）及四川等7省，至少18所国立、省立或私立等一众学院或系与专业组建而成。中山大学工学院、华南联合大学理工学院和广东工业专科学校，为成建制地到华南理工。其余只是系或专业。

[①] 习近平. 在联合国教科文组织总部的演讲（2014年3月27日，巴黎）[N]. 光明日报，2014-03-28（02）.

中南行政区（注：1954年4月中共中央政治局扩大会议决定撤销大区一级党政机构，但为便于叙述中华人民共和国成立初期的情况，这里仍旧采用行政区的说法。1954年江西改隶于华东区，因江西下列3校有关的系与专业在1953年之前归并于华南理工，故此处仍将其列入中南区）：

广州地区的国立中山大学工学院、私立华南联合大学理工学院、私立岭南大学工程方面的系及专业、省立广东工业专科学校、公立华南农学院、省立广东工学院、暨南大学等7所。

广西的国立广西大学。

湖南的国立湖南大学。

武汉地区的国立武汉大学（注：1913年7月设立于武昌东厂口，后以1893年为办学元年）、公立武汉交通学院（注：1946年1月设立于武昌下新河）、私立武昌中华大学（Chung Hwa University）（注：1912年5月设立于武昌粮道街，1950年改公立）、省立武昌高级职业学校（注：1949年8月由湖北省立高级工业职业学校、高级商业学校、女子职业学校和大冶职业学校合并组成。其中，工业职业学校原为省三中，1927年10月设于汉阳月湖堤；商业学校原为省立二中，1926年设于武昌西卷棚；女子职业学校设立于1929年武昌三道街；大冶职业学校1946年设立于大冶石灰窑。但另又一说称，合并未久，"1950年，高职〔工〕、高商分别单独设校，高工仍留在西卷棚，更名为湖北省武昌高级工业学校"①②）等4所。这里私立武昌中华大学调至公立武昌高级工业职业学校前，是否有部分系与专业，以原校之名先期调入华南理工，③存疑待查。

江西的国立南昌大学（注：1940年设立，后以1921年为办学元年）、江西省立陶业专科学校（注：1910年联合直隶、鄂、皖、赣4省瓷业起步于江西饶州的中国陶业学堂。有一说称"江西陶业专科学校并入华南工学院"，④实为讹错。并入者仅为该校的陶瓷工程系专科班学生，而该校教职员与图书仪器及机械设备，转入景德镇陶瓷科学工业研究所⑤）等2所。

华东行政区：

江苏的公立南京工学院（注：今东南大学一部）。

西南行政区：

四川的公立成都工学院（注：今四川大学一前身）、公立四川财经学院（注：今西南财经大学一前身，1952年组建）等2所。公立西南农学院（注：今西南大学前身之一。1950年11月由四川省立教育学院的农艺、园艺及农产制造3个系为基础，与私立华西协合大学农艺系和私立相辉学院农艺系及其专修科合并而成。1952年四川大学农化系、园艺系、植物保护及蚕桑系陆续调入）组建到四川化工学院（注：1952年10月以川南工业专科学校为基础，四川大学化工系有关学院相关系科并入而成）前，四川化工学院合并到成都工学院（注：1954年11月29日四川大学工学院与四川化工学院合并）前，是否有部分系与专业，以原校之名各自先期于1952年前后或于1954年调入华南理工⑥-⑧，均存疑待查。

二、厘清几所学校与华南理工的渊源

这里，须对3所综合性大学相关情况作一略述。私立岭南大学（Lingnan University）尚有人言，私立广州大学（Canton University）与私立广东国民大学（Guo-Min University of Kwangtung）两校与华南理工有何内在的历史关系，校内一向寡言，此处简述三校，助读者识之。

---

① 湖北省地方志编纂委员会. 湖北省志·教育（上古—1986）[M]. 武汉：湖北人民出版社，1993：123、157、209.
② 武汉地方志编纂委员会. 武汉市志·教育志（1840—1985）. 武汉：武汉大学出版社，1991：264.
③ 季啸风，王显明，徐敦潢，等. 中国高等学校变迁[M]. 上海：华东师范大学出版社，1992：1198.
④《江西省志教育志》编纂委员会. 江西省志教育志[M]. 北京：方志出版社，1996：381.
⑤ 石年龄. 江西省立陶业专科学校简史[Z] // 政协景德镇市委员会文史资料研究委员会. 景德镇文史资料，第一辑. 出版信息不详，1984：35.
⑥ 季啸风，王显明，徐敦潢，等. 中国高等学校变迁[M]. 上海：华东师范大学出版社，1992：893、915.
⑦ 四川省地方史志编纂委员会. 四川省志·教育志（下册）[M]. 北京：方志出版社，2000：23.
⑧《成都市志·教育志》编纂委员会. 成都市志·教育志（下册）[M]. 成都：四川人民出版社，2000：956.

1. 私立岭南大学

1914年，办学已有27年的岭南学校（Canton Christian Coiioge）开办文理本科教育，始称"岭南大学"。学生除华侨、官宦、富家的子女，也有部分家庭经济状况与前列相比较差的国内教会华人牧师及其他职员的子女。该校原由美中与教会有关人士创办，美国人管理，受纽约的岭南大学董事局即后来的岭南大学美国基金委员会资助，并从1921年起接受民国广东省政府的拨款补助。大革命时期的1926年10月18日，国民政府教育行政委员会颁布含有教育主权交回中国内容的《私立学校立案规程》。受此制约，岭南大学于次年4月8日宣布停办，在同年8月1日起改由华人自办后，仍如前通过该委员会驻校办事处接受美方资助，教育维持费因之较为充裕。1929年执行的预算额已达53.1万元。该校以19名含海内外及美英籍董事在内的董事会监督办学，以校务委员会为最高行政机构，但实际掌权人为上述委员会主任美国人包令留（H.C.Brownell）。

1926年间私立岭南大学学生证章式样。红、灰是该校基本色调

图片来源：温岭海军. 民国章——岭南大学[DB/OL]. (2012-11-06)[2015-12-22]. http://www.7788.com

该校作为国内接受美方资助的17所高校之一，这般格局一直维持到1951年2月为止。根据政务院于1950年12月29日及次年1月14日先后颁布的《关于处理接受美国津贴的文化教育救济机关及宗教团体的方针的决定》《接受外国津贴及外资经营之文化教育救济机关及宗教团体登记条例》的精神，由中央教育部直接领导处理，中断与美方联系，成为当时国内9所由政府补助、维持私立的高校之一。

在经历战乱后的1950年年初，岭南大学有不少学生家庭经济生变，或家道中落而困窘，或因家庭丧失经济收入来源而彷徨，学校"组织学生热烈响应政府号召，从事各项实际工作。许多学生是靠工作（注：这里指半工半读）及奖学金来读书的"。①

根据1952年3月22日中共中央所批准的《广州区高等学校调整方案》，新组建的中山大学理学院即"以中山大学理学院原有各系、岭南大学理工学院内理学院部分为基础，合并组成"。② 故此，当年10月岭大理工学院除土木与电机两系师生及来自物理系的冯志超与数学系的陈达明等两系少数教师，一并调整到华南理工之外，其余4系均悉数调往中大。

至此可知，流传日久的所谓岭大工学院或理工学院合并到华南理工之论，并无历史凭据，于事于理不合。至1949年10月中华人民共和国成立时，有校地4000余亩，馆藏书刊中文16万册、外文6万册。至岭大停办时止，共计有毕业生1340人，其中属工学院的仅为102人，不足总数的8%。在中华人民共和国成立前的该校毕业生，走上仕途者少，从商的较多，留在国内的并不多。

2. 私立广州大学

设立于1927年3月3日，于当年8月2日正式开学。1932年11月28日批准立案，设文、理、法3学院。初以广州市惠爱东路番禺县立师范学校旧址办学，1930年在汉民路（今北京路）及文德路分建校舍。1931年该校有教员62人、学生512人，馆藏中文书8225册、外文书753册，教学仪器设备6906件、标本1796件。该校在财经学科的办学方面，有其特色，毕业生尚受地方欢迎；其土木系与下文所涉及的国民大学中的土木系的师资与设备都较充足。该校的理工学院此后辗转投入华南理工的办学阵营。

一校多处分散办学，校舍与民居共处，或一再迁移，是民国时期及中华人民共和国建立之初国内许多私立学校的写照。广州大学1940年所创的理工学院与私立广东国民大学1930年所办的工学院，

---

① 冯秉铨. 关于学校教务方面的校务报告（1950年6月5日在岭南大学第一届师生员工代表会议上的报告）[Z]//岭南大学第一届师生员工代表会议主席团. 岭南大学第一届师生员工代表会议纪要. 广州：岭南大学儿童工艺所，1950：34-35.
② 中共中央华南分局关于广州区高等学校调整方案报告（1952年3月2日）[Z]. 广东省档案馆电子文书档号，204-1-272-072.

结 语

广州大学学生证章

图片来源：古少. 民国广州大学学生证徽章［DB/OL］.（2009-12-12）［2015-12-22］. http://www.chcoin.com

私立广州大学"博学笃行"校训与校徽

图片来源：猫猫藏证. 民国广州大学学生证徽章［DB/OL］.（2009-12-12）［2015-12-22］. http://www.7788.com

1932年前后"蜗居"于文德路19号万川楼的私立广州大学第二校舍（该楼3层，建筑面积仅约220平方米，不敷应用，故仍要在四楼天台加盖简易教室。广州沦陷期一度为广东省立第一女子师范学校所占用）

图片来源：公共事业［M］. 广州指南. 出版信息不详，1932：295.

1949年广州大学师生与市民共庆广州解放（车厢右侧挂"缉拿特务走狗"的漫画，右车门与车前盖各贴"拿出精神为人民服务！""我们参军！"等标语。车厢架上以捣碎的马粪纸、新闻纸等纸泥为材的湿塑成型套绞索的模拟蒋介石人脸塑像，以示反动派被打倒。）

图片来源：《广东百年图录》编委会. 广东百年图录（1833—2000），上卷［M］. 广州：广东教育出版社，2002：454.

共同于1951年4月1日组建为"私立华南联合大学"中的理工学院，其院址设在原私立广东国民大学内。该学校虽为私立，但时得省府支持。如1927年学校经费收入为4.4万元，支出达4.8万元，省拨支持费0.6万元。1938年10月广州沦陷前，该校从省库领得8—9月教育补助款为916.66元。1940年后两次得省府补助共10万元，使之迁到台山县城办学。①② 战前，该校校长陈炳权千辛万苦地向旅美侨胞劝募，于战后汇来不少美元，遂能在永汉路东横街置地修建相当规模的校舍。

---

① 私立广州大学一九三八年八月、九月领款报告（民国廿七年九月三十日）［Z］. 广东省档案馆电子文书档号：004-005-0021-547：1.
② 抗战后本省高等教育况概〔概况〕［Z］//广东省政府秘书处编译室. 广东教育，广东省政丛书. 韶关：河西印刷工业社，1943：88.

3. 私立广东国民大学

私立广东国民大学俗称"民大",创始者为民初原广东省工艺局局长陈其瑗以及张香谱、吴在民。该校与办学在粤省的中大、岭大、广大等高校一样,于抗战期间苦难备尝,师生团结克难。

该校与大革命有着不解之缘。1925年6月23日,广东各界群众举行声援上海"五卅"反帝运动的示威游行,被沙面英法军警制造为"沙基惨案"。省港两地学生愤然罢课,走上街头反对帝国主义。内以由港罢学回国学子尤众,不少学生因此失学。陈其瑗认为这些学生有爱国热情,训练栽培可为国用。于是顺应时势,决然以个人积蓄2000元为办学启动费,请市长孙科、国民党元老徐谦、市公安局局长吴铁城等国民党中的一批头面人

该通讯所列9位筹备委员名单,均属华南各民主党派的头面人物,由此可知该校是由华南各民主党派共创的大学

图片来源:广州四院校合并成立华南联合大学[J]. 新华月报, 1951(5): 1146.

物,即所谓"当世巨公"等于当年6月组成15人的学校董事会,开始筹设事宜。当时,省教育厅以其"未呈报有案"为由,先后报请国民党中央政治委员会、国民政府,要求下达停止筹办或转制"改广东公学"之令。陈其瑗据理力争,找汪精卫和多方请托借以疏通,还推出学生王克欧、陈兴华等11人为代表向国府请愿,并走完登记办学设立的各程序,终使国民政府于1925年10月9日及13日,先后发出国府第一一六号、第一九〇号两文,饬令广东省府、广东省教育厅准予民大设立。其中,校董会于1925年10月10日批准设立,1929年10月3日批准立案;学校则于1931年6月27日批准立案。①

1925年10月10日,民大于广州市东山庙前西街17号神道学校旧址又称"乔庐"的地方正式开学。录取新生274人。初设中文、商、社会3学院,分为15个系,后缩略为中文、政治、经济及商学等4个系。其中,专科生中文专业66人,商科专业18人,社会学专业46人。另设有含普通、师范、商业

华联大铜质学生证章

图片来源:良之旧货店复. 华南联合大学学生证[DB/OL].(2011-09-27)[2016-02-12]. http://www.7788.com.

民大铜质校章

图片来源:牡丹江小五. 民国广东国民大学校徽[DB/OL].(2015-06-02)[2015-12-22]. http://www.7788.com.

民大校徽

图片来源:北京雍和嘉诚拍卖有限公司. 私立广东国民大学第十九届同学录[DB/OL].(2011-05-16)[2015-12-22]. http://www.findart.com.cn.

---

① 第三编,高等教育:私立国民大学(民国二十一年度). 1932: 444[M] // 孙燕京,张妍. 广东全省教育概况(二),文教·教育概况:民国史料丛刊,续编,1071. 郑州:大象出版社,2012: 122.

3个科的职业高中部91人以及英文专科部22人。①一时人文荟萃，对加快东山的文化教育建设，有相当影响。办学之初，延聘了一批共产党人授课。如恽代英授政治学、谭秀峰（即何干之）授经济学，以及于树德授合作经济课。

其间，先后有法律、教育、会计、新闻等学系之设。其中，1930年夏增设工学院。荔湾桥西的多宝大街宝庆新街（原时敏中学旧址，今广东省水利水电厅所在地）等处为第一校舍，定为大学部，设绘图、化学、物理、电机、水利等课程与专业实验室。至1931年，该校建筑面积第一校舍的约900平方米，第二校舍的连同运动场在内，则只约有370平方米；年各项收入为24.2万元，支出26.3万元，其中支出设备费为5.3万元；中外文图书共1.3万册；在校生有743人。"在美募得的侨款，除兴建校舍外，主要投放在工学院的设备上面。因之，教学的设备和仪器就一个学系来说，是比较充实的，与广东各大学比是毫不逊色的。"②③

民大设置日班、夜班、春季、秋季等多种办学形式，教学质量虽未及全日制公立大学，但兼顾了不同行业许多在职青年的求学需求，因而颇有社会声誉；其教育事业维持费主要依靠学杂费收入，更倚仗海外侨胞多年捐资赞助。如战前，民大校产达80多万元，其绝大部分即来自后者的捐资赞助。故该校虽已停办于1951年4月，而其海内外的影响却历久不灭。2011年9月以来，当一再传闻第二学院老建筑将拆，即激起许多海外老侨胞的大反响。

广州市荔湾区惠福西路143—147号私立广东国民大学第二学院校舍照（今广东省人民医院惠福分院所在地之一）

图片来源：谭惠全，张中华，黄菊艳，等. 百年广州[M]. 广州：广州年鉴社，2001：115.

民大虽系私立，但教师中不乏多负时誉的饱学之士。如1948年，工学院专兼职教师就有罗明燏、余仲奎、徐学澥、邝正文、卢文、王孟钟、朱士宾、邓锡俊等一批正值壮年的资深教授（注：上列诸人后来都辗转调入华南理工，于1956年12月分别被评定为一~三级教授）。此外岭南建筑设计名家陈荣枝，也于1946年前后兼职于工学院土木系。④

中华人民共和国成立后，陈其瑗复任校长。及至1950年，罗明燏为工学院院长兼土木系主任，徐**学澥**为机械系与电机系两系系主任。该院自创办至1951年4月止，土木系毕业生有372人，而机械与

---

① 关于陈其瑗呈缴民大办学章程申请立案的案卷（民国十四年十月）[Z]//南京中国第二历史档案馆，广州国民政府档案汇编，全宗第十九号，案卷号274.1925.
② 教育概况：丙编，学校教育概况[M]//国民政府教育部. 第一次中国教育年鉴：丙种，上册. 上海：开明书店，1934：115.
③ 朱勉躬. 广东国民大学之回忆（遗稿，）[M]//记录、整理：许只. 政协广东省委员会文史资料研究委员会. 广东文史资料：第十三辑. 广州：广东人民印刷厂，1964：31-32.
④ 私立广东国民大学校本部教职员姓名表，民国三十五年度上学期[Z]. 私立广东国民大学廿一周年校庆纪念特刊，1946：18.
卢颂芳. 私立广东国民大学工学院近况（民国三十六年六月）[J]工程学报（私立广东国民大学），1947（1）：165.
私立广东国民大学教职员通讯录（民国三十七年）[Z]. 出版信息不详，1948：1-15.

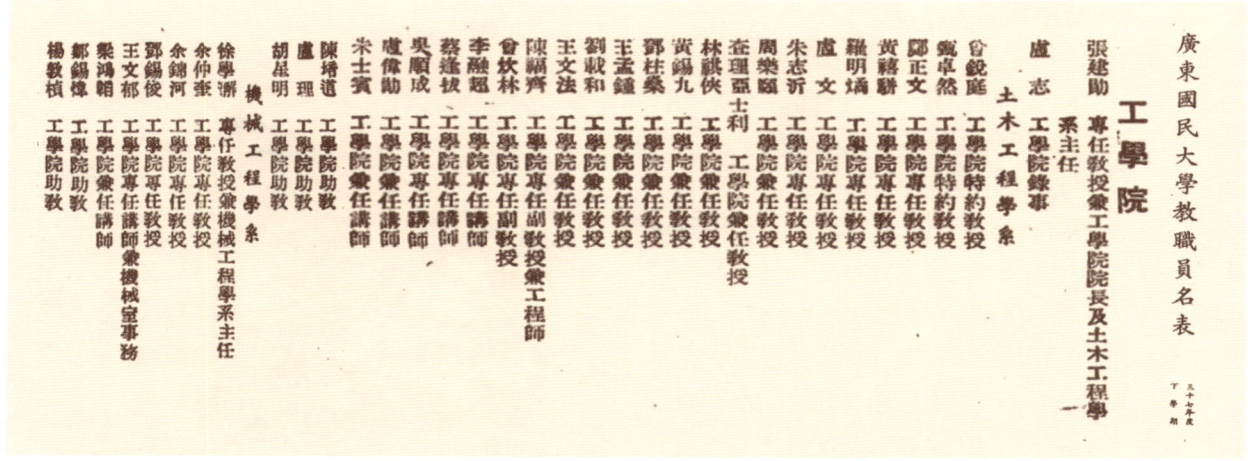

表中的邝正文、黄禧骈、罗明燨、卢文、林祺侠、王孟钟、吴顺成、朱士宾、徐学澥、余仲奎及邓锡俊等，后来都陆续任教于华南理工大学

图片来源：广东国民大学教职员表（民国三十七年度下学期）[J]. 广东国民大学导报，1949（改版，5/6）：7.

电机两系尚未有毕业生。① 1952年10月，华南联合大学理工学院院长徐学澥（兼机械系主任），成建制地率该院卢颂芳、梁绰余（原广州大学理工学院院长）、黄适（原广州大学建工系系主任）、陈锦松、邓锡俊、梁恒心（原民大电机系主任）、莫锦桐等一众名教授与土木、机电等系与专业300余师生转入华南理工办学阵营。②

至于"工程学报"所刊的"历期教授、讲师、助教名表"、题写华南联合大学首届毕业同学录"毕业赠言"等众教师中，如伍金声与林祺侠（分别为原民大土木系正副主任）、黄禧骈（原民大理工学院技术训练班主任）、魏武（原民大理工学院机械组主任）、吴顺成等随后也辗转调入华南理工。

1951年1月15日华南工学院组建前相关院校的一组数据统计

项目		中山大学	私立岭南大学	私立广州大学	私立广东国民大学	广东省立工业专科学校
生师比/%		6.01	7.55	12.87	8.88	6.03
生均图书量/册		86.80	111.50	73.98	86.07	—
生均年经费/元		—	411.08	127.25	10.37	20.28
各校各年级学生数/人	机械工程系	142	—	—	本科70 专科60	专科70
	电机工程系	166	80	—	本科47 专科39	—
	化学工程系	125	—	—	—	专科59
	土木工程系	136	214	本科109 专科5	本科57 专科16	—
	建筑工程系	80	—	本科22，专科3	—	—
	水利工程系	—	—	—	—	专科54

资料来源：广东省文教厅. 一九五〇学年度第一学期，广东省公私立高等学校概况（1951年1月15日）[Z]. 广东省档案馆，电子文书档号，314-1-20-28~40；2-3，6.

---

① 政协广州市委员会文史资料研究委员会. 广州近百年教育史料：广州文史资料专辑[M]. 广州：广东人民出版社，1983：158.
② 徐学澥：理工学院概况[J]. 华南联大创刊号，成立纪念专号，1951（1）：12.

结 语

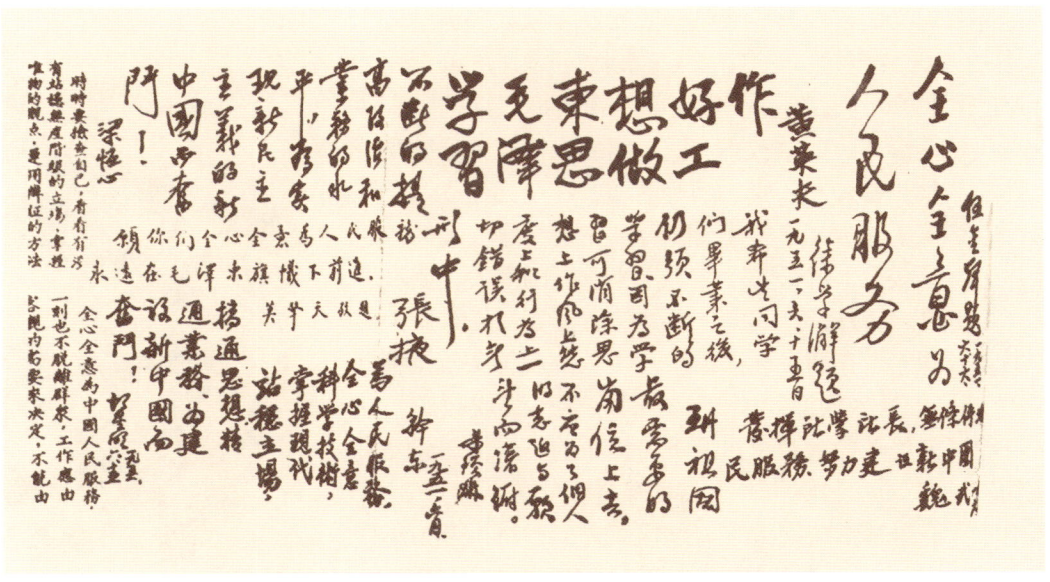

华南联合大学众教授为首届毕业同学录题写毕业赠言

图片来源：书来舫. 华南联合大学首届毕业同学录[DB/OL].（2012-07-13）[2016-02-25].http://www.kongfz.com.

值得一提的是，民大校董之一，数度任其工学院院长、校教务长、总务长的卢颂芳（1886—？）教授。卢早年毕业于北京大学工科，曾执教36年。1915年之前曾任粤省教育司学员，后任广东东莞县县立中学校长。1926年11月后一度任职于中大，以后就职于民大26年，有同事称其"为人还相当廉直"。曾与时任校长的吴鼎新、副校长张景耀等3人焚香祭拜，盟誓同甘苦、共进退。① 卢颂芳从参与创办民大起，各种苦难几近历尽。尤以抗战期间打理该校播迁广东的罗定、茂名、阳春、开平楼冈等地，设分校于香港后又远迁内地的韶关曲江、和平与龙川等处办学事务为甚。故战后有文章称该校"战时辗转流离，备极艰辛"。② 中华人民共和国成立前，吴、张两人远走境外，独其与同仁把竭力保护下来的国民大学予新中国，其中之工学院，交予继任者罗明燏、徐学灂，表达了一位老知识分子追随社会光明与进步的心迹。卢颂芳1956年年届70岁，才从华南理工物理系退休。

麦宏恩

图片来源：纪念中国共产党成立95周年特别报道：三封红色遗书[N]. 海南日报，2016-07-04.

商科生麦宏恩（1899.7.13—1927.7，字子佩，海南崖县人）。在读期间，加入中国共产党。1925年同陈英才、黎茂萱、陈世训等4人在崖城成立共产党小组，1926年秋，创建崖县第一个中共党支部——崖县东南支部，并为崖县农民协会首任负责人。他还在保平、港门组建了保平和港门党支部。1927年春，被用中大学生身份作掩护的"广东省清党委员会"侦查员许质庵，以"加入共党情事"为由所告而投于牢狱。麦坚不吐露真情，迫使法庭因证据不足而将其释放。在1927年广东四一五反革命政变中，再度被捕入狱，7月就义，时年28岁。③④

中共信宜县委首任书记罗克明（1902—1932，广东信宜县

---

① 麦竹轩. 私立广东国民大学[M]//广州市政协学习和文史资料委员会. 广州文史资料存稿选编（七、文化教育）. 北京：中国文史出版社，2008：247.
② 专上教育：后生. 复员以来本省的教育状态（续）[J]. 广东教育通讯，1947（4）：8.
③ 罗文庄（广州市特别刑事法庭庭长）. 关于嫌疑犯麦宏恩不承认有反动行为请检举人许质庵到庭给中山大学函（民国十六年二月七日）[Z]. 广东省档案馆电子文书档号，020-003-23-175：1.
④ 麦宏恩烈士[DB/OL].（2011-06-12）[2011-07-13].http://www.archives.hainan.gov.cn.

人），当地怀乡起义的主要领导者之一。1925年秋入民大学习，投身学运参加中国共产党。当年12月，被派回信宜从事党建和农运，创建全县第一个团支部、党支部。在当地以话剧、街头演讲和农村夜校等形式，团结教育农民、组织农协，开展减租减息、破除迷信、禁止蓄婢和买卖婚姻等活动，在全县建立两个区农会和35个乡农会，会员4万多人。同时，在全县建立起怀乡、东镇两个中共党区委和13个支部，党员发展到210多人，团员增至700多人。1927年5月，正式成立中共信宜县委，任首届中共信宜县委书记。同年，在怀乡地区组织50多人的武装队伍，领导了当地12月15日的怀乡武装起义，成立怀乡区苏维埃政府，在南路地区打响了人民革命武装反抗反革命镇压的第一枪。起义失败后，重组70多人的武装队伍，坚持武装斗争，发展党员30多人。1928年6月下旬，奉命在港、澳地区工作1年多。1929年秋转到马来西亚，创办《星洲旬刊》，宣传马克思主义。1930年2月间，旬刊被查封，被派回国内，以广西大学助教的身份作掩护，从事地下革命活动。1931年春，奉调广东工作，改名"马鸣陆"，在中山县泥湾育英小学当校长，继续开展地下活动。1932年春，复被调回香港工作。其间原有的肺病恶化，仍坚持工作，同年秋末病逝，时年30岁。①

罗克明

图片来源：陈绍楷. 罗克明巧设伏击阵[DB/OL].[2016-09-12].http://www.gd-info.gov.cn

广西籍解放军名将黄启滔（1903.10—1980.12.3，又名一平，少波，广西贺县人），1925年7月投考黄埔军校未果，改读广州农讲所，为第五期学员，同年10月加入中国共产党。毕业后于是年12月以国民党农民部特派员名义参与领导广西苍梧道农民运动。

1926年夏任中共桂平县支部书记、国民党县党部农民部长，领导地方国民革命。1927年1月奉调中共广东南路地委任农运宣传委员，是年6月奉命回桂平，历任中共广西地委委员、中共广西特委委员，并任桂平、贵县、平南、武宣4县农军总指挥。1929年10月随张云逸到达百色，负责工运，领导成立百色县总工会。同年12月参加百色起义，任红七军政治部社会科长、一纵一营指导员、百色县临时苏维埃政府肃反会主席。后任红七军前敌委员会委员、十九师五十五团政委。于红七军北上途中，派赴桂林发动兵变未果。1931年3月到广州做兵运工作。1932年因中共两广省委遭破坏而失掉组织关系。1938年6月到皖南参加新四军。1943年3月到延安中央党校学习。1945年10月任纵队参谋长、副司令员、军参谋长。中华人民共和国成立后历任军参谋长、华南军区第二副参谋长、中南军区广东武装部部长、广东省军区政委、广州军区副参谋长、广西壮族自治区人民委员会副主席、区政协副主席等职。②

黄启滔

图片来源：广东百科全书编纂委员会，中国大百科全书出版社编辑部. 广东百科全书（上古—2006），上卷[M].北京：中国大百科全书出版社，2008：428.

至于当中的1927级学生朱光（1906.11.22—1969.3.9，又名

---

① 信宜县地方志编纂委员会. 信宜县志[M]. 广州：广东人民出版社，1993：1023-1024.
② 广东百科全书编纂委员会，中国大百科全书出版社编辑部. 广东百科全书（上古—2006），上卷[M]. 北京：中国大百科全书出版社，2008：428.

光翼、光琛、曼生、愈之，广西博白县人），对于现今70岁以上的老广州人来说，其主政广州11年的政绩为人所津津乐道，印象极为深刻。

朱光1926年11月加入共青团，投身国民革命，1930年转入中国共产党。历二万五千里长征、抗日战争、解放战争和新中国的社会主义建设。先后任红四军政治部秘书长、马列学院秘书长、第十八集团军总司令部秘书长、一二九师政治部宣传部部长、冀南军区政治部主任、中共齐齐哈尔市委书记、中共长春市委书记、中共广州市委书记、广州市市长、广东副省长、国务院对外文化委员会副主任、安徽省副省长。曾当选为第一、第二届全国人大代表。[①]

三、保护与利用好历史遗产

"欲流之远者，必浚其泉源"，源头清则波澜阔。明确一所学校的办学发展史，关乎师生情感的归属。以更久远阔大的历史时空尺度，对学校的过去、现在与将来，作历史审视、现实思考与定位，坚持历史的辩证法与探寻价值合理性有机地结合起来，以进一步唤起师生对学校历史文化的礼敬，更好地继承百年办学遗产。

工专1910年以工艺局名分弄潮于晚清新政改革之时，流衍变化于民国，在中华人民共和国成立后融入新社会的大潮而结束于1952年，都始终与国家命运相系。

这里，值得重申的是：

工专是广东省内工业与高等工程教育一块历史奠基石或者历史坐标。

以史为鉴，可以知兴替。用历史遗产连接过去和现在，是当代人的责任。

可以设想：充分地和合理地利用社会已有的研究成果，积极挖掘和继承甲工与工专丰厚的历史遗产，对它进行全面、系统和整体的考察与评估，培育后人对学校完整的历史感，对学校历史给予综合和升华，给予宏观的更长远的考虑和理解，就很值得。

当前，至少对甲工与工专历史所表达和承载的革命精神，不是从史学，而是从社会的角度去评价它的现代价值，就已十分必要。

期待有更多的人和我们一起，把这项研究深入下去，争取更多的成果。

---

① 《朱光诗文墨迹选集》编委会. 朱光诗文墨迹选集：下卷［M］. 北京：中央文献出版社，2006：399.

后记

本书初为华南理工大学2001年人文社会科学研究专项任务资助项目（042-Y11 010），是校档案馆立项，陈国坚执笔；继为华南理工大学2009年高等教育研究专项任务资助项目（Z2gj-Y1 090 040），而及学校2017年中央高校基本科研业务费专项资金后期资助项目（HQZZ01），研究因此得以延续。项目参与者先后有黎群、曾慧、李萍、王苹、肖思、顾美玲、袁晓凤、朱丽梅、欧阳慧芳、林林、张娟娟、苏兆文等。本书定稿版形成于校高等教育研究所之校史研究所时期，校高等教育研究所牟艳华为项目负责人，校史研究所陈国坚为主编，吕晓芹为副主编。

没有校图书馆丰富的馆藏，没有当年其闭馆后仍可方便出入之利，我建立在涉猎典藏、史册、丛书及报刊等基础上累积工专事实要素、印象、概念，访察工专史研究的大致"家底"，构建问题意识等计划的执行，可能会很缓慢。

没有校档案馆前辈所打下的牢固工作基础，没有同期同事工作上的支持，免却我工作上的后顾之忧，工专史业余研究要长久地坚持，可能会很困难。

没有广东省立中山图书馆之广东地方文献馆的厚待，我在近15年间共计11年的寒暑假查阅文献资料的诸多要求，很可能会大打折扣。而工专核心问题的许多史料，正是由此撷拾的。

广州地区诸众高校及地方的图书馆、档案馆以及不少地方业务机构，30年间先后为我查阅与检索提供了便利，或者赠与书刊资料，使我有机会在有目的地细读地方史籍、典册及资料的基础上，用心感受历史、综合判断，逐步剪除牵绊工专印象与概念形成间所产生的多余枝蔓，廓清视野，摸索接近问题突破口。它们是华南农业大学、华南师范大学、暨南大学、广东职业技术师范学院、中山医科大学、中山大学、广东省档案馆阅览厅、广州市国家档案馆、广州图书馆、广州地方志办公室、天河区民政局、天河区图书馆以及天河区五山街图书馆等。

外地多个高校图书馆，让我仅凭业务工作会议出席证，一连数晚可进其馆自由查阅图书资料，为我探寻外地史家学者与我所关注问题或近似问题新的学术见解及其研究趋势，提供了机会。其所在高校与支持年份是：北京大学（1989年）、清华大学（1995年）、厦门大学（2001年）、海南大学（2002年）、重庆大学（2003年）、中南大学（2006年）、哈尔滨工业大学（2007年）等。此外，北京中国第一历史档案馆、南京中国第二历史档案馆、广西壮族自治区图书馆、云南图书馆、重庆图书馆以及全国图书馆参考咨询联盟等单位与机构，也给了不少帮助。

工专史考许多细节的完善，得益于中国国家图书馆、南京图书馆的民国时期文献资料。史考的定稿版，最后成于广东省立中山图书馆之广东地方文献馆与南京图书馆民国文献阅览室。

资金与物资支持的作用是显而易见的。2001年，学校为工专史研究立项；2008年，我退休前受原校长李元元委托，借助校内力量继续原先的研究。校高等教育研究所慷慨提供研究场地与设备，加之原所长兼校发展战略与政策研究中心办公室主任张乐平的积极筹划，原副所长牟艳华、研究中心科长刘金程、所办公室主任欧阳丽芳以及丘维等同事，以不同方式的协力和其他同仁的支持，本项研究得以加快步伐。

后　记

　　特别是党委书记章熙春、校长高松，以及前党委书记杜小明、前校长王迎军的重视，提供宽松写作环境，本项校史研究因之能从容拓展和深入。

　　还有，华南理工大学陈建新老师10多年来对工专史考的关注。

　　还有，这么多年来我的家人的理解与支持。

　　历数以上，为道一声：谢谢！所有这些，我当铭记于心。

　　谨以此纪念华南理工大学命名组建67周年，办学发展109周年。

陈国坚
校高等教育研究所校史研究所
2019年10月31日